초판 2쇄 서문

작년 연말에 본서의 초판을 출간한 후 불과 반년 남짓 지나 이 책을 시 출간하게 된 데에는 두 가지 계기가 있었다.

무엇보다 본서가 대한민국 학술원으로부터 2016년도 우수학술도서 선정됐기 때문이다. 우리나라의 대표적인 학술기관으로부터 이 책의 술적 가치를 인정받았다는 점에서 우선 기쁘고 감사한 마음이 앞서 , '형법과 진화이론'이라는 다소 낯선 주제의 연구서를 보다 많은 들에게 소개함으로써 다양한 문제의식을 공유할 수 있는 기회라는 이 들었다.

음으로 필자가 2014년도에 유기천교수기념사업 출판재단으로부 문작성지원 대상자로 선정되어 그동안 틈틈이 집필해 왔던 "형법 조에 대한 유기천 교수의 해석론 연구"라는 제목의 논문이 최근에 되었기 때문이다. 이 연구를 통해 형법 제16조의 해석론적 토대로 법성인식가능성설'의 의의를 새롭게 재조명하였고, 오늘날 가능 아니라 책임설이 다수설의 지위를 갖게 된 배경을 밈이론적으 석해 보았기 때문에 학설대립을 바라보는 본서의 입장과 논지에 독자들의 이해를 돕는 취지에서 이 새로운 논문 한 편을 본서에 는 것이 좋겠다는 생각이 들었다.

1쇄와 추록논문에서 발견된 약간의 오탈자를 수정했지만, 내용 오류나 다소 불만족스러웠던 표현들은 그대로 두기로 결정하 것은 어쩌면 필자가 본서의 주제에 천착하면서 겪었던 기나긴 고투과정을 생생히 드러내 보여주는 역사의 기록으로서, 손대지 겨두는 것도 나름의 의미가 있을 것이라고 판단했기 때문이다. 문의 수정된 내용과 가다듬은 표현은 근자에 공저로 출간한 필

|제2권|

현대 형법학

- 형법과 진화이론

Gene, Meme,

and Form of Li

안 성 조

景仁文

자의 다른 저서, '법과 진화론'에 반영해 두었다. 이 주제에 관심이 많은 독자들은 확인해 일독해 보기를 바라는 마음이다.

2쇄 출간을 통해 모쪼록 본서의 취지가 더 많은 독자들에게 보다 잘 전달될 수 있기를, 테러나 기업범죄를 비롯한 각종 사회문제의 해결에 미력이나마 일조할 수 있기를 희망한다.

무더운 여름을 보낸 2016년 9월
푸르른 바다를 내다보며
제주대 연구실에서

안 성 조

서문

필자가 '현대 형법학' 제1권을 출간한 지 어언 3년이 흘렀다. 당시 새로운 유형의 이론서를 세상에 내 놓는다는 의욕과 기대감에 부풀어 있었고 그러다보니 정작 학계와 실무에서 보다 빈번히 다투어지는 주요 쟁점들을 소홀히 취급하지 않았나 하는 우려와 아쉬움이 늘 남아 있었다. 그렇기 때문에 누군가 본서에 대해 "이 책에 우리에게 필요한 '진정 형법적인 내용'은 전혀 없다!"고 혹독한 비판을 가하더라도 기꺼이 감수하려고 내심 생각하고 있었다. 틀림없이 상당수 독자들은, 직접 드러내지는 않았더라도 그런 평을 하고 있었는지도 모르겠다. 여하튼 나는 그 미진했던 부분에 대한 심적 부담을 항상 느끼고 있고, 조만간 교과서 형태의 책을 출간함으로써 독자들에게 진 마음의 빚을 덜고자 한다.[1)]

그럼에도 불구하고 본서의 제2권을 먼저 출간하기로 결심하게 된 계기는 우연히, 그러나 매우 의미있게 다가왔다. 필자는 작년 연말부터 금년 초까지 법무부가 주관하는 변호사시험의 출제위원으로 위촉되어 여

---

1) 다만 기존의 교과서 스타일을 고수할 것인지, 변호사시험 대비에 특화된 새로운 교과서 집필을 시도해 볼 것인지 미정이다. 특히 기록형과 통합 사례형 문제에 대비한 단권화 필요성은 이러한 고민을 더욱 깊게 만든다. 이 문제는 다른 한편으로는 현행 법학전문대학원 제도의 운용 및 개선방향과도 밀접하게 맞물려 있다. 로스쿨 제도의 도입취지가 "법조인을 '고르던' 시스템에서 '기르는' 시스템으로 전환"이라면 지금보다 더 '자격시험'에 걸맞은 내용과 수준의 문제가 요청된다고 생각한다. 이는 어느 한 개인의 노력만으로는 성취 불가능한 것이다. 그러한 방향전환이 이루어지거나, 분위기가 무르익는다면, 그에 보조를 맞춘 새로운 교재를 개발해 집필해 보고 싶다. 현행 로스쿨 제도의 성과와 개선방향에 대한 최근 논의로는 법학전문대학원협의회, 법학전문대학원 성과와 제도개선 세미나 자료집, 2015 참조.

러 출제위원들과 함께 형사법 분야 출제를 담당했다. 대부분 국가시험의 출제방식이 그렇듯 출제위원들은 출제장소에 비치된 각종 참고자료만을 참조할 수 있다. 비치된 자료는 대부분 학계의 권위있는 주석서와 교과서들이 대부분이다. 그런데 필자를 놀라게 한 사실은 변호사시험 출제와는 사실상 무관하게 여겨질 것처럼 보이는 몇몇 형법 이론서도 참고문헌으로 비치된 점이었다.[2] 대개 이론서라 하면 어렵고 실무와 동떨어져 객관성과 공정성이 담보되어야 하는 국가시험의 출제자료로서는 당연히 기피하게 마련이다. 그럼에도 불구하고 일부 이론서가 비치되어 있었던 것은 다 그만한 이유가 있을 것이다. 어쨌든 이론서라 하더라도 어떤 식으로든 국가시험의 출제에 도움이 될 수 있다는 사실은 매우 고무적인 일이다. 그래서 3년 만에 다시 제2권을 서둘러 출간할 생각을 품게 되었던 것이다.

또 다른, 어쩌면 더 중요한 계기도 있었다. 필자는 본서의 제1권에서 실무와 학계의 동료 연구자들에게 두 가지 측면에서 '학문적 태도의 변화'를 호소한 바 있다. 그 하나는 학제적 연구, 즉 형법이론과 인접학문의 융합연구에 좀 더 관심을 기울여 달라는 것이었고, 다른 하나는 그러한 전문적 연구의 '보편적 이해와 검증의 가능성'이란 목표의 성취였다. 간단히 말해 "누구나 이해가능한 방식으로 융합연구를 수행해 달라!"는 요청이었다. 필자의 호소에 대한 반향이든, 우연의 일치이든, 그동안 몇몇 주목할 만한 실무와 학계의 새로운 학제적 성과를 확인할 수 있었다. 학계의 경우 형법과 불교의 접합점을 다룬 매우 인상적인 연구도 있었다.[3] 또 이제 국내 유수의 로스쿨에서 융합연구와 관련된 정기적 학술대회가 개최되거나 센터가 설치되어 있는 모습이 더 이상 낯설

2) 순전히 학술적 동기에서, 비치된 이론서들을 거명하고 싶지만, 법무부의 출제관리방침에 혹시라도 배치될 수 있다고 사료되어 생략하기로 한다.

3) 감사하게도 필자에게도 그 논문에 대한 심사요청이 왔었다. 더불어 지면을 통해 본서에 실린 논문을 심사해 주었던 익명의 심사위원들께 감사의 뜻을 전하고 싶다. 심사서에서 보내준 날카로운 지적과 비판, 학문적 공감과 지지, 격려가 없었다면 이 논문들을 책으로 엮어 낼 수 없었을 것이다.

지 않다. 사법연수원에서 꾸준하게 학제적 연구를 다룬 교재를 발간하고 있는 점도 매우 고무적이다. 그러한 일련의 연구가 과연 얼마나 '누구든지 이해하기 쉬운 형태'로 수행되었는지 여부는 차치하더라도, 여하튼 필자가 간곡히 바라마지 않던 연구풍토가 서서히 조성되어 가고 있음을 체감할 수 있었고, 이에 부응하여 필자 역시 새로운 관점의 학제적 연구를 세상에 내놓고 싶은 지적 욕구를 느끼게 되었던 것이다.

지난 3년간 내가 중점적으로 천착해 온 주제는 '진화론적 사고방식의 형법적 수용'이다.[4] 그래서 제2권의 표제는 '형법과 진화이론'이다.[5] 이 주제에 관심을 갖게 된 것은, 그 사이에 필자의 연구 환경이 바뀐 탓도 있겠지만, 그보다 오늘날 윤리학과 심리학은 물론 미학 등 많은 학문적 담론에서 진화이론을 빼놓고는 이야기할 수 없을 정도로 진화론적 아이디어가 인기를 끌고 있기 때문이다. 외국의 경우 '법과 진화론'은 '법과

4) '진화론적 사고방식의 형법적 수용'은 본서에서 크게 다섯 가지 방식으로 전개된다. 첫째, (법)철학적 명제의 진화론적 해명가능성의 탐구(제1장), 둘째, 특정 규범의 유래에 대한 진화론적 해석(제2장, 제3장, 제4장), 셋째, 학교폭력 문제에 대한 진화심리학적 분석과 대책(제5장), 넷째, 법학에서 학설대립의 밈이론적 해석(제7장), 다섯째, 회사법인에 의한 '조직적 행위(organizational behaviour)'에 대한 진화이론적 이해(제10장) 등이 그것이다. 본서에서 필자가 원용하거나 제시한 명제와 결론의 일정부분은 작업가설(working hypothesis)이거나 작업가설에 기초하고 있다는 점을 유념해 주길 바란다. 즉 잠정적으로 유효한 것으로 간주하지만 충분히 실증된 것들은 아니다. 이는 무엇보다 제한된 시간과 필자의 능력부족 탓이겠지만, 학제적 연구의 성격상 불가피한 점이 있음을 독자들이 헤아려 주리라 믿는다.

5) 원래 '형법과 진화론'이란 표제도 염두에 두었으나, '진화론'이라고 하면 흔히 '생물학적 진화론'만을 연상시킬 것이 우려되어 그밖에 문화진화론이나 진화심리학 등을 포함할 수 있는 보다 적절한 제목을 모색하던 중 '형법과 진화이론'이라는 표제를 달게 되었다. 물론 학술적으로 엄격하게 구분되는 용법이 아니지만 본서에서 편의상 '진화이론'은 본래적 의미의 '진화론'을 포함하는 보다 넓은 개념으로 사용하고자 한다. 혹자는 필자에게 '형법과 다위니즘(Darwinism)'이란 제목이 더 적절할 것 같다는 조언을 해 주기도 하였다. 지면을 빌려 좋은 아이디어에 감사의 뜻을 전하면서 다만 그러한 제목은 독자들이 책의 내용을 가늠하기에는 너무 앞서 나간 측면이 있다는 판단에서 위와 같은 제목을 본서의 타이틀로 결정하였음을 밝혀 두고자 한다.

경제학'을 대체할 차후 테마로 거론되기도 한다. 이러한 학문적 트렌드는 분명 눈여겨봐야 할 필요가 있다고 생각했다. 하지만 보다 근본적인 이유는 다른 데 있었다. 과거에 필자가 본서 제1권을 집필하면서 미흡하다고 느꼈던 논증의 연결고리 몇 가지와 그와 관련된 여러 의문점을 '원리적으로 해명할 수 있는' 단초를 진화이론에서 찾을 수 있었기 때문이다. 예를 들어 '사이코패스 범죄자의 범죄충동과 책임능력(제13장과 제14장)'을 다루면서 늘 품고 있던 의문중 하나는 인간에게 보편적으로 내재해 있는 공격적·폭력적인 성향을 과연 어디까지 정상적인 범주로 보고 어디부터 병리적인 범주로 구분할 것인지의 문제였다. 정상적인 사람들에게도 일정한 수준의 공격성과 폭력성은 항시 잠재해 있다고 볼 수 있기 때문이다. 그보다 더 근본적으로는 왜 인간에게 그러한 공격적·폭력적 성향이 내재하게 되었는지 의문을 품지 않을 수 없었다. 이러한 성격의 질문에 대해, 최근 유행하는 뇌과학 또는 인지과학적 연구성과만 가지고는 대답하기 어렵다.[6] 공기역학적 설명은 새가 '어떻게' 날 수 있는가를 알려주지만 새가 '왜' 날 수 있게 되었는지는 설명을 할 수 없듯이, 뇌 속을 아무리 들여다보아도 그에 대한 답은 주어지지 않는다. 이를 해명하기 위해서는 우리의 몸과 마음이 만들어진 과정에 대한 진화사적(進化史的) 고찰이 필요하다. 제1권을 집필할 당시만 해도 이러한 의문은 명쾌하게 답할 수 없는 성질의 것이라고 생각했지만, 최근 진화론의 진영에서 바로 이러한 문제에 대한 '과학적 설명'을 내놓기 시작했음을 알게 된 후 이에 대한 본격적인 연구를 시작하게 되었던 것이다. 다음으로 필자가 진화론에 관심을 갖게 된 계기는 특정한 (법)철학적 주제와도 깊은 관련이 있다.

---

6) 이 분야의 가장 최신의 연구성과 보고서라고 할 수 있는 승현준 MIT 교수의 '커넥톰, 뇌의 지도(원제: CONNECTOME)'을 주의 깊게 읽어 보더라도 이에 대한 답은 주어지지 않는다. 승현준 박사의 야심과 원대한 포부처럼 뇌 속의 뉴런 네트워크의 연결지도가 언젠가 완벽히 밝혀지게 되더라도 이 문제는 여전히 해결되지 않은 채 남을 수밖에 없을 것이다. 전혀 다른 방식의, 進化史的 고찰이 요구되는 성질의 것이기 때문이다. 새로운 과학 분야인 커넥토믹스(connectomics)에 대해서는 승현준/신상규 역, 커넥톰, 뇌의 지도 (김영사, 2014) 참조.

필자는 (형)법의 해석이론과 관련해 언어철학자 비트겐슈타인의 '규칙 따르기 고찰'을 소개한 바 있다. 그는 우리가 덧셈과 같은 산술규칙을 누구나 동일한 방식으로 따를 수 있는 이유가 모든 사람이 '덧셈규칙'에 대해 하나의 공통된 '해석(interpretation)'을 토대로 하고 있기 때문이 아니라고 간파한 바 있다. 하나의 해석은 그에 대한 다른 해석을 낳고, 결국 무한퇴행에 빠질 수밖에 없기 때문이다. 우리가 덧셈규칙을 포함해 특정한 규칙을 자동적으로 의심없이 동일하게 따를 수 있는 것은 그것을 끊임없이 배우고 익힌 결과일 뿐이라고 한다. 그러면서 그러한 규칙 따르기는 우리의 '삶의 형식(form of life)'의 일부이며, 그것은 마치 우리가 고통을 호소하는 어린 아이를 보면 그 아이가 진정 고통스러워하는지 의심하지 않고 자동적으로 도움의 손길을 내미는 것과 마찬가지라고 주장하였다. 그가 논급한 '삶의 형식'은, 일반적 견해에 의하면 단지 우리에게 주어진 것일 뿐 그에 대한 더 이상의 정당화는 불가능하고 과학적 탐구나 이론적 설명의 대상이 아니다. 그런데 '진화심리학'에 의하면 특정한 상황에 직면해 위와 같은 연민이 솟아나는 것은, 죄의식이나 복수심, 공포심 등이 일정한 조건이 갖추어지면 발생하는 것과 마찬가지로 우리의 '생존과 번식에 유리하기 때문에' 오랜 세월에 걸쳐 진화된 심리적 메커니즘의 하나다. 이에 필자는 비트겐슈타인이 제시한 '삶의 형식'이란 개념이 진화심리학적으로 볼 때 '진화된 심리적 메커니즘(EPM)'과 무관하지 않을 것이라는 아이디어를 떠올렸던 것이고, 역으로 규칙 따르기란 현상의 '원리적 해명'과 (형)법의 해석이론과 관련해서도 진화론적 사고방식이 유의미한 기여를 할 수 있을 것이라는 기대와 전망을 품게 된 것이다. 결론적으로 말해 동서고금(東西古今)의 다종다기한 법규와 도덕이 세부적으로는 차이를 보이면서도 상당부분 핵심적 규범을 공유하고 있는 배경에는 진화론적 유래가 있다는 것이다. 또한 '법의 지배(rule of law)'가 가능할 수 있는 매우 근본적인 이유, 즉 우리가 그토록 다양한 법규와 규칙을 대부분 불일치하지 않고 서로 동일하게 따를 수 있는 이유도 '우리가 공유하고 있는' 진화된 심리적 메커니즘에서 찾을 수 있다고 본다.[7)]

제1권과 제2권 사이에는 일정한 연속성이 있다. 제2권에서 다루고 있는 진화론적 고찰의 대상이 대부분 제1권에서 다룬 바 있는 고대사회의 '사적 보복관행'이라든지 인간의 '공격적 성향과 충동'에 관한 것들이기 때문이다. 또 제2권에서 다루고 있는 '이기적 유전자 이론'은, 유기체보다 훨씬 작은 대상인 유전자는 물론 법인과 같은 거대한 유사 인격체의 지향적 성격을 설명해 주는데 있어서 매우 유용한 통찰을 제공해 주기 때문에 제1권에서 시도한 바 있는 법인의 범죄능력의 이론적 재구성 노력의 연장선상에 있다고 말할 수 있다.

이 책은 그동안 여러 학술회의와 학술지에 발표, 게재한 논문들을 하나의 주제로 엮어서 집필한 것이다. 각기 다른 학술지에 진화이론을 공통분모로 하는 글을 게재하다 보니 몇몇 글에서는 부득이 진화이론에 관한, 또는 논지전개상 필요한 일부 유사한 내용이 등장한다. 본서의 편집상 다소 불만족스러운 부분이기는 했지만, 오히려 이 점이 하나의 주제에 몰입된, 본서의 연구서로서의 성격을 잘 드러내 준다고 생각되어 대부분 가감 없이 그대로 수록하기로 결정하였다. 독자들의 넓은 이해를 바란다.

본서의 출간이 있기까지 많은 분들의 격려와 도움, 여러 사람들과의 만남과 직·간접적인 지적 교류가 있었다. 그러한 과정이 차곡차곡 쌓여 결실을 맺게 된 것이다. 감사의 말씀을 드리고 싶은 분들을 소개하고자 한다.

먼저 필자가 재직하고 있는 제주대학교의 여러 선배·동료 교수님들이다. 새로운 연구환경에 안착할 수 있도록 물심양면으로 도움을 주신 제주대의 여러 교수님들께 진심으로 감사의 말씀을 전하고 싶다. 사색과 연구에 집중할 수 있는 절대적 안정과 충분한 시간이 없었다면 본서의 출간은 애초에 불가능했을 것이다.

다음으로 지난 3년간 만났던 여러 교수님들과 실무가들이다. 때로는 길고, 때로는 비록 짧은 시간들이었지만, 그분들과의 만남이 필자에게

---

7) 필자와 유사한 생각은 "언어는 직립보행이나 엄지손가락을 구부리는 것처럼 특정한 일을 더 잘하게 해 주고 우리의 필요를 더 잘 채워 주도록 진화한 하나의 적응특성이[며]", "문화는 문화 이전의 욕구를 표현하고 충족시키는 방법이다." 라는 진화예술학자 엘렌 디사나야케의 주장에서도 찾아볼 수 있다. 엘렌 디사나야케/김한영 역, 미학적 인간 - 호모 에스테티쿠스 (예담, 2009) 참조.

준 영향은 컸다. 우선 법학전문대학원 협의회 주관의 모임에서 만났던 여러 형사법 교수님들께 감사를 드린다. 그분들과 나누었던 유익한 대화, 따뜻한 격려말씀 하나하나가 기억에 남는다. 오영근 교수님(한양대), 전지연 교수님(연세대), 천진호 교수님(동아대), 이진국 교수님(아주대), 김정환 교수님(연세대), 이경재 교수님(충북대), 김재봉 교수님(한양대), 김성돈 교수님(성균관대), 류전철 교수님(전남대)께 감사를 드리고 싶다.

본서의 주제 중 하나인 진화심리학 관련 학술논문을 발표할 수 있는 첫 기회를 제공해 준 윤동호 교수님(국민대)과 그 자리에서 비판적 토론을 해 준 홍승희 교수님(원광대)께도 감사를 드린다. 역시 성희롱 문제와 그 해결책에 대해 진화론적 관점에서 발제문을 준비할 수 있는 기회를 제공해 준 한국경찰법학회 관계자 여러분들께도 고마움을 표하고 싶다.

최근에 진화이론에 대해 여러 유익한 대화를 나누고 있는 한상훈 교수님(연세대)과 양천수 교수님(영남대), 그리고 진화이론에 관한 여러 전문서적을 소개해 준 고봉진 교수님(제주대)께도 지면을 통해 감사를 드린다. 금년 여름 변호사시험과 관련된 특강을 위해 연세대에 들렀을 때 필자의 여러 연구활동에 대해서 따뜻한 격려말씀을 해 주신 박상기 교수님(연세대)께도 깊은 감사의 뜻을 전하고 싶다.

금년도 초에 법무부 주관의 어느 모임과 회의에서 만났던 형사법 교수님들과 실무 법조인들도 역시 잊을 수 없다. 서종혁 교수님(사법연수원), 양종모 교수님(영남대), 정승환 교수님(고려대), 문채규 교수님(부산대), 정한중 교수님(한국외대), 이승호 교수님(건국대)과, 그리고 이상원 교수님(서울대), 한영수 교수님(아주대), 박광민 교수님(성균관대), 이훈동 교수님(한국외대)께, 그 친절한 배려와 후의에 진실로 감사한 마음이었다고, 뒤늦게나마 이 자리를 통해 말씀드리고 싶다. 그 모임과 회의에서 만났던 이동원 검사님(광주지검), 김재윤 교수님(전남대), 이승준 교수(충북대)와 조건명, 송경훈 법무관(법무부)에게도, 함께한 시간과 우정 어린 협조에 참으로 고맙다는 말을 전하고 싶다. 그곳에서 있었던 몇몇 법리논쟁은 매우 유익하고 귀중한 경험으로 기억될 것이다.

작년과 재작년 필자가 제주대 로스쿨에서 학생들의 해외연수 기획 업무를 담당할 당시 우리대학 학생들이 미국 연방대법원과 항소법원, 하버드 로스쿨 등을 방문하여 연수를 받을 수 있도록, 미연방대법원 긴스버그(Ginsburg) 대법관의 로클럭으로 재직 중 물심양면으로 도움을 주었고, 현재는 Boies, Schiller & Flexner에서 변호사로 활동하고 있는 필자의 오랜 벗 라이언 박(Ryan Park)과, 예일 로스쿨 견학을 도와주었던 민윤영 교수(단국대), 콜럼비아 로스쿨 방문에 도움을 준 하민경 박사(사법정책연구원), 그리고 각각의 연수기간동안 우리 일행을 친절히 안내해 주었고 우리측 저녁만찬 초대에 흔쾌히 응해주었던 하버드와 예일, 콜럼비아 로스쿨의 한인 학생들에게도, 그 아낌없는 성원과 호의에 참으로 고맙다는 말을 다시 한 번 전하고 싶다. 작년 겨울 예일대 연구실을 방문한 우리 부부를 환대해 주시며 제주에 대한 각별한 마음을 표해주셨던 고홍주 교수님과, 폭설로 인해 약속시간보다 한참 뒤늦게 도착했던 제주대 학생들에게 환한 미소로 준비한 특강을 해 주신 하버드 로스쿨의 석지영 교수님께도 감사의 뜻을 전하고 싶다. 아울러 로펌 White & Case의 파트너이신 공창도 변호사님과 뉴욕 주 지방법원 형사부 대니 전(Danny Chun) 판사님, 그 두 분의 수락과 세심한 배려로 가능했던 로펌과 법원견학, 그리고 그분들과 뉴욕에서 함께한 저녁만찬도 오래도록 잊을 수 없을 것이다.

필자를 서울대학교 법학지의 편집위원으로 위촉해 주셔서 끊임없이 다양한 갈래의 지적 자극을 받아 연구에 전념할 수 있는 동기를 부여해 주신 두 분의 편집위원장 신동운 교수님과 윤진수 교수님, 그리고 서울대학교 법학연구소의 여러 관계자 분들께도 진심으로 감사를 드린다.

원래 가을로 예정된 본서의 출간이 필자의 수정·보완작업으로 오래 지체되었음에도 이를 흔쾌히 인내해 주었고, 편집과 교정에 조력을 아끼지 않은 경인문화사측에도 감사의 뜻을 표하고 싶다.

끝으로 이제 갓 유치원을 다니기 시작한 나의 사랑하는 딸 제인과, 지난 여름 태어난 아들 하준, 그리고 일과 육아를 병행하면서 언제나 우리 가정을 화목하게 이끌어 주고 있는 처 예리에게도, 지면을 빌려

“곁에 없을 때에도 늘 보고싶다”고, 평소 못다 한 말을 전해주고 싶다.

부족하나마 이 책이, 필자가 감사의 뜻을 표해야 할 모든 분들과, 그 소중한 만남과 인연에 대한 진심어린 답례의 표시가 될 수 있기를, 다양한 문제의식을 공유하며 함께 고투하고 있는 실무와 학계의 동료연구자들에 대한, 깊은 존경과 우정의 증표가 될 수 있기를 희망한다.

2015년 맑은 햇살과 단풍으로 어우러진 가을이 지나고
어느덧 찾아온 겨울, 크리스마스를 기다리며
제주대 연구실에서

안 성 조

본서의 기초가 된 저자의 연구업적 목록

제2권은 본서 제1권과 마찬가지로 필자가 기존에 발표한 논문을 토대로 작성되었다. 그리고 편집방침도 제1권과 같다. 즉 편집 과정에서 필요한 경우 기존의 저작물에 일정한 변형을 가하였다. 본문은 물론 각주도 일부 수정, 보완하였다. 특히 제2권에서는 '글 소개'를 통해 독자들의 이해를 돕는 한편, 원래의 저작물에서 미처 다루지 못한 내용을 상세히 보충하기도 하였다. 그 과정에서 '글 소개' 중 일부는 한 편의 논문만큼 길어지기도 하였다. 진화론과 관련된 전문용어와 개념 대해서는 정확성을 기하기 위해 가급적 네이처(Nature) 등 해당 저자가 게재한 학술지 원문을 찾아 인용하였다.[8] 특기할 점은 과거에 다른 저서에 수록한 논문 한편을 재수록 했다는 사실인데, 이는 본고에 일관되게 흐르는 '진화이론적 관점'에서 내가 이전에 집필했던 논문을 재음미할 필요성을 느꼈고, 이를 독자들과 공유하고 싶은 생각이 들었기 때문이다. 많은 독자들이 공감할 수 있기를 희망한다. 이번에도 역시 인용한 참고문헌에 대한 독자들의 접근편의를 위해서 각주의 정확성에 각별히 주의를 기울여 일부 오류를 바로잡기도 하였다. 내용적으로 이 책은 법을 전공한 사람은 물론 다른 전문분야를 전공한 사람들에게도 대단히 흥미로운 주제들을 많이 다루고 있다고 생각한다. 특히 '팃포탯(Tit For Tat) 전략'과 '진화적으로 안정한 전략(evolutionarily stable strategy: ESS)'이란 개념은 형법학은 물론 다른 인접학문에도 풍부한 학술적 논의의 재료를 제공해 줄 것이라고 믿는다. 독자들에게 본서에 대한 냉정

---

8) 비록 자연과학이나 인문·사회과학의 인용방식이 법학문헌의 인용방식과 다르지만, 독자들의 이해의 편의를 위해 일반적인 법학문헌 인용방식으로 형식을 통일했음을 밝혀둔다. 관련 분야 독자들의 양해를 구하는 바이다.

한 평가와 더불어 본서의 내용을 더 발전시킨, 열정 가득한 후속연구가 이루어지기를 기대해 본다. 본서를 집필하는 데 참조한 필자의 저작물 목록은 다음과 같다.

◆ 논 문

안성조, 삶의 형식과 법의 지배, 법철학연구 제16권 제1호, 2013.

______, 고대사회 사적 보복관습에 대한 진화론적 조명, 법철학연구 제17권 제3호, 2014.

______, 팃포탯과 탈리오, 전북대학교 법학연구 통권 제43집, 2014.

______, 도덕적응설의 관점에서 본 고대사회 집단책임관습, 제주대학교 법과 정책 제20권 제3호, 2014.

______, 진화심리학의 관점에서 본 학교폭력의 원인과 입법적·정책적 대책, 국민대학교 법학논총 제27권 제3호, 2015.

______, 법학에서의 人間像과 팃포탯, 인간연구 제28호, 2015.

______, 법학에서 학설대립은 경쟁하는 밈들 간 대립인가?, 연세대학교 법학연구 제25권 제1호, 2015.

______, 고대 동양에서의 법률의 착오론, 비교형사법연구 제8권 제1호, 2006.

______, SNS를 이용한 명예훼손의 법리적 검토, 형사정책 제25권 제3호, 2013.

______, 사이코패스 범죄자에 대한 인지과학적 이해, 인간연구 제24호, 2013.

목 차

2쇄 서문
서문
본서의 기초가 된 저자의 연구업적 목록

§ 1. 삶의 형식과 법의 지배

Ⅰ. 우리에게 주어진, 받아들여야 할 다종다기한 삶의 형식 ········ 4
1. 자연사적 사실로서의 삶의 형식 ········ 4
2. 다른 삶의 형식(상상적 삶의 형식) ········ 8
Ⅱ. 삶의 형식은 어떻게 규범적 판단과 행동의 일치에 기여하는가? ········ 15
1. 가상의 입법자(Glex) 사례 ········ 15
2. 하트의 중심부/주변부 사례 ········ 19
3. 법적 논증과 삶의 형식 ········ 21
Ⅲ. 삶의 형식과 법의 지배 ········ 34
1. 법치의 기본요소와 근본이념 ········ 34
2. 법치가 가능하기 위한 원초적 조건: 삶의 형식의 일치 ····· 37

§ 2. 고대사회 사적 보복관습에 대한 진화론적 조명

Ⅰ. 머리말 ········ 42
Ⅱ. 사적 보복관습의 원형 ········ 44
1. 고대 근동의 사적 보복관습 ········ 44
2. 중세 유럽의 보복관습 ········ 51
3. 현대 원시부족 ········ 54
4. 사적 보복관습의 원형적인 요소와 그 외 요소들 ········ 57

Ⅲ. 진화심리학적 관점에서 본 도덕성의 의미 ····· 59
1. 진화심리학의 목표와 의의 및 기본전제 ····· 59
2. 도덕성에 대한 진화심리학적 분석: 진화된 심리적 메커니즘으로서의 도덕성 ····· 65
Ⅳ. 도덕적응설과 사적 보복관습 ····· 73
1. 도덕적응설의 입장과 이에 대한 반론 ····· 73
2. 반론의 검토 ····· 76
3. 사적 보복관습에 대한 유전자-밈 공진화 가설 ····· 78
Ⅴ. 맺음말 ····· 84

§ 3. 팃포탯과 탈리오

Ⅰ. 머리말 ····· 89
Ⅱ. 죄수딜레마게임과 팃포탯(Tit For Tat)전략 ····· 91
1. 죄수의 딜레마 ····· 91
2. 반복된 죄수딜레마게임의 컴퓨터 프로그램 대회 ····· 92
3. 제1차 대회의 결과 분석 ····· 94
4. 제2차 대회의 개최 ····· 96
5. 2차 대회의 결과 분석 ····· 97
Ⅲ. 팃포탯 전략의 강건성(robustness) ····· 99
1. 팃포탯 전략의 강건성 ····· 99
2. 팃포탯 전략의 강건함에 대한 생태학적(ecological) 검증 ·· 100
Ⅳ. 팃포탯 전략의 진화생물학적 의의 ····· 103
1. 게임이론적 측면에서 총체적으로 안정한 전략 (collectively stable strategy) ····· 103
2. 진화생물학적 측면에서 진화적으로 안정한 전략 진화(evolutionarily stable strategy) ····· 105
3. 팃포탯과 탈리오 ····· 108

Ⅴ. 팃포탯의 진화윤리학적 의의와 탈리오 ······························ 112
1. 팃포탯과 상호적 이타성 ·· 112
2. 진화윤리학의 기본전제와 포괄적응도이론 ························ 113
3. 팃포탯 전략의 진화윤리학적 의의와 탈리오 ····················· 117
Ⅵ. 맺음말 ·· 120

§ 4. 도덕적응설의 관점에서 본 고대사회 집단책임 관습

Ⅰ. 머리말 ·· 124
Ⅱ. 사적 보복과 집단책임 관습의 시대와
문화에 따른 공통점과 차이점 ·· 125
1. 고대 근동의 사적 보복관습과 집단책임 ·························· 125
2. 중세 유럽의 보복관습과 집단책임 ································· 130
3. 현대 원시부족 - 누어(Nuer) 족을 한 예로 ······················· 132
4. 고대사회 사적 보복관습의 원형(prototype)과
집단책임의 여러 형상 ·· 135
Ⅲ. 진화윤리학과 도덕적응설 ··· 136
1. 진화윤리학의 기본전제와 주요이론 ································ 136
2. 팃포탯(Tit For Tat) 전략과 상호이타성의 진화 ··············· 140
3. 도덕적응설과 포괄적응도 ··· 143
Ⅳ. 도덕적응설의 관점에서 본 집단책임관습 ······························ 145
1. 사적 보복관습과 폭괄적응도의 문제 ································ 145
2. 집단책임의 인정과 포괄적응도의 향상 ····························· 146
Ⅴ. 맺음말 ·· 149

§ 5. 진화심리학의 관점에서 본 학교폭력의 원인과 입법적·정책적 대책

Ⅰ. 머리말 ········· 153
Ⅱ. 진화심리학적 관점에서 본 인간의 폭력성 ········· 155
1. 진화심리학의 목표와 의의 및 기본전제 ········· 155
2. 폭력성에 대한 진화심리학적 설명 ········· 161
Ⅲ. 학교폭력 원인에 대한 진화심리학적 접근 ········· 179
1. 학교폭력의 원인 ········· 180
2. 진화심리학적 성과의 적용 ········· 183
Ⅳ. 학교폭력 방지를 위한 입법적·정책적 대책 ········· 185
1. 학교폭력예방및대책에관한법률 개정방안 ········· 185
2. 진화된 심리적 메커니즘으로서의 음악과 도덕성의 활용 ·· 188
3. 특강법상 소년감경 제한규정의 폐지 ········· 192
Ⅴ. 맺음말 ········· 195

§ 6. 법학에서의 人間像과 팃포탯

Ⅰ. 머리말 ········· 200
Ⅱ. 반복된 죄수딜레마게임에서 팃포탯 전략의 의의 ········· 202
1. 죄수의 딜레마 상황 ········· 202
2. 반복된 죄수딜레마게임에서 가장 유리한 전략 - ‘팃포탯’ ········· 203
3. 팃포탯 전략의 ‘강건성(robustness)’에 대한 검증 ········· 208
4. 팃포탯 전략의 게임이론적·진화생물학적 의의 ········· 210
Ⅲ. 팃포탯의 (진화)윤리학적 의의 ········· 214
1. 팃포탯과 상호적 이타성 ········· 214
2. 진화윤리학의 기본전제와 포괄적응도이론 ········· 215
3. 팃포탯 전략의 진화윤리학적 의의 ········· 218

Ⅳ. 팃포탯의 전략이 법학의 인간상에 주는 함의 ········· 221
1. 법에 있어서 人間像의 변천 ········· 221
2. 팃포탯 전략의 진화윤리학적 함의와
법에 있어서 인간상 ········· 225
Ⅴ. 맺음말 ········· 227

§ 7. 법학에서의 학설대립은 경쟁하는 밈들 간 대립인가? - 소수설을 위한 밈학적 변론 -

Ⅰ. 들어가며: 학설대립과 진화론 ········· 232
Ⅱ. 진화론과 이기적 유전자 이론 ········· 237
1. 진화론의 주요개념 ········· 237
2. 이기적 유전자 이론 ········· 242
Ⅲ. 지향 복제자로서의 밈 ········· 246
1. 복제자로서의 밈 ········· 246
2. 이기적 밈이론: 지향복제자로서의 밈 ········· 246
3. 밈복제가 성공 또는 실패하는 조건 ········· 254
Ⅳ. 학설대립의 밈이론적 해석 ········· 261
1. 학설은 왜 밈인가? ········· 261
2. 법학에서의 학설 밈의 선택환경 ········· 265
3. 학설 밈이 다수설로 진화하는 개별 사례의 검토
- '법효과제한책임설'을 한 예로 ········· 267
Ⅴ. 맺음말 ········· 273

§ 8. 고대 동양에서의 법률의 착오론

Ⅰ. 문제제기 및 논의구도 ········· 281
Ⅱ. 고대 인도에서의 법률의 착오론 ········· 284
1. 베다전통 문헌(1500~B.C.200) ········· 284

2. 자이나교와 불교 문헌 ········· 298
Ⅲ. 고대 중국에서의 법률의 착오론 ········· 310
1. 주례(周禮) 추관사구(秋官司寇) 사자(司刺)편의 불식(不識)에 대한 해석론 ········· 310
2. 당률(唐律)에서의 법률의 착오론 ········· 315
Ⅳ. 몇 가지 비교와 결론 ········· 321
1. 법률의 착오에 대한 동양적 관점들 간의 공통점과 차이점 ········· 321
2. 구약성서와 고대 그리이스 및 로마법상의 착오론과의 비교 ········· 322
3. 고대 착오론의 현대적 의의 ········· 327
Ⅴ. 맺음말 ········· 333

§ 9. SNS를 이용한 명예훼손의 법리적 검토

Ⅰ. 서언 ········· 339
Ⅱ. SNS의 매체적 특성논변 ········· 341
1. SNS의 사적 '구술'대화 공간으로서의 성격 ········· 341
2. SNS소통의 '사적 소통'으로서의 성격 ········· 342
3. 매체적 특성논변의 함의: SNS 소통에 대한 법적 규제의 제한 ········· 344
4. SNS소통의 '사적 소통'으로서의 성격 ········· 345
Ⅲ. SNS를 이용한 명예훼손과 관련된 쟁점의 법리적 검토 ········· 350
1. 정보통신망법상 명예훼손죄 구성요건의 해석 및 적용과 관련된 쟁점 ········· 350
2. 기타 SNS를 이용한 명예훼손과 관련된 쟁점 ········· 368
Ⅳ. 맺음말 ········· 373

§ 10. 사이코패스 범죄자에 대한 인지과학적 이해

Ⅰ. 사이코패스 범죄자에 대한 형법적 배려? ………… 393
Ⅱ. 인지과학적 관점에서 본 사이코패스 ………… 394
1. 인지과학과 마음 ………… 394
2. 마음과 뇌 ………… 396
3. 마음-뇌 동일론 ………… 399
4. '마음-뇌 동일론'과 사이코패스 ………… 404
Ⅲ. 법인의 사이코패스 범죄에 대한 인지과학적 이해 ………… 405
1. 마음의 사회 ………… 405
2. '협력과 경쟁'하는 마음들로 이루어진 뇌 ………… 406
3. 뇌에서 의식의 역할 ………… 408
4. 인지과학적으로 재구성된 마음의 관점에서 본 법인의 범죄능력 ………… 409
5. 기업사이코패시 ………… 412
Ⅳ. 자연인과 법인 사이코패스 범죄에 대한 대책: 치료와 전사회적 관심 ………… 419
1. 자연인 사이코패스 범죄에 대한 대책 ………… 419
2. 기업사이코패시의 치료가능성 ………… 420
3. 기업사이코패스 범죄에 대한 대책 ………… 431

Epilogue ………… 432
추도의 글 ………… 436

〈추록〉 형법 제16조에 대한 유기천 교수의 해석론 연구

Ⅰ. 서론 ………… 441
Ⅱ. 형법 제16조의 입법취지 ………… 445
1. 형법 제16조에 대한 법제편찬위원회 형법요강 ………… 445

2. 신형법 제16조의 제정 이전 구형법 제38조 3항에 대한 학설개관 ········ 446
Ⅲ. 형법 제16조의 이론적 토대:
엄격고의설과 가능성설의 견해의 대립 ········ 450
1. 규범적 책임론과 위법성인식필요설(엄격고의설) ········ 450
2. 위법성인식가능성설 ········ 453
3. 소결 ········ 455
Ⅳ. 형법 제16조의 해석론과 가능성설 ········ 457
1. 다른 학설과 가능성설의 비교 ········ 457
2. 형법 제16조의 해석과 가능성설 ········ 463
Ⅴ. 결론 ········ 474

찾아보기 ········ 477

§ 1. 삶의 형식과 법의 지배

[글 소개]

이 논문은 필자가 몇 해 전 '비트겐슈타인과 법해석'을 주제로 고려대학교에서 개최된 한국법철학회에서 발표한 것이다. 그를 바라보는 관점은 논자들마다 다르겠지만 비트겐슈타인은 서구 지성사에 있어서 "이제까지의 모든 철학은 플라톤에 대한 주석에 불과했다. 단 비트겐슈타인 이전까지"라는 평을 받기도 하는 중요한 언어철학자이다. 그리고 그의 핵심 사상은 현대의 많은 학문적 담론에 지대한 영향을 끼친 것도 사실이다. 법(철)학도 예외는 아니며, (형)법의 해석방법론과 관련된 논의에 있어서도 오랜 동안 그는 논쟁의 중심에 있었다. 하트와 드워킨, 알렉시와 하버마스는 물론 형법학자 플레처도 비트겐슈타인을 원용한다. 다만 그가 주창한 핵심적 아이디어 중 어느 측면에 더 비중을 두는지, 또는 그의 특정한 주장에 대한 해석방식은 연구자들마다 다르다. 필자가 위 학회에서 주장한 바도 바로 그런 점에서 의의가 있다고 생각한다. 적어도 국내 법철학계에서 비트겐슈탄인은 소위 '화용론적 전회'를 가져온 장본인으로 널리 다뤄져 왔던 것이 사실이다. 즉 언어의 의미는 본래적으로 고정된 것이 아니라 그 '쓰임(사용)'에 의해 결정된다는 소위 '언어사용이론'을 법해석론에 응용하기 위한 전거로 많이 인용되어 왔던 것이다. 하지만 이 글은 그의 주장의 다른 측면에 주목한다. 설령 언어의 의미가 대부분 처음부터 고정적인 것이 아니라 그 '쓰임'에 의해 결정되는 가변적 성격을 갖는다고 하더라도 우리가 그러한 언어를 통해 별 무리없이 의사소통을 할 수 있는 것은 소통자들 간의 '삶의 형식'이 일치하기 때문이라는 것이 비트겐슈타인의 통찰이다. 즉 "언어에 의한 의사소통을 위해서는 정의들에서의 일치뿐 아니라, 판단들에서의 일치도 필요하다."는 것이 비트겐슈타인의 주장이고, 그러한 판단의 일치가 가능한 것은 우리의 삶의 형식이 일치하기 때문이라고 한다. 예컨대 우리는 '법'이라는 낱말을 다양한 맥락과 언어게임에서 상이한 뜻으로 사용하지만 의사소통의 과정에서 그 의미를 이해하는 데 있어서 별다른 어려움이 없다. 비록 그 사용되는 맥락에 따라 법의 '의미'는 다를 수 있지만 소통의 당사자들 간에 언제나 '판단의 일치'가 이루어지고 있는 것이다. 이러한 현상은 어쩌면 너무나 당연하게 여겨지는 일이겠지만, 비트겐슈타인의 통찰에 의하면 우리에게 그러한 판단의 일치, 즉 삶의 형식의 일치가 없다면 대부분의 의사소통은 불가능해질 수 있다는 것이다. 왜냐하면 '판단의 일치'가 전제되지 않는다면 언어의 사용자들은 특정 단어에 대해 저마다 상이한 해석과 의견을 갖게 될 것이고, 그렇게 되면 우리의 의사소통을, 더 나아가 우리의 삶을 가능하게 해주는 근본토대가 사라지게 되기 때문이다. 예컨대 '덧셈'과 '뺄셈'을 가르치고 배우는 일조차 불가능해 질 수 있다. 하지만 현실에서 그러한 사태는 발생하지 않는다. '삶의 양식'은 저마다 다를지언정 '삶의 형식'은 동일하기 때문이다. 이처럼 삶의 형식은 우리의 삶에 있어서 소통이 가능해져 행동과 반응의 일치를 가능케 해 주는 자연적 기초가 되고, 보다 거시적 관점에서 보자면, 우리를 인간이게끔 하나의 '종'으로 묶어주는 구심점이 되기도 한다. 이러한 고찰로부터 다양한 규범적 함의가 파생되어 나올 수 있다는 것이 필자의 생각이다. 예를 들어 법규를 제정하고 준수하는 것은 인간 고유의 특성이고 이를 가능하게 해 주는 것도 삶의 형식과 연결되어 있기 때문이다. 그렇지 않고서야 우리가 어떻게 수많은 법규를 특정한 목적을 위해 제정하고 그 목적에 부합되도록 동일한 방식으로 따를 수 있겠는가? '법의 지배'가 가능하기 위해서는 그 무엇보다도 '삶의 형식'의 일치가 있어야 한다. 게다가 필자는 비트겐슈타인처럼 '삶의 형식'이 단지 우리에게 주어져 있고 받아들여야 할 대상이라고 보지는 않는다. 더 이상 과학적 탐구가 불가능한 대상이라는 것이 그의 통찰인 듯 보이나, 분명히 '삶의 형식'에 대한 과학적 해명이 가능하다고 생각한다. 왜냐하면 '삶의 형식'을 우리를 하나의 종으로 묶어 주는 '자연사적 사실'로 볼 수 있다면, 이는 곧 특정한 진화사적 유래와 무관하지 않을 것이고, 따라서 '삶의 형식'에 대한 진화론적 고찰의 가능성이 존재하기 때문이다. 필자가 이러한 문제의식을 처음으로 표출한 글이 바로 '삶의 형식과 법의 지배'이다.

I. 우리에게 주어진, 받아들여야 할 다종다기한 삶의 형식

1. 자연사적 사실로서의 삶의 형식

"그대를, 만나기 위해, 많은 이별을 했는지 몰라. 그대는, 나의 온몸으로 부딪쳐, 느끼는 사랑일뿐야." 이는 어느 한 대중가요의 절정부의 가사내용이다. 최근 들어 국내에서 크게 인기를 끌고 있는, 여러 가수들이 출연해 다른 가수의 원곡을 자신만의 스타일로 리메이크해 부르며 경연을 펼치는 한 예능프로그램에서 선곡되었던 노래들 중 하나다. 이 노래가사를 부르는 장면이 인상적이었던 것은 이 프로그램의 연출방식 때문이다. 카메라는 수시로 관객들의 표정을 훑는다. 특히 노래가 절정에 이를 즈음에는 곡에 심취한 관객들의 표정을 클로즈 업 시켜 시청자들의 몰입을 극대화한다. 눈을 감고 음미하는 사람, 눈물을 흘리는 사람도 있고, 홍에 겨워 춤을 추면서 따라 부르거나 몽롱한 눈빛으로 감상에 젖어드는 사람도 보인다. 이는 흡사 노래를 눈으로 듣고 있는 것처럼 느끼게 만드는 효과를 가져온다. 그리고 분명한 사실은 단순히 노래를 귀로 듣기만 할 때보다 감동이 더 배가된다는 점이다. 클로즈 업 된 관객의 표정이 감정적으로 고조될수록 그에 비례해 더욱 강렬한 감동을 시청자들에게 전해준다.

필자는 문득 다음과 같은 생각이 들었다. 저 장면에서 전해져 오는 감동은 많은 사람에게 공감 가는 가사 때문일까, 애절한 음정의 육성 때문일까, 아니면 심취한 관객의 표정 때문일까? 그것은 확실히, 모든 것들이 어우러진 결과라고 말할 수 있을 것이다. 그리고 이처럼 가사의 의미내용과, 가수의 음성과, 이를 듣고 있는 다른 청중의 표정에서 감동을 받을 수 있는 것은, 바로 우리에게 주어진, 받아들여야 할 '삶의 형식(form of life)'의 일부를 구성한다고 말할 수 있다. 노랫말이 가슴에 와 닿을수록, 가수의 음성과 곡의 선율이 아름다울수록, 그리고 노래에 대한 다른 사람의 감동이 클수록 나의 감동도 그만큼 커지게끔 우리의 삶의 형식이 주어져 있는 것이다. 이것은 당연한 말 같지만, 어찌 보면 - 우리와 다른 삶의 형식에 속해 있는 자의 관점에서는 - 아주 기이한 현상이다. 왜 우리는 다른 방식으로 감동받거나 반응할 수 없는 것인가? 즉, 왜 무미건조한 가사나, 음치의 노래에는 감동받지 못하고, 타인의 고조된 감정과 반대로는 마음이 움직이지 않는가? 이렇게 우리의 삶에 있어서 판단과 반응이 일치할 수 있는 것은, 비트겐슈타인의 통찰을 빌리자면, 바로 삶의 형식이 일치하기 때문이다. 비트겐슈타인이 말한 삶의 형식은 삶의 양식[1]과 달리 변모하는 것이 아니라 고정된 것으로 자기를 유지하면서도, 인간의 사유와 언표 그리고 행위를 실제로 가능하게 해 주는 중심점이다. 우리의 삶의 형식은 다른 종, 예컨대 동물들의 그것과는 다르며, 인간의 공통적인 자연사(human natural history)[2]의 사실들(예를 들면 원초적인 본성이나 자연적 성향으로서의 습관 등)로 구성되며, 이는 주어진 것이고, 다만 받아들여야 할 것이다.[3]

---

1) 삶의 양식은 삶의 형식과 다르다. 사람들의 삶의 양식은 셀 수 없을 정도로 다양하겠지만, 그러한 삶의 양식들은 모두 단일한 종으로서의 인간의 공통된 삶의 형식에 속하는 것들이기 때문이다. 삶의 양식은 삶의 형식이 인간의 삶을 통해 구현된 것이다. 요컨대 인간의 삶의 형식은 단일하더라도 구체적으로 그것이 구현되는 여러 갈래의 삶의 양식들 간에는 상호 교차·중첩하는 가족유사성이 있다. 이에 대해서는 문종두, 언어사용과 삶 (청문각, 2007), 169-170면 참조.

2) 자연사란 쉽게 설명하자면 "인간이 다른 종과 달리 이러한 방식으로 살아가는바"라고 규정할 수 있을 것이다. 비트겐슈타인은 철학적 탐구(이하 탐구로 칭함)에서, 명령하기, 묻기, 셈하기, 농담하기 등은 바로 걷고, 먹고, 마시고, 노는 것처럼 우리의 자연사의 한 부분이다"라고 말한 바 있다(탐구 §25). 문종두는 '인간의 자연사'를 '우리가 살아가는바'라고 정의한다. 이 점에 대해서는 문종두, 언어사용에 대한 비트겐슈타인의 충분한 연구, 사고와 표현 제3집 제1호(2010), 130면 참조.

3) '삶의 형식'이 무엇인가에 대해서는 많은 철학적 논의가 있다. 삶의 형식에 대한 다양한 해석론에 대한 소개로는 문종두, 앞의 책, 109면 이하 참조. 동 문헌에 의하면 삶의 형식에 대해서는 크게 ① 칸트적 선험주의에 의한 해석(H.C. Schwyzer)과 ② 흄적 자연주의에 의한 해석(O. Hanfling, P.F. Strawson), 그리고 ③ 초월적 자연주의에 의한 해석(N. Garver) 등이 있으며, 이 중에서 언어의 의

사실 비트겐슈타인은 '삶의 형식' 개념에 대해 명시적으로 정의내린 바는 없다. 또한 삶의 형식이란 표현은 비트겐슈타인의 저작 전체에 걸쳐 불과 몇 차례만 등장한다. 이로 인해 삶의 형식이란 개념은 연구자들에게 신비롭게 여겨져 왔고 다양한 해석을 낳고 있으므로, 우선 이에 대한 충분한 논의가 필요하겠지만 이를 위해서는 별도의 논문을 구성해야 할 정도로 방대한 양의 자료검토와 논증이 필요하기 때문에 여기서는 이를 생략하기로 하고, 그 대신 그가 삶의 형식에 관해 논급하고 있는 원전상의 개소들을 소개함으로써 다양한 철학적 견해들을 검토하지 않고도 필자가 채택하고 있는 삶의 형식 해석이 원전의 내용과 정합적으로 결합될 수 있다는 사실을 '보여' 주고자 한다. '삶의 형식' 개념은 '철학적 탐구(이하 '탐구'로 칭함)'에서는 단 다섯 번 논급되며, '확실성에 관하여(이하 '확실성'으로 칭함)'에서는 단 한 번 논급되고 있다.[4)]

[탐구 §19] 우리들은 오직 전투에서의 명령들과 보고들로만 이루어진 어떤 한 언어를 쉽게 상상할 수 있다.-또는 오직 '질문'과 "예"와 "아니오"라는 대답으로만 이루어진 어떤 한 언어를. 그 밖에 무수히 많은 다른 언어들을. 그리고 어떤 하나의 언어를 생각하는 것은 하나의 삶의 형식을 생각하는 것이다. 그러나 어떤가, 예 (2)[5)]에서의 '석판!'이라는 외침은 하나의 문장인가 아니면 낱말인가?" (중

미가 그 지시체(reference)라는 언어관, 즉 언어의 의미가 언어 외적 근거에 의존한다는 전기 비트겐슈타인의 언어관(이른바 '논고'의 언어관)을 넘어서 우리가 사용하는 언어는 자기 속에 자신의 정당성(유의미함)을 가지며, 따라서 자기전개(언어사용)을 통해 의미를 획득한다는 후기 비트겐슈타인의 언어관에 가장 잘 부합되는 해석은 초월적 자연주의에 의한 해석이라고 한다. 여기서 '초월적'이라는 의미는 '삶의 형식'이 과학적 탐구나 이론적 설명의 대상이 아니며 오히려 그것을 실제로 가능하게 한다는 뜻이다. 요컨대 비트겐슈타인의 입장은 인간의 자연사로 이루어진 '단일하고 공통된' 삶의 형식에 준거하여 '다양한' 언어게임이 펼쳐짐으로써 언어는 유의미하게 된다는 것이라고 한다. 필자는 대체로 위 견해에 동의하지만, '중요한 점에서' 조금은 다르게 해석한다. 후술하겠지만 우리가 왜 이러한 삶의 형식을 갖게 되었는가에 대해 과학적 문제제기와 이론적 해명이 어느 정도 가능하다고 생각하기 때문이다

4) 이하의 개소에 대한 번역은 대체로 이영철이 편역한 '비트겐슈타인 선집 제4권(철학적 탐구)과 제6권(확실성에 관하여) (책세상, 2006)'을 따랐음을 밝혀둔다.

략) 왜냐하면 "석판!"이라고 외치는 사람은 본래, "나에게 석판을 가져오라!"를 뜻하기 때문이다. 그러나 당신은 어떻게 "석판!"이라고 말하면서 그것을 뜻하는 일을 하는가? 당신은 단축되지 않은 그 문장을 속으로 말하는가? 그리고 "석판!"이라는 외침으로 어떤 사람이 뜻하는 것을 말하기 위해서 왜 나는 이 표현을 다른 표현으로 옮겨야 할까?

[탐구 §23] 그러나 얼마나 많은 종류의 문장들이 있는가? 가령 주장, 물음, 명령?- 이런 종류는 무수히 많다. 우리가 '기호들', '낱말들', '문장들'이라고 부르는 모든 것의 수많은 상이한 종류의 사용이 있다. 그리고 이 다양성은 고정된 것, 딱 잘라서 주어진 것이 아니다. 오히려 언어의 새로운 유형들, 새로운 언어게임이라고 부를 수 있는 것들이 생겨나고, 다른 것들은 낡아 잊혀진다. (수학의 변화들이 우리에게 이에 관한 하나의 대략적인 그림을 줄 수 있다). '언어게임'이란 용어는 여기서 '언어를 말하는 것'이 어떤 활동의 일부 또는 삶의 형식의 일부라는 것을 드러내기 위해 의도된 것이다.

[탐구 §240-§242] 규칙에 따라 행해졌는지 아닌지에 관해서 (가령 수학자들 사이에) 아무런 논쟁이 벌어지지 않는다. 그것에 관해서는 예컨대 치고받는 일이 벌어지지 않는다. 이것은 우리의 언어가 작용하는 (예컨대 어떤 기술을 하는) 발판에 속한다. 그러니까 당신은 사람들 사이의 일치가 어떤 것이 옳고 어떤 것이 그릇된 것인지를 결정한다고 우리가 말할 수 있는가? 사람들이 말하는 것은 옳거나 그르다. 그리고 사람들은 자신들이 사용하는 언어 속에서 일치한다. 이것은 의견들의 일치가 아니라 삶의 형식의 일치이다. 언어에 의한 의사소통을 위해서는 정의들에서의 일치뿐 아니라,(이것은 매우 이상하게 들릴지도 모르지만) 판단들에서의 일치도 필요하다."

[탐구 i] 우리는 동물이 성내고, 두려워하고, 슬퍼하고, 기뻐하고, 깜짝 놀라는 것을 상상할 수 있다. 그리고 희망하는 것은? 그리고 왜 못하는가? (중략) 오직 말할 수 있는 사람만이 희망할 수 있는가? 오직 어떤 언어의 사용에 숙달된 사람만이 희망할 수 있다. 즉, 희망한다는 현상은 이 복잡한 삶의 형식이 드러나는 양태(樣態)다. (만일 어떤 개념이 인간의 글씨쓰기를 지시하는 것이라면, 이 개념

5) 여기서 예 (2)는 건축용 석재들을 가지고 건물을 짓는 건축가 A와 조수 B의 의사소통을 위해 사용되는 어떤 원초적 언어를 말한다. 즉, 벽돌, 기둥, 석판, 들보가 있고, B는 A가 그것들을 필요로 하는 순서에 따라서 A에게 그 석재들을 건네주어야 한다. 이러한 목적을 위해 A와 B는 '벽돌', '기둥', '석판', '들보'란 낱말들로 이루어진 어떤 한 언어를 사용한다.

은 글씨를 쓰지 않는 존재에게는 적용되지 않는다.)

[탐구 xi] 일반적으로 수학자들 사이에는 계산의 결과에 관한 논쟁은 벌어지지 않는다. (이는 중요한 사실이다.) (중략) 우리는 계산의 결과가 무엇인지 결코 알 수 없지만, 그럼에도 불구하고 그것은 언제나 전적으로 확정된 결과를 가지고 있다. (중략) 받아들여져야 하는 것, 곧 주어진 것을 바로 삶의 형식이라고 말할 수 있다. (중략) 만일 충분한 일치가 존재하지 않는다면, 사람들은 우리가 배우는 기술을 배우게 되지도 않을 것이다 그것은 우리의 것과 다소 다를 것이며, 심지어 알아볼 수 없기까지 할 수도 있다.

[확실성 §358-§359] 나는 이제 이 확실성을 경솔함이나 피상적인 것과 유사한 어떤 것으로 보기 보다는 하나의 삶의 형식으로 간주하고 싶다. (이는 매우 조악한 표현이자 조악한 생각일 것이다.) 하지만 이는 내가 그것을 정당화된다 혹은 안 된다를 넘어선 어떤 것, 그러니까 말하자면 동물적인 어떤 것으로 파악하고자 한다는 것을 의미한다.

2. 다른 삶의 형식(상상적 삶의 형식)

우리와는 전혀 다른 삶의 형식 속에 있는 사람 혹은 외계인을 가정해 볼 수 있다. 예컨대 지구인 피터는 감정을 매우 잘 통제하는 사람이다. 그는 어떤 상황에서든지, 이를테면 위 관객의 입장이 되었을 때 가수의 노래가 감동적이어도 자신의 감정이 적절한 것인지를 보증받기 위해 언제나 최소한 두 사람 이상이 동일한 반응을 보이는 것을 확인하고서야 감정을 행동으로 표출한다. 또 다른 지구인 폴도 역시 감정을 매우 잘 통제하는 사람으로서 비교적 온건한 유아론에 빠져 있는 자이다. 그는 자신 이외의 모든 타인은 자신의 주관이 만들어 낸 산물일 뿐 실재하지 않는 것이라고 믿지는 않지만, 남들이 보이는 반응을 자신이 직접 체험할 수 없는 이상은 그들이 진정 자신과 동일한 마음을 지니고 있는 존재인지 확신할 수 없다고 생각한다. 따라서 그는 타인의 반응을 대체로 신뢰하지 않으며, 앞의 관객 사례에서 타인들이 환호성을 지르고 감정이 고조되는 것을 보더라도 타인의 감정을 자신이 직접 경험할 수 없는 이상, 어떠한 반응을 보여야 할 것인지 언제나 주저하게 되고, 가급적 주변의 반응과 전혀 무관하게 평정심을 유지하려고 노력한다.

다음으로 외계인 함무라비나 암스트롱을 가정해 보자. 함무라비가 사는 행성에서는 각종 제도와 법률은 물론 대부분의 거래관계에서 '팃포탯(Tit For Tat) 원칙'[6]이 최우선적으로 매우 엄격히 지켜진다. 이 행성은 다른 행성들에 비해 문명의 발달이 상당히 더딘 편이어서 형벌의 경우, 대부분의 공동체에서 아직 공형벌권이 도입되지 못한 상태이기 때문에, '동해보복의 원칙(*Lex Talio*)'에 의한 사적 보복관습이 널리 통용되고 있어 갑이 을의 왼쪽 눈을 실명케 하면 을도 갑의 왼쪽 눈을 실명케 해야 하고, 갑이 을의 아들을 살해하면, 을도 갑의 아들을 죽여야 한다. 암스트롱의 행성에서는 모든 행성인들이 소위 죄수의 딜레마 상황과 같이 상호 '협력'이 필요한 상황에서 항상 '배신'을 선택한다. 이들에게는 '배신'을 하는 것이 사회적으로 도덕적인 행위로 여겨지고, 만일 이러한 금기를 깨고 '협력'을 하게 되면 우리가 '배신'할 때처럼 심한 양심의 가책을 느끼며 사회적 비난을 감수해야 한다. 지금까지 가상의 인물들인 피터, 폴, 함무라비, 암스트롱의 사례를 검토해 보았다. 다소 공상적인 설정이긴 하지만 '우리의' 삶의 형식이 어째서 당연한 것이 아니라, 다른 삶의 형식이 존재할 수 있다면 그들의 관점에서는 기이한 것일 수도 있으며, 하지만 적어도 우리의 삶에 있어서는 판단과 행동을 결정하는 하나의 표준이고 인간 종에게 특유한 '고유성'을 갖는 것인지 잘 해명해 준다고 본다.

우선 지구인 피터와 폴의 경우를 보자. 우리는 그들이 만일 자신만의 '삶의 형식'을 고수할 경우 우리와 어울려 정상적인 생활을 하지 못할 것임을 충분히 예측할 수 있다. 혼자서 급박하고 위태로운 상황에 처한 피터가 자신의 감정이 적절한 것인지 테스트하기 위해 주변의 다른 사람을 찾다가 결국 찾지 못해 사고를 당하는 경우를 가정해 볼 수

---

6) 간단히 말해서 '받은 대로 되갚는 원칙'을 말한다. 이 개념의 게임이론적 의의와 진화생물학 및 진화윤리학적 함의에 대해서는 본서 제3장을 참조할 것.

있다. 또한 주변의 모든 사람들이 자신과 동일한 마음을 지닌 사람이라는 점을 믿지 못해 언제나 신속한 판단을 유보하다가 모든 경쟁에 뒤처지거나, 아니면 타인을 감정이 없는 생명체로 간주해 자신의 이익을 위해 도구적으로 대하며 그들을 이용한 범죄를 일삼는 범죄자가 되는 경우를 가정해 볼 수도 있을 것이다. 어느 경우이거나 공통점은, 정상적인 사람이라면 그러한 삶의 형식에 맞추어 살아갈 수 없다는 점이다. 이는 비단 실생활에 불편함이 초래될 뿐만 아니라 생존과 삶의 영위에 대한 심각한 위협에 직결되기 때문이다. 따라서 피터와 폴은 사회에 적응하지 못해 사회적으로 도태되어 다치거나 죽거나 격리될 것이고, 그렇게 되지 않기 위해서라면 그들은 본래적으로 우리에게 주어인 삶의 형식에 맞추어 정상적인 삶을 되찾게 될 것이다. 아마도 후자가 더 현실적인 결과라고 보이며, 결론적으로 말하자면 삶의 형식은, 비트겐슈타인이 생각처럼 고정되어 변하지 않으며 스스로를 유지하면서 인간의 사유와 언표, 그리고 행위를 실제로 가능하게 해 주는 중심점(표준)이 된다고 말할 수 있을 것이다.

함무라비와 암스트롱의 경우는 좀 다르다. 만일 그들이 지구에서 살아가야 한다면 그들도 일단 피터나 폴처럼 일상생활에서 수많은 부분에서 다른 사람과 충돌을 일으키게 될 것이고 결국 우리 사회에서 도태될 가능성이 높다. 만일 그들이 지구의 삶의 형식에 적응한다면 문제가 해결될 가능성이 있지만, 외계인인 그들은 피터나 폴과는 달리 그렇지 못할 가능성이 더 높다고 본다. 예를 들어 관객의 심취한 표정을 보고 감동이 더욱 커지는 것은 우리에게 타인의 반응에 공감하는 능력이 있기 때문이다. 그리고 타인의 마음에 대한 공감능력은 타인을 모방할 수 있는 능력과 밀접히 연관돼 있고, 이처럼 모방을 할 수 있는 능력은 신경생물학적으로 거울뉴런(mirror neuron)의 정상적 기능이 전제되어있어야 가능하다. 냉대지방에 사는 원시 인류가 따뜻한 털을 지닌 동물의 가죽을 벗겨 입을 생각을 할 수 있었던 것은 바로 거울뉴런 덕분이다.[7)]

---

7) 거울뉴런의 기능에 대해 부연하자면 우리는 언제든 누군가가 무언가를 하는 것

여기에 덧붙이자면, 타인을 모방하는 능력은 '시청각'의 도움 없이는 불가능하다는 것은 생물학적 진리다. 또한 우리의 신체와 동일한 시청각 기능을 갖추지 못한 생명체에게는 우리와 동일한 감정적 반응과 공감 능력이 있다고 단정키 어려울 것이다.[8] 이처럼 삶의 형식은 순전히 사회·문화·역사적 요소[9]만으로 구성된 것이 아니다. 생물학적·유전적인 요소도 분명 일정부분을 차지한다고 보아야 한다.[10] 함무라비의 행성에

을, 심지어 무언가 하려고 시작하는 것을 지켜볼 때면, 해당하는 거울뉴런이 뇌에서 발화하고, 이로써 타인의 의도를 읽고 이해할 수 있다. 어린 아이에게 거울뉴런이 없으면 자폐증을 유발할 수 있으며, 이 뉴런이 없으면 아이는 더 이상 타인을 감정적으로 이해하거나 타인과 공감할 수 없으며, 세상과 완전히 단절된다. 저명한 신경과학자인 라마찬드란은 이 거울뉴런이 인류의 뇌 진화와 관련이 있다고 추정하며, 향후 마음의 수많은 능력을 설명하는데 도움을 줄 것이라고 전망한다. 이에 대해서는 스티븐 핑커 외/이한음 역, 마음의 과학 (와이즈베리, 2012), 38면 이하 참조.

8) 이 점에 대해서는 안성조, 현대 형법학 (경인문화사, 2011), 476면 이하 참조.

9) 여기서 사회·문화·역사적 요소란 우리가 통상적으로 시대와 지역마다 다를 수 있음을 염두에 둔 상대적 개념을 지칭하는 것이 아니라 단일한 종으로서의 인간에게 고유한, 즉 동물이나 피터나 폴, 함무라비나 암스트롱처럼 상상속의 또는 가상의 인간과 구별되는, 그러나 우리 인간에게는 공통되는 사회·문화·역사적 배경을 갖고 있다는 의미이다.

10) 쉬운 예로 옥시토신 호르몬에 대한 최근 한 연구는 일부일처제라는 '삶의 형식'이 단지 인간에게 고유한 사회·문화·역사적 배경에서만 비롯된 것이 아니라 생물학적 요인의 영향을 일정부분 받았음을 추측케 해준다. 일반적으로 옥시토신 호르몬은 암수의 결합과 유대를 강화하는 것으로 알려져 있으나, 관련 연구에 의하면 옥시토신은 결혼을 했거나 애인이 있는 남성 주변에 다른 여성이 가까이 오지 못하게 하는 기능을 한다. 이 점에 대해서는 Dirk Scheele, et al., Oxytocin modulates social distance between males and females, *32 J. Neurosci. 16074* (2012) 참조. 인류학자들에 의하면 인간 사회의 거의 80% 정도가 일부다처제 사회라고 한다. 하지만, 성비는 대략 50:50이기 때문에 압도적 다수는 일부일처 방식으로 살아간다. 이와 관련 일부일처제가 유지될 수밖에 없는 다양한 층위의(생물학적, 사회학적, 심리적, 범죄원인론적 차원에서의) 진화론적 이유에 대해서는 마이클 셔머/박종성 역, 진화경제학 (한국경제신문, 2009), 232-236면 참조. 마이클 셔머에 의하면 남성의 일부다처 성향에도 불구하고 일부일처 방식이 다수를 점하고 있는 이유는 진화적 이유가 있기 때문이라고 한다. 필자의 보기엔 셔머의

서 편집증적으로 '동해보복의 원칙'을 고수하는 것도 단지 그 행성의 특유한 사회·문화·역사적인 배경에서만 기인한 결과가 아니라 그 행성인들이 지구인들과 다른 생물학적 진화를 거쳐 온 산물일 수도 있다.[11] 이는 '배신'을 도덕적인 것으로 여기는 암스트롱 행성도 마찬가지다.[12]

주장처럼 일부일처제에 진화적 이익이 있어서 다수가 채택하고 있는 것이라면, 이 역시 회사나 가족제도처럼, '진화적으로 안정한 전략(evolutionarily stable strategy: ESS)'의 하나로 볼 수 있을 것이다. 이 개념에 대해서는 본서의 제3장과 제10장을 참조할 것. 이와 같이 특정한 문화적 일 형태(a cultural form)도 그것을 일단 한 사회의 모든 구성원들이 채택할 경우에, 그와 다른 문화적 대안형태(alternative cultural form)를 사용하는 그 어떤 소수그룹도 이 문화적 전략을 침범할 수(완전히 대체할 수) 없을 때에는 진화적으로 안정한 전략이 된다고 보는 견해로는 Herbert Gintis, *Game Theory Evolving* (Princeton University Press, 2009), 230면. 다만 인간이 다른 종과 비교해 일부일처제를 유지하려는 성향이 상대적으로 강한 편은 아니라는 점은 지적해 둘 만하다. 영장류 중에 고릴라, 오랑우탄, 인간, 침팬지 순으로 일부일처제의 성향이 낮아진다고 한다. 이에 대해서는 데이비드 버스/이충호 역, 진화심리학 (웅진 지식하우스, 2012), 110면 참조.

11) 그것은 아마도 '거울뉴런'의 미발달로 인해 '모방능력'이 떨어져 문명화가 더뎌진 탓에, 공형벌권제도 역시 널리 전파되지 못하고, 진화생물학적으로 볼 때, '진화적으로 안정한 전략(ESS)'의 하나로 여겨지는 팃포탯 원칙이 사적 보복관습의 형태로 남아 있기 때문일 것이다. 소위 '문화유전자'로 일컬어지는 '밈(Meme)'은 인간의 모방능력을 전제로 하며, 이는 거울뉴런의 존재를 필요로 한다. 따라서 거울뉴런이 미발달한 함무라비 행성은 밈의 전파가 느려 문명의 발달이 상대적으로 더딜 수밖에 없을 것이고, 따라서 '팃포탯 원칙'에서 유래한 '동해보복 원칙'이 '사적 보복관습'으로 통용되는 형벌제도를 유지하게 된 것이다. 밈의 개념 및 팃포탯과 탈리오 원칙의 관계에 대해서는 본서 제2장과 제3장을 참조할 것. 특히 밈이론에 대해서는 본서 제7장을 참조할 것.

12) 다만 함무라비와 달리, 암스트롱은 진화이론적으로 볼 때, 존재할 가능성이 매우 적을 것이다. 만일 이러한 행성이 존재한다면 죄수딜레마 상황에 항상 배신만 하는 전략(All D)을 모든 구성원이 생래적으로 지니고 있다는 의미가 되는바, 이는 진화이론적으로 볼 때, 불가능한 결과이기 때문이다. 팃포탯 전략을 고찰하며 후술하겠지만, 팃포탯과 마찬가지로 항상 배신만 하는 전략(올디)도 '진화적으로 안정한 전략'이기는 하다. 하지만 제3장에서 밝히고 있듯이 "혈연관계가 존재하는 한 태초에 올디의 평형상태는 없었던 것이고, 반면 태초에 올디가 진화적으로 안정된 상태에 있었다 하더라도 돌연변이 전략들 사이에 혈연관계가 있었을 경

즉, 두 행성에서 우리와 다른 삶의 형식 속에 있는 함무라비와 암스트롱은 그들만의 고유한 진화의 과정을 거쳐 우리와 다른 생물학적 특성을 지니고 있을 가능성이 크다는 것이다.[13] 따라서 우리도 그들의 행성에서는 그들 고유의 삶의 형식에 동화되지 못해 정상적인 삶을 영위하지 못할 것이 분명하다고 본다. 이상의 논의에 비추어 볼 때, 삶의 형식은 종-특수적인(species-specific) 성격을 지닌 개념[14]이라고 말할 수 있다.

우 그 올디평형은 무너질 수밖에 없다." 요컨대 암스트롱은 '더 가상적인' 행성의 인물이다.

13) 거울뉴런이 미발달한 함무라비 행성인의 모습과 마음을 상상해 보자.

14) 이처럼 비트겐슈타인이 말한 '삶의 형식'에 종-특수적 속성이 있음을 지적하고 있는 문헌은 Saul A. Kripke, *Wittgenstein on Rules and Private Language* (Harvard University Press, 1982), 97면의 각주 77) 참조. 필자는 '삶의 형식'에 종-특수적 속성이 있다는 점을 진화심리학적으로 어느 정도 해명이 가능하다고 본다. 예컨대 비트겐슈타인은 우리가 규칙회의론자처럼 덧셈규칙을 다른 방식으로 해석하지 못하는 것은 심리적인 강요를 받고 있기 때문이지 논리적인 강요 때문은 아니라고(unter einem psychologischen Zwang, aber unter keinem logischen) 예리하게 지적한 바 있다(이에 대해서는 탐구 §140 참조). 필자가 보기에 그러한 심리적 강요가 우리의 마음에 내재하게 된 이유는, 일체의 규칙을 임의로 해석하지 않고 표준적으로 따르는 성향이 수백 만 년 동안 생존과 적응의 문제를 성공적으로 잘 해결해 주었기 때문에 우리의 마음에 현재의 형태로 남아 있기 때문이라고 생각한다. 특정하게 진화된 심리기제는(EPM) 진화의 역사를 통해 그것이 특정 생존문제나 생식문제를 반복적으로 해결했기 때문에 그러한 형태로 존재한다는 점은, 데이비드 버스/이충호 역, 앞의 책(진화심리학), 94면 이하 참조. 예컨대 뱀과 거미를 보면 피한다든지, 달고 기름진 음식을 선호하는 성향이 우리의 본성에 남아 있는 것과 마찬가지로 표준적 규칙 따르기에 대한 선호가 우리의 진화된 심리적 메커니즘에 남아 있어서, 비록 논리적으로는 다른 형태의 덧셈규칙도 가능할 수 있겠으나, 일상에서 표준적 규칙 따르기를 대체할 수 없게끔 심리적 강요가 작동하고 있다는 것이다. 규칙회의론자들처럼 덧셈규칙을 임의로 해석해 표준적 덧셈규칙을 벗어나는 행위는 표준적 언어규칙을 벗어나는 행위와 크게 다를 바 없듯이 이것은 하나의 특정한 성향에서 비롯된다고 볼 수 있다. 그런데 이러한 성향을 가졌던 원시조상은 생존과 번식에 필수적인 규칙, 예컨대 "뱀을 보면 피하라"든지, "낭떠러지에서는 조심하라"든지 "이성이 어떤 반응을 보이면 적극적으로 구애하라"든지 등의 규칙도 회의적으로 해석하여 결국 생존과 번식에 실패했을 것이고, 이와 같이 규칙을 회의적으로 해석하는 성향은 결과적으로는 적응도(fitness)를 떨어트려 자연선택에서 배제된 것이다. 즉, 원시

요컨대 삶의 형식은 "인간의 언어적 의사소통과 판단과 행동의 일치를 가능하게 해 주는 고정된 표준으로서 인간의 공통적인 자연사의 사실들로 구성되며, 인간이라는 종에 특수한 것으로 우리에게 선천적으로 주어진 것이고, 다만 받아들여야 할 어떤 것"이라고 규정할 수 있을 것이다. 여기서 우리가 왜 피터나 폴, 혹은 함무라비나 암스트롱과 같은 다른 형태의 삶의 형식에 따라서 살지 않느냐고 묻는 것은 무의미하다. 이것은 결국 크립키가 가정해 본 규칙회의자가 당신은 왜 "57+68"가 "5"가 아니라 "125"라는 점을 확신하느냐고 물을 때, 이에 대한 정당화 근거를 제시할 수 없는 것과 마찬가지다. 거듭 말하지만, 삶의 형식은 우리에게 이미 주어진 것이고, 우리가 다만 받아들일 수밖에 없는 어떤 것이다. 여기에는 더 이상의 근거나 정당화가 불필요하다. 이것이 바로 규칙따르기(rule-following) 고찰에 있어서의 비트겐슈타인의 통찰이다.[15)]

조상 중 규칙회의론자는 오늘날까지 후손을 남기지 못했고, 따라서 우리는 표준적 규칙을 따르는 '진화된 심리적 메커니즘(EPM)'을 갖게 된 것으로 볼 수 있다. 독자들의 이해를 위해 덧붙이자면, '뱀을 보면 피하는 성향'도 EPM이지만, '그러한 성향에서 비롯된 규칙("뱀을 보면 피하라")'을 표준적으로 따르는 성향'도 EPM이라는 것이다. '진화된 심리적 메커니즘(EPM)'에 대해서는 본서의 제2장과 제3장을 참조할 것.

15) 이러한 결론은 어떤 면에서는 우리에게 주어진, 우리가 벗어날 수 없는 삶의 제약조건을 시인하는 것이기에 다소 비관적인 결론으로 보일 수 있지만, 우리자신의 한계를 직시하는 것만큼 지성사에 있어서 중요한 업적도 드물다고 본다. 다른 예로 괴델의 불완전성 정리의 증명이 그러하다고 본다. 이를 법이론적으로 재조명하고 있는 연구문헌으로는 안성조, "괴델정리의 법이론적 함의", 서울대학교 법학 제49권 제4호(2008) 참조.

II. 삶의 형식은 어떻게 규범적 판단과 행동의 일치에 기여하는가?

1. 가상의 입법자(Glex) 사례

평화롭고 자율적인 방식으로 통일된 지구촌에서 대표자로 선출된 가상의 입법자(Glex)가 있다고 하자. 그가 취임 후 다음과 같은 법규가 포함된 모범형법전(Model Penal Code)을 전 세계에 공포했다고 가정해 보자. "살인자는 사형에 처한다." 그와 동시에 동 모범형법전의 실제 운용방식은 상호문화성[16]을 고려하여 각 나라마다 자율적으로 결정하도록 각국의 입법자들에게 위임하였다. 위 법규는 일견 매우 단순해 보이는 것이지만 이와 같은 규범도 각 나라마다 문화적 배경에 따라 다양한 형태로 조탁되어 통용될 수 있을 것이다. 그 사례들은 다음과 같다.

[국가-A] 살인자는 형법전에 규정된 대로 국가가 사형에 처하되, 반드시 교수형에 처한다.

[국가-B] 살인자는 사형에 처하도록 형법전에 규정되어 있지만, 사형이 선고되어도 사실상 사형은 집행되지 않는다.

[국가-C] 살인자는 고의범인지 과실범인지 여부를 묻지 않고 국가가 사형에 처하되 반드시 화형 또는 수장형에 처한다.[17]

[국가-D] 고의적 살인자에 대해서는 관행적으로 피해자의 가장 가까운 남성친족만이 사적인 동해보복을 통해 처형할 수 있고,[18] 살인자를 찾아내

---

16) 상호문화성에 대해서는 이상돈, 법의 춤 (법문사, 2012), 176면 이하 참조.

17) 함무라비 법전은 간통(LH 129), 근친상간(LH 155), 물을 타서 술을 판매한 경우(LH 108) 등은 수장형으로, 화재 현장에서 재물을 강탈한 경우(LH 25)에는 화형으로 처벌하고 있다.

18) 고대 이스라엘 사회에 있어서 고의 살인에 대한 사적인 피의 보복(blood-feud)은 피해자와 가장 가까운 남성친족(the closest male relative)에 의해 허용되고 있었다. 이 점에 대해서는 Pamela Barmash, Homicide in Ancient Israel, the Ancient Near East, and Traditional Societies, A Doctoral Dissertation at the Department of Near Eastern Languages and Civilizations (Harvard University, 1999), 42면 이

처형할 수 없을 경우 그의 친족구성원을 대신 죽일 수 있다.[19)]

[국가-E] 고의적 살인자에 대해서는 관행적으로 사적보복에 맡겨지나, 살인자가 도피성으로 피신할 경우 일단 고의범인지 과실범인지 여부를 그 지역의 원로들이 판단한 후 고의범일 경우에만 피해자의 친족들에게 보복을 허용한다.[20)]

[국가-F] 살인자에 대해서는 국가가 사형을 집행하되, 단, 피해자측이 금전배상을 선택할 경우에 피고인은 속죄금으로 사형에 갈음할 수 있다.[21)]

[국가-G] 살인자는 공분(公憤)에 찬 군중에게 넘겨주어서 그들의 집단적 폭력(mob violence)[22)]에 의해 처벌되도록 한다.

[국가-H] 살인자는 사형에 처한다. 단, 살인자가 사이코패스이고 심신장애가 인정된다면 사형 대신 치료감호에 처해진다.

[국가-I] 특권층이 인정되는 신분제 국가에서 왕족이나 귀족이 사람을 죽인 경우는 원칙적으로 신체형이나 사형에 의하지 않고 贖刑에 의한다.[23)]

하 참조. 사적 보복을 이처럼 가장 가까운 남성친족에게 허용한 것은 비단 고대 이스라엘뿐만 아니라 고대 사회에서는 보편적이었던 것으로 보인다. 이 점에 대해서는 Raymond Westbrook, The Character of Ancient Near Eastern Law, in: *A History of Ancient Near Eastern Law, Vol.1* (Leiden; Boston: Brill, 2003), 79면을 참조.

19) 위신과 명예심의 발로로서 사적 보복이 허용되던 중세유럽에서 이처럼 가해자가 아닌 다른 친족구성원에게 보복이 허용된 사례가 발견된다. Marc Bloch, *Feudal Society, vol.1 − The Growth of Ties of Dependence* (Chicago: The Chicago University Press, 1970, Translated by L.A. Manyon), 125면 이하 참조.

20) 고대 이스라엘의 살인죄에 대한 사법적 처리방식이 바로 이와 같았다.

21) 이는 고대 메소포타미아 지역의 살인에 대한 처리방식이었다. 고대 이스라엘과 차이가 나는 부분이다. 이 점에 대해서는 Pamela Barmash, 앞의 논문, 184-189면 참조.

22) 고대 메소포타미아 사회에서는 성난 군중의 폭력(mob violence)에 의한 처형도 분명 사형의 한 방식으로 뿌리내리고 있었던 것으로 보인다. 범죄는 공동체 전체를 위협하는 것으로 여겨졌고, 그로부터 자극과 상처를 받은 군중은 집단적 처벌 조치를 취했던 것이다. 이 점에 대한 상세한 논증으로는 Thorkild Jakobson, An Ancient Mesopotamian Trial for Homicide, in: William L. Moran (ed.), *Toward the Image of Tammuz and Other Essays on Mesopotamian History and Culture* (Cambridge: Harvard University Press, 1970), 205-207면 참조.

23) 잘 알려져 있다시피 이는 "예는 庶人에게 이르지 않고 형은 大夫에게 미치지 않는다"는 禮治사상을 강조한 고대 중국의 법률관에서 찾아볼 수 있다. 이 점에

[국가-J] 노예제가 인정되는 국가에서 노예가 주인을 살해한 경우 노예를 처형하나, 주인이 노예를 살해한 경우 원칙적으로 금전배상을 명한다.[24)]

이 경우 우리는 '입법자가 의도한 법의 지배'가 온전히 구현되고 있다고 말할 수 있을까? 결론부터 말하면 그 대답은 "그렇다"이다. 동일한 법규에 대해 비록 실제 적용되는 방식은 다양하지만 입법자가 동 법규를 제정, 공포하면서 의도하였던 최소한의 핵심적 내용은 만국 공통으로 구현되고 있기 때문이다. 각국에서 성문법이나 관습법의 형태로 통용되고 있는 다양한 형태의 실정법규들 간에 관류하는 공통점이 있다면 그것은 아마도 "살인은 엄격히 금지되며, 따라서 최고형으로 또는 여하한 방식으로든 처벌되어야 한다."라는 사실이다. 그리고 이 점은 바로 입법자가 의도하였던 최소한의 핵심내용이었다는 점은 의심의 여지가 없다. 살인자에 대한 규율방식은 문화적 배경에 따라 다를 수 있지만 위 핵심적 내용은 만국에 공통되며, 따라서 각 국가에는 입법자가 공포한 법의 지배가 구현되고 있다고 보아도 무방할 것이다. 이처럼 단일한 법규범의 존재양상이 상이함에도 불구하고 살인행위의 규제에 관하여 각 나라마다 법의 지배가 온전히 구현되고 있다고 보는 이유는 무엇인가? 그것은 바로 앞서 말한 바와 같이 "살인은 엄격히 금지되며, 따라서 최고형으로 또는 여하한 방식으로든 처벌되어야 한다."는 입법자가 의도하였던 법규가 지니고 있어야 할 최소한의 핵심내용이 각국에서 잘 수용되고 있기 때문이다. 그런데 우리는 가상의 입법자가 "살인자는 사형에 처한다"라는 법문을 입안했을 때 의도했던 최소한의 의미내용이 전술한 바와 같다는 점을 어떻게 아는가? 이 점은 바로 더 이

대해서는 장국화 편/임대희 외 역, 중국법률사상사 (아카넷, 2003), 43-49면 참조.

24) 고대사회에서는 신분에 따른 차별적 대우가 법전에 명문화 된 경우도 있었다. 예컨대 함무라비 법전은 타인의 신체 일부(눈)에 대한 상해죄의 경우 가해자와 피해자가 모두 자유인 신분이면 동해보복을 인정하였지만(LH196), 만일 가해자는 자유인이고 피해자가 평민이면 벌금형(또는 징벌적 손해배상이라고도 칭할 수 있음)에 처하도록 규정하고 있다(LH198). 이에 대한 상세한 주석으로는 한상수, 함무라비 법전 (인제대학교출판부, 2008), 33면과 105면 참조.

상 근거를 물을 수 없으며, 정당화가 필요하지 않은, 우리에게 동일한 삶의 형식이 있기 때문이다. 우리에게는 삶의 형식의 일치가 있기 때문에 위 법규를 전혀 다른 방식으로 제정·해석·적용하지 못한다. 그렇기 때문에 어떠한 국가도 예컨대 다음과 같은 기이한 내용의 법규를 제정·시행할 수는 없다.

[유형-A] 살인자가 성경을 암송하며 살해한 한 경우에는 벌하지 않는다.
[유형-B] 살인자가 크리스마스에 살인을 한 경우에는 벌하지 않는다.
[유형-C] 살인자가 개를 키우는 사람을 개와 함께 살해한 경우에는 벌하지 않는다.
[유형-D] 살인자가 무인도나 지구 외의 행성에서 살인을 한 경우에는 벌하지 않는다.

비트겐슈타인은 우리의 삶의 형식이 주로 언어에 의한 유의미한 의사소통을 가능케 해 준다는 점에 주목한 듯 보이지만, 위 사례에서 보자면 법규에 대한 판단의 불일치가 발생하지 않는 것은 어쩌면 인간 종에 특수한 공통된 규범적 삶의 형식이 존재하기 때문이라고 말할 수도 있다. 다시 말해 삶의 형식이 일정한 법규를 입안하고 해석, 적용하는 우리의 언어사용에 불일치가 없도록 해 주는 기제의 근저에는 바로 우리에게 공통된 규범적 삶의 형식이 자리잡고 있기 때문이라는 것이다.[25] 예를 들어 우리는 살인을 한 자를 국가에서 상을 내리거나 그 범행을 더욱 장려하지 않는다. 이는 우리가 전혀 생각할 수 없는 상황이다. 그 이유는 우리는 살인을 금지하고 제재를 가하게끔 인간 종에게 고유한 사회·문화·역사적 및 생물학적 배경에서 행동적으로 결정되어져 있기 때문이다. 필자는 한 연구서에서 이를 확장된 의미의 삶의 형식이라 명명한 바 있다.[26] 그리고 이것도 역시 우리에게 이미 주어진,

---

25) 이는 앞서 우리가 어느 노래가사로부터 감동을 받는 기제가 단지 언어적 의미해석의 차원에 머무르지 않고, 시·청각적 요소와 공감능력이라는 다층적인 요인을 갖는 것과 같다.

26) 안성조, 앞의 책(*현대 형법학*), 477면 참조. 확장된 의미의 삶의 형식, 즉 규범적

다만 받아들여야 할 것이고, 인간이라는 종에 특수한 자연사적인 규범적 제약조건이다.

2. 하트의 중심부/주변부 사례

일찍이 하트(H.L.A. Hart)는 법규칙에는 이를 적용함에 있어 의문의 여지가 없이 확실성이 있는 중심부(core of certainty)와 의심의 여지가 있는 주변부(penumbra of doubt)라는 구분법을 제시한 바 있다. 하트는 법현실주의자들이 내세우는 규칙회의주의를 논박하면서도 부분적으로는 이를 인정한다. 우선 규칙회의주의를 논박하기 위해 사회 구성원 누구에게나 의심의 여지없이 행위의 표준 역할을 하는 중심부가 존재하기 때문에 비록 규칙의 불확정성이 일정부분 존재한다 하더라도 대규모 집단으로 이루어진 우리 사회에서 법이 성공적으로 운용될 수 있다는 점을 지적한다. 그러면서도 하트는 규칙의 언어적인 특성상 개방적 구조(open-texture)로서의 속성을 받아들일 수밖에 없기 때문에 규칙적용이 불확실한 주변부 사례가 발생할 수밖에 없고, 따라서 이 경우 법관의 사법재량(judicial discretion)이 정당화된다고 주장한다.[27] 이러한 하트의 법철학이 오스틴(J.L. Austin)과 비트겐슈타인 등 영국의 언어분석철학자들의 영향을 받았다는 것은 주지의 사실이나[28] 그가 중심부/주변부 구분법을 제시하면서 명시적으로 누구의 영향을 받은 것인지 언급하고 있지는 않은 듯 보인다.[29] 하지만 하트의 중심부/주변부 개념

삶의 형식은 본래적 의미의 삶의 형식과 비교해 우리에게 일정한 판단의 일치를 가져와 삶을 정상적으로 영위할 수 있게 해 준다는 점에서는 동일하나, 본래적 의미의 삶의 형식은 주로 언어사용의 일치를 가능케 해주는데 비해서 확장된 의미의 삶의 형식은 (언어사용을 포함해) 규범의 해석과 적용에 있어서 판단의 일치를 가능케 해 준다는 점에서 차이가 있다.

27) H.L.A. Hart, *The Concept of Law* (Oxford University Press, 1994) 참조.

28) 이 점에 대해서는 허버트 하트/오병선 역, 법의 개념 (아카넷, 2002), 403면 이하의 역자해설 참조.

29) 따라서 하트의 중심부/주변부 구분법이 누구의 영향을 받은 것인지에 대해서는

이 일정부분 비트겐슈타인의 '삶의 형식' 개념을 차용한 것임을 어렵지 않게 짐작할 수 있다. 하트에 의하면 중심부 사례란 표준적 경우로서 규칙이 자동적으로 적용되지 때문에 논란의 여지가 없고 모호성이 발생하지 않는 사례이다. 예를 들어 "공원에서 '탈 것(vehicle)' 금지"라는 법규가 있을 때, 만일 자동차(motor-car)가 문제될 경우, 이는 동 법규가 자동적으로 적용되는 중심부 사례에 해당되지만, 자전거나 비행기, 롤러스케이트의 경우에는 주변부 사례가 된다는 것이다.[30] 그런데 하트는 이 지점에서 우리가 중심부 사례를 어떻게 확정, 판별해 낼 수 있는지에 대해서는 원리적인 설명을 해 주고 있지는 못하다. 다만 "명백한 사례(plain case)란 유사한 맥락에서 언제나 반복되고 재발하여 우리에게 친숙해진 것들"이라고만 언급하고 있을 뿐이다. 하지만 중심부 사례가 '명백한 사례'이고 이는 곧 우리에게 '친숙한 사례'라고 설명하는 것은 동어반복에 불과하다. 우리가 알고 싶은 것은 과연 '어떤 기제에 의해' 에 의해 "그것이 친숙한 사례임을 확신할 수 있느냐"는 것이다. 이 점에 대해서 하트는 침묵하고 있지만, 본고에서 앞서 고찰해 본 바와 같이 '삶의 형식'이 바로 그러한 기능을 담당하고 있다고 말할 수 있을 것이다. 즉, 우리가 어떤 케이스를 평이하고 친숙한 사례라고 확실하게 단정지을 수 있는 판단의 일치에 도달할 수 있는 것은 바로 우리의 '삶의 형식'의 일치가 있기 때문이다. 이러한 설명에는 더 이상의 근거제시도,

---

견해가 대립된다. 브라이언 빅스는 프리드리히 바이스만의 영향을 받은 것으로 보면서도 버트란트 러셀의 영향을 받았을 가능성도 언급하고 있다. 이 점에 대해서는 Brian Bix, *Law, Language, and Legal Determinacy* (Oxford University Press, 1993), 10-16면 참조. 반면 옥스퍼드의 엔디콧 교수에 따르면 이는 벤자민 카도조의 영향을 받은 것이라고 한다. Timothy A.O. Endicott, Linguistic Indeterminacy, *16 Oxford Journal of Legal Studies 667* (1996), 668면. 하지만 심헌섭 교수는 동 구분법은 명백히 비트겐슈타인의 영향을 받은 것이라고 지적한다. 심헌섭, 분석과 비판의 법철학 (법문사, 2001), 573면. 동지의 Anthony J. Sebok, Finding Wittgenstein at the Core of the Rule of Recognition, *52 S.M.U. L. Rev. 75* (1999), 91면 각주 96) 참조.

30) H.L.A. Hart, 앞의 책(*The Concept of Law*), 126면.

정당화도 요구되지 않는다. 자연사의 사실일 뿐이다. 이 점은 하트가 "무엇이 법이고, 언제 그 법이 효력을 갖게 되는지를 판별해 주는" 이차적 규칙으로서의 '승인규칙(rule of recognition)'을 설명하는 방식과 일치한다. 승인률은 궁극의 규칙으로서 그 적용의 타당성 여부에 대해서는 불일치가 발생할 수 없다. 하트의 표현을 듣자면, 승인규칙은 "법원, 공무원, 그리고 일반시민들 간에 법을 확인하는 복잡하면서도 조화로운 관행으로서 존재하며", 승인규칙의 존재는 어디까지나 일정한 "사실의 문제(a matter of fact)"이다. 다만, 분명히 해 두어야 할 점은 하트의 승인규칙이 사법체계에서 삶의 형식과 유사한 기능을 수행한다 하더라도 양자를 동일한 개념으로 볼 수는 없다는 사실이다. 왜냐하면 승인율은 어디까지 일차적 규칙으로서의 법이 무엇이고 그 효력 여하를 판별하는 기능을 수행하는데 국한되는 반면, 인간의 자연사적 사실로서의 삶의 형식은 그와 같은 기능을 포함해, 특정한 규범적 판단이 기초하고 있는, 다른 규범적 판단과 모든 사실적 판단의 영역에서도 우리의 판단의 일치를 가능케 하는 기능을 수행하고 있기 때문이다. 이해하기 좋은 예를 들자면, 무엇이 일차적 규칙이고 이차적 규칙인지에 대해서는 정작 승인규칙은 판단해 주지 못한다. 이는 일차적 규칙과 이차적 규칙의 개념정의에 따라 판단해야 할 문제이기 때문이다. 우리는 개념정의에 의해서 무엇이 승인규칙이고 무엇이 일차적 규칙에 해당하는지 일치된 판단에 이를 수 있다. 이처럼 언어사용에 있어서 판단의 일치를 가능하게 해 주는 것은 바로 다름 아닌, 우리의 '삶의 형식'이다.

3. 법적 논증과 삶의 형식

(1) 법적 논증에서 삶의 형식의 기능

필자는 본서 제1권에서 법적 논증의 성공여부를 판별해 주는 기준으로서 '삶의 형식'의 역할에 주목하며 다음과 같이 주장한 바 있다.[31) "논증은 어느 지점에서는 반드시 끝나게 되어 있다는 것이다. 무한히 반복되는 논리적 공방은 없다. 그런 공방이 있다면 그것은 애초에 잘못된 문제제기이거나, 정답이 없기 때문에 단지 결단이 필요한 문제일 것이기 때문이다. 우리는 특별한 인지적 장애가 없다면 누구나 사물의 색과 크기를 비교할 수 있다. 마찬가지로 우리는 논거가 누구나 이해가 가능한 형태로 제시된다면, 누구든지 그 논거의 질을 비교해 우위를 결정할 수 있다. 어떤 상반되는 주장 중에 어느 쪽을 따를 것인지는 개인적 선호와 가치관에 의해 좌우될 수 있다. 그러나 그러한 주장의 논거의 질을 평가하는 것은 사물의 크기나 색깔을 비교하는 것과 같다. 거기에는 불일치가 존재하지 않는다. 더 나은 것과 그렇지 못한 것의 판단은 삶의 형식의 일부이며, 우리는 그러한 삶의 형식을 공유하고 있기 때문이다." 간단히 말하면, 어떠한 법적 논증이든지, 그 논거가 "누구나 이해가 가능한 형태"로 제시되면, 우리는 그 논증의 성공여부를 판별할 수 있다는 것이다. 여기서 "누구나 이해가 가능한 형태"란 바로 우리의 '삶의 형식'에 비추어 "불일치가 발생하지 않는 형태"를 뜻한다. 이러한 필자의 입론이 옳다면, 삶의 형식은 법적 논증의 성공여부를 궁극적으로 판별해 주는 도구로서의 기능을 수행할 수 있다고 본다.

법적 논증은 다양한 층위에서 수행된다. 가장 기본적인, 법조문 해석론의 문제부터, 각종 개념에 관한 학설대립은 물론 판례해석의 문제까지도 모두 논증을 필요로 하는 영역이다. 여기서 더 나아가 조문이나 판례의 해석과 맞물린 특정한 문제에 대한 가치판단이나(예컨대 성전환자에 대한 강간죄나 호적정정 인정여부) 일정 사안에 대한 법정책적 차원의 가치판단의 문제(예컨대 간통죄나 사형제도의 폐지논쟁)도 역시 법적 논증 없이는 해결할 수 없는 것들이다. 이러한 법적 논증과정에는 각양각색의 해석방법론과 자신의 논거를 뒷받침하는 사례들 및 상쟁하는 가치들 간의 비교형량, 그리고 관련 법이론까지도 논증의 도구로 등장한다.[32] 전술한 필자의 주장은 이 모든 논증과정에 공통적으로 해당

---

31) 안성조, 앞의 책(*현대 형법학*), 86-87면.

32) 예를 들어 성정환자에 대한 강간죄를 인정한 대법원 판례를 평석하며 의미실재론을 원용한 글로는 안성조, "법문의 가능한 의미의 실재론적 의의", 법철학연구

되는 것이다. 이 모든 층위의 논증과정에서 그 논거가 누구나 이해가능한 형태로 제시되면, 우리는 대립되는 진영에서 각각 제시한 논거의 질을 평가해 각 논증의 우위여부를 명확히 판가름할 수 있다는 것이다.[33] 물론 논거가 누구나 이해가능한 형태로 제시된다고 하여 법적 판단에 있어서 항상 완전한 일치에 도달할 수 있다는 것은 아니다. 왜냐하면 법적 논거는 논리나 이성적 측면의 근거제시뿐 아니라 때로는 (법)감정이나 규범적 직관[34], 혹은 문화적 전통이나 종교규범 및 사회적 관행, 그밖에 현실적·제도적 제약조건이나 우리의 생생한 감각에 호소하는 경우도 있기 때문이다.[35] 이러한 다양한 관점에서 법적 논거가 제시되었을 경우에, 설령 그것이 누구나 이해 가능한 형태라 하더라도 모든 관점에 대해서 일치에 도달하기란 결코 쉽지 않다. 예컨대 여성할례나 사티(sati)[36]제도가 문화적·종교적 규범으로 통용되는 사회에서는 그러한 행위의 잔인성과 비인도성을 지적하는 논거가 이성적으로는 충분히 수용될 수 있지만, 그렇다고 해서 그 사회의 구성원들의 문화적·종교적 가치판단이 쉽게 바뀌지는 않을 것이기 때문이다. 이러한 불일치는 동

제12권 제2호(2007) 참조. 또한 성전환자의 호적정정을 인정한 대법원 판례에 대해 드워킨의 구성적 해석이론의 관점에서 평석한 글로는 김도균, "우리 대법원 해석론의 전환: 로널드 드워킨의 눈으로 읽기", 법철학 연구 제13권 제1호(2010) 참조.

33) 뒤집어 보면 우리가 법적 결정을 내림에 있어서 논증을 필요로 하는 것 자체도 우리의 삶의 형식의 일부분으로 거부할 수 없는 자연적 성향임을 알 수 있다. 우리는 납득할 만한 근거제시가 없는, 즉 충분히 논증되지 않은 법적 결정에는 승복하지 못한다.

34) 법적·규범적 직관에 관한 논의로는 조규창, 논리와 직관 (법문사, 1998); 권영준, "민사재판에 있어서 이론, 법리, 실무", 서울대학교 법학 제49권 제3호(2008); 안성조, "괴델정리의 법이론적 함의", 서울대학교 법학 제49권 제4호(2008) 참조.

35) 유사한 지적으로서, 법이 이성뿐만 아니라 감정, 감각, 직관의 네 가지 차원에서 발견 및 생성될 수 있다고 보는 이상돈, 앞의 책(*법의 춤*), 138면 이하 참조.

36) 자신보다 먼저 죽은 남편을 화장하는 불에 그 처가 뛰어들어 순사(殉死)하는 힌두교 풍습으로 1829년 인도정부가 이를 금지하는 법령을 공포하였으나 여전히 일부 마을에서는 행해지고 있다고 한다.

성애나 낙태, 뇌사자의 장기이식 허용문제 등에서도 여실히 드러난다. 이 경우 각자의 종교적·도덕적·문화적 신념과 가치관에 따라 다른 판단을 내릴 것임은 자명하다. 삶의 형식에 따른 사고나 행동은 그 정의에 따라 더 이상의 정당화나 근거가 불필요한 것들이다. 비트겐슈타인이 거시한 예에 의하면 언어나 게임규칙, 또는 덧셈규칙을 따르는 것 등이 바로 그러한 것들이다. 따라서 위 사례들은 엄밀히 말해 비트겐슈타인이 말한 삶의 형식 속에는 포섭되지 않는 것들이다. 마찬가지로 필자가 제시한 확장된 의미의 삶의 형식에도 해당하지 않는다. 비록 '확장된' 삶의 형식이라 하더라도 여기에는 '불일치'가 발생할 수 없기 때문이다. 그러므로 어떤 의미에서는 삶의 형식에 의해 일치된 판단에 도달할 수 없는 법적 문제도 분명 존재한다고 말할 수 있을 것이다.[37)]

(2) 메타 판단의 일치와 삶의 형식

하지만, 논리적·이성적으로는 승복할 수밖에 없음에도 불구하고 종교나 권위 기타 여하한 다른 이유에서 자신의 입장을 고수할 수밖에 없는 타인의 처지를 이해할 수 있는 능력은, 그 타인은 물론 누구에게나 모두 주어진 것으로 이렇듯 논리적·이성적으로는 견해가 일치하지만 다른 이유로 법적 판단을 달리하게 된다는 사정을 상호 이해할 수 있다는 점에서는 명백히 상호 일치된 판단을 하고 있는 것이므로, 이 또한 우리의 삶의 형식에 일치가 있기에 가능한 것임을 결코 간과할 수 없다. 이 점은 매우 중요한데, 왜냐하면 우리가 법적 판단에 있어서 어느 점에는 일치하고, 반면 어느 점에는 불일치하는지를 상호 이해하고 동의할 수 있다는 사실은 메타 차원의 판단의 일치가 있음을 의미하기 때문이다. 환언하면 법적 판단에 있어서 상대방과 일치된 결론에 도달하든,

---

37) 하지만 이러한 결론이 법적 판단에 있어서 가치의 객관성을 부정하려는 취지는 아니다. 가치의 객관성 문제는 별도의 논의를 요한다고 생각한다. 가치의 객관성에 관한 논의로는 김현철, "법가치의 객관성에 대한 내재적 실재론의 가능성", 이화여자대학교 법학논집 제10권 제2호(2006), 253면 이하 참조.

그렇지 못하든 간에 우리에게는 그러한 결정에 이르게 된 이유를 제3자적 위치에서 객관적으로 "내려다 볼 수 있는" 능력이 있다는 것이다. 만일 삶의 형식이 일치하지 않는다면, 우리는 상대방이 왜 자신의 견해에 동의하지 못하는지를 이해할 수 없게 되고, 그렇게 되면 더 이상 상대방을 설득할 이유도 없고, 그러할 방법을 찾을 수도 없게 된다. 하지만 우리는 법적 판단이 일치하지 않는 경우라 하더라도 명백히 메타차원의 판단의 일치에는 도달할 수 있고, 이는 곧 쌍방 간 판단의 수렴과 상호 설득의 가능성[38]을 함축하고 있다.[39] 요컨대 삶의 형식은 우리의 판단과 행동에 있어 불일치가 발생할 경우에도 이를 객관적 견지(일치된 관점)에서 상호 이해할 수 있는 공통의 배경이 되어 줌으로써, 그러한 불일치를 해소할 수 있는 가능성을 열어 주는 기능을 한다고 말할 수 있다.

(3) 다양한 삶의 형식의 맞물림

우리의 공통된 삶의 형식을 구성하는 하나의 삶의 형식은 다른 삶의 형식과 맞물려 있다. 예컨대 우리가 말을 하는 삶의 형식 속에 살아가야 하는 것은 그 말을 듣고 이해하며 상호 의사소통할 수 있는 타인의 존재를 전제로 하는 삶의 형식 속에 있음을 의미한다. 그렇다면 우리가 법적 결정에 논증을 요하는 삶의 형식은 무엇과 맞물려 있는가? 그것은 우선, 우리가 일정한 논거제시를 통해 논증을 할 수 있는 능력과 맞물려 있다. 논증을 할 수 없으면, 논증을 요구할 수 없다. 다음으로는 논증을 통해 상대방과 내가 동일한 판단에 이를 수 있다는 사실과 맞물려 있다. 애초부터 판단의 일치에 도달하는 것이 불가능하다면, 우리는 논

38) 설득의 방법은 다양할 것이다.

39) 우리의 공통된 삶의 형식이 이것을 가능하게 하는 기제를 좀 더 알기 쉽게 비유적으로 말하면 사자는 토끼와 서로 다른 삶의 형식 속에 있기 때문에 왜 토끼가 자신들처럼 육식을 하지 않고(자신들과 행동이 일치하지 못하고) 풀만 뜯어 먹는지를 이해할 수 없다. 그러나 우리는 채식주의자가 왜 육식을 하지 않는지를 이해할 수 있다!

증을 요구할 필요가 없다. 단지 결과에 무조건적으로 승복하든지, 아니면 여하한 형태로든 불복하는 방법밖에는 없을 것이다. 그리고 이처럼 법적 논증의 결과에 대한 판단의 일치가 가능하다는 것은 우리가 의사소통을 통해 상호이해에 도달할 수 있음을 의미하고, 그것은 결국은 타인의 존재를 전제하는 삶의 형식 속에서 말을 하는 능력과도 연관되어 있음을 알 수 있다. 이와 같이 우리의 삶의 형식은 다양한 층위에서 밀접하게 상호 맞물려 있는 복합적 개념이다.[40] 그 중 어느 특정한 자연사적 능력이나 사실도 독립적으로 존재하지 않는다. 이상의 논의를 종합하면, 법적 논증이란 "판단의 일치를 지향하는 자연사적 행위다."[41]

---

40) 이와 유사하게 수많은 '언어게임'에 참여할 수 있는 능력과 같은 우리의 자연적 능력들은 어느 것도 분리된 채로 주어져 있지 않으며, 어느 하나를 할 줄 아는 능력은 다른 것을 할 줄 아는 능력과 뒤얽혀 있는 것처럼, '언어게임' 자체도 고립되어 펼쳐질 수 없고 인간의 수많은 자연사들이 복잡하게 얽혀 있듯이, 그것이 실제로 펼쳐지는 가운데 서로를 수반하고 있다는 지적으로는 문종두, 앞의 책, 215면 참조.

41) 법적 논증을 '자연사적 행위'로 규정할 수 있는 이유는, 시대와 지역을 초월해 법적 결정을 정당화하기 위해서는 대체로 일정한 근거설정이 요구되어 왔다고 볼 수 있기 때문이다. 예컨대 고대 근동의 니푸어 살인제판(Nippur Murder Trial)을 보면, 세 명의 남자가 닌다다(Nin-dada)라는 한 여인의 남편을 살해한 후 그녀에게 그 사실을 알려주었는데, 그녀는 함구하고 이를 해당관헌에 신고하지 않았다. 이에 대해 법원은 이미 그녀가 남편을 배신하고 다른 남자와 간통을 했기 때문이라고 보아 세 남자와 그 여인을 모두 사형에 처한 사건이다. 이 사건의 전체 내용과 주석에 대해서는 Martha T. Roth, Gender and Law: A Case Study from Ancient Mesopotamia, in: Victor H. Matthews, Bernard M. Levinson, & Tikva Frymer-Kensky (eds.), *Gender and Law in the Hebrew Bible and Ancient Near East* (Sheffield: Sheffield Academic Press, 1988), 175-181면; Thorkild Jakobson, 앞의 논문(*An Ancient Mesopotamian Trial for Homicide*), 196-214면 참조. 또한 논증은 논증을 할 수 있는 자연적 능력을 전제로 한다. 이 때 그러한 자연적 능력은 신경생물학적으로도 설명될 수 있다. 우리의 좌뇌는 일종의 '해석기(interpreter)'로서 주어진 정보를 토대로 일정한 결과나 사건, 현상에 대해 납득이 되도록 끊임없이 일관되고 앞뒤가 맞는 이야기를 지어내게끔 만들어져 있다. 좌뇌는 스스로 납득할 수 있도록 원인과 결과에 대한 추론을 통해 세상을 설명하려 든다. 예컨대 캡그라스 증후군(Capgras syndrome) 환자는 감정을 조절하는 뇌

물론 논증의 결과에 대해서 일치도, 불일치도 모두 발생할 수 있다. 하지만 논증 결과에 불일치가 발생한 경우라도 어떤 점에서 일치하고 어떤 점에서 불일치한 것인지에 대한 상호 이해와 판단의 일치는 분명히 존재한다. 이것은 우리의 공통된, 총체적 삶의 형식을 구성하고 있는 다양한 삶의 형식이 맞물려 어우러진 결과다.

(4) 인간의 존엄성과 삶의 형식

필자는 한 논문[42]에서 "인간의 존엄과 가치"라는 명제의 타당성은 자명하며, 그 어떠한 공리로부터도 연역되지 않는다고 주장한 바 있다. 다시 말해 직관적으로 타당하지만 증명할 수 없는 자연법적 명제라는 것이다. 헌법이 보장하고 있는 '법 앞의 평등의 원칙'은 바로 이 '동등한 인간존엄성의 원리'에 기초하고 있다고 볼 수 있다.[43] 각자의 능력이나 배경, 기타 도덕적 품성 및 의지력 등 거의 모든 점에서 불균등한 인간들이 평등하다고 말할 수 있는 이유는 각 개인들의 본질적인 가치가 동등하다는 점, 다시 말해 모두가 동등하게 존엄성을 지닌 존재라는 점에서 찾을 수 있기 때문이다. 비단 헌법에서뿐만 아니다. '동등한 인간의 존엄의 원리'는 형법학에서는 '절대적 생명보호의 원칙'에서 찾아볼 수 있다. 그 어떤 흉악범이나 사형수의 생명도 법에 의해 보호받으며, 여러 사람을 살리기 위해 한 사람의 생명을 희생하는 비교형량은 형법적으로 정당화되지 않는다.[44] 유아나 노약자의 생명이 덜 중요한

기능에 문제가 생겨서 자신의 지인에게 느끼는 감정을 그 사람의 모습과 연결시키지 못한다. 이 환자는 부모를 보더라도 부모에 대한 감정이 느껴지지 않기 때문에 자신의 부모로 인정하지 않는다. 대신 그들의 좌뇌는 "저 사람은 내 부모가 아니야. 진짜 부모라면 어떤 감정이 느껴질 테니까. 그러니까 저 사람은 진짜 부모를 흉내내는 사기꾼이야!"라고 결론 내린다. 이 점에 대해서는 마이클 가자니가/박인균 역, 뇌로부터의 자유 (추수밭, 2012), 117면 이하 참조.

42) 안성조, 앞의 논문(*괴델정리의 법이론적 함의*) 참조.

43) 이 점에 대해서는 김도균, 권리의 문법 (박영사, 2008), 128면 이하 참조.

44) 대표적으로 미뇨넷호 사건을 보라. The Queen v. Dudley and Stephens 14 Q.B.D. 273 (1884)를 참조. 통상적으로 이 케이스는 국내 교과서에서는 면책적 긴급피난

것도 아니다. 우리의 규범적 사고에 깊숙이 배어 있는 이러한 생각은 어찌 보면 당연한 것인데, 어떤 정치철학자들은 그 '자명성'에 회의를 품고 다른 공리로부터 이를 증명하기 위한 시도를 한다. 일례로서 롤즈는 인간이 본질적으로 평등한 존재가 될 수 있는 근거는 바로 도덕적 인격을 (잠재적으로) 발현할 수 있는 능력(the capacity for moral personality)에 있다고 주장한다.[45] 롤즈에 의하면 도덕적 인격은 두 가지 특성이 있다. 첫째는 선개념(conception of good)에의 능력인데, 자신의 선에 대한 개념[46]을 가질 수 있어야 한다는 것으로, 이것은 자신의 삶에 대한 합리적인 설계(rational plan of life)에 의해 표현된다고 한다. 둘째는 정의감(sense of justice)을 가질 수 있는 능력인데, 이는 적어도 어떤 최소한도로 정의의 원리(principle of justice)를 적용하고 이에 따라 행동할 수 있는 정상적으로 작동하는 욕구(normally effective desire)를 뜻한다.[47] 다른 논증도 있지만 이는 본고의 관심사가 아니며, 여기서는

이 가능한 사례로 논급되나, 실제로 영국 법원은 중살인(murder)을 선고하였다.

45) John Rawls, *A Theory of Justice* (Cambridge, Mass.: Belknap Press of Harvard University Press, 1999), 442면 이하 참조. 이 능력은 어디까지나 잠재적 능력이기 때문에 유아나 어린아이도 기본권(basic rights)을 갖는다고 한다. John Rawls, 앞의 책, 446면 참조. 후술하겠지만 필자가 보기에는 롤즈의 이러한 논거는 인간이 동물 등 다른 종과 비교해 볼 때 오직 자연에만 귀속되어 있지 않은 유일한 종이라는 존엄성을 갖는다는 점에서는 타당하지만, 즉 '인류의 존엄성'을 입론할 논거로는 적절하지만, 인간 개개인의 존엄성은 모두 평등하다는 '동등한 인간의 존엄성'을 입론하는 데에는 부적절하다고 생각한다.

46) 선개념은 대략 가치관이라고 말할 수 있을 것이다.

47) 김도균 교수는 롤즈의 논법이 '동등한 인간의 존엄성'을 논증하기에는 부족하다고 지적한다. 김도균, 앞의 책, 128면 이하 참조. 한편 드워킨도 롤즈와 유사한 논법으로 인간의 존엄성을 논증하고 있는 것으로 보인다. 드워킨에 의하면 첫째, 모든 인간의 삶에는 본질적인 객관적 잠재가치가 있다는 원칙(본질적 가치의 원칙)과, 둘째, 누구나 그 가치를 자기 삶에서 자율적으로 실현할 책임이 있다는 원칙(개인적 책임의 원칙)이 결합하여 인간 존엄의 토대와 조건이 된다고 논증한다. 로널드 드워킨/홍한별 역, 민주주의는 가능한가 (문학과 지성사, 2012), 22-23면 참조. 다만 드워킨은 "모든 인간이 잘 사는 것이 누구에게나 똑같이 본질적으로 중요하다"는 사실을 수용하더라도 우리 모두가 다른 모든 사람에게 자신이나

롤즈식의 논법이 지닌 맹점을 지적해 두고자 한다. 일단 롤즈의 논법은 무언가 공허하다. 논증은 하고 있으나 내용이 없다는 것이다. 그 이유는 우리에게 도덕적 인격을 발현할 수 있는 자연적 능력(natural capacity)이 있다는 사실로부터 우리 모두가 동등한 존엄과 가치를 지닌 존재라는 사실이 자명하게 도출되는 것은 아니기 때문이다. 당장 다음과 같은 반문이 제기될 수 있다. 그럼 남들보다 그러한 능력을 더 구비한 개인은 더 높은 존엄성과 가치를 갖는가? 도덕적 판단능력이 정상인에 비해 현저히 결여된 사이코패스와 같은 반사회적 성격장애자는 인간으로서의 존엄성과 가치가 없는 존재인가? 어린 아이는 성인에 비해 덜 존엄한 존재인가? 그렇다면 이들에 대한 법적 존중과 배려는 차등적으로 해도 되는 것인가? 이에 대해 롤즈는 "일단 어떤 최소치만 만족시키게 되면 사람은 다른 사람들과 똑같은 선에서 평등한 자유에 대한 권리를 갖는다."[48]고 여러 지면에서 거듭 강조하고 있을 뿐이다.[49] 물론 이러한 비판을 의식해 롤즈는 영역특성(range property)이라는 개념을 고안해 사용하기도 한다. 영역특성은 원 내부의 모든 점들은 원이라는 영역의 내부에 있다는 특성을 지니고 있다는 점에서는 모두 동일하고, 어떤 점

가족, 가까운 지인에게 갖는 것처럼 동일한 정도의 관심을 가질 의무는 없다고 본다. 즉, 사인들 간에는 동등한 존엄성의 원칙을 엄격히 지켜야 한다는 의무를 부과할 수 없다는 것이다. 예컨대 내 자식을 도울 때 다른 사람들의 자식도 같은 정도로 도울 필요는 없다. 그러나 국가와 그 구성원 간의 관계는 이와 다르다고 한다. 정부는 통치권 내에 있는 모든 사람에 대해 동등한 관심을 보여야만 정치적 정당성을 획득할 수 있다고 말한다. 시민들이 정치공동체 안에서 지는 다양한 정치적 의무는 정부가 이들의 존엄을 동등하게 존중해 주었을 때에만 국가에 의해 정당하게 강제될 수 있기 때문이다. 예컨대 자신을 이등시민으로 대우하는 공동체에 대해서는 그 공동체의 법률을 준수해야 할 의무가 있다고 볼 수 없다는 것이다. 이러한 지적으로는 로널드 드워킨/홍한별 역, 앞의 책, 128-133면 참조. 요컨대 동등한 존엄의 원칙은 국가와 그 구성원 간의 관계에 있어서 보다 실질적인 의의를 지닌다는 취지로 보인다.

48) "Once a certain minimum is met, a person is entitled to equal liberty on a par with everyone else."

49) John Rawls, 앞의 책, 442, 443, 445면 참조.

도 다른 어떤 점보다 더 내부에 있다든지 덜 내부에 있다는 식의 구별이 없다는 개념이다. 이와 마찬가지로 모든 인간은 도덕적 인격체로서의 특성을 최소치만 지니고 있더라도 각자 도덕적 인격체로서의 평등한 자격을 갖추기에 충분하다는 것이다.[50] 따라서 롤즈에 의하면 최소한의 도덕적 능력 이상의 탁월한 능력은 선도 악도 아닌 도덕적으로 우연에 불과한 것이 된다.[51] 하지만 이는 자신의 평등명제에 대한 논거로서는 매우 부적절하다. 영역특성은 원 내부의 여러 점들이 그 원의 내부영역에 있다는 어떠한 특정한 성질에서는 동일하다고 말할 수 있다는 것일 뿐, 그 각각의 점들이 다른 측면, 예컨대 여러 점들이 원의 중심을 기준으로 얼마나 가까운 곳에 위치해 있는가를 기준으로 보면 각기 다른 특성을 지니고 있다고 보아야 하기 때문이다. 우리가 묻는 것은 바로 후자이다. 도덕적 능력을 더 갖추었건, 덜 갖추었건, 최소한도로만 갖추고 있다면 이들은 모두 도덕적 능력을 "갖추고 있다"는 점에서는 영역특성에 비추어 평등하다고 말할 수 있다. 하지만 우리는 그러한 능력을 "더 갖추거나 덜 갖춘" 차이를 어떻게 고려할 것인지를 묻고 있는 것이다. 롤즈가 이렇게 다소 억지스러운 논변을 고안해 낼 수밖에 없었던 것은 도덕적 인격체가 될 수 있는 자격을 최대한 낮추어 자격미달자를 최소화하고 거의 모든 인간을 평등한 존재로서 포용하기 위한 시도로 보인다. 그러나 결국 그의 논증은 성공하지 못했고, 오히려 그러한 이론적 시도를 하려는 것 자체가 평등명제를 이미 전제하고 있다는 사실을 역설적으로 드러내 줄 뿐이다.[52] 요컨대 롤즈는 평등명제를 정당화 하기 위한 방편으로 영역특성이란 개념을 응용하기는 하였으나, 이는 합당한 논거라고 보기 어렵고, 오히려 어떤 식으로든 그러한 논증을 시도하려는 행위 자체가 결국 모든 인간은 평등하다는 사실을 웅변

---

50) John Rawls, 앞의 책, 444-445면.

51) 이 점에 대한 지적으로는 이인탁, "롤즈 정의론의 평등주의적 측면", 철학논구 제12권(1984), 81면.

52) 유사한 지적으로 W.A. Galston, *Justice and the Human Good* (Chicago: University of Chicago Press, 1980), 156면 이하 참조.

해 주고 있다는 점에서, "동등한 인간의 존엄성 명제"는 더 이상의 정당화 근거가 요구되지 않으며 우리의 규범적 사고방식에서 자연사적으로 전제되는 삶의 형식의 일부를 구성한다고 봄이 타당할 것이다.

사실 롤즈가 논거로 제시하고 있는 '도덕적 인격을 발현할 수 있는 능력'은 그도 시인하고 있듯이 우리 인간에게 공통된 자연적 특성 내지 능력[53]으로서 삶의 형식의 일부에 다름 아니다. 바꾸어 말하면 롤즈가 제시한 논거는, 실질에 있어서 우리의 삶에 깔리는 전제의 하나에 불과하다는 것이다. 결과적으로 롤즈는 삶의 형식에 기대어 '평등명제'를 논증하려고 하였으나 앞서 살펴본 바와 같이 성공하지 못했다. 그렇다면 '인간의 동등한 존엄성'이 자명하다는 사실은 롤즈와 다르게 어디서 찾을 수 있을까? 우리는 앞서 각양각색의 다양한 삶의 형식들이 상호 맞물려 있음을 확인한 바 있다. 그 중에서도 법적 결정에 대해 논증, 즉 일정한 근거제시를 요구하는 자연적 성향은 다양한 삶의 형식과 맞물려 있음에 재차 주목할 필요가 있다. 그러한 성향은 우리가 논증을 할 수 있는 능력, 그리고 논증을 통해 판단의 일치에 도달할 수 있다는 사실, 이와 더불어 상호 의사소통을 할 수 있다는 자연사적 사실과 맞물려 있음은 전술한 바와 같다. 이에 더하자면, 우리가 법적 결정에 대해 논증을 요구하는 것은, 비록 그것이 공정하다고 여겨지는 직업법관에 의해 내려진 것이라 하더라도 결코 타인의 결정에 맹목적으로 따르지 않겠다는 강한 형태의 주체성과 의지의 표현이고, 이는 곧 '자존감'[54]

53) 롤즈는 'natural attributes' 혹은 'natural capacities'라는 표현을 사용하고 있다.

54) 롤즈도 자존감(self-esteem)의 중요성을 논급한다. 롤즈에 의하면 자존감은 인간이 자신의 가치와 선개념, 인생계획에 대하여 가지는 자기확신이며, 그것을 실현시킬 수 있다는 믿음이다. 이것이 없다면 삶은 무의미해지고 인간으로서의 존엄성을 유지할 수가 없다고 한다. 롤즈에게 있어서 인간의 자존감은 도덕적 인격체로서의 인간의 자기 존재가치에 대한 확신이며, 이것이 불평등하게 되면 인간의 도덕적 가치의 평등성에 치명적 손상이 가해지는 셈이 된다. 따라서 인간은 자존감이 훼손되면 손해를 봤다는 생각이 들지 않고 부끄러움을 느끼게 된다는 것이다. 롤즈는 정의는 자존감의 평등성을 요구한다고 보면서, 따라서 자존감의 평등성을 보장해 줄 기반을 제공해야 한다고 한다. 롤즈에 의하면 자존감은 사회, 경

의 발로라고 밖에는 달리 더 정확히 설명할 방법이 없다고 본다. 즉, 법적 결정에 대해 논증을 요구하는 자연적 성향은 스스로의 존엄성을 지키려는 강력한 자연적 감정에 의한 것이라고 볼 수 있다는 것이다. 그리고 그러한 '자존감'이 '상호적'인 것임은 우리의 삶의 형식에 비추어 자명하다. 전술한 바대로 우리가 말을 한다는 것은 상호 의사소통할 수 있는 타인의 존재를 전제하고 있는 것이기 때문이다. 그렇기 때문에 우리는 논증을 함에 있어서 상대방이 납득할 수 있을 정도로 엄밀하게 해야 한다는 것을 잘 알고 있는 것이다. 정리해 말하자면, 동등한 인간의 존엄성도 이미 우리에게 주어진 삶의 형식의 일부를 구성하고 있는 자연사적 사실이라는 것이다.[55] 다만, 이 경우에 유아나 정신병자, 사이코

제적 이득에 의해 제공되지 않고, 오직 자유만이 자존감을 보장해 준다고 한다. 예컨대 자유를 상실한 노예는 자존감을 가질 수 없다는 것이다. 그러므로 롤즈는 모두에게 똑같은 자유에의 평등한 부여함으로써 동등한 자존감을 보장하는 정의의 제1원칙(평등한 자유에의 평등한 권리의 원칙)에 절대적 우선성을 부여하게 된다. 롤즈에 대한 이러한 해설로는 이인탁, 앞의 논문, 83면 이하 참조. 하지만 필자가 보기엔 자존감의 기본토대에 대한 롤즈의 설명에는 일정한 한계가 있다. 앞서 언급한 정신병자나 사이코패스, 혹은 사형수와 같이 의사결정의 자유가 없거나 박탈된 사람에게는 어떠한 이유에서 동등한 인간의 존엄성을 인정해야 하는가? 이는 롤즈식의 설명으로는 답하기 어려울 것이다.

55) 필자와 유사한 논변으로는 조지 카텝/이태영 역, 인간의 존엄 (말글빛냄, 2012), 26면 참조. 프린스턴 대학의 정치학 명예교수인 조지 카텝(George Cateb)은 다음과 같이 주장한다. "한 개인의 존엄성이라는 관념은 다른 사람과의 관계에 적용되며, 이상적으로 개인 스스로의 자각에서 다른 사람도 동등한 지위를 갖는다는 주장으로 진전된다. 개인의 존엄성은 나에게만 국한된 것이 아니다. 나는 나와 내가 속한 집단의 존엄성만 주장할 수 없으며, 모든 인간의 존엄성을 주장해야 한다. 각 개인은 모두의 존엄성을, 그리고 모든 인간은 개인의 존엄성을 주장해야 한다." 다만 필자가 "동등한 인간의 존엄성은 삶의 형식의 일부를 구성하고 있는 자연사적 사실"이라고 주장하는 취지는 '동등한 인간의 존엄성'이 다른 공리로부터의 추론이 필요 없이 자명하다는 뜻임을 지적해 두고자 한다. 다양한 개개의 삶의 형식이 맞물려 내려지는 판단은 사물의 색깔과 크기를 비교해 판단하는 것처럼 의식적이고 논리적인 연산과정이 필요 없이 무의식적이고 자동적으로 이루어지는 판단이기 때문이다.

패스처럼 우리와 정상적인 의사소통을 할 수 없는 사람에게도 '동등한' 존엄성을 어떻게 인정할 수 있을 것인가가 의문시될 수 있다. 그들은 법적 결정에 대해 스스로 논증을 요구하지도 않을 것이며, 우리와 판단이 불일치하는 경우도 많을 것이다. 한 마디로 우리와 정상적인 삶의 형식을 공유하고 있지 못하다고 말할 수 있다. 하지만 이 경우에도 그들에 대한 존엄성은 인정되어져야 한다. 비록 그들은 스스로에 대한 '자존감'은 없을 지라도 우리가 그들을 '동등하게 존엄한 인간'으로 취급해야 한다는 것이다. 그 이유는 또 다른 삶의 형식에서 찾을 수 있다. 그것은 바로 연민과 배려의 감정이다. 우리는 다른 사람이 선천적·생물학적 이유로 우리보다 열등한 조건에 놓여 있을 경우, 인간이 아닌 다른 동물이 그러한 조건에 놓여 있을 때와는 확연히 다른, 그들에 대한 자연스런 연민과 배려의 감정을 갖게 된다. 이 역시 명백한 자연적 감정이다. 그렇기 때문에 비록 유아나 정신적 장애자라 하더라도 그들은 우리의 삶의 형식 하에서는 동등한 인간의 존엄성을 향유한다.[56)]

우리의 삶의 형식에 비추어 볼 때, 스스로 "인간은 동등하게 존엄하지 않다"라고 말하는 것은 일종의 자기 반박적인(self-refuting) 명제로서 거짓인 명제가 된다.[57)] 이 말은 우리가 타인의 존재와 자신의 존엄성을

56) 이러한 관점에서 사이코패스를 형사법의 영역에서 일종의 '최소수혜자'로 보며 이들에 대한 책임능력의 감경과 그 대안으로 치료감호를 제안하는 글로는 안성조, "사이코패스의 형사책임능력", 형사법연구 제20권 제4호(2008) 참조. 필자의 주장에 공감을 표하는 문헌으로는 이상돈, 형법강론 (박영사, 2015), 385면. 역시 동지의 김동현, "인지과학의 관점에서 바라본 자유의지와 형사책임론의 문제", 서울대학교 법학 제51권 제4호(2010), 304면. 아울러 동일한 관점에서 정신질환자의 생명보험 가입에 차별을 가하는 대표적 법조문인 상법 제732조의 신중한 검토가 필요하다고 본다. **상법 제732조(15세미만자등에 대한 계약의 금지)** 15세미만자, 심신상실자 또는 심신박약자의 사망을 보험사고로 한 보험계약은 무효로 한다.

57) 자기 반박적 명제라는 것은 그것이 참이면 동시에 거짓도 함축되어 있는 명제를 말한다. 예컨대 "모든 일반적 진술은 거짓이다" 혹은 "나는 존재하지 않는다"라는 명제가 바로 그러하다. 퍼트남에 의하면 "나는 통속의 뇌이다"라는 명제도 자기 반박적이다. 왜냐하면 "나는 통속의 뇌이다"라고 생각하기 위해서는 내가 통

인정하지 않는, 즉 언어와 논증이 불필요한 삶의 형식 속에 살고 있어야 가능한 것인데, 우리는 명백히 그러한 삶의 형식 속에 놓여 있지 않기 때문이다.[58)]

III. 삶의 형식과 법의 지배

1. 법치의 기본요소와 근본이념

법치란 법에 의한 통치를 말한다. 즉, 법에 의한 지배와 복종의 관계를 의미한다. 영미에서는 주로 사용되는 법의 지배(rule of law)란 표현은 바로 이 점을 전면적으로 잘 드러내 보여준다.[59)] 이러한 지배와 복종이 정당성을 갖기 위해서는 법치에 대해서 일정한 제약과 조건이 가해져야 함은 자명하다. 논자들 간에 다소의 차이는 있겠지만 일반적으로 널리 인정되는 법치의 기본요소 내지 기본원리들을 종합하면 다음과 같다.[60)]

속의 뇌가 아니어야 하기 때문이다. 이 점에 대해서는 Hilary Putnam, *Reason, Truth and History* (Cambridge; New York: Cambridge University Press, 1981), 7-8면 참조.

58) 사실 진화론적 관점에서도 "평등원칙"이 사회적으로 강화되는 사례는 많이 찾아볼 있다. 이 점에 대해서는 마이클 셔머/박종성 역, 앞의 책(*진화경제학*), 236-242면 참조.

59) 양창수, "법치주의의 저편", 본질과 현상 창간호(2005), 172면 참조.

60) 이상의 기본요소 내지 기본원리에 대해서는 김도균·최병조·최종고, 법치주의의 기초: 역사와 이념 (서울대학교출판부, 2008), 13-14면; Albert Venn Dicey, *Introduction to the State of the Law of the Constitution* (London: Macmillan, 1948), 188면; Joseph Raz, *The Authority of Law* (Oxford: Clarendon Press, 1983), 213면; Ellis Sandoz, *A Government of Laws: Political Theory, Religion, and the American Founding* (Baton Rouge: Louisiana State University Press, 1990), 229-234면; Randall Peerenboom, Let One Hundred Flowers Bloom, One Hundred Schools Contend: Debating Rule of Law in China, *23 Michigan Journal*

(1) 모든 법률은 장래의 행위를 규율하여야 한다.
(2) 모든 법률은 합리적이고 안정적이며, 공개적이고 명확해야 한다.
(3) 모든 법률은 보편적이고 일관성이 있어야 한다.
(4) 모든 법률은 집행가능해야 하고 누구에게나 보편적으로 적용될 수 있어야 한다.
(5) 모든 법률은 정당한 법제정권한을 가진 자가 공개적이고, 안정적이며, 일반적인 절차적 규칙에 따라 제정해야 한다.
(6) 모든 법률은 기본적 인권을 고려해야 하며, 누구든지 전문적인 법률가에게 법적 조언을 받을 수 있어야 한다.
(7) 권력분립과 사법부의 독립
(8) 사법심사제도의 확립: 법에 의한 통치를 보장할 수 있는 제도, 절차, 기구의 존재

아울러 법치의 근본이념 내지 핵심원칙으로는 크게 두 가지가 손꼽힌다. 첫째로, "최고통치자는 반드시 법에 기속되어야 한다는 원칙(der Primat des Rechts gegenüber der Politik)", 다시 말해 국가권력의 자의가 아닌 법에 의한 지배가 보장되어야 한다는 원칙이고, 둘째로는 법은 모든 사회구성원에게 평등하게 적용되어야 한다는 원칙, 즉 "법 앞의 평등 원칙"이다.[61)]

법치에 관한 논의들은 대체로 상기 법치의 기본요소들이 잘 갖추어

---

of International law 471 (2002), 478-479면; Alvaro Santos, The World Bank's Uses of the "Rule of Law" Promise in Economic Development, in: David M. Truebek & Alvaro Santos (eds.), *The New Law and Economic Development: A Critical Appraisal* (Cambridge: Cambridge University Press, 2006), 256-266면; 안성조, "Tolerance and Rule of Law as a Condition for Prosperity", 안암법학 제28호(2009), 376-377면.

61) 이와 조금 달리 법치의 근본이념을 크게 두 가지로 보며, 그 하나는 법적 안정성 내지 예측가능성이고, 다른 하나는 '법 앞의 평등이념'이라고 보는 견해로는 김도균·최병조·최종고, 앞의 책(법치주의의 기초), 12면 참조. 하지만 동 문헌에서도 법적 안정성과 예측가능성이란 첫째, 시민은 권력자의 자의에 의한 폭력적 지배가 아닌 법에 의해 규제되어야 하고, 둘째, 무정부 상태를 피하고 평화로운 공동체적 삶을 유지하기 위해 시민 각자는 법을 준수해야 한다는 원칙으로 세분해 설명하고 있을 뿐이므로 결국 필자의 분류법과 큰 차이는 없다.

져 있고, 근본이념들이 잘 구현되고 있는 경우 '법의 지배'가 온전히 실현될 수 있음을 전제하고 있다고 말할 수 있을 것이다. 하지만 미국의 법현실주의자들이나 비판법학자들이 이러한 전제에 의심을 품고, "법의 확실성 내지 확정성"에 대해 공격을 해 왔음은 잘 알려진 사실이다.62) 법치의 기본요소가 모두 구비되고 그 근본이념이 온전하게 실현되어도 법의 본래적 불확정성으로 인해 법의 지배는 불가능하다는 것이다.

필자는 이에 대해 적어도 그들이 비트겐슈타인의 '규칙 따르기 고찰'을 원용해 '규칙회의주의'를 주장하는 것은 명백한 오류며, 비록 법에 불확정적인 영역이 존재한다 하더라도 그렇다고 "통치자의 자의적 판단이 아닌 이성적인 법에 의한 지배"라는 법치 이념의 중심부 의미(감정이나 자의가 아닌 이성에 의한 통치라는 법치의 근본이념 내지 핵심원칙)는 여전히 유효할 수 있음을 지적한 바 있다.63) 왜냐하면 법이 불확정적인 경우에도 대립하는 양 당사자는 치열한 이성적 논증에 의해 자신의 입장을 정당화하기 위한 노력을 기울이며, 이러한 법적 논증에 의한 승패를 제도적으로 보장하는 사회는 결코 법치의 핵심이념을 벗어나 있지 않기 때문이라고 말할 수 있기 때문이다. 다시 말해, 비록 법이 불확정적이어서 해당 사안에 확정적인 답을 내려주지 못하는 경우라도 법적 논증의 성공여부에 따라 승패를 결정하는 제도가 확립된 사회라면 우리는 "그 어떤 개인(통치자든 법관이든)의 자의가 아닌 이

---

62) 이에 대해서는 한인섭, "비판법학", 미국학 제20집(1997); 김정오, "미국 비판법학의 흐름과 동향", 법과 사회 통권 제10호(1994); 안성조, 기초법연구 제1권 - 언어·논리·역사 - (경인문화사, 2009), 20-28면 참조.

63) 이에 대해서는 안성조, "법적 불확정성과 법의 지배", 법철학연구 제10권 제2호(2007) 참조. 비트겐슈타인의 규칙 따르기 고찰을 원용해 규칙회의주의를 입론하는 것은 오류라는 점을 지적하는 문헌은 많다. 대표적으로 Scott Hershovitz, Wittgenstein on Rules: The Phantom Menace, *22 Oxford Journal of Legal Studies 619* (2002)를 참조할 것. 국내 문헌으로는 권경휘, "비트겐슈타인의 규칙-따르기 고찰과 법이론", 법철학연구 제10권 제1호(2007). 번역논문으로는 Brian Bix/권경휘 역, "법이론에 있어서 비트겐슈타인의 규칙-따르기 고찰의 적용(그리고 잘못된 적용)", 연세대학교 법학연구 제15권 제3호(2005).

성적으로 제정된 법을 올바르게 해석하고 적용하기 위한 이성적 노력에 의한"[64] 법의 지배가 온전히 구현되고 있다고 보아야 할 것이기 때문이다.

2. 법치가 가능하기 위한 원초적 조건: 삶의 형식의 일치

본고에서 필자는 위의 주장에 대해 보충설명을 하고자 한다. 결론부터 말하자면 비록 법이 불확정적이어도 법의 지배가 가능한 것은 바로 우리가 앞서 검토해 온 "삶의 형식의 일치"가 있기 때문이라는 것이다. 실생활에서 우리는 법이 불확정적이라는 사실에 그다지 놀라거나 대수롭지 않게 생각한다. 즉, 법의 불확정성이 법의 권위에 심각한 불신을 초래하지 않는다는 것이다. 대부분의 성숙한 시민은 이 점을 잘 알고 있으며, 어쩌면 당연한 것으로, 또한 대수롭지 않은 것으로 생각한다. 법의 불확정성에 과민하게 반응하는 것은 어찌 보면 늘 책상에만 앉아 있는 이론가들과 특정한 정치적 목적의식을 가진 법현실주의자들이나 비판법학자들뿐일 수도 있다. 그 이유는 바로 삶의 형식 때문이다. 앞서 살펴본 바와 같이 우리의 대다수의 많은 행동과 판단은 자연스럽게 일치한다. 그리고 설령 판단의 불일치가 발생하는 경우라도, 전술한 바처럼 메타 차원의 상호이해와 그로부터의 판단의 일치가 가능하다. 삶의 형식이 이를 가능케 해 준다. 바로 그렇기 때문에 우리는 법이 불확정적인 경우에 직면하더라도 크게 놀라거나 당황할 필요가 없다. 충분히 그러한 상황을 이해하고 해결할 자연적 능력이 주어져 있기 때문이다. 자, 유치원생에게 신호등 보는 법을 교육시키고 있는 부모가 있다고 하자. 그 때 마침, 파란불인데 앰뷸런스 자동차가 신호를 무시하고 지나간

64) "감정이나 자의가 아닌 이성에 의한 통치"라는 법치의 중심부 의미는 아리스토텔레스의 말 "The law is reason unaffected by desire."에 잘 드러나 있다. Aristotle, Politics1287a 25-30.

다. 어린 아이가 부모에게 묻는다. "저 차는 왜 파란불인데 무시하고 지나가죠?" 이 때 부모는 대답할 것이다. "아 저 차는 응급환자를 태우고 가는 차라서 한시 바삐 병원에 가야만 하거든. 하지만 원칙적으로는 교통신호를 지켜야 한단다." 이 사례에서 어린 아이에게 어떠한 이해의 어려움이 있겠는가? 하나의 법규가 원칙과 달리 적용되고 있지만, 어린 아이도 그 이유에 대해서는 쉽게 납득할 수 있다. 그리고 이러한 사례로부터 보행자도 길에 쓰러진 사람을 구하기 위해 빨간불인데 도로에 뛰어들어 그 사람을 구해낼 수 있다고 유추해 낼 수 있는 것도 역시 그 아이의 자연적 능력일 것이다. 더 나아가 그 아이가 점차 성장해 가며 "공원에서 탈 것 금지"라는 법규를 보게 되더라도 중심부 사례와 주변부 사례를 분별해 내고, 주변부 사례의 경우 왜 각기 다른 판단을 내리게 되는가에 대해서도 남들과 일치된 이해에 도달할 능력을 지니게 될 것임은 자명하다고 본다. 더구나 공원마다 입구에 새겨져 있는 위 법규에 대해, 규칙회의자와 같은, 심각한 불신이나 의심을 품지도 않을 것이다. 이러한 것들이 가능한 이유는 모두 삶의 형식 덕분이다. 이처럼 우리는 불확정적인 규칙에 대해서 "인지적으로 유연하게 대처할 수 있는 삶의 형식"에 속해 있기 때문에 법의 불확정성은 현실에 있어서 심각한 위협이 되지 못한다. 이는 뒤집어 말하면, 법의 지배가 가능하기 위한 가장 원초적인 조건은 삶의 형식에 일치가 있기 때문이라고 말할 수 있을 것이다.

아울러 법치의 기본원리 대부분은 삶의 형식에 일치가 있어야 보장되는 것임에 주목할 필요가 있다. 예컨대 전술한 "(1) 모든 법률은 장래의 행위를 규율하여야 한다. (2) 모든 법률은 합리적이고 안정적이며, 공개적이고 명확해야 한다. (3) 모든 법률은 보편적이고 일관성이 있어야 한다. (4) 모든 법률은 집행가능해야 하고 누구에게나 보편적으로 적용될 수 있어야 한다. (5) 모든 법률은 정당한 법제정권한을 가진 자가 공개적이고, 안정적이며, 일반적인 절차적 규칙에 따라 제정해야 한다." 등은 모두 그 전제로서 삶의 형식의 일치가 있어야 실효성을 발휘할 수 있는 것들이다. 법의 해석과 적용에 있어서 우리의 삶의 형식에 일치가 없다면, 즉 적어도 핵심적인 내용에 대해 판단과 행동의 일치가 불가능하다면, 모든 법률은 장래의 행위를 규율할 수 없게 되고(1), 안정적이고 명확할 수도 없으며(2), 보편적이고 일관성 있게 해석, 적용될 수도 없고(3,4), 공개적이고, 안정적이며, 일반적인 절차적 규칙에 따라 제정될 수도 없을 것이기 때문이다(5).

이상 고찰해 본 I, II, III의 논의로부터 우리는 다음과 같은 통찰에 이르게 된다. 법치의 기본원리가 실효성 있게 작동할 수 있기 위해 필요한 규범적 전제조건은, 법치의 모든 기본요소와 근본이념 앞선다는 의미에서 원초적 조건이자 동시에 우리가 애당초 법의 지배란 생각을 품을 수 있게 만들어 주는 공통된 배경이 되어 주는 것은 "삶의 형식의 일치"이다. 우리의 삶에서 이토록 복잡한 수많은 법적 의사소통을 가능하게 해 주는 것은 바로 '삶의 형식'이었던 것이다!

§ 2. 고대사회 사적 보복관습에 대한 진화론적 조명

[글 소개]

2001년 한국을 방문했던 독일의 형법학자 쉬네만은 다음과 같은 인상적인 강연을 했다. "나는 이상에서 법과 자유의사의 관계에 관한 결정적인 추론을 도출해낼 수 있다고 확신합니다. 법은 분명히 문화의 소산입니다. 그래서 법은 사회적으로 생성된 실재의 한 부분입니다. 법은 반드시 어느 사회 내에 구축되어 있는 사회적 교섭관계의 기본조건들을 전제로 하면서 그 위에 자리잡고 있습니다. 여기에서 언어구조는 다시금 가장 심층적이며 가장 변경하기 어려운 기본토대가 되고 있습니다. 이러한 이유로 해서 법 자체를 형성하는 언어구조가 아무런 변동없이 그대로 유지되고 있음에도 불구하고 법을 이 구조로부터 분리시킬 수 있다고 주장한다면 그것은 어리석은 생각이 될 것입니다. 왜냐하면 그러한 생각은 곧바로 법적 언어를 결정론에 입각한 언어유희로 변질시키게 될 것이기 때문입니다. 이러한 상황은 비결정론적인 언어유희를 통하여 우리들이 사회화 과정을 밟아 왔다는 점에 비추어 볼 때 도저히 상정할 수 없는 것입니다."[1)]

형법학은 물론 (법)철학에 이르기까지 의사자유와 책임의 문제는 오랜 논쟁의 대상이었던 것은 주지의 사실이다. 그리고 쉬네만의 위 주장은 법과 언어의 관계에 약간의 소양을 갖춘 사람이라면 어렵지 않게 수긍할 수 있는 명제이다. 필자도 의사자유와 책임의 문제에 대해 "법의

---

1) 위 강연문은 Bernd Schünemann/신동운 역, "독일에 있어서 책임론의 새로운 전개", 서울대학교 법학 제43권 제1호(2002), 470면에서 가져온 것이다.

심층구조에 오랜 세월에 걸쳐 형성된 언어적 관행이 공고히 자리 잡고 있기 때문에 의사의 자유를 부정할 수 없다"는 측면에 주목한다는 점에서 쉬네만과 거의 유사한 생각을 지니고 있다. 하지만 그렇다고 해서 법이 순전히 '문화의 소산'이고 '사회적 실재'의 일부분이라는 견해에 대해서는 생각을 달리 한다. 우리를 특정한 규범적 판단으로 이끄는 동력의 근저에는 순전히 문화적, 사회적으로 생성된 것이라고만 볼 수 없는 그 어떤 '동인'이 작용하고 있다고 믿기 때문이다. 여기에는 법의 심층구조인 언어를 넘어선, 언어 이전에 형성된 진화론적 배경이 있다는 것이 필자의 생각이다. 예컨대 우리의 규범적 삶에 지대한 영향을 끼치는 원초적 도덕감정의 형성배경에는 진화론적 유래가 있다. 대표적으로 우리의 공동체적 삶에 있어서 여하한 형태의 '응징'과 '협력'을 강제하려는 심리적 기제는, 개별 유기체에게 있어서 적절한 '응징'과 '협력'이 오랜 진화사를 통해 생물학적으로 볼 때 가장 안정된 행동적 전략이었고(이를 전문용어로 '진화적으로 안정한 전략(ESS)'이라고 함), 이는 특정한 대상에 대한 본능적인 공포나 선호의 성향과 같이 진화된 심리적 메커니즘(EPM)의 일부로 인간의 마음속에 자리 잡게 되었다는 것이다. 이는 매우 중요한 규범적 함의를 가져온다. 정당한 응보나 호혜적 협력과 같은 도덕적 규범이 순전히 문화적, 인위적으로 구축된 것이 아니고, 이를 제도화한 일체의 법규범 역시 단순히 사회적 실재에 불과한 것이 아니라는 뜻이기 때문이다. 법과 도덕의 근저에는, 달리 말해 우리를 특정한 규범적 판단으로 이끄는 '심리적 강요'의 배후에는 분명 진화론적 동인이 있다. 이하의 글은 바로 이러한 측면에서 고대사회의 사적 보복관습을 진화론적으로 재조명하고 있는 것이다. 그리고 아래의 글에서 다루고 있지는 않지만, 의사의 자유와 책임귀속의 문제에 대한 해명도 진화론적 배경에서 찾을 수 있을 것이라고 나는 전망한다.[2)]

---

2) 이와 관련 필자는 본서의 제1권에서 "자유의지를 전제하는 것은 우리의 삶의 형식의 일부이다!"라는 주장을 한 바 있다. 안성조, 현대 형법학 제1권 - 이론과 방법 - (경인문화사, 2011), 497면. 이 말은 곧 의사자유에 진화생물학적 배경이 있음을 뜻한다. 쉬네만도 의사의 자유가 진화의 소산이라는 생각을 갖고 있는 듯

I. 머리말

"역사를 일별하면, 법은 사람들이 오늘날 '법률'이라고 부르는 것보다 훨씬 오래된 것임을 알 수 있다. 국가가 있기 전의 사회에서는 채집인과 수렵인들, 경작민과 목축민들에게는 규범화된, 무엇보다 성문화된 법이란 존재하지 않았다. 법은 이들 사회의 자연종교에 내재되었고, 따라서 법은 도덕과 하나였다. 사람들은 예컨대 소유권, 친족, 평등대우, 상호주의와 같은 법제도를 알고 있었지만, 그럼에도 불구하고 이들은 사례에 따라 파악되었을 뿐, 규범으로서는 파악되지 않았다. 그리고 이러한 법은 서민들의 설화나 전설 그리고 특히 동화를 통해 전승되었다. 원시사회의 경우 이 점은 오늘날에도 여전히 크게 다르지 않다."[1)]

우리는 종종 '법의 기원'에 대해 의문을 품곤 한다. 국가에 의해 제정된 '법률'이라면 그 유래를 개정 및 제정관련 자료를 추적해 봄으로써 비교적 상세하게 확인해 볼 수 있지만, 그 이전의 법에 대해서는 사실 많이 알려진 바가 없다. 하지만 위의 인용문에서 아르투어 카우프만이 적절히 지적하고 있듯이 생활사실들 및 사물에 내재하는 질서로서의 '법'은 국가가 있기 전의 수렵·채집인들의 사회에서도 존재했던 것으로 보인다. 당시 법은 이들 사회의 관습이나 종교에 내재되어 있었고, 법과 도덕은 구분되지 않았다. 이러한 법은 성문화된 규범이 아닌 개별사례에서 파악되었고, 설화나 전설을 통해서 전승되었으며, 오늘날 현존하는 원시부족사회에도 남아있는 것으로 알려져 있다.

이러한 고대사회의 법개념에 가장 잘 부합되는 것 중 하나가 바로 '사적 보복(vendetta)' 관습이다. 흔히 '피의 보복(blood feud)'으로 불리는 이 관습은 그 형태와 실효성에 정도의 차이는 있지만 대부분의 고대사회에서 발견된다. 국가의 공형벌권이 존재하지 않던 시절, 보복감정

하다. 그는 "의사자유란 결코 단순한 의제가 아닙니다. 의사자유는 사회적 실재의 일부로서 사회적 실재가 현실적인 것만큼이나 현실적입니다. 그리고 의사자유는 존재론적 관점에서 볼 때 인간의 의식이 발전함에 따라서 생성된 진화의 소산이라고 말할 수 있습니다."라고 주장한다. Bernd Schünemann/신동운 역, 앞의 논문, 467면.

1) 아르투어 카우프만/김영환 역, 법철학 (나남, 2007), 305면 참조.

은 매우 강렬하고 치명적인 것이어서 마음 속 깊은 명령에 의해 따라야 하는 도덕률의 핵심을 이루고 있었다. 인간의 이러한 도덕적 성향은 이후 중앙집권적 국가가 탄생한 후에도 고의적인 살인죄 등에 대해 제한적으로나마 사적 보복이 허용되는 법제도를 유지시켰고, 오늘날까지도 국가형벌권의 배후에는 여전히 응보적 관념이 강력하게 작동하고 있음을 부인하는 사람은 없다.[2)]

그런데 애초에 보복감정은 어떻게 생겨났을까? 이 질문은 "보복감정이라는 강렬한 심리적 성향은 과연 어떻게 인간의 마음에 보편적으로 내재하게 되었느냐?"는 것이다. 이 질문은 어쩌면 답할 필요가 없는 것인지도 모른다. 너무나 원초적 감정이기 때문에 도덕적 판단의 전제가 될 뿐, 더 이상의 과학적 해명은 불필요한 일처럼 보이기 때문이다. 하지만 우리의 보편적인 심리적 기제에 대해 과학적인 설명이 시도되기 시작했다. 우리가 어떻게 현재의 모습으로 또 현재의 마음을 지니고 살게 되었는지에 대해 진화론의 진영에서 해답을 내놓기 시작한 것이다. 인간의 마음이 진화사에서 어떠한 적응과정을 거쳐서 현재의 상태로 작동하게 되었는지에 대해 연구하는 학문분과를 진화심리학이라고 한다. 본고는 진화론적 관점에서 인간의 보복감정의 기원에 대해 해명해 보기로 한다. 국가에 의한 공형벌권이 발생하기 전부터 고대사회의 확고한 법의 하나로 자리잡고 있었던 사적 보복 관습이 어떠한 진화적 메커니즘을 통해 탄생하게 되었는지 우선 진화심리학적 관점에서 해명해 볼 것이다. 이어서 사적 보복관습의 원형이 포괄적응도 면에서 불이익을 초래할 수 있음에도 불구하고 널리 전파될 수 있었던 이유를 진화론의 또 다른 일분야인 '밈이론(memetics)'을 통해 구명해 보기로 한다. 이를 통해 응보사상이라는 현대형법의 한 원류를 새롭게 바라볼 수 있는 창을 얻을 수 있을 것이라고 믿는다.

이하 본고에서는 우선 고대사회의 보복관습이 어떠했으며, 그 원형

2) 현대의 형법학자들도 "형벌의 근저에는 복수의 관념이 스며있고, 현재까지도 일상적 법감각에 영향을 미치고 있다."고 보고 있다. 이에 대해서는 신동운·한인섭·이용식·조국·이상원, 로스쿨 형법총론 (박영사, 2009), 1면.

이 중세 유럽사회와 현대의 원시부족에게 어떻게 남아 있는지 살펴보고(II), 진화심리학의 관점에서 인간의 도덕성이 어떻게 진화해 왔는지 해명하며(III), 진화론적 도덕관이 부딪치게 되는 이론적 난점, 즉 범죄와 도덕성은 모두 포괄적응도를 높인다는 모순점이 어떻게 해소될 수 있을 것인지 그 가능성을 검토해 보고(IV), 고대사회의 사적 보복관습이 유전자-밈 공진화의 결과물이라는 가설을 새롭게 입론해 보고자 한다(V).

II. 사적 보복관습의 원형

1. 고대 근동의 사적 보복관습

함무라비 법전[3)]의 제정 당시 근동 지역에서는 살인이 가족이나 친족들에 의한 피의 보복(blood feud)에 의해 처리되는 관습이 지배했었다.[4)] 비단 아시리아뿐만 아니라 팔레스타인 지방[5)] 즉, 고대 이스라엘 사회의 히브리 법문화에도 그러한 관습이 있었다.[6)] 바빌론에서도 살인

---

3) 잘 알려 있다시피 동 법전은 현대와 같은 의미의 법전(codes)이 아니고 구두로 전승되고 관행화 되었던 법들을 기록한 법모음집(law collections)이었다고 보는 것이 지배적 견해이다.

4) 살인에 대한 사적 보복을 인정하는 관습 비단 근동지역뿐만 아니라 고대 사회에서는 상당히 보편적인 현상이었던 것으로 보인다. 고대의 그리스와 게르만지역은 물론 중세의 스칸디나비아와 스위스 등에서도 사적 보복은 널리 인정되고 있었다. Carl Ludwig von Bar, *A History of Continental Criminal Law* (Boston: Little, Brown, and Company, 1916, Translated by Thomas S. Bell), 4-6면, 57-61면, 119-121면, 142-145면 참조.

5) G.R. Driver & John C. Miles, *The Babylonian Laws Vol. I −Legal Commentary−*, (Oxford: Clarendon Press, 1956), 60면.

6) C. Edwards, *The World's Earliest Laws* (London: Watts & Co., 1934), 113면; Edwin M. Good, Capital Punishment and Its Alternatives in Ancient Near Eastern Law, *19 Stan. L. Rev. 947* (1967), 952면.

은 그 가족과 친족들에 의해 해결되어야 할 사적인 사건이라는 감정이 지배적이었고, 따라서 일반적으로 고의적 살인은 가족이나 친족들의 피의 보복에 의해 법적 절차를 거치지 않고 사적으로 처리되었다.[7)]

함무라비 법전에는 과실 등에 의한 살인(manslaughter)은 명문으로 규정되어 있는 반면, 고의적 살인에 대한 조문이 없다. 그 이유는 고의적 살인은 과실 등에 의한 살인과는 달리 비사법적인 방식, 다시 말해 불문의 관습을 통해 처리되는 전통을 따르고 있었기 때문이다.[8)] 함무라비 법전은 고의적 살인과 기타 기타살인을 구분하여 전자는 사법외적인 불문의 관습에 의해 처리하고, 그리고 후자만을 법적 절차에 맡기는 이원적 방식을 취하고 있었던 것이다.[9)]

그렇다면 함무라비 법전은 왜 이러한 이원적 방식을 채택할 수밖에 없었을까? 고대 메소포타미아 사회에서 가족 및 친족들에 의한 피의 보복(blood feud)은 필연적으로 무차별적이고 끝없는 보복의 악순환을 가져왔을 것이 분명하다. 보복의 악순환은 공동체의 안녕과 평화에 큰 위

7) Raymond Westbrook, The Character of Ancient Near Eastern Law, in: *A History of Ancient Near Eastern Law, Vol.I* (Leiden; Boston: Brill, 2003), 78-79면; G.R. Driver & John C. Miles, 앞의 책, 314면; C. Edwards, 앞의 책, 113면. 한편 고대 이스라엘법에서는 살인이 가족이나 친척 등의 피의 보복(blood feud)에 의해 처리되었지만, 고대 근동지역의 다른 국가들에서는, 농경사회였던 아시리아와 같은 일부국가를 제외하고는, 국가의 개입에 의한 사법절차를 통해 처리되었고 피해자의 가족은 절차의 종결단계에서 형벌의 종류를 결정하는 과정에만 극히 제한적으로 참여할 수 있었다는 견해도 있다. 이에 대해서는 Pamela Barmash, Blood Feud and State Control: Differing Legal Institutions for the Remedy of Homicide during the Second and First Millennia B.C.E., *63 Journal of Near Eastern Studies 183* (2004), 184-189면.

8) G.R. Driver & John C. Miles, The Assyrian Laws (Oxford: Clarendon Press, 1935), 33면. 드라이버와 마일즈는 함무라비 법전과 중세 아시리아 법전(MAL)에 살인에 대한 일반적 규정이 없는 것은 살인이 셈족의 관습인 피의 보복에 맡겨져 있었기 때문이라고 추정하고 있다.

9) 단, 사망한 피해자 외국인이어서 피의 보복을 집행해 줄 가족이나 친족이 없는 경우에는 국가가 개입해 처형을 해 주었을 것으로 보는 견해로는 Raymond Westbrook, 앞의 논문, 78면.

협이 되었을 것이다. 그렇기 때문에 중앙권력이 성장함에 따라 국가는 피의 보복에 의한 해결방식을 점차 제한해야 할 필요가 있었다. 이러한 사회역사적 맥락에 비추어 보면 당대의 지배적 관습이었던 피의 보복을 근절할 수 없는 이상,[10] 함무라비 법전은 최대한 그 대상범위를 축소시키는 방식을 채택할 수밖에 없었던 것이다.[11]

한편 고대 이스라엘의 경우는 살인 피해자와 가장 가까운 남성 친족이[12] 피의 복수자(blood avenger)가 될 수 있었고, 피의 복수자는 살인자를 눈에 띄는 대로 직접 붙잡아 처형할 수 있는 권리를 갖고 있었다.[13] 고대 이스라엘에는 살인을 저지른 자가 도피해 머무를 수 있는 성소(sanctuary)로서의 도피성(city of refugee) 제도가 있었다.[14] 도피성

---

10) 유럽의 경우 중세시대까지도, 잉글랜드(England)를 제외한 대부분의 국가에서 피의 보복 관습이 사라지지 않고 지속되었는데, 그 이유는 대부분의 국가에서 정부 당국은 이를 근절시킬 수도 없었고, 또 그럴 의사도 없었던 관계로 단지 그 관습이 더 극단적으로 표출되지 않게 완화하려는(moderating the more extreme manifestations of practices) 노력만 기울였기 때문이라고 한다. 즉, 피의 보복을 할 수 있는 조건과 그 절차를 법제도화 함으로써 오히려 보복의 합법성(legality)을 인정하는 정책을 취했다는 것이다. 따라서 당대의 사법절차는 잘 규제된 피의 보복(regularized vendettas)에 다름 아니었다는 것이다. 이토록 피의 보복을 근절하기 어려웠던 것은 그만큼 가해자에 대한 증오감은 반드시 그의 생명을 빼어와야 할 만큼 치명적인 것이어서 인간의 마음 속 깊숙한 곳에서도 어쩔 수 없이 따라야 하는 도덕법전(moral code)의 핵심을 이루고 있기 때문이다. 이 점에 대해서는 Marc Bloch, *Feudal Society, vol.1 – The Growth of Ties of Dependence* (Chicago: The Chicago University Press, 1970, Translated by L.A. Manyon) 128-129면.

11) 이러한 견해로 G.R. Driver & John C. Miles, 앞의 책(*The Babylonian Laws Vol. I*), 315면과 497-498면 참조.

12) 피의 복수자가 될 수 있는 자격에 대해서는 Pamela Barmash, Homicide in Ancient Israel, the Ancient Near East, and Traditional Societies, *A Doctoral Dissertation at the Department of Near Eastern Languages and Civilizations* (Harvard University, 1999), 42면 참조.

13) 이상의 내용에 대해서는 Pamela Barmash, 앞의 논문(*Blood Feud and State Control*), 184-189면.

14) 도피성 제도에 대해서는 성경에도 언급되고 있다. “사람을 쳐 죽인 자는 반드시

제도는 피해자 가족들의 보복권리에 일정한 제한을 가하는 장치로서, 그 제한방식은 다음과 같다. 우선 만일 살인자가 이곳으로 들어가면 피해자의 가족은 더 이상 그를 추적해 죽일 수 없다. 하지만 일단 도피성으로 들어간 살인자는 그 살인이 고의인지(intentional) 우연한 사고(accidental)에 의한 것인지를 가리는 재판을 받아야 하며, 만일 우연한 사고로 발생한 것이라면 살인자는 그 도피성에 계속 머무르며 보복으로부터 벗어날 수 있다.[15] 반면에 살인이 고의로 판명된 경우에 한해서만 살인자는 피해자의 가족들에게 처형을 위해 인도되었다.[16] 요컨대 살인자가 도피성으로 피신하기 전에는 우연에 의해 살인을 저지른 자조차 피의 보복을 당할 수 있었기 때문에 살인자는 보복을 피하기 위해 일단 도피성으로 은신해야 했으며, 은신한 후 재판결과에 따라 도피성에 남거나 피해자의 가족들에게 형의 집행을 위해 넘겨졌다는 것이다.[17] 이 경의 피의 보복을 담당하는 자의 임무는 재판의 결과를 집행

죽일 것이나, 만일 사람이 고의적으로 한 것이 아니라 나 하나님이 사람을 그의 손에 넘긴 것이면 내가 그를 위하여 한 곳을 정하리니 그 사람이 그리로 도망할 것이며(출애굽기 21:12-13)." 국내의 형법 교과서 중에서 유일하게 고대사회의 도피성 제도에 대해 인식하고 있는 책으로는 임웅, 형법총론 (법문사, 2009), 12면. 단, 동 문헌에서는 도피처 제도로 언급되고 있다.

15) 살인이 우연에 의한 것으로(accidental) 판명이 나더라도 살인자는 도피성에 일정 기간동안 남아있어야 했다. 우연에 의한 살인도 분명 범죄였으며, 피의 죄책(bloodguilt)을 면할 수 없었기 때문이다. 이 경우 도피성은 피의 보복으로부터 은신처의 기능과 동시에 살인으로 인해 고향과 가족 등으로부터 추방돼 구금(confinement)되는 장소의 기능을 모두 지니고 있었다. 이 점에 대해서는 Pamela Barmash, 앞의 논문(*Homicide in Ancient Israel, the Ancient Near East, and Traditional Societies*), 66-68면.

16) 살인자를 피해자의 가족들에게 인도하는 일은 살인자가 거주하는 도시의 장로들(elders of the killer's city)이 담당했던 것으로 보인다(신명기 19:12). Pamela Barmash, 앞의 논문, 55면.

17) 고대 이스라엘에는 예루살렘의 중앙법원 외에 지역 공동체 중심의 사법제도(local community-based system of justice) 잔존하였고, 바로 여기에서 장로들(elders)은 살인의 고의성 여부를 판단하는 재판관(judge)의 역할을 담당하였다. 물론 그 판단이 힘들 경우에는 중앙법원에 도움을 청할 수도 있었다. 고대 이스

하는 것에 다름 아닌 것이었다.[18] 또 한편으로 달리 보면 피의 복수자가 있었기 때문에 그것을 피하기 위해 마련된 도피성제도가 필요했던 것이기도 하다.

기원전 7세기 경 고대 근동의 제국이었던 신아시리아(Neo-Assyria)에도 피의 보복관습이 존재했다. 하지만 이에 관한 법적 절차도 마련되어 있었던바, 살인자가 거주하는 마을이 피해자의 친족들에 대한 배상에 집단적 책임을 지도록 되어 있었다.[19] ADD 618[20]에 따르면 피해자의 가족들에게는 배상[21]을 청구할 권리가 있었고, 살인자가 속한 마을의 주민들은 배상을 할 의무가 있었다. ADD 321[22]에 의하면 피해자의 가족들이 가해자 측에 배상을 청구하기 위해 도착하면 협상이 개시되고, 양 당사자는 배상물의 종류[23]와 양을 결정한다. 살인자는 만일 배상을 할 수 없을 때에 한해 사형에 처해졌다.[24] ADD 164도 가해자가

라엘의 사법제도에 대해서는 Pamela Barmash, *Homicide in the Biblical World* (Cambridge, UK; New York: Cambridge University Press, 2005), 35-36면.

18) 도피성제도에 대해서는 Pamela Barmash, 앞의 책, 50-59면 참조.

19) 이에 대해서는 Pamela Barmash, 앞의 책, 28-30면, 57-62면.

20) ADD 618은 "C.H.W. Johns, Assyrian Deeds and Documents: Volume 1, second edition, Cambridge: Deighton, Bell and Co., Ltd., 1924, number 618"을 뜻한다.

21) 이 경우의 배상금(compensation)은 현대적 의미의 순수한 민사배상(pure indemnification)을 뜻하는 것은 아니었던 것으로 보인다. 이 점은 절도에 대해 절취한 물건의 30배 또는 10배의 배상을 명하고, 배상할 능력이 없는 경우 사형에 처하도록 규정한 함무라비법전 제8조 등을 보면 잘 알 수 있다. 당대의 금전배상은 벌금의 성격을 지닌 것으로서 피해자 측과의 화해를 위한 화해금 또는 속죄금(wergild)의 의미를 지니고 있었던 것이다. 이 점에 대해서는 Raymond Westbrook, Studies in *Biblical* and Cuneiform Law, *Cahiers de la Revue Biblique, No. 26*. (Paris: Gabalda, 1988), 44-45면. 요컨대 고대 근동의 법제도에서 범죄에 대한 배상은 손해배상책임과 벌금의 성격이 뒤섞인 징벌적 손해배상(punitive damages)과 유사한 측면이 있는 제도로 볼 수 있을 것이다.

22) ADD 321은 "C.H.W. Johns, Assyrian Deeds and Documents: Volume 1, number 321"을 뜻한다.

23) 관련 기록들에 의하면 배상의 방식은 돈은 물론, 양, 토지, 노예 등 다양했던 것으로 보인다.

24) 바로 이 점에서 살인자의 운명은 그가 속한 사회집단의 손에 달려 있었던 것으로

배상금을 지급할 수 없는 경우에 체포된다는 내용이며, 이처럼 피해자의 가족들이 가해자에 대한 형벌의 종류를 결정할 수 있는 권리는 MAL A10[25]에서도 발견된다. 이상의 전거들을 종합하면, 고대 근동 지역에서 살인사건이 발생했을 때, 그에 대한 법적 절차가 진행되는 과정을 알 수 있는바, 살인자가 체포되면 피해자의 가족들은 살인자가 속한 사회적 집단(the social group to which the killer belonged)과 담당관의 중재 하에 배상에 관해 협상할 수 있었고, 양당사자 간에 합의가 되면 일정한 법적 절차에 따라 배상금이 지급되었던 것으로 보인다. 배상금을 지급할 수 없는 경우에는 살인자는 사형에 처해졌다. 이 과정에서 가해자 측은 집단적으로 배상책임을 졌음을 알 수 있다.[26]

현대 많은 학자들은 고대사회의 법이 다음과 같은 단계를 거쳐 진화한 것으로 보고 있다. 첫째 단계는 '자연상태(state of nature)'에서 혈연집단이나 개인이 피의 복수를 함으로써 동해보복적인 배상(talionic reparations)을 얻어내는 단계이다. 이 단계는 개인적 또는 집안 간의 복수가 지배하던 시대이다. 상해를 입으면 받은 만큼 상해를 가함으로써, 살해를 당하면 가해자를 처형함으로써 분쟁이 해결되었다. 그런데 이처럼 분쟁의 해결이 관습에만 의존하다 보니 그 처리과정에서 여러 유형의 분란이 발생할 수밖에 없었다. 예컨대 가해자 측이 자신의 범행사실을 시인하지 않는 경우도 있었을 것이고, 보복을 당한 자의 가족이 거기서 그치지 않고 또 다시 보복을 감행함으로써 피의 보복이 계속되는 악순환에 빠져 공동체의 평화와 질서가 위협받기도 했던 것이다.[27] 또 살인에 대한 손해배상의 청구가 제대로 이루어지지 않는 경우도 있었을 것이며[28] 가해자측과 피해자측 간의 물리적 또는 사회적 힘의 불균

보인다. Martha T. Roth, Homicide in the Neo-Assyrian Period, *67 American Journal of Oriental Series* (1987), 361면.

25) 중세아시리아법(Middle Assyrian Laws) A10조.

26) Pamela Barmash, 앞의 책, 69-70면.

27) G.R. Driver & John C. Miles, 앞의 책, 501-502면.

28) ADD 618(C.H.W. Johns, *Assyrian Deeds and Documents: Volume 1, second edition,* Cambridge: Deighton, Bell and Co., Ltd., 1924, number 618)을 참조. 이

형으로 인해 보복이 불가능한 경우도 있었을 것이다. 따라서 이러한 일련의 문제점들을 해결할 필요성이 사회적으로 제기되자, 그 해결을 위해 국가나 공동체가 개입하기 시작하였던 것이다. 두 번째는 초기의 국가나 공동체가 현존하는 피의 보복 관습을 인정하면서도 이를 감시·감독하는(supervise) 단계이다. 다시 말해 양 당사자 간의 피의 복수가 공식적 심리(formal hearing)를 통해 집행될 수 있도록 국가나 공동체가 개입해 강제하는 단계이다. 즉, 복수의 집행은 여전히 피해자 측이 직접하지만, 그 사안의 심리과정에 국가나 공동체가 개입함으로써 사안을 공정하고 실효성 있게 해결하고자 했던 것이다. 피의 보복을 제한하려는 노력은 계속되어 세 번째는 국가가 법을 제정, 집행함으로써 피해자 측의 복수를 대신 실행하는 단계이다. 오로지 국가만이 정당하게 폭력을 행사할 수 있도록 한 단계이다.[29)]

함무라비 법전을 비롯한 고대 근동의 제법전들은 바로 이 중에서 바로 두 번째 단계에서 세 번째 단계로 이행하는 과도기에 해당한다고 볼 수 있을 것이다. 피의 보복이 철저하게 당사자들 간의 사적 문제로 취급되지 않았고, 그렇다고 피의 보복 관습을 완전히 제거하여 형벌의 집행권한을 완전히 국가에게 부여하고 있는 것도 아니었기 때문이다. 이러한 과도기적 특성은 함무라비 법전에서 잘 확인되는데, 함무라비 법전은 많은 경우 형의 집행을 당사자 측에 맡기는 규정방식을 취하고 있

기록은 살인 피해자 가족 중 한 사람이 손해배상을 청구하러 살인자에게 갔다가 또다시 살해당하자 살인자가 거주하는 마을의 주민들이 피해자 측에 대해 피해자에 대한 손해배상금을 지급하도록 결정한 사례이다.

29) 이러한 정식화로는 Pamela Barmash, 앞의 책(*Homicide in the Biblical World*), 173-174면. 그녀는 피의 보복을 제한하려는 법 발달의 마지막 단계로서 국가가 폭력을 제거하고 가해자에게 동해보복(talionic reparations)을 하는 대신 금전적 손해배상(monetary damage)을 요구하는 단계를 제시하고 있지만, 이 단계는 많은 학자들이 지적하듯이 시간적인 순서에 따라 연대기적으로 도달하는 단계는 아닌 것으로 보이므로 여기서 제외하기로 한다. 함무라비 법전보다 앞서지만 이미 금전적 배상을 규정한 우르남무 법전과 에쉬눈나 법전의 발견은 이러한 비판 논의를 촉발시켰다. Pamela Barmash, 앞의 책, 174-175면.

었다.[30]

2. 중세 유럽의 보복관습

중세유럽은 사적 보복이 허용되던 사회였다. 가해자에 대한 보복은, 개인의 죽음을 초월해 대대로 존속하는, 모든 도덕적 의무 중 가장 신성한 의무였다. 특히 살인은 피해자 가족집단이 개입하게 되는 '피의 보복'을 불러왔는데, 이 용어는 친족에 의한 보복을 뜻하는 고게르만어 'faida'에서 유래한다. 피의 보복은 단지 가해자 개인에게만 가해지는 것은 아니었다. 보복을 당하는 가해자 집단의 연대성도 보복을 가하는 피해자 집단의 연대성에 필적할 만큼 똑같이 강했기 때문에 어떤 지역에서는 살인자의 본인의 죽음 이외에 또 한 명의 그의 혈족 구성원의 죽음까지 요구되기도 하였다. 또 어느 소송에서 한 기사(knight)의 조카로부터 공격을 받았던 자가 그에 대한 복수로 그 기사에게 상해를 입힌 것은 정당하다고 판시한 사례도 발견된다. 그 조카의 행동은 그의 모든 친족과 관련이 있다고 보았기 때문이다. 이 시기의 관련기록들 중에는 특히 귀족가문들 간의 오랜 반목을 다룬 것들이 많다. 이들에게 보복은 위신과 명예심의 표현이었고, 따라서 이를 포기하게 하는 것은 현실적으로도 또 원리적으로 불가능한 것이었다. 보복은 일종의 '계급적 특권(class privilege)'이었던 것이다. 그러나 중세사회는 그러한 보복을 무한정 허용할 수는 없었다. 보복에 의한 투쟁과 반목은 공공의 평화를 위협하게 되었고, 적절한 규제가 요구되었기 때문이다. 다만 친족들 간의 집단적 연대성에 비롯된 보복감정은 상대방의 생명을 뺏어 와야 할 만큼 치명적인 것이어서 평화의 가장 강렬한 옹호자들조차 마음 속 깊숙한 곳에서는 어쩔 수 없이 따라야 하는 도덕법전의 핵심을 이루고 있었기 때

30) 고대 근동지역의 사적 보복관습에 대한 폭넓은 소개로는 안성조, 현대 형법학 제1권 (경인문화사, 2011), 5-69면 참조.

문에, 잉글랜드를 제외한 대부분의 국가에서 관계당국은 이를 근절시킬 수도 없었고, 또 그럴 의사도 없었던 관계로 단지 그러한 관습이 더 극단적으로 표출되지 않도록 완화하려는 노력만 기울일 수밖에 없었다. 즉, 피의 보복을 할 수 있는 조건과 그 절차를 법제도화 함으로써 오히려 보복의 합법성을 인정하는 정책을 취했던 것이다. 따라서 당대의 사법절차는 잘 규제된 피의 보복에 다름 아닌 것이었다. 프랑스 아르투아 지방의 아크자치헌장에서는 고의적 살인과 관련해 영주에게는 살인자의 재산을, 그리고 피해자의 친족들에게는 그의 집안사람 중 한명을 바치도록 – 친족들은 넘겨받은 자를 처형할 수 있었다 – 규정하고 있었다. 고소권은 거의 변함없이 피해자의 친족들에게만 주어져 있었고, 13세기까지도 플랜더스나 노르망디와 같이 당대에 가장 통치권 이 잘 확립된 도시와 공국에서조차 살인자가 피해자의 친족들과 합의에 도달하지 못할 경우에 군주나 법관도 그를 사면할 수 없었다. 그러나 중세사회도 이러한 보복관행이 영원히 지속될 수는 없었고, 머지않아 죽은 자에 대한 보복을 그만두어야 할 필요성이 제기되자, 고대의 관습에 따라서 당사자들 간의 화해를 위해 통상적으로 배상을 하게 되었다. "창끝을 느끼고 싶지 않으면 너의 가슴을 향하고 있는 창을 사버려라."[31]라는 앵글로 색슨족의 속담이 이를 잘 대변해 준다. 중세 이전의 바바리안 법들(barbarian laws)[32]에는 각 계층에 따라 다르게 정해져 있는 화해금의 일정액이 상세히 규정되어 있었고, 이는 프리지아나 플랜더스, 그리고 스페인 등 일부 지방 등 단지 소수의 지역에서만 상당히 수정된 형태로만 남아 있었다. 그러나 바바리안 법들은 매우 다른 처벌의 전통을 지닌 지방 관습에 의해 대체되자, 과거에는 화해금 중 일부

31) "Buy off the spear aimed at your breast, if you do not wish to feel its points."

32) 여기서 바바리안 법이란, A.D. 600-900 사이에 제정되었던 '앵글로색슨법(Anglo-Saxon Law)', '프리지아법(Lex Frisionum)', '게르만법(Germanic Law)', '살릭법(The Salic Law)', 그리고 '서고트법(The Visigothic Code)' 등을 일컫는다. 이들 법에는 계층에 따른 속죄금(wergild)이 상세히 기록되어 있다.

를 받음으로써 그로부터 일정한 이익을 얻던 통치권자들은 10세기부터 11세기동안 그것을 청구할 힘을 잃게 되었다. 이처럼 화해금을 규정한 근거법이 사라졌다고 해서 화해금을 지불하는 관습자체에 영향을 주지는 못했으며, 이 관습은, 평화를 지지하는 자들이 더 효율적인 범죄의 억제수단으로 옹호했던 신체적 형벌과 경쟁하며 중세말엽까지 지속되었다. 그 때부터 화해금 액수는 개별 사안에서 합의, 중재, 그리고 판결 등을 통해 결정되었다.[33] 피의 보복과 마찬가지로 화해금의 지불은 친족집단 전체와 관련되었다. 경미한 해를 끼친 경우 화해금은 피해자에게 주어졌고, 고의적 살인이나, 토막살인 등의 경우는 피해자의 친족이 속죄금(wergild)을 수령했고, 가해자의 친족은 속죄금 지불에 기여했다. 단, 배상금의 지불은, 일반적으로 당사자 간 화해를 보증하는데 충분하지 않았다. 추가적으로 피해자 또는 그의 가족에 대한 공식적으로 사죄하거나 복종을 하는 행동이 요구되었다. 적어도 상대적으로 높은 신분의 사람들 사이에서는 대개 경의를 표하는 복종의 제스쳐가 요구되었다. 이 경우에도 그러한 행동을 하도록 요구되는 것은 개인들이 아니라 집단이었다.[34] 모든 면에서 한 개인의 행동은 그의 친족집단 전체에 연결되어 있었던 것이다.[35]

---

33) 블로흐는 화해금을 지불한 두 개의 극단적 사례로 1160년에 한 주교가 자신의 조카가 살해당한 데 대한 화해금으로 어느 귀족의 친족들로부터 교회(church)를 넘겨받은 예와, 1227년에 한 농부의 처가 남편의 살인자로부터 적은 액수의 돈을 화해금으로 받은 예를 들고 있다.

34) 예컨대 1208년 한 수도승의 집사는 자신이 상해를 입힌 한 영주의 집사에게 속죄의 경의를 표하기 위해서 자신의 친족 29명을 데리고 가야 했고, 1134년 한 부사제가 암살된 후 부사제의 친족들은 살인자들 중 한명과 그의 공범들, 그리고 그의 신하들은 물론 그의 친족들까지 포함해 총 250명 모두로부터 속죄의 뜻으로서의 경의를 받기 위해 회동을 하였다는 기록이 있다.

35) 이상 논급한 중세 유럽의 피의 보복관습은 Marc Bloch, 앞의 책, 125-130면을 요약한 것으로 안성조, 앞의 책, 57-59면에 소개된 내용을 일부 수정·축약한 것임을 밝혀둔다.

3. 현대 원시부족

아프리카 수단 남단의 나일강 기슭과 사바나 지역에 사는 누어족에게 피의 보복은 부족적 제도이다. 피의 보복을 당할 수 있다는 데 대한 두려움은 사실상 부족 내에서 가장 중요한 법적 제재이며, 또 개인의 생명과 재산을 보장해 주는 주요한 담보장치이다. 피의 보복이 제도적 장치가 아니라면, 부족 내에서 발생한 살인에 대한 한 공동체의 다른 공동체에 대한 보복의 시도는 해결의 가망이 없는 '부족 간 전쟁 상태'가 될 수밖에 없을 것이다. 누어 사회에서는 어느 한 사람이 다른 사람으로부터 상해를 입을 경우, 고소를 하거나 회복을 받아낼 수 있는 어떠한 권위 있는 관계 당국도 존재하지 않는다. 따라서 피해자는 자신에게 해악을 가한 자에게 즉시 결투를 신청하게 되고, 그 결투신청은 반드시 받아들여져야 한다. 달리 분쟁을 해결할 방법이 없기 때문에 결투를 신청할 수 있는 용기만이 타인의 공격으로부터 즉각적으로 자신을 보호할 수 있는 유일한 방법이다. 오로지 혈족이나 연령집단(age-set)[36] 내의 지위에 의해 무력에의 호소가 억제되는 경우에만 피해자는 그러한 결투신청을 주저하게 된다. 그 경우 피해자는 주변 사람들에게 조언을 구할 수도 없고, 또 아무도 그러한 불필요한 조언에 응하지 않을 것이기 때문이다. 누어족은 어린 시절부터 싸움에 의해 분쟁을 해결하도

---

36) 연령과 성(性)이 같은 사람들로 이루어진 집단. 관습을 존중하는 사회에서는 태어나면서부터 또는 일정한 나이가 되면서부터 고유한 명칭을 갖는 일련의 단계들로 이루어진 연령집단의 일원이 된다. 단계마다 독자적인 지위나 사회적·정치적 역할이 주어지며, 이때 각 단계는 주로 나이로 등급이 매겨진다. 같은 연령집단 구성원들 사이는 서로 동등하지만 연령이 낮은 집단과 높은 집단 사이에는 차별과 종속관계가 있다. 연령집단은 소년에서 성년이 되는 통과의례를 기준으로 대략 10년의 간격을 두고 나누어지며, 누구나 평생 동안 처음에 들어간 집단의 일원으로 있게 된다. 누어족에는 성년식 통과의례를 제외한 연령등급체계가 없으며, 각 연령집단마다 주어지는 명확히 규정된 역할도 없다. 맨 위 연령집단의 일원들이 모두 죽게 되면 바로 아래 등급의 연령집단이 서서히 공인된 원로의 지위로 올라간다.

록 길러지며, 결국 싸움의 기술 습득을 가장 필요한 훈련성과로, 용기를 최고의 가치로 여기며 성장하게 된다. 동일한 부족 내 가까운 이웃 간의 결투에 있어서는 지켜야 할 두 개의 관례가 있는데, 그 하나는 살인이 벌어지지 않게 하기 위해 창은 사용할 수 없다는 것이고, - 대신 곤봉을 이용한다. - 또 하나는 가까운 친족도 싸움에 끼어들 수 없다는 것이다. 한편 서로 다른 마을 사람들 간의 싸움에 있어서는 창을 사용한다. 그리하여 상당한 인명의 손실을 가져 오고 나서야 싸움은 종료된다. 누어족은 이 점을 잘 알고 있기 때문에 극도로 분개한 경우가 아니면 이웃 마을과의 싸움이 시작되는 것을 꺼린다. 이럴 경우 표범가죽을 걸친 족장(leopard-skin chief)이나 마을의 원로들(elders)이 중재에 나설 것을 원한다. 싸움 도중에 한 사람이 목숨을 잃게 되면 피의 보복이 개시된다. 살인이 발생하면, 살인자는 그가 흘리게 만든 피로부터 자신을 정화하기 위해 서둘러 표범가죽을 걸친 족장의 집으로 가서, 자신이 초래한 보복의 위협으로부터 벗어날 수 있는 성소(sanctuary)를 찾게 된다. 그는 거기에서 죽은 자의 피가 그의 몸으로부터 흘러나올 때까지 먹거나 마시지 않는데, 그 이유는 죽은 자의 피는 어떠한 방식으로 그의 일부가 된 것으로 여겨지기 때문이다. 피가 흘러나오게 하기 위해 족장은 사냥용 창으로 어깨에서 아래방향으로 베어서 그의 팔에 한두 개의 수직 상처를 낸다. 살인자는 족장이 희생 제물로(sacrifice) 바칠 수 있도록 수송아지, 숫양 또는 숫염소를 그에게 제공한다. 사망자의 친족들이 그가 살해당한 사실을 알게 되면, 곧 그들은 살인자에 대해 복수를 하기 위해 그를 찾아 나선다. 부계친족(paternal kinship)에게 있어서 보복은 가장 구속력 있는 의무이며, 모든 의무들의 전형이기도 하다. 따라서 살인에 대해 보복하기 위한 노력을 기울이지 않는 것은 친족의 크나큰 수치가 된다. 족장은 신성한 지위를 지니기 때문에 그의 집에서 피를 흘려서는 안 되는 바, 살인자가 족장의 집에 머무는 동안에는 그는 도피처를 갖게 되지만, 피해자의 친족은 수시로 그를 감시하며 만일 그가 성소를 벗어나게 되면 그를 죽일 수 있는 기회를 얻게 된다.[37] 이런 상태가 수 주간 지속되고 난 후, 족장은 피해자의 유족들과 분쟁 해결을 위한 협상을 시작한다. 피해자의 유족들은 처음에는 대개 이러한 협상을 거절하는데, 그렇게 하는 것이 바로 명예를 지키는 데 있어서 핵심적 행동이기 때문이다. 하지만 거절이 사망의 대가로서 가해자 측이 제시한 배상금[38]을 받기 싫다는 뜻은 아니다. 이 점을 잘 아는 족장은 협상을 받아들일 것을 주장하거나, 심지어 위협을 하기도 한다. 그럼에도 불구하고 그들은 족장의 설득이 한계에 도달할 때까지 기다려야 하며, 마침내 더 이상 거절하지 않고 협상을 수용하게 될 때에는 그 이유가 사자의 목숨에 대한 대가로서 배상금을 받아들일 준비가 되어 있어서가 아니라 사자를 명예롭게 하기 위해서라고 선언해야 한다. 배상금으로 40-50여 마리의 소가 필요했으며, 이를 수년에 걸쳐 피해자 측에 양도해야 했다. 20여 마리를 양도했을 즈음에 속죄의식이 거행되는데, 그렇게 해야만 비로소 살인자의 친족들은 보복으로 급습을 당할 수 있는 위협으로부터 벗어날 수가 있었다.[39] 살인은 살인범하고만 관계된 것이 아니라, 그의 가까운 남계 친족(close agnatic kinsmen)과도 관련이 있었다. 피해자의 친족들은 범인을 죽일 수 있는 권리뿐만 아니라 범인의 가까운 남계 친족들 중 임의로 선택해 죽일 수 있는 권리도 갖고

---

37) 이 점은 고대 이스라엘의 도피성제도와 매우 유사하다. 도피성으로 피신한 살인자는 보복을 면할 수 있었지만, 도피성에 도착하기 전에 보복을 당할 수 있었고(신명기 19:10), 고의적(intentional) 살인이 아닌 것으로 판명이 난 살인자도 도피성을 벗어나는 순간 피의 보복을 당할 수 있었기 때문이다(신명기 19:6). Pamela Barmash, 앞의 논문(*Homicide in Ancient Israel, the Ancient Near East, and Traditional Societies*), 50면; Pamela Barmash, 앞의 논문(Blood Feud and State Control), 185면 참조.

38) 누어족은 배상의 방식으로 소(cattle)를 이용한다.

39) 누어족의 보복관습은 중세 스칸디나비아 지역의 사적 보복 관습과 매우 유사하다. 중세 스칸디나비아에서도 살인자는 일단 도피처나 성소를 찾아야 했으며, 그곳에서 1년을 보낸 후에야 살인자는 비로소 배상금을 협상할 수 있었다. 만일 화해금이 받아들여지지 않으면 살인자는 2년을 더 도피처나 성소에서 보내야 했다. 이때의 배상금은 물질적 손해배상의 의미는 물론 피해자 가족들의 실추된 명예회복의 의미도 있었다. 이 점에 대해서는 Carl Ludwig von Bar, 앞의 책, 120-121면.

있었다.[40] 또 가해자 측과 피해자 측 간의 상호 적대감은 배상금이 완전히 지급된 후에도 계속되었다. 살인범행은 결코 잊혀 질 수 없었고, 그들의 원한은 세대를 넘어 후대까지 지속되었던 것이다. 그러나 이러한 혈족들 간의 잠재적 적대감은 살인이 부족 단위의 집단에 속하는 자들 간에 발생했을 경우에만 지속되었다. 그보다 작은 단위의 집단 간에서 발생한 살인은 비교적 빠르게 해결되었다. 예컨대 한 친족 내에서 누군가 자신의 친사촌을 살해한 경우, 20여 마리의 소만 제공하면 족했고, 원한은 그것으로 끝났으며, 곧 친족관계가 회복되었다. 이는 가까운 이웃 마을 사람들 간에 살인이 발생한 경우도 마찬가지였다. 친족이나 가까운 이웃 간에 발생한 살인은 배상금을 통해 해결되었고, 보복을 통해 살인자를 죽이는 것은 불가능했다. 만일 피의 보복이 허용된다면 그들 간에 원한이 지속되었을 것이고 결국 아무도 살아남을 수 없었을 것이기 때문이다. 집단생활은 원한 상태와는 양립할 수 없었던 것이다. 살인사건이 피의 보복으로 발전할 가능성은 양 당사자들의 구조적 상호관계(structural interrelations of the persons concerned)에 의존해 있었던 것이다.[41]

4. 사적 보복관습의 원형적인 요소와 그 외 요소들

이상 일별해 본 고대 근동지역과 중세유럽, 그리고 현대 원시부족에게서 찾아볼 수 있는 사적 보복관습은 기본적으로는 일정한 원형을 공유하면서도 약간의 상위가 있음을 확인하게 된다. 다소 임의적일 수 있겠으나 사적 보복관습의 원형적인 요소를 추출해 보자면 그것은 "받은

40) 따라서 그들은 살인범 모의 형제의 자손이나, 부의 자매, 그리고 모의 자매는 죽일 수 없었다.

41) 이상의 내용은 E.E. Evans-Prichard, *The Nuer: A Description of Their Modes of Livelihood and Political Institutions of a Nilotic People* (Oxford: Clarendon Press, 1968, Originally published 1940), 150-158면을 요약한 것으로 안성조, 앞의 책, 66-69면에 소개된 내용을 일부 수정·축약한 것임을 밝혀둔다.

대로 되돌려 주는", 즉 동해보복의 원리이다. 흔히 "눈에는 눈 이에는 이"라는 원리가 이 관습의 핵심을 이루는 원형적 요소이다. 이는 상해의 경우라면 피해자가 받은 만큼 가해자에게 신체적 해악을 가하고, 살인, 특히 고의적 살인의 경우라면 가해자를 사적으로 처형하는 것을 의미한다.

하지만 이러한 원형적 요소 이외에도 시대와 문화에 따라 다르면서도 때로는 공통적으로 나타나는 요소들도 몇 가지 찾아볼 수 있다. 이 요소들은 후술하겠지만 매우 중요한 요소들이므로 여기서 미리 정리해 두도록 한다.

첫째, 고대 이스라엘과 누어 족의 예처럼 살인자가 피해자 유족들로부터의 즉각적인 보복을 피하기 위해서 도피할 수 있었던 도피성제도나 성소제도가 마련되어 있었다.

둘째, 고대 메소포타미아와 중세유럽, 그리고 누어 족의 예처럼 살인자를 반드시 죽이는 대신 배상금(속죄금)을 받을 수 있는 대체적 제도가 마련되어 있는 경우도 있었다.

셋째, 살인의 경우, 이는 비단 가해자와 피해자의 문제로만 취급되지 않았고, 가해자가 속한 (친족)집단과 피해자의 친족집단 간의 집단적 책임(collective responsibility)의 문제를 야기하는 사건으로 간주되는 경우도 있었다. 아시리아제국과 중세유럽, 누어족 사회가 이와 같은 요소를 보인다.

넷째, 누어족의 경우처럼 살인자에 대한 피의 보복이 부족 간 살인사건에서만 허용되고 친족이나 가까운 이웃 간에 발생한 살인은 배상금을 통해 해결되고, 피의 보복을 통해 살인자를 죽이는 것은 불가능한 사례도 있었다.

이상 정리한 내용을 요소들이 동서고금의 사적 보복관습을 지탱해 온 요소들이라고 볼 수 있을 것이다. 이 요소들은 사적 보복관습과 포괄적응도의 상관관계를 다루며 다시 검토해 보기로 한다.

III. 진화심리학적 관점에서 본 도덕성의 의미

1. 진화심리학의 목표와 의의 및 기본전제

(1) 진화심리학의 목표와 의의

진화심리학의 목표는 진화론의 관점에서 인간의 마음과 뇌의 기제를 이해하는 것이다.[42] 진화심리학이 답을 알아내기 위해 추구하는 핵심적인 질문은 다음과 같다. 첫째, '왜' 마음은 이렇게 설계되었을까? 둘째, 사람의 마음은 '어떻게' 설계되었는가? 즉, 그 기제나 구성요소는 어떤 것이며, 그것들은 어떻게 조직되었는가? 셋째, 구성요소들의 '기능'과 조직 구조는 '무엇'인가? 즉, 마음은 어떤 일을 하도록 설계되었는가? 넷째, 현재 환경의 입력은 사람 마음의 설계와 '어떻게' 상호작용하여 관찰 가능한 행동을 낳는가?

다른 진화론 학파, 예컨대 인간행동생태학과 비교해 볼 때, 진화심리학의 연구의 초점은 명백히 '진화된 심리적 메커니즘'이지, '진화된 행동의 패턴'이 아니다. 행동생태학자들은 "인간의 행동전략은 광범위한 생태적·사회적 조건에 적응할 수 있다"고 전제하에 "인간은 고도의 유연성을 보유하고 있어서, 모든 종류의 환경에 적응하여 적절한 대응행동을 취할 수 있다"고 생각한다. 그래서 "인간은 환경조건에 대응하여 행동을 유연하게 바꿈으로써, 일생 동안의 생식 성공률을 최적화하도록 진화했다"고 주장한다. 다만 이들은 행동의 원인, 예컨대 심리적 메커니

42) 데이비드 버스/이충호 역, 진화심리학 (웅진 지식하우스, 2012), 29면. 진화심리학의 표준적 교과서로서 인정받고 있는 동 문헌의 저자인 데이비드 버스는 책 '서문'에서 "인간의 마음을 이해하기 위한 탐구는 숭고한 일이다. 진화심리학 분야가 발전하면서 우리는 수십만 년 동안 궁금하게 여겨온 수수께끼들에 대한 답을 얻기 시작하고 있다. 그런 수수께끼들이란, 우리는 어디에서 왔을까, 우리와 다른 생물의 관계는 어떤 것일까, 사람이란 존재를 정의하는 마음의 기제는 무엇일까 하는 것들이다."라고 진화심리학의 목표를 밝히고 있다.

즘에 대해서는 무관심하다. 반면 진화심리학자들은 "자연선택은 '행동 그 자체'를 선택할 수 없으며, '행동을 형성하는 메커니즘'을 선택할 수 있을 뿐"이라고 한다. 진화심리학자들은 행동생태학자들이 심리적 적응을 소홀히 다룬 것에 대해 "인간행동을 연구하는 과학에 진화론적 관점을 성급히 적용하는 과정에서 그들(행동생태학자들)은 연구의 수준을 잘못 설정하는 오류를 범했다. 그들은 진화론을 '내재된 심리적 메커니즘' 발견을 위한 지침으로 사용하는 대신, '외부로 표출된 행동'에 직접 적용하려고 했다"43)며 비판을 가한다. '진화된 심리적 메커니즘(EPM: evolved psychological mechanism)'이란 정신적 적응, 즉 인간의 행동을 형성하는 (뇌 속의) 정보처리 회로를 지칭하는 용어다. 넓은 의미로는 맥락특수적(context-specific), 즉 특정한 맥락에서 표출되는 감정이나 선호, 성향까지 포함한다. 진화심리학자들에 의하면 진화된 심리적 기제는 진화사를 통해 생존이나 생식 등의 문제를 반복적으로 해결했기 때문에 현재와 같은 형태로 존재하게 되었다.

이 지점에서 진화심리학의 이점을 설명하자면 다음과 같다. EPM의 일례로 질투가 있다. 우리의 남성 조상들은 자신의 배우자가 라이벌 남성에게 드러내 놓고 친근하게 행동하는 것을 볼 때 대부분 질투심을 경험했을 것이다. 이 경우 질투심을 행동으로 표출한 남성들은 무덤덤한 남성들에 비해 선택상의 이익을 누렸을 것이다. 하지만 개별 남성들이 질투심을 어떻게 표출할 것인가는 본인의 신체적 특성, 경쟁자의 몸집, 본인의 개성 등 여러 요인에 달려 있다. 따라서 행동적 수준에서 보면 상대편 남성을 위협하거나 공격하는 자도 있을 것이고, 배우자에 대한 감시를 강화하는 남성도 있을 것이며, 오히려 배우자에게 더 잘 해주려는 남성도 있을 것이다. 그러나 환경에 대한 개개인의 반응을 - 심리적 수준이 아닌 - 행동 수준에서 예측하는 것은 어려우며, '어떤 행동전략이 적합성을 극대화하는가?'라는 질문에 곧바로 대답할 수도 없다. 하

---

43) L. Cosmides & J. Tooby, From Evolution to Behaviour: evolutionary psychology as the missing link, in: J. Dupre (ed.), *The Latest on the Best: Essays on Evolution and Optimality* (Cambridge, MA: MIT Press, 1987), 277-307면 참조.

지만 분석의 수준을 바꾸면 이 난점이 해소될 수 있다. 즉, “정도의 차이는 있겠지만, 일반적인 남성이 그러한 상황에서 질투심을 느끼는 것은 거의 확실시되므로 ‘행동수준’이 아닌 ‘심리수준’에서 남성의 신뢰할 만한 반응패턴을 찾아내는 것은 충분히 가능하다”는 것이 바로 진화심리학의 입장이며, 이점인 것이다. 진화심리학자들이 EPM의 예로 제시한 그 밖의 현상으로 ‘뱀과 거미’에 대한 공포, ‘언어 습득능력’, ‘배우자의 특정 성격 선호’, ‘속임수에 대한 민감성’ 등이 있다.[44]

(2) 진화심리학의 대전제

진화심리학은 크게 다음과 같은 두 가지 전제에 기초하고 있다.

첫째, 우리의 생각, 기분, 행동은 인간 개개인의 경험과 각자의 환경이 낳는 결과물일 뿐만 아니라 수백만 년 전에 살던 우리 조상에게 일어난 일들 때문에 생긴 결과물이기도 하다는 것이다. 우리 인간의 본성은 지난날 조상들이 경험한 것들이 축적된 산물이며, 그것은 오늘날 생각하고 느끼고 행동하는 방식에 영향을 미친다.

둘째, 인간 본성이란 보편적이기 때문에 - 즉 때로는 모든 인간에게, 때로는 특정한 성에 해당하는 사람들에게만 공통되게 나타나기 때문에 - 인간의 생각, 기분, 행동은 넓게는 이 세상 모든 사람들에게 공통된 것이다. 세계 각지의 다양한 사회를 언뜻 보면 그들 간에 커다란 문화적 차이가 있는 것 같지만 우리의 일상생활은 어느 지역과 사회를 막론하고 그 모습과 본질에서 크게 다르지 않다.

인간의 행동은 타고난 본성과 각자 살면서 겪게 되는 독특한 경험과 환경, 이 두 가지가 함께 낳은 결과물이라는 명제에 동의하지 않는 사람은 거의 없을 것이다. 또 실제로 이 두 가지 모두가 우리의 생각과 감정, 행동에 중요한 영향을 미친다. 명백한 사실은 진화심리학도 이 명제에 전적으로 동의한다는 점이다. 다만 그 ‘관심영역’에 있어 ‘경험과

---

44) 진화심리학과 다른 진화론 분야와의 비교에 대해서는 케빈 랠런드·길리언 브라운/양병찬 역, 센스 앤 넌센스 (동아시아, 2014), 207면 이하 참조.

환경요소'는 거의 배제하고 특히 '본성'을 집중적으로 탐구하는 이론이라는 것이다. 대부분의 사회과학자들과, 여전히 많은 사람들은 인간의 특질과 행동이 거의 전적으로 환경에 의해 결정된다고 생각한다. 진화심리학은 이러한 환경결정론자들과 달리 생물학적 요인이 환경보다 중요해서가 아니라 두 가지가 적절히 고려되어야 한다고 생각하기 때문에 '본성'을 강조하고자 한다.

(3) 진화심리학의 4가지 원칙

진화심리학은 진화생물학을 인간행동에 응용하는 학문이다. 진화심리학의 특징은 다음의 네 가지 원칙으로 요약된다.

제1원칙: 인간도 동물이다. 지극히 당연한 명제지만 이 명제를 '인간이라고 특별한 것은 하나도 없다'고 재기술하면 다소 다르게 받아들여질 것이다. 하지만 인간이 독특하지 않다는 것은 아니다. 하지만 그렇다면 다른 동물도 모두 인간만큼 독특하다. 요컨대 "인간은 분명히 독특하지만 독특하다는 것 자체는 독특한 게 아니다. 모든 종은 독특하며 각자가 처한 환경에 적응하는 과정에서 각자의 독특함을 진화시켜왔다."

제2원칙: 인간의 두뇌라고 특별할 것은 없다. 진화심리학자에게 두뇌는 손이나 췌장과 마찬가지로 그저 또 하나의 신체부위일 뿐이다. 수백만 년에 걸친 진화과정에서 손이나 췌장이 특정한 기능을 수행하도록 점차 형태를 갖추게 되었듯이, 인간의 두뇌 역시 인간이 성공적으로 생존하고 자손을 번식하도록 적응문제를 해결하는 기능을 수행하는 쪽으로 형태를 갖춰 진행해 왔다. 즉 진화심리학자는 인체의 다른 부위에 적용하는 진화의 법칙을 똑같이 두뇌에도 적용한다.

제3원칙: 인간의 본성은 타고나는 것이다. 즉 거의 모든 인간에게서 공통적으로 나타나는 기본적인 감정과 행동패턴은, 개나 고양이가 그들만의 본성을 타고나듯이 인간도 타고난다는 것이다. 물론 사회화와 학습은 인간에게 무척 중요한 문화적 과정이지만, 인간은 바로 그 문화적 학습능력을 생래적으로 가지고 태어난다는 것이다. 문화와 학습은 인간에게 적합한 진화적 설계의 일부다. 예컨대 사회화는 이미 인간 두뇌 속에 존재하는 기본적인 선악의 분별이나 이롭고 유해한 것의 구별, 독충과 포식자 등 자연계의 위험원에 대한 두려움 등을 단순히 반복하고 강화하는 기능을 할 뿐이라는 것이다. 심지어 언어능력도 타고

나는 것으로 알려져 있는바, 이처럼 인간은 결코 '빈 서판(tabula)' 상태로 태어나는 것이 아니라는 것이 진화심리학이 밝혀낸 진실이다.

제4원칙: 인간 행동은 타고난 인간 본성과 환경이 함께 낳은 산물이다. 똑같은 유전자도 주어진 환경에 따라 다르게 발현될 수 있다. 다만 그렇다 하더라도 인간의 타고난 본성과 인간이 자라나는 환경은 행동의 결정요소로서 동등하게 중요하다는 것이 진화심리학의 원칙이다. 환경결정론은 틀렸고 이에 경도되지 말라고 경고하는 것이 진화심리학의 입장이다.[45)]

(4) 사바나 원칙

아주 친숙한 예를 하나 들자면 우리는 대부분, 모두는 아니겠지만, 대체로 달고 기름진 음식을 좋아한다. 이러한 심리적 성향과 행동패턴에 대해 진화심리학은 과거 우리의 원시 조상들이 그러한 음식을 좋아하게끔 '초창기 환경'[46)]에 적응했기 때문이라고 설명한다. 왜냐하면 그 당시에 열량이 높은 달고 기름진 음식은 쉽게 구하기 어려운 식량원이었고, 이를 많이 먹는 것은 생존하기 위해 음식을 충분히 구해야 한다는 적응문제를 해결하기 위한 전형적인 적응적 행동의 하나이기 때문이다. 이러한 설명에 대해 자연스럽게 다음과 같은 의문점이 생긴다. 지금의 환경은 초창기 환경과는 너무나 다르기 때문에 우리가 만일 진화된 심리적 기제에 따라서만 행동하게 되면 비만과 암, 기타 많은 성인병에 노출되어 생존하기 더 나쁜 기이한 상황에 직면하게 되지 않느냐는 것이다. 즉 "왜 인류는 초기 환경에 대한 적응 이후 더 이상 진화하지 못했는가?"라는 문제의식이다.

이에 대한 진화심리학의 '해명'을 들어보자.

인간의 손이나 췌장의 기본적인 형태와 기능은 지금으로부터 약 1만

45) 이상 진화심리학의 기본원칙을 매우 간명히 설명하고 있는 문헌으로는 앨런 S.밀러·가나자와 사토시/박완신 역, 진화심리학 (웅진 지식하우스, 2008), 34면 이하 참조.

46) 이 초창기 과거의 선택환경은 '진화적 적응환경(EEA: environment of evolutionary adaptedness)'이라고 칭하며, 일반적으로 EEA라 하면 석기시대 수렵채집인 조상들이 생활했던 플라이스토세 환경을 말한다.

년 전인 플라이스토세(빙하기)[47] 말기 이후 변함이 없었듯이, 두뇌의 기본적인 기능 역시 지난 1만 년 간 그다지 달라지지 않았다. 인체(두뇌를 포함)는 인간이 현세의 대부분에 걸쳐 살아온 지구상의 아프리카 사바나 등지에서 수백만 년에 걸쳐 진화해왔다. 친족 관계의 수렵채집인이 150명 남짓 되는 작은 무리로 모여 살던 초창기 환경은 '진화적 적응환경(environment of evolutionary adaptedness, EEA)'이라고도 불린다.[48] 두뇌를 포함해 우리의 신체는 바로 이 초창기 환경에 적응한 산물인 것이다. "지금 우리는 21세기에 살고 있지만 우리의 두뇌는 '여전히' 석기시대의 두뇌다."

초창기 현생인류는 진화사 중 99.9퍼센트에 해당하는 기간 동안 아프리카 사바나 등지에서 수렵채집인 생활을 하며 지냈다. 지금으로부터 1만 년 전, 농업혁명이 일어나면서 인류의 선조는 비로소 농경과 축산을 통해 식량을 재배하기 시작한 것이다. 오늘날 우리가 주변에서 보는 거의 모든 문명화된 것들은 지난 1만년 사이에 생겨난 것이다. 진화론적 시간의 척도에서 1만 년이란 아주 짧은 기간이다. 즉 1만년은 우리의 몸이 그 사이에 등장한 사물에 적응하려고 변화하기에는(정확히 말해, 그러한 변이가 발생하기에는) 정말로 충분하지 못한 시간이다. 특히 인간이 성숙하고 자손을 번식시키는 데에는 오랜 시간이 걸리는 것에

---

47) 플라이스토세(Pleistocene)는 170만 년 전부터 1만 년 전까지의 기간이다.

48) 유의할 점은 진화적 적응환경이 특정 시간이나 장소를 가리키는 것은 아니라는 것이다. 이 개념은 특정 적응을 만들어내는 데 필요한 진화기간에 일어난 선택압력들의 통계적 종합을 가리킨다. 다시 말해 각 적응의 진화적 적응환경은 긴 진화 시간 동안 적응을 빚어내는 데 관여하는 선택의 힘들 또는 적응 문제들을 말한다. 예컨대 눈의 진화적 적응환경은 수억 년에 걸쳐 시각계의 각 요소를 만들어낸 특정 선택압력들을 가리킨다. 두발 보행의 진화적 적응환경은 약 440만 년 전으로 거슬러 올라가는 비교적 짧은 기간에 걸쳐 작용한 선택 압력들을 포함한다. 이와 같이 각각의 선택마다 나름의 독특한 진화적 적응환경이 있는 것이다. 그리고 어떤 적응의 '진화 기간'은 그것이 조금씩 만들어져 그 종의 보편적인 설계로 자리잡을 때까지 걸린 시간을 말한다. 데이비드 버스/이충호 역, 앞의 책, 83면 참조.

비해 환경은 너무나 급속히 바뀌어 왔기 때문이다(불과 20년 전만 해도 대다수 사람들은 인터넷이나 핸드폰을 일상적으로 사용할 수 없었다). 바꿔 말하면, 우리는 1만 년도 더 전에 우리 조상이 지녔던 것과 똑같은 진화된 심리적 기제를 아직까지 지니고 있다는 것이다. 이러한 결과로부터 '사바나 원칙(savana principle)'이란 진화심리학의 명제가 탄생한다.[49]

즉, "인간의 두뇌는 초창기 환경에는 존재하지 않았던 개체와 상황을 파악하고 대처하는 데 어려움을 겪는다."[50]

2. 도덕성에 대한 진화심리학적 분석: 진화된 심리적 메커니즘으로서의 도덕성

(1) 진화윤리학의 기본전제와 주요이론

찰스 다윈 이래 '자연선택에 의한 진화'라는 원리는 모든 학문영역을 뚫고 침투해 가고 있는 듯 보인다. 자연선택에 의한 진화는 "유전된 변이들의 차등적 생식 성공 때문에 긴 시간에 걸쳐 일어나는 변화"로 정의된다.[51] 한 마디 개체의 생존과 번식에 더 나은 변이가 선택되어 진화한다는 것이다. 즉 주어진 선택환경에 더 적합한(fitter) 신체적, 행동적 특질을 지닌 개체가 높은 적응도(fitness)[52]를 지니게 되어 살아남아 번식에 성공한다는 것이다.

진화심리학은 여기에 더해 환경에 더 적합한 '심리적 특질'을 가진 개체가 선택되고 개체군 내에 그러한 유전자가 퍼져 그 심리적 특질이 진화해 오늘날에 이르고 있다는 이론이다. 즉 진화된 심리적 메커니즘

49) 사바나 원칙에 대한 상세한 설명으로는 앨런 S.밀러·가나자와 사토시/박완신 역, 앞의 책, 36면 이하 참조.

50) 이것은 유전적으로는 적합하지 않지만 과거의 메커니즘이 여전히 작동하고 있다는 점에서 근사 메커니즘(proximate mechanism)이라고 명명할 수 있다. Leonard D. Katz/김성동 역, 윤리의 진화론적 기원 (철학과 현실사, 2007), 202면.

51) 데이비드 버스/이충호 역, 앞의 책, 72면.

52) 적응도란 개체의 번식 잠재력(번식 가능성)을 말한다.

은 진화사를 통해 생존이나 생식 등의 문제를 반복적으로 해결해 주어기 때문에 현재와 같은 형태로 존재하게 되었다는 것이다. 그 대표적인 심리적 특질로는 '뱀과 거미 등 위험한 생물이나 포식자에 대한 본능적 두려움', '우수한 유전적 자질을 가진 배우자에 대한 선호', '속임수에 대한 민감성과 사기꾼 탐지능력 및 응징욕구', '노래와 웃음에 대한 선호', '언어능력' 등이 있다.[53)]

진화윤리학자들은 여기서 한 걸음 더 나아간다. 다른 심리적 특질들과 마찬가지로 인간의 도덕적 성향 역시 생물학적 적응의 산물이라고 본다. 한 마디로 말해 '도덕'도 '적응'이라는 것이다. 개체의 적응도(fitness)를 높여주는 형질이 자연선택되어 진화한다는 진화론의 기본 논리를 도덕성에까지 확장시키려는 시도는 일견 부당해 보인다. 그것은 크게 두 가지 이유에서 비롯될 것이다. 도덕에 대한 기존의 사고방식, 즉 '선의 이데아'나 '황금률' 또는 '실천이성에 의한 합리적 추론'에 의거하지 않고 자연선택에 의한 '자동적 반응'으로서 도덕감정이나 도덕판단을 논하다는 것 자체가 일단 거부감을 불러일으키기 때문일 것이다. 그것은 존재론과 목적론 없는 윤리학이라는 것이다.[54)] 다음으로 '포식자에 대한 본능적 두려움'과 같은 심리적 성향이 선택되어 진화했다는 점은 개체의 적응도를 높여줄 수 있는 성향이라는 사실을 쉽게 이해할 수 있기 때문에 대체로 수긍할 수 있으나, 도덕성을 구성하는 대다수 내용은 개체의 적응도를 높이는 '이기적' 특질이나 성향과는 반대로 '이타성'을 특징으로 한 경우가 많기 때문이다.[55)]

하지만 진화론자들은 이미 '이타성'을 설명할 수 있는 훌륭한 이론을 구축해 두고 있다. 먼저 '포괄적응도(inclusive fitness)이론'이라는 것이

53) 케빈 랠런드·길리언 브라운/양병찬 역, 앞의 책, 212면 이하 참조.

54) 이러한 평가로는 오재호, "협동의 진화로서의 도덕", 철학연구 제121집(2012), 53면 이하 참조.

55) 본고에서는 진화 윤리학의 규범학으로서의 정당성에 관한 논의는 생략하기로 한다. 다만 이에 대해서 "진화 윤리학은 존재론에 바탕을 두고 있는 윤리학에 대한 강력한 도전이며 또 하나의 계몽"이라는 평은 참고해 둘 만하다. 오재호, 앞의 논문, 56면 참조.

있다. 이 이론은 부모의 자식에 대한 헌신적 행동이나 형제자매나 조카에 대한 돌봄과 같이 고전적 적응도(classical fitness)[56] 개념만으로는 설명이 어려운 현상을 설명하기 위해 윌리엄 해밀턴(William D. Hamilton)이 제안한 이론이다. 포괄적 적응도란 어떤 개체나 생물의 성질이라기보다는 그 행동이나 효과의 성질이다. 따라서 포괄적응도는 어떤 개체가 지닌 번식성공률(개별적 적응도)에다가 그 개체의 행동이 혈족(유전적 친족)의 번식성공률에 미치는 효과를 더한 것이다. 한 마디로 유전자가 이득을 볼 수 있는 온갖 간접적 방식을 다 함께 고려한 개념이다. 생물은 형제자매나 조카, 조카딸이 살아남아 생식을 할 수 있도록 돕는 행동을 통해서도 자신의 유전자가 복제되는 것을 증가시킬 수 있다. 즉 나의 형제자매나 혈족은 나의 유전자를 어느 정도 공유할 확률이 있고, 또 그들이 낳는 자식도 내 자식만큼은 아니지만 나의 유전자를 공유할 확률이 있기 때문에 이들을 돕는 이타적 성향은 결국 나의 유전자를 전파하는데 기여하므로 나의 포괄적응도를 높이는 행위가 된다.[57]

포괄적응도 이론은 '유전자의 눈으로 바라보는' 관점을 우리에게 제시해 준다. 가령 내가 유전자라면 어떻게 행동을 하는 게 나를 최대한 복제하는 데 도움이 될 것인지 물어볼 때, 첫째, 내가 들어 있는 (유전자의) '운반수단(vehicle)[58]' 즉 신체의 안녕이 보장되도록 노력할 것이다(생존). 둘째, 그 운반수단이 생식을 하도록 유도할 것이다(번식). 셋째, 나의 복제본을 갖고 있는 다른 모든 운반수단이 생존과 번식을 성

56) 어떤 개체가 유전자를 전달하는 직접적인 생식적 성공을 자손의 생산을 통해 측정하는 것.

57) 해밀턴에 의하면 유전자형의 포괄적응도가 평균보다 높으면 그 유전자형은 선택될 것이고 낮으면 도태될 것이라고 보았다. 이 점에 대해서는 W. D. Hamilton, The Genetical Evolution of Social Behaviour. I, *J. Theoret. Biol.* 7 (1964), 14면 참조. "In other words the kind of selection may be considered determined by whether the inclusive fitness of a genotype is above or below average."

58) 인간을 비롯한 모든 생명체는 유전자가 자신의 생존과 보호를 위해 만들어낸 운반수단(vehicle), 즉 일종의 생존 기계(survival machine)에 불과하다는 생각은 잘 알려져 있듯이 리처드 도킨스가 '이기적 유전자'에서 주장한 것이다.

공적으로 할 수 있도록 도울 것이다. 이처럼 포괄적응도 이론은 유전자의 관점에서 볼 때 이타적 행동이 어떻게 합리적으로 설명 될 수 있는지 잘 보여준다. 한 마디로 혈족을 도움으로써(자신이 희생함으로써) 포괄적응도가 높아진다면, 이타성은 진화할 수밖에 없다는 것이다. 자기희생의 수혜자가 결국 유전적 친족이기 때문이다. 다만 포괄적응도 면에서 친척에게 돌아가는 편익이 자신이 치르는 비용보다 커야 한다. 이 조건이 충족될 때 이타성은 진화할 수 있다.[59]

그런데 포괄적응도 이론에 의하더라도 여전히 해명되지 않은 이타성이 있다. 그것은 바로 비친족 관계에 있는 사람들, 다시 말해 유전적 근연이 없는 자들 간의 상호 이타적 행위를 진화론이론에 의해 어떻게 설명하느냐는 것이다. 그리고 바로 이러한 종류의 이타적 행위야 말로 우리의 진정한 도덕성을 이루는 주된 내용물이다. 감사, 우정, 연민, 신뢰, 죄의식, 복수심 등이 모두 상호적 이타성에서 기인했다는 해석도 있다. 그뿐만 아니라 인간의 도덕적 공격성, 즉 공정하지 못한 것을 보면 부당함을 느껴 심란해지는 성향도 마찬가지라고 한다. 더 나아가 도덕감정뿐 아니라 정의개념이나 법체계의 기원까지도 상호적 이타성의 진화와 연결된다고 한다.[60]

(2) 팃포탯 전략과 상호이타성의 진화

이 문제에 대한 해결책이 로버트 트리버스(Robert Trivers) 등에 의해 정교한 방식으로 제시되었다. 해밀턴의 포괄적응도 이론에 위배되는 것처럼 보이는 이타적 행동이 어떻게 진화할 수 있는가에 대해 상호적 이타성 이론은, 그러한 편익 전달의 수혜자가 장래에 보답을 하게만 한다면, 비친족에게 편익을 제공하는 심리기제가 진화할 수 있다고 설명한다. 예를 들어 친구 사이인 갑과 을 두 사냥꾼이 있는데 사냥에 성공할 확률은 일정치 않아 일주일에 둘 중 한 사람만이 사냥에 성공한다고 할

59) 데이비드 버스/이충호 역, 앞의 책, 47면.
60) 수전 블랙모어/김명남 역, 밈 (바다출판사, 2010), 280-281면.

때, 만약 첫 번째 사냥감을 갑이 을과 나누면 나눠준 고기만큼의 희생과 비용이 발생하지만 그 비용은 비교적 적을 수 있는데, 고기가 썩기 전에 자신과 가족이 먹을 수 있는 것보다 더 많은 고기를 가졌을 수 있기 때문이다. 반면 사냥에 성공하지 못한 을에게는 매우 큰 편익이 될 수 있다. 그 다음 주는 상황이 역전되고, 이러한 방식으로 두 사냥꾼은 아주 적은 비용만 치르면서 친구에게 큰 편익을 제공하게 된다. 즉 두 친구는 각자 이기적으로 고기를 독차지할 때보다 상호적 이타성을 통해 더 큰 편익을 얻게 되는 것이다. 경제학자들은 이를 '거래를 통한 이득'이라 부른다. 중요한 점은 바로 '거래를 통한 이득'은 사람들에게 상호적 이타성이 진화할 수 있는 토대를 가져온다는 것이다. 다시 말해 상호 이타적으로 행동하는 사람들은 이기적으로 행동하는 사람들보다 오히려 생존과 번식면에서 더 유리한 경향이 있기 때문에 세대가 거듭될수록 상호이타성이란 심리기제가 퍼져나간다. 상호적 이타성은 '상호 이익을 위해 둘 이상의 개인 사이에 일어나는 협력'으로 정의된다.[61]

그런데 상호적 이타주의자가 맞닥뜨리는 가장 중요한 적응문제는 사기꾼, 즉 자기 편익만 챙기고 나중에 보답하지 않는 자의 위협이다. 예컨대 어떤 사람이 상호적 이타주의자인 척 가장했다가 편익만 챙기고 장래에 상응한 보답을 하지 않을 수 있다. 이를 속임수 문제라고 한다. 이 문제의 한 가지 해결책은 미국의 정치학자 로버트 액설로드가 발견, 입증하였고 해밀턴과의 공동작업을 통해 제안한 팃포탯(Tit For Tat) 전략이다. 팃포탯 전략이란 처음에는 일단 협력하고 그 다음부터는 상대가 하는 대로, 즉 상대가 협력하면 계속 협력하고, 상대가 배신하면 보복(즉 배신)하는 전략을 말한다. 이 해결책은 소위 죄수의 딜레마 게임을 반복함으로써 얻어진 것이다. 잘 알려져 있듯이 죄수의 딜레마 게임에서 각자는 협력을 한다면 이득을 얻을 수 있다. 이는 상호적 이타성 상황과 비슷하다. 하지만 실제 상황에서 각자는 상호 교환 없이 상대방의 이타성이 주는 이익만 챙기고 싶은 유혹을 느낀다. 만약 이

61) 사냥꾼 사례의 의미에 대해서는 데이비드 버스/이충호 역, 앞의 책, 420면.

게임을 단 한 번만 한다면 유일하게 분별 있는 행동은 '배신'이다. 그러나 액설로드는 그의 저서 '협력의 진화'에서 이 게임이 수없이 반복되면 협력이 나타난다는 것을 보여주었다. 반복되는 죄수의 딜레마 게임에서 승리하는 최고의 전략은 '받은 만큼 되돌려주기(Tit For Tat)' 전략이었던 것이다. 그는 컴퓨터 프로그램 대회를 개최함으로써 이 전략을 발견했다. 전 세계의 경제학자, 수학자, 과학자, 컴퓨터 천재 등에게 죄수의 딜레마 게임을 200번 반복할 때 승리할 수 있는 전략을 제출하도록 요구했다. 승자는 죄수의 딜레마 매트릭스에서 얻은 점수의 합이 가장 높은 사람으로 정하기로 하였다. 총 14개의 전략프로그램이 심리학, 경제학, 정치학, 수학, 사회학 다섯 분야에서 제출되었다.[62] 대회의 우승자는 토론토 대학교의 심리학자이자 게임이론가인 아나톨 라포포트 교수가 제출한 팃포탯 프로그램이었다.[63] 팃포탯은 매우 단순한 전략이었다. 처음에는 협력으로 시작하고 나중에는 상대가 하는 대로 따라하는 전략이다. 상대가 협력하면 둘 다 계속해서 협력하여 둘 다 좋은 결과를 얻는다. 상대가 배신하면, 팃포탯은 보복한다. 그래서 배신자를 상대하더라도 크게 잃지 않는다. 제2회 토너먼트에서는[64] 61개의 프로그램이 팃포탯과 겨루었지만 모두 패배했다. 이후에 액설로드는 팃포탯이 얼마나 '강건한(robust)'[65] 전략인지 검사하기 위해 참여 프로그램들의 유형분포를 바꾸어 추가적으로 컴퓨터 가상대회를 실시해 보고, 또 온갖 다양한 미래의 가상대회를 구축해 보았지만 팃포탯은 명실공히 가장 성공적인 규칙으로 판명되었다.[66] 그는 가상의 모의실험을 진화과정

62) 액설로드는 여기에다 랜덤(random)이라는 15번째 전략을 추가했다. 이는 협력과 배신의 카드를 아무렇게나 내는 것으로 일종의 '무전략' 전략이다. 만일 어떤 전략이 랜덤보다 이득이 좋지 못하면 그것은 상당히 나쁜 전략이 된다.

63) 로버트 액설로드/이경식 역, 협력의 진화 (시스테마, 2009), 54-55면 참조.

64) 정확히는 라운드 로빈(Round-Robin) 방식으로 경기가 진행되었다. 라운드 로빈이란 '올 플레이 올 토너먼트'라고도 하며, 같은 그룹에 속한 선수들끼리 한 번씩 다 대결을 하는 방식을 말한다.

65) 여기서 '강건하다'는 용어는 폭넓은 여러 전략에 대해 잘 대항하는 전략이라는 의미로 액설로드는 사용하고 있다.

에 대한 시뮬레이션으로 사용했다. 그 결과 팃포탯은 다양한 환경에서 잘하며 상당히 세련된 온갖 전략이 혼합된 생태학적 모의실험에서도 다른 전략들을 대체하며 집단 전체에 퍼져 개체군을 장악했다. 그리고 그 어떠한 돌연변이 전략 무리의 침범도 모두 견뎌낼 수 있기 때문에 그 안정성은 확고했다. 팃포탯은 '진화적으로 안정한 전략(evolutionarily stable strategy, ESS)'[67]이었던 것이다. 팃포탯 전략의 진화론적 함의는 다음과 같다. 앞서 살펴본 바대로 일회성 게임에서는 결코 협동이 이루어지지 않는다. 배반이 정답이다. 그러나 삶은 일회성 게임이 아니다. 우리는 만났던 사람을 또 만나고, 그들의 신뢰도에 대한 판단을 내린다. 죄수의 딜레마를 해소하는 길은 반복에 있다. 죄수의 딜레마 상황을 거듭하면 사람들은 상대가 어떤 행동을 할지 짐작하게 되고, 따라서 협동을 통해 이득을 나눌 수 있다. 특히 이전에 서로 만나지 못했던 사이라면 서로를 따라 할 때가 많다. 협력자에게는 협력하고, 배신자에게는 배신하는 것이다. 지속적으로 배신만 하는 사람은 누구나 꺼리는 상대가

---

66) 로버트 액설로드/이경식 역, 앞의 책, 72-77면 참조.

67) 진화적으로 안정한 전략이란, 개체군에 있는 대부분의 구성원이 일단 그 전략을 채택하면 다른 대체전략이 그 전략을 능가할 수 없는 전략이라고 일반적으로 정의된다. 즉 ESS란 "a strategy which if adopted by all members of a population cannot be invaded by a mutant strategy through the operation of natural selection."로 정의된다. 그리고 여기서 '전략'은 미리 프로그램된 행동방침(pre-programmed behavioral policy)을 말한다. 이 개념을 창안한 존 메이너드 스미스는 다음과 같이 정의하고 있다. "Roughly, an ESS is a strategy such that, if most of the members of a population adopt it, there is no 'mutant' strategy that would give higher reproductive fitness." J. Maynard Smith & George. R. Price, The Logic of Animal Conflict, *246 Nature 15* (1973), 15면. 종합하자면, 각 정의에 쓰인 "능가할 수 없다"는 어구와 "침범할 수 없다"는 어구는 "더 높은 적응도(reproductive fitness)를 산출할 수 없다"는 뜻이다. 팃포탯과 ESS의 관계에 대한 보다 상세한 논의는 본서 제3장의 '글 소개' 부분을 참조할 것. 참고로 메이너드 스미스와 조지 프라이스의 공동 논문 'The Logic of Animal Conflict'은 메이너드 스미스의 제안으로 네이처 투고가 성사된 것이다. 조지 프라이스가 이 논문의 출간 전 무신론자에서 종교인으로 전향했고, 성서연구에 심취했던 사실은 무척 흥미롭다.

되므로, 개인적 혹은 사회적 제재를 받아 남의 도움을 받을 기회를 점점 잃게 된다. 정리하자면 팃포탯 원칙과 결합된 상호 이타적 성향을 지닌 개체는 생존과 번식에 유리했고, 그 성향을 물려받은 자손들이 살아남아 번식에 성공함으로써 상호적 이타성이라는 도덕성이 진화했다는 것이다. 이것이 바로 오랜 세월에 걸쳐 상호적 이타성이 진화하게 된 원리다.

인간의 상호 이타적 행위가 실제로 이렇게 진화했는지에 대해서는 논란의 여지가 있다. 하지만 정말 그랬다면, 처음에 어떤 협력 행동이 하나 등장해서 그 과정을 개시해야 한다. 로버트 트리버스는 바로 친족선택, 즉 포괄적응도를 높이는 행동이 그 시작이었을 것이라고 주장한다. 즉 친족에 대한 애정과 관심을 행동으로 옮긴 동물이라면 그것을 쉽게 일반화했을 것이고, 그럼으로써 팃포탯이 시작될 계기를 마련해 주었으리라는 것이다.[68] 팃포탯의 원리는 도덕의 진화를 이해할 수 있는 창을 열어 준다. 우리는 응당 배신자를 처벌해야 마땅하고, 또 배신자를 처벌하지 않는 사람도 처벌해야 마땅하다는 결론에 이르기 때문이다. 신뢰도가 중요한 이러한 게임에서는 최대한 협동적인 사람으로 보이는 것이 유리한데, 그래야 추후에 보답을 거둘 수 있기 때문이다. 액설로드에 의하면 굳건한 도덕규범은 단지 규범에만 의존하는 것이 아니라 '메타규범'에도 의존하고 있음을 발견했다. 다시 말해 사회는 해당 규범을 위반한 자들만 비난하는 것이 아니라 위반한 자를 비난하지 못하고 참고 있는 자들도 비난한다는 것이다.[69]

요컨대 친절과 협동은 물론, 상호적 이타성으로 설명될 수 있는 도덕감정의 많은 부분은 결국 이기적 유전자의 생존과 번식을 돕기 때문에 현재의 형태로 진화해 왔다는 것이 진화 심리학과 진화윤리학의 기본전제인 것이다.

---

68) 액설로드도 이 점을 잘 간파하고 있다. 그에 의하면 유전적 친족이론은 올디의 평형(개체군이 무조건 배신만 하는 전략으로 가득찬 상태)에서 빠져나올 수 있는 방법을 제공한다. 로버트 액설로드/이경식 역, 앞의 책, 123면 이하 참조.

69) Robert Axelrod, Laws of Life, *27 The Sciences 44* (1987), 44-51면 참조.

IV. 도덕적응설과 사적 보복관습

1. 도덕적응설의 입장과 이에 대한 반론

이상의 논의부터 도덕도 적응문제에 대한 해결책으로 진화해 왔다는 점에서 '도덕적응설(moral adaptivism)'이라는 가설이 성립가능하다.70) 도덕적응설은 도덕규칙이 진화의 산물이라는 진화윤리학에 기반을 두고 있다. 도덕적응설의 요체는 도덕적 행동은 포괄적응도를 높이고 비도덕적 행동은 포괄적응도를 떨어트린다는 것이다.

예를 들어 건강한 신체와 사회적 지위는 생존과 번식에 도움이 되는 요소들이므로 개체의 개별적응도는 물론 포괄적응도를 높인다. 또한 자신의 유전적 혈족에 대한 이타적 성격도 포괄적응도를 높이는 특성들이다. 마찬가지로 비혈족을 위한 희생과 이타적 행동 역시 결과적으로는 생존해 있는 동안에 개체의 편익을 높여 적응도를 높여주므로 포괄적응도를 높이는 특성이 될 수 있다. 이러한 점에서 포괄적응도는 환경에 유리한 신체적, 심리적 특질뿐만 아니라 도덕적 성향이 진화할 수 있는 토대가 된다.

그렇다면 살인, 강간, 절도 등은 왜 비도덕적인가? 도덕적응설에 따르면 이는 행위자의 포괄적응도를 낮추기 때문에 비도덕적이다.71) 텃포텟 원칙에 따르면 살인이나 강간, 절도 등의 행위를 저지르면 그 상대방으로부터 혹은 공동체로부터 그에 대한 응분의 처벌을 받게 된다. 처벌을 받는다는 것은 생존과 번식의 확률이 낮아짐을 뜻한다. 그리고 살인과 강간, 강도 등을 저지른 범법자를(텃포텟 원칙에 비추어 보면 배신자) 처벌하는 것은 도덕적 행위가 된다. 왜냐하면 적절한 처벌은 집

70) 이러한 가설의 소개로는 박승배, "도덕적 행위, 포괄적응도, 진화범죄학", 동서철학연구 제67호(2013), 161면.

71) 후술하겠지만, 범죄는 피해자측의 포괄적응도를 낮추기 때문에 비도덕적이라고도 말할 수 있을 것이다.

단 구성원들로 하여금 유사한 행위를 저지르지 못하게 하는 효과를 가지고 있고, 그러한 효과로 인해 사기꾼이나 반역자에 의한 집단 전체의 붕괴를 막음으로써[72] 구성원들이, 또 결과적으로 자신과 유전적 혈족이 생존하고 번식할 확률이 높아지기 때문이다. 도덕적응설은 도덕적 진리(moral truth)가 있으며 도덕진술은 도덕사실(moral fact)에 대응할 때 진리라고 제안한다. 예컨대 약속은 지켜야 한다는 도덕진술은 약속을 지키는 행위가 포괄적응도를 높이는 사실과 대응하기 때문에 진리이다. 즉 규범진술이 사실진술로 번역될 수 있다고 주장한다. 예컨대 살인을 해서는 안 된다는 규범진술은 살인은 포괄적응도를 떨어트린다는 사실진술로 번역될 수 있고, 자연주의 전통 하에 서 있다.[73] 도덕적응설의 이러한 입장에 대해 다음과 같은 비판이 제기되었다.

예를 들어 진화심리학에 의하면 살인과 폭력과 같은 남성, 특히 젊은 남성의 공격적 성향은 자연선택에 의해 진화된 심리적 기제임이 밝혀졌다. 남성은 일반적으로 공격성이 여자보다 훨씬 높다. 그 이유는 진화의 과정에서 자식에게 덜 투자하는 성일수록, 번식을 위해 할 수 있는 일은 오로지 자신의 유전적 자질을 남기는 일뿐이기 때문에 오랜 시간 자식을 위해 많은 노력을 투자해야 하는 여성보다 짝짓기에 성공하기 위해 더 위험한 전략을 선호하도록 진화했기 때문이다(부모투자이

---

72) "집단의 이익을 위해 희생하는 개체들로 구성된 종 내지 종내 개체군 같은 집단은 자기 자신의 이기적 이익을 우선으로 추구하는 다른 경쟁자 집단보다 절멸의 위험이 적다"는 집단 선택설에 반대하는 리처드 도킨스는 개체 선택론자도 이 점을 부정하지는 않는다고 강조한다. 이에 대해서는 리처드 도킨스/홍영남·이상임 역, 이기적 유전자 (을유문화사, 2010), 48면. 잘 알려져 있다시피 집단선택설에 대한 유력한 반증은 바로 이기적 반역자의 존재가능성이다. 도킨스는 스스로 개체선택론을 '유전자 선택설(Theory of gene selection)'로 지칭하기를 선호한다고 밝힌다.

73) 도덕적응설에 대한 이러한 이해방식으로는 박승배, 앞의 논문, 163면. 본고에서는 도덕적응설의 입장을 다른 규범윤리학 이론들과 공정하게 비교·검토하는 작업은 본고의 관심사가 아니므로 생략하기로 한다. 여기에서는 도덕적응설이 채택하고 있는 진화론적 기본전제가 몇 가지 반례에 의해 무너지는지 여부를 중점적으로 다루고자 한다.

론). 또 진화적 적응환경(EEA)이 사실상 일부다처제사회였기 때문에 남성의 폭력적 성향을 진화시켜 왔다고 한다. 일부다처제 사회에서는 일부의 남성이 모든 여성에게 번식을 위해 접근할 권한을 독점하며, 반면에 다른 남성은 번식 경쟁에서 배제된다. 그런 사회에서 다른 일부 남성은 자식을 하나도 못 남기지만, 여성은 거의가 자식을 남긴다. 번식 경쟁에서 '승자'와 '패자' 사이의 격차는 여자보다는 남자 사이에서 훨씬 크다. 남성과 여성 사이에서 나타나는 번식 성공도의 불균형 때문에 남성은 번식경쟁에서 낙오되지 않으려고 경쟁적으로 노력한다. 그런데 번식 성공률의 차이가 클수록 자연선택은 차이가 더 크게 나타나는 성에게 더 위험한 전략을 선호한다는 것이다.[74] 이렇게 일부다처제가 어느 정도 나타나는 경쟁적 맥락에서 남성이 공격성을 사용하는 맥락은 두 가지가 있다. 첫째, 한 남자가 여러 배우자에게 성적으로 접근함으로써 '큰 성공'을 거두기 위한 공격성, 둘째, 번식에서 완전히 밀려나는 것을 피하기 위한 공격성. 이처럼 경쟁은 남성들 간에 벌어지는 과도한 폭력(살인과 폭행 등)으로 이어지며, 남자 사이에 벌어지는 다수의 살인은, 여자 간, 혹은 남녀 간에 벌어지는 살인의 수와 비교할 때, 짝을 얻으려는 남성 간의 경쟁이 낳은 직접적인 결과라고 본다.[75]

그런데 이러한 진화심리학의 입장은[76] 도덕적응설을 무너트리는 명백한 반대사례라는 것이다. 진화심리학의 입장을 정리하면 결국 남성의 공격성은 번식가능성을 높여 포괄적응도를 향상시켜주었다는 것인데, 살인이나 폭력으로 이어지는 공격성은 부도덕한 행위기 때문에 이는

74) 극단적인 예로서 캘리포니아 주 북부 해안에 사는 코끼리 물범은 전체 수컷 중 단 5%가 번식기에 태어나는 전체 새끼 중 85%의 아비가 된다. 또 이처럼 번식 성공률에 큰 차이가 나는 종은 다양한 신체 특징에서 성적 이형(몸 크기나 모양의 차이)이 나타나는 경향이 있다. 코끼리 물범은 수컷이 암컷보다 몸무게가 4배나 많이 나간다. 인간은 남자가 여자보다 평균 19% 정도 몸무게가 더 나가며 몸무게에서 나타나는 성적 이형은 비교적 경미한 편이다.

75) 로버트 라이트/박영준 역, 도덕적 동물 (사이언스북스, 2003), 160-161면 참조.

76) 이는 곧 범죄가 왜 발생하는지를 진화론적으로 설명하는 진화범죄학의 입장과도 일치한다.

앞서 도덕적인 행위는 포괄적응도를 높이는 행위고 비도덕인 행위는 포괄적응도를 낮추는 행위라는 명제와 상충된다는 것이다. 즉 도덕과 마찬가지로 범죄도 범법자들의 포괄적응도를 높이기 위해 진화했다는 설명은 모순이라는 것이다.[77)]

2. 반론의 검토

위 반대사례에 기초한 도덕적응설 비판은 매우 흥미롭다. 사실 대다수 진화심리학 교과서나 연구문헌이 이 부분을 명확히 언급하고 있지 않기 때문이다. 즉 공격성과 도덕성 모두를 인간의 진화된 심리적 메커니즘에 해당한다고 별개의 장에서 기술할 뿐 이 두 가지 명제가 충돌할 수 있다는 점에 대해서는 특별한 주의를 기울이지 않는다. 그러므로 위 문제제기는 매우 적절한 측면이 있으며 신중히 검토해 보아야 할, 특히 도덕적응설을 효과적으로 방어하기 위해서는 반드시 짚고 넘어가야 할 문제라고 생각된다.

이 문제에 대해 짧지만 인상적인 해결책을 제시하는 문헌이 있다. 앨런 S. 밀러와 가나자와 사토시가 쓴 책 진화심리학[78)]에서는 이 미묘한 문제를 의식한 듯 다음과 같이 논급하고 있다.

> "남자가 여자의 관심을 끌기 위해 남의 자산을 훔친다는 우리의 제안은 일견 이상해 보일 수 있다. 절도나 그 밖에 다른 형태의 자산강탈을 저지르면 인간사회에서는 보편적으로 유죄선고를 받기 때문이다. 사실상 그런 유죄선고는 또 하나의 문화적 보편성이다. 하지만 젊은 남성으로 하여금 폭력과 자산관련 범죄를 저지르도록 자극하는 심리적 기제는 진화의 역사에서 인간과 유인원이 갈라지기(5

77) 박승배, 앞의 논문, 168-170면 참조. 동 문헌은 또 다른 반례로 여성이 가임기간에 외도를 하고 싶은 욕구가 진화한 것도 포괄적응도를 높이기 위한 것인데 이 역시 부도덕한 행위가 포괄적응도를 높이는 반례라고 들고 있으나, 이는 남성의 공격성과 함께 논할 수 있는 성격의 사례라고 보여 별도로 언급하지 않기로 한다.

78) 앨런 S.밀러·가나자와 사토시/박완신 역, 앞의 책, 183면 참조.

백만-8백만 년 전) 전의 우리 선조에게서 진화되었을 가능성이 크다. 어쩌면 유인원과 원숭이가 갈라지기(1천5백만-2천만 년 전) 전부터였을지도 모른다. 사실 우리의 추론에 따르면 결정적인 심리적 기제는 폭력과 절도에 대한 비형식인 규범이 나타나기 '전에' 필연적으로 나타났어야 한다. 그러지 않았다면 폭력적으로 경쟁하거나 절도를 통해 자산을 축적했다 해도 규범을 어긴 죄로 추방당했을 테니 높은 지위와 번식성공도를 얻지 못했을 것이기 때문이다. 폭력과 절도를 통제하는 규범은 젊은 남성을 폭력과 절도에 몰두할 수밖에 없게 하는 심리적 기제에 대한 반응으로서 진화해왔을지도 모른다. 인간이 범죄로 분류하는 폭력적이고 남을 희생시키는 행위가 그런 행위를 억제하는 비형식적 규범이 없는 인간 이외의 종에서도 아주 흔하다는 사실은 이러한 제언에 실린 우리의 확신을 높여준다."

공격성이 진화된 심리적 메커니즘이라면 인간의 도덕성 역시 진화된 심리적 메커니즘의 일부다. 위 주장에 의하면 폭력성을 억제하기 위한 규범, 즉 도덕성은 젊은 남성이 폭력에 몰두할 수밖에 없게 만드는 진화된 심리기제에 대한 반응으로서 진화해 왔다고 본다. 고대사회의 살인자에 대한 '사적 보복(blood feud)' 관습은 바로 이러한 도덕성의 한 징표일 것이다. 다만 시간적 선후관계를 고려하면 인간의 공격성은 규범이 출현하기 '전에'에 형성되었다고 보아야 한다. 왜냐하면 그렇지 않았다면 폭력을 통해 경쟁에서 이겼다고 하더라도 규범을 어긴 죄로 (사적으로) 처형되거나 공동체에서 추방되었을 것이기 때문에 높은 번식성공도를 얻지 못했을 것이기 때문이라고 두 사람은 지적하고 있다.

이러한 가설이 옳다면 도덕적응설에 대한 반대사례의 문제가 해소된다.[79] 범죄와 도덕이 모두 포괄적응도를 높이기 위한 심리적 기제로

---

79) 필자는 이 가설이 매우 신빙성 있다고 생각한다. 혹자는 설령 공격성과 도덕성이 각기 다른 시기에 진화한 심리기제라 하더라도 어떻게 이들이 인간의 마음에 병존할 수 있는지에 대해 반문할 수도 있을 것이다. 그렇지만 현재와 같이 복잡한 인간의 지적 능력도 어느 날 갑자기 한꺼번에 탄생한 것이 아니라 오랜 세월 각기 다른 시기에 진화한 여러 지능들, 예컨대 일반적 학습능력, 언어사용능력, 도구제작능력, 사회적 관계형성능력 등이 차례대로 결합해 이루어진 것임을 보면, 위 가설은 충분히 입론가능하다고 본다. 인류의 마음이 진화한 과정에 대한 탁월한 인식고고학적 논증으로는 스티븐 미슨/윤소영 역, 마음의 역사 (영림카디널, 2001) 참조.

서 진화해 왔지만, 그 출현 시점에 선후관계가 있다는 것이다. 만일 상호적 이타성에 따라 반역자를 반드시 처벌하는 규범이 먼저 출현했다면 살인과 폭력을 통해서라도 포괄적응도 높이려는 시도는 실패하여 심리기제로 진화하지 못했을 것이기 때문이다. 또 위 인용문은 매우 중요한 진화사적 사실을 암시한다. 진화사의 어느 시점에서는 살인과 폭력을 제재하는 규범이 존재하지 않았다는 것이다. 이런 시기를 그러한 규범이 존재하지 않는 오늘날 동물의 사회와 비교하고 있다.

3. 사적 보복관습에 대한 유전자-밈 공진화 가설

앨런 S. 밀러와 가나자와 사토시의 가설은 일부 반대사례로부터 도덕적응설을 재옹호할 수 있는 가능성을 열어준다. 하지만 여전히 남는 문제가 있다. 고대 근동사회와 중세 유럽, 그리고 현대 원시부족의 사적 보복관습을 보면 살인자에 대해서는 반드시 사적으로 처형을 하는 것이 원칙이다. 이러한 관습이 자리잡은 이유는 팃포탯 원리로부터 진화된 동해보복적 응보관념이 매우 강력했기 때문일 것이다.[80] 즉 동해보복 관념은 포괄적응도를 높여 주는 규범적 전략이었던 것이다. 팃포탯과 탈리오는 "받은 대로 돌려주는" 전략이고, "눈에는 눈, 이에는 이"라는 근본원리에 있어서 동일하다. 그러나 사적 보복관습에는 포괄적응도 측면에서 볼 때 한 가지 불합리한 측면이 있다. 살인자는 대체로 성인 남성이었을 것이고, 성인남성은 당시 사회에서 수렵채집은 물론 농경과 부족 간 전쟁 등에 있어서 매우 귀중한 자원이었을 것이다. 그렇다면 살인자를 반드시 죽게 하는 규범은, 특히 내집단(in-group)의 경우에 있어서 집단의 식량 확보능력과 방어능력 등을 경감시켜 오히려 집단 내

80) 팃포탯과 동해보복의 원칙의 상관성을 잘 지적하고 있는 논문으로는 Daniel L. Tobey, What's really wrong with genetic enhancement: a second look at our posthuman future, *6 Yale JL & Tech. 54* (2003), 64면. "From an ethical perspective, we might compare Tit-For-Tat to Hammurabi's Code: both encompass the idea of 'an eye for an eye."

구성원들의 포괄적응도의 약화를 가져올 위험이 있다.[81] 특히 보복감정이 살인자의 친족에게까지 미쳐서 살인자의 친족까지 죽이는 사례도(또 이를 제도적으로 허용하는 경우도) 있었기 때문에 더욱 그러하다.[82] 누어족의 사례에서 본 것처럼 "집단생활은 원한 상태와는 양립할 수 없었던 것이다." 따라서 비록 살인자라 하더라도 차라리 일정한 자유형을 부과하고 노역을 시키는 형벌이 더 나을 수도 있다. 그러면 이러한 적응적 불이익에도 불구하고 어떻게 사적 보복관습이 오래도록 널리 전파될 수 있었던 것일까?

이러한 의문에 대해 다음의 두 가지 해석이 모두 가능하다.

우선 사적 보복으로 인해 포괄적응도가 낮아지게 될 위험을 경감시키는 제도가 병존했다는 사실을 들 수 있다. 예컨대 사적 보복관습이 지배하던 사회에서도 살인자를 그 피해자 유족으로부터 보호할 수 있는 제도적 장치가 마련되어 있었다. 이스라엘의 경우 도피성제도와 누어족의 성소가 그러하다.

고대 메소포타미아지역의 경우 배상금(속죄금) 제도가 어느 정도 이와 같은 포괄적응도 문제를 해소할 수 있었을 것이다. 배상금 제도는 중세유럽과 누어족의 사적 보복관습에서도 찾아볼 수 있다. 누어족의 사례를 보면 피의 보복은 부족 간 살인사건의 경우에만 허용되었고, 그보다 작은 집단 간, 또는 친족 간의 살인사건은 배상금만으로 빠르게 종결되었다는 점도 이러한 해석을 지지해 준다. 또 부족 간 결투에서는 창을 사용했지만, 부족 내 결투에서는 곤봉만 허용한 사실도 그러하다.

마지막으로 가해자측과 피해자측의 집단적 책임(collective responsibility)

---

81) 개체든 유전자든 집단생활이 그들에게 유익한 일임은 틀림없다. Richard D. Alexander, The Evolution of Social Behaviour, *Annu. Rev. Ecol. Syst. 5* (1974), 329-330면.

82) "보복을 당하는 집단의 연대성(passive solidarity)도 보복을 가하는 집단의 연대성(active solidarity)에 필적할 만큼 똑같이 강했기 때문에 어떤 지역에서는 살인자의 본인의 죽음 이외에 또 한 명의 그의 혈족 구성원의 죽음까지 요구되기도 하였던" 중세 유럽의 사례를 상기하라. 이러한 사례는 누어족에서도 찾을 수 있다.

이 인정되었던 사례를 들 수 있다. 도덕적응설의 입장을 내집단과 외집단의 관계로 확장시켜 보면 상해든 살인이든 외집단에 속한 피해자측의 포괄적응도를 낮춘다. 이와 마찬가지로 가해자에 대한 피의 보복은 가해자측의 포괄적응도를 낮춘다. 이는 도덕적응설 본연의 입장이다. 그렇다면 사적 보복을 개별 피해자와 가해자의 개별적 적응도 수준의 문제로 보지 않고, 그 각자의 친족들의 포괄적응도의 문제로 간주함으로써, 다시 말해 집단책임을 인정함으로써 얻을 수 있는 효과는 무엇일까? 여기에는 명백한 포괄적응적 이점이 있다. 첫째, 피해자의 친족이 보복을 할 수 있다는 점에서 범죄억지력의 제고를 가져온다. 둘째, 배상금(속죄금)을 가해자 개인이 아닌 그 친족들에게 받을 수 있게 함으로써 금전적 배상의 실효성을 높인다. 셋째, 외집단 가해자를 죽이지 못할 경우 그 친족을 죽임으로써 잠재적인 경쟁집단의 포괄적응도를 낮추어 반사적으로 내집단의 포괄적응도를 향상시키는 효과가 있다. 사적 보복의 당사자 간에 집단적 책임을 인정함으로써 발생하는 이러한 적응적 이점이 사적 보복관습의 단점을 보완했던 것으로 해석할 수 있다고 본다.[83)]

다음으로 사적 보복관습에서 원칙으로 여겨졌던 피의 보복(blood feud)이 포괄적응도를 낮출 수 있음에도 불구하고 널리 전파될 수 있었던 사실에 대해서는 밈이론(memetics)이 하나의 가능한 답을 줄 수 있다고 본다.

지구촌에는 포괄적응도만으로 설명하기 힘든 부적응적 문화전수 사례도 존재한다. 예를 들어 뉴기니 고산지대 부족인 포어족은 장례 예식의 일부로 식인풍습을 따랐다. 포어족은 망자를 기리는 의식 도중에 망

---

83) 흥미롭게도 필자가 이 논문을 완성한 후, 리처드 도킨스 역시 필자와 유사한 생각을 하고 있었다는 사실을 알게 되었다. 도킨스는 다음과 같이 말하고 있다. "피의 복수나 씨족 간의 싸움은 해밀턴의 유전학 이론으로 쉽게 설명된다." 여기서 그가 말하는 해밀턴의 이론은 포괄적응도 이론을 지칭함은 자명하다. 도킨스/홍영남·이상임 역, 앞의 책, 181면 참조. 다만, 그에게도 사적 보복이 내집단 내에서 포괄적응도의 약화를 가져올 수 있다는 점에 대한 인식이 있었는지는 확신할 수 없다.

자가 산 사람의 몸의 일부가 되어 계속 살게 된다는 믿음에서 그 죽은 사람의 몸 일부를 먹는다. 이 관습 때문에 쿠루(kuru)라는 퇴행성 질환이 퍼졌고, 관습이 금지되기 전까지 수천 명이 사망했다. 이는 명백히 유전적 적응도만으로는 설명하기 힘든 현상이다.[84]

앞서 다룬 상호적 이타성의 문제도 그렇다. 수전 블랙모어는 다음과 같이 지적한다. 현대 사회에는 유전적 근연도도 없고 또 다시 만날 가능성도 없는 사람에 대해서도 관심과 사랑으로 편익을 제공하는 사례가 많다는 것이다. 즉 장래의 보답을 기대할 수 없는 경우에도 이타성이 작동한다는 것이다. 그녀는 이러한 종류의 이타성을 '진정한' 이타성이라고 한다. 그러면서 진정한 이타성은 유전적 적응도, 즉 포괄적응도나 상호적 이타성만으로는 '충분히'[85] 설명이 안 되므로 밈적 적응의 예로 보는 것이 타당할 것이라고 주장한다. 한 마디로 이타성 밈은 그 자체로 성공적인 밈이라는 것이다.

밈이론에 따르면 '모방'[86]을 통해 전달될 수 있는 것은, 유전자처럼

---

84) 쿠루병은 중추신경질환의 일종으로 신경세포가 파괴되어 근육이 마비되고 온몸에 경련이 일어나며 얼굴 근육을 마음대로 움직일 수 없어 마치 웃음을 짓는 듯한 모습을 보이다가 죽는 것이 특징이다. 가이듀섹(Daniel Gajdusek)은 쿠루병이 슬로(slow) 바이러스 감염증임을 밝혀 낸 업적으로 1976년 B. 블럼버그와 공동으로 노벨생리·의학상을 받았다. 이 사례의 소개와 이러한 평가로는 수전 블랙모어, 앞의 책, 89-90면 참조.

85) 물론 진정한 이타성도 '사바나 원칙'을 떠올리면 진화적 적응환경에서 발달한 상호적 이타성이 '오'작동해서 생긴 부산물이라고 설명할 수도 있다는 점을 지적하고 있으나 그것만으로는 불충분하다고 그녀는 지적한다.

86) 밈학에서 말하는 '모방'은 '넓은 의미'로 사용되는 용어임에 유의할 필요가 있다. 예컨대 누군가 다른 사람에게 어떤 이야기를 들려주었는데, 그가 이야기의 개요를 기억했다고 또 다른 사람에게 다시 들려준다면 그 과정도 모방이다. 의식적으로 어떤 행동이나 표현을 하나하나 정확하게 모방하는 것은 아니더라도 무언가가 '어떤 과정'을 거쳐 뇌에서 뇌로 건너 뛸 수 있다면 그 '어떤 과정'은 모방이 된다. 모방은 무언가 복사되는 과정이다. 모방과 관련된 흥미로운 예로 수전 블랙모의 저작 '밈'에 대한 리처드 도킨스의 추천 서문을 보면 그는 특이한 습관이 있는 한 여학생의 태도가 재미있어서 그것을 모방했더니 옥스퍼드의 한 철학 과 교수가 그것은 비트겐슈타인의 몸짓이라고 알려 주었다고 한다. 그녀의 부모는

자연선택의 원리에 따라 진화하는 일종의 '복제자'라고 한다. 여기에는 언어와 제도 및 규범, 아이디어[87], 건축양식, 유행하는 노래와 미술양식 등 일체의 문화적 양식 등이 포함된다. 이들은 최초의 복제자라 할 수 있는 유전자가 생겨난 이후 지구상에 출현한 제2의 복제자로서, 유전자가 '생식'을 통해 복제되는 것과는 달리 인간의 뇌를 이용해 '모방'을 통해서만 복사(복제)[88]될 수 있고, 자신들의 생존공간인 뇌 용량을 서로 차지하기 위해 이기적으로 경쟁한다. 이들을 일컬어 '밈(meme)'[89]이라 한다. 이러한 정의에 따르면 실로 인간의 문화를 구성하는 거의 모든 요소가 밈들 간 상호작용에 의해 만들어진 것이라고 보아도 무방할 것이다.[90]

밈이론에 따르면 밈 자체도 유전자와 마찬가지로 '이기적'이다. 즉

둘 다 철학자였는데, 모두 헌신적인 비트겐슈타인 추종자였다고 한다. 결과적으로 도킨스 자신이 비트겐슈타인 몸짓의 4세대 전수자가 되었던 것이다.

87) 여기서 말하는 아이디어는 대상에 대한 단순한 느낌이나 생각이 아니라(붉은 색이라는 생각, 둥글다는 생각, 뜨겁다는 생각 등) 바퀴, 피의 보복(blood feud), 알파벳, 달력, 오디세이, 미적분학, 체스, 인상주의, 형법상 책임원칙, 국가의 공형벌권 제도처럼 그 자체로 명백하게 기억과 모방이 가능한 단위를 형성할 수 있는 복잡한 아이디어를 말한다.

88) 복제(Replikation)와 복사(Kopie)를 엄격히 구분하는 견해도 있으나 본고에서는 두 용어를 혼용하기로 한다. 움베르또 마뚜라·나프란시스코 바렐라/최호영 역, 앎의 나무 - 인간 인지능력의 생물학적 뿌리 - (갈무리, 2007), 72-75면에 의하면, 복제는 같은 부류의 개체들이 되풀이해서 만들어낼 수 있는 작업기제를 말하고, 복사는 모델이 되는 개체에 투사(projektion) 기법을 이용해 모델과 같은 개체를 산출하는 과정(예컨대 복사기를 통해 나오는 종이는 원본의 복사물이 된다)을 뜻한다고 한다.

89) 잘 알려져 있듯이 이 용어는 리처드 도킨스가 창안한 것이다. 그는 유전자의 발음 '진(gene)'과 유사하면서도 모방의 단위라는 개념을 담고 있는 명사를 찾던 중 그리스어 어근 '미멤(mimeme)'에서 착안하여 '밈(meme)'이라는 신조어를 사용할 것을 제안한다. 리처드 도킨스/홍영남·이상임 역, 앞의 책, 323면.

90) 밈이론에 대해서는 국내에서도 본격적인 연구가 진행되고 있다. 예컨대 장대익, "일반 복제자 이론 : 유전자, 밈, 그리고 지향계", 과학철학 제11권 제1호(2008)을 참조.

오로지 자신의 성공적 복제에만 관심이 있다는 것이다. 그리고 경쟁하는 밈들 중 어떤 밈이 선택될 것인지는 전적으로 밈이 서식하는 선택환경, 즉 인간 두뇌의 어떤 속성과 밈들의 결합방식에 달려있다고 한다.[91] 예컨대 수많은 '캐롤송'들은 그저 우리의 마음을 즐겁게 해 주기 때문에 성공적으로 복제된다. 또한 '독신주의' 밈은 그 자체로는 유전적 번식가능성을 낮추어 복제될 가능성이 낮지만 '종교' 밈과 결합됨으로써 밈복합체(meme-complex)를 이루어 성공할 가능성이 있다. 독신주의 밈은 성직자의 시간과 관심을 오로지 해당 종교에 쏟을 수 있도록 만듦으로써 그 종교의 성공적인 전파에 도움이 된다. 또 독신주의 자신도 그 종교 밈과 결합함으로써 더 높은 생존가치를 가질 수 있다. 결국 독신주의는 상호 협력하는 종교적 밈들[92]이 만들어 낸 거대한 밈복합체에서 작은 일부분인 셈이다. 밈이론에 의하면 도덕도 밈이며, 밈 고유의 선택원리에 따라서 복제될 가능성이 있다. 즉 도덕성이 반드시 포괄적응도를 높인다는 이유에서만 진화하지는 않았다는 것이다. 진정한 이타성처럼 우리는 유전적 적응도와는 무관한 사례를 많이 목격한다. 생물학적 이득과는 무관한 어떤 숭고한 도덕적 가치를 위해 자신을 희생하는 경우가 분명 존재한다. 그렇다면 사적 보복관습도 이러한 맥락에서 이해할 가능성이 열린다. 살인자를 반드시 피의 보복에 의해 처형하는 관습은 분명 포괄적응도에 위협이 되었을 것이다. 그럼에도 불구하고 이 관습이 고대사회로부터 널리 전파되어 현대까지도 응보관념의 형태로 강력하게 작동하고 있는 것은 그것이 성공한 밈이었기 때문이라고 볼 수 있다. 어떠한 이유에서였건[93] 사적 보복관습은 당대의 사람들에

91) 수전 블랙모어/김명남 역, 앞의 책, 59면 이하 참조.

92) 종교를 밈복합체로 보는 것은 도킨스의 견해다. 도킨스에 따르면 종교라는 밈복합체를 구성하는 개별 밈에는 독신주의 외에도 건축, 의식, 율법, 음악, 예술 등이 있다.

93) 그 이유 중 하나는 분명 사적 보복이 '팃포탯' 성향에 부합되는 측면이 있다는 점일 것이다. 사적 보복관습의 원형이 우리의 진화된 심리적 기제에도 잘 부합된다는 점이다. 인간 본성의 명백한 특성에 상치되는 규범들은 오래 버티지 못한다. 이에 대해서는 프란츠 부케티츠/김영철 역, 사회생물학 논쟁 (사이언스 북스,

게 널리 정당한 것으로 받아들여졌고, 그래서 성공적으로 전파되었던 것이다. 다만 그 전파과정에서 그에 대한 유전적 적응도 또 다시 이루어졌고, 따라서 도피성 제도나 속죄금 배상제도 및 집단책임의 사고방식 등이 함께 발달했던 것으로 해석할 수 있다.

V. 맺음말

요컨대 애초에 사적 보복관습은 상호적 이타성이라는 도덕성에 의해 촉발되었을 것이다. 사적 보복관습은 팃포탯 전략의 훌륭한 계승자라 할 수 있다. 이는 전적으로 포괄적응도를 높이는 차원에서, 다시 말해 생물학적(유전적) 적응도를 높이는 차원에서의 자연선택이었다. 이 관습의 원형은 "살인자에게 반드시 '피의 보복(blood-feud)'으로 대가를 치르도록 하는" 엄격한 의미의 보복이었다.[94] 그러나 이 관습은 원형적 형태로는 널리 전파되기 힘든 요소를 갖추고 있었다. 역설적이게도 오히려 포괄적응도를 낮출 위험이 내재해 있었던 것이다. 하지만 이 원형적 형태의 사적 보복관습은 어떠한 이유에서였건 밈 고유의 선택환경에 잘 들어맞는 것이었고, 따라서 밈 고유의 선택압이 작용해 한 사람에게서 다른 사람에게로, 또 한 문화권에서 다른 문화권으로 성공적으로 복제되어 전파되어 갔던 것이다. 그렇기 때문에 사적 보복관습의 증

1999), 160면 참조. 이밖에도 원형적 의미의 사적 보복관습이 당대의 진정한 도덕규범, 예컨대 엄정한 응보관념이라든지 정의관념에 부합되었을 가능성도 제시해 볼 수 있다. 또는 이 관습이 당대의 종교 교리와 잘 부합되어 이 관습과 그 종교의 밈복합체가 널리 전파되는 과정에서 성공적으로 전파되었을 가능성도 크다. 이러한 점 등에 대한 상세한 논증은 후속연구를 기약해 보고자 한다.

94) 고대 메소포타미아나 중세 유럽의 사례를 보면 알 수 있듯이 국가가 탄생한 이후에도 사적 보복관습은 근절될 수 없었고, 제한적으로나마 허용될 수밖에 없었는데, 이는 유전적 적응이 그만큼 강하게 작동했음을 보여주는 것이다. 이는 진화론적 관점에서 해석하자면, 유전자가 국가에 의한 공형벌권 제도라는 밈을 제약했던 것으로 볼 수 있다.

적은 많은 고대 사료에서 발견되며, 그 핵심원리인 응보관념은 현재까지도 우리의 법감정과 법문화에 강력하게 작동하고 있다.[95] 다만, 그 복제와 전파과정에서 '사적 보복관습'의 원형 그대로의 복제와 전파는 포괄적응도에 위협이 되는 문제를 초래했을 것이고 여기에 다시 유전적 선택압이 작용해 지역과 문화에 따라 이 관습의 원형을 다소 변형시켰던 것으로 보인다.

이처럼 고대사회의 사적 보복관습의 형성배후에는 유전자와 밈이 함께 서로를 제약하며 작용했다는 점에서 사적 보복관습이 유전자-밈 공진화의 결과라는 가설을 제안하고자 한다.

95) 주지하다시피 형법상 '책임원칙'도 응보사상에 기초하고 있다.

§ 3. 팃포탯과 탈리오

[글 소개]

여기서 소개할 논문은, 진화론과 법의 논리적 연관성을 이해하는 데 있어서 개인적으로 매우 중요하다고 생각하는 글이다. 앞 장에서 필자는 고대사회의 사적 보복관습이 유전자와 밈의 공진화의 결과물이라는 결론을 제시해 보았다. 그 이유는 사적 보복관습에는 “눈에는 눈, 이에는 이”라는 원형적 형태의 탈리오 법칙을 다소 완화시키는 요인들이 포함되어 있기 때문이다. 하지만 본래적 형태의 탈리오는 명백히 “받은 대로 되갚는” 방식이다. 그리고 이 원칙이 형성된 배후에는 분명히 진화론적 근거, 즉 적응적 이점이 있다고 믿는다. 이하의 논문은 바로 이 점을 논증하고 있는 것이다.

나는 독자들이 논증의 방식에도 주목해 주길 바란다. 형법학자가 진화론 운운하는 것은 분명 도를 넘는 측면이 있고, 한계도 있을 것이라고 생각한다. 하지만 형법학자가 규범학의 관점에서 진화론적 연구를 재해석하는 것은 충분히 가능하고 의미 있는 일이 될 것이다. 즉 법학자라고 해서 타 학문의 연구성과에서 유용한 함의를 이끌어 내지 못하란 법은 없다고 생각한다. 본래 게임이론에서 등장한 팃포탯 전략의 의의도 정치학자인 로버트 액설로드의 식견만으로는 매우 제한적인 범위 내에서만 이끌어낼 수 있었을 것이다. 하지만 진화이론가인 리처드 도킨스가 팃포탯 전략의 진화생물학적 중요성을 간파하고, 액설로드에게 진화생물학자 윌리엄 해밀턴을 접촉해 보도록 권해주어 공동연구가 수행될 수 있도록 계기를 마련해 줌으로써 팃포탯 전략의 진화생물학적 함의까지도 세상에 나올 수 있게 되었던 것이다. 필자는 이에 더하여 법학자의 입장에서 팃

포탯 전략에서 진화윤리학적 함의를 이끌어 내고자 한 것이다.[1)]

게임이론이 진화생물학과의 접점을 찾고, 또 진화생물학적 결론이 진화윤리학과 만나며, 이윽고 규범학적 결론에 이르게 되는 과정을 독자들이 흥미진진하게, 또 비판적 시각으로 지켜봐 주기를 바란다. 법학계와 다른 관련 학계에서도 향후 더 많은 생산적 논의가 이루어질 수 있기를 바라마지 않는다.

특별히 이 분야에 관심이 많은 독자들에게 한 가지 당부하고 싶은 바가 있다. 이하의 논문과 본서 곳곳에 기술된 "팃포탯(TFT)은 진화적으로 안정한 전략(ESS)이다."라는 명제를 이해하는 데 있어서 각별한 주의를 기울여 주기를 바란다. 엄밀히 말하자면 팃포탯(TFT)은 진정한(true) ESS는 아니다.[2)] 왜냐하면 어떤 전략이 진화적으로 안정한 전략이 되기 위해서는, 한 집단의 개체들에게 그것이 널리 퍼져 있을 때(when it is common), 가끔 나타나는 어떠한 돌연변이 전략도 침범할 수 없어야(must not be invadable) 하는데 팃포탯은 그렇지 않기 때문이다.[3)] 이 점은 로버트 보이드(Rober Boyd)와 제프리 로버바움(Jeffrey Lorberbaum)이 네이쳐(Nature)지에 게재한 논문[4)]에서도 입증되었다. 그들은 TFT집단은 TFTT(Tit for Two Tat)[5)]와 의심많은 TFT(Suspicious

---

1) 물론 팃포탯 전략으로부터 일정한 규범적 함의를 이끌어내려는 시도를 한 것이 필자가 처음인 것은 아니다. 예컨대 다음과 같은 공동연구논문이 있다. Paul G. Mahoney & Chris W. Sanchirico, Competing Norms and Social Evolution: Is the Fittest Norms Efficient?, *149 U. Pa. L. Rev. 2027* (2001). 특히 2034면 이하 참조.

2) 이 점에 대해서는 Richard Dawkins, *The Selfish Gene* (Oxford University Press, 30th anniversary edition 2006), 216면 참조.

3) ESS 개념을 창안한 존 메이너드 스미스는 다음과 같이 정의하고 있다. "Roughly, an ESS is a strategy such that, if most of the members of a population adopt it, there is no 'mutant' strategy that would give higher reproductive fitness." J. Maynard Smith & G. R. Price, The Logic of Animal Conflict, *246 Nature 15* (1973), 15면 참조.

4) 네이처지에 실린 "No Pure Strategy Is Evolutionarily Stable in the Repeated Prisoner's Dilemma"라는 논문제목이 바로 이 점을 잘 드러내준다.

5) 이는 TFT보다 더 관대한 전략으로 상대방이 두 번 배신하는 것을 용납한 후 보

TFT)[6]의 혼합 전략의 침범에 영향을 받으며, 이 둘은 서로 함께 번영한다는 점을 증명해 주었다. 하지만 그럼에도 불구하고 "팃포탯(TFT)은 진화적으로 안정한 전략(ESS)이다"라는 명제가 유의미한 것은 로버트 액설로드(R. Axelrod)의 핵심적인 직관(main intuition)처럼 "조건부 협력을 하면서 보복을 가하는 전략(retaliatory strategies of conditional cooperation)이 어쨌든 유리하다."는 명제가 참인 것으로 입증되었기 때문이다.[7] 요컨대 리처드 도킨스도 밝히고 있듯이 "비록 TFT가 진정한 ESS는 아니지만, 기본적으로 관대하면서도 보복적인(basically nice but retaliatory) 'TFT과 유사한(TFT-like)' 전략들이 혼합된 전략 중 일부가 실제로는 대체로 ESS에 해당하는 것으로 취급하는 것이 온당하다(fair)" 고 볼 수 있을 것이므로, 본서에서 "팃포탯은 진화적으로 안정한 전략이다."라고 간주하여도 논지 전개상 큰 무리는 없으리라고 생각한다. 이 점에 대해서 독자들에게 오해와 혼동이 없기를 바라는 마음이다.

복한다. '두 번은 봐주는 전략, 또는 너무 관대한 전략'이라고도 번역할 수 있을 것이다.

6) 이 전략은 처음에는 상대방을 배신하지만, 그 이후에는 TFT처럼 받은 대로 되갚은 전략을 구사한다.

7) 이 점에 대한 수학적 증명으로는 Jonathan Bendor & Piotr Swistak, The evolutionary stability of cooperation, *91 American Political Science Review 290* (1997), 290면과 299면 이하 참조. 동 문헌에 의하면 이러한 전략은 결국 진화적으로 안정한 전략임을 시사한다. "Under a standard evolutionary dynamic these strategies require the minimal frequency stabilize. Hence, they support the most robust evolutionary equilibrium: the easiest to reach and retain." 여기서 균형(equilibrium)이란 '모든 것들이 안정된 상태'를 뜻한다. 게임이론적으로 볼 때 '진화적으로 안정한 전략'은 '내시균형(Nash equilibrium)'에 대응한다. '내시균형'은 "다른 사람들의 전략이 모두 공개된 상태에서 각자가 모두 최선의 전략을 선택한 상태"를 의미한다. 이상의 설명은, 톰 지그프리드/이정국 역, 게임하는 인간 호모 루두스 (자음과 모음, 2010), 93면과 122면 참조. 진화적으로 안정한 전략과 내시균형에 대한 전문적인 설명으로는 Herbert Gintis, *Game Theory Evolving* (Princeton University Press, 2009), 233면 이하 참조.

I. 머리말

필자는 한 논문에서 일정한 사태에 대해 개인이 아닌 특정 집단에게 책임을 귀속시키는 규범적 사고방식이 고대 근동의 법적 관행에서 유래함을 밝힌 바 있다.[1]

예를 들어 기원전 7세기 경 고대 근동의 제국이었던 신아시리아(Neo-Assyria)의 경우 살인자가 거주하는 마을이 피해자의 친족들에 대한 배상에 집단적으로 책임을 지도록 되어 있었다.[2] 관련 소송기록에 따르면 피해자의 가족들에게는 배상[3]을 청구할 권리가 있었고, 살인자가 속한 마을의 주민들은 배상을 할 의무가 있었다. 또 다른 기록에 의하면 피해자의 가족들이 가해자 측에 배상을 청구하기 위해 도착하면 협상이 개시되고, 양 당사자는 배상물의 종류와 양을 결정한다. 살인자는 배상을 할 수 없을 때에 한해 사형에 처해졌다.[4] 이처럼 피해자의 가족들이 가해자에 대한 형벌의 유형을 결정할 수 있는 권리는 MAL

---

1) 안성조, "집단책임사상의 기원과 그 현대적 변용", 전북대학교 법학연구 제31권 (2010).

2) 이에 대해서는 Pamela Barmash, *Homicide in the Biblical World* (Cambridge University Press, 2005), 28-30면과 57-62면.

3) 이 경우의 배상금(compensation)은 현대적 의미의 순수한 민사배상(pure indemnification)을 뜻하는 것은 아니었던 것으로 보인다. 당대의 금전배상은 벌금의 성격을 지닌 것으로서 피해자 측과의 화해를 위한 화해금 또는 속죄금(wergild)의 의미를 지니고 있었던 것이다. 이 점에 대해서는 Raymond Westbrook, *Studies in Biblical and Cuneiform Law, Cahiers de la Revue Biblique, No. 26.* (Paris: Gabalda, 1988), 44-45면. 요컨대 고대 근동의 법제도에서 범죄에 대한 배상은 손해배상책임과 벌금의 성격이 뒤섞인 징벌적 손해배상(punitive damages)과 유사한 측면이 있는 제도로 볼 수 있을 것이다.

4) 바로 이 점에서 살인자의 운명은 그가 속한 사회집단의 손에 달려 있었던 것으로 보인다. Martha T. Roth, Homicide in the Neo-Assyrian Period, in: F. Rochberg-Halton (ed.), *Language, Literature, and History: Philosophical and Historical Studies Presented to Eric Reiner, American Oriental Series 67* (New Haven: American Oriental Society, 1987), 361면.

A10[5])에서도 발견된다. 이상의 전거들을 종합하면, 고대 근동 지역에서 살인사건이 발생했을 때, 살인자가 체포되면 피해자의 가족들은 살인자가 속한 사회집단과 담당관의 중재 하에 배상에 관해 협상할 수 있었고, 양당사자 간에 합의가 되면 일정한 궁전 담당관 입회하에 배상금이 지급되었던 것으로 보인다. 배상금을 지급할 수 없는 경우에는 살인자는 사형에 처해졌고, 이 과정에서 가해자 측은 집단적으로 책임을 졌음을 알 수 있다고 주장하였다.[6])

그런데 살인에 대한 책임을 살인자의 가족이나 친족이 집단적으로 져야하는 집단책임이란 법형상은 비단 고대 근동지역뿐만 아니라 피의 보복(blood-feud) 관습이 지배하는 문화권에서는 보편적이었던 것으로 보인다.[7]) 즉, 고대사회에서 집단책임 관습은 사적 보복관습이 집행되는 과정에서 인정되는 경우가 대부분이었던 것이다.[8]) 그렇다면 집단적 책임귀속이란 사고방식의 유래를 논구하는 문제는 사적 보복관습과의 긴밀한 연관성 하에 다시 검토해 볼 필요가 있음을 알 수 있다. 이에 본고에서는 흔히 탈리오(talio)로 일컬어지는 동해보복관습이 어떠한 메커니즘을 통해 고대사회의 확고한 규범으로 자리잡을 수 있었는지, 팃포탯의 원리와 진화윤리학의 관점을 통해 조명해 보기로 한다.[9]) 팃포탯 전

5) 중세아시리아법(Middle Assyrian Laws) A10조.

6) Pamela Barmash, 앞의 책, 69-70면.

7) 이에 대해서는 Richard R. Cherry, Primitive Criminal Law, in: Albert Kocourek & John H. Wigmore (eds.), *Primitive and Ancient Legal Institution, Evolution of Law Series Vol.II* (Boston: Little, Brown, and Company, 1915), 138-140면; Carl Ludwig von Bar, *A History of Continental Criminal Law* (Boston: Little, Brown, and Company, 1916), 4-5면 참조.

8) 피의보복과 집단책임의 상관성을 잘 지적하고 있는 문헌으로는 W. Den Boer, *Private Morality in Greece and Rome: Some Historical Aspects*, (Brill Archive, 1979), 9면 참조.

9) 팃포탯 원칙이 진화생물학적으로도 중요한 의미가 있다는 점은 리처드 도킨스가 간파해 냈고, 그는 액설로드에게 진화생물학자 윌리엄 해밀턴과 접촉해 공동작업을 할 수 있는 계기를 마련해 주었다. 도킨스에 의하면 그 둘은 당시 미시간대학교 내 다른 학과에 있었는데 액설로드는 그 사실을 모르고 있었다고 한다. 그

략은 법학계에는 아직 낯선 개념이다. 따라서 본고의 논지전개를 위해 우선 팃포탯 전략이 발견된 과정을 상세히 설명하고(II), 그 전략이 얼마나 강건한 전략인지 설명하며(III), 팃포탯의 진화생물학적 의미를 확인하고(IV), 그로부터 진화윤리학적 함의를 추출해 냄으로써(V), 탈리오 법칙의 배후에 진화된 심리적 기제로서 팃포탯 원리가 자리잡고 있다는 본고의 결론을 제시해 보고자 한다(VI).

II. 죄수딜레마게임과 팃포탯(Tit For Tat)전략

1. 죄수의 딜레마

죄수딜레마 게임이란 것이 있다. 게임의 참가자는 두 사람이다. 두 사람은 협력과 배반이라는 두 가지 선택지가 있다. 이 게임의 특징은 잘 알려진 바대로 합리적 개인이라면 모두 상대방을 배반하는 패를 선택함으로써 둘이 협력하면 얻을 수 있었던 최선의 결과를 등지게 된다는 것이다. 개인적으로는 합리적인 결론이, 두 사람 모두에게는 더 나쁜 결과를 가져온다. 이것이 바로 딜레마다. 죄수의 딜레마는, 협력하면 둘 다 이득인데도 각자의 입장에서 자신에게 최선의 선택을 하다보면 결국 상호배반이 일어나는, 매우 흔하고도 극히 흥미로운 여러 상황을 추상적으로 단순하게 모형화한 것이다.

이 게임의 두 번째 특징은, 서로 번갈아 상대를 이용해도 딜레마에서 벗어날 수가 없다는 점이다. 즉, 번갈아 가면서 서로 이용하고(배반하여 자신만 큰 이득을 취하고) 이용당해도 그 결과는 상호협력만큼 좋지 않다는 말이다. 그러므로 이기적인 두 사람이 단 한 번 게임을 한다

연구 성과물이 바로 이하에서 소개되는 책 '협력의 진화' 제5장의 '생물계에서의 협력의 진화'이다. 본고는 여기서 한 걸음 더 나아가 팃포탯 원리의 '진화윤리학'적 의미를 제시해 보고자 기획된 것이다.

면 둘 다 자신에게 유리한 배반을 선택할 것이고, 결국 서로 협력을 선택했을 때보다 낮은 점수를 얻을 것이다. 여러 번 게임을 하더라도 게임의 횟수가 미리 정해져 있고 이 사실을 참가자들이 알고 있다면, 경기자들은 역시 협력할 동기가 없어진다. 다음 게임이 없으므로 상대방 눈치를 보지 않고 마음대로 선택할 수 있기 때문이다. 또한 마지막 게임 바로 전 게임에서도, 마지막 게임에서는 양쪽 다 배반을 선택할 것이 뻔하기 때문에, 협력할 이유가 없다. 이런 식으로 계속 추론을 이어가면 두 사람 모두 첫 게임부터 배반을 선택하게 되어 있다. 결국 횟수가 정해진 게임이라면 양쪽 모두 처음부터 배반을 선택한다는 말이다.

그러나 이런 논리는 참가자들이 상대방과 게임을 하게 될 확률이 충분히 크거나 무한하게 경기를 치를 경우에는 적용되지 않는다. 그리고 실제 현실에서는 대개 두 사람은 언제 둘 사이가 끝나게 될지 확실히 알 수 없다.

2. 반복된 죄수딜레마게임의 컴퓨터 프로그램 대회

미국의 정치학자 로버트 액설로드는 만약 죄수딜레마 게임을 반복적으로 실시할 때 가장 효과적인 전략, 즉 게임 참여자로 하여금 가장 큰 보상을 가져다주는 전략이 무엇인지를 알아내기 위해 컴퓨터 대회를 개최하였다. 컴퓨터 대회의 참가자들은 각 게임마다 협력이나 비협력을 선택하는 결정규칙으로 된 프로그램을 짠다. 프로그램은 그동안 자신과 상대가 선택한 결정의 내력을 기억하고 다음 선택에서 이 내력을 참고할 수 있다. 만약 참가자들이 죄수의 딜레마에 친숙한 사람들 중에서 뽑혔다면 이들은 자신의 결정 규칙이 또 다른 경험자의 규칙과 맞대결한다는 사실을 잘 알 것이다.

액설로드는 이 대회를 위해 전세계 게임이론 전문가들에게 이러한 방식으로 진행되는 컴퓨터 대회에서 우승할 수 있는 전략이 담긴 프로그램을 출품해 달라고 초청했다. 대회는 참가자가 둘씩 짝을 짓는 라운드 로빈(Round-Robin) 방식으로[10] 구성되었다. 대회이 규칙에 공지한 대로 각 참가자는 자신과 똑같은 쌍둥이 프로그램과도 겨루고, 반반의 확률로 협력이나 배반을 하는 프로그램 랜덤과도 겨루었다. 각 전체게임은 정확히 200게임으로 이루어 졌다. 각 게임의 보수는, 상호협력에는 양 경기자에게 3점씩, 상호배반에는 1점씩 주었다. 한 경기자가 협력하는데 다른 경기자가 배반하면 배반한 경기자는 5점, 협력한 경기자는 0점을 얻게 했다.

총 14개의[11] 전략적 프로그램이 심리학, 경제학, 수학, 사회학 다섯 분야에서 출품되었는데 선발된 참가자들은 대부분 게임이론 일반, 또는 죄수의 딜레마에 관한 연구업적이 있는 사람들이었다. 대회 결과, 이 대회의 우승자는 캐나다 토론토 대학의 심리학 교수인 아나톨 라포포트 교수가 제출한 팃포탯(Tit For Tat)이었다.

팃포탯은 맨 처음에는 일단 협력으로 시작하고 그 다음부터는 상대가 전 수에서 선택한 대로 행동한다. 즉 상대가 협력하면 자신도 협력하고, 상대가 배반하면 자신도 배반한다는 것이다. 이것은 이해하기도 쉽고, 또 프로그램 짜기도 쉽다. 또한 팃포탯은 실제 인간과 경기를 할 때도 상당한 정도의 협력을 이끌어 내는 것으로 알려져 있다. 쉽게 착취당하지는 않으면서 자기와 쌍둥이 프로그램과 대전해도 좋은 성적을 내는 등 컴퓨터 대회 참가자로서 바람직한 특성들을 가지고 있다. 단점이라면 랜덤에게 너무 관대하다는 것인데, 이 사실은 대회 참가자들이 사전에 모두 알고 있었다.

팃포탯은 예비대회에서 2위를 했고, 예비대회를 다양하게 변형시킨 대회들에서는 1등을 했다. 예비대회의 결과를 복사해 이 대회에 참가한 사람들에게 나누어 주었기 때문에 그들은 전략 프로그램을 만들면서 대부분의 이런 사실을 사전에 알고 있었고, 예상대로 그들의 대부분은

10) 라운드 로빈이란 '올 플레이 올 토너먼트'라고도 하며, 같은 그룹에 속한 선수들끼리 한 번씩 다 대결을 하는 방식을 말한다.

11) 반반의 확률로 협력이나 배반을 하는 프로그램 랜덤(random)까지 합치면 총 15개의 프로그램이 출전하였다.

팃포탯 원칙을 사용했으며 그것을 더욱 발전시키려고 고심하였다. 하지만 놀랍게도 더 복잡한 프로그램 그 어떤 것도 단순한 원조 팃포탯을 능가하지는 못했다.[12)]

3. 제1차 대회의 결과 분석

(1) '신사적(nice)' 특성

이 대회의 결과에 분석 결과 전략 프로그램의 성적을 결정짓는 요소가 확인되었다.

놀랍게도 비교적 높은 점수의 8개 프로그램 집단과 낮은 점수의 그 나머지 집단를 구분하는 특징은 단 한 가지였다. 그것은 결코 먼저 배신하지 않는 '신사적(nice)' 특징이었다(분석의 편의상 여기서 신사적 규칙이란 마지막 몇 수 이전, 예컨대 198번째 게임까지는 먼저 배신하지 않는 것으로 정의된다). 이 대회는 최대 1000점에서(자신은 매번 배신하고 상대방은 협력하는 경우) 최저 200점까지(매번 상호배신하는 경우) 가능하며, 항상 서로 협력했을 때 얻는 점수는 600점이다. 그런데 신사적인 전략들은 평균 472점에서 504점 사이를 기록했고, 비신사적인 것들 중 가장 높은 점수를 기록한 것은 401점에 불과했다.

이 대회의 우승자 팃포탯의 한 게임당 평균 점수는 504점이었다.

(2) 관대함: '용서(forgiveness)'

신사적 규칙들이 대회에서 성적이 좋았던 이유는 주로 서로 잘했기 때문이지만 또한 서로 평균 점수를 크게 올릴 만큼 게임이 충분히 많았기 때문이기도 하다. 상대가 배반하지 않는 한 신사적 규칙들은 모두 게임 끝까지 계속 확실하게 협력했다. 다만 배반이 일어났을 때 각각의

12) 이상의 내용은, 로버트 액설로드/이경식 역, 협력의 진화 (시스테마, 2006), 51-55면 참조.

전략 프로그램은 각기 다르게 반응했는데 그 반응에 따라서 대회순위가 결정되었다. 바로 이 점에서 대회의 승인으로 평가된 핵심요소는 '용서(forgiveness)'라는 결정규칙이다. 용서는 간단히 말해 "상대가 배신한 다음 게임에서도 협력하는 관용성이다."

신사적 규칙들 중에서 가장 낮은 점수를 딴 것은 가장 용서할 줄 모르는 프리드먼이라는 규칙이었다. 이 전략은 끝까지 복수만 하는, 용서라고는 모르는 프로그램이다. 결코 먼저 배반을 하지는 않지만 상대가 일단 배반을 하면 그때부터 자기도 배반을 한다. 반면에 승자 팃포탯은 배반을 딱 한 번의 배반으로 대응하고, 그 다음 수부터는 완전히 용서한 상태에서 응수한다. 즉 한 번의 응징으로 과거는 과거로 잊어버린다.

비신사적 규칙들이 대회에서 성적이 부진했던 주요 이유 중 하나도 대부분 용서할 줄 모르기 때문이었다. 예컨대 가끔 배반을 해서 이득을 보는 얌체 요스(Joss)라는 프로그램은 팃포탯의 변형이다. 팃포탯처럼 상대의 배반에는 바로 다음 게임에서 즉각 배반으로 응징한다. 그러나 상대의 협력에는 항상 협력하지 않고 열 번에 한 번, 10퍼센트 정도의 확률로 배반을 한다. 그러니까 상대를 가끔가다 슬쩍 이용해 먹는 얌체인 것이다.

요스가 팃포탯과 대전한 예를 보면, 처음에는 양 경기자가 협력을 하지만 어느 순간 요스가 배반을 선택한다. 그러면 팃포탯은 배반에 배반으로 대응하고, 요스 역시 팃포탯의 배반에 배반으로 대응한다. 그 결과 요스의 단 한 번의 배반이 요스와 팃포탯 사이를 왔다 갔다 하는 배반의 메아리를 낳았다. 보복의 악순환이 초래된 것이다. 이 대회에서 팃포탯과 요스가 치른 5번의 전체게임의 평균점수는 각각 225점과 230점으로 요스가 약간 더 잘했으나 상호협력으로 얻을 수 있는 점수인 600점에 비하면 둘 다 저조한 점수였다.

(3) 메아리 효과(보복의 악순환)

양자에게 모두 최악인 이러한 상황이 발생한 이유는 상대의 협력에 대해 가끔씩 행하는 요스의 배반과 양쪽 다 단기적으로 용서없이 응징하는 것, 이 두 가지가 조합된 데 있었다. 이 사례가 주는 교훈은, 우선 요스와 팃포탯이 한 것처럼 양쪽이 모두 보복을 하는 전략일 경우처럼 요스와 같이 욕심을 부리는 것은 소득이 없다는 것이다. 다음으로, 이 대회에서 얻은 가장 큰 교훈이라 할 수 있는데, 메아리 효과를 최소화하는 것이 중요하다는 것이다. 단 한 번의 배반으로 복수와 재복수가 끝없이 이어지게 되면 양쪽 다 손해를 본다.[13)]

4. 제2차 대회의 개최

한 전략의 효율성은 자체의 특징뿐 아니라 상호작용해야 하는 다른 전략들의 속성에도 좌우된다. 그러므로 단 한 번의 대회에서 얻은 결과는 신빙성이 적다. 그래서 액설로드는 2차 대회를 개최했다.

2차 대회 결과는 반복적 죄수의 딜레마게임에 대한 효과적 전략의 속성을 이해하는 데 훨씬 도움이 되었다. 2차 대회는 1차 대회에 참가했던 게임이론가들을 비롯해 6개 국가에서 총 62개의 프로그램이 참가했다. 참가자들은 컴퓨터 과학, 경제학, 심리학, 수학, 사회학, 정치학, 진화생물학 교수에 이르는 다양한 사람들이었다. 이들은 모두 1차 대회에 출품은 되지 않았지만 1차대회 환경이라면 우승할 가능성이 있었던 3개의 추가전략들에 대한 소개를 포함해 1차 대회에 대한 상세한 분석자료를 제공받았다. 따라서 참가자들은 1차 대회의 결과뿐 아니라 성공을 분석하는 데 사용된 개념, 생각지 못했던 전략적 약점들까지 잘 알게 되었다. 따라서 2차 대회는 1차 대회보다 훨씬 더 정교한 수준에서 시작될 수 있었다. 즉 참가자들은 1차 대회에서 얻은 교훈을 토대로 각기 다른 해석을 통해 세운 전략을 가지고 대결을 했다는 것이다.

대회 결과 우승자는 역시 또 팃포탯이었다. 아무도 그보다 더 나은 것을 고안하지 못했던 것이다. 참가자들은 팃포탯이 1차 대회에서 어떻

---

13) 이러한 결과분석으로는 로버트 액설로드/이경식 역, 앞의 책, 57-62면.

게 우승했는지에 대해서 잘 알고 있었다. 즉 팃포탯의 성공요인은 결코 먼저 배신하지 않는 신사적 특성, 상대방의 배신 후 협력하는 경향(단 한차례의 응징 후 '용서'하는 경향)이라는 점을 잘 고지받았다. 그리고 대회 규정은 누구든지, 어떤 전략 프로그램이든지, 남이 만든 것이라도 상관없이, 제출해도 됨을 명확히 했지만 팃포탯을 출전시킨 사람은 단 한 사람밖에 없었다. 그는 바로 1차 대회에서 우승을 한 아나톨 라포포트 교수였다.[14)]

5. 2차 대회의 결과 분석

(1) 신사적 특성

2차 대회는 막판 효과(마지막 경기에서는 더 이상 미래가 중요하지 않으므로 배반이 최선이 되는 것)를 제거하기 위한 소소한 기술적 변경[15)] 이외에는 1차와 동일한 방식으로 진행되었다.

첫째 대회에서와 마찬가지로 신사적인 규칙들이 유리했다. 참가한 프로그램의 절반 이상은 신사적 전략이었는데, 이는 첫 대회의 교훈을 대부분 참고했기 때문이다. 2차 대회 역시 전략의 신사적 특성은 성적과 확실한 상관관계가 있었다. 최상위 15등에 들어간 프로그램 중에서 단 하나만 빼고(이 전략은 8등을 함), 모두 신사적 규칙이었다. 최하위 15개 규칙은 단 하나만 빼고 모두 비신사적이었다. 규칙의 신사적 특성과 대회 점수 사이의 전체적 상관계수는 상당히 컸다.

(2) 즉각적이고 일관된 보복

신사적 프로그램들 사이에서 우열을 가려 준 한 가지 특성은 상대

---

14) 2차 대회에 대해서는 로버트 액설로드/이경식 역, 앞의 책, 65-67면.
15) 간단히 말해 게임이 몇 회에서 언제 끝날지 경기자들이 모르게 하는 기술적 방법이다.

경기자의 도발에 얼마나 즉각적으로, 또 얼마나 일관되게 대응하였는가였다. 상대의 '예상치 않은' 배반에 곧바로 배반하는 규칙은 '보복적'이라고 할 수 있다. 상대 경기자의 도전에 즉각 반응을 일으키지 않는 경기자는 더욱 빈번하게 상대에게 이용당하게 된다.

2차 대회에서는 고의로 적절한 횟수의 배반을 해가면서 그렇게 할 경우 어떤 이득을 실제로 얻을 수 있는지 살피는 프로그램이 있었다. 신사적 프로그램들의 우열은 대체로 이런 프로그램들의 '도전'에 얼마나 잘 적응하느냐에 의해 결정되었다. 이러한 맥락에서 '도전적' 프로그램이 둘 있었는데, 테스터(Tester)와 트랜퀼라이저(Tranquilizer)다.

이 대회에서 46등을 한 테스터는 호락호락한 상대를 찾아내도록 설계되었으나, 상대가 착취당하지 않겠다는 모습을 보일 때는 언제든 뒤로 물러서게 되어 있었다. 이 규칙은 상대의 반응을 보기 위해 첫 게임에서는 일단 배반을 시도해 본다는 특징이 있다. 이런 도전에 만일 상대가 배반으로 나오면 사과의 뜻으로 협력하고, 나머지 게임은 줄곧 팃포탯으로 진행해 나간다. 만일 그렇지 않으면 두 번째와 세 번째 게임에서 협력하고 그 다음부터는 한 게임 건너 한 번씩 배반한다. 테스터는 특히, 1차 대회에 출전했으면 우승했을 법한 팃포투탯(Tit For Two Tat)같은 경기자들을 솜씨 있게 인용해 좋은 성적을 거두었다. 팃포투탯은 상대가 앞에서 치른 두 게임에서 연속 배신할 경우에만 배신한다. 그러나 테스터는 결코 연달아 두 번 배반하는 경우는 없다. 따라서 팃포투탯은 테스터를 만나면 항상 협력하고, 너그러움 때문에 크게 이용당하는 것이다. 주목할 점은 정작 테스터는 특별히 좋은 성적을 거두지 못했지만, 느긋한, 즉 배반에 즉각 대응하지 않는 상대 프로그램들의 성적을 낮게 만들었다.

다음으로 트랜퀼라이저는 좀 더 은근한 방법으로 많은 상대를 이용해 이득을 취하고 그 도전방법도 미묘하다. 이 프로그램은 우선 상대방과 상호 이득관계를 잘 다지고, 그 후에야 뭔가 몰래 취할 구석이 있는지 조심스레 탐색한다. 성적은 27위였다. 이 규칙은 보통은 잘 협력하지만 상대가 너무 자주 배반을 하면 언제든 같이 배반할 수 있다. 따라서 상대가 협력하고 있으면 처음 열 번 혹은 스무 번까지는 계속 협력한다. 그러다가 느닷없이 배반을 한다. 상호협력의 패턴이 다져질 때까지 기다렸다가 하는 배반이라, 상대가 이렇게 가끔 하는 배신을 용서해 주도록 달랠 수 있다고 기대하는 것이다. 상대가 그래도 계속 협력으로 나오면 배신은 차츰 빈번해진다. 그러나 트랜퀼라이저는 배신이 전체게임의 1/4이 넘지 않도록 조심한다. 운을 너무 시험하지는 않는 것이다.

테스터와 트랜퀼라이저와 같은 도전적 규칙들과 잘 대적하는 방법은 상대의 "예상치 못한" 배반을 당할 때 즉각 보복할 준비를 갖추는 것이다. 그러니까 신사적이면 보상을 받고, 보복적이어도 역시 보상을 받는다. 팃포탯은 이 두 바람직한 특성이 합쳐진 것이다. 팃포탯은 신사적이고, 관대하고, 보복적이다. 즉 결코 먼저 배반하지 않고, 한 차례의 배반은 즉각 응징한 후 용서하고 잊는다. 그러나 그동안의 관계가 아무리 좋았어도 배반은 절대 눈감아 주지 않는다.[16)]

III. 팃포탯 전략의 강건성(robustness)

1. 팃포탯 전략의 강건성

앞서 검토한 바 있는 1차 대회의 1차적 교훈은 "신사적이고 관대하라"는 것이었다. 이로부터 또 다른 2차적 교훈이 역으로 도출될 수 있는데 "상대가 신사적이고 관대하면 바로 그 점을 이용하라"는 것이다. 전술한 테스터와 트랜퀼라이저 같은 전략들이 바로 1차적 교훈을 역으로 이용한 프로그램이었다. 그러나 2차적 교훈을 고수한 전략들은 결국 좋은 점수를 얻지 못했다. 2차적 교훈의 이용은 1차적 교훈을 무가치하게 만들지만, 대회에 참가한 어떤 전략도 2차적 교훈을 토대로 1차적

---

16) 이상 2차대회의 분석결과에 대해서는 로버트 액설로드/이경식 역, 앞의 책, 68면 이하 참조.

교훈을 따르는 프로그램을 착취했을 때 얻는 것이 잃은 것보다 많지 않았다. 결과적으로 팃포탯이 2차 대회에서도 우승을 거머쥔 것이다.

팃포탯은 어떤 환경에서도 가장 우수한 전략일까? 예컨대 만약 참가규칙들의 유형분포가 달랐다면 2차 대회의 결과는 달라졌을까? 신사적 형태의 규칙 또는 착취형 형태의 규칙 등의 유형화가 가능하다면 그러한 유형으로 분류된 규칙들이 전체규칙에서 차지하는 점유율이 2차 대회와 달랐을 경우에도 팃포탯은 언제나 승리할까? 이 의문에 답하고자 팃포탯이 얼마나 '강건한(robust)'[17] 전략인지 확인하기 위해 추가로 가상의 대회를 치렀다.

각 대회는 참가하는 규칙들의 유형분포를 전혀 다르게 했다. 2차 대회에 출전한 전략들은 총 몇 개의 규칙으로 유형화할 수 있다는 사실이 밝혀졌다. 그리고 변형판 가상 대회는 각 유형의 참가 규칙에 각기 다른 상대적 가중치를 부여함으로써 구축되었다. 이는 실제로는 각 유형의 프로그램 수가 다섯 배씩 많아지게 만든 것이다. 즉 각각의 가상대회는 환경을 한 가지 유형쪽으로 과장시킨 셈이므로 다양한 전략적 환경을 대표한다고 해석할 수 있다. 결과적으로 팃포탯은 여섯 개의 가상대회 가운데 다섯 개의 대회에서 1등을 차지했다. 이는 아무리 환경이 바뀐다 해도, 대회에 참가한 모든 프로그램 중에서 팃포탯이 최고의 전략임을 입증하는 강력한 결과였다. 팃포탯의 승리가 매우 '강건한(robust)' 전략임을 증명한다.[18]

2. 팃포탯 전략의 강건함에 대한 생태학적(ecological) 검증

액설로드에 의하면 팃포탯의 강건함을 검사하는 또 다른 방법은 온갖 다양한 미래의 가상대회들을 구축해 보는 것이다. 실패한 전략은 다

---

17) 여기서 '강건하다'는 용어는 폭넓은 여러 전략에 대해 잘 대항하는 전략이라는 의미로 액설로드는 사용하고 있다.

18) 로버트 액설로드/이경식 역, 앞의 책, 72-73면.

음 대회에서는 다시 시도되지 못할 것이고 성공적인 전략은 이후 대회에서 계속 살아남을 것이 당연함을 전제로 하면, 덜 성공적인 전략을 만날 확률은 점점 줄어들고, 더 성공적인 규칙이 대회 환경에서 점점 더 큰 비율을 차지하게 될 경우에 일련의 대회에서 어떤 일이 벌어질지 분석해 볼 필요가 있다는 것이다. 이런 분석은 어떤 전략(규칙)의 능력에 대한 가장 확고한 검증 방법이 될 수 있다. 지속적으로 성공하려면 다른 성공적인 규칙들과 대결해도 계속 잘 해야 하기 때문이다.

여기서 한 가지 가정은 한 종(種)에 속하는 개체들이 각각의 전략을 이용하는 것으로 보는 것이다. 한 차례의 대회는 이런 개체들 단일세대에 대한 모의실험이라 할 수 있다. 이런 식으로 한 개체는 자기와 같은 전략을 따르는 개체와 상호작용할 수도 있고, 다른 규칙을 따르는 다른 개체와 맞닥뜨릴 수도 있다. 이러한 가정을 통해 각각의 전략의 강건함에 대한 미래 세대의 모의실험을 할 수 있다. 여기서 핵심은 성공적인 규칙일수록 다음 대회에 다시 출전할 확률이 크고 덜 성공적일수록 다시 출전하기 어렵다는 점이다. 즉 한 출전 전략의 복사본(자손)의 수는 그것이 이전 대회(세대)에서 올린 성적에 비례한다. 따라서 이 실험에서는 한 개체가 받은 평균점수와 그 개체에 기대되는 복사본(자손)의 수가 비례하는 것으로 해석한다. 예컨대 어떤 전략이 전 대회에서 다른 규칙의 두 배의 점수를 얻었다면 그 전략은 다음 대회에서 두 배만큼 비중이 커질 것이다.

죄수딜레마게임에서 이 과정을 모의실험하는 것은 매우 간단하다. 대회 대전표에서 각 전략들이 서로 겨뤄 얻은 점수를 찾아낸다. 이로부터 어떤 주어진 회차의 대회에서 각 전략이 차지하는 비율을 계산하고 이어서 다음 회차에서 각 유형이 차지하는 비율을 계산하기만 하면 각각의 전략이 얼마나 성공적인지 알 수 있다. 좋은 전략일수록 그 비중은 점점 커진다.

실험 결과 맨 처음 일어나는 현상은 하위 11개 전략이 다섯 세대가 지나면 그 비율이 반으로 떨어졌다. 반면에 중위권 전략들은 제 크기를 유지하고, 상위권 전략들은 서서히 커져 간다. 50번째 세대에 이르면 하위권 1/3에 속하는 것들은 명실공히 사라지고, 중위권 대부분의 것들은 축소되며, 상위권 1/3은 계속 성장한다. 현재 집단 내 전략 분포에서 평균적으로 성공하고 있는 규칙은, 다른 규칙 분포로 이루어진 다음 세대 환경에서 그 비율이 더 커진다. 성공적인 전략은 초기에는 온갖 전략들 속에서 번성하지만 이후에는 덜 성공적인 규칙들이 사라지면서 살아남은 다른 성공적인 규칙들과 대결해 잘 살아나아야 한다.

액설로드에 의하면 이 모의실험이 제공하는 관점은 진화론적인 것이 아니라 생태학적인 것이다. 왜냐하면 그 모의실험이 거듭되는 과정에서 새로운 돌연변이 행동규칙이 도입되지 않았기 때문이다. 만일 모의실험 중에 갑자기 기존의 전략을 약간 수정한 어느 새로운 규칙이 도입하여 이것이 주어진 환경에 가장 적합해 점차 개체군을 장악한다면 이는 새로운 변이(variation) 전략의 도입에 대한 자연선택과정으로 기술될 수 있고 진화과정으로 해석할 수 있겠지만, 여기서는 그러한 변이된 전략을 허용하지 않기 때문이다. 이 모의실험에서는 "덜 성공적인 전략은 덜 흔해지고, 더 성공적인 전략은 더 번성할 뿐이다." 세대가 지나면서 구성전략의 유형의 통계적 분포가 변하고 이것은 다시 각 구성 전략들이 상호작용해야 하는 환경을 변화시킨다는 점에서 단지 생태학적 관점을 제공하고 있다는 것이다.

처음에는 열등한 전략과 우수한 전략이 같은 비율로 존재한다. 그러나 세대를 거듭하면서 열등한 전략은 도태되고 우수한 전략만 살아남는다. 다른 성공한 전략들과 상호작용에서도 성공한다면 그 성공은 더 많은 성공을 낳는다. 그러나 만일 그 성공이 다른 전략을 착취하는 능력에서 비롯된 것이라면 착취당한 전략이 도태되면서 착취자의 지지발판도 허물어지고 착취자 역시 같은 운명에 처한다. 이러한 생태적 멸종의 좋은 예가 2차 대회의 상위 15개 전략 중 유일하게 비신사적이었던 해링턴이다. 처음 200여 세대에서는 팃포탯을 비롯한 다른 성공적인 신사적 프로그램들이 집단 내 비율을 늘려가는 동안 해링턴 역시 세를 증가시키고 있었다. 그 성공의 이유는 해링턴이 착취적 전략이었기 때문이다. 하지만 200여 세대에 다다르자 판세가 바뀌기 시작했다. 덜 성공적인 프로그램들이 멸종되어 가자 해링턴이 이용할 먹잇감이 점점 적어지기 시작한 것이다. 해링턴은 곧 성공적인 신사적 규칙들의 성적을 따라잡기 어렵게 되었고, 1,000번째 세대에 이르자 자신의 먹잇감이었던 착취적 규칙과 함께 멸종의 운명을 맞았다.[19]

생태학적 분석을 통해 자체적으로 성공적이지 못한 규칙들을 상대로 성공한 전략은 결국 자멸의 길로 들어섬을 확인하게 된다. 비신사적인 전략은 처음에는 유망해 보이지만 장기적으로 그것은 자신의 성공에 필요한 환경 자체를 파괴하는 것이 된다.

이러한 생태학적 실험결과 미래세대의 모의실험에서도 1등을 차지했다. 1,000번째 세대에 이르자 팃포탯은 명실공히 가장 성공적인 규칙이었고, 어떤 규칙보다 빠른 속도로 성장하고 있었다. 이것으로 보아 팃포탯은 성공을 보장하는 최고의 전략임이 분명해졌다.

IV. 팃포탯 전략의 진화생물학적 의의

1. 게임이론적 측면에서 총체적으로 안정한 전략 (collectively stable strategy)

이상 전술한 바에 의하면 팃포탯은 다양한 전략을 쓰는 수많은 사람들과 상호작용할 때 매우 강건한 전략이며, 생태학적 모의실험으로 그 강건성이 입증되었다. 그러면 만일 어느 시점에 모든 사람이 팃포탯 전략을 쓰는 단계에 이르렀을 때에 누군가 다른 전략을 채택할 이유는 없는 것일까? 즉 다 같이 동일한 전략을 사용하는 개체들로 이루어진 집단에서 혼자 다른 전략을 쓰는 돌연변이가 나타나 성공할 가능성은 없는지 검토해 볼 필요가 있다. 만일 그 돌연변이 전략이 집단의 일반 구성원들이 얻는 것보다 높은 보수(이익)를 얻는다면 돌연변이 전략이

19) 로버트 액설로드/이경식 역, 앞의 책, 73-77면.

"집단을 침범했다"고 한다. 좀 더 정확히 말하면 어느 집단에 새로 들어온 자의 돌연변이 전략이 기존 전략과 겨뤄서 얻는 점수가, 기존 전략이 다른 기존 전략과 겨뤄 얻는 점수보다 더 높을 때 신참의 돌연변이 전략이 기존 전략을 침범했다고 말한다. 그런데 이 경우 집단 전체가 사실상 기존 전략이므로 신참의 침범이라는 개념은 집단의 평균보다 더 잘할 수 있는 돌연변이 개체가 나타난 것을 뜻한다. 그리고 기존의 전략이 어떤 전략에 의한 침범도 이겨낼 때, 그 전략은 '총체적으로 안정하다'고 정의한다.

총체적으로 안정한 전략만이 모두에 의해 사용되는 전략으로서 장기적 평형을 유지할 수 있다. 한 마디로 총체적으로 안정한 전략이 중요하다는 것이다. 그런 전략만이 어떤 돌연변이의 출현 속에서도 집단 전체의 전략으로서 장기적으로 유지되기 때문이다. 그렇다면 과연 어떤 전략이 총체적으로 안정한 전략이 될까? 이에 관해 액설로드는 바로 텃포탯이 총체적으로 안정한 전략임을 수학적으로 증명하였다. 그는 "한 집단 내 모든 사람이 텃포탯 전략을 쓰고, 따라서 서로 협력할 때에는, 미래의 그림자가 현재에 충분히 '길게 드리우는 한', 다시 말해 미래에도 계속 상호작용을 해야 할 가능성이 충분히 높은 한, 아무도 다른 전략을 써서 더 잘할 수는 없다."는 사실을 입증했다.[20)]

20) 증명된 명제의 정확한 표현은 "w(할인계수)가 충분히 큰 경우에 한해 텃포탯은 총체적으로 안정하다."는 것이다. 로버트 액설로드/이경식 역, 앞의 책, 84면 참조. 현재 게임에 대한 다음 게임의 '가중치(중요도)'를 w(할인계수)라고 한다. 이것은 각 게임의 보수(획득점수)가 이전 게임에 비해 상대적으로 감소하는 정도를 의미한다.

2. 진화생물학적 측면에서 진화적으로 안정한 전략 (evolutionarily stable strategy)

단 한 차례만 만날 때는 죄수딜레마 게임과 같은 게임이론에서뿐 아니라 생물학적 진화에서도 배반이 정답이다. 생물학적 진화도 개체의 생존과 번식에 가장 이득이 되는 방향으로 진행되기 때문에 배반은 돌연변이와 자연선택의 진화과정을 통해 불가피하게 일어날 수밖에 없다. 두 개체 간 만남이 무작위적으로 일어나고 '반복되지 않는다'고 가정하면, 다음 세대로 유전 가능한 다양한 전략들이 뒤섞인 집단은 집단 내 모든 전략이 배반전략이 되는 상태로 진화한다. 그것이 개체들의 생존과 번식에 가장 이득이 되기 때문이다. 뿐만 아니라 한 집단 전체가 배반 전략을 쓰고 있다면 어떤 다른 돌연변이 전략도 더 잘할 수 없다. 따라서 경기자들이 두 번 다시 서로 거래하지 않는 경우에는 배반만이 유일하게 안정된 전략이다.

그러나 인간을 비롯한 대부분의 생물학적 상황에서는 대개 두 개체가 한 번 이상 서로 만나 상호작용을 하게 된다. 이 때 한 개체가 상대를 알아보고 이전 만남의 결과의 특정 면을 기억한다면, 원형적 형태의 죄수의 딜레마 게임보다 전략적 가능성이 훨씬 풍부한 반복적 죄수의 딜레마 게임이 된다. 반복적 죄수의 딜레마 게임에서는 현재 게임에서 협력이나 배반할 가능성을 결정하기 위해 여태까지 상호작용의 내력을 참조할 수 있다. 그러나 두 개체 사이의 상호작용의 회수가 '정해져 있다면' 내리 배반이 역시 안정하며, 동시에 유리한 전략이다. 왜냐하면 최종 상호작용에서 배반은 양측 모두에게 최적의 선택이며, 마지막 바로 전에도 그렇고, 또 그 바로 전에도 그렇고, 이러한 식으로 최초의 상호작용까지 거슬러 올라가서 결국 처음 만남부터 최선의 선택은 배반이 되기 때문이다.

생물학적 맥락에서 볼 때, "어떤 한 전략을 따르는 개체들의 집단이 가끔 나타나는 다른 돌연변이 전략에 의해 침범당하지 않으면 그 전략은 진화적으로 안정하다."고 한다. 이러한 정의는 전술한 게임이론에서의 '총체적으로 안정한 전략'의 진화론적 버전에 다름아니다.[21)]

팃포탯이 진화적으로 안정한 전략(evolutionarily stable strategy: ESS)이란 사실은[22)] 매우 중요한 두 가지 의미를 갖는다. 우선 개체의 관점에서 볼 때 팃포탯이 게임이론적 측면에서 총체적으로 안정한, 즉 가장 '우월한' 전략이었다면 진화론적 측면에서는 가장 '진화된' 전략이 되기 때문이다. 진화란 개체군에 우연히 나타난 '변이'가 환경에 의해 선택됨으로써 점차 개체군에 퍼져 그 개체군을 장악함으로써 일어난다. 그러나 더 이상의 새로운 변이전략의 선택이 허용되지 않는다는 사실은 개체군이 더 이상의 진화를 허용하지 않는 안정된 상태에 도달한 것을 의미하기 때문이다. 팃포탯은 반복적 죄수딜레마 게임에서 경기 참여자에게 가장 '유리한' 것으로 판명된 가장 '우월한' 전략이고, 자연선택에 의한 진화의 측면에서 볼 때 개체의 번식가능성, 즉 적응도(fitness)를 높여주는 가장 '진화된' 전략이 된다.

---

21) 액설로드에 의하면 진화적으로 안정한 전략은 모두 총체적으로 안정하며, 대부분의 경우 '진화적 안정성'은 '총체적 안정성'으로 대체될 수 있다고 한다.

22) 이 말에 오해와 혼동이 없기를 바란다. 엄밀히 말하자면 팃포탯(TFT)은 진정한(true) ESS는 아니다. 진화적으로 안정한 전략이란 "a strategy which if adopted by all members of a population cannot be invaded by a mutant strategy through the operation of natural selection."로 정의되는바 따라서 어떤 전략이 진화적으로 안정한 전략이 되기 위해서는, 한 집단의 개체들에게 그것이 널리 퍼져 있을 때, 가끔 출몰하는 어떠한 돌연변이 전략도 침범할 수 없어야 하는데 팃포탯은 그렇지 않기 때문이다. 하지만 그럼에도 불구하고 "팃포탯(TFT)은 진화적으로 안정한 전략(ESS)이다"라는 명제가 유의미한 것은 로버트 액설로드(R. Axelrod)의 핵심적인 직관(main intuition)처럼 "조건부 협력을 하면서 보복을 가하는 전략(retaliatory strategies of conditional cooperation)이 어쨌든 유리하다."는 명제가 타당하기 때문이다. 요컨대 리처드 도킨스도 밝히고 있듯이 "비록 TFT가 진정한 ESS는 아니지만, 기본적으로 관대하면서도 보복적인(basically nice but retaliatory) 'TFT과 유사한(TFT-like)' 전략들이 혼합된 전략 중 일부가 실제로는 대체로 ESS에 해당하는 것으로 취급하는 것이 온당하다(fair)"고 볼 수 있을 것이므로, 여기서 "팃포탯은 진화적으로 안정한 전략이다."라고 간주하여도 큰 무리는 없으리라고 생각한다.

다음으로 그리고 팃포탯이 진화적으로 안정된 전략이라는 사실은 집단의 관점에서 볼 때 매우 중요한 의미가 있다. 팃포탯의 원리에 기초해 협력적 행동이 집단 내에 퍼져 있을 때, 이를 교묘히 이용한 무임승차나 배신전략이 침범할 수 없음을 의미하기 때문이다. 이는 곧 팃포탯이 도덕규범의 위반자가 억제될 수 있는 메커니즘을 내부적으로 갖춘 전략이라는 뜻이다. 로버트 액설로드에 의하면 군건한 도덕규범은 단지 규범에만 의존하는 것이 아니라 '메타규범'에도 의존하고 있다. 다시 말해 사회는 해당 규범을 위반한 자들만 비난하는 것이 아니라 위반한 자를 비난하지 못하고 참고 있는 자들도 비난한다는 것이다.[23] 이런 식으로 팃포탯은 도덕규범이 강화될 수 있는 있는 진화론적 토대가 된다.

진화적으로 안정한 전략이 팃포탯만 있는 것은 아니다. 항상 배반만 하는 전략, 올디(All D)도 상호작용의 지속 확률의 크기와 상관없이 진화적으로 안정한 것으로 알려져 있다. 그렇다면 협력적 행동에 대한 진화적 경향은 애초에 어떻게 생겨난 것일까? 생물계에 나타나는 상호적 이타성의 비밀을 푼 로버트 트리버스에 의하면 유전적 친족이론은 올디의 평형에서 벗어날 수 있는 방법으로 제공해 준다. 경기 참여자들의 밀접한 혈연관계가 상호 다른 개체의 이익을 위해 자신의 적응도를 희생하는 이타주의의 진화를 허용한다는 것이다. 이러한 이타주의는 친족들이 공유할 확률이 높은 유전자에게 총체적으로 이득이 될 때 진화할 수 있다. 이것이 포괄적응도(inclusive fitness) 이론이다.[24] 죄수딜레마게임과 같은 상황이라도 가까운 친족들이 협력의 이득을 챙길 수 있다는 것이다. 이러한 예로는 부모와 자식 간이나 형제간이 특히 유망하다.[25]

포괄적응도 이론에 의하면 결국 자연선택에 의해 협력행동, 다른 말로 상호적 이타성이 진화할 수박에 없다. 팃포탯은 매우 강건하고

---

23) Robert Axelrod, Laws of Life, *27 The Sciences 44* (1987), 44-51면 참조.

24) 포괄적응도이론이란 간단히 말해 인간은 개별적 적응도가 포괄적응도보다 높을 때는 이기적으로 행동하지만, 포괄적응도가 개별적 적응도보다 높을 때는 이타적으로 행동하게 된다는 것이다. 보다 자세한 내용은 후술함.

25) 진화적으로 안정한 전략에 대해서는 로버트 액설로드/이경식 역, 앞의 책, 119-127면.

(robust) 진화적으로 안정한(stable) 전략이기 때문이다. 혈연관계가 존재하는 한 태초에 올디의 평형상태는 없었던 것이고, 반면 태초에 올디가 진화적으로 안정된 상태에 있었다 하더라도 돌연변이 전략들 사이에 혈연관계가 있었을 경우 그 올디평형은 무너질 수밖에 없다. 친족들 간에는 이타성이 작용해 텃포탯 전략을 쓸 수 있고, 그렇게 되면 텃포탯은 올디를 침범하게 된다. 텃포탯이 올디를 만나면 텃포탯은 처음부터 이용당하고 그들과는 다시는 협력을 안 할 것이다. 이 경우 텃포탯이 얻는 이득은 올디보다는 적다. 하지만 텃포탯이 다른 텃포탯과 겨루면 처음부터 협력해 올디들이 상호간 겨루어 얻는 점수보다 훨씬 높은 점수를 얻는다. 그리하여 전체적으로 볼 때 텃포탯의 무리가 작더라도 그들은 올디 집단의 평균보다 높은 점수 얻게 마련이다.[26)]

로버트 액설로드에 의하면 다양한 전략들이 혼재하는 환경에서 텃포탯은 지극히 강건한 전략이 된다. "텃포탯은 다양한 환경에서 잘하며 상당히 세련된 온갖 전략이 혼합된 생태학적 모의실험에서도 다른 전략들을 대체하며 집단 전체에 퍼진다. 그리고 두 개체가 상호작용을 지속할 확률이 높다면 텃포탯은 진화적으로 안정하다." 특히 그 어떠한 돌연변이 전략 무리의 침범도 모두 견뎌낼 수 있기 때문에 그 안정성은 확고하다. 이렇게 하여 호혜주의를 기초로 하는 협력은 전반적으로 비협력적인 세상에서도 시작될 수 있고, 혼합된 환경에서도 살아남을 수 있고, 일단 자리 잡으면 흔들리지 않고 자신을 방어할 수 있다.

3. 텃포탯과 탈리오

이처럼 협력은 무정부상태 하 이기적 개인들 사이에서 우정이나 신뢰 없이도 진화한다는 것이 액설로드의 결론이다. 리처드 도킨스는 이를 두고 "이 책은 낙관론 그 자체이다. 그러나 이 낙관론은 비현실적인 희망사항이나 늘어놓고 감격스러워하는 순진한 낙관론이 아니라 믿음

26) 이 점에 대한 상세한 설명은 로버트 액설로드/이경식 역, 앞의 책, 89-90면.

직한 낙관론이다."라고 인상적인 평을 남겼다.27) 생물들 사이에서, 또는 인간사회에서 협력이 진화할 수 있는 조건은 크게 두 가지다. 첫째, 배반을 반드시 응징할 수 있어야 한다. 배반에 보복을 하려면 배반자가 익명의 바다 속으로 사라져서는 곤란하다. 인간을 비롯한 고등생물은 동종의 다른 개체들을 식별하는 고도의 능력으로 이 문제를 극복한다. 둘째, 두 개체가 다시 만날 확률이 충분히 커야 한다. 단기적 거래나 상호작용에서는 배반이 정답이기 때문이다.

팃포탯 전략은 무정부 상태하에서 협력을 창발시킨 장본인이다. 그 원칙은 처음에는 협력하고 그 다음부터는 상대방의 선택에 따라 그대로 응수하는 것이다. "받은 대로 되갚으라"는 것이며, 이는 '눈에는 눈, 이에는 이'라는 탈리오 원칙을 연상시킨다. 탈리오 원칙은 고대 근동사회와 중세 유럽, 그리고 현대 원시부족의 사적 보복관습에서 쉽게 찾아볼 수 있다. 예를 들어 살인자에 대해서는 반드시 사적으로 피의 보복을(blood feud) 하는 것이 원칙이다. 함무라비 법전28)의 제정 당시 근동지역에서는 살인이 가족이나 친족들에 의한 피의 보복(blood feud)에 의해 처리되는 관습이 지배했었다.29) 비단 아시리아뿐만 아니라 팔레스타인 지방30) 즉, 고대 이스라엘 사회의 히브리 법문화에도 그러한 관습이 있었다.31) 바빌론에서도 살인은 그 가족과 친족들에 의해 해결되어야

---

27) 로버트 액설로드/이경식 역, 앞의 책, 15면의 리처드 도킨스의 추천글 참조.

28) 잘 알려 있다시피 동 법전은 현대와 같은 의미의 법전(codes)이 아니고 구두로 전승되고 관행화 되었던 법들을 기록한 법모음집(law collections)이었다고 보는 것이 지배적 견해이다.

29) 살인에 대한 사적 보복을 인정하는 관습 비단 근동지역뿐만 아니라 고대 사회에서는 상당히 보편적인 현상이었던 것으로 보인다. 고대의 그리스와 게르만지역은 물론 중세의 스칸디나비아와 스위스 등에서도 사적 보복은 널리 인정되고 있었다. Carl Ludwig von Bar, 앞의 책, 4-6면, 57-61면, 119-121면, 142-145면 참조.

30) G.R. Driver & John C. Miles, *The Babylonian Laws Vol. I −Legal Commentary −*, (Oxford: Clarendon Press, 1956), 60면.

31) C. Edwards, *The World's Earliest Laws* (London: Watts & Co., 1934), 113면; Edwin M. Good, Capital Punishment and Its Alternatives in Ancient Near Eastern Law, *19 Stan. L. Rev. 947* (1967), 952면.

할 사적인 사건이라는 감정이 지배적이었고, 따라서 일반적으로 고의적 살인은 가족이나 친족들의 피의 보복에 의해 법적 절차를 거치지 않고 사적으로 처리되었다.[32] 중세유럽도 사적 보복이 허용되던 사회였다. 가해자에 대한 보복은, 개인의 죽음을 초월해 대대로 존속하는, 모든 도덕적 의무 중 가장 신성한 의무였다. 특히 살인은 피해자 가족집단이 개입하게 되는 '피의 보복'을 불러왔는데, 이 용어는 친족에 의한 보복을 뜻하는 고게르만어 'faida'에서 유래한다. 그러나 중세사회는 그러한 보복을 무한정 허용할 수는 없었는데 보복에 의한 투쟁과 반목은 공공의 평화를 위협하게 되었고, 적절한 규제가 요구되었기 때문이다. 다만 보복감정은 상대방의 생명을 빼어 와야 할 만큼 치명적인 것이어서 중세유럽의 대부분의 국가는 피의 보복을 할 수 있는 조건과 그 절차를 법제도화 함으로써 오히려 보복의 합법성을 인정하는 정책을 취했다.[33] 인류학의 한 연구보고에 의하면 현대 원시부족에게서도 이와 유사한 보복관습을 확인할 수 있다.[34]

32) Raymond Westbrook, The Character of Ancient Near Eastern Law, in: *A History of Ancient Near Eastern Law, Vol.I* (Leiden; Boston: Brill, 2003), 78-79면; G.R. Driver & John C. Miles, 앞의 책, 314면; C. Edwards, 앞의 책, 113면. 한편 고대 이스라엘법에서는 살인이 가족이나 친척 등의 피의 보복(blood feud)에 의해 처리되었지만, 고대 근동지역의 다른 국가들에서는, 농경사회였던 아시리아와 같은 일부국가를 제외하고는, 국가의 개입에 의한 사법절차를 통해 처리되었고 피해자의 가족은 절차의 종결단계에서 형벌의 종류를 결정하는 과정에만 극히 제한적으로 참여할 수 있었다는 견해도 있다. 이에 대해서는 Pamela Barmash, Blood Feud and State Control: Differing Legal Institutions for the Remedy of Homicide during the Second and First Millennia B.C.E., *63 Journal of Near Eastern Studies 183* (2004), 184-189면.

33) 중세유럽의 피의 보복관습은 Marc Bloch, *Feudal Society, vol.1 —The Growth of Ties of Dependence* (Chicago: The Chicago University Press, 1970), 125-130면을 참조.

34) E.E. Evans-Prichard, *The Nuer: A Description of Their Modes of Livelihood and Political Institutions of a Nilotic People* (Oxford: Clarendon Press, 1968, Originally published 1940), 150-158면을 참조. 이밖에 고대사회 피의 보복관습에 대한 폭넓은 소개와 관련 법제도에 대한 상세한 분석으로는 안성조, 현대 형법학 제1권

그렇다면 이러한 동해보복적 관습이 뿌리깊게 자리잡을 수 있었던 이유는 무엇일까? 진화론적 관점에서 볼 때, 팃포탯이 진화적으로 안정한 전략이라는 사실보다 이 관습의 유래를 합리적으로 더 잘 설명해 줄 수 있는 원리는 없다고 본다. 팃포탯은 중앙권위체가 없던 시절에 공동체가 배반의 늪에 빠지지 않도록 상생의 협력을 이끌어 내던 자연스런 기제였다. 단지 처음엔 일단 협력하고 그 다음부터는 상대방이 하는 대로 대응하는 전략이 엄청난 위력을 발휘했던 것이다. 이는 상대방으로 하여금 쉽게 배반하지 못하게 하며, 오히려 상대방 자신의 이익을 위해서 나에게 협력을 하게 만든다. 팃포탯의 원리가 거래관계에서 작동했다면 공정한 거래환경을 만들었을 것이고, 형사법의 영역으로 들어오면 동해보복의 관념과 쉽게 결합한다. 즉 상대방이 자신의 이익을 위해 배반을 택해 침해한 나의 법익만큼 그대로 되갚는 것이다. 이것이 개개인의 도덕적 성향에 각인된 것이고 사적 보복관습이란 규범이 탄생한 것이다. 이하 본고에서는 이 과정을 논증하고자 한다. 요컨대 고대사회의 탈리오는 팃포탯의 원리로부터 파생한 동해보복적 응보관념에서 비롯된 것으로 보인다.[35) 팃포탯과 탈리오는 "받은 대로 돌려주는" 전략이고, "눈에는 눈, 이에는 이"라는 근본원리에 있어서 동일하다.[36)

(경인문화사, 2011), 5-69면 참조.

35) 팃포탯과 동해보복의 원칙의 상관성을 잘 지적하고 있는 논문으로는 Daniel L. Tobey, What's really wrong with genetic enhancement: a second look at our posthuman future, *6 Yale JL & Tech. 54* (2003), 64면. "From an ethical perspective, we might compare Tit-for-Tat to Hammurabi's Code: both encompass the idea of 'an eye for an eye'."

36) 이 점은 액설로드 자신도 잘 인식하고 있다. 그는 "팃포탯 전략이 약간 불미스럽게 여겨지는 것은 눈에는 눈 이에는 이의 원칙을 고집하기 때문"이라고 지적하면서도, 중앙권위체가 없던 시절에 이보다 더 나은 대안이 있었을 것인지 되묻는다.

V. 팃포탯의 진화윤리학적 의의와 탈리오

리처드 도킨스는 팃포탯 전략의 진화생물학적 함의를 로버트 액설로드가 인식하고 있지 못하다고 생각하여 진화생물학자 윌리엄 해밀턴을 소개해 주었다고 회고한 바 있다. 그런데 필자가 보기엔 그 역시 팃포탯 원리의 진화윤리학적 의미까지는 깨닫지 못하고 있는 것처럼 보인다. 이하에서는 팃포탯의 진화윤리학적 함의를 논구해 보고자 한다. 이해의 편의를 위해서 결론부터 말하자면 팃포탯에서 유래한 동해보복적 응보성향을 지닌 개체는 생존과 번식에 유리했고, 그 성향을 물려받은 자손들이 살아남아 번식에 성공함으로써 탈리오라는 도덕법칙이 진화했다는 것이다.

1. 팃포탯과 상호적 이타성

팃포탯은 협력을 이끌어내는 전략이다. 배반의 욕구를 억누르고 협력을 함으로써 결국엔 최선의 이익을 얻게 된다는 교훈을 주기 때문이다. 여기서 협력은 다른 말로 이타적 행동을 뜻한다. 타인을 이용함으로써 큰 이익을 누릴 수 있음에도 불구하고 상호 이익이란 이타적 관점에서 협력을 하는 것이기 때문이다. 팃포탯은 일단 협력하지만 그 다음부터는 상대방이 협력하면 협력으로, 배반하면 배반으로 일관한다. 즉 상대방이 협력할 것을 조건으로 협력하지만 상대방이 배반하면 나도 배반한다는 점에서 조건부 협력이라 말할 수 있고, 이는 곧 상호적 이타성(호혜성)을 의미한다고 볼 수 있다.

인간의 도덕적 성향의 유래에 대한 연구는 다각도로 진행되어 왔다. 그중에 최근 주목할 만한 분야가 있다면 바로 진화윤리학을 들 수 있을 것이다. 진화윤리학은 인간의 도덕성을 구성하는 많은 요소가 적응문제를 해결하기 위해 진화한 심리적 메커니즘의 하나라고 보는 기본 입장에 선다는 점에서 진화론의 한 분야이다. 이처럼 도덕규칙도 진화의 산물이라는 진화윤리학의 입장에 기반을 두고 있는 견해로 '도덕적응설(moral adaptivism)'[37]이 있다. 이는 도덕도 적응문제에 대한 해결책으로 진화해 왔다는 견해로, 그 요체는 도덕적 행동은 포괄적응도를 높이고 비도덕적 행동은 포괄적응도를 떨어트린다는 것이다.

예를 들어 건강한 신체와 사회적 지위는 생존과 번식에 도움이 되는 요소들이므로 개체의 개별적응도는 물론 포괄적응도를 높인다. 또한 자신의 유전적 혈족에 대한 이타적 성격도 포괄적응도를 높이는 특성들이다. 마찬가지로 비혈족을 위한 희생과 이타적 행동 역시 결과적으로는 생존해 있는 동안에 개체의 편익을 높여 적응도를 높여주므로 포괄적응도를 높이는 특성이 될 수 있다. 이러한 점에서 포괄적응도는 환경에 유리한 신체적, 심리적 특질뿐만 아니라 상호적 이타성이라는 도덕적 성향이 진화할 수 있는 토대가 된다고 한다.

액설로드는 팃포탯 원리가 반드시 지능을 지닌 고등 생명체에서만 진화하지는 않는다고 지적하며, 결과적으로 행동적 측면에서의 진화적 토대가 된다고 보고 있는 듯하나, 심리적 측면에서 상호적 이타성과 같은 도덕적 성향이 어떻게 인간의 마음에 뿌리내릴 수 있었는가를 해명하는 데 있어서도 팃포탯은 시사하는 바가 크다고 본다. 이하에서는 진화윤리학의 기본전제와 몇몇 주요이론을 검토해 봄으로써 진화윤리학에서는 팃포탯 원리를 어떻게 수용할 수 있는가를 진화심리학적 관점에서 검토해 보기로 한다.

2. 진화윤리학의 기본전제와 포괄적응도이론

자연선택에 의한 진화는 "유전된 변이들의 차등적 생식 성공 때문에 긴 시간에 걸쳐 일어나는 변화"로 정의된다.[38] 생물학적 진화론의 기본

37) 도덕적응설에 대해서는 박승배, "도덕적 행위, 포괄적응도, 진화범죄학", 동서철학연구 제67호(2013), 161면.

38) 데이비드 버스/이충호 역, 진화심리학 (웅진 지식하우스, 2012), 72면.

이상의 논의를 정리하자면 팃포탯은 게임이론적으로 볼 때 강건하고 총체적으로 안정한 전략이 되고, 진화생물학적 관점에서 보면 진화적으로 안정된 전략이 됨으로써 생물들 간에 협력행동이 진화할 수 있는 토대가 된다. 본고는 여기서 더 나아가 팃포탯이 진화적으로 안정된 전략이라는 점으로부터 상호적 이타성이란 도덕적 성향과 함께 탈리오적 응보관념이 어떻게 인간의 마음에 내재하게 되었는가를 진화심리학과 진화윤리학의 이론을 통해 논증해 보고자 하였다.

VI. 맺음말

팃포탯은 게임이론적 측면에서 볼 때, 강건하고 총체적으로 안정한 전략이다. 게임이론적 측면에서만 보면 팃포탯은 바람직한 대인관계 전략수립 또는 기업간 거래규칙 또는 정부의 기업 및 사인에 대한 규제와 처벌의 범위를 양정하는 데 전략적 지침을 제공해 줄 수 있는 전략이다.

그러나 팃포탯의 의의는 여기에 머물지 않는다. 진화생물학적으로도 매우 중요한 의미를 갖는다. 팃포탯은 진화적으로 안정한 전략이다. 이 개념은 총체적으로 안정한 전략의 진화론적 버전으로 이 전략이 개체군을 장악하면 더 이상 다른 돌연변이 전략이 침범할 수 없음을 의미한다. 팃포탯에 대한 생태학적 검증과정에서 살펴본 바와 같이 팃포탯 전략을 사용하는 개체들은 세대를 거듭하면 결국 모든 개체군을 장악하게 될 만큼 강건하다. 그와 동시에 팃포탯은 더 이상 다른 돌연변이 전략을 침범을 허용하지 않는 진화적으로 안정한 전략이 된다.

아울러 팃포탯은 진화심리학적으로, 본고의 입장에서 볼 때 가장 중요한 의미를 갖는다. 팃포탯은 협력을 이끌어 내는 원리며, 이는 곧 상호적 이타성이란 도덕성을 낳는 메커니즘이 된다. 팃포탯은 처음에는

상적 법감각에 영향을 미치고 있다."고 보고 있다. 이에 대해서는 신동운·한인섭·이용식·조국·이상원 ,로스쿨 형법총론 (박영사, 2009), 1면.

일단 협력하고, 그 다음부터는 상대방이 취하는 대로 되갚는 전략이다. 형사법의 영역에서 보면 '눈에는 눈 이에는 이'라는 탈리오 법칙의 유래가 된다.

이상 검토한 내용을 토대로 고대사회의 사적 보복관습을 평가하자면, 중앙권위체가 없던 시절에 그것은 총체적으로 안정한 전략으로 널리 공감대를 얻어 채택된 규범일 수도 있고, 진화된 심리적 메커니즘으로서의 동해보복적 응보성향이라는 도덕성이 자연스럽게 발현되어 형성된 규범일 수도 있다. 이처럼 도덕적응설의 관점에서 고대사회의 사적 보복관습과 그 핵심원리인 탈리오법칙을 바라보는 것은, 궁극적으로 집단적 책임귀속의 관습을 이해하는 데 새로운 창을 열어 줄 것이라고 믿는다.[54)]

---

54) 이 점에 대한 상세한 논증은 다음 장에서 다루어질 것이다.

§ 4. 도덕적응설의 관점에서 본 고대사회 집단책임관습

[글 소개]

형법상 책임은 개인책임이 원칙이다. 즉 발생한 결과에 대한 책임귀속은 자연인 개인에게만 가능하다. 하지만 우리의 언어관행상 때때로 특정한 사태에 대한 책임을 단체나 집단에게 돌리려는 경향과 욕구가 분명히 확인된다. 악덕 기업 탓이라든지, 무능한 정부때문이라든지, 국가의 책임이라는 등등. 대개 어느 한 개인의 탓으로만 돌리기에는 부족하거나, 아예 책임질 특정 자연인 행위자를 찾아낼 수 없는 경우가 그러하다. 예컨대 가깝게는 '세월호 사건'이, 멀리서는 '9.11 테러'가 대표적 사례가 될 것이다. 어쩌면 일상적 언어관행과 실제의 법적 규율이 가장 동떨어진 영역 중 하나가 바로 책임귀속 주체의 범위확정 문제일 것이다. 그런데 이처럼 교란된 법질서에 대한 책임을 특정 개인(들)이 아닌 단체나 집단에게 귀속시키려는 성향은 어디에서 유래한 것일까? 우리는 왜 한 사람이 책임을 지는 것으로 모자라 그 이상의 귀책대상을 요구하는 것일까?

이러한 집단책임(collective guilt)이란 법형상은 고대사회의 관습에서도 확인할 수 있다. 예컨대 갑이 을을 살해한 사건이 발생하면, 을의 '친족집단' 또는 '가장 가까운 부계친족 병'은 갑 또는 갑을 포함해 갑의 친족구성원에게 사적 보복을 하는 것이 허용되기도 하였다. 경우에 따라서는 살인자에 대한 피의 보복 이외에도 배상금(속죄금)을 청구하는 대안이 허용되기도 하였는데 이때 배상금을 지급할 의무가 있는 당사자는 가해자의 친족들이었다. 살인사건이 비단 피해자와 가해자 양

당사자의 문제가 아니라 그들이 속해 있던 친족집단의 문제가 된다는 점에서 집단책임의 한 원형을 확인할 수 있다. 미국의 형법학자 플레처는 이러한 집단책임의 문제를 전면으로 다루면서, 그 유래를 '성서(Bilble)'에서 찾으려고 하였다. 십계명처럼 성서의 핵심내용이 현대인의 도덕감정에 커다란 영향력을 행사하듯, 성서에 이미 집단책임을 인정하는 여러 개소가 등장하기에 집단책임을 인정하려는 사고방식은 그만큼 뿌리가 깊고 현대인의 규범적 가치판단에 있어서 완전히 제거하기 어렵다는 것이다.

필자는 집단책임이라는 사고방식이 성서라는 문화·종교적 기원에서 유래한다는 플레처의 논증에 공감하면서도, 진화론의 관점에서 새로운 설명을 시도하고자 한다. 일반적으로 규범적 사고방식이 특정 문화나 종교의 영향을 받는다는 사실은 별다른 무리 없이 수용할 수 있을 것이다. 하지만 우리의 특정한 도덕적 성향이나 규범적 사고방식의 형성배경에는 적응적 이점도 작용했다는 것이 본고의 일관된 입장이다. 도대체 어떠한 적응적 이점이 있기에 집단책임관습이 형성될 수 있었는지, 윌리엄 해밀턴(W. Hamilton)의 포괄적응도(inclusive fitness) 이론을 가져와 해명해 보고 있다. 요컨대 고대사회 집단책임 관습의 형성배경에는 진화론적 동인이 작용했고, 따라서 그러한 사고방식은 적응적 이점 때문에 우리의 마음에 진화된 심리적 기제로 내재하게 되어 오늘날까지 끈질긴 생명력을 갖고 우리의 규범적 판단에 영향력을 행사하고 있다는 것이 본고의 결론이다.

I. 머리말

형법상 책임은 개인책임이 원칙이다. 하지만 발생한 범죄에 대한 책임을 행위자 개인에게 귀속시키지 않고 그 행위자가 속한 친족이나 (혈연)집단에게까지 귀속시키는 집단책임(collective responsibility)의 사고방식이 고대사회의 관습에 엄연히 존재했고 이는 사적 보복(blood feud) 관습과 마찬가지로 고대 근동지역에서부터 유래한 듯 보인다.[1] 여기서 '법리'나 '원칙'이 아닌 '관습'이란 표현을 쓰고 있는 것은 사적 보복이 고대사회에서 사법 외적으로(extra-judicial) 인정된 관습이었던 것과 마찬가지로 집단적으로 책임을 귀속시키는 관습도 법적인 절차 이외의 방식으로 더 많이 인정되어 왔던 것으로 판단되기 때문이다. 또한 원칙이라고 지칭하기에는 그 적용범위가 살인 등의 중범죄에 한해 제한적으로만 허용되었던 것으로 보이기 때문이다.

이 관습이 존재했던 문화권에 따라서 약간의 상위가 있지만 집단책임 관습이란 간단히 설명하면 다음과 같다.

고의적 살인사건이 발생한 경우, 예컨대 갑이 을을 살해한 사건이 발생하면, 을의 '친족집단' 또는 '가장 가까운 부계친족 병'에게 갑에 대해 사적 보복(blood feud)을 할 수 있는 권리가 생긴다. 이 때 을의 '친족집단'이나 병은 원칙적으로 살인자 갑만을 살해할 수 있지만, 문화권에 따라서는 갑을 포함해 갑의 친족구성원까지 살해하는 것이 허용되기도 하였다. 여기서 첫 번째 유형의 집단책임을 인정할 수 있다.

다음으로 문화권에 따라서는 살인자에 대한 피의 보복 이외에도 배상금(속죄금)을 청구하는 대안이 허용되기도 하였다. 이때 배상금을 청구할 권리가 있는 당사자는 피해자의 친족들이었고, 배상금을 지급할 의무가 있는 당사자는 가해자의 친족들이었다. 이러한 측면에서 두 번째 유형의 집단책임을 인정할 수 있다.

---

1) 이 점에 대해서는 George P. Fletcher, *Romantics at War: Glory and Guilt in the Age of Terrorism* (Princeton Univ. Press, 2002), 195면.

그런데 고대사회에서는 어떠한 이유에서 이러한 집단책임의 사고방식이 발달했던 것일까? 이를 두고 단지 미개한 법문화에서 비롯된 것이라고 치부할 수는 없다는 점을 전제로 해, 본고에서는 이에 대한 해답을 도덕적응설의 관점에서 찾아보고자 한다. 도덕적응설은 진화심리학의 한 파생분야인 진화윤리학의 기본 입장이다. 고대 사회의 법문화를 이해하는 데 있어서 진화론의 관점은 매우 유용한 측면이 있다. 더 이상의 문헌적 접근이 어려운 사회상에 대해서도 진화론은 인간의 보편적 본성에 기초해 이를 이해할 수 있는 창을 마련해 주기 때문이다.

이하 본고에서는 이 문제에 접근함에 있어서 고대사회의 집단책임의 인정은 사적 보복관습이 집행되는 과정에서 등장하는 경우가 대부분이므로[2] 사적 보복관습과의 긴밀한 연관성 하에 검토해 보기로 한다. 먼저 고대사회의 사적 보복관습과 함께 집단책임이 어떠한 방식으로 인정되어 왔는가를 시대별, 문화권에 따라서 살펴보고(II), 그 다음에는 진화윤리학과 도덕적응설의 입장이 무엇인지 검토하며(III), 이를 배경으로 집단책임의 관습이 포괄적응도를 높이는 기능을 했음을 논증할 것이며(IV), 그에 따른 고대사회 집단책임관습의 함의를 요약해 보고자 한다(V).

II. 사적 보복과 집단책임 관습의 시대와 문화에 따른 공통점과 차이점

1. 고대 근동의 사적 보복관습과 집단책임

기원전 18세기 전후 함무라비 법전[3]의 제정 당시 근동 지역에서는

2) 피의보복과 집단책임의 상관성을 잘 지적하고 있는 문헌으로는 W. Den Boer, *Private Morality in Greece and Rome: Some Historical Aspects* (Brill Archive, 1979), 9면.

살인이 가족이나 친족들에 의한 피의 보복(blood feud)에 의해 처리되는 관습이 지배했었다.[4] 아시리아뿐만 아니라 팔레스타인 지방[5] 즉, 고대 이스라엘 사회의 히브리 법문화에도 그러한 관습이 있었다.[6] 메소포타미아 지역의 바빌론에서도 살인은 그 가족과 친족들에 의해 해결되어야 할 사적인 사건이라는 감정이 지배적이었고, 일반적으로 고의적 살인은 가족이나 친족들의 피의 보복에 의해 법적 절차를 거치지 않고 사적으로 처리되었다.[7] 함무라비 법전에는 과실 등에 의한 살인(manslaughter)은 명문으로 규정되어 있는 반면, 고의적 살인에 대한 조문이 없다. 그 이유는 고의적 살인은 과실 등에 의한 살인과는 달리 비사법적인 방식, 다시 말해 불문의 관습을 통해 처리되는 전통을 따르고 있었기 때문이

3) 동 법전은 현대적 의미의 법전(codes)이 아니고 구두로 전승되고 관행화 되었던 법들을 기록한 법모음집(law collections)이었다고 보는 것이 지배적 견해이다.

4) 살인에 대한 사적 보복을 인정하는 관습 비단 근동지역뿐만 아니라 고대 사회에서는 상당히 보편적인 현상이었던 것으로 보인다. 고대의 그리스와 게르만지역은 물론 중세의 스칸디나비아와 스위스 등에서도 사적 보복은 널리 인정되고 있었다. Carl Ludwig von Bar, *A History of Continental Criminal Law* (Boston: Little, Brown, and Company, 1916), 4-6면, 57-61면, 119-121면, 142-145면.

5) G.R. Driver & John C. Miles, *The Babylonian Laws Vol. I −Legal Commentary*−(Oxford: Clarendon Press, 1956), 60면.

6) C. Edwards, *The World's Earliest Laws* (London: Watts & Co., 1934), 113면; Edwin M. Good, Capital Punishment and Its Alternatives in Ancient Near Eastern Law, *19 Stan. L. Rev. 947* (1967), 952면.

7) Raymond Westbrook, The Character of Ancient Near Eastern Law, in: *A History of Ancient Near Eastern Law, Vol.I* (Leiden; Boston: Brill, 2003), 78-79면; G.R. Driver & John C. Miles, 앞의 책, 314면; C. Edwards, 앞의 책, 113면. 한편 고대 이스라엘법에서는 살인이 가족이나 친척 등의 피의 보복(blood feud)에 의해 처리되었지만, 고대 근동지역의 다른 국가들에서는, 농경사회였던 아시리아와 같은 일부국가를 제외하고는, 국가의 개입에 의한 사법절차를 통해 처리되었고 피해자의 가족은 절차의 종결단계에서 형벌의 종류를 결정하는 과정에만 극히 제한적으로 참여할 수 있었다는 견해도 있다. 이에 대해서는 Pamela Barmash, Blood Feud and State Control: Differing Legal Institutions for the Remedy of Homicide during the Second and First Millennia B.C.E., *63 Journal of Near Eastern Studies 183* (2004), 184-189면.

다.[8)] 함무라비 법전은 고의적 살인과 기타 기타살인을 구분하여 전자는 사법외적인 불문의 관습에 의해 처리하고, 그리고 후자만을 법적 절차에 맡기는 이원적 방식을 취하고 있었던 것이다.[9)]

기원전 7세기 경 고대 근동의 제국이었던 신아시리아(Neo-Assyria)의 경우에도 사적 보복관습이 존재했다. 다만 보복관습과 관련해 일정한 법적 절차도 마련되어 있었던바, 살인자가 거주하는 마을이 피해자의 친족들에 대한 배상에 집단적 책임을 지도록 되어 있었다.[10)] ADD 618[11)]에 따르면 피해자의 가족들에게는 배상[12)]을 청구할 권리가 있었고, 살인자가 속한 마을의 주민들은 배상을 할 의무가 있었다. ADD 321[13)]에 의하면 피해자의 가족들이 가해자 측에 배상을 청

8) G.R. Driver & John C. Miles, *The Assyrian Laws* (Oxford: Clarendon Press, 1935), 33면. 드라이버와 마일즈는 함무라비 법전과 중세 아시리아 법전(MAL)에 살인에 대한 일반적 규정이 없는 것은 살인이 셈족의 관습인 피의 보복에 맡겨져 있었기 때문이라고 추정하고 있다.

9) 단, 사망한 피해자 외국인이어서 피의 보복을 집행해 줄 가족이나 친족이 없는 경우에는 국가가 개입해 처형을 해 주었을 것으로 보는 견해로는 Raymond Westbrook, 앞의 논문, 78면.

10) 이에 대해서는 Pamela Barmash, *Homicide in the Biblical World* (Cambridge, UK; New York: Cambridge University Press, 2005), 28-30면, 57-62면.

11) ADD 618은 "C.H.W. Johns, *Assyrian Deeds and Documents: Volume 1, second edition,* Cambridge: Deighton, Bell and Co, Ltd, 1924, number 618"을 뜻한다.

12) 이 경우의 배상금은 현대적 의미의 순수한 민사배상(pure indemnification)을 뜻하는 것은 아니었던 것으로 보인다. 이 점은 절도에 대해 절취한 물건의 30배 또는 10배의 배상을 명하고, 배상할 능력이 없는 경우 사형에 처하도록 규정한 함무라비법전 제8조 등을 보면 잘 알 수 있다. 당대의 금전배상은 벌금의 성격을 지닌 것으로서 피해자 측과의 화해를 위한 화해금 또는 속죄금(wergild)의 의미를 지니고 있었던 것이다. 이 점에 대해서는 Raymond Westbrook, *Studies in Biblical and Cuneiform Law, Cahiers de la Revue Biblique, No. 26.* (Paris: Gabalda, 1988) 44-45면. 요컨대 고대 근동의 법제도에서 범죄에 대한 배상은 손해배상책임과 벌금의 성격이 뒤섞인 징벌적 손해배상(punitive damages)과 유사한 측면이 있는 제도로 볼 수 있을 것이다.

13) ADD 321은 "C.H.W. Johns, Assyrian Deeds and Documents: Volume 1, number 321"을 뜻한다.

구하기 위해 도착하면 협상이 개시되고, 양 당사자는 배상물의 종류[14]와 양을 결정한다. 살인자는 만일 배상을 할 수 없을 때에 한해 사형에 처해졌다.[15] ADD 164도 가해자가 배상금을 지급할 수 없는 경우에 체포된다는 내용이며, 이처럼 피해자의 가족들이 가해자에 대한 형벌의 유형을 결정할 수 있는 권리는 MAL A10[16]에서도 발견된다. 그리고 ADD 806은 배상금을 지급하는 법적 거래가 관헌의 담당관에 의해 수행되었음을 보여준다. 이상의 전거들을 종합하면, 고대 근동 지역에서 살인사건이 발생했을 때, 그에 대한 법적 절차가 진행되는 과정을 알 수 있는바, 살인자가 체포되면 피해자의 가족들은 살인자가 속한 사회집단(social group)과 담당관의 중재 하에 배상에 관해 협상할 수 있었고, 양당사자 간에 합의가 되면 법관(crown official) 입회하에 배상금이 지급되었던 것으로 보인다. 배상금을 지급할 수 없는 경우에는 살인자는 사형에 처해졌다. 이 과정에서 가해자 측은 집단적으로 배상책임을 졌음을 알 수 있다.[17]

이처럼 살인에 대한 책임을 살인자의 가족이나 친족이 집단적으로 져야하는 집단책임이란 법형상은 비단 고대 근동지역뿐만 아니라 피의 보복관습이 지배하는 사회에서는 보편적이었던 것으로 보인다.[18] 다만, 그 책임의 귀속범위는 저마다 상이했던 것으로 보이는데, 고대 이스라엘의 경우, 메소포타미아와는 달리 살인자의 가족이나 친족이 피해자 측에 살인에 대한 배상금을 지급해야 할 책임이 있었다는 전

---

14) 관련 기록들에 의하면 배상의 방식은 돈은 물론, 양, 토지, 노예 등 다양했던 것으로 보인다.

15) 바로 이 점에서 살인자의 운명은 그가 속한 사회집단의 손에 달려 있었던 것으로 보인다. Martha T. Roth, Homicide in the Neo-Assyrian Period, *67 American Journal of Oriental Series*, (1987), 361면.

16) 중세아시리아법(Middle Assyrian Laws) A10조.

17) Pamela Barmash, 앞의 책, 69-70면.

18) 이에 대해서는 Richard R. Cherry, *Primitive Criminal Law, in: Primitive and Ancient Legal Institution, Evolution of Law Series Vol.II* (Boston: Little, Brown, and Company, 1915), 138-140면; Carl Ludwig von Bar, 앞의 책, 4-5면.

거는 보이지 않는다.[19] 다만, 살인자가 속한 성읍의 장로들은 재판을 열어 그 살인의 고의성 여부를 결정하고, 만일 고의적 살인으로 판명될 경우 그 살인자를 피해자 측에 보복을 받도록 인도해야 할 책임이 있었을 뿐이다.[20] 집단책임은 대위책임(vicarious liability)의 형태를 띠기도 하는데, 예컨대 만일 살인자에게 책임을 물을 수 없는 경우에는 그 살인자의 어느 특정한 가족 구성원에게 책임을 물을 수 있었다.[21] 그렇다면 과연 어떠한 이유로 가해자뿐만 아니라 그가 속한 (친족)집단도 책임을 졌던 것일까? 이에 대해서는 중세사회의 피의 보복 사례를 보며 그 단서를 찾아보기로 한다.

---

19) 그 이유는 여러 가지가 있겠지만, 무엇보다도 고대 이스라엘에서는 살인은 신성하고 자연적인 질서(sacred, natural order)에 대한 침해로 여겨졌기 때문이다. 성서에 의하면 살인자는 피해자가 흘린 피가 지닌 생명력을 지배(control over the blood-the life force-of the victim)할 수 있다고 여겨졌고, 따라서 이러한 생명력에 대한 지배권을 모든 생명력의 원천인 신에게 되돌리기 위해서는 살인자를 처형함으로써 그의 신성모독(desecration) 행위를 중지시키는 방법밖에는 없었기 때문이다. 다시 말해, 신성모독 행위에 대한 속죄방법은 살인자를 처형하는 것이었다. George P. Fletcher, *Rethinking Criminal Law* (Oxford University Press, 2000), 236면. 플레처는 인간의 생명에 대한 이러한 종교적 관념 때문에 현대에 이르기까지도 생명은 그 주인이 마음대로 처분할 수 없는 것으로 여겨져, 승낙에 의한 살인이 허용되지 않고 있는 것이라고 평가한다. 역시 유사한 설명방식으로는 Pamela Barmash, 앞의 책, 94-115면. 바마쉬에 의하면 고대 이스라엘서 살해를 당한 무고한 사람의 피는 살인이 발생한 지역(land)을 오염시키기(pollute) 때문에 이를 정화하기(purify) 위해 살인자의 피, 즉 처형이 요구되었다고 한다. 살인에 대해서는 오염과 정화라는 종교적 관념이 깊게 자리 잡고 있었다는 것이다.
20) Pamela Barmash, 앞의 책, 89-90면.
21) 이 점에 대해서는 Richard R. Cherry, 앞의 책, 138-140면.

2. 중세 유럽의 보복관습과 집단책임

중세유럽도 사적 보복이 허용되던 사회였다.[22] 특히 살인은 피해자 가족집단이 개입하게 되는 '피의 보복(feud)'을 불러왔는데, 이 용어는 친족에 의한 보복을 뜻하는 고게르만어 'faida'에서 유래한다. 피의 보복은 단지 가해자 개인에게만 가해지는 것은 아니었다. 보복을 당하는 가해자 집단의 연대성도 보복을 가하는 피해자 집단의 연대성만큼 똑같이 강했기 때문에 어떤 지역에서는 살인자의 본인의 죽음 이외에 또 한 명의 그의 혈족 구성원의 죽음까지 요구되기도 하였다. 마크 블로흐(Marc Bloch)에 의하면 바로 이 점이 중세 유럽사회에서 집단적 책임이 인정된 이유며, 이는 앞서 제기한 의문에 일정한 단서를 제공한다. 양측 각 당사자 집단의 연대성으로 인해 집단책임이 인정되었다는 것이다. 어느 소송에서 한 기사(knight)의 조카로부터 공격을 받았던 자가 그에 대한 복수로 그 기사에게 상해를 입한 것은 정당하다고 판시한 사례도 발견된다. 그 조카의 행동은 그의 모든 친족과 관련이 있다고 보았기 때문이다. 일종의 대위책임이 인정된 것이다. 이 시기의 기록들 중에는 특히 귀족가문들 간의 오랜 반목을 다룬 것들이 많다. 이들에게 보복은 위신과 명예심의 표현이었고, 보복은 일종의 '계급적 특권(class privilege)'이었던 것이다. 그러나 보복에 의한 투쟁과 반목은 공공의 평화를 위협하게 되었고, 적절한 규제가 요구되었다. 다만 친족들 간의 집단적 연대성에 비롯된 보복감정은 가장 원초적인 감정으로 도덕법전의 핵심을 이루고 있었기 때문에, 대부분의 국가에서 관계당국은 이를 근절시킬 수도 없었고, 그럴 의사도 없었던 관계로 피의 보복을 할 수 있는 조건과 그 절차를 법제도화 함으로써 오히려 보복의 합법성을 인정

22) 이하의 내용은 Marc Bloch, *Feudal Society, vol.1 - The Growth of Ties of Dependence* (Chicago: The Chicago University Press, 1970), 125-130면을 요약한 것으로 안성조, 현대 형법학 제1권 (경인문화사, 2011), 57-59면에 소개된 내용을 본고의 논지전개에 적합하도록 일부 수정, 축약한 것임을 밝혀둔다.

하는 정책을 취하였다. 프랑스 아르투아 지방 아크자치헌장에는 고의적 살인과 관련해 영주에게는 살인자의 재산을, 그리고 피해자의 친족들에게는 그 집안사람 중 한명을 바치도록 – 친족들은 넘겨받은 자를 처형할 수 있었다 – 규정하고 있었다. 고소권은 거의 변함없이 피해자의 친족들에게만 주어져 있었고, 13세기까지도 플랜더스나 노르망디와 같이 당대에 가장 통치권 이 잘 확립된 도시와 공국에서조차 살인자가 피해자의 친족들과 합의에 도달하지 못할 경우에 군주나 법관도 그를 사면할 수 없었다. 그러나 중세사회도 이러한 보복관행이 영원히 지속될 수는 없었고, 죽은 자에 대한 보복을 그만두어야 할 필요성이 제기되자, 고대의 관습에 따라 당사자들 간의 화해를 위해 통상적으로 배상을 하게 되었다. "창끝을 느끼고 싶지 않으면 너의 가슴을 향하고 있는 창을 사버려라."[23]라는 앵글로 색슨족의 속담이 이를 잘 대변해 준다. 중세 이전의 바바리안 법들(past barbarian laws)[24]에는 각 계층에 따라 다르게 정해져 있는 화해금의 일정액이 상세히 규정되어 있었다. 그러나 바바리안 법들은 매우 다른 처벌의 전통을 지닌 지방 관습에 의해 대체되면서 화해금을 규정한 근거법도 사라졌다. 그렇지만 화해금을 지불하는 관습자체는 사라지지 않았으며, 이 관습은 중세말엽까지 지속되었다. 그 때부터 화해금 액수는 개별 사안에서 합의, 중재, 그리고 판결 등을 통해 결정되었다.[25] 피의 보복과 마찬가지로 화해금의 지불은 친족집단 전체와 관련되었다. 경미한 해를 끼친 경우 화해금은 피해자에게 주어졌고, 고의적 살인이나, 토막살인 등의 경우는 피해자의 친족이 속죄금

23) "Buy off the spear aimed at your breast, if you do not wish to feel its points."

24) 여기서 바바리안 법이란, A.D. 600- 900 사이에 제정되었던 '앵글로색슨법(Anglo-Saxon Law)', '프리지아법(Lex Frisionum)', '게르만법(Germanic Law)', '살릭법(The Salic Law)', 그리고 '서고트법(The Visigothic Code)' 등을 일컫는다. 이들 법에는 계층에 따른 속죄금(wergild)이 상세히 기록되어 있다.

25) 블로흐는 화해금을 지불한 두 개의 극단적 사례로 1160년에 한 주교가 자신의 조카가 살해당한 데 대한 화해금으로 어느 귀족의 친족들로부터 교회(church)를 넘겨받은 예와, 1227년에 한 농부의 처가 남편의 살인자로부터 적은 액수의 돈을 화해금으로 받은 예를 들고 있다.

(wergild)을 수령했고, 가해자의 친족은 속죄금 지불에 기여했다. 단, 배상금의 지불은, 일반적으로 당사자 간 화해를 보증하는데 충분하지 않았다. 추가적으로 피해자 또는 그의 가족에 대한 공식적으로 사죄하거나 복종을 하는 행동이 요구되었다. 적어도 상대적으로 높은 신분의 사람들 사이에서는 대개 경의를 표하는 복종의 제스쳐가 요구되었다. 이 경우에도 그러한 행동을 하도록 요구되는 것은 개인들이 아니라 집단이었다.[26] 모든 면에서 개인의 행동은 그 친족집단 전체에 연대적으로 연결되었던 것이다.

이상 살펴본 중세유럽 사회의 특징은 귀족 가문들 간, 친족집단 간의 집단책임을 다룬 내용들이라는 점이다. 그렇다면 한 가지 의문이 든다. 만일 살인이 한 가문 내에서 또는 친족집단 내에서 벌어졌을 때에는 어떻게 취급되었을지 확인할 만한 내용이 없다. 이와 관련해서는 이하 현대 원시부족의 사례로 미루어 짐작해 보고자 한다.[27]

3. 현대 원시부족 - 누어(Nuer) 족을 한 예로

아프리카 수단 남단의 나일강 기슭과 사바나 지역에 사는 누어족에게 피의 보복을 당할 수 있다는 데 대한 두려움은 사실상 부족 내에서 가장 중요한 법적 제재이며, 또 개인의 생명과 재산을 보장해 주는 주요한 담보장치이다. 만일 피의 보복이 그러한 장치가 아니라면, 부족 내에서 발생한 살인에 대한 한 공동체의 다른 공동체에 대한 보복은 해결

26) 예컨대 1208년 한 수도승의 집사는 자신이 상해를 입힌 한 영주의 집사에게 속죄의 경의를 표하기 위해서 자신의 친족 29명을 데리고 가야 했고, 1134년 한 부사제가 암살된 후 부사제의 친족들은 살인자들 중 한명과 그의 공범들, 그리고 그의 신하들은 물론 그의 친족들까지 포함해 총 250명 모두로부터 속죄의 뜻으로서의 경의의 뜻을 받기 위해 회동을 하였다는 기록이 있다.

27) 단, 본고에서 현대 원시부족에 대한 연구는 전적으로 누어족에 대한 프리차드의 연구에 의존하고 있으므로 이와 관련된 결론의 타당성은 그 범위내에서 제한적으로만 인정될 수 있을 것임을 밝혀 두고자 한다.

의 가망이 없는 '부족 간 전쟁 상태'가 될 수밖에 없다.

싸움 도중에 한 사람이 목숨을 잃게 되면 피의 보복이 개시된다. 살인이 발생하면, 살인자는 그가 흘리게 만든 피로부터 자신을 정화하기 위해 서둘러 표범가죽을 걸친 족장의 집으로 가서, 자신이 초래한 보복의 위협으로부터 벗어날 수 있는 성소(sanctuary)를 찾게 된다. 살인자는 족장이 희생 제물로 바칠 수 있도록 수송아지, 숫양 또는 숫염소를 그에게 제공한다. 사망자의 친족들이 그가 살해당한 사실을 알게 되면, 곧 그들은 살인자에 대해 복수를 하기 위해 그를 찾아 나선다. 부계친족에게 있어서 보복은 가장 구속력 있는 의무이며, 모든 의무들의 전형이기도 하다. 따라서 살인에 대해 보복하기 위한 노력을 기울이지 않는 것은 친족의 크나큰 수치가 된다. 족장은 신성한 지위를 지니기 때문에 그의 집에서 피를 흘려서는 안 되는 바, 살인자가 족장의 집에 머무는 동안에는 그는 도피처를 갖게 되지만, 피해자의 친족은 수시로 그를 감시하며 만일 그가 성소를 벗어나게 되면 그를 죽일 수 있는 기회를 얻게 된다.[28)]이런 상태가 수 주간 지속되고 난 후, 족장은 피해자의 유족들과 분쟁 해결을 위한 협상을 시작한다. 피해자의 유족들은 처음에는 대개 이러한 협상을 거절하는데, 그렇게 하는 것이 바로 명예를 지키는 데 있어서 핵심적 행동이기 때문이다. 하지만 거절이 곧 사망의 대가로서 가해자 측이 제시한 배상금[29)]을 받기 싫다는 뜻은 아니다. 이 점을 잘 아는 족장은 협상을 받아들일 것을 주장하거나, 심지어 위협을 하기도 한다. 그럼에도 불구하고 그들은 족장의 설득이 한계에 도달할 때까지 기다려야 하며, 마침내 더 이상 거절하지 않고 협상을 수용하게 될

28) 이 점은 고대 이스라엘의 도피성제도와 매우 유사하다. 도피성으로 피신한 살인자는 보복을 면할 수 있었지만, 도피성에 도착하기 전에 보복을 당할 수 있었고(신명기 19:10), 고의적(intentional) 살인이 아닌 것으로 판명이 난 살인자도 도피성을 벗어나는 순간 피의 보복을 당할 수 있었기 때문이다(신명기 19:6). Pamela Barmash, 앞의 논문(*Homicide in Ancient Israel, the Ancient Near East, and Traditional Societies*), 50면; Pamela Barmash, 앞의 논문(*Blood Feud and State Control*), 185면 참조.

29) 누어족은 배상의 방식으로 소를 이용한다.

때에는 그 이유가 사자의 목숨에 대한 대가로서 배상금을 받아들일 준비가 되어 있어서가 아니라 사자를 명예롭게 하기 위해서라고 선언해야 한다. 배상금으로는 40-50여 마리의 소가 필요했으며, 20여 마리를 양도했을 즈음에 속죄의식이 거행되는데, 그렇게 해야만 비로소 살인자의 친족들은 보복으로 급습을 당할 수 있는 위협으로부터 벗어날 수가 있었다.[30] 살인은 살인범하고만 관계된 것이 아니라, 그의 가까운 남계 친족(close agnatic kinsmen)과도 관련이 있었다. 피해자의 친족들은 범인을 죽일 수 있는 권리뿐만 아니라 범인의 가까운 남계 친족들 중 임의로 선택해 죽일 수 있는 권리도 갖고 있었다.[31] 가해자 측과 피해자 측 간 상호 적대감은 배상금이 완전히 지급된 후에도 계속되었다. 그러나 이러한 혈족들 간의 잠재적 적대감은 살인이 부족 단위의 집단에 속하는 자들 간에 발생했을 경우에만 지속되었다. 그보다 작은 단위의 집단 간에서 발생한 살인은 비교적 빠르게 해결되었고, 해결된 후에는 재발할 가능성도 적었다. 예컨대 한 친족 내에서 누군가 자신의 친사촌을 살해한 경우, 20여 마리의 소만 제공하면 족했고, 원한은 그것으로 끝났으며, 곧 친족관계가 회복되었다. 이는 가까운 이웃마을 사람들 간에 살인이 발생한 경우도 마찬가지였다. 친족이나 가까운 이웃 간에 발생한 살인은 배상금을 통해 해결되었고, 보복을 통해 살인자를 죽이는 것은 불가능했다. 만일 피의 보복이 허용된다면 그들 간에 원한이 지속되었을 것이고 결국 아무도 살아남을 수 없을 것이기 때문이다. 집단생활은 원한상태와는 양립할 수 없었던 것이다. 살인사건이 피의 보복으로 발

---

30) 누어족의 보복관습은 중세 스칸디나비아 지역의 사적 보복 관습과 매우 유사하다. 중세 스칸디나비아에서도 살인자는 일단 도피처나 성소를 찾아야 했으며, 그곳에서 1년을 보낸 후에야 살인자는 비로소 배상금을 협상할 수 있었다. 만일 화해금이 받아들여지지 않으면 살인자는 2년을 더 도피처나 성소에서 보내야 했다. 이때의 배상금은 물질적 손해배상의 의미는 물론 피해자 가족들의 실추된 명예회복의 의미도 있었다. 이 점에 대해서는 Carl Ludwig von Bar, 앞의 책, 120-121면 참조.

31) 따라서 그들은 살인범 母의 형제의 자손이나, 부의 자매, 그리고 모의 자매는 죽일 수 없었다.

전할 가능성은 양 당사자들의 구조적 상호관계에 의존해 있었다.[32]

4. 고대사회 사적 보복관습의 원형(prototype)과 집단책임의 여러 형상

이상 일별해 본 고대 근동지역과 중세유럽, 그리고 현대 원시부족에게서 찾아볼 수 있는 사적 보복관습은 기본적으로는 "받은 대로 되돌려주는", 즉 동해보복의 원리이다. 즉, 이는 상해의 경우라면 피해자가 받은 만큼 가해자에게 신체적 해악을 가하고, 살인, 특히 고의적 살인의 경우라면 가해자를 사적으로 처형하는 것을 의미한다. 하지만 이러한 원형적 요소 이외에도 시대와 문화에 따라 다르면서도 때로는 공통적으로 나타나는 요소들도 몇 가지 찾아볼 수 있다. 도피성이나 성소 제도도 있지만 본고에서 주목하고자 하는 것은 가해자측의 집단책임을 인정하는 관습이다.

우선 고대 메소포타미아와 중세유럽, 그리고 누어 족의 예처럼 살인자를 반드시 죽이는 대신 배상금(속죄금)을 받을 수 있는 대체적 제도가 마련되어 있는 경우가 있었다. 이 경우 배상금을 받을 수 있는 권리는 그 피해자 친족에게 있었다. 살인의 경우, 이는 비단 가해자와 피해자의 문제로만 취급되지 않았고, 가해자가 속한 (친족)집단과 피해자의 친족집단 간의 집단적 책임(collective responsibility)의 문제를 야기하는 사건으로 간주되기도 하였다. 또 중세 유럽의 사례를 보면 한 기사의 조카에게 공격을 받았던 자가 그에 대한 복수로 그 기사에게 상해를 가하는 것이 허용되기도 하였다. 이러한 책임귀속방식이 정당화될 수 있었던 것은 가해자 집단의 연대성과 피해자 집단의 연대성이 모두 똑같

---

32) 이상의 내용은 E.E. Evans-Prichard, *The Nuer: A Description of Their Modes of Livelihood and Political Institutions of a Nilotic People* (Oxford: Clarendon Press, 1968), 150-158면을 요약한 것으로 안성조, 앞의 책, 66-99면에 소개된 내용을 필요한 범위 내에서 일부 수정, 축약한 내용임을 밝혀둔다.

이 강력했기 때문이었다. 또 그러한 심리적 메커니즘의 배후에는 집단적 위신과 명예심이 자리잡고 있었다. 누어족의 경우 피해자의 친족들은 범인을 죽일 수 있는 권리뿐만 아니라 범인의 가까운 남계 친족들 중 임의로 선택해 죽일 수 있는 권리도 갖고 있었다. 보복을 하지 않는 것은 크나큰 수치였으며, 따라서 그것은 권리이자 의무이기도 하였다. 누어족에게도 살인자의 목숨을 대신해 배상금을 받는 방법도 있었지만 이 경우에도 피해자와 그 친족의 명예가 가장 중요하게 여겨졌다. 한편 누어족의 경우에 특이한 사례가 발견되는데, 이는 살인자에 대한 피의 보복이 부족 간 살인사건에서만 허용되고 친족이나 가까운 이웃 간에 발생한 살인은, 배상금을 통해서만 해결되고, 피의 보복을 통해 살인자를 죽이는 것은 불가능했다는 점이다.

이상 정리한 내용은 동서고금의 사적 보복관습과 집단책임의 관습을 지탱해 온 요소들이라고 볼 수 있을 것이다. 이 요소들에 대해서는 포괄적응도와 상관관계를 다루며 다시 검토해 보기로 한다.

III. 진화윤리학과 도덕적응설

1. 진화윤리학의 기본전제와 주요이론

오늘날 '자연선택에 의한 진화'라는 원리는 모든 학문영역을 뚫고 침투해 가고 있다. 자연선택에 의한 진화는 "유전된 변이들의 차등적 생식 성공 때문에 긴 시간에 걸쳐 일어나는 변화"로 정의된다.[33] 한 마디 개체의 생존과 번식에 더 나은 변이가 선택되어 진화한다는 것이다. 즉 주어진 선택환경에 더 적합한(fitter) 신체적, 행동적 특질을 지닌 개체가 높은 적응도(fitness)[34]를 지니게 되어 살아남아 번식에 성공한다

33) 데이비드 버스/이충호 역, 진화심리학 (웅진 지식하우스, 2012), 72면.
34) 적응도란 개체의 번식 잠재력(번식 가능성)을 말한다.

는 것이다.

진화심리학은 여기에 더해 환경에 더 적합한 '심리적 특질'을 가진 개체가 선택되고 개체군 내에 그러한 유전자가 퍼져 그 심리적 특질이 진화하여 오늘날에 이르고 있는 이론이다. 즉 진화된 심리적 메커니즘은 진화사를 통해 생존이나 생식 등의 문제를 반복적으로 해결해 주어 기 때문에 현재와 같은 형태로 존재하게 되었다는 것이다.[35] 그 대표적인 심리적 특질로는 '뱀과 거미 등 위험한 생물이나 포식자에 대한 본능적 두려움', '우수한 유전적 자질을 가진 배우자에 대한 선호', '속임수에 대한 민감성과 사기꾼 탐지능력 및 응징욕구', '노래와 웃음에 대한 선호', '언어능력' 등이 있다.[36]

진화윤리학자들은 여기서 한 걸음 더 나아간다. 다른 심리적 특질들과 마찬가지로 인간의 도덕적 성향 역시 생물학적 적응의 산물이라고 본다. 한 마디로 말해 '도덕'도 '적응'이라는 것이다. 개체의 적응도(fitness)를 높여주는 형질이 자연선택되어 진화한다는 진화론의 기본 논리를 도덕성에까지 확장시키려는 시도는 일견 부당해 보인다. 그것은 크게 두 가지 이유에서 비롯될 것이다. 도덕에 대한 기존의 사고방식, 즉 '선의 이데아'나 '황금률' 또는 '실천이성에 의한 합리적 추론'에 의거하지 않고 자연선택에 의한 '자동적 반응'으로서 도덕감정이나 도덕판단을 논하다는 것 자체가 일단 거부감을 불러일으키기 때문일 것이다. 그것은 존재론과 목적론 없는 윤리학이라는 것이다.[37] 다음으로 '포식자에 대한 본능적 두려움'과 같은 심리적 성향이 선택되어 진화했다는 점은 개체의 적응도를 높여줄 수 있는 성향이라는 사실을 쉽게 이해

35) 다시 말해 인간의 심리적 특질을 형성하는 유전자 복합체가 자연선택에 의해 진화해 현재의 심리적 기제를 이루고 있다는 의미로 이해할 수 있다. 이는 곧 본고 제10장에서 다루는 마음-뇌 동일론의 연장선상에 있는 이론으로 평가할 수 있을 것이다.

36) 케빈 랠런드·길리언 브라운/양병찬 역, 센스 앤 넌센스 (동아시아, 2014), 212면 이하 참조.

37) 이러한 평가로는 오재호, "협동의 진화로서의 도덕", 철학연구제121집, 대한철학회(2012), 53면 이하 참조.

할 수 있기 때문에 대체로 수긍할 수 있으나, 도덕성을 구성하는 대다수 내용은 개체의 적응도를 높이는 '이기적' 특질이나 성향과는 반대로 '이타성'을 특징으로 한 경우가 많기 때문이다.[38)]

하지만 진화론자들은 이미 '이타성'을 설명할 수 있는 훌륭한 이론을 구축해 두고 있다. 먼저 '포괄적응도(inclusive fitness)이론'이라는 것이 있다. 이 이론은 부모의 자식에 대한 헌신적 행동이나 형제자매나 조카에 대한 돌봄과 같이 고전적 적응도(classical fitness)[39)] 개념만으로는 설명이 어려운 현상을 설명하기 위해 윌리엄 해밀턴이 제안한 이론이다. 포괄적 적응도란 어떤 개체나 생물의 성질이라기보다는 그 행동이나 효과의 성질이다. 따라서 포괄적응도는 어떤 개체가 지닌 번식 성공률(개별적 적응도)에다가 그 개체의 행동이 혈족(유전적 친족)의 번식성공률에 미치는 효과를 더한 것이다. 한 마디로 유전자가 이득을 볼 수 있는 온갖 간접적 방식을 다 함께 고려한 개념이다. 생물은 형제자매나 조카, 조카딸이 살아남아 생식을 할 수 있도록 돕는 행동을 통해서도 자신의 유전자가 복제되는 것을 증가시킬 수 있다. 즉 나의 형제자매나 혈족은 나의 유전자를 어느 정도 공유할 확률이 있고, 또 그들이 낳는 자식도 내 자식만큼은 아니지만 나의 유전자를 공유할 확률이 있기 때문에 이들을 돕는 이타적 성향은 결국 나의 유전자를 전파하는데 기여하므로 나의 포괄적응도를 높이는 행위가 된다.[40)]

---

38) 본고에서는 진화 윤리학의 규범학으로서의 정당성에 관한 논의는 생략하기로 한다. 다만 이에 대해서 "진화 윤리학은 존재론에 바탕을 두고 있는 윤리학에 대한 강력한 도전이며 또 하나의 계몽"이라는 평은 참고해 둘 만하다. 오재호, 앞의 논문, 56면 참조.

39) 어떤 개체가 유전자를 전달하는 직접적인 생식적 성공을 자손의 생산을 통해 측정하는 것.

40) 해밀턴에 의하면 유전자형의 포괄적응도가 평균보다 높으면 그 유전자형은 선택될 것이고 낮으면 도태될 것이라고 보았다. 이 점에 대해서는 W. D. Hamilton, The Genetical Evolution of Social Behaviour. I, *J. Theoret. Biol.* 7 (1964), 14면. "In other words the kind of selection may be considered determined by whether the inclusive fitness of a genotype is above or below average."

포괄적응도 이론은 '유전자의 눈으로 바라보는' 관점을 우리에게 제시해 준다. 가령 내가 유전자라면 어떻게 행동을 하는 게 나를 최대한 복제하는 데 도움이 될 것인지 물어볼 때, 첫째, 내가 들어 있는 (유전자의) '운반수단(vehicle)[41]' 즉 신체의 안녕이 보장되도록 노력할 것이다(생존). 둘째, 그 운반수단이 생식을 하도록 유도할 것이다(번식). 셋째, 나의 복제본을 갖고 있는 다른 모든 운반수단이 생존과 번식을 성공적으로 할 수 있도록 도울 것이다. 이처럼 포괄적응도 이론은 유전자의 관점에서 볼 때 이타적 행동이 어떻게 합리적으로 설명 될 수 있는지 잘 보여준다. 한 마디로 혈족을 도움으로써(자신이 희생함으로써) 포괄적응도가 높아진다면, 이타성은 진화할 수밖에 없다는 것이다. 자기희생의 수혜자가 결국 유전적 친족이기 때문이다. 다만 포괄적응도 면에서 친척에게 돌아가는 편익이 자신이 치르는 비용보다 커야 한다. 이 조건이 충족될 때 이타성은 진화할 수 있다.[42]

그런데 포괄적응도 이론에 의하더라도 여전히 해명되지 않은 이타성이 있다. 그것은 바로 비친족 관계에 있는 사람들, 다시 말행 유전적 근연이 없는 자들 간의 상호 이타적 행위를 진화론이론에 의해 어떻게 설명하느냐는 것이다. 그리고 바로 이러한 종류의 이타적 행위야 말로 우리가 일반적으로 생각하는 도덕성을 이루는 주된 내용물이다. 감사, 우정, 연민, 신뢰, 의분, 죄의식, 복수심 등이 모두 상호적 이타성에서 기인했다는 해석도 있다. 그뿐만 아니라 인간의 도덕적 공격성, 즉 공정하지 못한 것을 보면 부당함을 느껴 심란해지는 성향도 마찬가지라고 한다. 더 나아가 도덕감정뿐 아니라 정의개념이나 법체계의 기원까지도 상호적 이타성의 진화와 연결된다고 한다.[43]

---

41) 인간을 비롯한 모든 생명체는 유전자가 자신의 생존과 보호를 위해 만들어낸 운반수단(vehicle), 즉 일종의 생존 기계(survival machine)에 불과하다는 생각은 잘 알려져 있듯이 리처드 도킨스가 '이기적 유전자'에서 주장한 것이다.

42) 데이비드 버스/이충호 역, 앞의 책, 47면.

43) 수전 블랙모어/김명남 역, 밈 (바다출판사 2010), 280-281면.

2. 팃포탯(Tit For Tat) 전략과 상호이타성의 진화

이 문제에 대한 해결책이 로버트 트리버스 등에 의해 정교한 방식으로 개발되었다. 해밀턴의 포괄적응도 이론에 배치되는 것처럼 보이는 비친족 간 이타적 행동이 어떻게 진화할 수 있는가에 대해 상호적 이타성 이론은, 그러한 편익 전달의 수혜자가 장래에 보답을 하게만 한다면, 비친족에게 편익을 제공하는 심리기제가 진화할 수 있다고 설명한다. 예컨대 친구 사이인[44] 두 사냥꾼이 있는데 이들이 사냥에 성공할 확률이 일정치 않아 일주일에 둘 중 한 사람만이 사냥에 성공한다고 할 때, 만약 첫 번째 사냥감을 갑이 친구인 을과 나누면 나눠준 고기만큼의 희생과 비용이 발생하지만 그것은 비교적 적을 수 있는데, 고기가 썩기 전에 자신과 가족이 먹을 수 있는 것보다 더 많은 고기를 가졌을 수 있기 때문이다. 반면 사냥에 성공하지 못한 을에게는 매우 큰 편익이 될 수 있다. 그 다음 주는 상황이 역전되고, 이러한 방식으로 두 사냥꾼은 아주 적은 비용만 치르면서 친구에게 큰 편익을 제공하게 된다. 즉 두 친구는 각자 이기적으로 고기를 독차지할 때보다 상호적 이타성을 통해 더 큰 편익을 얻게 되는 것이다. 이를 경제학자들은 소위 '거래를 통한 이득'이라 부른다. 중요한 점은 이 '거래를 통한 이득'은 사람들에게 상호적 이타성이 진화할 수 있는 토대를 가져온다는 것이다. 다시 말해 상호 이타적으로 행동하는 사람들은 이기적으로 행동하는 사람들보다 오히려 생존과 번식면에서 더 유리한 경향이 있기 때문에 세대가 거듭될수록 상호이타성이란 심리기제가 펴져나간다. 상호적 이타성은 '상호이익을 위해 둘 이상의 개인 사이에 일어나는 협력'으로 정의된다.[45]

그런데 상호적 이타주의자가 맞닥뜨리는 가장 중요한 적응문제는

---

44) 여기서 친구사이를 상정하는 것은 그들이 지속적인 상호작용을 하는 관계란 것을 의미한다. 후술하듯 일회성 죄수딜레마게임에 있어서는 배반이 정답이다.

45) 사냥꾼 사례의 소개와 그 진화심리학적 의의에 대한 설명으로는 데이비드 버스/이충호 역, 앞의 책, 420면.

사기꾼, 즉 자기 편익만 챙기고 나중에 보답하지 않는 자의 위협이다. 예컨대 어떤 사람이 상호적 이타주의자인 척 가장했다가 편익만 챙기고 장래에 상응한 보답을 하지 않을 수 있다. 이를 속임수 문제라고 한다. 이 문제의 한 가지 해결책은 로버트 액설로드와 해밀턴이 입증한 받은 만큼 되돌려주기(Tit For Tat) 전략이다. 팃포탯 전략이란 처음에는 협력하는 행동을 보였다가 그 다음부터는 상대가 하는 대로, 즉 상대가 협력하면 계속 협력하고, 상대가 배신하면 보복(즉 배신)하는 전략을 말한다. 이 해결책은 소위 죄수의 딜레마 게임을 반복함으로써 얻어진 것이다. 잘 알려져 있듯이 죄수의 딜레마 게임에서 각자는 협력을 통해 이득을 얻을 수 있다. 이는 상호적 이타성 상황과 비슷하다. 하지만 실제로 각자는 상호 교환 없이 상대방의 이타성이 주는 이익만 챙기고 싶은 유혹을 느낀다. 만약 이 게임을 단 한 번만 한다면 유일하게 분별있는 행동은 '배신'이다. 그러나 액설로드와 해밀턴은 이 게임이 수없이 반복되면서 협력의 열쇠가 나타난다는 것을 보여주었다. 반복되는 죄수의 딜레마 게임에서 승리하는 전략은 결국 '받은 만큼 되돌려주기(Tit for Tat)' 전략이었던 것이다. 그들은 컴퓨터 시합을 개최함으로써 이 전략을 발견했다. 전 세계의 경제학자, 수학자, 과학자, 컴퓨터 천재 등에게 죄수의 딜레마 게임을 200번 반복할 때 승리할 수 있는 전략을 제출하도록 요구했다. 승자는 죄수의 딜레마 매트릭스에서 얻은 점수의 합이 가장 높은 사람으로 정하기로 하였다. 총 14개의 전략프로그램이 심리학, 경제학, 정치학, 수학, 사회학 다섯 분야에서 제출되었다.[46] 이 대회의 우승자는 토론토 대학교의 심리학자이자 게임이론가인 아나톨 라포포트 교수가 제출한 팃포탯 프로그램이었다.[47]

팃포탯은 매우 단순한 전략이었다. 처음에는 협력으로 시작하고 나중에는 상대가 하는 대로 따라하는 전략이다. 상대가 협력하면 둘 다

---

46) 액설로드는 여기에다 랜덤(random)이라는 15번째 전략을 추가했다. 이는 협력과 배신의 카드를 아무렇게나 내는 것으로 일종의 '무전략' 전략이다. 만일 어떤 전략이 랜덤보다 이득이 좋지 않으면 그것은 상당히 나쁜 전략이 된다.

47) 로버트 액설로드/이경식 역, 협력의 진화 (시스테마, 2009), 54-55면 참조.

계속해서 협력하여 둘 다 좋은 결과를 얻는다. 상대가 배신하면, 팃포탯은 보복한다. 그래서 배신자를 상대하더라도 크게 잃지 않는다. 제2회 토너먼트에서는 60여종의 프로그램이 팃포탯과 겨루었지만 모두 패배했다. 이후에 연구자들은 더 많은 행위자로 더 복잡한 상황을 고안해 보았고, 이것을 진화 과정에 대한 시뮬레이션으로 사용했다. 그 결과 팃포탯은 배신전략이 압도적으로 많은 상황에서 게임을 시작하지 않는 이상, 결국 널리 퍼져 개체군을 장악했다. 이는 '진화적으로 안정한 전략(evolutionary stable strategy, ESS)'[48]이었던 것이다. 팃포탯 전략의 함의는 다음과 같다. 일회성 게임에서는 결코 협동이 이루어지지 않는다. 하지만 인생은 일회성 게임이 아니다. 우리는 만났던 사람을 또 만나고, 그들의 신뢰도에 대한 판단을 내린다. 죄수의 딜레마를 해소하는 길은 반복에 있다. 죄수의 딜레마를 거듭 겪으면 사람들은 상대가 어떤 행동을 할지 짐작하게 되고, 따라서 협동을 통해 이득을 나눌 수 있다. 특히 이전에 서로 만나지 못했던 사이라면 서로를 따라 할 때가 많다. 협력자에게는 협력하고, 배신자에게는 배신하는 것이다. 지속적으로 배신만 하는 사람은 누구나 꺼리는 상대가 되므로, 그는 남의 도움을 받을 기회를 점점 잃게 된다. 이것이 바로 오랜 세월에 걸쳐 상호적 이타성이 진화하게 된 원리인 것이다.

인간의 상호 이타적 행위가 실제로 이렇게 진화했는지에 대해서는 논란의 여지가 있다. 하지만 정말 그랬다면, 처음에 어떤 착한 행동이 하나 등장해서 그 과정을 개시해야 한다. 로버트 트리버스는 바로 친족 선택, 즉 포괄적응도를 높이는 행동이 그 시작이었을 것이라고 주장한다. 즉 친족에 대한 애정과 관심을 행동으로 옮긴 동물이라면 그것을

48) 앞장에서 이미 논급한 바와 같이 팃포탯 전략이 엄밀히 말하면 진짜 ESS는 아니다. 팃포탯은 자신과 비슷한 상호이타적(협력적) 전략을 구사하는 다른 전략에 의해 대체될 가능성이 있기 때문이다. 그러나 팃포탯이 진짜 ESS는 아니지만 도킨스는 팃포탯과 유사한 전략들의 혼합 전략이 ESS에 해당할 것이라고 전망한다. 이상의 내용에 대해서는 리처드 도킨스/홍영남·이상임 역, 이기적 유전자 (을유문화사, 2010), 158-159면과 357면 참조.

쉽게 일반화했을 것이고, 그럼으로써 텃포탯이 시작될 계기를 마련해 주었으리라는 것이다.[49] 텃포탯 원리는 도덕의 진화를 이해할 수 있는 창을 열어 준다. 우리는 응당 배신자를 처벌해야 마땅하고, 또 배신자를 처벌하지 않는 사람도 비난해야 마땅하다는 결론에 이르기 때문이다. 신뢰도가 중요한 이러한 게임에서는 최대한 협동적인 사람으로 보이는 것이 유리한데, 그래야 추후에 보답을 거둘 수 있기 때문이다. 액설로드에 의하면 굳건한 도덕규범은 단지 규범에만 의존하는 것이 아니라 '메타규범'에도 의존하고 있음을 발견했다. 다시 말해 사회는 해당 규범을 위반한 자들만 비난하는 것이 아니라 위반한 자를 비난하지 못하고 참고 있는 자들도 비난한다는 것이다.[50]

요컨대 친절과 협동은 물론, 상호적 이타성으로 설명될 수 있는 도덕감정의 많은 부분은 결국 이기적 유전자의 생존과 번식을 돕기 때문에 현재의 형태로 진화해 왔다는 것이 진화 심리학과 진화윤리학의 기본전제인 것이다.

3. 도덕적응설과 포괄적응도

이상의 논의부터 도덕도 생물학적 적응문제에 대한 해결책으로 진화해 왔다는 점에서 '도덕적응설(moral adaptivism)'이라는 가설이 성립 가능하다.[51] 도덕적응설은 도덕규칙이 진화의 산물이라는 진화윤리학에 기반을 두고 있다. 도덕적응설의 요체는 도덕적 행동은 포괄적응도를 높이고 비도덕적 행동은 포괄적응도를 떨어뜨린다는 것이다.

예를 들어 건강한 신체와 사회적 지위는 생존과 번식에 도움이 되는

---

49) 액설로드도 이 점을 잘 간파하고 있다. 그에 의하면 유전적 친족이론은 올디의 평형(개체군이 무조건 배신만 하는 전략으로 가득찬 상태)에서 빠져나올 수 있는 방법을 제공한다. 로버트 액설로드/이경식 역, 앞의 책, 123면 이하 참조.

50) Robert Axelrod, Laws of Life, *27 The Sciences 44* (1987), 44-51면.

51) 이러한 가설의 소개로는 박승배, "도덕적 행위, 포괄적응도, 진화범죄학", 동서철학연구 제67호(2013), 161면.

요소들이므로 개체의 개별적응도는 물론 포괄적응도를 높인다. 또한 자신의 유전적 혈족에 대한 이타적 성격도 포괄적응도를 높이는 특성들이다. 마찬가지로 비혈족을 위한 희생과 이타적 행동 역시 결과적으로는 생존해 있는 동안에 개체의 편익을 높여 적응도를 높여주므로 포괄적응도를 높이는 특성이 될 수 있다. 이러한 점에서 포괄적응도는 환경에 유리한 신체적, 심리적 특질뿐만 아니라 도덕적 성향이 진화할 수 있는 토대가 된다.

그렇다면 살인, 강간, 절도 등은 왜 비도덕적인가? 도덕적응설에 따르면 이는 행위자의 포괄적응도를 낮추기 때문에 비도덕적이다. 팃포탯 원칙에 따르면 살인이나 강간, 절도 등의 행위를 저지르면 그 상대방으로부터 혹은 공동체로부터 그에 대한 응분의 처벌을 받게 된다. 처벌을 받는다는 것은 생존과 번식의 확률이 낮아짐을 뜻한다. 그리고 살인과 강간, 강도 등을 저지른 범법자를(팃포탯 원칙에 비추어 보면 배신자) 처벌하는 것은 도덕적 행위가 된다. 왜냐하면 적절한 처벌은 집단 구성원들로 하여금 유사한 행위를 저지르지 못하게 하는 효과를 가지고 있고, 그러한 효과로 인해 사기꾼이나 반역자에 의한 집단 전체의 붕괴를 막음으로써[52] 구성원들이, 또 결과적으로 자신과 유전적 혈족이 생존하고 번식할 확률이 높아지기 때문이다. 도덕적응설은 도덕적 진리(moral truth)가 있으며 도덕진술은 도덕사실(moral fact)에 대응할 때 진리라고 제안한다. 예컨대 약속은 지켜야 한다는 도덕진술은 약속을 지키는 행위가 포괄적응도를 높이는 사실과 대응하기 때문에 진리이다. 즉 규범진술이 사실진술로 번역될 수 있다고 주장한다. 예컨대 살인을 해서는

52) "집단의 이익을 위해 희생하는 개체들로 구성된 종 내지 종내 개체군 같은 집단은 자기 자신의 이기적 이익을 우선으로 추구하는 다른 경쟁자 집단보다 절멸의 위험이 적다"는 집단 선택설에 반대하는 리처드 도킨스는 개체 선택론자도 이 점을 부정하지는 않는다고 강조한다. 이에 대해서는 리처드 도킨스/홍영남·이상임 역, 앞의 책, 48면. 잘 알려져 있다시피 집단선택설에 대한 유력한 반증은 바로 이기적 반역자의 존재가능성이다. 도킨스는 스스로 개체선택론을 '유전자 선택설(Theory of gene selection)'로 지칭하기를 선호한다고 밝힌다.

안 된다는 규범진술은 살인은 포괄적응도를 떨어트린다는 사실진술로 번역될 수 있고, 자연주의 전통 하에 서 있다.53)

IV. 도덕적응설의 관점에서 본 집단책임관습

이제 진화윤리학과 도덕적응설의 입장을 통해 집단책임 관습을 조명해 볼 단계이다. 이를 위해 먼저 고대사회의 사적 보복관습에는 포괄적응도 측면에서 문제가 있다는 점을 확인하고, 이를 극복하기 위한 방안으로 집단책임 관습이 생성되었다는 점을 입론해 보고자 한다.

1. 사적 보복관습과 폭괄적응도의 문제

원형적 형태의 사적 보복관습에는 포괄적응도 측면에서 볼 때 한 가지 불합리한 측면이 있다. 도덕적응설에 따르면 사적 보복관습도 오랜 진화사를 거쳐 생성된 하나의 도덕적 진화의 산물임에는 틀림이 없다. 그렇다면 사적 보복이란 진화된 심리적 메커니즘이 탄생할 즈음의 원시사회를 상정해 보자.54) 이 시절 살인자는 대체로 성인남성이었을 것이고, 성인남성은 당시 사회에서 수렵채집은 물론 농경과 부족 간 전쟁 등에 있어서 매우 귀중한 자원이었을 것이다. 그렇다면 살인자를 반드시 죽게 하는 규범은, 특히 내집단(in-group)의 경우에 있어서 집단의 식

---

53) 도덕적응설에 대한 이러한 이해방식으로는 박승배, 앞의 논문, 163면. 본고에서는 도덕적응설의 입장을 다른 규범윤리학 이론들과 공정하게 비교·검토하는 작업은 본고의 관심사가 아니므로 생략하기로 한다.

54) 진화심리학자들은 도덕성을 비롯한 인간의 진화된 심리적 메커니즘(evolved psychological mechanism; EPM)이 형성된 시기를 대략 170만년 전부터 1만년 전 사이로 추정하고 있다. 이 초창기 과거의 선택환경은 '진화적 적응환경(EEA: environment of evolutionary adaptedness)'이라고 칭하며, 일반적으로 EEA라 하면 석기시대 수렵채집인 조상들이 생활했던 플라이스토세 환경을 말한다.

량확보능력과 외집단의 침입으로부터의 방어능력 및 기타 필요한 노동력 등을 경감시켜 오히려 집단 내 구성원들의 포괄적응도의 약화를 가져올 위험이 있다.[55] 특히 보복감정이 살인자의 친족에게까지 미쳐서 살인자의 친족까지 죽이는 사례도(또 누어족처럼 이를 제도적으로 허용하는 사례도) 있었을 것이기 때문에 더욱 그러하다.[56] 누어족의 사례에서 본 것처럼 "집단생활은 원한 상태와는 양립할 수 없었던 것이다." 따라서 비록 살인자라 하더라도 반드시 죽이는 것보다는 차라리 일정한 자유형을 부과하고 노역을 시키는 형벌이 더 나을 수도 있다. 그렇다면 이러한 적응적 불이익에도 불구하고 어떻게 사적 보복관습이 오래도록 정착되고 널리 전파될 수 있었던 것일까?

2. 집단책임의 인정과 포괄적응도의 향상

이에 대한 한 가지 해답은 바로 집단책임을 인정하는 관습에서 찾을 수 있다고 본다. 서두에서 살펴본 바와 같이 집단책임이란 법형상은 대체로 사적 보복관습과 함께 나타난다. 특히 살인과 같은 중한 범죄에 있어서 집단책임의 인정이 두드러진다는 점에서 더욱 그러하다. 그렇다면 집단적 책임(collective responsibility)은 어째서 사적 보복관습과 함께 등장하는 것일까? 이에 대해서는 위에서 살펴본 바와 같이 사적 보복관습이 포괄적응도를 낮출 수 있다는 사실에 주목할 필요가 있다.

일단 상해든 살인이든 피해자측의 포괄적응도를 낮춘다. 이와 마찬

55) 개체든 유전자든 집단생활이 그들에게 유익한 일임은 틀림없다. Richard D. Alexander, The Evolution of Social Behaviour, *Annu. Rev. Ecol. Syst.* 5 (1974), 329-330면.

56) "보복을 당하는 집단의 연대성(passive solidarity)도 보복을 가하는 집단의 연대성(active solidarity)에 필적할 만큼 똑같이 강했기 때문에 어떤 지역에서는 살인자의 본인의 죽음 이외에 또 한 명의 그의 혈족 구성원의 죽음까지 요구되기도 하였[던]" 중세 유럽의 사례를 상기하라. 이러한 사례는 누어족에서도 찾을 수 있다.

가지로 가해자에 대한 피의 보복은 가해자측의 포괄적응도를 낮춘다. 이는 앞서 검토한 도덕적응설의 당연한 귀결이다. 이러한 전제에 입각해 보면 가해자와 피해자가 각기 다른 집단에 속해 있다면 포괄적응도 문제가 양측에 각각 피해자가 살해당한 만큼 또한 가해자가 보복당한 만큼 똑같이 발생하겠지만 그들이 모두 내집단에 속할 경우에는 양측 모두에게 두 배나 심각한 포괄적응도의 위협이 발생한다. 고대 원시 사회에서 이를 해결할 수 있는 방법은 무엇이었을까? 만일 국가에 의한 공형벌권의 공정한 집행을 기대할 수 있다면 범죄는 가해자와 피해자 각 개별 당사자의 개별적 적응도의 문제로 처리되면 그것으로 사태는 종결된다. 다시 말해 피해자의 개별적 적응도가 상실된 것에 대한 대가만큼 가해자를 처벌하여 그의 개별적 적응도를 감소시키면 분쟁은 종식된다는 것이다. 하지만 도덕적응설의 관점에서 보면 범죄는 단순히 개별적 적응도의 문제로 끝나지 않고 유전적 이득의 관점에서 볼 때 포괄적응도의 증감문제를 초래한다. 도덕성과 마찬가지로 부도덕한 행위, 즉 범죄도 포괄적응도를 기준으로 정의되기 때문이다. 고대 메소포타미아 지역이나 중세 유럽사회처럼 국가의 공형벌권이 존재했던 것은 사실이지만 사적 보복은 관습의 형태로 여전히 제도적으로 허용되었음을 상기해 보면 범죄는 가해자측과 피해자측 친족의 적응도에까지 영향을 미치는 행위가 되므로 이들 간 보복 감정(Vendetta)은 끝없는 악순환의 위험에 직면하게 된다. 이러한 위험은 내집단에서는 물론 내집단과 외집단 간에도 그 자체로 포괄적응도에 또다시 커다란 위협이 된다.

자연선택은 포괄적응도를 높이는 방향으로 이루어진다. 사적 보복관습에 적응적 결함이 발생할 위험이 있다면 이를 수정하는 방향으로 선택압이 가해졌을 것이다. 그렇다면 범죄를 피해자와 가해자의 개별적 적응도 수준의 문제로 보지 않고, 그 각자의 친족들의 포괄적응도의 문제로 간주함으로써, 다시 말해 집단책임을 인정함으로써 얻을 수 있는 적응적 이득은 무엇일까? 여기에는 명백한 포괄적응적 이점이 있다.

첫째, 피해자의 친족 중 누군가가 보복을 할 수 있다는 점에서 범죄 억지력의 제고를 가져온다. 설령 피해자는 육체적, 사회경제적으로 유약해 살인의 표적이 되기 쉬운 대상이라 하더라도 그 친족이 보복을 할 수 있다는 사실은 분명히 범죄억지력을 지닌다. 범죄를 억지한다는 것은 내집단의 경우 가해자든 피해자든 양측 모두에게 포괄적응도의 향상을 가져온다.

둘째, 배상금(속죄금)을 가해자 개인이 아닌 그의 친족들에게 받을 수 있게 함으로써 금전적 배상의 실효성을 높인다. 설령 가해자를 처형하지 않고 배상금을 받게 되는 경우라 하더라도 가해자 개인으로부터 그 속죄금을 수령해야 한다면 충분한 배상을 받지 못할 수가 있지만 그가 속한 친족(집단)으로부터 배상을 받을 수 있다면 훨씬 효과적인 수령이 가능하다. 적응도란 개체의 번식 잠재력(번식 가능성)을 말하며 따라서 금전적 배상 역시 물질적 측면에서 피해자측의 포괄적응도를 높이는데 기여함은 분명하다.

셋째, 외집단 가해자를 죽이지 못할 경우 그 친족을 죽임으로써 잠재적인 경쟁집단(외집단)의 포괄적응도를 낮추어 반사적으로 내집단의 포괄적응도를 향상시키는 효과가 있다. 살인의 직접적인 가해자는 경우에 따라 찾아내 처형하지 못하는 상황도 발생할 수 있다. 그럴 경우 그 친족 구성원을 죽이는 행위는 가해자측의 포괄적응도를 낮춘다는 점에서, 적어도 유전적 적응도의 측면에서는 양측에 공정한 결과를 가져온다. 다만, 이 경우 만일 가해자와 피해자가 모두 내집단에 속할 경우에는 가해자측 친족을 살해한다면 내집단의 포괄적응도가 두 배로 떨어질 위험이 있다. 그러나 누어족의 사례처럼 내집단의 구성원 간 또는 친족 간 살인행위에 있어서는 대체로 피의 보복이 아닌 속죄금으로 해결된 점을 고려해 보면 이러한 경우에 있어서의 피의 보복은 어느 문화권에서나 거의 발생하지 않았을 것으로 추정해 볼 수 있을 것이다. 또 그러한 결과를 예측해 주는 것이 도덕적응설의 입장이며 귀결이다.

넷째, 서두에서 살펴본 집단책임의 사례를 보면, 대부분의 문화권에서 사적 보복은 사자와 친족집단의 위신과 명예심의 발로에서 표출된 것이었다. 그런데 위신과 명예심은 진화심리학의 관점에서 보면 명백히 생존과 번식에 도움이 되는 요소이고 따라서 충분히 보복살인의 동기가 될 수 있다.[57] 그렇다면 피해자측의 위신과 명예는 포괄적응도의 다른 측면이라고 할 수 있다. 실추된 위신과 명예, 즉 떨어진 포괄적응도를 회복하기 위해서는 반드시 가해자측에 보복을 하거나 속죄금을 받을 수 있어야 한다. 이러한 맥락에서 보더라도 집단책임은 포괄적응도를 높이는 기능을 담당하였다고 볼 수 있다.

사적 보복의 당사자 간에 집단적 책임을 인정함으로써 발생하는 이러한 적응적 이점이 사적 보복관습의 문제점을 보완했던 것으로 해석할 수 있다고 본다.

V. 맺음말

집단책임 관습은 현대적 관점에서 보면 명백히 불합리하다. 피고인에게 중대한 법익의 침해를 가져오는 형사책임을 집단의 연대성에 기초해 인정한다는 것은 개인책임의 원칙에 반하기 때문이다. 또 무고한 시민이 다른 사람의 범죄로 함께 처벌된다는 것은 기본적인 법감정에 반한다.

하지만 오늘날과 같은 공정한 법집행기관, 즉 국가에 의한 공형벌의 행사를 기대할 수 없었던 시절에 사적 보복이 허용되던 현실에 비추어 보면 보복의 악순환을 막을 수 있는 방법은 무엇이었을지 의문을 품게 한다. 이에 대한 한 가지 가능한 해결책은 집단책임관습에서 찾을 수 있다. 범죄를 가해자와 피해자 개인 간의 개별적 적응도의 관점에서만 바라보지 않고, 포괄적응도의 관점에서 보면, 가해자측과 피해자측의 집단적 책임의 문제로 간주할 수 있다. 포괄적응도의 관점에서 볼 때 가해자측에 집단책임을 인정하는 것은 정당한 것이며, 마찬가지로 피해자측도 집단적으로 죄를 추궁하고 배상을 받을 수 있다는 점에서 이점

57) 이 점에 대한 상세한 설명으로는 데이비드 버스/이충호 역, 앞의 책, 479면 이하 참조.

이 있다. 즉, 집단책임을 인정할 경우 범죄억지력의 제고를 가져올 수 있고, 물질적으로든 '위신과 명예의 측면에서든' 피해자측의 포괄적응도를 높이는데 기여하게 되며, 유전적 적응도 측면에서는 양측에 공정한 결과를 가져올 수 있다.

이렇게 도덕적응설의 입장에서 집단책임 관습을 이성적으로 이해할 수 있는 이론틀을 마련해 봄으로써, 그동안 단지 문헌상으로는 접근하기 어려웠던 고대사회의 법문화에 내재한 합리적 이성을 추론하는데 일정부분 기여할 수 있을 것으로 믿는다.

§ 5. 진화심리학의 관점에서 본 학교폭력의 원인과 입법적·정책적 대책

[글 소개]

“인간은 왜 이토록 폭력적이고 공격적일까?” 이러한 의문은 법률전문가가 아니라도 누구나 한번쯤 품어 보았을 만한 것이다. 주변에서 발생하는 그토록 다종다기한 범죄의 발생 원인을, 인간의 폭력성과 공격성을 떠나 설명하기 어렵다. 극단적으로는 전쟁도 마찬가지며, 문화의 한 형태라고 볼 수 있는 각종 스포츠의 방식도 인간의 폭력적·공격적인 성향과 무관하지 않다. 또 우리는 격렬한 격투기를 포함해 야구나 축구, 풋볼, 카레이싱에 이르기까지 스포츠를 관람하는 것에 열광하지 않던가? 법정에서 당사자들 간의 공방도 말 그대로 공격과 방어의 과정이다. 가장 이성적인 활동이라고 할 수 있는 학술논문을 쓰는 작업도 많은 경우 상대방의 논리적 허점을 논파해 ‘공격하는’ 행위가 된다. 이쯤 되면 수많은 일상사가 폭력성·공격성으로 점철되어 있다고 보아도 무방할 것이다.

인간의 폭력성·공격성에 대한 과학적 설명은 신경생물학적으로도 부분적 해명이 가능할 것이다. 예컨대 임박한 위험요인에 대한 자기보존적 반응이라든지, 어떤 신경생물학적 장애로 인해 폭력성·공격성이 표출된다는 식의 설명이다. 그런데, 가령 공기역학은 새가 ‘어떻게’ 날 수 있는가를 설명해 줄 수는 있지만 ‘왜’ 날 수 있게 되었는가를 해명해 줄 수 없듯이 이러한 설명만으로는 인간에게 ‘본래적으로 내재한’ 잠재적 폭력성·공격성을 충분히 설명해 주지 못한다. 다시 말해 “인간은 왜 폭력적·공격적 성향을 타고나는 것일까?”에 대한 더 깊은 해명이 필요하다는 것이다. 진화심리학은 바로 이 문제에 대한 해답을 내놓고 있다. 인간의 진화사를 거슬러 올라가서 인간의 마음에 폭력성·공격성이 자리잡게 된 유래를 밝혀준다. 폭력적이고 공격적인 행동이 오늘날 어떠한 평가를 받느냐의 문제를 떠나서 우리의 원시조상에게 있어서 폭력성·공격성은 그들의 생존과 번식에 유리했기 때문에 진화된 심리적 기제의 한 형태로 인간의 마음에 남아있게 되었다는 것이 진화심리학의 입장이다.

폭력성·공격성에 대한 진화심리학의 설명을 이해하고 수용하는 데 있어서 각별한 주의를 당부하고 싶다. 폭력성·공격성이 생존과 번식에 도움이 되어 진화된 심리적 기제로 자리잡게 되었다는 설명이 자칫 폭력성과 공격성을 미화하거나 정당화하는 것처럼 오인[1]되어서는 안 될 것이다. 진화심리학은 그저 인간이 폭력성·공격성을 선천적으로 타고나게 되는 근본적인 이유를 과학적·객관적으로 기술하고 있을 뿐이다. 또 진화심리학의 주장을 더 들여다보면, 폭력성·공격성이 진화된 심리적 기제의 하나이듯이, 폭력적이고 공격적인 행동을 규제하고 처벌하기 위한 도덕적 감정이 싹트는 것도 역시 진화된 심리적 기제의 하나라고 보고 있다. 그리고 원시조상들에게는 폭력이고 공격적인 성향이 생존과 번식에 도움이 되었다 하여도 현대사회에서는 오히려 부적응적 결과를 초래할 수 있다는 점에 대해서도 정확히 인식하고 있으며, 그럼에도 불구하고 그러한 성향이 표출되는 이유에 대해서는 '사바나 원칙'에 의해 납득할 만한 설명을 해 주고 있다는 점도 간과하지 않기를 바란다.

진화심리학적 명제들을 규범적으로 확대해석하는 우를 범하지 말자. 진화심리학으로부터 우리는 취할 것만 취하고 버릴 것은 버리면 된다.

---

1) 법학계에서 흔히 발생하는 이러한 오해에 대한 적절한 지적으로는 Owen D. Jones, Behavioural Genetics and Crime, in Context, *69 Law & Contemp. Probs. 81* (2006) 참조. 밴더빌트(Vanderbilt) 대학의 법학 교수이자 생물학 교수인 저자는 "설명이 곧 면책은 아니다(Explanation is not exculpation)"라고 지적한다. 앞의 논문, 87면 참조.

I. 머리말

학교폭력은 남녀공학에서 더 많이 발생할까, 아니면 남자학교에서 더 많이 발생할까? 이에 대해서는 흥미롭게도 두 가지 상반된 통계와 분석이 병존한다. 2005년 서울경찰청 생활질서과는, 학교폭력 가해학생은 중학생(1557명)이 고등학생보다(789명) 많으며, 이 중 남녀공학 학생이(1652명), 남학교(424명)와 여학교(275명)보다 많았다고 조사결과를 발표했다. 이러한 결과에 대해 한 일간지는 남녀 서클이 별도로 만들어지면서 연합하고, 강함(폭력)과 아름다움(얼짱) 등으로 이성에게 서로 잘 보이려는 또래의 성향 때문인 것으로 풀이된다고 보도했다.[1] 반면 다른 문헌에 의하면 학교유형별 학교폭력의 비율은 남자중학교, 남녀공학, 여자중학교 순으로 학교폭력피해경험이 많은 것으로 나타났다.[2] 최근의 다른 후속연구[3]와 통계[4]도 이와 같은 결론을 지지해 준다. 이러한 통계와 연구의 사회적 영향력은 지대하다. 실제로 많은 학교가 학교폭력 감소효과가 있다는 판단 하에 남녀별 학교에서 남녀공학으로 전환하는 사례가 늘고 있기 때문이다.[5]

하지만 어느 통계자료나 문헌에 의하더라도 남학생에 의한 학교폭력 비율이 여학생보다 훨씬 높다는 점에 대해서는 결론이 일치한다. 이러한 사실은 우리의 상식과 직관에도 부합되기 때문에 특별히 새로울

1) 세계일보(2005.6.1) 참조.

2) 김미영, "학교체계가 중학생의 학교폭력에 미치는 영향", 한국청소년연구 제18권 제2호(2007) 참조.

3) 김희선, "생태학적 관점에 학교폭력 유발요인이 학교폭력에 끼치는 영향", 이화여자대학교 교육대학원 석사학위논문(2014), 54면.

4) 국민일보 쿠키뉴스(2014.2.4) 참조.

5) 2000년 2월 13일 서울시교육청에 따르면 2000년 남녀공학으로 바뀌는 학교는 중학교 3곳(장안,용마,신현중)과 고교 13곳(구로, 청량, 관악, 광신, 오류, 동도공, 신진공, 은곡공, 숭덕공, 수도전기공, 대경정산, 청원정산, 성동기공)등 모두 16개교로 조사됐다. 이는 지난해 중학교 5곳과 고교 5곳 등 10개교가 남녀 공학으로 전환한 것보다 60%나 늘어난 것이다.

것은 없다. 그런데 그 원인에 대해서 어떻게 합리적으로 설명할 수 있을까? "학교폭력 경험이 성에 따라 차이가 나는 것은 문제행동의 성차는 사회문화적인 남성과 여성에 대한 고정관념을 동일시하는 사회적 성별강화가 청소년기에 주로 이루어지고 있어, 남성이 여성보다 폭력에 있어 더 강화가 되었기 때문이라고 볼 수 있다."는 원인분석[6]이 있지만 이는 그 타당성에 대해 우리의 의구심을 자아내기에 충분하다고 생각된다. 본고는 이러한 일련의 문제의식에서 출발하기로 한다.

학교폭력을 사전에 예방하고 바람직한 대처방안을 마련하기 위해서는 무엇보다도 학교폭력을 유발하는 원인이 무엇인지에 대한 정확한 진단이 선행되어야 함은 재론의 여지가 없을 것이다. 그동안 학교폭력의 유발요인에 대해서는 여러 가지 이론적 접근이 있었다. 지배성 이론, 동종애 이론, 매력 이론, 사회적 통제이론, 영토성 이론, 사회적 기술결함 이론, 마음 이론, 생태학적 이론 등이 바로 그것이다. 본고에서는 여기에 더하여 진화심리학적 분석을 시도해 보고자 한다. 오늘날 진화론적 관점의 수용은 어느 학문분야를 막론하고 모든 곳에 퍼져 있다고 보아도 과언이 아니다. 생물학이나 자연과학뿐 아니라 철학과 사회과학은 물론 예술분야에 이르기까지 진화론적 시각이나 개념을 활용하지 않는 분야가 거의 없다. 법학도 마찬가지다.[7] 이에 본고에서는 인간의 마음과 행동이 어떻게 작동하는지에 대한 이론으로서 최근 각광을 받고 있는 진화심리학을 학교폭력의 원인분석에 원용해 보고자 한다. 다만 진화심리학적 관점의 수용에 있어서 이러한 접근방법이 완전한 해결책을 마련해 주리라고는 전제하지 않을 것이다.[8] 또한 진화심리학적 관점을

6) 김미영, 앞의 논문, 306면 참조.

7) 이 점에 대한 간략한 논의로는 John Monahan, Could "Law and Evolution" be the next "Law and Economics"?, *8 Va. J. Soc. Pol'y & L. 123* (2000) 참조.

8) 진화심리학자인 Martin Daly와 Margo Wilson도 진화심리학적 통찰들이 사회적 또는 심리학적 분석에 대한 유일한 대안이 아니라 보다 완전한 이해를 위한 보완적 요소로 간주되어야 한다고 주장한다. Martin Daly & Margo Wilson, Crime and Conflict: Homicide in Evolutionary Psychological Perspective, *22 Crime & Just. 51* (1997), 91면. "Evolutionary insights should not be viewed as alternatives

원용하되 동 관점에 대한 비판적 견해를 공정하게 검토하는 작업도 지면관계상 생략하고자 한다.[9] 단지 이를 통해 학교폭력의 문제해결을 위한 다원적이고 복합적인 접근방식에 조금이나마 기여할 수 있다면 공들여 이 논문을 집필할 가치는 충분할 것이다.

II. 진화심리학적 관점에서 본 인간의 폭력성

1. 진화심리학의 목표와 의의 및 기본전제

(1) 진화심리학의 목표와 의의

본격적인 논의에 앞서서 진화심리학에 대한 개략적인 설명이 필요할 것이다. 심리학이란 학문분과는 법학적 논의에 자주 등장해 왔지만 진화심리학이란 용어는 우리에게는 여전히 낯선 개념이다.

진화심리학의 목표는 진화론의 관점에서 인간의 마음과 뇌의 기제를 이해하는 것이다.[10] 즉, 오랜 진화사에 걸쳐서 어떻게 인간의 마음

---

to sociological and psychological analyses but as complementary components of a more complete understanding."

9) 진화심리학을 비롯한 진화론의 파생분야에 대해 비교적 객관적 입장에서 공정하게 소개하고 있는 것으로 평가받고 있는 비판적 연구서로는 케빈 랠런드·길리언 브라운/양병찬 역, 센스 앤 넌센스 (동아시아, 2014). 동 문헌은 무엇이 '진짜 과학'이고, 무엇이 '허무맹랑한 그저 그런 이야기'인지 구분할 수 있도록 도움을 준다. 동 문헌은 진화심리학에 관한 많은 문제점을 제기하면서도 "인간의 정신을 진화이론의 영역으로 끌어들이는 데 성공했다"고 평가하고 있다. 케빈 랠런드·길리언 브라운/양병찬 역, 앞의 책, 262면.

10) 데이비드 버스/이충호 역, 진화심리학 (웅진 지식하우스, 2012), 29면. 진화심리학의 표준적 교과서로서 인정받고 있는 동 문헌의 저자인 데이비드 버스는 책 '서문'에서 "인간의 마음을 이해하기 위한 탐구는 숭고한 일이다. 진화심리학 분야가 발전하면서 우리는 수십만 년 동안 궁금하게 여겨온 수수께끼들에 대한 답을 얻기 시작하고 있다. 그런 수수께끼들이란, 우리는 어디에서 왔을까, 우리와 다른

이 현재와 같은 형태로 진화했는지를 탐구하는 학문영역이다. 여기서 핵심은 인간의 '마음'도 인간의 '육체'와 마찬가지로 '자연선택'에 의해 '진화했다'고 보는 관점을 취하고 있다는 점이다. 다시 말해 인간의 심리적 특질을 형성하는 유전자 복합체가 자연선택에 의해 진화해 현재의 심리적 기제를 만들어 냈다는 입장이다. 즉 우리가 인간의 손가락이 다섯 개인 이유, 직립보행을 하는 이유, 큰 뇌를 갖게 된 이유 등에 대해 의문을 품고 진화론적 해명이 가능하듯이 마음에 대해서도 진화론적 탐구가 가능하다고 전제한다는 것이다. 예컨대 도대체 '왜' 마음은 이렇게 설계되었고 또한 '어떠한 과정을 거쳐' 설계되었으며 그 기제나 구성요소는 어떤 것이고, 그것들은 어떻게 조직되었는지, 아울러 그 구성요소들의 '기능'과 조직구조는 '무엇'인지, 그리고 그렇게 진화된 마음은 어떤 일을 하도록 설계되었는지 등을 연구하는 학문이 바로 진화심리학인 것이다. 나아가 진화심리학은 현재 환경의 입력은 사람 마음의 설계와 '어떻게' 상호작용해 관찰 가능한 행동을 낳는지 등에 대한 질문에 답하는 것을 목표로 한다.

진화심리학은 진화론의 다른 분과, 예컨대 인간행동생태학과 비교해 볼 때 진화심리학의 연구의 초점은 '진화된 심리적 메커니즘'이지, '진화된 행동의 패턴'이 아니라는 점에 특히 유념할 필요가 있다. 특정 문제상황에 대한 행동방식은 얼마든지 다양하게 나타날 수 있다. 예를 들어 부정을 범한 배우자에 대한 남성의 반응은 폭력을 택할 수도 있고 오히려 배우자에게 더 잘 대해 줄 수도 있기 때문에 이러한 문제상황에 대한 행동패턴은 일정하지 않다. 따라서 이러한 문제상황에 대해 '행동수준'이 아닌 '심리수준'에서 신뢰할 만한 반응패턴을 찾아내는 것이 더 의미있고 충분히 가능하다"는 것이 바로 진화심리학의 입장이다. 그 예로 '뱀과 거미'에 대한 공포, '언어의 습득능력', '넓게 트인 전망에 대한 선호', '이성의 특정한 외모나 성격 선호', '속임수에 대한 민감성'

생물의 관계는 어떤 것일까, 사람이란 존재를 정의하는 마음의 기제는 무엇일까 하는 것들이다."라고 진화심리학의 목표를 밝히고 있다.

등이 있다.[11)]

(2) 진화심리학의 대전제

다음으로 진화심리학이란 학문을 이해하기 위해서는 이 학문이 기초하고 있는 주요 전제를 살펴볼 필요가 있을 것이다. 일반적으로 진화심리학은 크게 다음과 같은 두 가지 전제에 기초하고 있는 것으로 볼 수 있다.[12)]

첫째, "우리의 생각, 기분, 행동은 인간 개개인의 경험과 각자의 환경이 낳는 결과물일 뿐만 아니라 수백만 년 전에 살던 우리 조상에게 일어난 일들 때문에 생긴 결과물이기도 하다. 우리 인간의 본성은 지난날 조상들이 경험한 것들이 축적된 산물이며, 그것은 오늘날 생각하고 느끼고 행동하는 방식에 영향을 미친다."

둘째, "인간 본성이란 보편적이기 때문에 - 즉 때로는 모든 인간에게, 때로는 특정한 성에 대 해당하는 사람들에게만 공통되게 나타나기 때문에 - 인간의 생각, 기분, 행동은 넓게는 이 세상 모든 사람들에게 공통된 것이다. 세계 각지의 다양한 사회를 언뜻 보면 그들 간에 커다란 문화적 차이가 있는 것 같지만 우리의 일상생활은 어느 지역과 사회를 막론하고 그 모습과 본질에서 크게 다르지 않다."

인간의 행동은 타고난 본성과 각자 살면서 겪게 되는 독특한 경험과 환경, 이 두 가지가 함께 낳은 결과물이라는 명제에 동의하지 않는 사람은 거의 없을 것이다. 또 실제로 이 두 가지 모두가 우리의 생각과 감정, 행동에 중요한 영향을 미친다. 진화심리학도 이 명제에 전적으로 동의한다는 점이다. 다만 그 '관심영역'에 있어 특히 '본성'을 집중적으로 탐구하는 학문이라는 것이다. 대부분의 사회과학자들과, 여전히 많은 사람들은 인간의 특질과 행동이 거의 전적으로 환경에 의해 결정된

---

11) 케빈 랠런드·길리언 브라운/양병찬 역, 앞의 책, 207면 이하 참조.
12) 이 점에 대해서는 앨런 S.밀러·가나자와 사토시, 진화심리학 (웅진 지식하우스, 2008), 12-13면 참조.

다고 생각한다. 진화심리학은 이러한 환경결정론자들과 달리, 생물학적 요인이 환경보다 중요해서가 아니라 두 가지가 적절히 고려되어야 한다고 생각하기 때문에 특히 '본성'을 강조하고자 한다.

(3) 진화심리학의 4가지 원칙

진화심리학은 진화생물학을 인간 행동에 응용하는 학문이다. 진화심리학의 특징은 다음 네 가지 원칙으로 요약된다.[13)]

제1원칙: "인간도 동물이다. 인간은 분명히 독특하지만 독특하다는 것 자체는 독특한 게 아니다. 모든 종은 독특하며 각자가 처한 환경에 적응하는 과정에서 각자의 독특함을 진화시켜왔다."

제2원칙: "인간의 두뇌라고 특별할 것은 없다. 진화심리학자에게 두뇌는 손이나 췌장과 마찬가지로 그저 또 하나의 신체부위일 뿐이다. 수백만 년에 걸친 진화과정에서 손이나 췌장이 특정한 기능을 수행하도록 점차 형태를 갖추게 되었듯이, 인간의 두뇌 역시 인간이 성공적으로 생존하고 자손을 번식하도록 적응문제를 해결하는 기능을 수행하는 쪽으로 형태를 갖춰 진행해 왔다."[14)]

제3원칙: "인간의 본성은 타고나는 것이다. 즉 거의 모든 인간에게서 공통적으로 나타나는 기본적인 감정과 행동패턴은, 개나 고양이가 그들만의 본성을 타고나듯이 인간도 타고난다는 것이다. 물론 사회화와 학습은 인간에게 무척 중요한 문화적 과정이지만, 인간은 바로 그 문화적 학습능력을 생래적으로 가지고 태어난다는 것이다. 문화와 학습은 인간에게 적합한 진화적 설계의 일부다. 예컨대 사회화는 이미 인간 두뇌 속에 존재하는 기본적인 선악의 분별이나 이롭고 유해한 것의 구별, 독충과 포식자 등 자연계의 위험원에 대한 두려움 등을 단순히 반복하고 강화하는 기능을 할 뿐이라는 것이다. 인간은 결코 '빈 서판(tabula)' 상태로 태어나는 것이 아니라는 것이 진화심리학의 입장이다."

제4원칙: "인간 행동은 타고난 인간 본성과 환경이 함께 낳은 산물이다. 똑같

13) 위 네 가지 원칙을 간명히 정리해 주고 있는 문헌으로는 앨런 S.밀러·가나자와 사토시, 앞의 책, 26-28면.

14) 이러한 입장은 후술하듯이(제10장) 기본적으로 뇌-마음 동일론의 연장선 상에 있다고 볼 수 있을 것이다.

은 유전자도 주어진 환경에 따라 다르게 발현될 수 있다. 다만 그렇다 하더라도 인간의 타고난 본성과 인간이 자라나는 환경은 행동의 결정요소로서 동등하게 중요하다는 것이 진화심리학의 원칙이다. 환경결정론은 틀렸고 이에 경도되지 말라고 경고하는 것이 진화심리학의 입장이다."

(3) 사바나 원칙

진화심리학적 논증에서 자주 등장하는 원칙 중에 하나가 있다. 바로 '사바나 원칙'이라는 것이다. 낯선 개념이지만 이는 매우 중요한 원칙이므로 충분히 설명할 필요가 있을 것이다.

아주 친숙한 예를 하나 들자면 우리는 대부분, 모두는 아니겠지만, 대체로 달고 기름진 음식을 좋아한다. 이러한 심리적 성향에 대해 진화심리학은 과거에 우리의 원시 조상들이 그러한 음식을 좋아하게끔 '초창기 환경'[15]에 적응했기 때문이라고 설명한다. 왜냐하면 그 당시에 열량이 높은 달고 기름진 음식은 쉽게 구하기 어려운 식량원이었고, 이를 많이 먹는 것은 생존하기 위해 음식을 충분히 구해야 한다는 적응문제를 해결하기 위한 전형적인 적응적 행동의 하나이기 때문이다. 그런데 달고 기름진 음식을 좋아하게 되면 비만과 암, 기타 많은 성인병에 노출되어 오히려 생존하기 더 나쁜 기이한 상황에 직면하게 된다. 그렇다면 왜 인류는 초기 환경에 대한 적응 이후 더 이상 진화하지 못했을까? 이에 대한 진화심리학의 '해명'을 들어보자.

진화심리학자들은 인간의 손이나 췌장의 기본적인 형태와 기능은 지금으로부터 약 1만 년 전인 플라이스토세(빙하기)[16] 말기 이후 변함이 없었듯이, 두뇌의 기본적인 기능 역시 지난 1만 년 간 그다지 달라지지 않았다고 주장한다. 인체(두뇌를 포함)는 인간이 현세의 대부분에 걸쳐 살아온 지구상의 아프리카 사바나 등지에서 수백만 년에 걸쳐 진화해

15) 이 초창기 과거의 선택환경은 '진화적 적응환경(EEA: environment of evolutionary adaptedness)'이라고 칭하며, 일반적으로 EEA라 하면 석기시대 수렵채집인 조상들이 생활했던 플라이스토세 환경을 말한다.

16) 플라이스토세(Pleistocene)는 170만 년 전부터 1만 년 전까지의 기간이다.

왔다. 친족 관계의 수렵채집인이 150명 남짓 되는 작은 무리로 모여 살던 초창기 환경은 이른바 '진화적 적응환경(environment of evolutionary adaptedness, EEA)'이라고 불린다.17) 두뇌를 포함해 우리의 신체는 바로 이 초창기 환경에 적응한 산물이라는 것이 그들의 주장이다. 한 마디로 "우리는 21세기에 살고 있지만 우리의 두뇌는 '여전히' 석기시대의 두뇌라고 것"이다.18)

진화심리학은 초창기 현생인류는 진화사 중 99.9퍼센트에 해당하는 기간 동안 아프리카 사바나 등지에서 수렵채집인 생활을 하며 지냈다는 사실에 주목한다. 1만 년 전, 농업혁명이 일어나면서 인류의 선조는 비로소 농경과 축산을 통해 식량을 재배하기 시작한 것이고 오늘날 우리가 주변에서 보는 거의 모든 문명화된 것들은 지난 1만년 사이에 생겨난 것이라고 한다. 그런데 진화론적 시간의 척도에서 1만 년이란 아주 짧은 기간이다. 즉 1만년은 우리의 몸이 그 사이에 등장한 사물에 적응하려고 변화하기에는(정확히 말해, 새로운 변이가 발생하기에는) 정말로 충분하지 못한 시간이다. 왜냐하면 인간이 성숙하고 자손을 번식시키는 데에는 오랜 시간이 걸리는 것에 비해 환경은 너무나 급속히 바뀌어 왔기 때문이다. 불과 20년 전만 해도 대다수 사람들은 인터넷이

---

17) 유의할 점은 진화적 적응환경이 특정 시간이나 장소를 가리키는 것은 아니라는 것이다. 이 개념은 특정 적응을 만들어내는 데 필요한 진화기간에 일어난 선택압력들의 통계적 종합을 가리킨다. 다시 말해 각 적응의 진화적 적응환경은 긴 진화 시간 동안 적응을 빚어내는 데 관여하는 선택의 힘들 또는 적응 문제들을 말한다. 예컨대 눈의 진화적 적응환경은 수억 년에 걸쳐 시각계의 각 요소를 만들어낸 특정 선택압력들을 가리킨다. 두발 보행의 진화적 적응환경은 약 440만 년 전으로 거슬러 올라가는 비교적 짧은 기간에 걸쳐 작용한 선택 압력들을 포함한다. 이와 같이 각각의 선택마다 나름의 독특한 진화적 적응환경이 있는 것이다. 그리고 어떤 적응의 '진화 기간'은 그것이 조금씩 만들어져 그 종의 보편적인 설계로 자리잡을 때까지 걸린 시간을 말한다. 데이비드 버스/이충호 역, 앞의 책, 83면 참조.

18) 플라이스토세 이후 뇌의 기능에 중요한 유전적 변화가 일어날 만한 시간적 여유가 없었다는 진화심리학의 주장에 대한 비판적 견해로는 케빈 랠런드·길리언 브라운/양병찬 역, 앞의 책, 359-361면 참조.

나 핸드폰을 일상적으로 사용할 수 없었다. 진화심리학은 바로 이 점에 주목하여 우리는 1만 년도 더 전에 우리 조상이 지녔던 것과 똑같은 진화된 심리적 기제를 아직까지 지니고 있다고 주장한다. 이로부터 '사바나 원칙(savana principle)'이란 진화심리학적 명제가 탄생하게 된다. 동 원칙을 요약하자면, "인간의 두뇌는 초창기 환경에는 존재하지 않았던 개체와 상황을 파악하고 대처하는 데 어려움을 겪는다."는 것이다.

2. 폭력성에 대한 진화심리학적 설명

이상 논의한 배경지식을 토대로 인간의 폭력성 또는 공격성에 대한 진화심리학적 설명을 검토해 보기로 한다.

(1) 적응 문제의 해결책으로서의 폭력성(공격성)

개념적으로 폭력성과 공격성은 구분되어야 하겠지만[19] 관계법령의

19) 학자들에 따라서는 공격성(aggression)은 다른 사람의 감정이나 신체에 해가 되는 행동으로, 상대적으로 덜 심각한 수준의 해를 가하는 행위로 제한되고, 예컨대 신체적인 구타 외의 따돌림과 소리 지름, 위협과 같은 다양한 행동이 포함된다고 하며, 이에 비해 폭력(violence)은 의도적으로 특정 개인이나 집단을 대상으로 위협을 가하거나 실질적으로 물리적 힘을 사용함으로써 상해 또는 사망의 원인이 되는 행동으로 정의하기도 한다. 이러한 견해에 의하면 똑같이 사람을 때리는 행위도 아동기의 경우는 심각한 상처를 남기지 않으므로 공격성으로 불리고, 청소년기에는 상처를 남기거나 치료를 요하는 심각한 수준으로 나타나므로 폭력으로 칭할 수 있다고 한다. 김민정, "아동기 공격성과 청소년 폭력의 연속성에 영향을 미치는 또래·학교 영역의 위험 및 보호요인에 관한 연구", 학교사회복지 제23권(2012), 3-4면 참조. 그러나 '학교폭력'의 정의상 이러한 의미의 공격성과 폭력성이 엄격히 구분되지 않는다고 판단되므로 본고에서는 공격성과 폭력성을 유사한 뜻으로 혼용하기로 한다. '학교폭력'은 학생을 대상으로 한 상해, 폭행, 감금, 협박, 약취·유인, 명예훼손·모욕, 공갈, 강요·강제적인 심부름 및 성폭력, 따돌림, 사이버 따돌림, 정보통신망을 이용한 음란·폭력 정보 등에 의하여 신체·정신 또는 재산상의 피해를 수반하는 행위를 통칭하기 때문이다. 학교폭력예방 및 대책에 관한 법률 제2조의1 참조.

정의상[20] 양자를 명확히 구분할 큰 실익은 없을 뿐 아니라, 오늘날 문명화된 사회에서는 신체적 해악을 수반하는 원시적 형태의 폭력은 대부분 법적으로 금지되어 사실상 외부적 표출이 억제되고 있는 관계로 그보다 훨씬 자주 표출되어 드러나는 문화적으로 변형된 형태의 공격성에 초점을 맞추는 것이 학교폭력의 원인에 접근함에 있어서 더 적절하다고 판단되므로 본고에서는 폭력성과 공격성을 혼용하되, 여기서 다루는 공격성은 진화심리학적으로 볼 때 인간의 진화된 심리적 기제의 하나인 공격적 성격에서 비롯된 일체의 심리적·무형적·경제적·문화적 형태의 가해행위를 통칭하는 것으로 보고자 한다.

(가) 공격성의 기원에 대한 6가지 가설

진화심리학은 인간의 공격적 성향이 다음과 같은 적응 문제의 해결책으로 진화해 왔다고 본다.[21]

첫째 적응문제는 '남의 자원 탈취'다. 사람은 역사를 통해 생존과 번식에 소중하게 여겨진 자원을 저장하는 특징이 어떤 종보다 강하게 나타난다. 남이 차지하고 있는 귀중한 자원에 접근하는 방법은 경제적 교환, 절도, 강도, 사기 등 여러 가지가 있다. 그리고 공격성 또한 남의 자원을 탈취하는 한 가지 수단이다. 공격성의 현대적 형태에는 학교에서 다른 학생의 용돈이나 책, 가죽 재킷, 명품 운동화, 시계를 빼앗는 학교폭력도 포함된다.

둘째 적응문제는 '공격에 대한 방어'다. 공격적 성향의 동종의 존재는 잠재적 피해자에게 심각한 적응문제를 야기한다. 소중한 자원을 잃을 수도 있고, 부상이나 죽임을 당할 수도 있어 생존과 번식 면에서 모두 큰 손실을 입을 수 있기 때문이다. 따라서 공격에 대한 가장 적극적 방어방법인 공격은 자신의 배우자나 자식이나 친족에게 미칠 수 있는

20) 학교폭력예방 및 대책에 관한 법률.

21) 이하의 가설은 데이비드 버스/이충호 역, 앞의 책, 464-469면에 소개된 내용을 요약한 것이다.

잠재적 피해를 방지하는 기능도 한다. 상대의 부당한 공격에 맞서려는 의지가 부족한 사람은 공격 대상자로 선택되기 쉽다.

셋째 적응문제는 '동성 경쟁자에게 값비싼 비용 치르게 하기'다. 세 번째 적응문제는 이성에 대한 접근과 같은 동일한 자원을 놓고 경쟁하는 동성 경쟁자 때문에 생겨난다. 경쟁자에 대한 공격은 상대방을 폄하하는 말부터 폭력과 살인에 이르기까지 다양하다. 남자와 여자는 둘 다 동성 경쟁자를 깎아내리고, 상대방의 지위와 평판을 헐뜯어서 이성에게 덜 바람직한 사람으로 보이게 한다.

넷째는 '지위와 권력 서열 협상'이라는 적응문제다. 현대 원시부족 남자들은 곤봉 싸움을 일종의 의식처럼 벌이면서 그 과정에서 살아남은 남자는 존경과 두려움의 대상이 되며 지위와 권력을 얻는다. 거리의 폭력배도 동료나 경쟁 폭력단원을 구타하면서 난폭성을 드러내는 사람은 지위가 올라간다.

다섯째는 '경쟁자의 장래 공격 억지'라는 적응문제다. 누구든지 자신에게 도전하면 반드시 응징함으로써 주위로부터 공격적이라는 평판을 얻으면 다른 사람의 공격이나 다른 형태의 비용 부과 시도를 억지할 수 있다. 다시 말해 공격성과 공격성에 대한 높은 평판은 일종의 억지력을 발휘해 자신의 자원과 배우자를 탈취하려는 다른 사람의 시도에 대한 적응 문제를 해결해 준다.

여섯째는 '장기적 배우자의 불륜 억지'라는 적응문제다. 여섯 번째 가설은 공격 위협이 장기적 배우자의 불륜을 저지하는 기능이 있다는 것이다. 많은 경험적 증거에 의하면 남자의 성적 질투가 배우자 폭력의 주요 요인이거나 부추기는 맥락임을 시사한다. 예컨대 매 맞는 여성 보호 기관을 조사한 연구에 따르면, 대다수 사례에서 여자들은 남편이나 남자 친구의 지나친 질투심을 폭력의 주요 원인으로 꼽는다.[22)]

---

22) 이상의 내용은 데이비드 버스/이충호 역, 앞의 책, 464-467면 참조.

(나) 공격성의 맥락특정성

이상의 여섯 가지 주요 적응문제의 전략적 해결책으로서 인간의 공격성이 진화했다는 것이 진화심리학의 설명이다. 그런데 이 공격성은 주어진 적응문제 대한 유일한 전략이거나 맥락과 무관한 전략이 아니다. 그보다는 공격성은 특정 적응문제에 맞닥뜨려 특정 편익을 얻을 수 있는 맥락에서만 작동되는 맥락특정성이 아주 강한 전략이다.

배우자의 잠재적 불륜이라는 적응문제를 해결하기 위해 폭력을 사용하는 사례를 예로 들면, 이 문제는 배우자로서의 가치가 상대적으로 자신의 처보다 낮거나 여자들이 소중히 여기는 자산의 감소(예컨대 실직)를 겪은 남자들이 직면할 가능성이 더 높다고 한다. 그러한 조건에서는 여자가 불륜을 저지르거나 관계 자체를 완전히 끊을 확률이 더 높기 때문이다. 따라서 그러한 조건에 처한 남자는 불륜을 저지르거나 관계를 끊을 가능서이 낮은 배우자를 둔 남자보다 공격성을 더 드러낼 것으로 예측할 수 있다. 이처럼 진화심리학은 적응문제의 해결과정에서도 공격성(폭력성)이 항시 표출되는 것이 아니라 특정한 맥락에서만 표출되는 전략이라고 이해한다.

그러한 맥락의 하나인 비용의 측면에서 볼 때, 적응적 편익을 가져오는 맥락은 우선 피해자의 보복능력과 의지이다. 학교폭력의 경우 타인을 괴롭히는 학생은 대개 보복을 할 능력이 없거나 할 생각이 없는 피해자나 '희생양'을 선택한다.

또 다른 중요한 맥락은 공격성이 평판에 미치는 결과와 관련된 것이다. 공격성은 지위와 권력을 향상시켜 지배성을 높이는 기능을 하기도 한다. 학교폭력의 가해 학생이나 조직폭력배 단원이 다른 사람에게 물리적 처벌을 가하는 능력을 통해 지위를 얻을 수 있음은 잘 알려진 사실이다. 또 '명예를 중시하는 문화'에서는 모욕을 받았을 때 공격을 가하지 않으면 지위가 추락할 수 있다. 살인 피해자의 가족이 가해자에게 보복을 하지 않으면 위신과 명예의 추락을 가져온 중세 유럽의 문화가 그 일례다.[23] 하지만 보복이 언제나 평판의 향상을 가져오는 것은 아니다. 어떤 맥락에서는 공격자가 공격행위 때문에 평판이 크게 손상된다. 예컨대 학계에서는 물리적 공격을 하면 오히려 그 사람은 학계에서 추방될 수 있다.[24]

요컨대 진화심리학의 관점에서 보면 공격성이 늘 똑같이 표출되는 것은 아니다. 진화한 심리적 기제는 맥락에 민감하도록 설계되어 있기 때문이다. 그렇지만 맥락과 문화, 개인에 따라 공격성에 차이가 나는 것일 뿐, 공격성에 개인적 편차가 있다고 해서 6가지 진화가설이 곧바로 부정된다고 말하기는 어렵다.

(2) '문화적 보편성'으로서의 '남성 폭력'의 진화적 토대: 일부다처제, 부모투자이론, 성선택이론

세상에는 수많은 '문화적 보편성(cultural universals)', 즉 우리에게 알려진 모든 문화에 공통적으로 나타나는 인간사회의 특징이 존재한다. 진화심리학적 관점에서 보면, 인간의 문화는 인간 본성이 사회 수준에서 발현된 것이고 또 인간본성은 모든 인간에게 보편적이기 때문에 세상에는 수없이 많은 문화적 보편성이 존재할 수밖에 없다. 폭력성과 관련해 보자면, 서론에서 언급한 통계자료에서도 확인할 수 있듯이 모든 사회에서 범죄와 폭력행위 중 압도적 대다수를 저지르는 자가 남자라는 사실도 바로 여러 형태의 문화적 보편성 가운데 하나다. 그 이유가 뭘까?

마틴 데일리와 마고 윌슨 등의 살인에 관한 진화심리학 연구는 인간이 진화의 역사에서 사실상 일부다처제, 즉 기혼 남자 다수가 둘 이상의 부인을 거느리고 있었음에 주목한다. 일부다처제 사회에서는 일부의 남성이 모든 여성에게 번식을 위해 접근할 권한을 독점하며, 그 외의 다른 남성은 번식 경쟁에서 배제된다. 그러한 사회에서 다른 일부 남성은 자식을 하나도 못 남기지만, 여성은 거의가 자식을 남긴다. 이처

---

23) 이러한 사례의 소개로는 안성조, 현대 형법학 제1권 (경인문화사, 2011), 57-59면 참조.

24) 데이비드 버스/이충호 역, 앞의 책, 467-469면 참조.

럼 번식 경쟁에서 '승자'와 '패자' 사이의 격차는 여자보다는 남자 사이에서 훨씬 크다. 남성과 여성 사이에서 나타나는 번식 성공도의 불균형 때문에 결국 남성은 번식경쟁에서 낙오되지 않기 위해 경쟁적으로 노력할 수밖에 없다. 그런데 번식 성공률의 차이가 클수록 자연선택은 차이가 더 크게 나타나는 성으로 하여금 더 위험한 전략을 선호하게 만든다.[25] 경쟁자와 치열한 격투를 벌이는 전략과 이성을 유혹하는 데 필요한 자원을 얻고자 절도나 강도와 같은 큰 위험을 무릅쓰는 전략을 포함해, 일부다처제는 남성에게 본질적으로 위험한 전략을 선호하게끔 만든다는 것이다.[26] 한편 번식 실패에 직면에 사람에게는 위험하고 공격적인 전략이 마지막 수단이 될 수 있다. 살인통계자료에 따르면 부유한 기혼남성에 비해 가난한 미혼남성의 살인비율이 더 높다고 한다.[27]

이상의 논의를 정리하면 일부다처제가 어느 정도 나타나는 사회에서 남성이 공격성을 사용하는 맥락은 두 가지가 있다. 첫째, 한 남자가 여러 배우자에게 성적으로 접근함으로써 '큰 성공'을 거두기 위한 공격성, 둘째, 번식에서 완전히 밀려나는 것을 피하기 위한 공격성이 바로

25) 극단적인 예로서 캘리포니아 주 북부 해안에 사는 코끼리 물범은 전체 수컷 중 단 5%가 번식기에 태어나는 전체 새끼 중 85%의 생부가 된다. 또 이처럼 번식 성공률에 큰 차이가 나는 종은 다양한 신체 특징에서 성적 이형(몸 크기나 모양의 차이)이 나타나는 경향이 있다. 코끼리 물범은 수컷이 암컷보다 몸무게가 4배나 많이 나간다. 인간은 남자가 여자보다 평균 19% 정도 몸무게가 더 나가며 몸무게에서 나타나는 성적 이형은 비교적 경미한 편이다.

26) 예컨대 어떤 동물이 먹이를 얻는 세력권을 확보하는 데에는 성공했지만 거기서 얻는 먹이는 생존하는 데는 문제가 없지만 번식을 하기 위해서는 충분하지 못하다고 할 때, 포식 동물 등 위험을 무릅쓰고 안전한 세력권 밖으로 모험을 하는 수컷만이 번식에 성공할 수 있다. 분명 일부는 포식자에게 잡아먹히겠지만, 일부 수컷은 포식 동물의 공격을 피해 여분의 먹이를 구해 돌아와 번식에 성공할 수 있다. 하지만 그러한 모험을 시도하지 않는 수컷은 아예 번식할 기회조차 얻지 못한다. 이러한 상황은 번식을 위한 전략으로 모험 감수를 선호한다. 이러한 맥락에서 자연선택은 체처럼 작용해 모험을 하지 않는 수컷을 걸러낸다는 사실을 이해할 수 있다.

27) 데이비드 버스/이충호 역, 앞의 책, 470면.

그것이다. 이처럼 경쟁은 남성들 간에 벌어지는 과도한 폭력(살인과 폭행 등)으로 이어지며, 남자 사이에 벌어지는 다수의 살인은, 여자 간, 혹은 남녀 간에 벌어지는 살인의 수와 비교할 때, 짝을 얻으려는 남성 간의 경쟁이 낳은 직접적인 결과라는 것이 진화심리학의 설명이다.[28)]

남성들 간에 벌어지는 공격적 행동 중 대다수는 명예나 지위 또는 남자들간의 평판 같은, 혹자가 보기엔 상대적으로 '사소한 일'에서 시작된다. 하지만 진화심리학적 관점에서 보면 그러한 평판은 결코 '사소하지' 않다. 그 이유는 부모투자이론과 성선택 이론으로 설명할 수 있다. 두 이론에 따르면 자식에게 투자를 더 많이 하는 성(대개 암컷)은 짝짓기에서 배우자를 선택하는 데 더 주의를 기울인다. 그러한 선택의 기준 중 하나는 사회적 지위다. 사회적 지위는 자원의 획득능력을 알려주는 보편적 단서이기 때문이다. 지위가 높은 사람에게는 더 많은 식량, 더 넓은 땅, 더 안전한 보호, 더 우수한 건강관리 등이 자연히 따라온다. 따라서 자연선택에 의해 여성은 일반적으로 지위가 높고 평판이 우수한 남자를 선호하게 되고 바로 그렇기 때문에 한 남자의 지위와 예나 지금이나 평판은 그의 번식 성공도와 직접적 상관이 있다. 따라서 남자는 자신의 명예를 지키는 데 아주 의욕적이며(의식적이건 무의식적이건), 그러기 위해서는 가끔 극단으로 치닫기도 한다는 것이다.[29)]

이처럼 지위와 평판은 남성에게 매우 중요하다. 진화심리학의 설명에 의하면 대부분의 사회적 환경에서 남성의 평판은 도발에 대해서는 언제든 확실하게 응징을 위해 폭력을 사용할 수 있는 상태를 유지하느냐 못하느냐에 달려 있다고 한다. 이해갈등은 어느 사회에나 존재하며 따라서 한 사람의 이익은 경쟁자들의 도발을 사전에 억제하지 않으면

28) 동지의 입장으로는 로버트 라이트/박영준 역, 도덕적 동물 (사이언스북스, 2003), 160-161면 참조.

29) 평판 때문에 불필요할 정도로 극단적인 공격행동을 일삼는 사례는 우리 주변에 흔하다. 현대 사회에서는 평판에 과도하게 반응하는 것이 비합리적이고 결과적으로 손실이 더 클 수도 있음에도 불구하고 그러한 공격행동에 몰두하게 되는 심리적 메커니즘은 전술한 '사바나 원칙'에 비추어 보면 충분히 이해할 수 있다.

언제든 침해될 수 있기 때문에 가장 효과적인 억제책은 자신에게 손해를 끼치고 이득을 보려 한다면 반드시 가혹한 응징을 당할 것이고 위험을 감수하고서라도 도전자에게는 치명적인 손실을 입힐 것이라는 확신을 경쟁자들에게 심어줌으로써 유지되고 증대되는 것이라고 한다. 단지 자신을 무시한다는 이유로 상대방을 칼로 찌르는 빈민가의 폭력배는 특정한 사회의 산물이 아니라 전 세계 모든 문화권에서 발견되는 보편적 인물이다. 영어를 포함해 많은 언어에서 명예(honor)라는 말은 불가피할 때는 피를 보더라도 모욕에 대해서는 반드시 복수를 하겠다는 결의를 의미한다.[30)]

사실 이런 이유 때문에, 비관적인 결론일 수도 있지만, 여러 진화심리학자들은 사형제도가 존재한다고 해서 살인을 근절하지는 못한다고 믿는다. 사형제도는 대체로 대다수 살인이 예모에 의한 것임을 전제로 하지만 현실속의 살인은 사소한 논쟁에서 치명적인 결투로 확대되기 때문이다. 또한 사형제도는 사형의 집행이야말로 행위자에게 더 없이 가혹한 최악의 상황이라는 점을 전제하지만, 진화심리학의 관점에서 보면 사형에 처해져 죽는 것보다 더 나쁜 상황이 있다. 그것은 바로 일부다처제 사회에서 짝을 얻으려고 경쟁하지 않는 남자가 맞이하게 될 '완전한 번식실패'라는 운명이다. 다른 남자와 싸워 경쟁하는 남자는 죽을 수도 있고 아닐 수도 있다. 하지만 경쟁하지 않는 남자는 결국 '유전적으로 사망'하게 된다. 이 세상에 자신의 유전자를 하나도 남기지 못하게 되므로 번식의 측면에서 그 생명을 다하게 되는 것이다.

(3) 폭력성에서 남성과 여성의 차이

이상의 진화심리학적 설명은 남성이 폭력적이고 많은 범죄를 저지르는 이유 중 일부다. 그렇다면 여자로 하여금 범죄를 저지르게 만드는 진화심리학적 동기는 없을까?

이와 관련해 '살아서 버티기' 이론이라는 것이 있다. 흥미로운 명칭

---

30) 스티븐 핑커/김한영 역, 마음은 어떻게 작동하는가 (동녘사이언스, 2010), 762-763면.

의 이 이론은 자식의 생존과 번식 성공도가 부친보다는 모친의 보살핌과 투자에 더 크게 달려 있다는 근본적인 관찰에서 시작된 것이다. 자식이 성적으로 성숙할 때까지 확실하게 살아남도록 물질적으로 돌봐줄 수 있을 만큼 오래 살아남는 것은 아버지보다는 어머니에게 꼭 필요한 일이며 바로 이것이야말로 여성이 남성에 비해 위험을 기피하는 경향이 있는 이유라고 주장한다. 위험을 감수하고 얻을 수 있는 잠재적 이득은 그럼으로써 치러야 하는 잠재적 비용(모친 본인의 생존에 크게 달려있는 자식의 생존여부 그 자체)을 정당화하지 못한다는 것이다. 따라서 여자의 진화한 심리에는 신체 부상 위험이 따르는 상황을 더 두려워하는 성향이 반영되어 있다고 진화심리학은 설명한다.

물론 그럼에도 불구하고 우리 주위를 둘러보면 여성도 때로는 재산이나 짝을 얻기 위해 경쟁해야만 할 때가 분명 있다. 자세히 관찰해 보면 그런 것들이 아주 적을 때에 그렇다. 또 여자는 지위가 높은 남자와 장기적 유대를 시작하기 위해서뿐만 아니라 배우자의 충실성을 유지하기 위해서도 경쟁하는 경우도 있다고 한다. 하지만 여자가 경쟁할 때 쓰는 전술은 대개 위험도가 낮으며(강도보다는 절도, 교살보다는 독살) 간접적(경쟁자와 직접 힘으로 대결하기보다는 그녀 등 뒤에서 부정적인 얘깃거리나 헛소문을 퍼뜨리는 등)인 수단들이다. 예컨대 경쟁자를 비하하는 언어적 공격에 대한 진화심리학 연구를 보면 여자들은 경쟁자의 외모, 즉 번식 가치를 깎아내리는 방법으로 경쟁자를 비하하는 것으로 나타났다(Campbell, 1993, 1999). 예를 들자면 자신의 경쟁자가 과거 남자친구가 많았으며, 성적으로 문란하고, 아무하고나 잠자리를 하려 한다고 말하는 경향이 많다고 소문을 퍼뜨린다는 것이다.[31]

요컨대 진화심리학의 연구결과는 남자가 여자보다 훨씬 폭력적이고 범죄를 많이 저지르는 이유와 더불어 왜 이러한 성차가 문화적으로 보편적인지를 설명해 준다.

아울러 폭력성의 발현에서 드러나는 성차는 본고에서 다루고자 하

31) 데이비드 버스/이충호 역, 앞의 책, 488면 이하 참조.

는, 학교에서 발생하는 폭력적이고 위험한 형태의 공격수단의 사용에서 남녀 차이가 나타날 것이라는 예측을 가능하게 해주며, 실제로 관련 연구는 이를 지지해 준다.[32)]

(4) 비폭력적 경쟁수단: 폭력성의 대안으로서의 과시욕과 창조성

이상 논급한 폭력성(공격성)은 주로 인간의 신체에 대한 물리적 폭력성에 초점을 맞춘 것이다. 하지만 전술한 바와 같이 현대 사회에서는 신체적 해악을 수반하는 물리적 폭력은 대부분 법적으로 억제되고 있는 관계로 이하에서는 그 대신 물리적 폭력의 대안으로서 훨씬 자주 표출되어 드러나는 문화적으로 변형된 형태의 공격성에 주목해 보고자 한다.

과학자든, 예술가든, 문학가든 일반적으로 대다수 사람들은 젊은 시절에 가장 왕성한 창작활동을 보인다. 진화심리학적 관점에서 보면 그 이유는 명백하다. 범죄든 천재적 재능이든 모두 젊은 남자의 경쟁적 욕구가 드러난 것이며, 초창기 환경에서 그 욕구의 궁극적인 기능은 번식성공도를 높이는 것이었다. 전술한 바와 같이 남자는 극심한 경쟁을 통해 번식 측면에서 이득을 얻는다. 짝을 얻으려는 물리적 경쟁에서 경쟁심이 강한 사람은 다른 경쟁자에게 폭력적으로 행동할 수도 있다.

그렇다고 모든 남자가 모든 상황에서 폭력적으로만 경쟁하려 드는 것은 아니다. 범죄나 폭력에 이끌리는 성향이 덜한 남자는 짝을 유인하

---

32) 한 연구에 의하면 물리적 폭력을 당했다고 보고한 비율은 남학생이 36%인 반면, 여학생은 6%에 불과했고, 물건을 빼앗긴 비율은 남학생이 10%, 여학생이 6%에 불과했다. 반면 자신을 불쾌한 별명으로 불렀다고 보고한 비율은 여학생이 74%인 반면, 남학생은 57%에 그쳤다고 한다. 이 중 별명과 가장 많이 퍼뜨리는 소문은 'bitch', 'slag', 'slut', 'whore' 같이 '성적 문란'을 뜻하는 단어를 포함했던바, 이런 사례는 고등학교 여학생들 사이에서는 흔했지만 중학생 사이에서는 사실상 보기 힘들었는데, 이것은 고등학교로 올라가면서 짝짓기의 적응문제들에 맞닥뜨리기 시작하는 동성 간 배우자 경쟁이 증가함을 시사한다고 한다. 데이비드 버스/이충호 역, 앞의 책, 476면 이하 참조.

기 위해 창조적 활동을 통해 자신의 경쟁적 성향을 표출할 수도 있다. 동물학에서 레킹(lekking)[33)]이라고 부르는 현상이 있다. 이는 한쪽 성별의 구성원들이 다른 쪽 성별로 구성된 청중 앞에서 자신의 매력을 과시하며 서로 경쟁하면서 자신의 유전적 자질을 드러내며 활보하는 등의 복합적 행동을 가리킨다. 레킹이 끝나면 암컷은 경쟁의 승자를 선택하여 오직 그 수컷하고만 짝짓기를 한다. 레킹의 승자는 모든 짝짓기 기회를 독식하며, 따라서 나머지 수컷은 기회를 얻지 못한다. 얼핏 보기에는 인간은 이런 현상에서 예외인 것으로 보인다. 하지만 인간사회의 남자도 분명 레킹을 한다. 단, 그 방식이 다를 뿐이다.

진화심리학적 관찰에 의하면 자연계에서 대다수 종의 암컷은 자기 짝으로부터 물질적인 이득을 전혀 받지 않는다. 즉 수컷은 교미행위 중에 암컷의 체내에 정자를 사정하는 것 이외에는 부모로서 어떠한 투자도 하지 않는다. 그래서 암컷에 비해 수컷의 유전적 자질이 중요한 것이다. 사실 유전적 자질 말고는 중요한 것도 없다고 말할 수도 있다. 따라서 자연계에서 대부분의 수컷은 레킹을 통해 자신의 유전적 자질을 과시하고, 암컷은 오로지 그 유전적 자질만을 근거로 짝을 고른다. 인간 남성은 이런 점에서는 사실상 예외이다. 그렇다고 해서 남자의 유전적 자질이 여자에게 중요하지 않다는 뜻은 아니다. 왜냐하면 그것은 남자가 앞으로 재산을 획득하고 지위를 얻을 능력, 부모로서 자식에게 투자할 수 있는 능력을 가늠하게 해 주기 때문이다. 따라서 진화심리학적 관점에서 보면 한 남자의 유전적 자질은 그것이 물질적 자산을 획득하고 축적할 수 있는 잠재력을 예측하게 해주거나 그것과 관련이 있는 한에서만 중요하다고 한다.

남자가 레킹을 할 때, 자신의 유전적 자질뿐 아니라 잠재소득과 축적된 부를 과시하는 이유가 바로 이것이다. 남자는 다른 종들과 달리 주로 비신체적 수단을 이용해 레킹을 한다. 유명 연예인이나 스포츠 스

33) 주로 수컷이, 뇌조나 영양처럼 번식기에 암컷 앞에서 매력을 과시하는 행동. 이에 관해서는 앨런 S.밀러·가나자와 사토시, 앞의 책, 249면 이하 참조.

타는 고급 승용차를 타거나 명품 수트를 입는다. 비록 유명인이 아니라 하더라도 대부분의 남성들은 고급시계를 차거나 자동차 키나 최신 휴대전화를 들고 다니며, 일상의 대화중에 자신이 성공한 일에 관해 떠벌린다. 특히 젊은 남자들은 학문이나 예술, 문학, 과학같이 수량화할 수 있고, 일반에게 공개되며, 돈이 많이 드는 활동에서 두각을 나타내는 소위 '문화적 과시'를 통해 자신의 유전적 자질과 잠재소득을 선전하기도 한다.

진화심리학적으로 볼 때 사춘기에 이르기 전에는 경쟁을 통해 번식 측면에서 얻을 이득이 없다. 왜냐하면 사춘기 이전의 남자는 자신의 경쟁우위를 번식 성공도로 변환시킬 수 없기 때문이다. 하지만 사춘기에 이르면 경쟁에서 얻을 수 있는 이득은 급격하게 증가한다. 남자가 일단 번식 능력을 갖게 되면 모든 경쟁적 행위는(폭력이든 절도든 창조적 재능을 보이는 행위든) 잠재적으로 그의 번식 성공도를 증대시킨다. 그러므로 인간 남성은 성인기 대부분에 걸쳐 번식능력이 있기 때문에 경쟁이 주는 이득은 사춘기 이후로 남은 생의 모든 기간에 걸쳐 계속 높게 유지된다고 한다.

(5) '핸디캡 원칙'과 자기과시 행동

하지만 과시욕이 성선택을 위해서만 진화된 것은 아니다. 인간은 본래 과시 본능을 지닌 동물이다.[34] 과시는 분명, 레킹처럼 성선택에서 우위를 점하는 적응적 이점도 있었지만 그뿐만 아니라 이를 통해 사회로부터의 인정과 선택, 즉 사회적 파트너를 찾아내고 또 누군가의 파트너로 받아들여 질 수 있는 사회적 성공의 기회가 되기도 했던 것이다.[35]

---

34) 예컨대 선사시대 유적지에서 본래의 용도로 사용된 적이 없는 매우 아름답게 만들어진 돌도끼들이 다량으로 발견되었는데, 이는 '자기 과시형 원시인'들이 남긴 유물이다. 이들은 돌로 도구를 만드는 손재주를 이용해 자신의 경쟁력을 남들에게 과시했던 것이다. 잘 만들어진 돌도끼는 제작자의 발달된 근육과 운동감각을 보여주는 확실한 증거가 되기 때문이다.

35) 마티아스 울·에카르트 볼란트/박규호 역, 왜 그 사람이 더 잘나갈까? (서돌, 2009), 275면 이하 참조.

동물과 인간을 비교해 보자. 수컷 공작의 화려한 꼬리는 자연계에서 볼 수 있는 과시행동의 전형적 예이다. 화려한 꼬리는 생존에 필수적인 요소가 아니며 딱히 도움이 되는 것도 아니다. 오히려 수컷 공작의 꼬리는 걷거나 달리는데 방해가 될 수 있고, 포식자들의 쉬운 표적이 되게 만들 수도 있다. 하지만 그 꼬리에는 명백한 선택적 이익이 존재한다.[36] 짝짓기 시기에 암컷의 선택을 받기 위해서는 가장 화려하고 아름다운 꼬리가 필요하기 때문이다. 실제로 공작 암컷은 수컷 꼬리의 눈꼴무늬가 보다 많으며 화려한 색을 지닌 수컷을 택한다고 한다. 그리고 공작 암컷들이 수컷의 화려한 꼬리에 매료되는 데에도 분명한 적응적 이유가 있다. 그러한 꼬리를 만들어낼 수 있는 수컷이 가장 건강하고 신체적 적응도(fitness)가 높기 때문이다. 앞서 살펴본 바 있듯이 자연계에서 암컷에게 가장 중요한 문제는 어떤 수컷의 유전자를 받아 수정하느냐이다. 암컷은 수많은 수컷들 중에 가장 활력이 넘치고 뛰어난 유전자를 가진 짝을 선택함으로써 번식 가능성을 높일 수 있다. 또 건강한 수컷의 입장에서는 이런 방식으로 자신의 생리학적·면역학적 장점을 분명히 제시함으로써, 상대적으로 적응도가 떨어지는 수컷들을 물리치고 번식 가능성을 높일 수 있다. 생물학자들은 자연계에서 동물들의 이러한 행태 뒤에 감추어진 진화적 배경을 '적응도 극대화(fitness maximization)'에서 찾는다.[37]

진화심리학적 관찰에 의하면 비단 동물의 세계뿐만 아니라 인간의 문명화된 사회에서도 상당부분 이와 같은 방식의 의사소통 메커니즘이 작동하고 있다. 그리고 그 이유 또한 공작과 별반 다르지 않다. 우리 인간 역시 타인의 숨겨진 자질에 관하여 위조 가능성이 배제된 정직한 정보를 원하며, 살면서 중요한 결정을 내릴 때마다 이런 정보로부터 최대한의 효용을 끌어내고 싶어 한다. 그리고 다른 한편으로는 자신에게 필

36) 인종 간 피부색과 눈동자 색, 머리카락 색 등의 차이를 성선택의 결과로 설명할 수 있다는 견해로는 재레드 다이아몬드/김정흠 역, 제3의 침팬지 (문학사상, 2015), 177면 이하 참조. 재레드 다이아몬드는 '총, 균, 쇠'의 저자이기도 하다.
37) 마티아스 울·에카르트 볼란트/박규호 역, 앞의 책, 20면 참조.

요한 사람이 자신을 잘 알아볼 수 있도록 자신의 장점을 최대한 드러내 보이고자 한다는 것이다. 차이가 있다면 공작은 그 효과가 한순간의 짝짓기로 끝나지만 인간은 훨씬 더 복잡하고 지속적이라는 점이다.

동물과 인간의 이러한 의사소통방식을 일컬어 '핸디캡 원칙(handicap principle)'이라고 한다.[38] 예컨대 공작 수컷의 과시행동은 그 발신자의 적응도에 '핸디캡'이 된다. 포식자의 표적이 되며 물질대사로 많은 에너지가 소모되기 때문이다. 한 마디로 값비싼 비용이 든다는 것이다. 대신 그들은 모두 비싼 대가를 치르는 대신에 수신자로부터 사회적 관심과 인정을 받거나 짝짓기 대상으로 선택되는 사회적 결실을 얻는다.[39]

핸디캡 원칙이 흥미로운 이유는 그것이 동물의 세계와 인간의 문화를 하나의 관점에서 바라볼 수 있도록 완벽히 연결해 주기 때문이다. 이 원칙에 의하면 남자나 여자나 모두 공작과 다를 바 없다. 다만 우리는 꼬리로 과시하지는 않는다. 우리는 값비싼 문화적 신호를 선택할 수 있다. 우리의 과시 수단은 돈, 외모, 학벌, 자동차, 집, 사치품, 교양, 논문, 학위증, 책, 예술[40], 보석, 옷, 스포츠 메달, 관대함, 고상함 등 헤아

38) 이에 대해서는 리처드 도킨스/홍영남·이상임 역, 이기적 유전자 (을유문화사, 2010), 272면 이하 참조.

39) 핸디캡 원칙과 관련해 공작새 수컷 꼬리가 진화한 이유에 대한 또 다른 방식의 해석이 있다. "그 형질을 바로 '핸디캡이기 때문에' 진화했다. 길고 거추장스러운 꼬리를 가진 수컷 공작새는 자신이 이런 꼬리를 달고 있음에도 불구하고 아직 살아남을 정도로 강한 수컷이라고 암컷에게 선전한다."는 해석이다. 이에 대해 도킨스는 다음과 같이 인상적으로 반박한다. "그렇다면 발도 하나, 눈도 하나밖에 없는 수컷이 진화했을 것이다." 이에 대해서는 리처드 도킨스/홍영남·이상임 역, 앞의 책, 273-274면 참조.

40) 예컨대 음악의 핵심은 개인의 과시행동이라는 견해로는 스티븐 핑커 외/이한음 역, 마음의 과학 (와이즈베리, 2011), 134면. 진화심리학자인 제프리 밀러에 의하면 노래를 부르거나 악기를 연주할 때 선율을 바꾸거나 즉흥 연주를 하거나 혁신적인 가사를 넣거나 색다른 소리를 내는 것 등은 완벽한 과시행동이라고 한다. 예술과 언어를 비롯한 많은 과시행동들 역시 똑같은 규칙을 따른다. 즉 우리는 정형화된 기본요들을 혁신적인 방식으로 결합하며, 그것이 바로 짝이 될 후보자에게 자신의 자질을 보여주는 데 필요한 비결이라는 것이다.

릴 수 없을 정도로 다양하다. 이 같은 각양각색의 신호 수단 중에서 우리는 저마다의 장점을 잘 드러낼 수 있는 수단을 선택할 뿐이다.[41]

앞서 살펴본 바와 같이 남성의 폭력성과 공격적 성향은 유별나다. 진화심리학적 관점에서 공격성은 적응문제의 해결을 위한 것이라고 하였다. 폭력과 공격을 통해 다른 사람의 자원을 빼앗아 짝짓기와 번식에 유용하게 쓸 수 있고, 자신의 자원을 빼앗기지 않기 위해 기능하기도 하며, 기존의 사회적 위계질서 내에서 자신의 지위와 힘을 증가, 유지시키기도 한다. 진화된 심리적 메커니즘으로서의 폭력성과 핸디캡 원칙을 잘 결합하면 자신의 지위와 힘을 과시하기 위해 폭력성 내지 공격성이 표출된다는 것도 충분히 예측가능하다. 이처럼 과시적 형태의 폭력성이 존재할 수 있다는 점은, 남녀공학이 아닌 남자고등학교에서 오히려 폭력의 경험비율이 더 높다는 통계를 이해할 수 있는 중요한 단서를 제공해 준다.

(6) 폭력성의 시간적 변화단계: 젊은 남자 증후군

폭력성은 대가를 수반한다. 폭력은 행위자 자신의 사망이나 부상을 초래할 수 있고 보복을 당할 수도 있다. 그러나 그렇다고 경쟁하지 않는다면 더욱 나쁜 결과가 초래된다. 인류의 초기환경인 일부다처제 사회에서 짝을 얻기 위해 경쟁하지 않는 남자는 번식에 있어서 결국 패배자로서 생을 마감하게 된다. 진화심리학자들은 이 점이 체벌이나 사형제도가 젊은 남자의 폭력성향을 효과적으로 억제하지 못하는 이유가 된다고 한다.[42]

그러나 경쟁에 따르는 대가, 즉 치러야 할 비용은 첫 아이의 탄생 그리고 그 다음 아이들이 태어남과 더불어 극적으로 상승한다. 첫 아기가 태어나면 남자들은 자신의 번식하고자 하는 노력을 짝짓기가 아니

41) 이 점에 대해서는 마티아스 울·에카르트 볼란트/박규호 역, 앞의 책, 277-278면 참조.

42) 앨런 S.밀러·가나자와 사토시, 앞의 책, 191면.

라 부모 역할에 기울이게 되는데 왜냐하면 만일 자신이 경쟁 도중에 사망하거나 부상을 입으면 그의 자식은 많은 고통을 겪게 될 것이기 때문이다. 따라서 경쟁에 따르는 대가(비용)의 급격한 증가는, 사춘기에 도달하고 몇 년 뒤에 일어난다고 볼 수 있다. 왜냐하면 남자는 첫 번째 짝을 유인하기에 충분한 자산을 축적하고 충분한 지위를 얻는 데 어느 정도 시간이 걸리기 때문이다.

그러므로 진화심리학적 입장에서 보면 후기 청소년기와 초기 성인기에 도달한 젊은 남자는 경쟁에 따르는 이득이 증가함에 따라 순식간에 더 폭력적이고 더 쉽게 죄를 범하고 더 독창적으로 재능을 드러내지만 후기 성인기에 이르면 경쟁에 따르는 대가가 증가하면서 그 이득을 상쇄함에 따라 그들의 생산성은 이전과 마찬가지로 신속하게 쇠퇴한다고 예측할 수 있다. 실제로 남성들의 범죄행위, 천재적 재능, 그리고 생산성의 정도는 경쟁에 따르는 이득과 대가 간의 차이를 표상하기 때문에 한 개인의 생애에 걸쳐서 변화하게 마련이다. 그리고 이러한 손익계산은 자연선택과 자웅선택(성선택)을 거치면서 자연스럽게 이루어진다. 이는 자연선택과 성선택을 통해 남성의 심리는 사춘기 직후 점점 더 경쟁적으로 변화되었다가 첫 번째 자식이 태어나고 난 이후 덜 경쟁적이게 되는 심리적 적응기제를 갖추게 되었다는 뜻이다.

진화심리학의 개념을 빌리자면 위험을 감수하고 폭력적인 전략을 쓰는 경향이 짝짓기에 들어서는 젊은 남자에게서 가장 높이 나타나는 현상을 '젊은 남자 증후군'이라고 한다. 예를 들자면 한 경험적 연구자료에 의하면 10세가 될 때까지는 살인 피해자가 될 가능성은 남녀 간에 별 차이가 없다가 청소년기가 되면 남자의 살인 비율이 치솟기 시작해 20대 중반에 절정을 이룬다고 한다. 20대 중반 남자는 여자보다 살인 피해자가 될 확률이 6배나 높다. 20대 중반을 넘어서면 남자의 살인 피해 비율이 크게 떨어지는데, 그 이후부터는 남자가 신체적으로 위험한 전략을 피하기 시작한다는 것을 의미하며 이러한 조사 결과는 대체로 일치한다고 한다.[43] 데일리와 윌슨에 의하면 젊은 남자는 특별히 강한 동시에 특별히 위험한데, 우리 조상들 사이에서 대결적 경쟁능력에 대한 선택이 가장 강하게 작용했던 인구집단을 이루었기 때문이라고 한다(Daly & Wilson, 1994).

(7) 폭력성(공격성)의 신경생물학적 기초: 반응성 공격성과 도구적 공격성의 구분 필요성

인간의 폭력성을 충분히 이해하기 위해서는 공격성의 신경생물학적 토대에 대한 지식이 필요하다. 인간의 공격성은 크게 반응적 공격성(reactive aggression)과 도구적 공격성(instrumental aggression)으로 나눌 수 있다. 전자는 정서적 또는 충동적 공격성이라고도 하며 좌절되거나 위협적인 일들에 직면했을 때 공격적인 행동이 일어나고 빈번하게 화를 내게 되는 경우를 말한다. 중요한 점은 반응적 공격성은 어떤 잠재적인 목적에 대한 고려 없이 발현된다는 것이다. 이와 대조적으로 도구적 공격성은 의도적이고 목적지향적인 공격성을 의미한다. 이때의 공격성은 특별히 원하는 목표를 성취하기 위해 도구적으로 사용된다. 이는 일반적으로 피해자의 고통보다는 피해자의 소유물이나 계급사회 내에서 지위를 높이기 위한 것으로 볼 수 있다. 남을 괴롭히는 것도 도구적 공격성의 한 예가 된다. 축적된 연구에 의하면 도구적 공격성은 추후의 범죄행동을 예측하게 해 주는 반면, 매우 높은 수준의 반응적 공격성은 실제로 도구적 공격성이라든지 추후 범죄행동 사이의 관련성이 약하다고 한다.

사이코패스(psychopath)[44]는 도구적 공격성과 반응적 공격성 모두에서 높은 수준을 보인다. 사이코패시(psychopathy)는 그 중에서도 높은 수준의 도구적 공격성과 관련된 독특한 장애이다.[45] 이처럼 공격성을 가진 사람들은 반응적 공격성을 보이는 유형과 반응적 공격성과 도구

43) 데이비드 버스/이충호 역, 앞의 책, 478면.

44) 사이코패스의 개념과 원인, 형사책임능력에 대해서는 안성조·서상문, 사이코패스 I (경인문화사, 2009) 참조.

45) James Blair, Derek Mitchell, Karina Blair/이윤영·김혜원 역, 사이코패스 - 정서와 뇌 (시그마프레스, 2012), 24면.

1. 학교폭력의 원인

학교폭력의 유발요인은 어느 특정한 부분요소에 국한되어 있지 않고 학교, 개인, 가정, 지역사회 등 여러 원인이 복합적으로 작용한다는 점에 대해서는 광범위한 합의가 이루어지고 있는 듯 보인다.[54] 즉 학교폭력은 이른바 '폭력의 종합세트'라는 것이다. 따라서 이에 대한 대응책도 장기적인 종합적 처방의 수준에 이르러야 한다는 데 견해가 일치한다. 이하에서는 이러한 전제에서 학교폭력에 대한 기존의 연구성과를 요약, 소개해 보고, 이들이 주로 사회문화적, 환경적 요인에 치중해 있음을 확인하면서 이에 대한 진화심리학적 분석이 보완될 필요가 있음을 입론해 보고자 한다.

일반적으로 학교폭력의 유발요인은 크게 학교 요인, 개인 요인, 가정 요인, 지역사회 요인 등으로 나누어 볼 수 있다.

(1) 학교 요인

일반적으로 학교와 관련된 요인에 대한 분석으로는 "① 교사와 학교당국의 폭력에 대한 낮은 인식수준과 소극적 반응이 학교폭력 유발에 영향을 미친다. ② 학교 규모와 학급의 학생 수가 크고 많을수록 학교폭력의 문제가 더 많이 발생한다(감독의 실효성 상실). ③ 학생들 중에는 또래집단에 어울리거나 적응하기 위한 노력으로 학교폭력의 행동을 하기도 한다."는 등의 연구결과가 있다.

(2) 개인 요인

개인과 관련된 요인으로는 "① 여학생보다는 남학생이 훨씬 더 공격적이고 폭력적인 행동에 관여할 위험이 높다. 학교폭력의 가해와

안을 중심으로 -", 저스티스 통권 제134-3호(2013), 141면 참조.

54) 대표적으로 생태학적 체계이론(ecological system theory)에 의해 복합적인 분석을 제시하는 연구문헌으로는 정종진, "생태학적 측면에서 본 학교폭력의 유발요인", 초등상담연구 제11권 제3호(2012) 참조.

피해를 모두 경험한 학생의 비율도 여학생보다 남학생이 더 높은 바,[55] 이 경우 대체로 남학생들은 직접적인 폭력, 예컨대 폭행이나 싸움 등에 의해서, 여학생들은 간접적, 관계적인 폭력의 유형, 이를테면 나쁜 소문내기나 집단 따돌림 등에 의해 피해를 당하는 경향이 있다. ② 또래집단보다 키가 작고 체격이 작으며 힘이 약한 학생들은 학교폭력의 피해를 당하기 쉬운 반면, 그 반대의 경우 학교폭력의 가해자가 되는 경향이 있다. ③ 충동적이고 공격적인 학생들은 학교질서나 규범을 고려하지 않고, 자기중심적으로 행동하는 경향이 있고, 스스로 분노를 조절하거나 화를 참는 능력이 부족하며, 자신의 처한 상황에 대한 해석과 인식에 있어서 일반 학생들보다 더 많은 스트레스를 경험하기 쉽다. 학업 등 과도한 스트레스는 학교폭력을 유발하는 주범으로 지목되기도 한다. 스트레스를 해소할 대상을 찾는 과정에서 자신보다 약한 학생을 상대로 괴롭힘이나 폭력을 행사하게 된다. ④ 각종 신체적정신적 장애, 예컨대 품행장애, 반항성 장애, 주의력결핍 및 과잉행동장애 등을 갖고 있거나 신체 및 지적 장애를 가지고 있는 경우 학교폭력의 가해 및 피해 학생이 될 위험이 높다. 이들은 학교폭력의 표적이 될 수 있을 뿐 아니라 자신이 갖고 있는 장애를 공격적 방법으로 표출할 가능성이 있기 때문이다."라는 등의 연구결과가 있다.

(3) 가정 요인

가정과 관련된 요인에 대한 연구로는 "① 빈곤한 가정의 학생은 그렇지 않은 가정의 학생보다 폭력행동을 할 가능성이 크다. ② 학교폭력은 부모가 권위주의적이고 공격적이며 (자녀의 요구에) 거부적 태도를 보이는 가정에서 많이 목격되고, 공격적 행동은 관찰과 강화를 통해 일어난다(폭력이 폭력을 낳는 악순환). ③ 가해학생은 부모와 갈등적인 관계에 놓여 있는 것으로 나타났으며, 피해학생은

55) 여학생 (28.8%), 남학생 (71.2%).

과잉보호적인 가정에서 자란 경우가 많다. 과잉보호적 가정환경에서 자란 학생들은 그들을 덜 취약하게 만드는 자기주장적 기술을 발달시키지 못하는 경향이 있다. ④ 부모의 감독역할의 부재 역시 학교폭력 가해행동을 유발하는 요인이 된다."라는 등의 분석결과가 있다.

(4) 지역사회 요인

지역사회와 관련된 학교폭력 요인으로는 "① 대중매체를 통해 언어적이고 신체적인 폭력을 많이 경험한 학생일수록 학교폭력 가해경험이 많은 것으로 나타났다. ② 주변의 유해환경에 접촉함으로써 규범의식이 약화되고 반규범적인 가치나 태도를 학습할 기회가 증가하기 때문에 비행과 반사회적 공격행동을 일으킬 가능성이 높아진다. ③ 빈곤, 차별, 교육과 고용 기회 부족도 폭력을 유발하는 지역사회 요인이다. ④ 범죄율이 높은 지역의 학생들이 학교 안팎에서 발생하는 폭력행동의 피해자가 될 가능성이 매우 높다."는 등의 연구결과가 있다.

(5) 기타 요인

이밖에 학교폭력 요인에 대한 분석으로 "학교에 대한 애착과 학업성취도가 낮을수록 폭력행동의 가능성이 높다.[56] 그러므로 학교에 대한 애착과 학업성취도가 높을수록 폭력의 확률은 낮아진다."[57]는 등의 연구결과가 있다.

---

56) 김민정, 앞의 논문, 6면.
57) 김민정, 앞의 논문, 7면.

2. 진화심리학적 성과의 적용

학교폭력에 대한 정책적, 법제도적 대응방안을 강구함에 있어서 진화심리학적 관점에서 강조하고자 하는 바는 다음과 같다. 제반 형태의 인간의 비합리적 행동이나 비행을 순전히 환경적 요인에 의해 접근하는 것은 방법론적으로 잘못되었다는 것이다. 문제의 비합리적 행동이나 비행들, 이를테면 학교폭력, 충동구매, 과도한 일광욕, 포르노 중독, 도박 중독, 죽음을 무릅쓴 신체적 위험감수행위(익스트림 스포츠) 등은 "적응으로 진화한 메커니즘에 의해 추동되며, 이 적응은 때로는 오작동을 일으키거나, 혹은 변질되어 해로운 결과를 초래한다. 결국 이 현상들은 우리의 생리로부터 분리할 수 없다. 따라서 이 행동들을 억제하기 위해 순전히 환경적 요인에 대한 분석을 기반으로 기획된 모든 정책적 개입은 실패할 수밖에 없다."는 것이다.[58]

안타깝게도 기존의 학교폭력 연구는 주로 환경적 요인에 집중되어 있었다고 보아도 과언이 아니다. 앞서 소개한 연구결과에서 살펴본 학교 요인, 가정 요인, 지역사회 요인이 모두 그러하다. 물론 개인 요인에 대해서도 관심을 기울이고 있지만 대부분의 내용은 특정한 현상을 기술하고 있을 뿐 학교폭력 발생의 원인분석이라고 일컫을 만한 내용이 거의 없다. 이를테면 "여학생보다는 남학생이 훨씬 더 공격적이고 폭력적인 행동에 관여할 위험이 높다."고 이구동성으로 지적하고 있지만 그 심층적 메커니즘에 대한 분석은 제시되지 않는다. 또 "충동적이고 공격적인 학생들은 학교질서나 규범을 고려하지 않고, 자기중심적으로 행동하는 경향이 있고, 스스로 분노를 조절하거나 화를 참는 능력이 부족하며, 자신의 처한 상황에 대한 해석과 인식에 있어서 일반 학생들보다 더 많은 스트레스를 경험하기 쉽다"고 지적하지만 왜 그런 충동성과 공격성이 생기는지에 대해서는 침묵한다. 그러나 진화심리학적 관점에서 보면 이러한 개인 요인이 발생하는 메커니즘에 대한 설명이 가능하다.

---

58) 개드 사드/김태훈 역, 소비본능(더난 출판, 2012), 316면.

앞서 살펴본 바와 같이 남자들은 자웅선택을 위해 살인과 폭력에 매달리는 것이고, 학교폭력 역시 이러한 논리의 연장선에서 그런 심리적 적응기제가 발현된 것으로 이해할 수 있다. 또 학교에 대한 애착과 학업성취도가 높을수록 폭력의 확률은 낮아진다는 연구결과도 진화심리학적으로 설명이 가능하다. 학업성취도나 가정환경이 안 좋은 학생은 (잠재적) 번식성공도가 그와 다른 유리한 위치에 있는 학생들보다 낮을 것이기 때문에 자연스럽게 더 폭력적인 성향을 보일 수밖에 없다는 분석에 이를 수 있다. 이밖에도 앞서 고찰한 인간의 공격성(폭력성)에 대한 진화심리학적 관점을 학교폭력에 적용해 보면 다음과 같은 시사점을 얻을 수 있다.

첫째, 인간의 공격적 성향은 성선택을 위한 동종간 경쟁에서 비롯된 것으로서 남성들의 폭력적 성향이 더 높은 것은 진화적 적응환경에서 일부다처제가 주를 이루었기 때문에 남성은 번식을 위해 위험한 전략을 선호하도록 진화했고 또 부모투자이론에 의하면 남성은 더 높은 지위와 평판을 얻기 위해 폭력을 비롯한 다양한 수단으로 경쟁자를 제압하려는 성향을 타고난다. 또 부모투자이론에 의하면 공격적 성향의 표출방식에는 성차가 존재하며 그리고 이러한 분석은 학교폭력 통계와도 일치한다.

둘째, 핸디캡 원칙에 의하면 일부 학교폭력은 자신의 지위와 평판을 높이기 위한 방편이다. 하지만 인간의 공격성은 맥락특정적인 성격이 있다. 즉 비용편익 분석을 통해 폭력행위로 얻을 이득이 더 큰 경우에 발현된다는 것이다. 폭력은 지위와 평판을 높이기도 하지만 맥락에 따라서는 명예와 지위를 실추시키기도 한다. 이는 학교폭력 대책을 강구함에 있어서도 중요한 시사점을 제공해 준다.

셋째, 문명화된 현대사회에서 일견 비합리적이고 일탈적인 비행으로 보이는 폭력적 행동들은 사바나 원칙에 의하면 진화적 적응환경에서 적응문제를 해결하기 위해 필요했던 성향들이 오늘날 오작동하고 있는 것으로 이해할 수 있다. 이러한 관점에 서면 폭력적 행동이라 해서 병리적이고 비정상적인 것은 아니며, 따라서 학교폭력의 가해자를 평가함에 있어서도 신경생물학적 장애에서 비롯된 행동인지, 아니면 특정한 진화적 심리기제로서의 공격성이 표출된 것인지 구분하는 것이 필요함을 알게 된다.

넷째, 폭력성에 대한 진화심리학적 분석은 학교폭력의 잠재적 가해자와 피해자가 될 만한 사람이 어떤 상황에 처한 사람인지 어느 정도 예측가능하게 해 줌으로써 이에 대한 대비와 지도 및 상담을 하는 데 도움을 줄 수 있다.

IV. 학교폭력 방지를 위한 입법적·정책적 대책

지금까지 인간의 폭력성(공격성)에 대한 진화심리학적 분석을 통해 학교폭력의 원인을 기존의 연구와 다른 관점에서 검토해 보았다. 이러한 진단은 환경적 요인에 대한 분석이 아닌, 다른 차원의 정책적 개입이 필요하고, 또 보완되어야 한다는 뜻이다. 그렇다면 여기에는 어떤 방안이 있을까? 진화심리학적 원인분석이 가능했다면, 그 해결방안도 역시 진화심리학적 고찰의 범위 내에서 찾는 것이 가능할 것이다. 이하 세 가지의 대책은 비록 제한된 범위에서나마 바로 이러한 관점에서 제시해 본 것이다.

1. 학교폭력예방및대책에관한법률 개정방안

(1) 법률의 시행과 정부대책의 개관

정부는 2004년에 '학교폭력 예방 및 대책에 관한 법률' 및 동 시행령을 제정하고, 이후 '학교폭력 예방 및 대책 5개년 계획'을 수립하는 등 정부차원에서 학교폭력 근절대책을 추진하였다. 또 정부는 2012년 '학교폭력 없는 행복한 학교'를 목표로 그동안의 학교폭력 대책이 가진 문제점을 해소하고 변화된 여건에 부응하는 방향으로 학교폭력근절 7대 실천 정책을 발표하였다.[59)]

2004년 이후 범정부 차원에서 시행해 온 학교폭력근절방안에 대해 제기된 문제점과 이에 대한 2012년 이후의 개선안의 내용과 한계점을 종합·정리하자면 다음과 같다.

첫째, 2004년의 대책은 학교폭력 예방교육 실시율은 높았으나 방송교육, 강당교육 등 집합식 교육으로 운영되는 사례가 많아 그 실효성이 미약했던 것으로 평가되었다. 이에 2012년 대책은 학교 내 갈등과 문제를 학생 스스로 해결하는 건전한 또래문화 조성과 학교단위에서의 체계적인 학교폭력 예방활동을 강화하였다고는 하나 실효성 있는 학교폭력 예방교육의 개선안을 내놓지 못 한 것으로 판단된다. 학교폭력 예방교육을 연 2회 실시하도록 의무화하고는 있으나, 여전히 학부모 교육을 가정통신문으로 대체하거나 학교강당에서 학생·교직원이 함께 학교폭력 예방교육을 하는 등 형식적으로 이루어지는 경우가 많은 것으로 나타났기 때문이다.

둘째, 기존의 대책은 학교폭력 사안에 대한 교사의 권한과 역할이 부족하고 개입이 곤란했으며, 피해학생 등에 대한 지원이 징계, 단순상담 위주로 운영되었던 것으로 평가되었고, 이에 2012년에는 교원의 생활지도 역량을 지원하고, 학교장에게 가해학생에 대한 즉시 출석정지 조치권을 부여하는 등 학교장과 담임교사의 권한과 책무성을 강화시켰고 피해학생에 대한 우선적 보호와 치유를 지원하도록 하였다.

셋째, 기존의 학교폭력종합대책은 전반적으로 학교 현장의 근본적인 변화를 이끌어 내지 못했다. 학교폭력 문제의 직접적 당사자인 학생, 교사, 학부모가 함께 학교폭력 근절을 실천하도록 지원하는 정책 및 제도 개선이 부족하였다. 이에 2012년에는 학부모교육을 확대하는 한편 학부모의 책무성을 강화하였고, 학부모교육을 확대하는 한편 학부모의 책무성을 강화하였다.

넷째, 2004년 기존 대책은 학교와 지역사회 상담 및 치유기관 간의

59) 세부 내용에 대해서는 관계부처 합동, "학교폭력근절 종합대책", 2012, 9면 이하 참조.

유기적 연계가 미흡한 것으로 나타났고, 이에 2012년에는 게임이나 인터넷중독, 음주 등 학교폭력과 관련이 높은 유해요인으로부터 학생들이 벗어날 수 있도록 법령을 개정하고 치유활동을 확대하였다.

다섯째, 기존의 대책은 가장 근본적인 대책인 학생들의 배려·공감·협동심을 키우는 실천 중시의 인성교육에 대한 체계적인 정책 추진이 미흡했던 것으로 나타났다. 성적중심 입시위주 교육으로 '인성' 교육에 다소 소홀했고, 학교 또는 학급별 교육목표에 인성 함양 요소가 연계되어 있지 못해 학생발달 단계별 인성교육 실천이 미흡했으며, 학생들이 타인의 감정에 공감하고, 소통하며, 갈등을 해결할 수 있는 실제적 능력 함양을 위한 실천·체험 중심의 교육이 부족했다. 이에 2012년 대책은 교육 전반에 걸쳐 인성교육을 강화하였고 인성관련 학생부 기재를 내실화하고 이를 입학전형에 반영하였다.[60)]

(2) 입법적 제안 : 학교폭력예방 및 대책에 관한 법률의 일부 개정안

범정부 차원의 학교폭력 대책의 시행과정을 되짚어 보며 공통적으로 확인할 수 있는 가장 큰 문제점은 실효성 있는 예방교육이 여전히 제대로 이루어지고 있지 않다는 점이다. 그 이유는 예방교육의 중요성에 대한 인식이 낮기 때문일 수도 있고, 효과적인 방법을 찾아내지 못했기 때문이기도 할 것이다. 그러나 우리가 폭력성의 진화심리적 토대를 고찰한 이상, 폭력성을 사전에 통제할 수 있는 방법은 거의 전적으로 예방교육에 달려 있다는 사실을 간과할 수 없다.[61)] 인간의 공격성도 진화된 심리적 메커니즘이라는 전제에 서면, 진화심리학적 관점에서 제안할 수 있는 학교폭력의 예방법은 우리가 달고 기름진 음식을 먹고 싶은 충동을 억제하는 방법과 거의 유사할 것이다. 인간의 진화된 심리기제는 분명 달고 기름진 음식을 선호한다. 그러나 현대사회에서는 이러한 선호가 오히려 부작용을 낳는다. 그렇다면 어떻게 그러한 생래적인

---

60) 이상 정부대책의 추진내용과 평가에 대해서는 조종태, 앞의 논문, 147-150면 참조.
61) 이 중 특히 인성교육의 중요성을 강조하는 견해로는 조종태, 앞의 논문, 151면.

욕구를 사전에 억제할 수 있을까? 다양한 처방이 가능하겠지만, 가장 효과적인 방법은 교육, 그것도 조기 교육이다. 올바른 식습관을 갖도록 교육하고, 또 달고 기름진 음식의 부작용을 유소년기부터 가르치는 것이다. 마찬가지로 학교폭력의 경우도 잠재적 가해자든 피해자든 일단 폭력의 반사회성을 어려서부터 잘 깨닫게 가르치고, 폭력의 유해성을 효과적인 방식으로 각인시킴으로써 학교폭력을 예방하는 것이 상책일 것이다. 이러한 교육방안의 마련에는 다각적인 검토가 필요하다.

이를 위해서 본고에서는 무엇보다도 인식의 전환을 위해 현행 학교폭력예방 및 대책에 관한 법률 제8조의 '학교폭력 대책위원회의 구성원'에 '단순 심리상담 전문가'가 아닌(이러한 전문가는 제8조 제3항 제4호에 규정) '진화심리학 등 다양한 과학적 지식을 바탕으로 거시적 안목에서 학교폭력 예방대책을 수립할 수 있을 만한 전문성을 갖춘 전문가'가 포함되도록 개정할 것을 제안하는 바이다. 폭력의 원인에 대한 근본적 이해와 인식의 전환 없이는 근본적인 예방책 수립에 한계가 있기 마련이기 때문이다.

2. 진화된 심리적 메커니즘으로서의 음악과 도덕성의 활용

(1) 도덕성의 활용

진화된 심리적 메커니즘이 우리의 마음을 추동한다 하더라도 이에 대한 문화적 조정·개입이 불가능한 것은 아니다. 예컨대 달고 기름진 음식을 즐기는 심리기제는 과거 적응의 산물이지만 현대사회에서는 불합리한 행동이므로 이를 자제하도록 만드는 다양한 사회적 메커니즘이 존재한다. 폭력성도 마찬가지로 사회화 과정에 의해서 개선될 수 있을 것이다. 다만 본고에서 주목하고 제안하고자 하는 바는, 폭력성이 진화된 심리적 메커니즘이라면 이에 대한 반작용으로서 폭력성을 억제할 수 있도록 진화된 또 다른 심리적 메커니즘에 주목해 보자는 것이다. 여기에는 음악과 도덕성이 있다.

우선 공격성이 진화된 심리적 메커니즘이라면 인간의 도덕성 역시 진화된 심리적 메커니즘의 일부라는 사실에 주목할 필요가 있다. 진화심리학적 관점에 의하면 폭력성을 억제하기 위한 규범은 젊은 남성이 폭력에 몰두할 수밖에 없게 만드는 심리기제에 대한 반응으로서 진화해 왔을 것이라고 본다. 고대사회의 살인자에 대한 '사적 보복(blood feud)' 관습은 바로 이러한 도덕성의 한 징표이다.[62] 다만 시간적 선후관계를 고려하면 인간의 공격적인 성향은 규범이 출현하기 '전에'에 형성되었다고 보아야 한다. 왜냐하면 그렇지 않았다면 폭력을 통해 경쟁에서 이겼다고 하더라도 규범을 어긴 죄로 (사적으로) 처형되거나 공동체에서 추방되었을 것이기 때문에 높은 번식성공도를 얻지 못했을 것이기 때문이다.[63] 마찬가지로 수치심과 죄의식, 동정심 등의 도덕적 감정들 역시 모두 진화적 근거가 있다.[64] 개별적 분석과 설명이 필요하겠지만 한 마디로 말하면 도덕적 감정은 다른 사람들에게 자신이 훌륭한 동맹이며 장래에 의존할 수 있는 사람이라는 신호를 보내는 동시에 치사회적 행동과 손해 보상과 사기꾼 처벌을 장려하는 '몰입 장치' 역할을 할 수 있도록 진화해 왔다는 것이다.[65]

그렇다면 학교폭력에 대처하기 위한 진화심리학적 관점의 제안은 도덕성에 호소하라는 것이다. 이는 너무나 당연한 주장처럼 보이지만 그렇지 않다. 방법론적으로 일정한 기술이 필요하다. 즉 학내에서 폭력이 왜 허용되지 않는지를 막연히 윤리·준법의식에 호소하는 방식이 아니라 진화된 심리적 기제에 호소하여 효과를 보자는 것이다. 예를 들어, 우리는 앞에서 젊은 남성의 공격성이 성선택 과정에서 진화한 심리적 기제에서 비롯된 것이라는 점을 고찰하였다. 그렇다면 역시 동일한 성선택 논리로 보면 남성이 여성으로부터 선택되기 위해서는 지위와 평판도 중요하다. 그런데 앞서 살펴본 바와 같이 어떤 경우 폭력은 평판을

62) 고대사회의 사적 보복관습에 대한 폭넓은 소개로는 안성조, 앞의 책, 5-81면 참조.
63) 앨런 S.밀러·가나자와 사토시/박완신 역, 앞의 책, 183면 참조.
64) 데이비드 버스/이충호 역, 앞의 책, 629-631면 참조.
65) 데이비드 버스/이충호 역, 앞의 책, 632면.

나쁘게 할 것이 분명하다.[66] 이러한 논리대로라면 현대사회에서 학교 내에서의 폭력은 얻는 것보다 잃는 것이 많다는 점을 수치심이나 죄의식, 동정심 등의 도덕적 감정에 호소해 일깨워 주는 것과 또 그렇게 되도록 학교의 문화를 만들어 나아가는 것이 효과적일 수 있을 것이다.[67]

아울러 학생들이 스스로 도덕감정을 발달시킬 수 있는 계기와 기회를 최대한 자연스럽게 많이 제공해 주는 것이 바람직할 것이다. 법에 의한 처벌은 최후수단이다. 그보다는 최근 많은 학교에서 참여해 성공적 제도로 평가받고 있는 학생자치법정 프로그램을 보다 효율적으로 재편해 확대 실시하는 것이 바람직할 것이다.[68] 진화된 심리적 메커니즘이 맥락특정적 성격이 강하다는 점을 상기하면 교사의 지도나 사법당국에 의한 일방적인 학교폭력 예방책보다 스스로 도덕성을 일깨울 수 있다는 점에서 이 제도의 활용이 진화심리학적 관점에서 볼 때 더 효과적일 수 있으며 널리 권장되어야 한다고 본다.

(2) 음악치료의 활용

폭력성에 대한 음악의 치료적 효과에 대해서는 많은 연구가 있었고 그 실효성을 입증하는 연구도 상당수다. 음악치료는 예술치료 중 가장 오랜 역사를 지니며, 음악을 통해 정서적 안정, 비언어적 방법에 의한 타인과의 의사소통 촉진, 정화작용 등을 가져오는 것으로 알려져 있다 (Bruscia, 1987). 이 밖에도 감정의 표현과 통제를 돕고, 스트레스와 분노감정을 조절해 주며, 사회적 행동을 발달시키고, 공감의식의 발달을 가져오며, 행동에 대한 적절한 피드백 강화를 통해 대인간 행동에 대한 교훈을 얻게 해 줌으로써 공격성 감소와 안정성, 책임감, 사회성의 증가를 가져오는 효과가 입증되고 있다.[69]

---

66) 반대로 앞서 살펴본 바처럼 폭력성이 자기과시가 되어 평판을 유지시켜 주는 경우도 있다.

67) 실제로 교수사회의 경우 교내 회의나 학회에서의 폭력적 언사나 행동은 얻는 것이 거의 없다. 오히려 실만 있다.

68) 이 점에 대해서는 조종태, 앞의 논문, 154면 이하 참조.

음악의 치료효과와 관련해 본고에서 주목하고 하는 바는 단순히 음악에는 공격성 치료효과가 있으니 이를 활용하자는 취지가 아니다. 진화심리학적 관점에서 음악의 치료적 메커니즘을 분석하고, 이에 따른 치료방안을 찾아보자는 것이다. 음악에도 적응적 이익이 있다는 사실은 오늘날 널리 인정되고 있는 사실이다. 즉 현생인류의 진화과정에서 음악이 그들의 생존과 번식을 돕는 기능을 했기 때문에 우리의 마음이 음악을 즐기고 선호하도록 진화했다는 것이다.[70)]

인간 외의 현생 영장류들은 털고르기(grooming)를 통해 서로에 대한 헌신을 표현한다. 그루밍에 더 많은 시간을 쏟을수록 관계는 더 돈독해진다. 사회적 유대와 결속을 낳는 것이다. 이들처럼 인류의 조상인 호미니들에게도 변화무쌍하게 얽힌 우정과 동맹관계를 유지하기 위해 그루밍이 필요했다. 우정과 동맹을 맺으면 무리 내에서 자신의 위상을 세우는 데 도움이 된다. 건전한 무리에서는 사회적 관계들이 균형을 이룬다. 이렇게 '균형잡힌 관계의 망'은 공동체 생활이 야기하는 스트레스를 최소화하여 무리를 결속시키고 정상적인 생활을 가능하게 해 준다. 그러나 집단의 규모가 점차 확대되어 감에 따라 그루밍만으로는 다른 구성원들에게 사회적 헌신을 표현할 수 없게 되었다. 털고르기에 너무 많은 시간을 쏟다 보면 식량을 구하거나 짝을 찾는 일 등 다른 활동을 할 시간이 모자라게 되기 때문이다. 그렇기 때문에 '음성 그루밍'으로서 음악이 필요하게 되었다. 음악은 상호관심과 헌신을 여러사람에게 동시에 표현할 수 있는 수단이었기 때문이다. 그 메커니즘은 정확히 알려져 있지 않지만 우리는 함께 노래를 부르면 사회적 결속이 생긴다. 그루밍을 받을 때와 동일한 기쁨과 만족을 얻는 것이다. 뿐만 아니라 감정을 표현하고 유발하는 것은 사회적 헌신을 증명하는 것만큼이나 중요하다. 행복한 감정을 유발하는 음을 이용해 발화할 수 있는 사람은 그렇지 않은 사람보다

69) 이상의 연구성과에 대한 소개로는 김상철·김영숙·이현림, "집단 음악치료 프로그램이 청소년의 문제행동 및 공격성 감소에 미치는 효과", 인간발달연구 제14권 제3호(2007), 89-91면 참조.

70) 전중환, 오래된 연장통 (사이언스북스, 2014), 203면 이하 참조.

성공확률이 높았을 것이다. 이런 사람들은 협력을 더 잘 이끌어 낼 수 있다. 식량을 찾아 먹이를 나누든, 사회적 교류를 하든 호미니드들에게 협력은 필수였다. 하지만 그들 집단 내에도 경쟁으로 인한 긴장은 상당했을 것이고, 따라서 분노를 누그러뜨리고 정서적 안정과 만족감과 행복한 감정을 유발하는 공동의 노래가 생겨나 발달한 것이다.[71] 바로 이것이 음악 기원에 대한 진화심리학적 설명이다(그루밍 가설).

음악의 기원에 대한 진화심리학적 설명에 의하면 음악은 상호관심과 사회적 헌신을 여러 사람에게 표현함으로써 긴장과 스트레스를 누그러뜨려 집단 내의 관계망을 균형있게 조절하는 기능을 한다. 결과적으로 공격성(폭력성)을 낮추는 효과가 있는 것이다. 이러한 관점에 의하면 음악의 '치료효과'는 어쩌면 과장된 표현일 지도 모른다. 사실 청소년기의 공격성은 그 자체로 '병'이 아니며, 또 음악에 의한 공격성의 완화도 생존과 번식에 필요한 하나의 적응적 사건이지 '치료'는 아니기 때문이다. 이는 다음과 같은 함의를 갖는다. 음악은 공격적 성향의 특정 학생들에 대해서만 '치료'수단으로써 활용될 성질의 것이 아니라 보다 '학내의 균형있는 관계망 형성'을 위해 일반적인 전체학생을 대상으로 활용되는 것이 더 바람직하다는 것이다. 이러한 취지의 음악요법을 과학적으로 개발하고 구체적으로 제도화할 수 있는 인력과 정책이 필요하다.[72]

3. 특강법상 소년감경 제한규정의 폐지

본조는 소년이 특정강력범죄를 범한 경우에 소년법상의 감경규정을 제한하기 위해 마련된 규정이다. 형법은 14세 이상의 사람을 형사책임능력자로 보아 형벌을 과하고 있다(형법 제9조). 따라서 소년법이 형사

---

71) 이상의 내용에 대해서는 스티븐 미슨/김명주 역, 노래하는 네안데르탈인 (뿌리와 이파리, 2008), 195-198면.

72) 음악(치료)이 청소년기 아이들의 정서중추를 자극해 공감능력을 회복시킴으로써 폭력성 감소에 효과적일 수 있고, 폭력 성향이 있는 청소년에게 다양한 심신치료를 위한 보조도구로 권장되고 있다는 기사로는 중앙일보 (2013.5.6) 참조.

처벌을 받는 경우는 14세 이상 19세 미만의 경우로 한정된다.

소년법은 죄를 범할 당시 18세 미만인 경우 그의 인격형성에 일어나는 변화 가능성이 성인이나 성인에 가까운 18세 이상 19세 미만의 소년에 비해 훨씬 크다고 보고 18세 미만의 소년에 대해 소위 소년감경을 인정하고 있다. 소년감경은 사형 또는 무기형의 감경과 부정기형의 활용으로 나타난다. 소년법은 죄를 범할 당시 18세 미만인 소년에 대하여 사형 또는 무기형으로 처벌할 경우에는 15년의 유기징역으로 하도록 규정하고(소년법 제59조), 소년이 법정형으로 장기 2년 이상의 유기형에 해당하는 죄를 범한 경우에는 그 형의 범위에서 장기와 단기를 정하여 선고하도록 하되 장기는 10년, 단기는 5년을 초과하지 못하도록 제한하고 있다(소년법 제60조 제1항).

이에 대해 특강법은 본조를 통해 특정강력범죄의 경우에 이와 같은 소년감경의 범위를 축소하고 있다. 그것은 소년의 범죄가 날로 흉포화되고 있다는 판단 아래 특강법이 지향하는 사회질서의 유지를 위하여 보다 엄격한 형사처벌을 확보하겠다는 의지의 표현이다. 그래서 본조는 18세 미만의 소년에 대한 감경의 범위를 사형 또는 무기징역으로 처벌할 경우에 20년의 유기징역으로 하고(본조 제1항), 부정기형으로 처벌할 경우에는 장기를 15년으로, 단기를 7년으로 상향 조정하고 있다.

그러나 1990년대 '범죄와의 전쟁'을 사회적 배경으로 제정된 특강법상 소년감경 제한규정은 폐지하는 것이 마땅하다. 우선 앞서 살펴본 진화심리학적 관점에서 보면 청소년기부터 치솟기 시작하는 공격성 내지 폭력성은 20대 중반에 이르기까지 절정을 향한다. 이는 통계적으로 볼 때 이 시기에 해당하는 청소년의 범죄억제력이, 비록 형사책임능력은 인정된다고 할지라도, 생래적으로 낮을 수밖에 없음을 의미한다. 더구나 특강법이 대상범죄로 하고 있는 범죄유형 역시 상당수는 행위태양의 불법성이 특별히 가중되는 경우는 드물고 일반형법상의 그것과 동일하다.[73] 이러한 청소년기의 심리적 특성에 대한 신중한 고려 없이 무

---

73) 제2조(적용 범위) ① 이 법에서 "특정강력범죄"란 다음 각 호의 어느 하나에 해

거운 형벌로 일관하는 법정책은 실패할 수밖에 없다. 인간의 본성에 거스르는 법은 비효율적일 수밖에 없기 때문이다. 그러므로 특강법상 소년감경의 제한규정은 폐지해야 한다.

당하는 죄를 말한다. <개정 2010.4.15., 2011.3.7., 2012.12.18., 2013.4.5.>

1. 「형법」 제2편제24장 살인의 죄 중 제250조[살인·존속살해(尊屬殺害)], 제253조[위계(僞計)등에 의한 촉탁살인(囑託殺人)등] 및 제254조(미수범. 다만, 제251조 및 제252조의 미수범은 제외한다)의 죄

2. 「형법」 제2편제31장 약취(略取), 유인(誘引) 및 인신매매의 죄 중 제287조부터 제291조까지 및 제294조(제292조제1항의 미수범은 제외한다)의 죄

3. 「형법」 제2편제32장 강간과 추행의 죄 중 제301조(강간등 상해·치상), 제301조의2(강간등 살인·치사)의 죄 및 흉기나 그 밖의 위험한 물건을 휴대하거나 2명 이상이 합동하여 범한 제297조(강간), 제297조의2(유사강간), 제298조(강제추행), 제299조(준강간·준강제추행), 제300조(미수범) 및 제305조(미성년자에 대한 간음, 추행)의 죄

4. 「형법」 제2편제32장 강간과 추행의 죄, 「성폭력범죄의 처벌 등에 관한 특례법」 제3조부터 제10조까지 및 제15조(제13조의 미수범은 제외한다)의 죄 또는 「아동·청소년의 성보호에 관한 법률」 제13조의 죄로 두 번 이상 실형을 선고받은 사람이 범한 「형법」 제297조, 제297조의2, 제298조부터 제300조까지, 제305조 및 「아동·청소년의 성보호에 관한 법률」 제13조의 죄

5. 「형법」 제2편제38장 절도와 강도의 죄 중 제333조(강도), 제334조(특수강도), 제335조(준강도), 제336조(인질강도), 제337조(강도상해·치상), 제338조(강도살인·치사), 제339조(강도강간), 제340조(해상강도), 제341조(상습범) 및 제342조(미수범. 다만, 제329조부터 제331조까지, 제331조의2 및 제332조의 미수범은 제외한다)의 죄

6. 「폭력행위 등 처벌에 관한 법률」 제4조(단체등의 구성·활동) 및 「특정범죄가중처벌 등에 관한 법률」 제5조의8(단체등의 조직)의 죄

② 제1항 각 호의 범죄로서 다른 법률에 따라 가중처벌하는 죄는 특정강력범죄로 본다.

V. 맺음말

이상의 논의를 토대로 글 첫머리에 제기한 문제로 되돌아가 보자. 결론적으로 말해, 두 가지 상반된 통계는 모두 진실의 일면을 보여준다고 믿는다. 남녀공학에 폭력이 많을 수도 있고, 남자학교에 폭력이 많을 수도 있다는 것이다. 인용한 통계자료는 그 공정한 비교가 어렵다. 표본수집에 사용한 '학교폭력'의 범위를 어디까지 허용한 것인지, 남녀공학과 남자학교의 숫자 및 총 재학생, 그리고 남녀비율이 어떤지에 따라서 다르게 해석될 수 있기 때문이다. 우선 단순히 통계적 측면에서 볼 때 남자학교보다는 남녀공학에 폭력이 많을 것으로 예측할 수 있다. 진화적 적응환경(EEA)에 가까운 것은 남녀공학이기 때문이다. 실제로 짝짓기에 의한 성선택이 일어나는 일은 거의 없겠지만 청소년기에 잠재되어 있는 진화된 심리적 메커니즘(EPM)이 작동하게끔 촉발시키는 조건은 분명 남자학교보다는 남녀공학에 보다 더 잘 구비되어 있다고 볼 수 있다. EPM은 분명 EEA와 유사한 환경에 직면했을 때 보다 직접적으로 작동할 것이다. 모든 진화된 심리기제는 환경에서 적절한 입력을 받아야만 제대로 작동하기 때문이다.[74] 즉, 뱀을 실제로 맞닥뜨려야 달아나게 될 것이고, 달고 기름진 음식이 눈앞에 있어야 왕성한 식욕이 솟아나는 것이다. 더욱이 공격성은 맥락특정적인 성질을 지닌다는 점을 고려하면, 공격성이 유발될 수 있는 다양한 맥락조건이 충족될 가능성이 더 큰 학교는 남녀공학이다. 따라서 진화심리학적 관점에서 예측하자면 남녀공학에 학교폭력이 많을 가능성이 크다. 그렇다면 남자학교에서 학교폭력의 경험이 더 많다는 통계는 어떻게 이해되는가? 먼저 통계산출의 오류일 가능성이 있다. 특정 학교의 특정 학급생을 무작위 추출해 산출한 학교폭력 '경험률'은 당연히 남자학교가 높을 수밖에 없다. 왜냐하면 남자학교의 특정 학급생은 모두 남학생들이기 때문에 그들 중에 학교폭력을 경험한 학생은 남녀공학의 특정 학급생들에 비해 상대적으

74) 데이비드 버스/이충호 역, 앞의 책, 103면.

로 많을 수밖에 없기 때문이다. 어떤 경우든 남학생이 여학생보다 학교폭력의 가능성이 높다는 사실을 상기하면 이해가 쉬울 것이다. 단순화시켜 예를 들면 만일 모든 남학생들은 남자학교에서 평균 1회 학교폭력을 경험하지만 여학생들은 어느 학교에서도 거의 학교폭력을 겪지 않는다고 가정한다면, 학급인원이 총 30명인 남녀공학(남녀비율 동일)과 남자학교에서 각 학급별 학교폭력을 경험한 학생의 숫자는 15명과 30명일 수 있다. 물론 남녀공학에서 실제로 발생한 학교폭력의 '횟수'는 그보다 훨씬 많을 것이다. 하지만 이를 경험한 학생은 아무리 많아도 15명을 넘지 않는다. 이 경우 특정 학급을 무작위로 선택해 그 학급생들의 1인당 학교폭력 '경험'비율을 산출한 결과는 남녀공학은 50%가 되지만 남자학교는 100%가 된다.[75]

또 하나의 가능한 해석은 상반된 두 통계는 모두 결론적으로 올바르다는 것이다. 다만 남녀공학에 학교폭력이 많은 것은 학생들이 처한 환경이 진화적 적응환경에 더 유사하기 때문이라고 추측되고 반면 남자학교에 폭력이 더 많은 경우는 과시적 폭력행위가 많이 발생하기 때문인 것으로 분석할 수 있다. 위계질서를 강조하기 위한 선배의 후배구타 등이 그러하다. 다시 강조하지만 남성의 폭력행동이 오로지 성선택을 목표로 하지는 않는다. 사회적 관심과 인정, 그리고 지위와 평판을 유지하기 위해 물불을 가리지 않게끔 진화해 왔다는 점을 상기하면, 남자학교라고 해서 남녀공학에 비해 학교폭력이 적을 것이라고 단정할 수는 없을 것이다. 따라서 각기 다른 통계와 그에 대한 분석의 모두 진실의 일면을 드러내 보여주고 있는 것이다. 남성의 폭력성은 진화된 보편적 심리기제다. 다만 표본을 추출한 모집단이 속한 사회문화적 다양성에

75) 이러한 통계산출과 관련해 참조할 만한 문헌으로는 황인, "남녀공학과 비공학 중학생의 학교 폭력 실태 비교 연구", 강원대학교 교육대학원 석사학위논문(2006), 30면 이하 참조. 동 문헌에 따르면 남녀공학 학생이 남학교나 여학교에 비해 괴롭힘 피해경험이 높았으며, 남학교 학생은 남녀공학 학생과 여학교 학생보다 언어폭력 피해와 신체폭력 피해, 그리고 전반적인 학교폭력 피해 경험이 높았다. 황인, 앞의 논문, 56-57면 참조.

따라 과시적 폭력이 많이 발현된 경우이거나(남자학교) 아니면 성선택에서 기인한 경쟁적 폭력이 더 많이 나타난 경우(남녀공학)로 분석할 수 있다고 생각한다. 이러한 분석에 입각해 보면 학교폭력과 관련해 남녀공학 전환의 효과는 과장된 것인지도 모른다. 남녀공학이 남녀의 자연스러운 발달을 돕는다는 과학적 증거는 제시되지 않았다. 그보다는 오히려 여학교에 속해 있으면 피해가 없었을[76] 여학생들에게 결과적으로 폭력의 위험을 전가시키는 것이 아닌지 우리 사회가 관심을 갖고 진지하게 되물어 볼 필요도 있을 것이다.[77]

76) 최근 남녀공학이 고등학생의 수능 성적에 부정적 영향을 미친다는 흥미로운 연구결과가 나왔다. 지난 3월 말 한국개발연구원(KDI)이 전국의 6900여 명의 학생을 대상으로 실시한 연구에 의하면 남녀공학 고등학생의 국어·영어·수학 수능 점수가 남고나 여고 학생에 비해 평균 4점 가량이 낮은 것으로 나타났으며, 그 부정적 효과는 여학생에게 더 크게 미치는 것으로 나타났다고 한다. 이러한 이유에 대해서 연구진은 휴대전화, 컴퓨터 채팅, 자신을 드러내기 위한 홈페이지나 블로그 관리 등에 더 많은 시간을 쓰면서 이성에게 더 잘 보이고 싶은 마음이 커져 공부하는데 소홀하다는 점을 지적하였다. 유기웅, 숭대시보(1091호), 2013 참조.

77) 이와 관련 기존의 남녀공학을 분리해야 한다는 주장도 최근 제기되어 관심을 끈다. 경남신문(2010.11.27)에 따르면 도내 평준화고교 지역인 창원, 진주 등의 남녀공학 학교를 남학교-여학교로 구분하여 재조정해야 한다는 주장이 제기됐다. 경남도의회 교육위원회 김종수 의원은 26일 개회된 도의회 본회의 도정질문에서 "남녀공학 학교의 경우, 순수 남학교나 여학교에 비해 생활지도, 학력부진, 교육과정 운영 등에 있어 여러 가지 어려움이 많고, 매년 학생 배정 시에 공학학교 배정에 따른 민원도 많이 발생한다"고 밝혔다.

§ 6. 법학에서의 人間像과 텃포탯

[글 소개]

“법은 인간을 일정한 이상(理想)으로 인도하는 문화적 사명을 갖고 있다”는 명제와 “인간의 본성을 거스르는 법은 효율적이지 못하다”는 명제는 둘 다 참이면서도 상호 모순되는 측면이 있는 주장이라고 볼 수 있다. 이를테면 폭력적이고 공격적인 성향이 인간의 진화된 심리적 본성이라고 하여 이를 장려하는 법을 제정·시행할 수는 없을 것이다. 또 그렇다고 폭력적인 내용의 영화나 스포츠를 모두 금지하는 법을 제정·시행할 수도 없을 것이다. 전자는 이상에 어긋나며, 후자는 본성에 반하는 법이 될 것이기 때문이다. 이런 점에서 “법의 역사는 곧 인간상(人間像)의 역사다”[1]라는 라드브루흐의 명제를 재음미할 필요성이 생긴다. 그에 의하면 법에 있어서 현대적 인간상의 인간은 이기적이면서도 사회성을 지니고 있어서 공동사회의 질서유지를 위해서는 약간의 불이익은 감수할 줄 아는 존재라고 한다. 즉 기본적으로는 이기적·타산적이지만 사회적인 품성도 지니고 있어서 협력할 줄 아는 존재라는 것이다. 이것은 고대나 중세시대에 종교적 의무나 공동체적 의무만을 강조하는 인간상이나 순전히 ‘합리적 경제인’만 상정하는 인간상이 실제의 인간상에 부합되지 않는다는 성찰에서 비롯된 결론이다. 비록 이 논문의 고찰 범위가 라드브루흐의 저 유명한 글 ‘법에 있어서의 인간(Der Mensch im Recht)’에 국한되어 있기는 하지만, 그의 견해가 옳다면 법의 역사는 인간상의 변천의 역사만큼 이상과 실제 사이를 오가며 발전해 온 것으

1) 라드브루흐는 다음과 같이 말한다. “어느 法時代의 스타일에 대하여 그것이 지향하는 人間觀보다 더 결정적인 것은 없다.”

로 볼 수 있을 것이다. 그리고 그 인간상의 종착점은 '사회적 존재로서의 인간의 본성'에 가장 잘 부합되는 인간상이다. 특정한 이상을 앞세운 법에서 효율성을 고려한 법으로 변모한 결과라고 말할 수도 있을 것이다. 필자가 이하의 논문에서 보여주려고 하는 것은 라드브루흐가 제시한 법에서의 현대적 인간상이 앞서 다룬 바 있는 팃포탯 전략이 함축하고 있는 인간상에도 부합된다는 사실이다. 팃포탯 전략에 의하면 상대방의 배반에는 즉각적인 보복을 하면서도 일단은 협력하고자 한다. 이는 이기적이면서도 협력할 줄 아는 인간상에 부합된다. 이처럼 현대 게임이론이 발견하고 진화론이 재해석한 팃포탯 전략이 현대적 인간상에 부합된다는 사실은 두 가지 의의를 지닌다. 첫째, 법에 있어서 현대적 인간상은 상대적으로 과거의 인간상에 비해 인간의 본성에 잘 부합된다는 것이고 둘째, 현대법이 자신의 지향점을 찾는 데 있어서 진화윤리학적 연구성과를 좀 더 적극적으로 수용할 필요가 있다는 것이다.

I. 머리말

"법의 역사에 있어서 시대를 구분하는 것은 人間像의 변화다."라는 라드브루흐의 유명한 명제가 있다.[1] 법의 역사는 곧 인간상의 변화의 역사라는 것이다. 모름지기 법은 인간관계를 규율하여 인간의 공동생활을 가능케 하여 인간을 일정한 이상으로 인도하는 문화적 사명을 가지고 있고[2] 따라서 모든 시대의 법은 그 시대에 독특한 인간상을 예정하고 그 인간상에 준하여 법의 내용과 형식이 만들어지게 마련이다. 예컨대 형법의 경우 인간의 자유의지를 긍정하는 고전학파(구파)와 이를 부정하는 근대학파(신파) 간의 오랜 대립이 있어왔다. 두 학파가 전제하는 인간상의 대립은 형벌의 목적과 관련해 일반예방주의와 특별예방주의의 대립을, 범죄의 본질과 관련해 객관주의와 주관주의의 대립을 낳았다. 범죄의 본질과 형벌의 목적을 바라보는 시각의 차이는 이를테면 미수범이나 공범자 또는 반사회적 성향의 범죄자를 어떻게 처벌 또는 처우할 것인가에 관한 실질적 견해의 차이를 가져온다. 형법도그마틱과 형사정책의 차이를 가져온다는 것이다. 그렇다면 현시점에서 법이 바라보는 인간상은 어떤 것이고 어떠한 변화가 있는지 확인해 보는 작업은 현대 사회를 살아가는 우리가 희구하는 '정당한 법과 법정책'의 모습을 가늠해 보는 중요한 척도가 될 수 있을 것이다. 무릇 한 시대의 인간상은 세계관의 변화를 반영하게 마련이다. 이에 본고에서는 최근의 가장 영향력 있는 지적 조류의 하나인 진화이론의 몇 가지 핵심논제를 윤리

---

1) 구스타브 라드브루흐/손지열·황우여 역, 法에 있어서의 人間 (육법사, 1981), 19-20면. 라드브루흐는 '인간상'이란 "법이 자신이 작용하고자 의도하는 인간을 어떻게 표상하고 있는가, 즉 법이 어떤 종류의 인간에게 겨냥되어져 있는가"를 뜻한다고 밝히고 있다. 그리고 이때의 인간은 個個 경험적 인간을 뜻하지 않는데, 그 이유는 무릇 법규는 그 보편성 때문에 인간의 보편적 유형 위에서만 배열될 수 있기 때문이라고 한다. 요컨대 인간상은 다양한 法時代에 전형적이고 본질적인, 법규범의 구성에 대하여 표준을 제공해 주는 출발점으로서의 인간의 모습을 말한다.

2) 최규복, "형법상 舊派와 新派의 지위", 중앙대학교 법정논총(1958), 142면.

학과 관련해 검토해 봄으로써 이것이 법(학)에 있어서 인간상에 어떠한 의미를 지닐 수 있을 것인지 시론적으로 전망해 보고자 한다.

20세기에 이르러 지성사에 가장 큰 영향을 준 세계관의 변화 중 하나를 들자면 진화론적 혁명을 꼽을 수 있을 것이다.[3] 오늘날 진화론적 사고는 각계각층에 퍼져 있다.[4] 진화론을 논급하지 않고는 중요한 학문적 담론에 가담하기 어려운 경우가 많다. 각종 매스컴이나 학술적·대중적 과학서적의 내용을 보면 진화론은 인간의 행동에 대한 거의 모든 수수께끼에 대한 해답을 제공해 줄 것처럼 보인다. 예를 들어 우리는 왜 보편적으로 달고 기름진 음식을 좋아하고, 뷔페를 즐기는 성향이 있는지, 또 가을이 되면 왜 숲이 단풍으로 물드는지 등에 대해서 진화론 진영에서 이론적인 해명을 내놓기 시작한 것이다. 그렇지만 인문학이나 사회과학, 그리고 신학을 연구하는 학자들 상당수는 진화론적 연구방법에 대해 심지어 극단적인 회의와 적대감을 표명하기도 한다. 거기에는 분명 충분한 이유가 있을 것이다. 하지만 그럼에도 불구하고 많은 학자들은 진화론적 접근방식이 인간의 행동과 사회를 설명하는 데 있어 여러 유용한 이론적 도구 중 하나라는 점에 이의를 제기하지 않는다. 무엇보다도 진화론적 관점의 문제의식, 즉 "문화의 강력한 영향력에도 불구하고, 이를 이겨내는 적응적·생물학적 영향이 존재하지 않을까?"라는 질문은 학문적으로 지극히 정당한 것이기 때문일 것이다.[5] 이러한

3) 참고로 지난 2009년은 찰스 다윈 탄생 200주년이자 '종의 기원' 출간 150주년이 되는 해였다.

4) 생물학적 적응과는 무관한, 가장 고유한 문화적 영역이라고 볼 수 있는 음악과 예술의 필요성과 존재의의에 대해서도 적응적 관점에서 설명하려는 연구문헌으로는 스티븐 미슨/김명주 역, 노래하는 네안데르탈인 (뿌리와 이파리, 2008)과 크리스티안 레만/김희상 역, 음악의 탄생 (마고북스, 2012) 참조. 법학계에도 진화론적 사고는 점차 널리 퍼져가고 있는 추세다. 이와 관련된 간략한 논의로는 John Monahan, Could 'Law and Evolution' be the next 'Law and Economics'?, *8 Va. J. Soc. Pol'y & L. 123* (2000) 참조.

5) 케빈 랠런드·길리언 브라운/양병찬 역, 센스앤 넌센스 (동아시아, 2014), 137면. 역으로 인문학자나 사회과학자들이 "강력한 적응적·생물학적 영향력에도 불구하고, 이를 이겨내는 사회·문화적 영향력이 존재하지 않을까?"라는 질문을 던지

입장에서 보면 진화론적 관점은 분명 제한된 범위에서나마 법에 있어서 현대적 인간상의 정립에도 새로운 빛을 던져 줄 수 있을 것이다.

본고에서는 인간의 본성과 도덕적 성향을 탐구하는 데 있어서 진화론적 사고방식이 법학의 인간상에 어떠한 함의를 가져다 줄 수 있는지 조명해 보고자 한다. 이를 위해 본고는 다음과 같은 논증단계를 거치기로 한다. 먼저 본고의 논증과정에서 중심적 역할을 하는 팃포탯의 의미와 그 진화윤리학적 함의를 논증하기 위해 팃포탯이란 무엇인지 소개하기로 한다. 아울러 팃포탯 전략의 진화생물학적 의의를 살펴보고(II), 둘째, 이러한 학제적 연구성과가 진화윤리학적으로 인간의 본성에 대해 무엇을 말하고 있는지 조명해 봄으로써(III), 팃포탯이 법(학)에 있어서의 현대적 인간상에 어떠한 의미를 갖는지 검토해 보고(IV), 그 결론을 제시해 보고자 한다(V).

II. 반복된 죄수딜레마게임에서 팃포탯 전략의 의의

1. 죄수의 딜레마 상황

게임이론과 관련해 우리에게 잘 알려진 사례로 죄수딜레마 상황이란 것이 있다. 이 게임의 참가한 두 사람은 협력과 배반이라는 두 가지 선택을 할 수 있으며, 잘 알려진 바대로 합리적 개인이라면 모두 상대방을 배반하는 패를 선택함으로써 둘이 협력하면 얻을 수 있었던 최선의 결과를 얻지 못하게 된다. 죄수의 딜레마는 개인적으로는 합리적인 결론이, 두 사람 모두에게는 더 나쁜 결과를 가져오는, 우리의 삶에서 매우 흔하고도 극히 흥미로운 여러 상황을 추상적으로 단순하게 모형화한 것이다.

이 게임의 특징은, 서로 번갈아 상대를 이용해도 딜레마에서 벗어날

는 것도 역시 필자는 지극히 정당하다고 생각한다.

수가 없다는 점이다. 즉, 번갈아 가면서 서로 이용하고(배반하여 자신만큰 이득을 취하고) 이용당해도 그 결과는 상호협력만큼 좋지 않다는 말이다. 그러므로 이기적인 두 사람이 단 한 번 게임을 한다면 둘 다 자신에게 유리한 배반을 선택할 것이고, 결국 서로 협력을 선택했을 때보다 낮은 점수를 얻을 것이다. 여러 번 게임을 하더라도 게임의 횟수가 미리 정해져 있고 이 사실을 참가자들이 알고 있다면, 경기자들은 역시 협력할 동기가 없어진다. 다음 게임이 없으므로 상대방 눈치를 보지 않고 마음대로 선택할 수 있기 때문이다. 또한 마지막 게임 바로 전 게임에서도, 마지막 게임에서는 양쪽 다 배반을 선택할 것이 뻔하기 때문에, 협력할 이유가 없다. 이런 식으로 계속 추론을 이어가면 두 사람 모두 첫 게임부터 배반을 선택하게 되어 있다. 결국 횟수가 정해진 게임이라면 양쪽 모두 처음부터 배반을 선택한다.

그러나 이런 논리는 참가자들이 상대방과 게임을 하게 될 확률이 충분히 크거나 무한하게 경기를 치를 경우에는 적용되지 않는다. 그리고 실제 대부분 현실에서는 두 사람은 언제 둘 사이가 끝나게 될지 확실히 알 수 없다.[6)]

2. 반복된 죄수딜레마게임에서 가장 유리한 전략 - '팃포탯'

그렇다면 죄수의 딜레마 상황을 벗어날 수 있는 방법은 존재하지 않는 것일까? 미국의 정치학자 로버트 액설로드는 만약 죄수딜레마 게임을 반복적으로 실시할 때 가장 효과적인 전략, 즉 게임 참여자로 하여금 가장 큰 보상을 가져다주는 전략이 무엇인지를 알아내기 위해 컴퓨터 대회를 개최하였다. 컴퓨터 대회의 참가자들은 각 게임마다 협력이

---

6) 이하의 내용은 'Robert Axelrod, *The Evolution of Cooperation* (Basic Books, 2006)'과 그 번역본인 '로버트 액설로드/이경식 역, 협력의 진화 (시스테마, 2006)'을 대조해 가며, 번역서의 표현을 일부 가다듬어 참조, 요약, 인용한 것이다. 해당 페이지는 원서를 기준으로 인용하였음을 밝혀둔다.

나 비협력을 선택하는 결정규칙으로 된 프로그램을 짠다. 각각의 프로그램은 그동안 자신과 상대가 선택한 결정의 내력을 기억하고 다음 선택에서 이 내력을 참고할 수 있다. 만약 참가자들이 죄수의 딜레마에 친숙한 사람들 중에서 뽑혔다면 이들은 자신의 결정 규칙이 또 다른 경험자의 규칙과 맞대결한다는 사실을 잘 알 것이다.

액설로드는 전세계 게임이론 전문가들에게 이러한 방식으로 진행되는 컴퓨터 대회에서 우승할 수 있는 전략이 담긴 프로그램을 출품해 달라고 초청했다. 대회는 참가자가 둘씩 짝을 짓는 라운드 로빈(Round-Robin) 방식으로[7] 구성되었다. 대회의 규칙에 공지한 대로 각 참가자는 자신과 똑같은 쌍둥이 프로그램과도 겨루고, 반반의 확률로 협력이나 배반을 하는 프로그램 랜덤과도 겨루었다. 각 전체게임은 정확히 200게임으로 이루어 졌다.[8]

총 14개의[9] 전략적 프로그램이 심리학, 경제학, 수학, 사회학 다섯 분야에서 출품되었는데 선발된 참가자들은 대부분 게임이론 일반, 또는 죄수의 딜레마에 관한 연구업적이 있는 사람들이었다. 대회 결과, 이 대회의 우승자는 토론토 대학의 심리학 교수인 아나톨 라포포트 교수가 제출한 팃포탯(Tit For Tat)이었다.

팃포탯은 맨 처음에는 일단 협력으로 시작하고 그 다음부터는 상대가 전 수에서 선택한 대로 행동한다. 즉 상대가 협력하면 자신도 협력하고, 상대가 배반하면 자신도 배반한다는 것이다. 팃포탯은 실제 인간과 경기를 할 때도 상당한 정도의 협력을 이끌어 내는 것으로 알려져 있다. 쉽게 남에게 이용당하지 않으면서 자기와 쌍둥이 프로그램과 대전해도 좋은 성적을 내는 등 컴퓨터 대회 참가자로서 바람직한 특성들

---

7) 라운드 로빈 방식이란 '올 플레이 올 토너먼트'라고도 하며, 같은 그룹에 속한 선수들끼리 한 번씩 다 대결을 하는 방식을 말한다.

8) 각 게임의 보수는, 상호협력에는 양 경기자에게 3점씩, 상호배반에는 1점씩 주었다. 한 경기자가 협력하는데 다른 경기자가 배반하면 배반한 경기자는 5점, 협력한 경기자는 0점을 얻게 했다.

9) 정확히 말해 반반의 확률로 협력이나 배반을 하는 프로그램 랜덤(random)까지 합치면 총 15개의 프로그램이 출전하였다.

을 가지고 있다.

팃포탯은 예비대회에서 2위를 했고, 예비대회를 다양하게 변형시킨 대회들에서는 1등을 했다. 참가한 사람들 대부분 이 사실을 알고 있었기 때문에 그들의 대부분은 팃포탯 원칙을 사용했으며 그것을 더욱 발전시키려고 고심하였다. 하지만 놀랍게도 더 복잡한 프로그램 그 어떤 것도 단순한 원조 팃포탯을 능가하지는 못했다.[10)]

이 대회를 치른 후 그 결과를 분석해보니 전략 프로그램의 성적을 결정짓는 몇 가지 요소가 추출되었다.

비교적 높은 점수의 8개 프로그램 집단과 낮은 점수의 그 나머지 집단을 구분하는 특징은 단 한 가지였다. 그것은 결코 먼저 배신하지 않는 '신사적(nice)' 특징이었다(분석의 편의상 여기서 신사적 규칙이란 마지막 몇 수 이전, 예컨대 198번째 게임까지는 먼저 배신하지 않는 것으로 정의된다).[11)]

다만 배반이 일어났을 때 각각의 전략 프로그램은 각기 다르게 반응했는데 그 반응에 따라서 대회순위가 결정되었다. 바로 이 점에서 대회의 승인으로 평가된 핵심요소는 '용서(forgiveness)'라는 결정규칙이다. 용서는 간단히 말해 "상대가 배신한 다음 게임에서도 협력하는 관용성이다." 팃포탯은 상대방의 배반을 딱 한 번의 배반으로 대응하고, 그 다음 수부터는 완전히 용서한 상대에서 응수한다. 즉 한 번의 응징으로 과거는 과거로 잊어버린다.[12)]

---

10) Robert Axelrod, *The Evolution of Cooperation* (Basic Books, 2006), 27-32면.

11) 이 대회는 최대 1000점에서(자신은 매번 배신하고 상대방은 협력하는 경우) 최저 200점까지(매번 상호배신하는 경우) 가능하며, 항상 서로 협력했을 때 얻는 점수는 600점이다. 그런데 신사적인 전략들은 평균 472점에서 504점 사이를 기록했고, 비신사적인 것들 중 가장 높은 점수를 기록한 것은 401점에 불과했다. 이 대회의 우승자 팃포탯의 한 게임당 평균 점수는 504점이었다.

12) 신사적 규칙들 중에서 가장 낮은 점수를 딴 것은 가장 용서할 줄 모르는 프리드먼이라는 규칙이었다. 이 전략은 끝까지 복수만 하는, 용서라고는 모르는 프로그램이다. 결코 먼저 배반을 하지는 않지만 상대가 일단 배반을 하면 그때부터 자기도 배반을 한다.

한다. 배반에 대해 보복을 하려면 배반자가 이득을 볼 수 있게 되서는 안 된다. 즉 그가 익명의 장막 속으로 숨을 수 있어서는 안 된다. 인간을 비롯한 고등생물은 동종의 다른 개체들을 식별하는 고도의 능력으로 이 문제를 극복한다. 다음으로 두 개체가 다시 만날 가능성이 충분히 커야 한다. 단기적 거래나 상호작용에서는 배반이 정답이기 때문이다. 팃포탯 전략은 무정부 상태하에서 협력을 창발시킨 장본인이다. 그 원칙은 처음에는 협력하고 그 다음부터는 상대방의 선택에 따라 그대로 응수하는 것이다. 즉 "받은 대로 되갚으라"는 것이며, 이는 '눈에는 눈, 이에는 이'라는 동해보복, 즉 탈리오 법칙과 기본원리를 공유한다.[28)]

III. 팃포탯의 (진화)윤리학적 의의

1. 팃포탯과 상호적 이타성

팃포탯은 호혜주의를 기초로 한 협력을 이끌어내는 전략이다. 배반의 욕구를 억누르고 협력을 함으로써 결국엔 최선의 이익을 얻게 된다는 교훈을 주기 때문이다. 여기서 협력은 다른 말로 상호 이타적 행동을 뜻한다. 타인을 이용함으로써 큰 이익을 누릴 수 있음에도 불구하고 상호 이익이란 이타적 관점에서 협력을 하는 것이기 때문이다. 팃포탯은 일단 협력하지만 그 다음부터는 상대방이 협력하면 협력으로, 배반하면 배반으로 일관한다. 즉 상대방이 협력할 것을 조건으로 협력하지만 상대방이 배반하면 나도 배반한다는 점에서 조건부 협력이라 말할 수 있고, 이는 곧 상호적 이타성(호혜성)을 의미한다.

28) 팃포탯과 동해보복의 원칙의 상관성을 잘 지적하고 있는 논문으로는 Daniel L. Tobey, What's really wrong with genetic enhancement: a second look at our posthuman future, *6 Yale JL & Tech. 54* (2003), 64면. "From an ethical perspective, we might compare Tit-for-Tat to Hammurabi's Code: both encompass the idea of 'an eye for an eye.'"

상호적 이타성과 같은 인간의 도덕적 성향의 유래에 대한 연구는 오랜 세월동안 다각도로 진행되어 왔다. 그중에 최근 주목할 만한 분야가 있다면 바로 진화윤리학을 들 수 있을 것이다. 진화윤리학은 인간의 도덕성을 구성하는 많은 요소가 적응문제를 해결하기 위해 진화한 심리적 메커니즘의 하나라고 보는 기본 입장에 선다는 점에서 진화론의 한 분야이다. 액설로드는 팃포탯 원리가 반드시 지능을 지닌 고등 생명체에서만 진화하지는 않는다고 지적하지만, 상호적 이타성과 같은 도덕적 성향이 어떻게 인간의 마음에 뿌리내릴 수 있었는가를 해명하는 데 있어서도 팃포탯은 시사하는 바가 크다.

이하에서는 진화윤리학의 기본전제와 몇몇 주요이론을 검토해 봄으로써 진화윤리학에서는 팃포탯 원리를 어떻게 수용할 수 있는지를 진화심리학적 관점에서 검토해 보기로 한다.

2. 진화윤리학의 기본전제와 포괄적응도이론

일반적으로 자연선택에 의한 진화는 "유전된 변이들의 차등적 생식 성공 때문에 긴 시간에 걸쳐 일어나는 변화"로 정의된다.[29] 한 마디 개체의 생존과 번식에 더 나은 변이가 선택되어 진화한다는 것이다. 즉 주어진 선택환경에 더 적합한(fitter) 신체적, 행동적 특질을 지닌 개체가 높은 적응도(fitness)[30]를 지니게 되어 생존해 번식에 성공한다.

본고에서 주목하고자 하는 진화심리학은 진화론의 기본입장에서 더 나아가 환경에 더 적합한 '심리적 특질'을 가진 개체가 선택되고 개체군 내에 그러한 유전자가 퍼져 그 심리적 특질이 진화하여 오늘날에 이르고 있다고 설명하는 진화이론이다. 그 대표적인 심리적 특질로는 '뱀과 거미 등 위험한 생물이나 포식자에 대한 본능적 두려움', '우수한 유전적 자질을 가진 배우자에 대한 선호' 등이 있다.[31]

29) 데이비드 버스/이충호 역, 진화심리학 (웅진 지식하우스, 2012), 72면.
30) 적응도란 개체의 번식 잠재력(번식 가능성)을 말한다.

그리고 진화윤리학자들은 진화심리학의 입장에서 한 걸음 더 나아간다. 다른 심리적 특질들과 마찬가지로 인간의 도덕적 성향 역시 생물학적 적응의 산물이라고 본다. 즉 '도덕'도 '적응'이라는 것이다. 개체의 적응도(fitness)를 높여주는 형질이 자연선택되어 진화한다는 진화론의 기본 논리를 다른 심리적 특질 외에 도덕성의 진화에로 확장시키려는 시도인 것이다. 그런데 이러한 시도는 다음과 같은 의문을 불러일으킬 수 있다.[32] 예컨대 '포식자에 대한 본능적 두려움'이나 '달고 기름진 음식에 대한 선호'와 같은 심리적 성향이 선택되어 진화했다는 점은 개체의 적응도를 높여줄 수 있는 성향이라는 사실을 누구나 쉽게 이해할 수 있기 때문에 대체로 수긍할 수 있으나, 윤리학적 측면에서 보면 도덕성을 구성하는 대다수 내용은 개체의 적응도를 높이는 '이기적' 특질이나 성향과는 반대로 '이타성'을 특징으로 한 경우가 많기 때문에 도덕적 성향의 유래를 진화론적으로 설명하기 어렵다는 것이다.[33]

하지만 진화론자들은 이 문제를 부분적으로 해결할 수 있는 이론, 다시 말해 모든 종류의 '이타성'은 아니지만 '상호적 이타성'을 설명할 수 있는 훌륭한 이론을 구축해 두고 있다. 이와 관련하여 우선 '포괄적 응도(inclusive fitness)이론'을 살펴볼 필요가 있다. 이 이론은 부모의 자식에 대한 헌신적 행동이나 형제자매나 조카에 대한 돌봄과 같이 고전적 적응도(classical fitness)[34]개념만으로는 설명이 어려운 현상을 설명

31) 케빈 랠런드·길리언 브라운/양병찬 역, 앞의 책, 212면 이하 참조.

32) 한편 도덕철학자들에게는 '선의 이데아'나 '실천이성에 의한 합리적 추론'에 의거하지 않고 자연선택에 의한 '자동적 반응'으로서 도덕감정이나 도덕판단을 논하다는 것 자체가 일단 거부감을 불러일으킬 수 있을 것이다. 그것은 존재론과 목적론 없는 윤리학이기 때문이다. 이러한 평가로는 오재호, "협동의 진화로서의 도덕", 철학연구 제121집(2012), 53면 이하 참조.

33) 본고에서는 진화윤리학의 규범학으로서의 정당성에 관한 논의는 생략하기로 하고 이에 관한 논의는 후일을 기약하고자 한다. 다만 이에 대해 "진화 윤리학은 존재론에 바탕을 두고 있는 윤리학에 대한 강력한 도전이며 또 하나의 계몽"이라는 평은 참고해 둘 만하다. 오재호, 앞의 논문, 56면 참조.

34) 어떤 개체가 유전자를 전달하는 직접적인 생식적 성공을 자손의 생산을 통해 측정하는 것.

하기 위해 진화생물학자 윌리엄 해밀턴(W. Hamilton)이 제안한 이론이다. 포괄적 적응도란 어떤 개체나 생물의 성질이라기보다는 그 행동이나 효과의 성질이다. 따라서 포괄적응도는 어떤 개체가 지닌 번식 성공률(개별적 적응도)에다가 그 개체의 행동이 혈족(유전적 친족)의 번식 성공률에 미치는 효과를 더한 것이다. 한 마디로 유전자가 이득을 볼 수 있는 모든 형태의 간접적 방식을 다 함께 고려한 개념이다. 생물은 형제자매나 조카, 조카딸이 살아남아 생식을 할 수 있도록 돕는 행동을 통해서도 자신의 유전자가 복제되는 것을 증가시킬 수 있다. 즉 나의 형제자매나 혈족은 나의 유전자를 어느 정도 공유할 확률이 있고, 또 그들이 낳는 자식도 내 자식만큼은 아니지만 나의 유전자를 공유할 확률이 있기 때문에 이들을 돕는 이타적 성향은 결국 나의 유전자를 전파하는데 기여하므로 나의 포괄적응도를 높이는 행위가 된다.[35]

흥미롭게도 포괄적응도 이론은 결국 '유전자의 눈으로 바라보는' 관점을 우리에게 제시해 준다. 가령 내가 유전자라면 어떻게 행동을 하는 게 나를 최대한 복제하는 데 도움이 될 것인지 물어보면 된다는 것이다. 첫째, 내가 들어 있는 (유전자의) '운반수단(vehicle)[36]' 즉 신체의 안녕이 보장되도록 노력할 것이다(생존). 둘째, 그 운반수단이 생식을 하도록 유도할 것이다(번식). 셋째, 나의 복제본을 갖고 있는 다른 모든 운반수단이 생존과 번식을 성공적으로 할 수 있도록 도울 것이다. 이처럼 포괄적응도 이론은 유전자의 관점에서 볼 때 이타적 행동이 어떻게 합리적으로 설명될 수 있는지 잘 보여준다. 한 마디로 혈족을 도움으로써(자신이 희생함으로써) 포괄적응도가 높아진다면,

---

35) 해밀턴은 유전자형의 포괄적응도가 평균보다 높으면 그 유전자형은 선택될 것이고 낮으면 도태될 것이라고 설명한다. W. D. Hamilton, The Genetical Evolution of Social Behaviour. I, *J. Theoret. Biol.* 7 (1964), 14면. "In other words the kind of selection may be considered determined by whether the inclusive fitness of a genotype is above or below average."

36) 인간을 비롯한 모든 생명체는 유전자가 자신의 생존과 보호를 위해 만들어낸 운반수단(vehicle), 즉 일종의 생존 기계(survival machine)에 불과하다는 생각은 알 잘려져 있듯이 리처드 도킨스가 '이기적 유전자'에서 주장한 것이다.

이타성은 진화할 수밖에 없다는 것이다. 자기희생의 수혜자가 결국 유전적 친족이기 때문이다. 다만 포괄적응도 측면에서 친척에게 돌아가는 편익이 자신이 치르는 비용보다 커야 한다. 이 조건이 충족될 때 '혈연간' 이타성은 진화할 수 있다.[37]

3. 팃포탯 전략의 진화윤리학적 의의

도킨스는 액설로드의 팃포탯 연구가 진화생물학적으로 어떠한 의미가 있는지 보다 잘 연구할 수 있도록 그에게 해밀턴을 소개시켜 주었다고 밝힌 바 있지만,[38] 그는 더 이상의 함의를 찾아내지는 못한 것으로 보인다. 즉 진화윤리학적 의의까지는 생각하지 못하고 있었던 것이다. 하지만 팃포탯이 진화적으로 안정한 전략이라는 사실은 진화윤리학적으로 중요한 의미를 갖는다. 이 점을 살펴보기로 한다.

앞서 논한 포괄적응도 이론에 의하더라도 여전히 해명되지 않은 이타성이 있다. 그것은 바로 비친족 관계에 있는 사람들, 다시 말해 유전적 근연이 없는 자들 간의 상호 이타적 행위를 진화론이론에 의해 어떻게 설명하느냐는 것이다.[39] 로버트 트리버스(R. Trivers) 등은 이 문제를 '상호적 이타성 이론'에 의해 해결하였다. 일견 해밀턴의 포괄적응도이론에 위배되는 것처럼 보이는 이타적 행동이 어떻게 진화할 수 있는가에 대해서 상호적 이타성 이론은, 그러한 편익 전달의 수혜자가 장래에 보답을 하게만 한다면, 비친족에게 편익을 제공하는 심리기제가 진화할 수 있다고 본다.[40] 다시 말해 상호 이타

---

37) 데이비드 버스/이충호 역, 앞의 책, 47면.

38) 리처드 도킨스/홍영남·이상임 역, 앞의 책, 354면.

39) 사실 이러한 종류의 이타적 행위야 말로 우리의 진정한 도덕성을 이루는 주된 것들이다. 감사, 우정, 연민, 신뢰, 죄의식과 복수심 등이 모두 상호적 이타성에서 기인했다는 해석도 있다. 이에 대해서는 수전 블랙모어/김명남 역, 밈 (바다출판사, 2010), 280-281면.

40) 예를 들어 친구 사이인 두 사냥꾼이 있는데 이들이 사냥에 성공할 확률이 일정하

적으로 행동하는 사람들은 이기적으로 행동하는 사람들보다 오히려 생존과 번식면에서 더 유리한 경향이 있기 때문에 세대가 거듭될수록 상호적 이타성이란 심리기제가 퍼져나간다. 여기서 상호적 이타성은 '상호이익을 위해 둘 이상의 개인 사이에 일어나는 협력'으로 정의된다.[41]

그런데 상호적 이타주의자가 맞닥뜨리는 가장 중요한 적응문제는 사기꾼, 즉 자기 편익만 챙기고 나중에 보답하지 않는 자의 위협이다. 예컨대 어떤 사람이 상호적 이타주의자인 척 가장했다가 편익만 챙기고 장래에 상응한 보답을 하지 않을 수 있다. 이를 속임수 문제라고 한다. 이 문제의 해결책이 바로 앞서 검토한 '받은 만큼 되돌려주기(Tit For Tat)' 전략이다. 잘 알려져 있듯이 죄수의 딜레마 게임에서 각자는 협력을 통해 이득을 얻을 수 있다. 이는 상호적 이타성 상황과 유사하다. 하지만 실제로 각자는 상호 교환 없이 상대방의 이타성이 주는 이익만 챙기고 싶은 유혹을 느낀다. 만약 이 게임을 단 한 번만 한다면 유일하게 분별 있는 행동은 '배신'이다. 그러나 액설로드는 이 게임이 수없이 반복되면서 협력의 열쇠가 나타난다는 것을 보여주었다. 반복되는 죄수의 딜레마 게임에서 승리하는 전략은 결국 '받은 만큼 되돌려주기' 전략이었던 것이다.

팃포탯은 매우 단순한 전략이다. 처음에는 협력으로 시작하고 나중에는 상대가 하는 대로 따라하는 전략이다. 상대가 협력하면

지 않아 일주일에 둘 중 한 사람만이 사냥에 성공한다고 할 때, 만약 첫 번째 사냥감을 갑이 친구인 을과 나누면 나눠준 고기만큼의 희생과 비용이 발생하지만 그 비용은 비교적 적을 수 있는데, 고기가 썩기 전에 자신과 가족이 먹을 수 있는 것보다 더 많은 고기를 가졌을 수 있기 때문이다. 반면 사냥에 성공하지 못한 을에게는 매우 큰 편익이 될 수 있다. 그 다음 주는 상황이 역전되고, 이러한 방식으로 두 사냥꾼은 아주 적은 비용만 치르면서 친구에게 큰 편익을 제공하게 된다. 즉 두 친구는 각자 이기적으로 고기를 독차지할 때보다 상호 이타적 행동을 통해 더 큰 편익을 얻게 되는 것이다.

41) 데이비드 버스/이충호 역, 앞의 책, 420면.

둘 다 계속해서 협력하여 둘 다 좋은 결과를 얻는다. 상대가 배신하면, 팃포탯은 보복한다. 팃포탯 성향을 지닌 자들이 개체군을 장악하고 있다면 속임수 문제는 자연스럽게 해결된다. 왜냐하면 상호적 이타성의 진화가 사기꾼 전략에 의해 방해받지 않도록 도와주기 때문이다. 팃포탯은 진화적으로 안정된 전략이다.[42] 따라서 속임수 문제에 대한 진화적 해결책이 되며, 상호적 이타성의 진화를 촉진한다.

요컨대 진화윤리학의 관점에서 볼 때 팃포탯은 포괄적응도이론으로도 설명하기 힘든 타인 간의 상호적 이타성을 오랜 진화사에 걸쳐 개인이 마주했던 특정한 적응문제의 해결이라는 측면에서 해명해 줄 수 있는 원리가 된다. 팃포탯은 다양한 상호작용 전략이 존재하는 진화적 적응환경에서 진화적으로 안정한 전략이 됨으로써 우리의 진화된 심리적 메커니즘의 일부를 구성하며,[43] 상호적 이타성이란 도덕성이 진화할 수 있도록 도와주는 도덕원칙이다.

42) 진화적으로 안정한 전략이란, 개체군에 있는 대부분의 구성원이 일단 그 전략을 채택하면 다른 대체전략이 그 전략을 능가할 수 없는 전략이다. 즉, “a strategy which if adopted by all members of a population cannot be invaded by a mutant strategy through the operation of natural selection.”를 의미한다. 예컨대 사자가 사자를 잡아먹지 않는 것은 그것이 그들에겐 ESS가 아니기 때문이다. 동종끼리 잡아먹는 전략은 다른 전략으로 대체될 가능성이 커서 불안정하고 보복의 위험도 너무 크기 때문이다. 이에 대해서는 리처드 도킨스/홍영남·이상임 역, 앞의 책, 158-159면과 357면 참조.

43) 팃포탯이 진화적으로 안정한 전략이라는 사실은 곧 개체의 생존과 번식에도 가장 유리한 전략임을 뜻한다. 이점은 액설로드의 컴퓨터 대회를 통해서도 확인된다. 팃포탯이 결국 최종 승자였기 때문이다.

IV. 팃포탯 전략이 법학의 인간상에 주는 함의

1. 법에 있어서 人間像의 변천

'법에 있어서의 인간(a man in law)'은 권리와 의무의 주체로서의 평등한 법적 인격체로 인정되는 개별적·경험적 인간이 아니라, 사회적 人間一般을 의미한다.[44] 법규범이 실제로 개인의 권리와 의무를 어떻게 규정하느냐에 따라 법질서가 결정되고 법에 있어서의 인간상이 정립되기 때문에 권리와 의무의 내용을 주시하면 법질서에 있어서의 인간상을 알 수 있다.[45]

법에 있어서 인간의 문제가 논의된 것은 인간의 자유와 평등, 그리고 신으로부터 독립된 인간의 주체성이 인식되기 시작한 때부터이기 때문에 고대 및 중세법에 있어서는 일반적으로 법적 인격체로서의 인간의 개념이 성립할 수 없었다.[46]

라드브루흐에 의하면 중세 독일법과 그 법의 근저에 깔려 있는 인간상은 "의무에 의하여 침투되고 의무에 의하여 지탱되는 권리, 즉 의무에 좇은 행사가 기대되는 경우에만 허용되는 권리가 통례적이며, 이러한 권리가 안전하게 그 기능을 발휘하기 위해서는 습속이나 종교를 통하여 의무 및 공동체와 결합된 인간을 전제로 한다"고 한다.[47]

이에 반하여 근세에 이르러서는 르네상스와 종교개혁, 그리고 로마법의 계수가 개인을 공동체로부터 해방시켰고, 따라서 이제는 의무가 아니라 이익에 의하여 지배되는 개인을 법의 출발점으로 만들었다고 한다. 이러한 법에 있어서의 새로운 인간형은 "이윤추구와 타산으로 시종하는 상인상(商人像)을 따라 조형된 것"이라고 보면서,[48] 따라서는

44) P. Vinogradoff, *Common Sense in Law* (Oxford Univ. Press, 1956), 65-66면.
45) 구스타브 라드브루흐/손지열·황우여 역, 앞의 책, 19면.
46) 홍성찬, 법에 있어서의 인간상 (동화와 번역, 1987), 218면.
47) 라드브루흐에 의하면 이 시기 길드제도와 봉건제도가 그러한 인간상을 표준으로 하고 있었다고 한다.

이는 “계몽주의와 자연법사상이 비로소 로마법의 출발점으로 삼았던 그 인간형 위에 법질서를 정비한 것으로, 대단히 이기적일 뿐만 아니라 자기의 사리추구에 있어서 아주 영리한 개인으로서 자기의 잘 이해된 개인적 이익만을 추구하며, 그리하여 모든 사회적 구속으로부터 자유롭고 법률적 구속에 대하여 단지 잘 이해된 개인적 이익에 따라 스스로 그것을 수인하였기 때문에 복종하는 인간형이 되었다”고 한다.[49] ‘합리적 경제인(homo oeconomicus)’이 바로 그것이다. 형법에 있어서는 포이에르바하의 심리강제설이 바로 이러한 인간상에 기초하고 있는데, “심리강제설은 자신의 이익을 추구하기 위하여 충동이나 양심의 부담같은 것에 구애됨이 없이 순연히 이기적이고 합리적인 태도로 자기가 계획하고 있는 범죄의 유쾌한 결과와 불쾌한 결과를 계산하는 인간을 전제하기” 때문이다.[50]

그러나 인간이란 결코 항상 자기의 이익을 인지할 수 있거나 그 인지한 이익을 추구할 수 있는 것은 아니며, 또한 항상 자기의 이익만을 따라서 행동하게 되는 것도 결코 아니라는 사실이 점차 드러나게 되었고, 형법에 있어서도 포이에르바하의 심리강제설은 그 실효성을 상실해버렸다. 즉 범죄자가 언제나 자기의 범행의 이점과 불이익을 냉철하게 비교형량하여 자기에게 유리한 선택을 할 수 있는 경우는 극히 드물고 오히려 그러한 범죄자는 자기 자신의 이익만이라도 이해하고 자기의 잘 이해된 이익만이라도 추구할 수 있게끔 개선되어야 한다는 사실이 드러나기 시작한 것이다.[51] 요컨대 자유주의적 법시대를 지배하는 인간

48) 약간 과장해서 말하면 “그 이후의 법은 모든 사람을 상인으로 보고 심지어 노동자를 ‘노동’이라는 상품의 판매자로 보게 되었다고 말할 수 있다”고 한다.

49) 라드브루흐는 계몽주의 시대의 아주 영리한 개인으로서의 상인상 이전에 경찰국가 시대의 피후견인적 지위에 놓여있던 인간상, 즉 이기적이기는 하지만 법주체로서의 자신의 이익에 대해 미숙한 이해력만을 가진 인간상도 존재했음을 지적하고 있다. 구스타브 라드브루흐/손지열·황우여 역, 앞의 책, 22-23면 참조.

50) 구스타브 라드브루흐/손지열·황우려 역, 앞의 책, 26면 참조.

51) 구스타브 라드브루흐/손지열·황우여 역, 앞의 책, 27-28면. 이밖에도 그는 改善사상은 “同一類의 행위자형의 배후에 훨씬 더 많은 수의 잡다한 심리학적 유형,

상이었던 '합리적 경제인(homo oeconomicus)'이라는 인간상의 허구성이 드러난 것이다.

그에 따르면 사회학 이론의 발달에 따라[52] 인간에 대한 새로운 해석이 등장하면서 새로운 인간상이 출현하게 되었는데, 그것은 기존의 합리적 경제인이란 인간상이란 도식을 벗어나 훨씬 실생활과 가까운 형태로 여기에는 권리주체의 지적, 경제적, 사회적 지위도 또한 고려의 대상이 된다고 한다. 이러한 현상은 특히 노동법에서 현저하다고 라드브루흐는 평가하면서 법에 있어서의 인간은 더 이상 로빈슨 크루소나 아담과 같은 고립된 개체가 아니며, 공동체 속의 인간, 즉 '集團內 인간(Kollektivmensch)'[53]이라고 한다. 집단내 인간상이란 인간 속에 단체적 품성을 끌어들여 생각하는 것을 의미한다. 즉 인간은 이기적이면서도 사회성을 지니고 있어서 공동사회의 질서유지를 위해서는 약간의 불이익은 감수할 줄 아는 존재라는 것이다. 권리를 주장하더라도 약육강식의 동물적 요소는 바로 이 사회성 때문에 축소된다. 그리하여 윤리적 의무내용으로 권리를 채우는 일도 일어나고 있는데,[54] "소유권은 의무를 부담한다"라든지 "선거권은 곧 선거의무이다"라는 명제가 그러하다고 한다. 인간이 더 이상 아담이나 로빈슨 크루소가 아니라는 것은 고립상태의 개인이 아니라 '사회적 존재'로서의 인간상을 강조하는 것이

예컨대 우발범인과 상습범인, 개선가능범인과 개선불능범인과 같은 것이 법적으로 중요한 것으로 드러나게끔 하였다."고 지적한다. 이와 같은 라드브루흐의 견해는 그가 폰 리스트(von Liszt)의 영향을 많이 받은 것과 무관하지 않을 것이다. 라드브루흐가 리스트로부터 받은 영향에 대해서는 法神學者 에릭 볼프(Erik Wolf)가 쓴 '라드브루흐의 생애와 사상'에 잘 나타나 있다. 이에 대해서는 구스타브 라드브루흐/최종고 역, 법철학 (삼영사, 2011), 327면 이하 참조.

52) 라드브루흐에 의하면 사회학은 개인주의 시대에 철학이 미치고 있었던 것과 유사한 지배력을, 다른 학문에 대하여 뻗치기 시작하고 있다고 한다.

53) 이를 '집합적 인간'으로 번역하기도 하고(구스타브 라드브루흐/손지열·황우여 역, 앞의 책, 29면) '집단인간'으로 번역하는 문헌도 있으나(이에 대해서는 구스타브 라드브루흐/최종고 역, 앞의 책, 387면), 본고에서는 '집단내 인간'이란 표현이 원래의 의미를 잘 드러내 준다고 생각되어 이번역어를 택했다.

54) 라드브루흐는 이를 '권리의 義務浸透性'이라고 표현하고 있다.

다.[55] 이로부터 권리의 윤리화, 즉 새로운 윤리적 의무내용을 지닌 권리를 인정하게 된다.

라드브루흐는 현대법의 대상을 '人格에서 人間에로의 전환'이라고 지적한 바 있는데, 이는 곧 사회법[56] 시대의 도래를 의미한다. 즉 사회에 실재하는 인간의 현상이 법에 수용되어 인간으로 하여금 인간다운 삶을 영위할 수 있도록 보장되어야 한다는 것이다. 이 말은 인간을 평등한 추상적 인격체로만 보는 것이 아니라 경제적 강자 대 약자, 노동자 대 사용자 등의 관계와 같이 이해관계를 중시하고, 자유로운 계약행위가 아니라 그 배후에 있는 사회경제적 대립관계를 인정하여 그 조화점을 모색해야 한다는 뜻으로, 그렇게 함으로써 인간을 추상적인 사회집단 속의 구체적 인간으로 이해하여 사회보장을 통해 인간다운 삶을 보장할 수 있다고 한다. 형법의 경우도 과거 전통적 형법관(고전학파)에서는 범법자를 개성이 없는 행위자[57]로 파악했으나, 사회법 시대의 형법은 행위자를 심리학적 또는 사회학적 특성을 지닌 다종다기한 구체적 인간으로 분류하여 그에 상응하는 처우를 가능케 해주고 있다고 한다. 근대학파가 주창했던 "행위가 아니라 행위자"라는 구호보다 "행위자가 아니라 人間"이 더 적절하다고 라드브루흐는 말한다.[58]

---

55) 구모영, "법에 있어서의 인간상", 동아법학 제30호(2002), 126면 참조.

56) 사회법은 몰개성적이고, 사회조직화부터 유리된 개인에 맞추어진 것이 아니고, 구체적이고 사회조직화된 개인에 맞추어진 법이라고 한다. 그에 따르면 사회법 사상은 사회적 실력층과 무력층을 볼 수 있게 해주어 평등하게 추상화된 인격이 아니라 근로자와 사용자, 노동자와 고용인을 식별하며, 형법의 경우 우발범과 상습범, 개선가능범과 개선불가능범을 구분케 해주어 사회적 무력자에 대한 원조와 사회적 우세자에 대한 제한설정을 가능하게 해 준다고 한다. 결국 교환적 정의보다는 분배적 정의가 더 중요해지고, 사인들 간의 법률관계도 순전히 개인들 간의 문제가 아니라 사회적 관계로 파악되며, 따라서 사법에 대한 공법의 우위, 공법과 사법의 혼합(노동법이나 경제법 등) 및 사적 권리에 대한 사회적 의무내용의 침투 현상 등이 두드러지게 된다. 구스타브 라드브루흐/손지열·황우여 역, 앞의 책, 57-59면 참조.

57) 그는 사법에 있어서 '인격개념'에 대응하는 것이 형법에 있어서는 '행위자개념'이라고 본다.

라드브루흐가 파악한 현대법의 인간상은 현재에도 여전히 유효하다. 현대의 법학자들 역시 그 핵심에 있어서 라드브루흐와 동일한 생각을 공유하고 있다. 예컨대 "헌법상 자기결정권이 상정하는 인간상은 형법이 형벌이라는 가장 준엄한 법효과를 예정하고 있다는 점에서 보면 인격적 존재로서의 인간뿐만 아니라 설사 부도덕하더라도 최소한 타인에 위해를 가함이 없이 생활하는 市井의 인간도 포함하는 것으로 이해하여야 한다"는 주장[59]도 이러한 맥락에서 이해할 수 있다. 바야흐로 현대법의 인간상은 다양한 측면에서 현실적 인간의 형상을 법에 수용하는 방향으로 전환해 가고 있는 것이다.

2. 팃포탯 전략의 진화윤리학적 함의와 법에 있어서 인간상

앞서 검토해 본 바와 같이 팃포탯 전략은 게임이론적으로뿐만 아니라 진화생물학과 더 나아가 진화윤리학적으로도 중요한 의미를 갖는다. 팃포탯은 포괄적응도로도 설명하기 힘든 타인 간의 상호적 이타성을 오랜 진화사에 걸쳐 개인이 마주했던 특정한 적응문제의 해결이라는 측면에서 해명해 줄 수 있는 원리가 되기 때문이다. 여기서 다시 팃포탯의 핵심원리를 살펴보자. 팃포탯은 신사적이고, 관대하고, 보복적이다. 즉 결코 먼저 배반하지 않고, 한 차례의 배반은 즉각 응징한 후 용서하고 잊는다. 그러나 그동안의 관계가 아무리 좋았어도 배반은 절대 눈감아 주지 않는다. 이러한 도덕적 성향을 갖는 사람을 법에서의 인간상으로 상정해 보자. 그는 신사적 품성을 갖추고 있어서 언제나 타인에게 협력한다. 이것은 우리가 일반적으로 좋은 품성을 갖춘 사람에게 기대하는 바와 다를 바 없다. 하지만 그는 상대가 보복하면 절대 눈감아

58) 구스타브 라드브루흐/손지열·황우여 역, 앞의 책, 64면 참조. 아울러 그는 새로운 형법학파를 '사회학파'라고 부르는 것이 정당하다고 주장한다. 이 학파는 그동안 사회학에 속했던 사실들을 법률적 시야 내로 끌어들였기 때문이다.

59) 이훈동, "성매매와 형사법적 처벌의 한계", 외법논집 제33권 제1호(2009), 506면.

주지 않는다. 반드시 받은 대로 되갚는다. 이 점에서는 타인의 과오를 눈감아 주거나 용서해 주라는 도덕적·종교적 가르침과는 차이가 있다. 그런 점에서 그는 성인군자보다는 세속적이다. 오히려 市井의 인간상에 부합된다. 하지만 응징한 후에는 즉시 용서하고 잊는다. 상대방의 한 차례의 배반에 집착하지 않고 관계의 회복을 추구한다는 점에서 관대하다고 할 수도 있고 융통성이 있으며 복잡다기한 현대사회의 거래관계에 적합한 합리적 성품을 지니고 있다. 그러나 상대방이 다시 배반할 경우 그동안의 관계가 아무리 좋았어도 즉각 보복한다는 점에서 타인과의 관계에서 자신의 평판의 유지가 중요하다는 현실을 직시하고 있다. 즉 언제든 자신을 속이고 이익을 취하면 그에 상응하는 대가를 치르게 한다는 위협을 가함으로써 상대방으로부터의 그러한 시도를 사전에 차단하다는 점에서 현실주의적인 풍모를 지니고 있다고 볼 수 있을 것이다.

팃포탯 전략이 품고 있는 인간상은 이타적 품성과 세속적 성향을 모두 갖추었고 융통성 있고 합리적이며 현실주의적인 인간상이다. 액설로드의 컴퓨터 대회를 보면 매우 복잡하고 계산적인 규칙들도 있었고 팃포탯보다 더 관대한 전략인 팃포투탯도 있었지만 결국 최후에 승리한 전략은 팃포탯이다. 이는 법적 인간상에 어떤 함의를 갖는가? 팃포탯 전략의 진화론적 함의에 비추어 볼 때, 인간일반의 본성에 걸맞은 인간상은 라드브루흐가 언급한 바 있는, 공동체적 의무에 종속된 인간상도 아니고, 자신의 이익만을 시종일관 좇는 합리적 경제인상도 아니며, 비이성적이고 충동적으로 행동하는 인간상도 아니다. 그보다는 오히려 그도 지적하듯 사회적 존재로서의 인간 또는 사회집단 속의 구체적 인간이 오늘날 더 적절한, 법에서의 인간상이다. 팃포탯 자체가 그러한 인간상을 품고 있다. 팃포탯 전략은 각기 다른 전략을 지닌 여러 사람들과의 지속적 상호관계를 고려함으로써 지나치게 자신의 이익극대화를 추구하지 않고 상대방의 협력을 이끌어 내는 사회적 존재로서의 인간상을 예정하고 있다. 또한 상대방의 태도에 따라 각기 다르게 대응하는 전략을 장려한다는 점에서 평등한 인격체로서의 인간상이 아니라 현실주의적이고 융통성 있는 구체적 인간상을 예정하고 있다. 요컨대 팃포탯은 법에 있어서의 현대적 인간상이 인간일반의 본성에 부합된다는 점을 지지해 주는 주요한 진화론적 논거가 된다.

V. 맺음말

필자가 본고를 집필하게 된 계기는 리처드 도킨스가 로버트 액설로드에게 팃포탯 전략의 진화생물학적 함의를 보다 잘 연구할 수 있도록 윌리엄 해밀턴과의 공동연구를 조언해 준 일화에서 비롯된다. 왜냐하면 규범학인 형사법을 연구하는 필자가 보기엔 팃포탯의 전략의 게임이론적 의의와 진화생물학적 함의가 (진화)윤리학적으로도 매우 의미 있는 결과를 함축하고 있다고 생각되었기 때문이다.

법에 있어서의 인간상을 다각도에서 점검해 보는 작업은 "법의 역사는 인간상의 변천의 역사이다"라는 명제에 비추어 볼 때 매우 의미 있는 작업이라고 생각한다. 인간 본성의 명백한 특성에 상치되는 규범은 오래 버티지 못한다.[60] 따라서 법학의 인간상 역시 인간의 본성에서 크게 벗어나 있어서는 안 된다. 본고는 팃포탯 전략의 의의를 게임이론적, 진화윤리학적 해석을 통해 구명해 봄으로써 법학의 현대적 인간상의 정립에 대한 건설적 논의의 토대를 제공해 보고자 하였다.

원래 게임이론가들이 발견한 팃포탯 전략은 진화심리학자들에게 혈연관계가 아닌 개인들 사이에서 상호적 이타성이 진화할 수 있는 기제를 해명해 주는 논거로 해석되어 원용된다. 팃포탯은 "눈에는 눈, 이에는 이"처럼 받은 대로 되갚는 전략이다. 본고는 이 전략이 함축하고 있는 인간상은 상호 이타적 품성과 세속적 성향을 모두 갖추었고 융통성 있고 합리적이며 현실주의적인 인간상이라고 해석하면서 이러한 인간상은 법에 있어서의 현대적 인간상, 즉 사회적 존재로서의 인간 또는

60) 이에 대해서는 프란츠 부케티츠/김영철 역, 사회생물학 논쟁 (사이언스 북스, 1999), 160면 참조.

사회집단 속의 구체적 인간을 겨냥한 인간상에 잘 부합됨을 입론하고자 하였다.

이처럼 현대 게임이론이 발견하고 진화론이 재해석한 팃포탯 전략이 현대적 인간상에 부합된다는 사실은 두 가지 의의를 지닌다. 첫째, 법에 있어서 현대적 인간상은 상대적으로 과거의 인간상에 비해 인간의 본성에 잘 부합된다는 것이고 둘째, 이러한 통찰은 뒤집어보면 현대법이 자신의 지향점을 찾는 데 있어서 진화윤리학적 연구성과를 좀 더 적극적으로 수용할 필요가 있다는 것이다. 진화윤리학과 법학의 보다 긴밀한 융합이 필요한 시점이다.

§ 7. 법학에서 학설대립은 경쟁하는 밈들 간 대립인가? - 소수설을 위한 밈학적 변론 -

[글 소개]

이 장은 매우 독특한 주제를 다루고 있다. 이 점을 강조하고자 하는 이유는, 바로 그렇기 때문에 독해에 있어서 각별한 주의를 요하기 때문이다. 진화론에 대해서라면 처음부터 선입견을 갖고, 읽어보기도 전에 '적자생존'이니 '약육강식'이니 하는 용어에 거부반응을 일으키는 법률 전문가들이 많을 것이다. 정의를 중시하는 법의 이념에 부합되지 않는 원칙들이라는 것이다. 특히 리처드 도킨스의 이기적 유전자이론에 맹목적 반감을 가진 일반 독자들이 많다는 사실도 잘 알고 있다. 오죽하면 '이타적 유전자'라는 제목의 책이 출판되었겠는가?[1] 또 유전자가 인간처럼 무언가를 믿고 예측하고 기피하며 선호한다는 등의 표현이 과도한 인격화 내지 의인화의 오류라고 관련 학자들조차도 격렬한 비난을 가하고 있음을 잘 알고 있다. 하물며 그 실체조차 확인되지 않은 '밈(meme)'이라는 문화유전자가 자기 자신을 최대한 많이 복제하기 위해 이기적으로 행동한다는 도킨스의 기술방식이 전문가를 포함해 일반인들로 하여금 얼마나 많은 거부감과 반감을 낳고 있는지는 쉽게 헤아릴 수 있다. 필자 역시 '밈이론'을 학문적으로 진지하게 수용하기까지는 상당한 시일이 소요되었음을 독자들에게 고백하고 싶다. 그만큼 여러 의

1) 흥미로운 점은 '이타적 유전자'라는 제목으로 국내에 출간된 책의 원제는 단지 'The Origins of Virtue'로 그 분석의 기본틀은 기본적으로 도킨스의 이기적 유전자이론에 바탕을 두고 있다는 사실이다.

구심이 드는 요소가 이론의 곳곳에 산재해 있었기 때문이다. 하지만 지금은 밈이론이 법학에서 '학설 대립'을 포함해 많은 문화적 현상을 설명해 줄 수 있는 하나의 '가설'로서 매우 유용한 도구라고 믿는다. 내가 여기서 '가설'이라고 칭하는 것은, 만일 이보다 더 유용한 이론이 발견된다면 그 때에는 밈이론을 원용한 분석작업을 과감히 수정하거나 포기하겠다는 뜻이다.

밈이론은 간단히 말해 우리가 타인의 말투나 몸짓, 옷입는 양식 등을 모방하는 경우, 인간적 관점에서 보면 그것을 의식적 또는 무의식적으로 '따라하는' 행위가 되겠지만, 복제자의 관점에서 보면 '밈'이라는 문화유전자가 자신을 복제하는 과정으로 볼 수 있다는 것이다. 유전자가 스스로를 맹목적으로 복제하는 성향이 있듯 밈도 그러하다. 하지만 모든 유전자가 다 복제에 성공하지는 못하듯, 밈도 복제에 성공하는 것과 실패하는 것으로 나뉜다. 여기서 바로 '선택'의 과정이 자연스럽게 등장한다. 유전자나 밈의 입장에서는 단지 주어진 환경에 잘 복제에 성공하거나 실패한 것이겠지만 진화론적 관점에서 보면 특정 유전자는 '자연적 환경'이 '선택'한 것이고, 특정 밈은 '문화적 환경'이 '선택'한 것이 된다. 또 결과적으로 선택된 유전자나 밈은 선택환경에 잘 '적응해' 결국 '생존경쟁에서 살아남은' 것으로 판명된다. 이처럼 진화론에는 기술적 측면에서 '의인화(인격화)된' 표현이 개입될 수밖에 없다. 진화론의 이와 같은 기술적 용어법에 익숙해지지 않으면, 수많은 의구심과 불신이 싹틀 수밖에 없다고 본다. 처음 접하는 독자들에게는 다소 혼란스럽겠지만, 이러한 혼동에서 벗어나면 유전자든 밈이든 복제자라는 점에서 차이가 없고, 변이와 선택과 유전이라는 진화법칙에 따라 생멸을 거듭하는 존재라는 이해에 도달할 수 있을 것이라고 확신한다. 이는 다윈주의적 사고가 생물학적 진화영역 밖으로까지 적용될 수 있다는 발상이며, 이를 '보편 다윈주의(Universal Darwinism)'라고 부른다.

필자가 밈이론을 가져와 분석을 시도하려는 것은 바로 법학에서 학설대립의 과정을 진화론적 관점에서 조명해 보는 작업이다. 일반적으로 논리적으로 가장 정치하고 우수한 학설이 다른 학설과의 경쟁에서 승리해 다수설로 남게 될 것이라고 믿고 있지만, 실제로는 그렇지 않은 경우도 많다는 사실을 우리는 경험적으로 잘 알고 있다. 이 장은 바로 그러한 이유에 대해서 밈이론이 해명을 해 줄 수 있다는 판단 하에 이를 많은 독자들과 공유하고 싶은 생각에서 기획된 것이다. 그래서 부제가 “소수설을 위한 밈학적 변론”이다. 논증의 대상은 형법학에서 난제의 하나로 꼽힌다고 볼 수 있는 위법성조각사유의 객관적 전제사실에 대한 착오에 관한 학설대립 양상이다. 현재까지 법효과제한책임설이 상대적으로 다수설의 지위를 차지하고는 있지만 그 이유가 이론적 완결성이 있어서라기보다는, 밈복합체인 학설밈으로서 그 요소밈들의 결합방식이 다수설로 선택되는 데 기여를 했을 것이라는 분석을 제시해 보았다. ‘밈들의 특수한 결합방식’이 다수설로 선택되는 결과를 가져왔다는 분석이 모든 다수설에 통용될 것이라고 생각하지는 않는다. 분명 어떤 다수설은 다른 방식의 분석을 통해 그 선택과정이 밝혀질 수 있을 것이다. 이에 대한 필자의 후속연구를 기약하면서, 아울러 공감하는 독자들의 자발적 참여를 희망하는 바이다.

I. 들어가며: 학설대립과 진화론

형법을 비롯해 어느 법분야이든 학설대립은 흔하다. 다종다기한 형태의 긍정설과 부정설, 절충설 등이 교과서와 논문을 가득 채우고 있다. 그리고 우리는 종종 그와 같은 학설들의 생멸(生滅)을 확인할 계기를 얻기도 한다. 어느 시점에 홀연히 등장한 유력설을 처음 알게 되거나 특정 학설이 언제부터인지 자취를 감춘 사실을 새삼 깨닫게 되는 경우가 그러하다. 법학에서 학설은 특별한 지위를 차지한다. 거기에는 이를 처음 주창한 사람과 추종, 지지, 옹호하거나 반대로 비판, 논박하는 사람들의 가치관과 학식, 아울러 인격이 고스란히 녹아 있다고 보아도 과언이 아니다. 그뿐만 아니라 하나의 학설을 찬찬히 음미하는 작업은 그 학설이 배태된 당대 지식사회의 성격과 시대정신을 알아가는 과정이기도 하다. 근본적으로 학설이 차지하는 지위의 진중함은 때로는 판례를 반영하기도 하지만 판례를 선도하기도 한다는 점에서 찾을 수 있을 것이다.

어떤 학설이 다수설 또는 통설의 지위를 차지하여 지배적 학설로 자리매김하게 된다는 것은 대단히 영예로운 일임에 틀림이 없을 것이다. 그런데 과연 어떤 조건을 갖춘 학설이 궁극적으로 다수의 지지를 얻어 지배적 통설의 지위를 얻게 되는 것일까? 여러 관점이 제시될 수 있어서 일률적으로 논단하기는 어렵지만, 법학이 '논증'과 밀접한 학문임을 고려할 때 가장 정치한 논리로 구성된 학설이 최종적으로 승리할 것이라는 점에 큰 이의를 제기할 사람은 드물 것이다. 하지만 그렇다고 해서 모든 지배적 학설이 그와 경쟁하는 관련 학설들 중에서 가장 논리적으로 완결된 학설이라고 단언할 수는 없다. 그것은 법률가들의 양심에 미묘한 파장을 일으킨다. 분명 어떤 학설은 우리가 이성적으로 이해할 수 없는 과정을 거쳐 어느덧 지배적 통설의 지위를 점하는 경우도 있고, 반대로 대단히 정치한 논리의 학설임에도 불구하고 소수설에 머물거나 학계와 실무의 관심을 받지 못한 채 사장되어 버리고 마는 사례도 있다.

그렇다면 학설의 생멸사(生滅史)를 어떠한 관점에서 바라보는 것이 가장 적실한 방법이 될 수 있을지 의문이 생길 수밖에 없다. 본고는 바로 이러한 문제의식에서 출발한 것이다. 그리고 이 문제에 대한 해답을 얻기 위해, 다시 말해 학설의 생멸사에서 어떤 일정한 패턴(pattern)을 찾을 수 없을지 고심하던 끝에 문화진화론의 한 분야인 밈학이 이와 관련된 해결의 실마리를 제공해 줄 수 있음을 알게 되었고 이를 중심으로 해서 형법학에서 유명한 쟁점의 하나인 위법성조각사유의 전제사실의 착오에 관한 여러 학설을 밈학의 관점에 비추어 새롭게 조명해 보고자 한다.

주위를 둘러보면 오늘날 진화론적 사고는 도처에 퍼져 있다.[1] 진화론을 논급하지 않고는 중요한 학문적 담론에 가담하기 어려운 경우가 많다. 각종 매스컴이나 학술적·대중적 과학서적의 내용을 보면 진화론은 인간의 행동에 대한 거의 모든 수수께끼에 대한 해답을 제공해 줄 것처럼 보인다. 그러나 유감스럽게도 많은 사람들의 뇌리에는 진화론의 선용보다는 오남용과 악용에 관련된 기억이 더 많이 남아 있는 것이 사실이다. 또 여전히 인문학이나 사회과학을 연구하는 학자들 상당수는 진화론적 연구방법에 대해 심지어 극단적인 회의와 적대감을 표명하기도 한다. 그럼에도 불구하고 대다수 많은 학자들은 진화론적 관점이 인간의 행동과 사회를 설명하는 데 유용한 수단이라는 점에 이의를 제기하지 않는다. 진화론적 관점의 문제의식, 즉 "문화의 강력한 영향력에도 불구하고, 이를 이겨내는 적응적·생물학적 영향이 존재하지 않을까?"라는 질문은 지극히 정당한 것이기 때문이다.[2] 본 논문도 이와 같은 입장

---

1) 생물학적 적응과는 무관한, 가장 고유한 문화적 영역이라고 볼 수 있는 음악과 예술의 필요성과 존재의의에 대해서도 적응적 관점에서 설명하려는 연구문헌으로는 스티븐 미슨/김명주 역, 노래하는 네안데르탈인 (뿌리와 이파리, 2008)과 크리스티안 레만/김희상 역, 음악의 탄생 (마고북스, 2012) 참조. 법학계에도 진화론적 사고는 점차 널리 퍼져가고 있는 추세다. 이와 관련된 간략한 논의로는 John Monahan, Could "Law and Evolution" be the next "Law and Economics?", *8 Va. J. Soc. Pol'y & L. 123* (2000) 참조.

2) 케빈 랠런드/길리언 브라운/양병찬 역, 센스앤 넌센스 (동아시아, 2014), 137면. 반대로 인문학자나 사회과학자들이 "강력한 적응적·생물학적 영향력에도 불구하고, 이를 이겨내는 사회·문화적 영향력이 존재하지 않을까?"라는 질문을 던지

에 기초해 있다. 진화론적 관점을 전적으로 추종하는 것은 아니지만 분명 제한된 범위에서나마 우리가 현실에서 당면해 고투하고 있는 여러 법적 문제의 해결에 새로운 빛을 던져 줄 수 있다고 믿기 때문이다.

본고에서 천착하고자 하는 주제는 본래적 의미의 진화론은 아니다. 한 걸음 더 나아간다. 생물학적 진화론에서 파생한, 소위 문화적 진화론의 일 분야라고 일컬을 수 있는 밈[3]이론을 응용한 학제적 고찰이다.[4] 일찍이 국내에도 그 용어와 개념이 소개된 바 있지만, 최근에 이르러서야 국내 학계에서도 본격적으로 학술적 연구의 대상이 되기 시작한

는 것도 역시 지극히 정당하다고 생각한다.

3) 잘 알려져 있듯이 이 용어는 리처드 도킨스가 창안한 것이다. 그는 유전자의 발음 '진(gene)'과 유사하면서도 모방의 단위라는 개념을 담고 있는 명사를 찾던 중 그리스어 어근 '미멤(mimeme)'에서 착안하여 '밈(meme)'이라는 신조어를 사용할 것을 제안한다. 리처드 도킨스/홍영남·이상임 역, 이기적 유전자 (을유문화사, 2012), 323면. 리처드 도킨스의 책은 '이기적 유전자'의 30주년 기념판인 Richard Dawkins, *The Selfish Gene* (Oxford Univ. Press, 2006)을 대조해 가며 참조했음을 밝혀 둔다.

4) 밈이론을 통해 이러한 시도를 하고 있는 최초의 문헌으로 볼 수 있는 것으로는 Michael S. Fried, The Evolution of Legal Concepts: The Memetic Perspective, *39 Jurimetrics J. 291* (1999). 참조. 동 문헌에 따르면 비록 밈이론의 성과를 원용하지는 못했지만 진화론의 관점에서 법을 다룬 문헌은 다음과 같다. Oliver Wendell Holmes, Law in Science and Science in Law, *12 Harv. L. Rev. 443* (1899); Fredrich Kessler, Arthur Linton Corbin, *78 Yale L. J. 517* (1969); Paul H. Rubin, Why Is the Common Law Efficient?, *6 J. Legal Stud. 51* (1977); George L. Priest, The Common Law Process and the Selection of Efficient Rules, *6 J. Legal Stud. 65* (1977); Jack Hirshleifer, Economics from a Biological Viewpoint, *20 J. L. & Econ. 1* (1977); Peter Stein, *Legal Evoltution: The Story of An Idea* (Cambridge Univ. Press, 1980), Robert Cooter & Lewis Kornhauser, Can Litigation Improve the Law Without the Help of Judges?, *9 J. Legal Stud. 139* (1980); E. Donald Elliott, The Evolutionary Tradition in Jurisprudence, *85 Colum. L. Rev. 38* (1985), Herbert Hovenkamp, Evolutionary Models in Jurisprudence, *64 Tex. L. Rev. 645 (1985)*. 가장 최신의 학제적 연구논문으로는 Arthur Dyevre, Law and the Evolutionary Turn: The Relevance of Evolutionary Psychology for Legal Positivism, *27 Ratio Juris 364* (2014)를 찾아볼 수 있다.

'밈'이론에 따르면 '모방'[5]을 통해 전달될 수 있는 모든 것은, 유전자처럼 자연선택의 원리에 따라 진화하는 일종의 '복제자'라고 한다. 여기에는 인간의 언어와 제도 및 법률, 아이디어[6], 건축양식, 유행하는 노래와 미술양식 등 일체의 문화적 양식 등이 포함된다. 이들은 최초의 복제자라 할 수 있는 유전자가 생겨난 이후 지구상에 출현한 제2의 복제자로서, 유전자가 '생식'을 통해 복제되는 것과는 달리 인간의 뇌를 이용해 '모방'을 통해서만 복사(복제)[7]될 수 있고, 자신들의 생존공간인 뇌 용량을 서로 차지하기 위해 이기적으로 경쟁한다. 이들을 일컬어 '밈(meme)'이라 한다. 이러한 정의에 따르면 실로 인간의 문화를 구성하는 거의 모든 요소가 밈들 간 상호작용에 의해 만들어진 것이라고 보아도 무방할 것이다.

여전히 밈의 실체에 대해서는 회의적인 견해가 많고,[8] 그 이론적 타

---

5) 밈학에서 말하는 '모방'은 '넓은 의미'로 사용되는 용어임에 유의할 필요가 있다. 예컨대 누군가 다른 사람에게 어떤 이야기를 들려주었는데, 그가 이야기의 개요를 기억했다고 또 다른 사람에게 다시 들려준다면 그 과정도 모방이다. 의식적으로 어떤 행동이나 표현을 하나하나 정확하게 모방하는 것은 아니더라도 무언가가 '어떤 과정'을 거쳐 뇌에서 뇌로 건너 뛸 수 있다면 그 '어떤 과정'은 모방이 된다. 모방은 무언가 복사되는 과정이다.

6) 여기서 말하는 아이디어는 대상에 대한 단순한 느낌이나 생각이 아니라(붉은 색이라는 생각, 둥글다는 생각, 뜨겁다는 생각 등) 바퀴, 옷 입기, 피의 보복(blood feud), 알파벳, 달력, 오디세이, 미적분학, 체스, 인상주의처럼 그 자체로 명백하게 기억이 가능한 단위를 형성할 수 있는 복잡한 아이디어를 말한다.

7) 복제(Replikation)와 복사(Kopie)를 엄격히 구분하는 견해도 있으나 본고에서는 두 용어를 혼용하기로 한다. 움베르또 마뚜라·나프란시스코 바렐라/최호영 역, 앎의 나무 - 인간 인지능력의 생물학적 뿌리 - (갈무리, 2007), 72-75면에 의하면, 복제는 같은 부류의 개체들이 되풀이해서 만들어낼 수 있는 작업기제를 말하고, 복사는 모델이 되는 개체에 투사(projektion) 기법을 이용해 모델과 같은 개체를 산출하는 과정(예컨대 복사기를 통해 나오는 종이는 원본의 복사물이 된다)을 뜻한다고 한다.

8) 도킨스의 밈 개념에 대한 비판으로는 문경환, "마치 신이 없는 듯이: 도킨스의 무신론 및 지적설계론에 관한 소고", 인문언어제14권 제1호(2012); 신동의, "도킨스의 '이기적 유전자'에 대한 반론", 윤리교육연구 제25집(2011); 이상원, "리

당성에 대한 찬반논쟁이 뜨겁지만 필자가 보기에는 법학에서 등장하는 제 학설의 태동과 경쟁, 선택 또는 소멸과정만큼 자연선택에 의한 밈의 전파과정으로 설명하는 방식에 매우 잘 부합되는 사례도 드물다고 생각된다.[9] 그리고 밈은 그 실체의 해명이 논의에 있어서 중요한 것이 아니다. "어떠한 메커니즘을 통해서든 자기복제가 가능하면서 변이, 유전, 선택이라는 진화알고리즘을 수행할 수 있는 대상은 무엇이든지 지향성을 지닌 대상으로 간주될 수 있다[10]"는 밈이론의 핵심아이디어는 문화의 진화과정을 원리적으로 설명해 줄 수 있는 하나의 가설로서 수용하는 데 있어 전혀 부족함이 없는 탁월한 발상이기 때문이다. 특정 학설의 주창과 그 타당성에 대한 재평가와 검증을 하는 작업이 어느 시대이건 법학자의 주된 임무였고,[11] 법학의 주류적 연구방식이었다면, 그러한 학설의 생성과 대립과정을 밈 이론을 통해 새로운 관점에서 조명해 보고 그 함의를 구명해 내려는 시도는, 밈이론의 출현과 더불어 현 시점에서 매우 유의미한 작업이 될 수 있을 것이라고 생각한다.

이하 본고에서는 첫째, 진화론의 주요한 개념들을 검토해 보고(II) 둘째, 이기적 유전자 이론의 기본 토대와 의의를 고찰하여 진화론의 주

차드 도킨스의 '유전자 결정론'에 대한 비판적 탐구", 신학지남 제77권 제4호 (2010) 참조.

9) 동지의 Michael S. Fried, 앞의 논문, 302면과 307-308면 참조.

10) 후술하겠지만 이러한 입장을 지향적 자세라고 하며, 이는 어떤 존재자 - 동물, 인간, 인공물 등 무엇이든 - 에 대해 그것을 마치 믿음과 욕구를 고려하여 '행위'를 '선택'하는 합리적 행위자(rational agent)로 전제하고 그것의 행동을 해석하는 전략을 의미한다. 즉 어떤 존재자의 행동이나 움직임을 예측하기 위해 그것을 일종의 행위자 간주하는 전략이다. 이는 다윈주의적 사고가 생물학적 진화의 영역 밖으로까지 적용될 수 있다는 발상인 '보편 다윈주의(Universal Darwinism)'를 토대로 한다. '보편 다윈주의'에 의하면 유전과 변이와 선택이 있는 체계라면 어떤 체계에서라도 다윈의 진화론 논리가 동일하게 적용될 수 있다.

11) 실제로 법학논문의 상당수는 특정 학설에 대한 검토를 거친 지지나 비판을 위한 논증으로 점철되어 있다고 보아도 과언이 아니다. 이 점을 잘 드러내 주는 글로는 사비니, "현대 로마법체계 서언", in: 양창수 편역, 독일민법학 논문선 (박영사, 2005), 18면 이하 참조.

요개념과 밈 이론에 대한 이해의 폭과 깊이를 확대하고(III) 셋째, 밈 이론의 개요와 지향 복제자 개념을 검토함으로써 넷째, 학설이 왜 밈(복합체)인지, 그리고 학설 밈이 성공적으로 복제되기 위한 조건 등을 이해하고, 법학에서 학설대립에 의한 다수설과 소수설의 분류과정이 밈의 선택적 복제과정에 다름아니며(IV), 마지막으로 이로부터 도출되는 결론을 통해 다수설이 지니는 의미를 밈학적 관점에서 새롭게 조명해 보고자 한다(V).

II. 진화론과 이기적 유전자 이론

1. 진화론의 주요개념

문화진화론의 한 갈래인 밈이론을 이해하기 위해서는 무엇보다 본래적 의미의 생물학적 진화론에 대한 이해가 선행되어야 할 것이다. 이하 본고에서는 다소 길지만, 필요한 범위 내에서 진화론의 주요 개념과 용어를 검토해 보기로 한다.

(1) 자연선택

찰스 다윈은 그의 자서전에서 경제학자 맬서스가 '인구론'에서 밝힌 "식량은 등차수열적으로 증가하는데 인구는 등비수열적으로 증가한다"는 원리를 1838년에 읽었고, 이것이 자연선택이라는 메커니즘을 발견하는데 커다란 계기가 되었다고 회상한 바 있다.[12] "인구가 증가하다 보면 궁극적으로 식량이 부족한 상태에 도달하게 될 것"이라는 토머스 맬서스의 통찰에 감명받은 다윈은 '종의 기원'에서 "한 집단에서 환경에 가장 적합한 해부학적·생리학적·행동학적 특징을 가진 개체가 가장 높

12) 찰스 다윈/이한중 역, 나의 삶은 서서히 진화했다 (갈라파고스, 2003), 147면.

은 생존 및 번식능력을 갖게 될 것"이라고 보았고 "환경에 적합한 특징들이 자손에게 상속된다면, 후세에는 그러한 특징들을 가진 개체들이 증가할 것이고, 결국 그 집단은 세월이 흐르면서 변화하게 될 것"이라고 생각했다. 이것이 바로 자연선택이 작동하는 원리다.

일반적으로 자연선택의 원리는 다음과 같이 이해된다. 살아 있는 생물들은 반드시 일정한 변이[13]를 보인다. 생물들의 수가 기하급수적으로 증가하기 때문에 생존을 위해 투쟁해야 할 시기가 온다면, 생물체의 생존에 도움이 되는 변이가 발생하지 않는 것은 오히려 이상한 일이다. 그러한 변이(특징)를 지닌 개체는 '생존 투쟁에서 목숨을 보전할 가능성이 높을 것이고' 자기와 같은 특징을 지닌 후손을 낳게 된다. 다윈은 이를 '자연선택' 원리라고 불렀다.[14]

다윈의 주장은 세 가지 요소로 구성된다. 변이, 선택, 보유(유전)이다. 첫째, 변이가 있어야 한다.[15] 그래야 생물들이 다 같지 않게 된다. 둘째, 모든 생물체들이 다 살아남는 게 아니라 어떤 변종이 다른 개체들보다 더 잘 살아남는 환경이 주어져야 한다. 셋째, 후손이 선조로부터 특징을 물려받는 과정이 있어야 한다. 이상 세 요소가 주어진다면, 주어진 환경에서 생존에 유리하게 작용하는 특징은 누적적 과정을 거쳐 점차 강화될 것이다. 요컨대 자연선택은 환경에 적합한 변이(특징)를 가진 개체는 생존하고, 그렇지 못한 개체는 도태된다는 뜻이다. 즉 개체에 '이로운 변이는 보존되고', '해로운 변이는 제거된다'는 것이다. 도킨스

---

13) '변이(variation)'란 같은 부모에게서 태어난 자손들이 습성과 구조에서 다를 때를 지칭하는 말이다. 그리고 그 결과 생겨난 집단 내의 다양성도 함의하는 용어다. '돌연변이'는 말 그대로 '변이'중에서도 특히 갑작스러운 변이를 지칭한다.

14) 엄밀히 말하면 다윈은 자연선택 원리만으로 진화를 설명하려고 하지 않았다. 그는 "자연선택은 진화의 유일한 동인이 아니다"라고 누차 밝혔다. 잘 알려져 있다시피 '성선택(또는 자웅성택; sexual selection)' 역시 진화의 중요한 동인이다. 다만 현대의 많은 생물학자들은 성선택을 자연선택의 한 종류로 보기도 한다.

15) 다윈은 자신의 학설을 '변화를 수반하는 유래(descent with modification)'라고 불렀는데 이는 곧 '변이를 수반하는 유전'이라는 뜻이다. 박성관, 종의 기원, 생명의 다양성과 인간 소멸의 자연학 (그린비, 2010), 345면.

의 설명방식으로 다시 표현하면 "서로 완벽하게 같지 않은 복사물들을 만드는 복제자가 있고, 복사물들 중에 일부만 생존한다면, 진화는 반드시 일어난다. 적절한 시작 조건들이 갖추어 지기만 한다면 진화는 필연적으로 일어난다."는 것이 자연선택에 의한 진화의 원리인 것이다.

자연선택의 원리는 법학적 논의에서도 작동하는 듯 보인다. 헌법, 민법, 형법, 그 밖의 어떤 전문법분야이든지 불문하고 법학에선 거의 모든 쟁점들마다 두 개 이상의 학설이 대립되곤 한다. 오히려 견해가 일치하는 경우를 찾는 것이 더 힘들 정도이다. 우리가 대립하는 학설을 모두 수용할 수는 없다. 모순되는 생각(idea)이 함께 우리 두뇌에 자리잡을 수는 없기 때문이다. 이를 진화론적 관점에서 보자. 특정한 쟁점에 관한 대립하는 학설의 무리를 하나의 종(種)으로 규정할 수 있을 것이다. 그러면 그 쟁점과 관련해 개별 법률문헌에 등장하는 각각의 학설을 개체라고 볼 수 있으며, 이들 개체는 각종 법률서적과 논문, 그리고 법학자 및 실무가의 두뇌에서 끊임없이 복제되어 관련 학계와 실무에 점진적 또는 급속도로 퍼지면서 해당 종의 개체수와 활동영역을 넓혀간다. 이러한 과정에서 벌어지는 학설대립, 그리고 주어진 선택환경에서 특정 학설이 선택되어 다수설로 정착되어 가는 과정은, 개체로서의 학설이 자리잡을 수 있는 서식지라고 볼 수 있는, 법학 논문이나 서적 또는 법률전문가들의 관심과 두뇌를 차지하기 위해 상호 경쟁하는 과정으로 묘사할 수 있다. 어떤 쟁점에 대해 긍정설이 부정설에 대립될 때, 절충설이나 제한적 긍정설 또는 제한적 부정설과 같은 변이체가 더 환경에 적합해서 널리 퍼지는 경우도 있을 것이며 이는 '자연선택'에 의한 '진화'의 한 과정이라고 볼 수 있을 것이다. 개체로서의 학설은 결국 주어진 선택환경에서 '차별적으로 생존에 성공함으로써' 종 내에서 다수설과 소수설로 분류되든지, 지배적 통설과 단지 학설사적 가치만 남아 폐기된 학설로 분류되어 그 종(대립하는 학설의 무리) 내에서 환경에 더 적합한 개체(학설)군만이 더 우세해지거나 살아남을 것이기 때문이다.[16)]

16) 대립되는 학설의 선택적 진화과정을 한 종 내의 개체군의 진화에 비유하는 대신,

한편 데닛은 진화과정 전체를 알고리즘으로 파악한다. 알고리즘은 일련의 무심한 절차로서 그것을 충실히 따를 경우에는 반드시 어떤 결과물이 생산되는 과정이다. 진화는 전술한 변이, 선택, 보유(유전)의 절차를 따르는 알고리즘이라는 것이다. 알고리즘은 '기질 중립적(substrate-neutral)'이다. 다양한 물질을 이용해 수행할 수 있다는 뜻이다. 즉 유전자이든 밈이든 모두 진화적 기질이 될 수 있다. 알고리즘은 또한 철저하게 무심하다. 하나의 체계가 구축된 뒤에 그것이 어떤 정해진 절차를 밟아 간다면, 그 작동을 위해서라거나 그 밖의 무언가가 추가로 더해질 필요가 없다. 진화 과정도 알고리즘처럼 그저 무심하게 진행된다. 그래서 데닛은 다윈의 이론을 '마음의 도움 없이 카오스에서 설계를 창조해 내는 체제'라고 묘사했다. 끝으로 중요한 점은 그 어떤 진화적 기질은 변이, 선택, 보유(유전)라는 알고리즘 절차를 따르면 충분하고 반드시 유전자와 유사해야 할 필요는 없다는 사실이다. 즉, 제2 또는 제3의 복제자가 최초의 복제자인 유전자와 반드시 동일한 기질적 특성을 지닐 필요는 없다는 것이다.[17)]

후술하는 유전자 관점에서 보면, 한 쌍의 대립되는 유전자가 나타내는, 한 종의 개체군의 유전자 풀 내에서 빈도의 변화로 설명할 수도 있을 것이다. '대립유전자(allele)'는 갈색 눈의 유전자와 청색 눈의 유전자처럼 부모로부터 물려받은 한 쌍의 유전자로서 염색체의 같은 위치에서 서로 경쟁하는 유전자를 상호 지칭하는 용어이다. 유전자는 생존을 놓고 그 대립 유전자와 직접 경쟁한다. 유전자 풀 내의 대립 유전자들은 다음 세대의 염색체상의 한 자리를 차지하기 위해 경쟁하는 관계이기 때문이다. 유전자 풀 내에서 자신의 대립 유전자 대신 자신의 생존 확률을 증가시키는 유전자는 어느 것이든 그 정의상 자연선택에 의해 오래 살아남을 것이다. 리처드 도킨스/홍영남·이상임 역, 앞의 책, 89-90면 참조. 이처럼 유전자 관점에서 보면 학설대립과 그 선택과정은 대립 유전자(대립 학설)가 경쟁을 거쳐 선택되는 과정으로 기술할 수 있을 것이다. 하지만 도킨스는 밈들 간 경쟁은 대립 유전자 간의 경쟁으로 보는 것보다는 후술하는 원시수프 속의 초기의 자기 복제자들의 경쟁으로 보는 것이 더 타당하다고 말한다. 앞의 책, 329-230면.

17) 이상의 내용에 대해서는 대니얼 데닛/김한영 역, 주문을 깨다 (동녘사이언스, 2012), 437-453면 참조. 데닛은 밈이 반드시 유전자와 유사해야 한다는 혼란에 빠져서 많은 비판자들이 다음과 같이 주장함을 지적하고 있다. "유전자는 존재하

(2) 적자생존의 본래적 의미

적자생존이란 용어는 일상에서 흔히 경쟁이 난무하는 드넓은 난폭한 대자연에서 오로지 강자만이 살아남는다는 뜻으로 사용되곤 한다. 가젤을 쓰러뜨려 잡아먹는 사자를 보면서 "저게 바로 적자생존이고 자연의 섭리다"라고 말한다. 이는 심지어 학계에서도 마찬가지다. 최근 우리나라 법학계에서도 진화론적 관점을 수용하려는 진지한 노력이 진행되고 있는 가운데[18] 여전히 일부 법학문헌에서는 앞의 일상적 용어법에 따르는 듯한 표현을 찾아볼 수 있다.[19] 하지만 일상적인 용어법은 명백한 오류다. '적자생존(適者生存)'이란 한자의 의미대로 '주어진 선택환경에 더 적합한 자만 생존한다'는 뜻이기 때문이다. 그러므로 어떤 의미에서 또는 어떤 환경에서 적자인지가 문제되는 것이지, 어떤 생명체를 모든 환경에 '적합한' 존재로 만드는 절대적 능력이나 신체 특징 같은 것은 결코 없다. 인간의 큰 뇌나 코끼리의 긴 코나 기린의 긴 목, 치타의 곧은 꼬리는 모두 주어진 선택환경에서 살아남을 수 있게끔 적응한 결과물일 뿐, 이들을 모든 환경에서 '적자'로 만들어 줄 수 있는 만능의 힘이나 신체적 특성 같은 것은 존재하지 않는다. 큰 뇌나 긴 코, 긴 목이 어느 동물에게나 유리한 것은 아니다. 다윈은 다음과 같이 말한다. "개체의 유리한 차이와 변이의 보존, 해로운 차이와 변이의 파괴를 나는 자연선택 또는 적자생존이라고 해 왔다." 즉, 다윈에 의하면 적자생존과 자연선택은 근본적으로 동일한 뜻이다. 어떤 집단에서 환경에

지만, 밈이란 무엇인가? 밈은 무엇으로 구성되는가? 유전자는 DNA로 구성된다. 밈은 문화화된 인간의 뇌에 뉴런 패턴으로 구성되는가? 밈의 물질적 기질은 무엇인가?" 이 점에 대해서는 앞의 책, 446면 참조.

18) 예컨대 한상훈, "불능미수의 위험성에 대한 재검토: 행동법경제학적 관점을 포함하여", 형사정책연구(2013); 양천수, "새로운 법진화론의 가능성", 법철학연구 제15권 제2호(2012) 참조.

19) 예컨대 신동일, 우생학과 형사정책, 형사정책연구원 연구총서(2007), 22-23면; 김성돈, "한국 형법의 사회상규조항의 계보와 그 입법적 의의", 형사법연구 제24권 제4호(2012), 17면. 물론 자연선택을 순전히 '성선택'의 차원에서만 본다면 이러한 '오해'가 싹틀 여지가 있을 것이다.

잘 맞는 형질을 지닌 개체는 보존되는 경향이 있고, 덜 적합한 형질을 지닌 개체는 죽어서 사라지는 경향이 있다는 뜻으로 '적사생존'이나 '자연선택'이란 용어를 사용한 것이다. 여기서 말하는 환경은 '선택환경'을 말한다. '선택환경'이란 특정한 '선택압력(selective pressure)'이 작용하는 환경을 의미한다. 날개 없이 태어난 파리는 주어진 선택환경에 덜 적합한 자, 즉 적응도[20]가 낮은 자가 되므로 선택되지 못할 것이다.

요컨대 적자생존이란 선택환경에 더 적합한 신체적, 행동적 특질을 지닌 자가 그 환경에서 살아남는다는 뜻이지 어떤 만능의 절대적 특질을 보유한 강자가 모든 형태의 생존조건에서 유리하다는 뜻이 아님[21]을 명확히 해 둘 필요가 있다.[22]

2. 이기적 유전자 이론

(1) 복제자의 탄생과정과 진화의 원리

'제2의 복제자로서의 밈이론'과, '밈의 이기성', 더 나아가 '진화론'과 '자연선택'의 의미를 '오해 없이' 그리고 '잘' 이해하기 위해서는 리처드 도킨스의 이기적 유전자이론에 대한 적절한 배경지식이 필요하다.

---

20) 적응도(fitness)란 간단히 말해 개체의 번식 잠재력(번식 가능성)을 뜻한다.

21) 물론 적자생존의 의미에 대한 오해가 싹트게 된 데에는 다윈 자신도 어느 정도의 책임이 있을 것이다. 그는 종의 기원에서 자연선택의 의미에 대해 "번식시키고, 변이시키고, 가장 강한 자는 살아남게 하고 가장 약한 자는 죽게 한다(Multiply, vary, let the strongest live and the weakest die)."는 표현으로 설명하기도 했기 때문이다. 이에 대해서는 Charles Darwin, *The Origin of Species* (New York: Penguin Books, 1968), 263면 참조. 그러나 여기서 가장 강한 자는 바로 환경에 '가장 적합한 자(the fittest)'를 의미함은 명백하다. 이 점에 대해 로버트 라이트/박영준 역, 도덕적 동물 (사이언스 북스, 2003), 46면 참조.

22) 모든 생명 개체는 특정 환경에 대한 고유한 '해결책'을 요구하는 선택압력의 복잡한 그물망 속에 살고 있으며, 모든 시간과 장소에서 적응도를 확보해 주는 단일한 적응은 없다. Cameron M. Smith & Charles Sullivan/이한음 역, 진화에 관한 10가지 신화 (도서출판 한승, 2011), 26면.

'자기복제자'라는 개념이 왜 중요한지, 그리고 본래적 의미의 자연선택과 적자생존이 무엇인지 이해하는데 매우 유용하기 때문이다. 이는 밈 이론을 정초하는 데 있어서 근간이 되는 이론이므로 이해의 편의를 위해 간략히 소개하기로 한다.

도킨스는 40억년전 원시수프(primeval soup)에서 우연히, 유전자의 원형이라고 볼 수 있는 자기복제자가 출현해 현재의 모든 생명체로 진화했을 것이라고 본다. 자기복제자(replicator)란 스스로의 복제물을 만들어 내는 놀라운 특성을 지녔고, 적당한 환경에서 자기 자신의 복제를 위한 주형(鑄型)으로 행동하는 분자이다. 이 원시수프에는 여러 종류의 안정된(stable) 분자, 즉 오랜 시간 존속하거나(수명), 복제 속도가 빠르거나(다산성), 복제의 정확도(충실도)가 높은 안정한 분자들로 가득 차게 된다. 그리고 이들 세 종류의 안정성[23)]을 향한 진화적 경향이 있었다는 것은 일정한 시간적 간격을 두고 두 번 샘플을 취할 경우 두 번째 샘플에서는 수명, 다산성, 복제의 정확도 면에서 우수한 분자들이 더 많이 포함될 것임을 의미한다. 도킨스는 이것이 본질적으로 생물학자들이 말하는 생물의 진화이며, 그 메커니즘이 바로 자연선택이라고 한다. 따라서 최초의 복제자가 만들어진 사건은 천지개벽과도 같은 엄청난 것이었다. 왜냐하면 그 출현은 '자연선택'과 그에 따른 '진화'를 세상에 가져왔기 때문이다.

자기복제자들 중 일부는 화학적으로 자신의 몸을 보호하거나 자기

23) 도킨스는 '안정한(stable)'이란 용어를 주의깊게 사용하고 있다. 그에 따르면 다윈의 '적자생존(survival of the fittest)'은 실제로 '안정자 생존(survival of the stable)'이라는 보다 더 일반적인 법칙의 특수한 예라고 한다. 세상은 안정한 것들로 가득 차 있으며, 안정한 것이란 이름을 붙일 수 있을 만큼 지속적으로 존재하거나 그 존재가 흔한 원자의 집단이라고 규정한다. 그는 말한다. "에너지를 가진 한 무리의 원자가 안정된 패턴을 갖게 되면, 그 원자들은 그대로 머물러 있으려고 할 것이다. 최초의 자연선택은 단순히 안정된 것을 선택하고 불안정한 것을 배제하는 것이었다. 이에 관해서는 전혀 신비로울 것이 없다. 그것은 정의상 당연히 그렇게 된 것이다(It had to happen by definition)." 리처드 도킨스/홍영남·이상임 역, 앞의 책, 55-56면 참조.

주위에 단백질로 이루어진 벽을 만들어 스스로 방어하는 방법을 발견한 종류도 있었을 것이고 이렇게 해서 최초의 살아 있는 세포가 출현했을 지도 모른다고 도킨스는 추측한다. 즉 자기복제자는 단지 존재하기 시작했을 뿐 아니라 계속적으로 존재하기 위해서 자신을 담을 수 있는 용기(container), 즉 '운반자(vehicle)'을 만들기 시작했던 것이다. 자기복제자는 살아남기 위해 그 속에 들어가 살아갈 수 있는 '생존기계(survival machine)'를 스스로 만들어 냈던 것이다. 이 최초의 생존기계는 처음에는 보호용 외피정도에 불과했을 것이지만 더 효율적인 생존기계를 가진 새로운 경쟁상대가 등장함에 따라 생존기계는 더 크고 정밀해졌고, 그 과정은 누적적으로 진행되었을 것이다. 도킨스는 이렇게 최초의 복제자와 유기체의 탄생에 관한 가설을 주창하면서 40억 년이란 세월 속에서 이 고대의 자기복제자는 생존기술의 명수가 되었고 오늘날 그들은 유전자[24)]라는 이름으로 계속 나아갈 것이며, "우리를 비롯한 모든 동식물, 박테리아, 바이러스는 바로 그들을 위한 생존기계다."라는 유명한 명제를 제시하였다.[25)]

(2) 이기적 유전자이론의 배경과 의의

도킨스는 '이기적 유전자' 제1장 도입부에서 "나의 목적은 이기주의와 이타주의의 생물학을 탐구하는 것이다."라고 밝힌 바, 이 말의 취지는 "유전자의 이기성이라는 기본 법칙으로 개체의 이기주의와 이타주의 모두가 어떻게 설명될 수 있는지" 보여주겠다는 것이다. 자연계에서 볼 수 있는 경쟁과 갈등은 다윈 이래 '자연선택'에 의해 어느 정도 원리적 설명이 가능해 졌겠지만 그에 못지않게 자연계에 흔한 동물들의 협력적 행동은 많은 논자들에게 오랜 세월 곤혹스런 주제로 남아 있었다.

---

24) 유전자는 자신의 성질을 유지하면서 다음 세대로 계속 전달되는 입자이다. 멘델의 법칙은 정확하게 조절되는 일종의 입자(유전자)에 의한 유전현상으로 설명된다. 유전자는 유전되든가 안 되든가 둘 중 하나이지 그 중간 상태는 존재하지 않는다. 조지 윌리엄스/이명희 역, 진화의 미스터리 (사이언스 북스, 2009), 75면 참조.

25) 리처드 도킨스/홍영남·이상임 역, 앞의 책, 65면.

'이기적 유전자 이론'은 바로 이러한 수수께끼를 풀기 위해 만들어진 것이다. 그는 이에 대한 설명방식이었던 1960년대까지의 집단선택론(이타적 행동은 집단의 이득을 위해 개인이 희생되는 과정을 통해 진화한다는 이론)을 비판한다. 그의 주장의 요체는 자연선택은 집단과 개체보다는 오히려 유전자의 수준에서 작용하며 동물들의 협동 행동들은 유전자가 자신의 복사본을 더 많이 퍼뜨리기 위한 전략으로 진화해왔고, 따라서 동물들의 수많은 이타적 행동들은 겉으로만 이타적이며 유전자의 시각에서 보면 철저히 이기적이라는 것이다. 여기서 '이기적'이라는 뜻은 복제자의 일차적인 목표가 자기 자신의 사본을 더 많이 남기는 일이란 것이다. 흔한 오해처럼 유전자가 어떤 의도나 의식을 갖고 그러한 일을 한다는 뜻이 아니다. 도킨스는 진화를 바라보는 가장 좋은 방법은 '가장 낮은 수준에서 일어나는 선택의 관점에서 보는 것'이라고 주장하며 "선택의 기본단위, 즉 이기성의 기본단위가 종도 집단도 개체도 아닌, 유전의 단위인 유전자"라고 역설한다. 물론 도킨스는 자연선택이 가장 즉각적으로 나타나는 것은 항상 개체 수준이라는 점을 인정한다. 하지만 자연선택에 의한 개체의 죽음과 생존으로 인한 장기적인 결과는 결국 "유전자 풀 내에서 유전자의 빈도가 변하는 것"으로 나타난다. 따라서 진화란 "유전자 풀 속에서 어떤 유전자는 그 수가 늘어나고 또 어떤 유전자는 수가 줄어드는 과정"으로 재정의될 수 있다고 한다.[26] 다시 말하면 자연선택에 의해 선택된 어떤 형질은 유전자 풀 내 특정 유전자의 빈도로 환원시켜 설명할 수 있다는 것이다. 도킨스가 이기적 유전자 이론을 통해 발전시킨 소위 '유전자의 관점'은 진화생물학자 해밀턴의 포괄적응도 이론에도 잘 부합되며, '유전자의 눈으로 보는 관점'이 왜 필요하고 정당한 것인지 잘 해명해 준다.[27]

26) 리처드 도킨스/홍영남·이상임 역, 앞의 책, 101-102면 참조.

27) 도킨스는 이기적 유전자의 관점에서 협력행동뿐만 아니라, 공격행동, 양육행동, 부모와 자식 간 갈등, 이성간 차이와 갈등 등에 대한 포괄적인 이론적 해명을 시도한다.

III. 지향 복제자로서의 밈

1. 복제자로서의 밈

무언가가 복제자로 인정받으려면, 변이, 선택, 보유(유전)에 기반한 진화 알고리즘을 수행할 수 있어야 한다. 그런데 밈은 반드시 변이한다. 어떤 이야기나 노랫가락, 아이디어가 정확하게 같은 방식으로 두 번 말해지거나 전달되는 경우는 오히려 드물고, 한 지역의 건축양식이 다른 지역으로 완전히 동일하게 전파되는 경우도 거의 없다. 즉 밈이 전달되는 복사과정이 항상 완벽한 것은 아니다. 모방된 것에는 언제나 약간의 변이가 발생하게 마련이다. 그리고 밈에도 선택이 작용한다. 어떤 밈은 사람들의 관심과 주의를 더 잘 끌고, 충실하게 기억되고, 남들에게 잘 전달되는 반면, 어떤 것은 아예 복사에 실패한다. 또 밈이 전달될 때에는 그 발상이나 행동의 최소한 일부가 보유된다. 어떤 아이디어나 패션 스타일, 음률, 몸짓, 춤의 방식 등이 그러하다. 원래의 밈 중의 무엇인가가 계속 보유되어야만 우리는 그것을 모방이라고 부를 수 있다. 이렇게 보면 밈은 도킨스의 자기복제자 개념과, 데닛의 진화 알고리즘 개념에 완벽하게 부합된다.

2. 이기적 밈이론: 지향복제자로서의 밈

(1) 유전자의 의인화(인격화) 문제

우리는 앞서 도킨스의 이기적 유전자이론을 개관해 보았다. 이기적 유전자의 목적은 유전자 풀 속에 그 수를 늘리는 것이다. 유전자는 기본적으로 그것이 생존하고 번식하는 장소인 인간(또는 다른 유기체)의 몸속에 일정한 프로그램을 짜 넣는 것을 도와줌으로써 이 목적을 달성한다고 도킨스는 말한다.[28] 이러한 도킨스의 설명은 흡사 유전자가 인간과 같은 마음을 지닌 행위자처럼 행동하는 것으로 비친다. 지나친 의인화처럼 보인다는 비판[29]을 의식하여 진화생물학자 윌리엄 해밀턴(W. D. Hamilton)의 논문을 인용한다.[30]

"자연선택이 어떤 유전자를 선호한다는 것은 그 유전자의 복사본의 집합이 전체 유전자 풀에서 차지하는 비율이 증가한다는 것을 의미한다. 우리는 이제 그 유전자를 지닌 개체들의 사회적 행동에 영향을 준다고 생각되는 유전자에 대해 생각해 보려고 하므로, 이 논의가 보다 생동감을 갖도록 일시적으로나마 그 유전자들이 지적 판단력과 모종의 선택의 자유를 갖는다고 생각해 보자. 어떤 유전자가 자신의 복사본의 수를 늘리려 고심하며, 그 유전자가 다음 중의 하나를 선택할 수 있다고 상상해 보자"

즉, 논의의 편의상 - 생동감을 주기 위해(또는 이해를 돕기 위해) - 유전자의 의인화가 필요하다는 것이다. 나아가 도킨스는 이러한 의인화가 개체수준에서도 필요하며 개체수준의 결정은 유전자수준의 결정과 동일할 것이라고 주장한다. 도킨스는 이 두 수준의 의인화가 절대로 혼란을 초래하지 않으며 두 수준에서의 가상 계산은 제대로만 된다면 정확히 동일한 결론에 이른다고 자신한다. 이어 그는 "오늘 다시 이 책을 쓴다 해도 의인화를 취소하지는 않을 것이다"고 자신의 입장을 강력히 옹호한다.[31]

예를 들어 새의 새끼 중에 한 마리가 특히 작은 경우, 대개 그 새끼는 다른 형제들처럼 힘차게 먹이를 놓고 다투지 못하고 죽게 되는 경우가 많은데, 이에 대해 도킨스는 유전자수준과 개체수준의 의인화 전략을 써서 다음과 같이 설명한다.[32]

---

28) 리처드 도킨스/홍영남·이상임 역, 앞의 책, 166면.

29) 예컨대 이상원, 앞의 논문, 152면 이하의 '비인격적 존재의 인격화의 문제' 참조. 동 문헌은 도킨스의 생각이 인격적 존재인 인간과 다른 동식물 및 광물들 사이에 아무런 차이도 두지 않는 소위 범심론(pan-psychism)에 이르고 있다고 비판한다. 이는 명백한 오해이며, 사실 도킨스가 유전자를 의인화(인격화)한 것 이상으로 다윈이 자연'선택'이란 표현을 사용해 자연을 인격화한 것 역시 오랜 논란의 대상이었다. 이 점에 대한 논의로는 박성관, 앞의 책, 203-217면 참조.

30) 리처드 도킨스/홍영남·이상임 역, 앞의 책, 13-14면.

31) 리처드 도킨스/홍영남·이상임 역, 앞의 책, 16면.

"허약한 막내가 기대 수명이 짧아서 부모의 투자로 얻을 수 있는 이익이 같은 양의 투자로 다른 아이들이 얻을 수 있는 이익의 1/2 이하가 되면, 그는 기꺼이 명예로운 죽음을 선택해야 할 것이다. 이처럼 하는 것이 대개 자기 유전자에게 도움이 되기 때문이다(개체수준의 의인화)."

"다시 말해서 "몸아, 만일 네가 다른 한배 형제보다 훨씬 작다면 바동거릴 것 없이 죽어라"라는 지령을 내리는 유전자가 유전자 풀 속에서 성공할 수 있다는 것이다. 그의 죽음에 의해 살아남는 개개의 형제자매의 몸에 그의 유전자가 들어 있을 확률이 50%이고, 한편 허약한 막내의 체내에서 그 유전자가 살아남을 가능성은 어쨌든 극히 적다는 것이 그 이유다(유전자수준 의인화)."

밈학을 발전시킨 장본인의 한 사람인 수전 블랙모어 역시 도킨스와 같은 입장이다. 그녀는 밈이 '이기적'이고 개체로서의 인간이나 인간의 유전자에게 자신이 어떤 의미인지 '신경쓰지 않으며', 그저 자신의 확산을 '원한다'라는 표현을 사용하지만, 이는 어디까지나 스스로를 복사하여 퍼지는 밈은 성공하는 밈이고 그러지 못하는 밈은 성공하지 못하는 밈이란 뜻일 뿐이라고 지적한다.[33)]

(2) 지향계 이론

위와 같이 도킨스가 비판론자들의 의구심을 해소하기 위해 힘겨운 이론적 논변을 비교적 설득력 있게 제시하고 있음에도 불구하고 유전자를 의인화 또는 인격화하는 그의 설명방식 내지 전략에 대해서 여전히 많은 논란이 제기되고 있는 형편이다.[34)] 이는 무엇보다도 인간이 아

32) 리처드 도킨스/홍영남·이상임 역, 앞의 책, 229면 참조.

33) 수전 블랙모어/김명남 역, 밈 (바다출판사, 2010), 45면.

34) 예컨대 "원자가 질투를 할 수 없고, 코끼리가 추상적일 수 없고, 비스킷이 목적론적일 수 없는 것처럼 유전자도 이기적이거나 비이기적일 수 없다"는 식의 비판이 그러하다. 이에 대해서는 스티븐 핑커, 생명과 마음의 깊은 공통점들, in: 앨런 그래펀 마크 리들리/이한음 역, 리처드 도킨스 (을유문화사, 2007), 189-190면. 스티븐 핑커는 도킨스의 의인화 전략에 대해 "그의 말마따나 그 용어들을 인간 형질들의 직접적인 속성이 아니라 예측을 낳는 발견법이자 학술개념들의 기억법이라고 기억한다면 아무런 해가 없을 것이다"고 긍정적으로 평가하고 있다.

닌 다른 동물 또는 유전자를 우리와 같은 마음이 있는 존재로 묘사하는 기술방식에 어딘가 심각한 오류가 있는 듯하여 거부감을 느끼기 때문이라고 생각된다. 더욱이 일반인의 입장에서는 밈에 대해서는 그러한 의구심이 더 커질 수밖에 없다고 본다. 하지만 재차 강조하지만 그러한 논란은 사실 중요한 쟁점이 못된다. 자기복제자 개념과 자연선택의 메커니즘, 그리고 후술하는 지향계 이론을 이해하면 자연스럽게 해소될 문제이기 때문이다. 도킨스는 유전자도 밈도 복제자이고 복제자의 행동양식에 맞게 둘 다 '동일한 방식'으로 행동한다고 주장하였다. 그렇다면 밈에게도 유전자에 대해 그랬듯 '원한다', '기대한다', '회피한다', '속인다' 등과 같은 정신적 용어들을 사용하는 것에 별다른 무리가 없는 것일까?

이 물음에 대해 데닛의 '지향계 이론(intentional system theory)'이 매우 적실한 대답을 제공해 줄 수 있다. 지향계 이론이란 우리가 다른 인간과 동물, 인공물(컴퓨터나 로봇 등), 심지어 우리 자신의 행동을 해석하고 예측하고[35] 설명하기 위해서 사용하는 정신적 용어들의 의미분석이다.[36] 우리는 대개 우리가 해석하려는 어떤 대상들에게 우리와 비슷한 수준의 '마음(minds)'을 부여하곤 한다. 그렇다면 그 대상이 어떤 조건에 있을 경우에 마음(믿음과 욕구를 포함한 정신상태)을 갖는다고 말할 수 있을까? 데닛에 따르면 우리가 그 대상에 대해 '지향적 자세(intentional stance)'[37]를 가져보면 된다. 만일 이 자세로 그 대상의 행동

35) 데닛에 의하면 어떤 대상(존재자)의 행동을 예측하기 위해서는 일정한 패턴의 인식(pattern recognition)이 필요하다. 예컨대 우리가 상호간 행동을 예측할 수 있는 것은 지향적 자세를 통해 일정한 패턴을 인식할 수 있기 때문이다. 이러한 패턴의 인식은 어떠한 자세(관점)를 취하느냐에 따라서 효율성(efficiency)과 정확성(accuracy) 면에서 차이를 보인다. 예를 들어 물리적 자세는 가장 덜 효율적이지만 가장 정확한 패턴인식방법이고 설계적 자세는 그보다 더 효율적이지만 정확도는 떨어지며, 반면 지향적 자세는 가장 효율적이지만 가장 부정확한 패턴인식 방법이 된다.

36) 장대익, "일반 복제자 이론 : 유전자, 밈, 그리고 지향계", 과학철학 제11권 제1호(2008), 14-15면.

이 유용하고 널리 예측이 된다면 그 대상은 '지향계(intentional system)'로 볼 수 있다.[38] 여기서 지향적 자세란, 어떤 존재자 - 동물, 인간, 인공물 등 무엇이든 - 에 대해 그것이 마치 믿음과 욕구를 고려하여 '행위'를 '선택'하는 합리적 행위자(rational agent)라는 전제 하에 그것의 행동을 해석하는 전략을 의미한다. 다시 말해 지향적 자세는 어떤 존재자의 행동이나 움직임을 예측하기 위해 그것을 일종의 행위자(agent) - 가짜이든 진짜이든 - 로 간주하는 전략이다.[39]

지향적 자세의 특성을 보다 명확히 이해하려면 다른 종류의 예측 전략들과 비교해 보면 된다. 물리적 자세(physical stance)와 설계적 자세(design stance)라는 것이 있다. 우선 물리적 자세는 물리학의 통상적인 연구방법으로 우리가 알고 있는 모든 물리법칙과 물리적 구성에 관한 지식을 총동원하여 문제가 되는 존재자의 행동을 예측하고 해석하는 전략이다. 무생물이나 인공물의 경우에 우리가 취할 수 있는 가장 적실한 전략이다. 손에서 떠난 돌멩이가 땅바닥에 떨어진다는 사실은 물리적 자세에 기대는 것이다. 다음으로 설계적 자세는 어떤 대상이 특정한 구조로 설계되어 있으며 그 구조와 설계대로 작동할 것이라고 예측하는 전략이다. 일반적으로 자명종과 같이 잘 설계된 인공물의 움직임을 예측하기 위해 사용하는 전략이지만 때로는 생명과 그 생명을 구성하는 성분 같은 자연의 작품에도 잘 적용될 수 있다. 우선 자명종의 경우 우리는 이 단추를 이렇게 누르면 몇 시간 뒤에 자명종이 큰 소리를 낼

---

37) 일반적인 번역방식에 따라 '지향적 자세'라고 했지만, '지향적 관점'이나 '지향적 입장'으로 번역하는 것이 더 적절한 경우도 있다.

38) 다시 말해 지향계는 그 행동이 지향적 자세에 의해 예측되고 규명되는 모든 존재를 일컫는다. 데닛에 의하면 자기복제하는 거대분자, 아메바, 식물, 쥐, 박쥐, 사람, 체스 컴퓨터 등이 정도의 차이는 있지만 모두 지향계라고 한다. 대니얼 데닛/이희재 역, 마음의 진화 (사이언스 북스, 2006), 71면.

39) 단, 지향적 자세의 핵심은 어떤 존재자의 행동을 예측하기 위해 그 존재자를 행위자로 예우하는 것이므로 그 존재자가 영리한 행위자라고 가정해야 한다. 멍청한 행위자는 도무지 종잡을 수 없는 행동을 저지를 수 있기 때문이다. 대니얼 데닛/이희재 역, 앞의 책, 71면

것이라고 자신있게 예측할 수 있다. 또한 자연물인 식물의 씨앗의 경우 우리가 그 생장과 번식에 관한 물리화학적 지식이 없다고 하더라도 설계적 자세에 기대어 어떤 씨앗을 언제쯤 뿌리면 어떤 열매를 맺는다고 쉽게 예측할 수 있다. 실제로 우리는 일상에서 많은 경우 이러한 설계적 자세에 기대어 살아간다.[40]

이에 비해 지향적 자세는 계산을 가장 신속하게 하는 예측전략이다. 설계된 존재자가 마치 합리적 행위자처럼 행동한다고 간주할 수 있다면 지향적 자세는 설계적 자세의 하부 범주에 해당한다고 볼 수도 있다. 따라서 설계적 자세로 예측이 가능한 자명종의 경우에도 지향적 자세를 적용해 볼 수 있다. 즉 특정 시각을 주지시킴으로써 나를 깨우라는 명령을 내릴 경우 그 시각이 되었을 때 약속된 시간을 충실하게 이행할 수 있는 합리적 행위자로 간주할 수 있다는 것이다.[41] 자명종 보다 훨씬 복잡한 인공물인 체스컴퓨터는 설계적 자세보다는 지향적 자세에 의해 더 효율적으로 예측된다. 즉, 체스프로그램이 실제로 어떻게 '설계되었는지'를 계산하는 것보다는 최적으로 설계되었다고 믿고 지향적 자세를 취하는 것이 체스컴퓨터를 이기기 위한 가장 좋은 전략이 된다. 노트북이든 수퍼컴퓨터이든 컴퓨터를 체스기사로 탈바꿈시키는 프로그램의 수는 수백 가지에 이를 테지만, 그 각각의 물리적 수준과 설계적 수준의 차이점에도 불구하고 그 컴퓨터들은 "승부욕에 불타고 체스의 규칙과 원리, 말을 놓는 위치와 최선의 수를 잘 아는 합리적 행위자로 보면 된다."라는 동일하고 단순한 해석전략의 틀 안에 고스란히 갇혀 있기 때문이다. 새들이 갑자기 시끄럽게 지저귄다든지, 아기가 큰 소리

40) 예컨대 브레이크나 변속장치, 또는 전자장비에 고장이 날 수 있는 버스나 비행기에 선뜻 올라타며, 한 번도 타 보지 않은 엘리베이터 안에서 태연자약하게 단추를 누른다. 대니얼 데닛/이희재 역, 앞의 책, 63면.

41) 데닛에 의하면 하나의 존재자(또는 데이터)가 두 개 이상의 패턴 인식방법에 의해 예측(또는 해석)되는 것도 가능하다. 그럴 경우 그 두 가지의 패턴은 각기 다른 예측기법(자세)에 의해 인식된 것이지만 모두 실재하는 진짜 패턴(real pattern)이다. Daniel C. Dennett, Real Patterns, *88 The Journal of Philosophy 27* (1991), 49면.

로 우는 행동을 물리법칙으로는 설명할 수 없다. 그렇다고 설계원리로 설명하는 것보다는 이 경우 바로 그 대상을 마음을 지닌 합리적 행위자로 간주하는 것이 그 행동을 예측하는데 최선의 방법이다.

데닛에 의하면 규칙성 있는 수열처럼 다른 효율적인 방식으로 압축해서 기술될 수 있는 경우에는 그 자료나 대상에 패턴이 실재한다고 한다.[42] 이처럼 패턴의 인식은 정보의 변환(transfer of information)을 요구한다. 지향적 자세의 의한 타인의 행동의 예측처럼 자료나 존재자의 행동에 대한 일정한 예측을 위해서는 어떠한 자세(관점)에 입각할 필요가 있다. 이 중 물리적, 설계적, 지향적 자세 중 어느 자세에 기대에 주어진 정보를 압축적으로 변환시키느냐에 있어서 각각의 자세에 따라 정확성과 효율성의 차이를 보일 수 있지만 그 각각의 관점에 의해 파악된 패턴은, 각각 설령 동일한 자료나 행동에 대한 것이라고 하더라도 내용적으로는 서로 다를 수도 있지만 모두 똑같이 실재하는(real) 것이라고 한다.

이상 살펴본 데닛의 지향계 이론대로라면 수퍼컴퓨터든 그 무엇이든 지향적 자세를 취함으로써 예측이 가능한 대상은 모두 지향계가 될 수 있다. 그렇다며 최초의 복제자인 유전자는 어떨까? 물론 유전자의 행동을 순전히 물리적 자세로 환원시켜 이해하는 것도 가능할 수 있을 것이다. 또 설계적 자세에 기대어 설명할 수 있는 부분도 있을 것이다. 하지만 이기적 유전자에서 도킨스가 잘 보여주었듯이 유전자의 행동은 분명 지향적 자세에 의해 재기술될 수 있다. 유전자를 합리적 행위자로 간주함으로써 그 행동의 예측이 충분히 가능하다는 것이다. 오히려 물리적 또는 설계적 자세로만 유전자를 설명하게 되면, 지향적 자세를 통해서만 파악될 수 있는 또 다른 '진짜 패턴(real pattern)'을 우리는 놓치게 될 것이다. 지향계 이론은 특히 물리적 실체를 확인하기 힘든 밈의 행동을 예측하는 데 유용한 측면이 있다.

---

42) "Then a series is not random- has a pattern -if and only if some more efficient way of describing it." "A pattern exists in some data- is real -if there is a description of the data that is more efficient than the bit map, whether or not anyone can concoct it." Daniel C. Dennett, 앞의 논문, 32-34면.

(3) 지향복제자

유전자를 의인화하는 것은 단순한 은유적 표현이 아니다. 즉 논의 편의상 그렇게 한 것이 아니다. 그것은 명백히 유전자의 행동에서 읽을 수 있는 '진짜 패턴'을 파악해 낼 수 있는 합리적인 방식이다. 어떤 존재자를 합리적 행위자로 가정한다고 해서 반드시 그 대상에게 실제로 모종의 의식이나 심리상태가 존재한다고 전제할 필요는 없다. 극심한 자폐증 환자의 예처럼 인간이라도 지향적 자세에 의해 예측하기 힘든 경우도 존재하기 때문이다.

유전자는 도킨스가 자신의 책 '이기적 유전자'에서 잘 보여주었듯 물리적 자세나 설계적 자세를 넘어서 지향적 자세를 통해 매우 효과적으로 예측될 수 있기 때문에 지향계라고 할 수 있다. 유전자 외에도 복제자는 더 존재한다. 제2의 복제자인 밈이 그러하고, 논자에 따라서는 제3의 복제자를 논급하기도 한다.[43] 도킨스에 의하면[44] 유전자든 밈이든 또는 제3의 복제자든 자연선택의 원리에 따라 진화를 할 수 있는 존재자는 모두 지향계로 규정할 수 있다. 그렇다면 이러한 견지에서 그러한 복제자를 '지향복제자(intentional replicator)라고 할 수 있을 것이다.[45] 지향복제자 개념은 누가 과연 진정한 행위자이고 수혜자인지 되

---

43) 수전 블랙모어, "제3의 복제자", in: 엣지재단(Edge Foundation), 우리는 어떻게 바뀌고 있는가? (책읽는 수요일, 2013), 440면 이하 참조.

44) 리처드 도킨스/홍영남·이상임 역, 앞의 책, 329면. 도킨스에 의하면 "맹목적인 자연선택의 작용에 의해 유전자는 마치 목적을 가지고 행동하는 존재인 것처럼 보인다." 예컨대 "유전자는 장래의 유전자 풀 속에서 자기의 수를 늘리려고 노력한다."고 표현할 경우, 이 문장은 실제로는 "자연계에서 그 효과를 볼 수 있게 되는 유전자는 장래의 유전자 풀 속에서 자기의 수를 증가시키도록 행동하는 유전자다"라는 것을 의미한다. 그는 유전자가 자기의 생존이라는 목적의식을 가진 능동적인 존재로서 생각하는 것이 유용했던 것이 편리하고 유용했던 것처럼 밈에게도 이러한 속성을 부여해 '이기적 밈'들 인간의 뇌용량 또는 집중력을 차지하기 위해(더 나아가 라디오나 텔레비전 방송 시간, 광고 게시판의 공간, 신문 기사의 길이, 도서관의 서가 공간 등을 차지하기 위해) 상호 경쟁하는 관계에 있다고 말할 수 있다고 본다. 리처드 도킨스/홍영남·이상임 역, 앞의 책, 329-330면 참조.

묻게 한다. 즉 "결국 어떤 행위자가 이득을 얻는가?"에 관한 질문을 던지게 만든다는 것이다. 도킨스의 이기적 유전자 이론에 따르면 이타적 행동을 비롯한 인간의 많은 행동은 유전자들의 이해관계의 산물이다. 결과적으로는 유전자의 이익(생존과 번식)을 위한 행동인 것이다. 마찬가지로 어떤 인공물(밈 등)이 지향복제자로서의 성질을 지닌다면 그것은 창조자(인간)를 위해 봉사하지 않고 자기 자신의 이득을 위해 행동할 수 있다. 유전자는 자신의 유전적 적응도(genetic fitness)를 높이기 위해, 밈은 자신의 밈적 적응도(memetic fitness)를 높이는 방식으로 행위하는 지향복제자일 뿐, 그 이익이 인간의 것과 일치할 수도 있겠지만, 근본적으로 인간을 위해 행동하지 않기 때문이다. 한 마디로 유전자와 밈이 곧 수혜자이며 주체라는 발상인 것이다.

3. 밈복제가 성공 또는 실패하는 조건

(1) 밈의 특성

밈은 우리에게 유용한 것이든, 아무런 영향이 없는 것이든, 심지어 해로운 것이든 우리의 의지와는 관계없이(심지어 의지에 반하여) 무차별적으로 번진다. 밈은 그 자체로 살아있는 구조로 볼 수 있기 때문이다.[46] 훌륭하고 참신한 과학적 발상이나 기술적 혁신은 그 유용성 때문에 퍼진다. 충분한 이론적 근거를 가진 어떤 학설은 뛰어난 정당성이나 진리성 때문에 퍼진다. 징글벨 같은 캐롤송은 딱히 현실적으로 유용하다 할 만한 부분은 없지만 틀림없이 몇몇 사람에게는 거슬리게 느껴지겠지만 그래도 우리의 기분을 즐겁게 하는 노래이기 때문에 퍼진다. 반면에 어떤 밈들은 해롭다. 피라미드식 판매, 보이스 피싱같은 신종 사기

45) 이러한 '지향 복제자' 개념의 제안으로는 장대익, 앞의 논문, 19면 참조.

46) 리처드 도킨스/홍영남·이상임 역, 앞의 책, 323면. 도킨스는 그의 동료 험프리(N.K. Humphrey)의 말을 빌려 다음과 같이 주장한다. "memes should be regarded as living structures, not just metaphorically but technically."

법, 거짓 교리, 효과 없는 다이어트법, 위험한 의학적 요법 등이 그렇다. 물론 밈은 이에 대해 신경쓰지 않는다. 밈은 유전자처럼 이기적이기 때문에 그저 최선을 다해 퍼질 뿐이다.

밈은 인간의 두뇌에 비언어적 상태로 존재하지만, 만일 전송이나 복제에 적합한 표현모드(mode of express)로 전환되는 메커니즘을 갖추지 않고 있으면 두뇌 밖으로 나갈 수 없다.[47] 밈복제가 이루어지려면 두 가지 가능성이 충족되어야 한다. 첫째, 밈은 의도와 무관하게(unintentionally) 퍼질 수 있어야 한다. 예컨대 아이들이 흥얼거리는 노래는 그들의 의지와는 무관하게 무심코 퍼진다. 둘째, 밈은 의도와 무관하게 받아들여질 수 있어야 한다. 밈은 새로운 숙주에서 재형성된다. 아이들이 자신의 머릿속 의사와는 상관없이 어떤 노랫가락을 어디에선가 듣고 흥얼거리게 되는 것이 바로 비자발적 수용의 좋은 본보기다.[48]

(2) 밈의 생존가치를 높여주는 일반적 조건

자연선택의 원리에 의해 자기 복제를 할 수 있는 모든 유전자가 성공적이지 않은 것처럼, 어떤 밈은 밈풀 속에서 명백하게 다른 밈보다 성공적이다. 그렇다면 이처럼 특정한 밈을 더 성공적인 것으로 만들어주는 일반적인 조건은 무엇일까? 복제자로서의 밈은 현재의 유전자보다는 원시수프 속 자기복제자와 더 유사하다. 그렇다면 밈의 생존가치를 높여 주는 일반적인 특성은 자기복제와 마찬가지로 수명과 다산성, 그리고 복제의 정확도라고 말할 수 있다.[49] 다만 밈의 경우 복제의 정확도에 대해 일률적으로 논단하기 어렵다. 아이들이 흥얼거리는 노래나 음식의 레서피 등에 대해서는 유전자 수준의 복제의 정확도를 관념하기 어려울 것이다. 또 어떤 아이디어가 100% 정확하게 복제되는 경우는 드물다고도 말할 수 있다. 하지만 이론 수준의 밈복제에 있어서는

---

47) Jeffrey Evans Stake, Are We Buyers or Hosts? A Memetic Approach to The First Amendment, *52 Ala. L. Rev. 1213* (2001), 1225.

48) Jeffrey Evans Stake, 앞의 논문, 1225-1226면.

49) 이러한 견해로는, 리처드 도킨스/홍영남·이상임 역, 앞의 책, 326면.

전체적인 내용적 일치보다는 사람들의 뇌와 뇌 사이에 해당 '아이디어 밈'의 본질적인 부분에 대한 일치가 중요하므로 그러한 한에서는 정확한 밈복제가 가능하다고 볼 수 있을 것이다.[50] 더욱이 전문적인 법률문헌 등에서 등장하는 법조문과 판례나 학설 등의 '법적 밈(legal meme)'의 경우에는 사려깊은 '인용(citation)'을 통해 전파되는 경우가 대부분이므로 '복제의 정확도'가 다른 형태의 밈에 비해 상대적으로 높다고 볼 수 있다.[51]

(3) '더 적합한(fitter)' 밈이 되기 위한 개별적 조건

밈이 오로지 자신의 생존과 번식에만 관심을 두는 이기적 성질을 지니고 있다고 하더라도 모든 밈이 환경에서 선택되어 살아남는 것은 아니다. 그렇다면 밈복제가 성공적이기 위한 개별적인 조건은 무엇일까?

여기에는 크게 네 가지 범주의 조건을 제시할 수 있다.

첫째 조건은, 모방자이자 선택자인 인간이 갖고 있는 어떤 속성들이다. 밈의 관점에서 볼 때 인간은 밈의 복제장치인 동시에 선택환경이다. 유전자와 달리 밈은 그 스스로는 복제가 불가능하다. 밈은 자신을 복제할 수 있는 공간, 즉 매개체가 필요하다. 인간의 뇌가 그 대표적 공간이다. 그렇기 때문에 인간은 밈의 복제장치인 동시에 선택환경이 되는 것이다. 이것은 밈의 복제장치가 다른 매개체인 경우에도 마찬가지다. 예컨대 밈이 책, 컴퓨터, 비디오테이프, 컴팩트디스크[52] 등 다른 매개체를 통해 복제될 경우에도 결국 어떤 특정한 밈을 선택하는 것은 인간이기 때문이다. 따라서 인간 감각체계의 어떤 특징들 때문에, 어떤 밈은 더없이 명백한 것으로 여겨지는 반면에 어떤 밈은 그렇지 않다. 인간의 주

---

50) 도킨스는 이러한 관점을 지지하며 이 경우 '아이디어 밈'은 사람들의 '뇌와 뇌 사이에 전달될 수 있는 실체'라고 정의한다. 리처드 도킨스/홍영남·이상임 역, 앞의 책 328면.

51) 이 점에 대해서는 Michael S. Fried, 앞의 논문, 307면.

52) 밈을 복사할 수 있는 매개체로 이러한 예를 들고 있는 문헌으로는 Jeffrey Evans Stake, 앞의 논문, 1237면.

의력 메커니즘 덕분에 어떤 밈은 뇌 속에서 자신에게 필요한 처리용량을 쉽게 확보한다. 인간 기억의 어떤 속성들 때문에 어떤 밈은 더 성공적으로 기억된다. 한편 인간의 모방능력에도 한계가 있기 때문에 어떤 밈은 모방될 수 없다. 수전 블랙모어는 이런 점들을 고려함으로써 장차 우리가 밈들의 운명을 헤아릴 수 있을지도 모르고 실제로 아마 그렇게 되리라고 추측한다.[53] 이 첫째 범주의 조건은 밈의 종류에 관계없이, 이를테면 학설 밈의 성공적 복제조건과 관련해서도 공통적으로 적용할 수 있는 것이라 생각된다.

둘째, 밈의 속성 자체가 조건이 될 수 있다. 밈이 활용하는 기교나 밈들이 한데 뭉쳐서 움직이는 방식, 어떤 밈이 다른 밈보다 선호되는 밈 진화의 일반적 과정들에 주목하는 것이다. 이는 학설 밈의 전파와 관련해 주목할 만한 조건이 될 수 있으며 이 점에 관해서는 후술하기로 한다.

셋째, 어떤 밈이 인간의 적응적 문제를 얼마나 더 잘 해결해 줄 수 있는가 여부가 성공적인 밈의 조건이 된다. 특정한 '아이디어(idea)'를 예로 들어보자.

어떤 아이디어는 그것이 진리이기(true) 때문에 복제에 성공한다. "1+1=2"라는 아이디어는 그것이 진리이기 때문에 복제된다. 태양이 지구를 돈다는 생각과 지구가 태양을 돈다는 생각 중 "전자가 실재에 덜 부합되기(the former maps reality less well)" 때문에 후자보다 덜 복제된다. 그런데 우리는 왜 진리(truth)를 중시하는 성향을 갖게 된 것일까? 그 이유는 문화적 배경에서 찾을 수도 있겠지만, 진화론적 관점에서 보면 그 이유는 진화된 심리적 메커니즘에 있다. 대체로 거짓된 정보(falsity)가 아닌 진실한 정보(truth)를 믿고 따랐던 우리 선조의 유전자만이 현재까지 살아남을 수 있었기 때문이다. 예컨대 독버섯을 식용버섯으로 오해한 조상의 유전자는 이미 유전자 풀에서 사라졌을 것이다. 이밖에도 다양한 방식으로, 진화적 적응환경에서 어떤 생각이 진리에 부

53) 다만 그것은 밈학 고유의 영역이라기보다는 심리학과 생리학의 영역이라고 지적한다. 수전 블랙모어/김명남 역, 앞의 책, 59면.

합되는지 아닌지 여부는 그 생각을 한 사람의 생존과 번식에 대체로 중요한 영향을 미쳤던 것이다. 그러므로 진리와 허위를 구분할 수 있는 능력과 진리에 부합되는 생각을 선호하는 성향은 진화적 적응환경에서 오랜 세월에 걸쳐 진화된 심리적 메커니즘, 즉 일종의 적응적 특징이라고 볼 수 있다.[54] 법(체계)에는 우리의 삶과 가치가 녹아 있다는 생각은 법학계에 널리 공유되는 밈의 하나다.[55] 마찬가지로 법학에 등장하는 여러 학설도 우리의 삶과 가치를 떠나서는 성공하기 어렵다. 학설은 우리의 삶과 가치에 관한 여러 사실적 판단을 전제로 한다. 그렇다면 법학적 논의에서 정당성이 다투어지는 많은 쟁점들은 사실상 사실적 문제에 대한 진리성 판단이 전제되어 있는 경우가 상당하고 볼 수 있다. 다시 말해 '진리성'을 선호하는 '적응적 성향'은 법학적 논의에서도 일정부분 유효하게 작동하고 있다고 보아야 할 것이다.

어떤 종류의 발상은 그것이 새롭기(new) 때문에 복제된다. 우리는 새로운 것을 생각하고 듣기를 좋아한다. 새로운 것을 찾는 인간의 성향도 이를 통해 우리의 조상들이 새로운 식량원을 발견하는 데 도움을 주었을 것이란 점에서 적응적 이득이 있었다고 추측할 수 있다. 또 어떤 발상은 그것이 웃음을 주기 때문에 복제되는데, 조크는 대표적인 밈복합체이다. 물론 인간의 웃음 역시 자연선택에 의해 잘 다듬어진 생물학적 적응이다.[56]

넷째, 밈 자체의 적응적 성질 때문에 어떤 아이디어는 다른 아이디어보다 더 잘 복제된다. 예컨대 둥근 바퀴는 네모난 바퀴보다 더 나은 생각이고, 반대의 경우도 있겠지만 어떤 목적을 위해서는 마차가 썰매보다 더 나은 이동수단이 된다. 적군을 맨손으로 가격하는 것보다는 일정한 무기로 가격하는 것이 더 나은 생각이다. 학술논문은 직접 원고지에 수기로 작성하는 것보다는 컴퓨터를 이용해 작성하는 것이 더 낫다.

---

54) Jeffrey Evans Stake, 앞의 논문, 1228면.

55) 필자가 이 밈을 본 가장 최근의 문헌으로는 송옥렬, "법경제학적 방법론의 유용성과 한계에 관한 소고", 서울대 법학 제55권 제3호(2014), 6면.

56) 이 점에 대해서는 전중환, 앞의 책, 91면 이하 참조.

이처럼 '아이디어의 질(quality of the idea)' 자체가 복제 성공률에 영향을 준다.[57] 형법학의 주요 밈을 보면, '책임원칙'이 '결과책임주의'보다 더 나은 생각이고 '죄형법정주의'가 '죄형신비주의'나 '죄형전단주의'보다 더 나은 생각이다. 범죄자에 대한 사적인 '피의 보복(blood feud)'보다는 '공형벌권에 의한 처벌방식'이 더 낫다.

이상 논급한 조건을 종합하자면 밈의 적응도는 결국 환경에 의존한다는 사실이 중요하다. 1차적 환경은 바로 인간 자체이다. 진리를 존중하거나 또는 진리로부터 이익을 얻는 인간이 없었더라면 진리는 복제되지 않았을 것이다. 마찬가지로 아름답고 유머러스한 발상은 그것을 감상할 수 있는 유기체를 필요로 한다. 새로운 아이디어도 그러하다. 또 한편으로는 복제력은 인간을 둘러싸고 있는 환경에도 의존한다. 2차적 환경이라 할 수 있다. 마차는 분명 썰매보다는 나은 운송 수단이지만, 에스키모인들에게는 반대다. 반면에 곰가죽으로 옷을 만드는 것은 에스키모인들에게는 좋은 생각이지만, 아프리카 사바나 초원의 부족들에게는 그렇지 않다. 요컨대 어떤 아이디어가 살아남아 복제될지 여부는 1차적 환경과 2차적 환경의 상호작용, 즉 우리가 그 아이디어의 질을 어떻게 인식하느냐에 달려 있는 것이다.[58] 이는 학설 밈의 적응도와 관련해서도 중요하다. 법학계에서 학설의 적응도는 법률전문가집단의 두뇌에 의존할 것이다. 또 법률전문가집단이라도 각기 다른 법계 또는 같은 법계라 하더라도 지역(주)과 나라마다 해당 밈의 적응도에는 차이가 있을 수 있다.

끝으로 밈은 밈복합체의 형태로 존재하는 사실을 유념할 필요가 있을 것이다. 유전자의 경우, 유전자 풀 속에서 공적응된 유전자 복합체(co-adapted gene complex)가 발생할 수 있다. '공적응된 유전자 복합체란' 예컨대 육식동물의 경우 날카로운 이빨과 고기를 소화할 수 있는 창자를 만들어내는 유전자들이 상호 조화롭게 공존하여 선

57) Jeffrey Evans Stake, 앞의 논문, 1229면.
58) Jeffrey Evans Stake, 앞의 논문, 1234면.

택될 수 있고, 초식동물의 경우에는 풀을 씹기에 좋은 평평한 어금니와 풀을 소화시키는데 필요한 훨씬 더 긴 창자가 서로 결합하여 선택의 단위가 되듯이 진화적으로 안정한 유전자 세트를 의미한다.[59] 밈도 역시 마찬가지다. 도킨스의 주장처럼 종교도 역시 밈으로 볼 수 있다면, 종교 밈의 경우, 특정한 건축, 의식, 율법, 음악, 미술, 기타 문서화된 전통 등이 조직화되어 해당 종교의 번성을 서로 돕는 공적응된 안정된 세트의 일례가 된다. 독신주의는, 만일 독신주의를 발현시키는 유전자가 있다면 이는 필연적으로 생물학적으로는 실패할 것이지만, 독신주의 밈의 경우에는 종교 밈과 결합해 성공할 가능성이 있다. 독신주의 밈은 성직자의 시간과 관심을 오로지 해당 종교에 쏟을 수 있도록 만듦으로써 그 종교의 성공적인 전파에 도움이 된다. 또 독신주의 자신도 그 종교 밈과 결합함으로써 더 높은 생존가치를 가질 수 있다. 결국 독신주의는 상호 협력하는 종교적 밈들이 만들어 낸 거대한 밈복합체에서 작은 일부분인 셈이다. 이처럼 많은 경우 밈의 진화는 공적응된 '밈복합체'의 형태로 이루어진다고 볼 수 있다.[60] 그렇다면 어떤 밈복합체가 성공적으로 전파되었을 경우, 그 복제조건은 전술한 여러 범주의 개별적인 특성 중 어느 하나로 설명된다기보다 밈복합체를 구성하는 개별 밈의 복제에 작용한 여러 개별 조건들의 복합적 상호작용에 의한 결과라고 보는 것이 타당할 것이다. 그리고 의심의 여지없이, 대부분의 학설 밈은 대표적 밈복합체이다.

59) 리처드 도킨스/홍영남·이상임 역, 앞의 책, 93면과 330면.
60) 리처드 도킨스/홍영남·이상임 역, 앞의 책, 332면.

IV. 학설대립의 밈이론적 해석

1. 학설은 왜 밈인가?

밈의 일반적인 속성에 비추어 보면, 법의 규칙들(rules of law)이나 선례들 그리고 각종 법원칙들(legal doctrines)은 모두 밈으로 간주될 수 있다.[61] 그것들은 모두 '인용'에 의해 '복제'되어 판례, 논문, 법서 등의 다양한 법률문헌에 기록되고 경우에 따라 점진적인 변화의 과정을 거쳐 일정한 법적 견해의 형태로 인용되기 위해 상호 경쟁하고 있기 때문이다. 한 마디로 이들은 복제자로 간주될 수 있는 필수조건인 변이, 선택, 유전의 가능성을 구비하고 있다. 그러면 학설은 어떨까?

일반적으로 학설의 생성과 소멸사를 살펴보면, 어느 시대의 사회·문화적, 사상사적 배경을 토대로 특정인, 또는 특정 전문가집단의 주도적 영향 하에 탄생한다. 그리고 이를 지지하는 사람들의 인용에 의해 더욱 널리 전파되어 확립된 지배적 견해로 자리잡기도 하며, 반면에 별다른 지지와 관심을 받지 못한 채, 또는 적실한 비판에 의해 힘을 잃어 학설사적 의의만 지닌 채 사라지기도 한다. 여기서 먼저 일단의 지지세력에 의해 하나의 학설이 널리 퍼지는 현상을 살펴보면, 그것은 밈이론에서 말하는 '(선택적) 모방'에 의한 전파에 다름아니다. 어느 학설을 지지한다는 것은 그 학설의 주요 생각에 동의한다는 뜻이고, 나 역시 그 생각을 공유해 모방한다는 의미가 되기 때문이다. 그리고 '선택적'이라는 것은 다양한 학설 중에서 '자신이 의식하거나 의식하지 못하는 어떤 이유에서건' '바로 그 학설'을 선택하게 되었다는 뜻이다. 이 점에서 학설의 정착과정은 밈의 전파과정으로 볼 수 있다.

그렇다면 과연 어떤 조건을 갖춘 경우에 학설이 살아남고, 아니면 도태되는 것일까? 먼저, 일반적으로 말하자면 어떤 학설의 확산은 그 아이디어가 관련 학계의 전문가들에게 얼마나 받아들여지느냐에 따라

61) Michael S. Fried, 앞의 논문, 307면.

확산의 성공여부가 결정될 것이고, 이 경우 관련 학술지에 그 아이디어가 인용되는 수를 계산하여 대략적인 생존가치를 측정할 수 있다.[62] 문제는, 어떤 조건들이 전문가들의 수용에 영향을 주는가이다. 우선 과학이론의 경우 대체로 진리에 가까운 이론이 궁극적으로 살아남는다는 사실을 쉽게 목도할 수 있다. 즉 우리 주변에서 벌어지는 실제 자연현상을 원리적으로 가장 정확하게 설명하고 예측하게 해 줄 수 있는 이론이 누적된 검증과 논박의 과정을 거쳐 결국 진리로 받아들여지게 되는 것이다. 특히 의·약학 분야의 이론과 지식은 이러한 성격이 더욱 직접적이고 두드러지게 나타날 수 있다. 하지만 법학을 포함한 대부분의 사회과학의 경우 어떠한 학설이나 이론이 지배적 견해로 자리잡게 되는 과정이 반드시 그 내용적 '진리성' 여부에 달려있다고는 보이지 않는다.[63] 물론 사회과학의 경우에도 경제학처럼 경제현상의 배후를 적절히 잘 설명해 내고, 정확한 예측을 가능케 하는 이론이 결국 보편적으로 받아들여지는 경우도 많이 있다. 또 법학적 논의도 특정 개념이나 도그마틱의 '옳은' 또는 '잘못된' 적용을 그 쟁점으로 할 경우 그 개념이나 도그마틱이 지닌 실재적 의미에 대한 부합성 여부가 쟁점이 된다는 점에서는 '진리성'이 중요하다고 볼 수 있을 것이다. 하지만 법학의 경우 그러한 설명력과 예측력 또는 진리성 척도와는 무관하게 지배적 견해로 널리 퍼지거나 혹은 돌연히 사라지는 예들도 상당수 있다. 그 이유는 무엇보다도 법학이란 학문은 주로 특정 판례나 조문에 대한 해석론과 규범적 당위의 문제, 즉 '정당성'의 문제를 다루고 있기 때문일 것이다. 즉 실재와의 부합성 여부로 진리여부를 판별하는 작업과는 다소 거

62) 리처드 도킨스/홍영남·이상임 역, 앞의 책, 326면.

63) 동지의 Michael S. Fried, 앞의 논문, 314면. 동 문헌에 의하면 홈즈(Holms) 판사는 일반적으로 진리성이 밈의 성공여부를 결정하는 결정적인 요소(decisive factor)라는 견해를 피력했지만, 유감스럽게도 밈이론은 그러한 전제에 의문을 제기한다고 지적한다. 밈의 성공여부는 여러 변화하는 요소에 의존하는 것이지 진리성과 같은 어느 특정한 요소에 의해 결정되지는 않는다는 것이다. 홈즈 판사의 견해는 Abrams v. United States, 250 U.S. 616, 630 (1919) (Holmes, J., dissenting) 참조.

리가 있는 영역을 주된 논의영역으로 삼고 있기 때문이다. 예를 들어 형법에서 죄형법정주의에 관한 논의만 보더라도 다양한 학설대립이 등장한다. 유추금지원칙의 경우 유추와 확장해석을 구별할 것인가(다수설), 양자를 같은 범주에 두어 모두 금지할 것인지(판례[64])에 대한 견해대립이 있고, 소급효금지원칙과 관련해 판례변경으로 인한 소급처벌이 가능한가에 대해서 소급효 긍정설(다수설 및 판례[65])과 부정설이 대립한다. 이 두 경우 모두 해당 학설의 실재와의 부합성 여부, 즉 진리성[66] 여부와는 거의 무관한 것들이다.[67] 오히려 정당성과 가치관의 문제인 것들이 대부분이다. 형벌의 목적이 무엇인지에 관한 응보형주의와 목적형주의의 대립도 이러한 맥락에서 이해할 수 있다. 여기서 이해의 편의를 위해 목적형주의의 대표자인 저 유명한 형법학자 리스트의 주장을 직접 들어보는 것이 도움이 될 것이다.

> "철학적 세계관의 오랜 대립은 인간의 정의와 자연적 정의를 둘러싸고 이루어져 왔다. 이와 같은 대립은 윤리학을 포함한 다른 모든 학문 분과보다도 형법학에서 가장 직접적이고 실천적인 의미를 갖는다. 즉, 형벌은 응보로 개념 필연적인 범죄의 결과인가, 아니면 법익 보호의 형식으로 국가 사회가 목적을 의식하면서 만들어낸 창조물이나 목표를 의식한 기능인가? 다시 말해 형벌은 과거에 대한 속죄 - 죄를 범했기 때문에(quia peccatum est) - 만으로 충분한 정당화가 이루어지고

64) 대법원 1994.12.20. 자, 94모32(전원합의체 결정).

65) 대법원 1999. 7. 15. 선고, 95도2870(전원합의체 판결).

66) '진리성'을 정의하는 방식은 다양할 것이다. 본고에서는 '실재와의 부합성'을 '진리성'의 척도로 보고자 한다. '실재의 사상(寫像) 또는 실재에의 대응성(mapping reality) 여부'를 진리성(truth)으로 설명하는 입장으로는 Jeffrey Evans Stake, 앞의 논문, 1228면. 따라서 지구가 태양을 돈다는 생각이 실재에 부합되므로 진리다.

67) 일찍이 고 유기천 교수는 형법학에서 대표적 학설논쟁의 하나인 위법성 인식의 체계적 지위에 관한 고의설과 책임설의 대립문제는 결코 과학적 발견에 의해, 즉 진리성 여부에 의해 해결되는 문제가 아님을 지적한 바 있다. 유기천 교수는 다음과 같이 말한다. "But neither of these propositions conveys a 'scientific' findings in any sense other than of a reflection of a rule of positive law carrying certain operational results." Paul K. Ryu & Hellen Silving, "Toward a Rational System of Criminal Law", 서울대 법학 제4권 제1호(1962), 14면 참조.

더 이상 다른 정당화를 필요로 하지 않는 것인가, 아니면 미래에 대한 작용 - 죄를 범하지 않도록(ne peccetur) - 만으로 더 이상의 근거를 필요로 하지 않는 정당화가 이루어지는 것인가?"[68]

"그러나 내 논문의 주요 목적은 형법의 목적사상이 옳다고 편들고자 하는 것이 아니라, 적대자들도 얼마든지 동의할 수 있는 이해와 소통이 가능한 관점을 제시하려는 데 있다."[69]

위 리스트의 견해를 보면, 응보형주의(절대설)와 목적형주의(상대설)의 형법 학파 대립은 철학적 세계관의 문제이며, 형벌의 '정당성'을 두고 벌어지는 논쟁임을 알 수 있다. 나아가 리스트는 자신의 논문이 전적으로 '옳다'라고 주장하는 것이 아니고, 그렇다고 목적사상이 옳다고 '편드는'[70] 작업인 것도 아니며, 그보다는 '이해와 소통이 가능한 관점'을 제시하여 논증의 정당성을 객관적으로 심사받는 데 있다고 말하고 있는바, 법학적 논증의 기본성격을 잘 밝혀주고 있다.

물론 형법적 논쟁 중에도 객관주의와 주관주의의 대립처럼 특정한 사회현상의 일부분인 범죄와 형벌의 본질에 관한 최선의 설명방식을 추구한다는 점에서 그 진리성 여부가 중요한 쟁점이 되는[71] 학설대립도 상당부분 존재한다. 하지만 그럼에도 불구하고 우리는 (형)법학에서의 대부분의 학설대립은 '진리성'과는 거리가 먼 것들이 주를 이루고 있음에 쉽게 동의할 수 있다. 법학의 경우 대부분의 학설대립에서 '진리성'보다는 해당 학설에서 논증의 도구 또는 대상으로 사용되고 있는 주요 전제와 개념들 간의 '정합성'이나 주장의 '타당성'및 결론의 '정당성', 쟁점이 되는 조문의 의미를 역사적·의미론적·목적론적 차원에서

68) 프란츠 폰 리스트/심재우·윤재왕 역, 마르부르크 강령-형법의 목적사상- (도서출판 강, 2012), 13-14면.
69) 프란츠 폰 리스트/심재우·윤재왕 역, 앞의 책, 122면.
70) 본고의 이해방식에 의하면 법학적 논증 상당수는 이처럼 '편드는', 즉 특정 학설의 믿음을 전파하는 작업이다.
71) 예를 들어 인간의 자유의지를 긍정하는 '비결정론'과 부정하는 '결정론'의 대립 등이 그러하다 볼 수 있다.

포괄적으로 가장 설득력 있게 설명해 주는 '합리성' 등이 더 중요한 판별기준으로 작용한다. 이러한 기준들은 '이성적 기준'이기는 하지만 '실재와의 부합성(진리성)'과는 그 성질이 다른 것들이다. 그리고 진리성과 정당성도 그러하지만 법학적 논증의 질을 평가할 수 있는 그 어떤 척도도 그 하나만으로 '학설 밈'의 성공적 전파를 보장해 주는 요소가 될 수 없음은 명백하다.

2. 법학에서의 학설 밈의 선택환경

대체로 학설은 다른 학설과의 상쟁과정에서 다수설과 소수설로 나뉘게 마련이다. 다수설과 소수설의 지위가 시대의 흐름에 따라 뒤바뀌는 경우도 있으며, 소수설을 지지하는 자가 없어서 결국 다수설이 지배적 통설의 지위를 누리게 되는 경우도 있다. 물론 대립하는 견해가 거의 동등한 수의 지지세력을 얻어 팽팽하게 맞서는 경우도 있지만 이런 경우는 드물다. 둘 이상의 연구자의 두뇌에서 각각 탄생한 대립하는 학설들은 법을 다루는, 즉 제정하고 연구하고 적용하는 특수한 전문가 집단의 두뇌를 차지하고 판례와 법률문헌에 나타나기 위해 격렬한 투쟁을 벌이게 된다. 그 중에서 어떠한 학설이 살아남게 될 지는 전적으로 그 선택환경에 달려 있다.

어느 학설의 지위를 결정짓게 되는 가장 중요한 선택환경은 무엇일까? 우선 그것은 해당 학설을 지지하는 사람들의 두뇌일 것이다. 즉 일반적으로 법률전문가 집단의 선호도가 주요한 선택환경이 될 것이다.[72] 이는 곧 법률전문가 집단의 마음에 어느 정도의 호소력과 가치를 지니느냐가 학설의 생사여부를 좌우한다는 뜻이다. 다만 물론 그 호소력과

72) 도킨스는 해당 밈이 과학적인 아이디어일 경우 확산은 그 아이디어가 과학자들에게 얼마나 받아들여지는가에 따라 달라질 것이라고 본다. 이 경우 과학 학술지에 그 아이디가 인용되는 수를 셈하여 대략적인 생존가치를 측정할 수 있을 것이라고 전망한다. 리처드 도킨스/홍영남·이상임 역, 앞의 책, 326면.

가치가 반드시 진리성, 정합성, 합리성 등의 이성적인 설득력만을 뜻하지는 않는다. 앞서 밈학 일반이론에서 살펴본 바와 같이 어떤 학설 밈이 성공적으로 복제되기 위한 조건은 해당 학설의 논리적 타당성을 떠나 인간 감각체계의 특징이나 주의력 메커니즘과 같은 단순히 심리적이고 생리적인 이유에서 결정될 수도 있을 것이고, 또 그 학설을 구성하는 밈(들)이 법률전문가 집단의 마음에 들기 위해서 발휘하는 특수한 기교나 밈들 간의 특정한 결합방식에 좌우되기도 할 것이다. 이밖에도 그 학설이 인간에게 보편적인 적응적 문제들을 해결해 줄 수 있는 여러 적응적 특성을 갖고 있기 때문에 선택되기도 할 것이고, 그 학설 밈 자체가 지닌 밈적 적응성이 뛰어나기 때문에 선택될 수도 있을 것이다.

다음으로 법학에서 학설 밈의 지위를 결정짓는, 특유한 선택환경으로 판례를 들 수 있다. 판례가 곧 어느 학설의 절대적 우위를 결정짓는다고는 볼 수 없겠지만,[73] 법률공동체에서 판례가 갖는 비중을 고려하면 대륙법계 국가라고 하더라도 판례는 학설의 지위에 상당한 영향을 끼친다는 점은 주지의 사실이다.[74] 그렇기 때문에

---

73) 눈에 띄는 예로, 대법원은 "단순한 법률의 부지는 법률의 착오가 아니기 때문에 정당한 이유를 심사할 필요가 없다"는 입장을 일관되게 취해오고 있지만 현재까지도 형법학계의 지배적 통설은 법률의 부지도 법률의 착오의 일종이라고 본다. 또 후술하는 위법성조각사유의 객관적 전제사실에 대한 착오에 대해 대법원은 소위 '배희칠랑 사건'에서 "현재의 급박하고도 부당한 침해가 있는 것으로 오인하는 것이 오상방위고, 오상방위에 정당한 이유가 있으면 정당방위의 효과가 발생한다(즉, 위법성 조각)"고 판시하고 있으나 이러한 판례 태도를 다수설적 견해로 진지하게 수용하는 견해는 사실상 없다. 다만 판례의 태도가 엄격책임설을 취한 것으로 볼 수 있다는 입장으로는 신동운, 新판례백선 형법총론 (경세원, 2009), 332면과 임웅, 형법총론 (법문사, 2002), 311면 참조.

74) 예를 들어 국내 형사소송법학계에는 컴퓨터에 입력된 정보 자체(소위 디지털 증거)가 압수대상물이 될 수 있는가에 대해 이를 증거물로 보아 압수할 수 있다는 긍정설과 정보 자체는 유체물이 아니므로 압수의 대상이 될 수 없다는 부정설이 대립하고 있었으나 이에 대해 대법원은 "전자정보에 대한 압수·수색영장을 집행할 때에는 원칙적으로 영장 발부의 사유인 혐의사실과 관련된 부분만을 문서 출

판례는 중요한 선택환경이라 할 수 있다. 다만 판례란 곧 법관의 견해를 뜻하므로 이는 결국 특정 법률전문가집단의 선호도라고 말할 수 있으므로, 결과적으로는 앞서 설명한 법률전문가 집단의 선호도 중에서 특별히 영향력이 강한 집단의 선호도라고 자리매김하는 것이 타당할 것이다.

이상 요약하면 학설들의 생존여부를 결정짓는 주요한 선택환경으로는 첫째, 법률전문가 집단의 두뇌, 즉 지적 선호도 둘째, 판례를 들 수 있을 것이다.

3. 학설 밈이 다수설로 진화하는 개별 사례의 검토 - '법효과제한책임설'을 한 예로

"구체적 부합설, 합법칙적 조건설, 법효과제한책임설, 기능적 행위지배설" 이상은 오늘날 형법학에서 다수설적 지위를 누리고 있는 대표적 학설들의 예이다. 이 중에는 거의 통설적 지위를 구축해 현재 판례에 수용되고 있는 학설도 있고 그렇지 않은 학설도 있다. 그렇다면 과연 이 학설들은 어떠한 이유에서 오늘날 다수설의 지위를 차지할 수 있었던 것일까? 흔히 정합성이 뛰어나고 논리적으로 가장 타당하거나 합리적인 학설이 현재의 다수설일 것이라고 생각하는 경향이 있다. 그렇기

력물로 수집하거나 수사기관이 휴대한 저장매체에 해당 파일을 복사하는 방식으로 이루어져야 하고, 집행현장 사정상 위와 같은 방식에 의한 집행이 불가능하거나 현저히 곤란한 부득이한 사정이 존재하더라도 저장매체 자체를 직접 혹은 하드카피나 이미징 등 형태로 수사기관 사무실 등 외부로 반출하여 해당 파일을 압수·수색할 수 있도록 영장에 기재되어 있고 실제 그와 같은 사정이 발생한 때에 한하여 위 방법이 예외적으로 허용될 수 있을 뿐이다"라고 판시함(대법원 2011.05.26. 선고, 2009모1190)으로써, 원칙적 부정설이 입법화(형사소송법 제106조 제3항)되었고, 위법성의 인식의 체계적 지위에 관한 '고의설'과 '책임설' 간의 오래된 학설대립에서 독일연방법원이 '책임설'을 채택한 이래(BGHSt 2, 194) 독일은 물론(독일은 책임설을 형법전에 명문화함) 우리나라에서도 '책임설'이 지배적 우위를 점하고 있음은 잘 알려진 사실이다.

때문에 우리는 대체로 다수설에 많은 가치를 부여하고 다수설의 핵심적 가치를 내면화하기 위한 노력을 기울이게 된다. 즉 다수설적 지위 자체가 곧 더 성공적 전파의 한 원동력이 되고 있는 것이다. 그런데 과연 실제로 그러할까? 모든 다수설은 가장 정합성이 뛰어나고 논리적으로 타당하며 합리적인 것들일까? 답변은 그렇지 않다는 것이다. 이쯤에서 밈의 이기성에 대한 통찰로 돌아가 보자. 밈은, 유전자와 마찬가지로 기본적으로 이기적이다. 그렇다면 학설이 현재의 형태로 진화한 것은 단지 그러한 형태가 그 자신에게 이익이 되기 때문이다.[75)]

앞서 거시한 학설들 중에서 현재까지도 폭넓은 합의를 이루지 못하고 첨예한 대립구도를 형성하고 있는 예를 들어 검토해 보기로 한다. 법효과제한책임설의 경우 위법성조각사유의 객관적 전제사실에 대한 착오(예컨대 오상방위)를 형법적으로 어떻게 취급할 것인가에 관하여 국내에서 현재의 다수설적인 견해이다.[76)] 하지만 동 학설은 상기 거시한 다른 다수설에 비해 다수설적 지위가 확고하지 못한 편이다. 여전히 유력한 소수가 다수설적 지위를 점하기 위해 수를 늘려가고 있고, 심지어 이미 학계에서 주장하는 자가 없어 소멸된 것으로 평가받았던 경쟁 학설이 되살아나 주장되고 있기도 하기 때문이다.[77)]

사실 법효과제한책임설은 여러 측면에서 많은 비판을 받고 있는 학설이다. 우선 학설에 대해서는 구성요건적 고의를 인정하면서도 책임고

---

75) 동지의 Michael S. Fried, 앞의 논문, 299면. “The legal doctrine may have evolved in the way it has simply because it is advantageous to itself.”

76) 박상기, 형법학 (집현재, 2013), 175면; 이재상, 형법총론 (박영사, 2011), 334면; 신동운, 형법총론 (법문사, 2008), 421면; 배종대, 형법총론 (홍문사, 2008), 455면; 손해목, 형법총론 (법문사, 1996), 561면; 이형국, 형법총론 (법문사, 1990), 155면; 정영일, 형법총론 (박영사, 2010), 317면; 강동범, “위법성조각사유의 전제사실의 착오”, 고시계(1997.3), 83면

77) 문채규, “소극적 구성요건표지이론을 위한 변론”, 형사법연구 제12호(1999), 71면 이하 참조. 또한 최근에는 구성요건착오‘직접’적용설이 등장하기도 하였다. 제13조 직접적용설을 지지하는 문헌으로는 이상돈, 형법강의, (법문사, 2010), 423면 참조.

의를 부정하고 과실책임을 인정하는 데에 체계적 문제가 있다는 비판이 집중되고 있다. 예컨대 고의범과 과실범은 이미 구성요건단계에서 구별되어 있는 것인데, 구성요건단계에서 고의행위로 평가된 행위가 단지 책임고의가 부정된다는 이유로 고의의 불법행위에 대해 과실범의 구성요건이 정한 법효과를 전용하여 과실범 구성요건에 정해진 법정형을 과하는 것은 사실상 과실범을 의제한 것으로서 죄형법정주의에 반한다는 것이다. 다음으로 법효과제한책임설이 전제하고 있는 고의의 이중적 지위설에 대한 비판이 가해진다. 고의의 이중적 지위설에 의하면 구성요건적 고의는 행위반가치를 의미하는 불법고의이고, 책임요소로서의 고의는 심정반가치, 즉 '법적대적 의사'를 뜻하는 책임고의인데, 이것은 위법성의 인식과는 독립된 책임요소라고 설명하나, 사실상 책임고의와 위법성의 인식은 법질서에 반하는 의사형성을 하는 심정반가치라는 점에서 양자를 구별하기 어렵다는 것이다. 또 설령 고의의 이중적 지위를 인정한다 하더라도 과실범으로서의 가벌성은 불법과 책임의 각 단계에서 독자적으로 근거지워져야 하는데, 법효과제한책임설은 '고의불법'은 인정하면서 책임고의가 인정되지 않는다는 이유로 '과실'을 인정하는 것은 실질상 '고의불법'과 '과실불법'을 동일시하는 것으로서 모순이라고 한다.[78)]

관점에 따라서는 매우 치명적인 결함을 가진 것으로 볼 수도 있는[79)] 법효과제한책임설이 오늘날 다수설의 지위를 점하고 있는 것은 어떻게 받아들여야 할까? 여러 가지 해석이 가능할 것이다. 우선 적극적으로 동 학설에 대한 각각의 비판에 대해 적실한 재논박을 가할 수도 있을 것이다.[80)] 아니면 동 학설 이외의 여타 학설, 예컨대 고의설이나 엄격

78) 김일수·서보학, 새로쓴 형법총론 (박영사, 2008), 288면.

79) 법효과제한책임설이 불법과 책임의 일치를 요구하는 현대 형사책임론의 가장 근간이 되는 원칙에 배치된다는 비판으로는 김일수·서보학, 앞의 책, 289면. 또한 고의책임을 묻는 것이 불가능한 경우에 무죄가 되지 않고 과실범의 성립이 인정되는 것이 어떤 방식으로든 이론적으로 불가능하다는 견해로는 이다 마코토/신양균 역, 형법총론의 이론구조 (진원사, 2009), 143-145면 참조.

80) 이러한 시도로는 임웅, 앞의 책, 314-315면 참조.

책임설, 제한적 책임설 중 구성요건착오유추적용설, 그리고 소극적구성요건표지이론 등이 법효과제한책임설보다 더 치명적인 결함을 많이 지니고 있기 때문에 상대적으로 동 학설이 더 정당한 학설이 된다고 소극적으로 논증할 수도 있을 것이다.[81] 그러나 어느 경우이든 법효과제한책임설이 지닌 이론적 '결함'이 치유되는 것은 아니다. 동 학설 스스로나 이론적 결함으로 인정하고 있기 때문에 '제한'이란 표현을 사용하고 있는 것이기 때문이다. 여기서 '제한'은 제한책임설의 '제한'과는 다른 의미다. 법효과제한책임설(rechtsfolgeneinschränkende Schuldtheorie)은 원래 행위자는 고의로 행위한 것이지만 법적 효과, 즉 형벌에 있어서 과실책임을 인정함으로써 '법효과를 제한하는' 책임설이라는 뜻이기 때문이다.[82] 사실상 과실책임을 '의제'한다는 점에서 이론적 완결성이 떨어질 수밖에 없다.[83] 그렇다면 실제로 위법성조각사유의 전제사실에 관한 착오의 처리와 관련된 학설대립에서 법효과제한책임설이 특별히 논리적으로 타당하다거나 이론적 완결성을 갖추고 있어서 다수설의 지위를 점했다고 단정하기는 어려울 것이다. 그러면 동 학설이 다수설로 발전한 진화과정을 어떻게 설명할 수 있을까?

이에 대해서는 밈학적 관점에서 여러 차원의 분석이 가능하겠지만, 본고에서는 "밈들이 한데 뭉쳐서 움직이는 방식"에 주목하고자 한다. 아울러 학설밈의 이기성에 주목하고자 한다. 모든 밈의 관심사는 오로지 자신의 복제에 있다. 이는 학설밈도 마찬가지다.

법효과제한책임설은 '학설밈'이며 전형적인 '학설밈복합체'이다. 밈복합체는 상호 공적응된 안정된 세트라고 정의한 바 있다. 즉 밈복합체를 구성하는 개별 밈들은 그 복합체에 결합됨으로써 다른 개별 밈들과

81) 분명하지는 않지만 이러한 입장에 서 있다 보이는 견해로서 박상기 교수는 이 학설이 "가장 합리적이라고 본다"고 평가한다. 박상기, 앞의 책, 175면.

82) 신동운, 앞의 책, 332면 참조.

83) 달리 말하면 불법단계에서는 고의범으로 평가되었다가 책임단계에서는 과실범으로 평가되는 것은 체계모순이며 비논리적이라는 것이다. 이러한 비판으로는 정성근·박광민, 형법총론 (삼영사, 2011), 349면 참조.

협력해 그 밈복합체의 번성을 돕고 결과적으로 자신의 복제에도 성공하게 된다. 동 학설을 구성하고 있는 개별 학설밈을 추출해 보면, 우선 '제한책임설'이 있고, '고의의 이중적 지위설'을 포함한다. 그리고 동 학설이 내세우는 장점을 보면 '공범처벌의 흠결을 극복'할 수 있다는 '생각'이다. 주지하다시피 '제한'책임설은 고의설과의 오랜 경쟁에서 또 '엄격'책임설과의 경쟁에서도 살아남아 오늘날 확고한 다수설이 된 학설밈이다. 왜 제한책임설이 고의설이나 엄격책임설에 비해 성공적으로 복제되었는지는 별도의 밈학적 논증을 요하며, 이는 본고에서 다루고자 하는 바가 아니므로 논외로 하기로 한다.[84] 어쨌든 통설적 지위를 가진 학설밈 하나가 법효과제한책임설이란 밈복합체를 구성하므로 이는 분명 동 학설의 선택에 큰 영향을 주었을 것이다. 밈적 적응도 측면에서 다수설은 분명 소수설보다 나은 위치에 있기 때문에 법률전문가들의 지적 선호도는 명백히 다수설과 결합된 학설밈복합체를 지향할 것이기 때문이다. 동 학설이 고의설이나 소극적구성요건표지이론에 비해 상대적으로 큰 우위에 있다는 점에서도 이 사실을 확인할 수 있다. 다음으로 고의의 이중적 지위설 역시 오늘날 통설적 지위를 지닌 대표적 학설밈의 하나다.[85] 그리고 (제한)책임설과 고의의 이중적 지위설은 상호 모순되지 않는다. 따라서 이들은 상보적으로 협력하여 법효과제한책임설의 선택에 영향을 주었다고 말할 수 있다. 또 처벌의 흠결이라는 '형사정책적 결함의 극복'은 형법에서 매우 중요한 밈의 하나다. 이 밈은 학설의 실익에 영향을 주는 요소로서 고의설과 책임설의 경쟁에서 책

---

84) 이와 관련 유기천 교수는 '책임설'이 이론적으로 우월한 이론이라서 (독일의) 현행법이 된 것이 아니라 실무상 난점 때문에 고의설을 수용하기가 어려웠기 때문이라고 분석한 바 있다. 유기천, 형법학(총론강의 영인본 초판) (법문사, 2011), 62면 참조.

85) 고의의 이중적 지위를 인정하고 있는 합일태적 범죄체계론은 오늘날 독일뿐 아니라 우리나라에서도 다수설적 지위를 차지하고 있다. 이 점에 대해서는 성낙현, 형법총론 (동방문화사, 2011), 82면; 이재상, 앞의 책, 158면; 임웅, 앞의 책, 115면 참조. 단, 합일태적 범죄체계론을 지지하면서도 고의의 이중적 지위를 부정하는 견해도 있다. 정성근·박광민, 앞의 책, 99면.

임설이 선택될 수 있었던 주요 이유 중의 하나였다. 그리고 이 역시 제한책임설이나 고의의 이중적 지위설과 양립가능하다. 그렇다면 법효과제한책임설이란 밈복합체는 매우 안정적인 형태의 상호 공적응된 세트라고 말할 수 있다. 그리고 밈학적 관점에서 보면 바로 그 점이 선택에 유리하게 작용한 측면이라고 볼 수 있을 것이다.

반면 엄격책임설은, 비록 공범처벌의 흠결의 문제는 발생하지 않지만 이미 제한책임설과의 경쟁에서 실패한 학설밈이기 때문에 그 결합의 효과에서 있어서 법효과제한책임설보다 상대적으로 불리한 위치에 있다고 볼 수 있을 것이다.

구성요건착오유추적용설은 '제한책임설을'을 포함한다는 점에서는 엄격책임설보다 성공적인 밈복합체가 될 수 있는 자격을 갖추었다고 볼 수 있겠으나, '공범처벌의 흠결문제'를 극복하고 있지 못하기 때문에[86] 이 역시 법효과제한책임설보다는 성공적 복제에 불리하다고 볼 수 있다.

이상의 밈학적 분석을 정리하면 다음과 같다.

법효과제한책임설이 현재 가장 성공적인 '학설밈복합체'가 될 수 있었던 이유는 동 학설밈을 구성하고 있는 제한책임설이나 고의의 이중적 지위설 등 개별 학설밈과 공범처벌의 가능성이란 밈 역시 모두 형법학계에서 널리 수용된 성공적인 밈들이었기 때문이라고 볼 수 있다. 그리고 이들 개별 학설밈들은 상호 모순 없이 양립할 수 있다는 특징이 있다. 안정된 세트인 것이다. 그렇다면 법효과제한책임설이 성공한 이유는 밈학적 관점에서 보자면 특정한 방식으로 밈들이 결합해 밈복합체를 구성하고 있기 때문이다. 이 개별 학설밈들이 성공한 이유는 여기서 중요하지 않다. 혹자는 여전히 엄격책임설이 제한책임설보다 더 정당한 이론이라고 논증할 수 있을 것이다.[87] 또 고의의 이중적 지위설이

86) 다만 구성요건착오유추적용설을 채택하더라도 착오에 빠져 행위한 과실정범자를 이용·원조한 자에 대해서는 대부분 간접정범으로 처벌이 가능할 것이기 때문에 반드시 공범으로의 처벌을 고집할 필요는 없다는 견해로는 김일수·서보학, 앞의 책, 290면 참조. 동 문헌은 구성요건착오유추적용설을 지지한다.

87) 예컨대 김성돈, 형법총론 (성균관대 출판부, 2009), 383면.

틀렸음을 적실히 논증할 수도 있을 것이다. 하지만 이 분석에서 중요한 점은 어쨌든 현재 다수설적 지위를 차지한 개별 학설밈들의 결합이란 사실이다. 그리고 상호 양립가능한 학설밈들이 밈복합체를 구성하고 있다고 해서 이론적 결합이 발생하지 않는 것은 아니다. 그럼에도 불구하고 밈학적 분석에서 중요한 것은 바로 그러한 밈들의 결합이 형법학계에서 해당 밈복합체의 선택을 가져왔다는 점이다. 그리고 이를 통해서 개별 학설밈들도 지속적으로 복제될 수 있는 선택적 이득을 얻는다. 결론적으로 밈학적 관점에서 보자면 법효과제한책임설의 다수설적 지위는, 어쩌면 단지 밈들의 이기성이 가져온 결과라는 것이다.

V. 맺음말

법학은 사실상 학설대립으로 점철되어 있다고 하여도 과언이 아닐 것이다. 우리는 혼신의 힘을 다해, 때로는 자신의 명예와 인격을 걸고 특정 학설을 주창하거나 옹호하거나 반박하는 작업에 몰두한다. 경우에 따라서는 상대방에 대한 신랄한 비난도 서슴지 않는다. 사비니의 말처럼 선인들로부터 이어받은 획득된 진리를 보존하고 오류를 없애기 위해서는 "전래의 것 전부를 새롭게 음미하고, 그것을 의심의 눈초리로 바라보며, 그 유래를 물[음으로써], 선인들이 행한 작업을 주기적으로 고찰[하고], 그리하여 그로부터 불순물을 제거하고 진정한 것을 영구적인 자산으로 보존하여야 한다"[88]는 점에서 이러한 학문적 태도에는 숭고하고 정당한 측면이 있다. 학설대립에 대한 밈학적 고찰이 이 점을 부인하는 것은 아니다. 다만 지난한 고투 끝에 어떤 학문적 작업의 결실을 얻는 순간, 항상 되물을 필요가 있을 것이다. "이 노력의 실익은, 결국 누구의 이익을 위한 것인가(Cui bŏno)? 우리 자신인가? 아니면 단지 밈을 위한 노력인가? 또 둘 다인가?" 밈학은 진리성 또는 뛰어난 정

88) 사비니, "현대 로마법체계 서언", 앞의 글, 2-3면 참조.

당성을 지녀서 다수설이 된 학설과 단지 밈적 적응도가 높아 현재 다수설의 지위를 차지하고 있는 밈을 구별할 필요성이 있다는 문제의식을 제기한다는 점에서 '전래의 것을 새롭게 음미하고 의심의 눈초리로 바라보며 유래를 묻는' 작업을 하는 데 있어서 새로운 관점을 제공해 준다. 또 밈학은 과연 우리 자신이 어떤 사상과 법리를 가다듬어 가는 주체인지 아니면 그것이 스스로 복제해 가는 것인지에 대해서도 진지하게 성찰해 볼 계기를 마련해 준다. 그렇다면 이러한 새로운 인식의 지평에서 법학자 사비니의 언명을 여러 갈래로 재음미해보는 것도 의미가 있을 것이다.

> "개별적 저작은 유형적 현상으로서 한 인간이 그러한 것처럼 덧없는 것이다. 그러나 개개인의 생애들을 통하여 전진하여 가는 하나의 思想은 불멸이다. 이 사상은 진지함과 사랑을 가지고 작업하는 우리들 모두를 거대한 불멸의 공동체로 결합시키고, 그 사상 안에서 개개인의 공헌은 비록 사소한 것이라도 모두 지속적으로 살아 있는 것이다."[89]

89) 사비니, "현대 로마법체계 서언", 앞의 글, 29-30면.

§ 8. 고대 동양에서의 법률의 착오론

[글 소개]

이 글은 필자가 박사학위 취득 직후 2006년에 집필한 것으로, 이미 다른 책('형법학 법률의 착오론, 경인문화사, 2006')에도 수록된 바 있는 논문이다. 거의 10년이 지난 후 이 글을 본서에서 다시 소개하고자 하는 이유는, 바로 '밈의 관점'에서 '규범적 사고방식'의 전승과정을 새롭게 조명하는 데 있어서 적절한 문헌으로 여겨졌기 때문이다. 이 논문을 집필한 계기는, 법률의 착오에 대한 논의가 주로 로마법의 영향을 직·간접적으로 받은 대륙법계나 영미법계 등 서구의 법문화권을 중심으로 하여 전개되어져 왔다고 보아도 과언이 아니어서 법률의 착오에 대한 동양에서의 고유한 문제의식과 그 해결방법에 대한 사고의 원형(原形)과 논의의 단편(斷片)을 발굴해 제시해 보고 나아가 이를 통해 법률의 착오에 대해 법계 및 지역별로 상이한 법적 규율방식이 형성된 배경을 비교·역사적 관점에서 설명해 보려는 데 있었다. 따라서 이 글을 보면 고대 동아시아의 여러 중요한 종교적·법률적 문헌이 등장한다. 예를 들어 베다와 자이나교 및 불교경전, 그리고 주례와 당률 등이 검토되고 있다. 이러한 문헌에서 '법률의 착오'라 지칭할 만한 사례를 어떻게 다루고 있는지 검토하여 고대 동양의 규범적 사고방식의 원형을 추출해 내 보고자 한 것이다.

필자가 이 논문을 재수록하는 이유는 독자들에게 '밈의 관점' 다시 일독하여 볼 것을 바라는 마음이 생겼기 때문이다. '밈이론'에 대한 배경지식 없이 이 글을 보게 되면, 혹자는 도대체 어떤 이유에서 '케케묵은' 고대 동양의 종교·사상적 經典들을 찾아내 '불필요할 정도로' 면밀히 분석하고 있는지 매우 의아해 할지도 모른다. 한 마디로 '법률의 착오'와 대체 무슨 연관성이 있느냐는 것이다. 물론 혹자는 동양의 종교·사상적 정수가 담겨 있는 주요 문헌들이므로 당대 사회에 지대한 영향을 미쳤을 것이고, 따라서 이러한 문헌에 담겨 있는 핵심 아이디어가 당대의 규범적 관행과 법제도에 영향을 미쳤을 것이라고 추측할 수 있고, 그러한 영향이 '법률의 착오'와 관련된 규범적 사고방식에도 미쳐서 그것이 현대에까지 전승되고 있는 것이라고 이해할 것이다. 필자도 이 글을 집필할 당시, 바로 그러한 의도에서 관련 문헌들을 선별해내 면밀히 검토했음은 물론이다. 돌이켜 보면 이러한 이해방식은 밈학적 이해방식과 크게 다르지 않다.

'밈의 관점'에서 보면 이 의문은 다음과 같이 해소될 수 있다. 밈이론가 수전 블랙모어(Susan Blackmore)에 의하면 특정한 밈을 잘 퍼뜨리는 자를 가리켜 '밈분수(meme-fountain)'라고 지칭할 수 있다고 한다.[1] 밈분수에 해당하는 사람의 주장이나 생활방식은 '이타주의적'인 것이어서 많은 사람들이 좋아하고 따르려고 한다는 특징이 있다.[2] 따라서 그와 관련된 밈은 널리 퍼지게 마련이다. 반면에 이기적 특성을 지닌 사람의 생각과 생활방식은 다른 사람들이 싫어하기 때문에 받아들이지 않으려 하는 관계로 그가 만들어 내는 밈은 널리 퍼지지 않는다. 그러한 자를 밈배수구(meme-sink)라고 명명하자고 제안한다. 흥미롭지 않은가? 밈은 그 자신의 복제에만 관심이 있기 때문에 이기적이지만, 결국 이타성 밈이 선택된다는 주장이! 어쨌든 여기서 필자가 주목하고자 하는 것은 '밈분수'라는 개념이다. 수전 블랙모어처럼 '이타성'과 '이기성'으로 밈분수의 성공도를 예측하는 것이 얼마나 타당한지에 대해서는 추후 더 많은 논의가 있어야 하겠지만, 특정한 밈의 성공요인에

---

1) 그녀는 이 용어를 인지과학자이자 철학자인 대니얼 데닛(Daniel Dennett)으로부터 제안받았다고 한다. '밈배수구(meme-sink)'도 마찬가지다. 쉽고 재밌는 표현이라 생각한다.

2) 수전 블랙모어(리처드 도킨스 서문)/이명남 역, 밈 (바다출판사, 2010), 288면 이하 참조.

는 분명 그 밈을 퍼뜨린 원천(fountain)의 영향이 매우 중요하다는 주장에 대해서는 전적으로 공감한다. 모든 학문 영역에서 특정 전문가의 생각이 중요한 역할을 한다는 점은 자명하듯, 법학 등 규범학의 영역에서도 특정 전문가나 권위자의 주장이 매우 심대한 지위를 차지한다는 점은 이론의 여지가 없을 것이다. 특히 규범학의 영역에서는 권위자 그 자체보다 권위있는 문헌의 내용이 바로 밈분수의 역할을 한다고 보아도 과언이 아니다. 수없이 많이 인용되는 특정 문헌들은 다 그만한 이유가 있는 것이다. 그러므로 이 논문에서 필자가, 또 독자들이 고대 동양의 주요 경전들의 가치와 내용과 의의에 주목한 것은 밈이론적 관점에서 볼 때 지극히 합리적인 접근방식이고 올바른 이해방식이었다고 생각한다.

밈의 관점에서 통해 이 논문을 다시 읽어 볼 필요가 있는 이유는 또 다른 데도 있다. 오늘날 법계(法系) 및 국가별로 법률의 착오를 형법적으로 처리함에 있어 적지 않은 차이점을 보이고 있는 것은 무엇보다도 동·서양을 막론하고 기원전부터 고대 사회에 존재했던 두 가지 법적 사고의 원형(原形), 즉 법률의 착오는 충분히 고려되어야 한다는 생각과 고려될 필요가 없다는 생각에서 비롯된 긴장과 대립의 전승(傳承) 내지 재현(再現)에 다름 아닌 것으로 볼 수 있다는 것이 이 글의 결론이다. 독자들은 여기서 한 가지 의문이 들 수 있다. 그렇다면 과연 어느 입장이 옳다는 것인가? 두 원형적 사고방식 중에서 어느 것이 정당한 법리적 토대가 될 수 있느냐는 것이다. 이 점은 특히 두 개의 원형 밈이 고대 동양의 경우 각기 다른 종교적·사상적 배경을 갖고 있기 때문에 더욱 궁금해지는 부분이기도 하다. 누구나 자신이 믿고있는, 따르고자 하는 종교적, 사상적 신념이 있게 마련이다. 이러한 신념은 적어도 각자에게는 '실재적 가치'를 지니며 자신의 행동방식을 결정하는 데 지대한 역할을 한다. 이 논문에 소개한 여러 경전의 개소를 보더라도 그 각각의 가르침들은 모두 우리의 심연에 지극히 경건한 마음이 솟아오르게끔 만든다. 필자도 역시 집필 당시 이 점을 염두에 두고 있었기 때문에 이를 다루는데 있어서 각별한 주의를 기울였지만 의도적으로 어느 한

편의 견해가 옳다고 결론을 내리지는 않았다. 이는 각기 나름의 합리적 근거가 있다는 판단이 들어서이기도 했지만 규범적 가치판단은, 경우에 따라서는 절대적인 합의에 도달하기 어렵다는 사실을 비교·역사적으로 보여주는 것도 그 나름의 의의가 있을 것이라는 판단에서였다.

7장에서 논증한 바와 같이 다수설이 된, 즉 선택된 학설밈이 반드시 가장 우월한 논거를 갖고 있지는 않다는 점을 상기해 보자. 그렇다면 법률의 착오에 대한 두 개의 원형적 밈의 생멸(生滅)도 이처럼 단지 각기 다른 문화적 배경과, 선택집단에 따른 차별적 선택의 결과로 이해할 수 있게 된다. 여기에는 그 어떠한 본질론적, 근본주의적 시비판단이 개입되지 않는다는 장점이 있다. 동서양을 막론하고 법률의 착오를 어떻게 처리할 것인가에 대한 두 가지 법적 사고의 원형이 존재했다는 것은 법률의 착오에 대한 두 개의 원형적 밈이 존재했다는 것으로 재기술될 수 있고 그 두 개의 밈이 상호 경쟁과정을 통해 법계별, 국가별, 지역별로 상이한 법적 규제방식을 가져왔다는 것은 각 문화권별로 각기 다른 '선택과정'을 거쳤다는 것으로 환언될 수 있다. 이러한 밈학적 분석에 도달하면, 관심은 자연스럽게 두 개의 밈이 법계별, 국가별, 지역별로 어째서 달리 선택되게 되었는가로 옮겨가게 된다. 논의의 폭을 좀 더 넓히면 어떤 사회문화적 배경으로 인해 각 문화권별로 상이한 법제도를 갖게 되었는가의 문제로 귀착될 것이다. 밈이론에 따르면 특정한 개별 아이디어는 물론 법제도 자체도 하나의 밈복합체(meme-complex)에 해당하기 때문이다. 물론 '밈의 관점'을 취하지 않더라도 어떤 이유에서 특정시대 특정지역마다 상이한 규범적 사고방식이 채택되었는지에 대해 문제의식을 갖고 나름의 분석을 시도할 수도 있을 것이다. 하지만 밈이론은 절대적 가치판단을 유보할 수 있는 합리적이고 유연한 근거를 제공해 줄 수 있다는 점에서 그 유용성이 두드러진다. 다만 필자가 밈이론을 원용해 무엇이든지 선택환경에 따라 지배적 견해로 채택될 수 있다는 주장을 하는 것은 아니라는 점에 유의해 주기 바란다. 필자가 의도하는 바는, 나름의 합리적 근거를 갖고 상쟁하는 아이디어 밈이 있을 경우 그 중에 어떤 밈이 지배적 견해로 채택되는

지의 문제는 '논거의 우열의 문제'라기보다는 단지 각기 다른 문화적 환경에서의 '선택'의 문제로 이해하는 것이 바람직하다는 것이다.

제7장에서 고찰한 바에 의하면 밈의 적응도는 결국 환경에 의존한다. 1차적 환경은 바로 인간 자체이다. 인간의 특정한 속성 때문에 어떤 밈은 번성하고 어떤 밈은 사라진다. 예컨대 상속을 금지하는 법은 인간의 본성에 어긋나기 때문에 널리 복제되기 어렵다. 한편 밈은 인간을 둘러싸고 있는 환경에도 의존한다. 2차적 환경이라 할 수 있다. 마차는 분명 썰매보다는 나은 운송 수단이지만, 에스키모인들에게는 반대다. 이처럼 어떤 밈이 살아남아 복제될지 여부는 1차적 환경과 2차적 환경의 상호작용, 즉 특정시대, 특정지역, 특정집단의 사람들이 그 아이디어의 질을 어떻게 인식하느냐에 달려 있는 것이다. 이는 법률의 착오에 대한 두 개의 원형 밈의 적응도와 관련해서도 마찬가지다. 규범적 밈의 적응도는 무엇보다도 당대의 엘리트 집단, 예컨대 주술사(부족사회)나 성직자나(중세), 법률전문가(현대)의 두뇌에 의존할 것이다. 하지만 엘리트 집단이라도 각기 다른 시대와 지역마다 해당 밈의 적응도에 차이가 있을 수 있다. 어떤 종교에서는 남녀 간 혼인을 금하지만 다른 종교에서는 허용한다. 어떤 국가의 법은 동성혼을 허용하지만, 이를 금지하는 국가도 있다. 이와 같이 밈의 적응도에는 1차적 환경과 2차적 환경의 상호작용이 중요하다면, 법률의 착오와 관련해 법계별, 국가별, 지역별로 상이한 선택이 진행된 과정도 그 상호작용에 대한 분석을 통해 접근하는 것이 바람직할 것이다. 이를 위해서는 특히 당대의 규범적 가치관을 이끄는 주도세력이 누구였는지를 밝혀야 하며, 또한 당대 사회의 법문화가 어떤 선택압력을 가하게 되었는지를 구명해야 할 것이다. 즉 당대의 주도세력이 어떠한 문화적 배경 하에 특정 밈을 선택하게 되었는지를 검토하는 절차가 필요하다는 것이다. 본장의 사례에 비추어 보면 불교에 비해 자이나교에서 착오에 대해 엄격한 입장을 취했던 것은 의업(意業)보다는 신업(身業)을 중시했던 자이나교의 교리체계 전반의 영향과 무관하지 않았을 것으로 추측해 볼 수 있다.

모쪼록 본 논문을 통해 독자들이 특정한 규범적 밈이 어디서 어떻게 유래하여 어떠한 전승과정을 거쳐 어디로 전파되고 있는지, 밈의 생성과 전파과정을 흥미롭게 지켜보는 기회가 될 수 있기를 희망한다.

Ⅰ. 문제제기 및 논의구도

본 논문의 목적은 제목에서 드러나는 바와 같이 법률의 착오에 대한 논의가 고대 동양에서는 어디에서부터 유래되었고 또 어떻게 형성되어 갔는가를 구명(究明)해 내어 이를 관련 문헌을 중심으로 소개하려는데 있다. 지금까지 법률의 착오에 대한 논의는 주로 로마법의 영향을 직·간접적으로 받은 대륙법계나 영미법계 등 서구의 법문화권을 중심으로 하여 전개되어져 왔다고 하여도 과언이 아닐 것이다. 그렇기 때문에 본고에서는 동양에서 찾아볼 수 있는 법률의 착오에 대한 고유한 문제의식과 그 해결방법에 대한 사고의 원형(原形)과 논의의 단편(斷片)을 제시해 보고 나아가 이를 통해 법률의 착오에 대해 법계 및 지역별로 상이한 법적 규율방식이 형성된 배경을 비교·역사적 관점에서 설명해 보려는 것이다. 그 구체적인 연구계기와 논의방향은 아래와 같다.

우리 형법은 법률의 착오(위법성의 불인식), 즉 법과실(法過失)은 원칙적으로 처벌하지만 '정당한 이유가 있는 경우에 한하여' 벌하지 않는 반면(제16조), 구성요건적 과실의 경우 원칙적으로 처벌하지 않지만 '법률에 특별한 규정이 있는 경우에 한하여' 처벌하고 있다(제14조). 요컨대 우리 형법은 구성요건적 과실에 비해 법과실을 엄격하게 취급하는 태도를 취하고 있는 것이다. 그리고 이처럼 구성요건적 과실에 비해 법과실을 엄격하게 취급하는 태도는 독일형법(제15조, 17조)이나 프랑스형법(제121-3조, 122-3조), 그리고 일본형법(제38조 1항, 3항)은 물론 미국의 모범형법전(Model Penal Code, 2.02, 2.04)에서도 대동소이(大同小異)한 규정형태로 나타난다.

한편 현행 일본형법 제38조 3항은 법률의 착오는 고의(故意)의 성립에 영향을 주지 못함을 명시하고 있고, 영국과 미국 등의 커먼로 계통 국가들은 "법률의 부지는 용서받지 못한다(Igonrantia juris, quod quisque tenetur scire, neminem excusat)는 전통적 법원칙을 현재까지도 고수하고 있다.[1] 이에 비해 우리 형법은 정당한 이유가 있는 경우에 한해서는 완전한 면책의 가능성을 열어놓고 있다. 따라서 관점을 달리 하여 보면 우리 형법은 법률의 착오를 대단히 엄격하게 취급하고 있는 현행 일본형법이나 영미법계의 법전통에 비해서는 비교적 관대한 태도를 취하고 있음을 알 수 있다. 이를 통해 법률의 착오, 즉 법과실이 구성요건적 과실에 비해서는 엄격하게 취급되어야 한다는 점에 대해서는 법계(法系)를 막론하고 광범위한 합의가 형성되어 있음에 반해서 과연 이를 형법적으로 어느 정도까지 고려해 주어야 하는지에 대해서는 국가별로, 그리고 법계에 따라서도 적지 않은 상위(相違)가 있음을 알 수 있다. 요컨대 법률의 착오를 형법적으로 어떻게 취급할 것인가에 있어서는 일정한 합의가 있음은 분명하지만 반면에 아직까지도 합의되지 않고 있는 측면, 즉 법률의 착오를 어느 정도로 고려할 것인가에 대한 실정법 내지 법리상의 긴장관계 역시 지속되어 오고 있는 것도 엄연한 사실인 것이다. 따라서 본고에서는 바로 이러한 긴장관계가 어디에서부터 유래하고 전승되어 왔는가를 구명하는데 첫 번째 논의의 초점을 맞추고자 한다.

일반적으로 "법률의 부지(착오)는 용서받지 못한다"는 전통적 법언은 로마법에 기초하고 있다고 알려져 있다. 그리고 이러한 로마법상 착오법리의 배후에는 "사실에 대한 이해는 심지어 주의 깊은 사람에게 있어서도 어긋나기 쉬운 반면 법률은 명확할 수 있고 또한 명확해야 하기 때문에[2] 모든 사람이 지득(知得)하고 있어야 한다는 로마법률가들의 사고방식이 자리잡고 있었다. 로마법상의 "Error juris nocet, error facti non nocet(법률의 착오는 해가 되지만 사실의 착오는 해가 되지 않는다)"[3]는 법원칙은 이처럼 법률의 착오를 어떻게 취급할 것인가에 대한 사고방식의 한 원형을 집약적으로 보여 준다고 할 수 있다.

법률의 착오 및 부지를 어떻게 취급할 것인가의 문제는 서구적 전통하에서 볼 때에도 비단 로마법에서만 그 법리적 근거를 찾아볼 수 있는 것은 아니다. 로마법에 지대한 영향을 미친 고대 그리이스의 지적 전통

1) 대표적으로 1991년 미국연방대법원판례인 498 U.S. 192, 199면 참조.
2) Digesta 22.6.2.
3) Digesta 22.6.9.

이나[4] 보다 넓게는 구약성서와 탈무드의 가르침 속에서도 그 원류가 논구되어져 왔다.[5] 그렇다면 서구적 전통과는 다른 동양에서는 법률의 착오를 과연 어떠한 관점에서 바라보고 취급하는 전통이 있었는지 역시 구명될 필요가 있을 것이다. 그러나 이와 관련해 법률의 착오에 대한 '동양적 관점'을 찾아보려는 시도는 국내외를 막론하고 거의 찾아보기 어렵다.[6] 그리고 바로 여기에 본고를 쓰게 된 두 번째 연구계기가 있다. 이러한 일련의 문제의식 하에 '고대 동양에서의 법률의 착오론'을 기술해 나아가고자 한다.

연구 범위는 우선 시기적으로는 칼 야스퍼스(Karl Jaspers)가 '기축시대(基軸時代, Achsenzeit)'로 명명했던 기원전 8세기부터 기원전 2세기로－물론 그 이전시기의 리그베다와 이후 시기의 당률도 다루겠지만－가급적 국한시키고자 한다. 왜냐하면 이 시기는 그의 말대로 인류역사에 있어서 희랍철학과 불교, 그리고 제자백가(諸子百家)와 같은 선구적 사상이 동서고금(東西古今)에 있어 유례없이 전 세계에 동시적으로 발원(發源)하여 보편적인 사고의 척도와 원형을 제공한 시기였고[7] 이는 법률의 착오와 관련된 법리(法理) 및 법사상(法思想)의 형성에 있어서

4) 고대 그리이스의 착오론에 대해서는 주로 플라톤의 '법률(Nomoi)'과 아리스토텔레스의 '니코마코스윤리학(Ethica Nicomacheia)'이 널리 논급된다. 대표적 문헌으로는 Laurens C. Winkel, *Error juris nocet: Rechtsirrtum als der Problem der Rechtsordnung* (Zutphen, Holland: Terra Publishing Company, 1985); Arthur Kaufmann, *Die Parallelwertung in der Laiensphäre: Ein sprachphilosophischer Beitrag zur allgemeinen Verbrechenslehre* (Verlag der Bayerischen Akademie der Wissenschaften, 1982) 참조.

5) 구약성서의 신명기(Deuteronomy)와 레위기(Leviticus), 그리고 탈무드(Babylonian Thalmud)에서의 법률의 착오를 연구한 문헌으로는 Paul K. Ryu & Hellen Silving, Error Juris : A Comparative Study, *24 U. Chi. L. Rev. 421* (1957), 424-425면 참조.

6) 단편적인 예이기는 하지만 예컨대 牧野英一의 '법률의 착오(형법연구 제12권), 1951'과 岡田庄作의 '착오론, 1924'에서도 이와 같은 시도는 찾아볼 수 없다.

7) 이에 대해서는 Karl Jaspers, *Vom Ursprung und Ziel der Geschichte* (Frankfurt: Fischer, 1957), 19-40면 참조.

도 마찬가지였을 것으로 판단되기 때문이다.

다음으로 지역적으로는 고대 인도와 중국을 중심으로 다루어진다. 그리스-로마적인 요소가 서양의 지적 전통을 이끌어 왔다면 동양은 지성사적으로 볼 때 인도와 중국이 바로 그러한 견인차 역할을 해왔음은 부인할 수 없는 역사적 사실이고 바로 그렇기 때문에 본고에서 전거로서 다루고 있는 자료의 범위가 대부분 베다전통의 문헌들과 자이나교 및 불교의 초기경전, 그리고 선진제가(先秦諸家)의 주요 경전 및 당률 등 주로 고대 인도와 중국의 문헌에 집중되어 있음을 미리 밝혀둔다.

II. 고대 인도에서의 법률의 착오론

1. 베다전통 문헌(1500~B.C.200)

1) 리그베다 상히타(RgVeda Saṁhitā)

인도 최고(最古)의 문학서이자 성전(聖典)인 베다(Veda) 문헌 중에서 주로 신에 대한 찬가(讚歌)로 구성되어 있는 리그베다(RgVeda, 1500~B.C.1200), 그 중에서도 본집부(本集部)에 해당하는 리그베다 상히타(RgVeda Saṁhitā)에서는 고대 인도인의 규범의식 속에서 법률의 착오가 어떻게 취급되고 있었는지를 추측할 수 있는 몇몇 개소(個所)가 산견(散見)된다. 산스크리트(Sanskrit, 梵語) 원어(原語)[8]를 영어 알파벳으로 음역(音譯)한 관련 개소 원문과 그 영역본을 차례로 소개하면 다음과 같다.[9]

---

8) 이를 '데바나가리(devanāgarī)'라고 부르며 '신(deva)의 도시(nāgarī)'란 뜻이다. 이에 대해서는 William Dwight Whitney, *Sanskrit Grammar, 7th ed.* (Cambridge, Mass. ; London : Harvard Univ. Press, 1993, 1879년 초판발행), 1면 참조.

9) 리그베다의 영역본으로는 Ralph T.H. Griffith, *Hymns of the Rgveda translated with a popular Commentary, Vol.(I, II)* (New Delhi : Munshiram Manoharlal

Rgveda Ⅶ.86.4 kím ắga āsa varuna jyéshtham yát stotắram jíghānsasi sākhāyam |prā tān me voco dūlabha svadhāvó 'va tvānenắ námasā turā iyām[바루나시여 그대를 찬양하는 경배자를 그대가 벌하고자 하는 커다란 죄는 무엇입니까? 위대한 바루나여, 제게 말씀해 주신다면 곧바로 속죄(贖罪)하고서 그대를 경배하겠습니다]

Rgveda Ⅶ.86.4 What, Varuna, hath been my chief transgression, that thou wouldst slay the friend who sings thy praise? Tell me, Unconquerable Lord, and quickly sinless will I approach thee with mine homage.

Rgveda Ⅶ.89.5 yāt kím cedām varuna daívye jāne 'bhidrohām manushyằs cāramasi|ácitti yāt tāva dharma yuyopimá mắ nas tásmād énaso deva rīrishah[오, 바루나시여 우리가 인간이기 때문에 (무지하여)[10] 신들께 어떠한 잘못을 저지르더라도 또한 우리가 무지로 인하여(ácitti) 당신의 법을 어기더라도, 바루나시여 부디 그 죄로 인해 우리를 벌하지 마소서

Rgveda Ⅶ.89.5 O Varuna, whatever the offence may be which we as men commit against the heavenly host, When through our want of thought we violate thy laws, punish us not, O God, for that iniquity.

위 소개한 리그베다 본집부의 두 개소로부터 다음과 같은 특징을 발견하게 된다. 우선, 인간은 무엇이 죄가 되는지를 정확히 모르기 때문에 신의 처벌을 두려워하여 끊임없이 속죄의식을 통해 신을 경배해야 하는 존재로 묘사된다(Rgveda Ⅶ.86.4). 다음으로 신이 제정한 법에 대한 무지로 인하여 법을 어기더라도 원칙적으로는 범죄가 성립된다는 사실을 확인할 수 있다(Rgveda Ⅶ.89.5). 다만 신에 대한 경배를 통해 자비(慈悲)를 구함으로써 죄를 용서받을 수 있는 가능성이 있을 뿐이다.[11]

이와 같은 해석은 위 개소에 등장하는 신 바루나(Varuna)에 대한 일반적인 설명에도 부합된다. 흔히 바루나는 스스로 세운 도덕률인 리타

Publishers, 1987, 1889년 초판발행); 산스크리트어 원문과 영역본을 대조한 문헌으로는 Svami Satya Prakash Sarasvati & Satyakam Vidyalankar, *Rgveda Samhitā, Vol.(Ⅰ- ⅩⅢ)* (New Delhi : Veda Pratishthan : Sole distributors, S. Chand & Co., 1977) 참조.

10) 괄호안의 '무지하여'는 문맥상 이해의 편의를 위해 필자가 삽입한 것이다.

11) Rgveda Ⅶ.89.7.

(Rta, 天則)[12]를 수호하는 임무를 띤 사법신(司法神) 혹은 율법신(律法神)으로 묘사된다. 즉, 바루나는 리타에 위배되는 악행을 저지른 자를 찾아내어 이를 엄벌함으로써 도덕률을 호지(護持)하는 역할을 하는 신인 것이다.[13] 인간은 바루나의 법 리타를 완전하게 이해할 수는 없기 때문에 항상 무지로 인해 죄를 범할 수 있고,[14] 따라서 인간은 항상 신의 처벌에 대한 두려움으로 인해 리타에 어긋나지 않기 위해 주의를 기울여야 하고 자신이 범한 죄에 대한 용서를 구하기 위해서 바루나를 극히 신중하게 경배해야만 한다.[15]

위 개소 중 Rgveda Ⅶ.89.5의 산스크리트 음역어인 'ácitti'의 정확한 번역이 문제될 수 있다. 왜냐하면 산스크리트어로 무지를 뜻하는 단어로는 'vid(알다)'라는 동사의 명사형인 'vidyā(지식)'에, 부정의 의미를 지니는 접두사 'a'가 결합된 'avidyā'가 일반적으로 사용되는데, 'ácitti'는 영어로 'want of thought(무지)' 이외에 'without intention(고의 없이)'으로도 번역이 가능한바,[16] 'avidyā' 대신 'ácitti'가 쓰인 것으로 미루어 볼 때 동 단어는 '무지'보다는 '고의 없이'란 뜻을 나타내기 위해 사용된 것으로 해석하는 것이 더 적절할 수도 있기 때문이다. 그러나 'ácitti'는 'ignorance'[17] 또는 'lack of wisdom(무지)' 및 'folly(어리석음)'[18] 그

12) 리타(Rta)는 자연법칙으로서의 우주적 질서를 의미하기도 한다. 리타개념에 대한 상세한 설명으로는 Vincent Sekhar, S.J., *Dharma in Early Brahmanic, Buddhist and Jain Traditions* (Sri Satguru Publications; 2003), 48-51면.

13) 이에 대해서는 Sarvepalli Radhakrishnan, *Indian Philosophy Vol. Ⅰ*(Delhi: Oxford University Press, 1929), 77-79면 ; Alain Daniélou, *The Myths and Gods of India* (Inner Traditions/Bear & Co, 1991), 118-121면 참조.

14) 이 점은 오로지 뛰어난 능력(magic skill)과 지혜(wisdom)를 가진 자만이 신의 법을 지킬 수 있다는 Rgveda Ⅲ.56.1을 보면 더욱 분명해진다. 동 개소에 대한 이와 같은 해석으로는 Sudesh Narang, Crime and Punishment: In Dharmaśāstra and the Contemporary Hindu Law, in: Sudesh Narang (eds.), *Dharmaśāstra in Contemporary Times* (Nag Publishers, 1988), 99-100면 참조.

15) 이러한 해석으로는 Veronica Ions/임웅 역, *Indian Mythology* (범우사, 2004), 29-30면 참조.

16) Rgveda Samhitā, 앞의 책, Vol. Ⅷ, 2774면.

리고 독일어로는 'Unverstand(무지)'나 'Torheit(어리석음)'[19] 등으로도 번역이 가능한 점 등에 비추어 볼 때 일반적으로 '무지'로 번역하는 것에 큰 무리는 없으며 오히려 문맥에 비추어 보면 가장 타당한 번역어라고 판단된다. 그러므로 동 개소는 '법률의 착오' 또는 '법률의 부지'에 관해 언급하고 있는 인도에서 가장 오래된[20] 문헌 사료(史料) 또는 전거(典據)로 추정할 수 있을 것이다.[21]

고대 인도의 베다 시대(1500~B.C.600)에 있어서는 베다와 독립된 별도의 세속적 의미의 성문법규가 존재하지 않았다.[22] 베다의 가르침이 곧 실정법적 지위를 누렸던 것이다. 기원전 5세기경에 이르러서야 비로소 율법전(律法典)인 다르마수트라(Dharmasūtra)가 편찬되기는 하였으나[23] 이 역시 베다와 독립된 별개의 성문법전이 아니라 베다경전에 산재(散在)되어 있는 규범적 내용들, 즉 다르마(Dharma)의 집성(集成)에 불과했다. 베다 경전은 베다전통이 통용되는 지역에서는 어떠한 논리보다도 높은 권위를 누렸으며[24] 그리고 이 시대에는 왕이 리그베다에 등

---

17) Rgveda Samhitā, 앞의 책, Vol. Ⅷ, 2593면.

18) Arthur Anthony Macdonell, *A Practical Sanskrit Dictionary* (Oxford Univ. Press, 1924), 4면.

19) Carl Cappeller, *Sanskrit Wörterbuch* (K. J. Trübner, 1966, 1887년 초판발행), 4면 참조. 사전의 저자인 Cappeller는 예나(Jena)대학교 산스크리트어 교수이며 사전 원문에 'Torheit'은 'Thorheit'으로 표기되어 있다.

20) 리그베다는 모든 베다문헌 중에 가장 오래된 것으로서 그 성립연대는 학자에 따라서 기원전 6000년에서부터(Tilaka) 4500년(Jacobi) 또는 2500년(M. Winternitz), 그리고 1500~1200(F. Max Müller) 등으로 다양하다.

21) 시마다마사오(島田正郞) 교수 역시 힌두형법의 유래를 논급하면서 리그베다 찬가 속에 이미 형벌에 대한 내용이 등장하고 있음을 지적하고 있다. 島田正郞/임대희 외 3인 역, 아시아 법사 (서경문화사, 2004), 362면.

22) 이에 대해서는 Daniel H.H. Ingalls, *Authoriy and Law in Ancient India, in: Authority and Law in Ancient Orient* (supplement to journal of the American Oriental Society, No.17, 1954), 34-45면 참조. 동 문헌의 소개로는 Derk Bodde & Clarence Morris, *Law in Imperial China* (Harvard Univ. Press, 1967), 9면 참조.

23) Ram Sharan Sharma/이광수 역, 인도 고대사 (김영사, 2000), 27면 참조.

24) 이에 대해서는 이재숙 옮김, 우파니샤드 Ⅰ(한길사, 2005), 29면 참조.

장하는 사법신인 바루나에 의해 법의 수호자로 임명된다고 믿어졌던 점[25] 등을 종합적으로 고려하면 리그베다에 수록된 위 개소의 해석론은 법률의 착오와 관련 고대 인도사회에 상당한 규범적 효력을 지녔을 것으로 추정할 수 있을 것이다. 이러한 입론은 특히 리그베다 본집부에서 제의식(祭儀式)과 관련된 규범적 내용을 추출하여 상세하게 풀이해 주고 있는 리그베다 브라흐마나, 예컨대 Aitareya Brāhmana에도 다양한 종류의 착오에 대한 속죄의식이 규정되어 있음을 볼 때[26] 더욱 지지될 수 있다.[27] 요컨대 인도의 베다시대에는 법률의 착오에 대해 "원칙적으로 죄가 되지만 일정한 속죄의식에 의해 면책될 수 있다"는 방식으로 고려하는 전통이 확립되어 있었다고 볼 수 있을 것이다.

2) 다르마수트라(Dharmasūtra)와 다르마사스트라(Dharmaśāstra)

인도 고대문헌에 자주 등장하는 다르마(Dharma)라는 개념은 흔히 영어의 '종교(Religion)'와 유사한 용어로 사용되기도 하지만 그보다는 훨씬 광범위한 의미내용을 지닌다. 즉, 다르마는 종교적 규정(ordinance)과 의식(rite) 및 종교적 의무의 총체 이외에도 일반적인 행위의 규범과 원칙 등을 일컫는다.[28] 그리고 어원적으로 보면, 영어의 'law'가 '묶다(bind)'를 뜻하는 라틴 어근인 'lego'에서 유래하듯 'Dharma'는 '붙잡다(hold), 묶다(bind)'를 뜻하는 산스크리트 어근 'Dhr'에서 파생한다는 점에서 다르마(Dharma)는 오히려 법(law)과도 상당히 유사한 측면을 보인

25) Manu Ⅶ. 7 ; John W. Spellman/이광수 역, 고대 인도의 정치이론 (아카넷, 2000), 184면.

26) 다양한 착오와 그에 상응하는 각 속죄의식에 대해서는 A.B. Keith, *Rgveda Brahmanas, in: Harvard Oriental Series Vol.25* (Cambridge, Mass., Harvard University Press, 1981, 1920년 초판발행), 290-296면 참조.

27) Manu XI. 43에는 고의로 저지른 범죄도 모르고 저지른 범죄처럼 속죄가 가능한지 여부를 결정함에 있어 베다, 특히 브라흐마나에 대한 해석을 근거로 하고 있다는 내용이 논급되어 있다. 주60) 참조.

28) Ramashraya Sharma, The concept of Religion and Dharma compared, in: Sudesh Narang (eds.), *Dharmaśāstra in Contemporary Times* (Nag Publishers, 1988), 1-6면.

다.[29] 이러한 사실들을 종합적으로 고려해 볼 때, 다르마는 종교적, 세속적 의미의 행위규범(code of conduct)의 총체를 의미한다고 정의할 수 있을 것이다.[30]

고대 인도에서는 왕이나 법관이 다르마에 따라서 통치하고 판결하도록 되어 있었다.[31] 그리고 이러한 다르마의 원천은 1차적으로는 베다(Veda)이지만 기타 관습이나 여러 베다문헌에 산재(散在)해 있는 다르마의 집성(集成)인 다르마수트라와 다르마사스트라[32] 역시 다르마의 주요한 근거가 된다.[33] 다르마수트라－사스트라는 영국의 인도통치 이전까지 인도에서 통용되었으며[34] 이 중에 특히 다르마사스트라[35]는 1949년까지도 인도에서 법원(法源)의 하나로서 원용된 예가 있다고 한다.[36] 다르마 개념은 연혁적으로 볼 때 전술한 리그베다의 리타(Rta, 天則)에서 기원하는 것으로 알려져 있다.[37] 다르마는 국가권력에 의한 강제(sceptre)를 반드시 전제하지는 않는다는 점에서 서구적 개념의 법(law)과는 차이점을 보이지만[38] 본고에서는 논의의 편의상 다르마

29) Sudesh Narang, Crime and Punishment: In Dharmaśāstra and the Contemporary Hindu Law, in: Sudesh Narang (eds.), *Dharmaśāstra in Contemporary Times* (Nag Publishers, 1988), 99면.

30) S.C. Banerji, *A Brief History of Dharmaśāstra* (Abhinav Publications, 1999), 1면.

31) Manu Ⅶ~Ⅷ 참조 ; John W. Spellman/이광수 역, 앞의 책, 179-187면 참조.

32) 사전적 의미로는 수트라(sūtra)는 실 또는 줄(thread)을, 사스트라(śāstra)는 칼이나 무기를 뜻하며 두 용어는 모두 경(經) 또는 성전(聖典)의 의미로 사용된다. 이에 대해서는 Hermann Jacobi & Max Müller, *Gaina Sûtras, in: The Sacred Books of the East Vol.22* (Oxford at the Clarendon Press, 1995, 1884년 초판발행), xxviii면 ; Patrick Olivelle, *Dharmasūtra* (Oxford Univ. Press, 2000), 3면 참조.

33) Sudesh Narang, 앞의 논문, 101-102면 ; John W. Spellman, 앞의 책, 187-192면 참조

34) L. Sternbach, *Juridical Studies in Ancient Indian Law* (Delhi: Motilal Banarsidass, 1965), 536면 참조.

35) 다르마사스트라는 종종 다르마수트라를 포함하는 개념으로 사용된다. Ved P. Nanda, *Hindu Law and Legal Theory* (New York : New York University Press 1996), xiii면 참조.

36) Sudesh Narang, 앞의 논문, 101면 참조.

37) Sudesh Narang, 앞의 논문, 같은 면.

(Dharma)를 '(율)법'으로 번역하기로 한다. 베다와 다르마수트라, 그리고 다르마사스트라의 상호관계에 대한 이해를 위해서 베다의 구성 및 내용에 대해 간략히 소개하자면 아래와 같다.

베다(Veda)는 일반적으로 대략 기원전 15세기에서 6세기 사이에 형성된 것으로 알려진 인도 최고(最古)의 문학서이자 성전(聖典)으로서 힌두교인들에게는 인간의 기억에 의한 '전승(傳承, smrti)'이 아닌 '신의 계시(啓示, śruti)'에 의해 기록된 것으로 받아들여지고 있다. 베다는 리그베다(Rgveda), 사마베다(Sāmaveda), 야주르베다(Yajurveda), 그리고 아타르바베다(Atharvaveda) 등의 네 종류로 구성되며 이들을 모두 만트라(Mantra, 警句, 讚歌)[39]라고 통칭한다. 만트라로 이루어진 각 베다의 핵심부분을 상히타(Saṁhitā, 本集部)라고 부르며 본집부를 포함하여 각 베다는 다시 브라흐마나(Brāhmana, 梵書, 祭儀書), 아란야까(Āranyaka, 森林書), 그리고 우파니샤드(Upanisad, 奧義書) 등의 네 층으로 나누어진다.[40] 이 중에서 리그베다는 베다에 등장하는 신들, 예컨대 인드라(Indra)나 바루나(Varuna), 그리고 아그니(Agni) 등의 신들을 위해 지은 시(詩)의 집성(集成)이고, 사마베다는 리그베다에서 발췌하여 곡조를 붙인 찬가집(讚歌集)이며 야주르베다는 제사(祭詞)의 모음이다. 아타르바베다는 주술집(呪術集)으로서 처음부터 성전으로 간주된 앞의 세 베다와는 달리 후대에 이르러서야 정전(正典)이 되었다고 한다.

본집부인 상히타는 베다가 지니는 권위의 요체이고 따라서 베다전통이 통용되는 지역에서는 어떠한 논리보다도 강한 설득력을 지닌다고 한다.[41] 브라흐마나는 각 베다의 본집부에 나오는 제례(祭禮)의 내용을 풀이한 주석서(註釋書)로서의 성격을 지니며 브라흐마나가 재가(在家)

---

38) Sudesh Narang, 앞의 논문, 100면 참조.

39) 베다의 본문에 속하는 모든 구절을 '만트라'라고 칭한다.

40) 그러나 네 종류의 베다가 모두 네 층으로 구성된 것은 아니다. 예컨대 사마베다에는 '아란야까'가, 그리고 아타르바베다에는 '브라흐마나'와 '아란야까' 부분이 없다. 즉, 리그베다와 야주르베다만이 완전한 네 층으로 나뉘어져 있다. 이에 대한 상세한 도표의 소개로는 이재숙 옮김, 우파니샤드 Ⅰ, 2005, 28면 참조.

41) 이에 대해서는 이재숙 옮김, 앞의 책, 29면 참조.

가장(家長)이 지켜야 할 제의식을 규정하고 있다면 아란야까는 그 명칭이 가리키는 대로 그 가장이 늙어 숲에 은거하게 될 때 제의식을 대신하여 명상의 목적에 쓰이도록 제작된 문헌이다. 그리고 우파니샤드는 베다의 끝부분(anta)이자 정수(精髓)라는 의미에서 '베단타(Vedanta)'라고 불리며 베다의 형이상학적, 신비주의적 사변(思辨)을 담고 있다.[42)]

다르마수트라－사스트라의 성립연도를 정확히 알 수는 없지만 베다시대까지 소급해 올라가는 것으로 보인다.[43)] 베다시대가 끝나갈 무렵, 베다에 사용된 언어가 고어(古語)가 되어버리고 수세기에 걸쳐 여러 베다문헌이 유실(遺失)되어 베다는 점차 난해하여 이해하기 문헌으로 여겨지게 되었고 따라서 이에 대한 알기 쉬운 설명을 위한 보다 전문적인 작업이 필요하게 되었다. 바로 그러한 전문작업의 결과로서 베다 보조문헌(Vedic Supplements)인 베당가(Vedāṅga)가 탄생되었는데, 베다문헌 중에서도 유난히 규범적 내용들(injunctions)을 많이 포함하고 있는 브라흐마나(Brāhmana)에 대한 보조문헌인 칼파수트라(Kalpasutra)의 세 구성부분 중 하나가 다르마수트라인 것이다(편찬시기 ; 600~B.C.300).[44)]

한편 시대가 변화함에 따라서 다르마수트라의 내용은 점차 사회현실에 뒤처지게 되었고 이로 인해 다르마수트라의 간결한 경구(警句)식 표현(terse aphorisms)을 운문형식(verse)으로 대체하고 보다 상세한 규정을 담고 있는 다르마사스트라의 편찬을 가져오게 되었다.[45)] 대표적인 다르마사스트라로서, 흔히 '마누법전'으로 잘 알려져 있는 마누사스트라(Manuśāstra)가 있다. 그리고 다르마수트라와 다르마사스트라는 모두

42) 베다에 대한 상세한 설명으로는 Sarvepalli Radharkrishnan, 앞의 책, 63면 이하; Étienne Lamotte/윤호진 역, 인도 불교사 (시공사, 2006), 27-38면 ; 이지수, 인도에 대하여 (통나무, 2003), 157-159면 ; 이재숙 옮김, 우파니샤드 Ⅰ(한길사, 2005), 27-32면 ; Surendranath Dascupta, *A history of Indian Philosophy, Vol. I* (Cambridge Univ. Press, 1951), 10면 이하 참조.

43) 이에 대해서는 Patrick Olivelle, 앞의 책, 2면 참조.

44) 이상의 설명으로는 Patrick Olivelle, 앞의 책, 2-3면 ; Ludo Rocher, Hindu Conceptions of Law, *29 Hastings L.J. 1283* (1977-1978), 1290면 참조.

45) S.C. Banerji, 앞의 책, 4면 참조.

'스루티(śruti)' 문헌의 대표인 베다에 대하여 '스무리티(smrti)'로 통칭된다. 요컨대 다르마수트라와 다르마사스트라는 전자가 경구식(aphoristic) 표현을 취한 데 비해 후자는 운문적(metrical) 양식을 택했다는 차이가 있을 뿐 인간의 기억에 의한 전승, 즉 '스무리티'라는 점에 있어서는 공통점을 갖고 있는 것이다.[46] 그리고 양자는 베다의 규범적 내용, 즉 다르마를 집대성한 문헌이란 점에 있어서는 베다전통에 충실한 법전으로 분류할 수 있을 것이다.[47]

전술한 스무리티 간에 해석상의 충돌이 발생할 경우에는 특별규정 우선의 원칙에 따라서 해결하거나 관습 및 관례(custom, usage)에 따르도록 되어 있었다.[48] 그리고 다르마의 내용이 불분명하거나 특정한 해당조문이 없는 경우에는 베다에 정통한 브라만 사제의 조언에 따라야 했으며, 특히 베다에 정통한 브라만이 3인 이상 포함된 10인 이상의 회의의 결정에 따라서 해석하였다.[49] 다르마사스트라의 해석에 있어서는 어떠한 경우도 전적으로 사스트라에 의존하지는 않았고 이성에 합치되는 경우에만 사스트라의 적용이 허용되었다고 한다.[50] 마누법전은 여러 종류의 관습 및 관례가 있을 때 어느 것을 따를지는 행위자의 선택에 맡겨 두었고 따라서 행위자는 명백히 금지되는 행위도 할 수 있었다. 다만 그는 자신의 행위가 특정 관습 및 관례를 따랐다는 이성적 추론과 정만 제시하면 그것으로 충분했다.[51]

다르마수트라－사스트라 등의 고대 인도법에서 고의와 과실이 구분되었음은 널리 알려진 바 있다.[52] 그러나 법률의 착오가 어떻게 취급되

46) S.C. Banerji, 앞의 책, 5면 참조.
47) Ludo Rocher, 앞의 논문, 1291-1292면 참조.
48) Manu Ⅷ. 35 ; 이처럼 대체로 관습이 스무리티에 우선했지만 그 반대의 견해도 있다. 이에 대한 상세한 설명으로는 S.C. Banerji, 앞의 책, 3면.
49) Manu Ⅻ. 110 ; S.C. Banerji, 앞의 책, 2면.
50) Manu Ⅻ. 106~108 ; S.C. Banerji, 앞의 책, viii면.
51) S.C. Banerji, 앞의 책, 315-316면.
52) S.C. Banerji, 앞의 책 ; 167면 ; 島田正郎/임대희 외 3인 역, 앞의 책, 362-363면 참조.

었는가에 대한 선행연구는 찾아볼 수 없다. 하지만 고대 인도법에서 법률의 착오와 결부시켜 해석이 가능한 규정이 전혀 없다고는 보이지 않는다.

법률의 착오와 관련된 다르마수트라 규정으로 다음과 같은 조문들을 찾아볼 수 있다. 우선 Āpastambasūtra에는 다음과 같은 조문이 있다.[53)]

Āpastamba Book Ⅱ 2.28.10 If someone unknowingly takes the property of another, such as fuel, water, roots, flowers, fruits, perfume, fodder, or vegetables, he should be verbally reprimanded. If he does so knowingly his clothes should be taken away.

Āpastamba Book Ⅱ 2.29.13 It is difficult to gain mastery of the Law by means of scripture alone, but by acting according to the markers one can master it.

Āpastambasūtra(Book Ⅱ 2.28.10)에 따르면 모르고(unknowingly) 타인의 재산을 취득한 자는 구두로 비난을 받는데 그치는 반면, 고의로 타인의 재물을 절도한 자는 자신의 의복류를 몰수당하는 것으로 규정되어 있다. 여기서 타인의 재산으로 열거된 기름, 향료, 사료, 과실 등은 동 규정이 적용된 당시로서는 일반인들에게 가장 중요한 재산이었을 것이며[54)] 따라서 이에 대한 소유권을 보호하기 위한 규정이 필요했던 것으로 보인다. 그런데 '모르고(unknowingly)' 타인의 재산을 취득한 경우가 과연 어떠한 상황을 전제한 것인지가 해석상 분명치는 않다. 그저 우연한 상황에서 무심코 타인의 재산을 자신의 것으로 여기고 집으로 가져간 경우도 분명 포함될 수 있을 것이다. 그러나 고대 인도법에서는 이미 복잡한 소유권 관계규정들, 예를 들어 매매나 저당, 보증, 소비대차, 그리고 기타 '소유주가 아닌 자에 의한 매각' 규정 등 이 존재했던 점으로 보면[55)] 이러한 민사법규의 부지 또는 착오로 인해 자신의 권리에 대한 오

53) 이하의 수트라 조문은 Patrick Olivelle, 앞의 책 참조.

54) 고대 인도인의 생활상에 대한 설명으로는 Ram Sharan Sharma/이광수 역, 앞의 책, 92면 이하.

55) 이에 대해서는 Manu ⅢⅤ. 197~203 ; 島田正郞/임대희 외 3인 역, 앞의 책,

인이 생길 수 있었을 것으로 보인다. 이는 특히 Āpastambasūtra(Book Ⅱ 2.29.13)에서 역시 다르마(법)를 숙지하는 것이 쉽지 않음을 인정하고 있음에 비추어 더욱 그러하다. 다르마수트라에서 법률의 착오를 고려하고 있었을 것이라는 추정은 Gautamasūtra를 보면 보다 분명해 진다.

Gautama 12.17 If the felon is a learned man, he should be punished more severely.

Gautama 12.27 If a man consistently neglects what is prescribed and does what is forbidden, his property, beyond what is necessary to clothe and feed himself, shall be confiscated.

Gautama 12.51 Punishment should be meted out after taking into the type of a man he is, his strength, the gravity of the crime, and how often he has committed it. Alternatively, the man may be pardoned according to the verdict of an assembly of men learned in the Vedas.

우선 Gautamasūtra 12.17을 보면 학식이 있는 자(learned man)는 그렇지 못한 자에 비해 가중처벌되고 있는데 이로부터 반대로 학식이 없어 무지한 자는 학식이 있는 자에 비해서는 감경처벌될 것이란 점을 알 수 있다. 그리고 이 점은 Gautamasūtra 12.51에서 형벌은 행위자의 능력(strength), 죄의 경중, 그리고 상습성의 정도 등에 따라 차등 부과된다고 명시하고 있기 때문에 보다 명확해진다. 법률의 착오와 관련 결론적으로 Gautamasūtra 12.27에서는 법규에 대해 시종일관 만연한 태도로 주의를 기울이지 않아(consistently neglects what is prescribed) 금지규범을 어긴 자는 그에게 필요한 정도의 의식(衣食)을 제외한 모든 재산을 몰수한다고 규정하고 있다. 즉, 법률의 착오에 대해 몰수형이란 재산형을 규정하고 있는 것이다. 그러나 착오자는 자신의 능력과 죄의 경중 등에 비추어 베다에 정통한 브라만들의 평결에 의해 면책될 수 있는 가능성이 열려 있었다(Gautamasūtra 12.51 후단). 법률의 착오에 관해 전술한 Āpastambasūtra와 Gautamasūtra의 규정은 일견 수트라 간에 적지 않은

365-367면 참조.

상위(相違)를 노정하고 있다고 볼 수도 있겠으나 전자의 경우는 사법법규의 착오에 관한 규정이고 후자의 경우는 금지규범, 즉 형사법규의 착오에 관한 규정으로 선해(善解)할 수 있다면 양자의 불일치는 해소될 수 있다고 본다. 이처럼 Āpastambasūtra와 Gautamasūtra를 통해 추측컨대, 베다전통의 다르마수트라에서도 법률의 착오를 일정한 방식, 즉 일률적으로 '구두비난'이나 '몰수형'에 처하는 방식으로 고려하고 있었던 것으로 보인다.

다음으로 대표적인 다르마사스트라의 하나인 마누법전을 보면 다음과 같은 내용을 볼 수 있다.[56)]

Manu Ⅴ. 20 He who unwittingly partakes of (any of) these six, shall perform a Sâmtapana (Krikkhra)[57)] or the lunar penance (Kândrâyana)[58)] of ascetics ; in case (he has eaten) any other (kind of forbidden food) he shall fast for one day (and a night).

Manu Ⅴ. 21 Once a year a Brâhmana must perform a Krikkhra penance, in other to atone for unintentionally eating(forbidden food) ; but for intentionally (eating forbidden food he must perform the penances prescribed) specially.

Manu ⅩⅠ. 45 (All) sages prescribe a penance for a sin unintentionally committed ; some declare, on the evidence of the revealed texts, (that it may be performed) even for an intentional (offence).

Manu ⅩⅠ. 147 He who drinks unintentionally (the spirituous liquor, called) Vârunî, becomes pure by being initiated (again) ; (even for drinking it) intentionally (a penance) destructive to life must not be imposed ; that is a settled rule.

---

56) 이하의 조문은, G. Bühler/Max Müller, The Laws of Manu, in: *The Sacred Books of the East Vol. 15* (Oxford at the Clarendon Press, 1886) 참조 ; 마누법전의 번역서로는 이재숙·이광수 역, 마누법전, (한길사, 1999) 참조 바람. 단, G. Bühler의 마누법전과 이재숙·이광수의 번역서 간에 조문 배열상 다소의 차이가 있음을 유의할 필요가 있으며 본고에서는 G. Bühler의 견해를 따랐음을 밝혀둔다.

57) 소오줌, 소똥, 우유, 발효유, 우유버터, 구샤풀을 끓인 물만 먹고, 하룻밤을 금식하는 것. 이에 대해서는 Manu XI. 211 참조.

58) 음식을 일정하게 줄이고, 일정 시간에만 식사를 하며 마음을 수양하는 등의 속죄방법. 이에 대해서는 Manu XI. 215~218 참조.

마누법전을 보면 무심코 혹은 부지불식간에 금지된 음식을 먹은 경우의 속죄의식이 규정되어 있다. 마누법전에는 금지되는 음식의 종류로서 마늘, 파, 버섯, 붉은 수액, 멧돼지, 낙타 및 양의 젖 등 30여 종을 열거하고 있지만, 그 중에는 특정된 대상이 아니라 '육식하는 모든 새', '발굽이 한 뭉치로 된 짐승', '마른 고기', '물고기를 먹는 짐승', '금지하지는 않았지만 발톱이 다섯 개 있는 모든 짐승' 등 실제로는 그 수를 헤아리기 힘든 만큼의 금식대상이 있고 게다가 '새끼를 낳은 지 열흘이 안 된 소의 우유', '새끼 없는 소의 우유' 등 상당한 주의를 기울여도 과연 금식대상인지 여부를 분별키 어려울 만큼 금지되는 음식은 다양하고 많다.[59] 따라서 동 조문은 이처럼 상당한 주의를 기울여도 판별이 용이하지 않은 금지 음식을 모르고 먹었을 경우를 상정한 것으로 보인다(Manu Ⅴ. 20-21). 그렇기 때문에 동 조문은 금지되는 음식인 것은 알았지만 무심코 먹게 된 경우를 포함해 금지되는 음식이라는 점을 전혀 몰랐거나 그 판단에 착오가 있었던 경우도 모두 규율하고 있었다고 봄이 자연스럽다. 즉, 동 조문은 금지되는 음식에 대한 부지나 착오를 규율하고 있는 조문인 것이다. 그리고 그러한 착오가 발생한 경우에 일정한 금욕생활이 처벌로서 부과되며 이를 행함으로써 속죄됨을 규정하고 있다.

한편 Manu ⅩⅠ. 45는 부지불식간에 행한 모든 범죄에 있어서 속죄가 가능하다는 점을 암시하고 있으며 Manu ⅩⅠ. 147에 의하면 고의적인 범죄는 속죄가 불가능하다는 점을 명시하고 있다. 다만 Manu ⅩⅠ. 45 후단에서는 계시서(revealed texts), 즉 베다의 해석을 근거로 고의적인 범죄도 속죄의 가능성이 있다는 이견(異見)을 소개하고 있다. 여기서 해석의 근거가 되는 베다는 주로 브라흐마나인 것으로 보이나[60] 모

59) Manu Ⅴ. 5~19.

60) G. Bühler에 의하면 여기서 말하는 계시서, 즉 베다문헌은 Gautamasūtra 19.7-10에서 인용되는 Śatapatha-Brāhmana 13.3.1.1 또는 몇몇 다른 주석가들이 지적하듯이 Aitareya-Brāhmana 7.28 등의 개소라고 한다. 즉, 베다 중에서도 브라흐마나를 근거로 하고 있다는 것이다. 이 점에 대해서는 G. Bühler, 앞의 책, 439면 참조.

르고 범한 죄는 속죄될 수 있다는 마누법전의 태도는 무지로 죄를 범한 자는 바루나(Varuna)를 경배하고 속죄의식을 통해 용서받을 수 있다는 리그베다 본집부의 내용과도 매우 흡사하다. 그리고 Manu ⅩⅠ. 45 후단의 소수의견, 즉 고의로 죄를 범한 자도 속죄의 가능성이 있다는 주장 역시 리그베다 본집부를 어떻게 해석하느냐에 따라서는 충분히 가능한 것이다. 왜냐하면 Rgveda Ⅶ.87.7 등의 개소에서는 바루나는 심지어 그에게 고의로 죄를 범한(offend against) 자에게도 자비를 베푸는 존재로 묘사되기 때문이다.[61] 그리고 이처럼 속죄의식에 관한 브라흐마나의 해석과 리그베다 본집부의 해석이 유사한 이유는 전술한 바와 같이 브라흐마나는 각 베다의 본집부에 나오는 제례(祭禮)에 대한 주석서의 성격을 갖는다는 점을 고려하면 쉽게 이해될 수 있다고 본다. 이상의 논의를 요약해 보면, 다르마사스트라의 하나인 마누법전에 따르면 모르고 범한 죄는 고의로 범한 죄와는 달리 일정한 속죄의식을 통해 용서받을 수 있다는 것이 지배적 입장이었던 것으로 보이며 이는 리그베다에서의 법률의 착오에 대한 취급방식과도 일치하는 것으로 보인다. 베다의 해석을 근거로 고의로 범한 죄도 속죄를 통해 용서받을 수 있다는 견해도 있기는 했지만, Manu ⅩⅠ. 147에 의하면 이러한 해석론은 어디까지나 소수설에 불과했던 것으로 판단된다.

요컨대 베다전통의 다르마수트라－사스트라에서, 비록 약간의 차이가 있긴 했지만, 법률의 착오를 일정하게 고려하려는 입장을 취하고 있었던 것만은 분명한 것으로 보이며, 가장 널리 알려진 힌두법전인 마누법전의 규율 방식이 리그베다의 내용에 부합되는 것으로 미루어 보건대, 베다전통의 법전의 경우 법률의 착오는 원칙적으로 죄가 되지만 일정한 속죄의식에 의해 면책될 수 있다는 사고방식이 지배적이었던 것으로 판단된다.

61) 이러한 해석으로는 Sarvepalli Radhakrishnan, 앞의 책, 77면 참조.

2. 자이나교와 불교 문헌

1) 카르마(Karma, 業)이론과 법률의 착오

인도에서는 정통과 비정통을 구분하는 기준은 베다의 권위를 인정하고 따르는지 여부에 달려 있다. 기원전 5~6세기 무렵 바로 이러한 기준으로부터 베다의 권위를 부정하고 새로이 등장한 종교로서 대표적으로 자이나교와 불교가 있었다. 인도의 대표적인 비정통 사상으로서 자이나교와 불교 경전 속에서는 법률의 착오와 관련해 베다전통 문헌과 다른 어떠한 내용의 가르침이 있는지 찾아내 비교해 볼 필요가 있다. 특히 이 시기는 이러한 새로운 신흥종교의 발흥(發興) 움직임에 대응하여 전통적 사회질서의 확립차원에서 베다전통의 다르마수트라가 편찬되기 시작한 때였기 때문에[62] 신흥종교인 자이나-불교의 교설(敎說)과 베다전통 다르마의 비교연구는 그 중요도가 높다고 본다.

'위대한 영웅(der große Held)'을 뜻하는 마하비라(Mahāvirā, B.C.599~B.C.527)를 제24대 조사(祖師) 또는 마지막 예언자로 믿는 자이나교와 '깨달은 자(der Erwachte)'를 뜻하는 붓다(Buddha, B.C.567~B.C.487)를 개조로 하는 불교는[63] 동시대에 뿌리내린 사문종교[64]의 일파로서 서로 강력한 라이벌 관계였으며,[65] 일종의 윤

---

62) 이에 대해서는 Ludo Rocher, 앞의 논문, 1292면 참조.

63) 이상의 설명으로는 Ernst Leumann, *Buddha und Mahāvirā, die beiden indischen Religionsstifter* (München-Neubiberg, 1921), 18-21 ; Asim Kumar Chatterjee, *A Comprehensive History of Jainism* (New Delhi : Munshiram Manoharlal, 2000, 1978년 초판발행), 17면; M. Winternitz, *Der Ältere Buddhismus*, (Tübingen : J.C.B. Mohr (Paul Siebeck), 1929), 7면 이하 ; Surendranath Dascupta, 앞의 책, 173면 이하 ; Sarvepalli Radhakrishnan, 앞의 책, 286면 이하 참조. 단, 붓다와 마하비라의 생존연대 및 그 선후관계에 대해서는 학자들 간에 다소의 견해차이가 있음에 주의할 필요가 있으며, 본고에서는 Sarvepalli Radharkrishnan의 견해를 따랐다. 그리고 학자에 따라서는(M. Winternitz) 범어(梵語) 붓다(Buddha)의 의미를 독일어로 'Der Erleuchtete'로 표현하기도 한다.

64) 사문(沙門, Śramana)종교란 카스트(Caste)제도와 베다(Veda)의 권위를 부정하며

리법칙인 카르마(Karma, 業) 사상에 기초해 있었다. 카르마 이론은 간단히 말해 '뿌린 대로 거둔다'는 '자업자득(自業自得)'의 사상이다. 즉 선업(善業)을 쌓은 자는 필연적으로 좋은 과보(果報)를 받게 되고 악업(惡業)을 쌓은 자는 반드시 나쁜 과보를 받게 된다는 것이다. 카르마 사상의 유래는 멀리는 베다문헌, 특히 우파니샤드까지 소급해 올라가며 이후 정교하게 다듬어져 복잡한 양상으로 발달해 갔으며[66] 형사책임과 관련해 볼 때 카르마 이론은 응보적 정의(Retributive Justice)와 개인책임의 원칙(Personal Responsibility)을 내포하고 있다고 볼 수 있다.[67]

일반적으로 카르마의 원리는 행위, 즉 거동(身業, Kāyika), 말(口業), 의지(意業) 등의 세 가지 양상으로 발현된다고 한다.[68] 다시 말해 악한 거동과 말, 그리고 의지 는 모두 카르마의 원리에 의해 나쁜 결과를 낳을 수 있다는 것이다. 그런데 신업과 구업, 그리고 의업 중에서 과연 어느 요소가 결정적인 역할을 하는가에 대해서는 불교와 자이나교는 각기 다른 이해방식을 가지고 있었다. 즉, 불교의 경우는 전술한 세 요소 중에서 의지(cetanā)를 가장 중요한 것으로 본 반면에 자이나교의 경우는 신업을 가장 중요한 요소로 가르쳤다. Helmuth v. Glesenapp은 카르마 이론상의 자이나교와 불교의 차이점이 현저히 부각될 수 있도록 독

등장한 종교로서 삭발(削髮) 및 출가(出家) 수행을 특징으로 하며 불살생(不殺生) 등의 계율을 지키는 종교를 말한다. 이에 대해서는 조준호, 우파니샤드(Upanisad) 철학과 불교－종교 문화적·사상적 기원에 대한 비판적 검토－(경서원, 2004), 81-92면 참조.

65) 이러한 평가로는 Govind Chandra Pande, *Studies in the Origins of Buddhism* (Delhi; Patna; Varanasi: Motilal Banarsidass Publishers, 1957), 541면 참조.

66) 윤호진, 무아(無我) 윤회(輪廻) 문제의 연구 (민족사, 1996), 58면 참조. 동 문헌은 윤병식(法名 浩眞) 교수가 1981년 프랑스의 소르본 대학에 제출한 '나선비구경에서의 무아와 윤회문제'라는 박사학위논문을 한글로 번역한 책이다.

67) Y. Krishan, The Doctrine of Karma in Jainism, in: Ganesh Lalwani (ed.), *Jainthology* (Jain Bhawan, 1991), 87-89면

68) Kewal Krishna Anand, *Indian Philosophy : The Concept of Karma* (Delhi, India : Bharatiya Vidya Prakashan ; Queens Village, N.Y. : Distributed by Asia Book Corp. of America, 1982), 311-312면 참조.

일어로써 다음과 같이 표현해 주고 있다.

> "Der Jainismus betrachtet den objektiven Tatbestand als ausschlaggebend, erkennt deshalb auch unwissentlich begangene Sünden an, während der Buddhismus für das Zustandekommen einer sündhaften Handlung das Vorhandensein des verbrecherischen Willens beim Schuldigen voraussetzt"[69)]

Helmuth v. Glesenapp에 의하면 자이나교에서는 범죄의 성립에 있어서 객관적인 구성요건(objektive Tatbestand)을 결정적인 요소로 보기 때문에 고의없는 행위도 범죄가 된다고 가르치지만, 불교에서는 범죄의 성립에 있어서 위법한 의사의 존재를 전제로 한다는 차이점이 있다는 것이다. 그리고 이와 같이 대립되는 두 종교 간의 이론상의 차이는 행위자에게 죄책을 부과함에 있어서 상이한 결과를 가져오게 된다. 예를 들어 불교의 경우는 의도적이지 않은 행위는 반드시 나쁜 과보를 불러오지는 않지만 자이나교의 가르침에 따르면 무의도적으로 또는 무의식적으로 범한 행위라도 그에 상응하는 나쁜 과보를 받게 된다는 귀책론(歸責論)에 이르게 된다.

이와 관련 붓다는 다음과 같이 가르침을 펴고 있다.

> "만일 일부러 짓는 업이 있으면 나는 반드시 그 갚음을 받되 현세에서 받거나 후세에서 받는다고 말한다. 만일 일부러 지은 업이 아니면 나는, 이는 반드시 그 갚음을 받는다고는 말하지 않는다"[70)]
>
> "업이란 무엇인가. 업은 의도(cetanā)라고 나는 말한다. 왜냐하면 몸(身)과 말(言)과 생각(意)으로 행위를 하는 것은 (그것을 하고자) 원해서 하는 것이기 때문이다"[71)]

---

69) Helmuth v. Glesenapp, *Der Jainismus: Eine indische Erlösungsreligion* (Georg Olms Verlag, 1925), 452면 참조.

70) 한글대장경 중아함경(中阿含經) ③, 제414권, 1999, 68면 참조.

71) 이는 Aṅguttaranikāya(증일아함경)에 있는 내용이다. 이에 대해서는 윤호진, 앞의 책, 272면 참조.

즉, 붓다에 의하면 업은 의도의 구체화이며 따라서 의도는 업의 본질적 요소인 것이다.72) 그리고 이처럼 업에 있어서 의도를 강조하는 입장은 '나선비구경(那先比丘經)'73)을 제외한 거의 모든 불교 경전의 공통된 입장이라고 한다.74) 불교의 이와 같은 카르마이론과 달리 자이나교는 Helmuth v. Glesenapp의 인상적인 설명처럼 업에서 신업을 가장 본질적인 것으로 보았다는 것이 지배적 견해였다고 한다.75) 양자의 차이점은 저명한 불교학자인 L. de la Vallee Poussin의 'The Way to Nirvāna'76)와 Arthur Berriedale Keith의 'Buddhist Philosophy'77)에서도 마찬가지로 논급되고 있다.

그러나 이러한 지배적 견해에 대하여 자이나교가 특히 신업만을 중시하였다는 주장은 자이나 경전의 내용을 토대로 한 것이 아니라 불교 경전, 특히 '우파리경'에서 외도(外道)에 대한 불교의 우위성을 강조하기 위해 자이나교의 카르마이론을 의도적으로 폄하하려는 의도에서 제기된

---

72) 윤호진, 앞의 책, 272면.

73) 나선비구경은 나가세나(Nāgasena)라는 한 비구(比丘)와 인도 서북지방을 통치했던 그리스 계(系)의 Menandros왕과의 불교 교리에 대한 대론(對論) 내용을 담고 있는 불교경전으로서 Milinda왕(Menandros왕과 동일인물로 추정됨)이 나선비구, 즉 나가세나에게 질문한 내용이 수록되어 있다고 하여 Milinda왕의 질문(panhā)을 뜻하는 'Milindapanhā'로 불리기도 한다. 이에 대해서는 윤병식, "나선비구경 연구 Ⅰ", 인도학·인도철학 창간 제1집(1989), 84-90면 참조. 업론에 대한 나선비구경의 입장은 다른 불교경전과 달리 오히려 자이나교의 업론과 유사성을 보인다. 이에 대해서는 윤호진, 앞의 책, 274-275면 참조. 나선비구경의 업론은 자이나교와 불교의 카르마 이론의 상호 교섭의 한 단면을 보여준다고 이해할 수 있을 것이다.

74) 윤호진, 앞의 책, 272-275면 참조.

75) 이에 대해서는 김미숙, "자이나 철학에서의 업과 영혼의 관계", 인도철학 제11집 제2호(2002), 257-258면 ; 김미숙, "고행에 대한 불교와 자이나교의 논쟁", 불교평론 제16호(2003) 참조

76) L. de la Vallee Poussin, *The way to Nirvāna* (Cambridge University Press, 1917), 67면 참조.

77) A.B. Keith, *Buddhist Philosophy in India and Ceylon* (Oxford : Clarendon Press, 1923), 203면 참조.

것이라는 반론이 제기된 바 있다.[78] 즉, 자이나 경전 원전(原典)상의 카르마 이론에 따르면 자이나교가 특히 신업만을 더 강조했다고 보기는 어려우며 따라서 불교와 자이나교의 카르마사상의 차이점을 지적하는 지배적 견해는 공평하지 못한 부적절한 전거에 기초해 있다는 것이다. 그렇다면 과연 자이나 경전에서는 신업을 유독 강조하는 입장을 취하지 않고 있는 것인가? 이에 대한 확인과 검토가 필요함을 알 수 있다.

지배적 견해에 대한 반대론자의 문제점은 구체적인 전거를 제시해 주고 있지 못하다는 사실이다. 과연 어느 자이나 경전을 토대로 그와 같은 해석론에 도달하고 있는지를 적시해 주고 있지 못하다. 이와 관련해 가장 오래된 자이나 경전의 하나 이며[79] 주로 수행자의 올바른 태도와 외도(外道, Ketzerlehren)[80]에 대한 논박(論駁)의 내용을 담고 있는[81] 'Sūtṛakrtāṅga'는 다음과 같은 가르침을 설(說)하고 있다.[82]

> **Sūtṛakrtāṅga 2.2.4.** We now treat of the fourth kind of committing sins, called accidental. This is the case when in marshes strongholds in a forest, a man who lives on deer, who likes deer, who dotes on deer, goes a hunting deer. Fancying to see deer, he takes aim with his arrow to kill the deer. Thinking that he will kill

---

78) 이에 대해서는 대표적으로 김미숙, "자이나 철학에서의 업과 영혼의 관계", 인도철학 제11집 제2호(2002), 257-258면 ; 김미숙, "고행에 대한 불교와 자이나교의 논쟁", 불교평론 제16호(2003) 참조. 또한 '김인종, "고대 인도불교와 자이나교 교섭에 관한 연구", 원광대학교 박사학위논문(1991)'에서도 이와 비슷한 맥락에서 불교와 자이나교의 카르마이론은 기본적으로 동일한 토대에 있다는 점을 강조할 뿐 각각 '의업'과 '신업'을 중요시한 양 교설(敎說)의 차이점에 대해서는 논급하고 있지 않다. 이에 대해서는 김인종, 앞의 논문, 159-164면 참조. 이러한 차이가 Radhakrishnan의 'Indian Philosophy'에서도 부각되지 않고 있음은 마찬가지이다. Sarvepalli Radhakrishnan, 앞의 책, 286면 이하 참조.

79) 이러한 평가로는 Hermann Jacobi & Max Müller, 앞의 책(*Gaina Sûtras*), xi면 참조.

80) 불교와 자이나교는 서로를 외도(外道)로 분류했다.

81) 자이나 경전의 생성 과정과 그 주요 내용에 대해서는 Helmuth v. Glesenapp, 앞의 책, 90-104면 참조.

82) 이에 대해서는 Hermann Jacobi & Max Müller, 앞의 책 참조.

the deer, he kills a partridge, or a duck … a monkey, or a francoline partrdige. Here instead of one(being) he hurts another, (therefore he is called) an accidental killer.

Sūtṛakrtāṅga 2.2.5. We now treat of the fifth kind of committing sins, viz. by an error of sight. This is the case when a man living together with his mother, … and mistaking a friend for an enemy, kills the friend by mistake. … a man mistaking for a robber one who is not, kills him by mistake. Thereby the bad Karman accrued to him. …

오늘날의 형법이론상 Sūtṛakrtāṅga 2.2.4에서는 사실의 착오 중에서 방법의 착오를, Sūtṛakrtāṅga 2.2.5에서는 구체적 사실의 착오 및 오상방위를 논급하고 있으며 양자 모두 그와 같은 착오는 죄의 성립에 있어서 고려되지 않으며 따라서 나쁜 카르마를 온전히 불러오게 된다고 설명하고 있다. 이처럼 죄의 성립에 있어서 행위자의 주관적 요소를 고려하지 않는 자이나교의 태도는, "과실로 인한 살인자(he who unknowingly kills one)는 완전한 죄과를 받지 않는다"는 외도(外道) Kriyâvâdins의 가르침은 잘못되었다는 비판(Sūtṛakrtāṅga 1.1.2.24~30)[83]에서 볼 수 있듯이 과실 역시 범죄의 성립에 큰 영향을 주지 못한다는 가르침으로 일관된 입장을 유지하고 있다. 또한 법률의 착오와 관련하여서도 자이나 경전은 다음과 같이 설하고 있다.

Sūtṛakrtāṅga 1.1.22. … and ignorant about what is right and wrong they do not get out of misery as birds do not get out of their cage

Sūtṛakrtāṅga 2.4.3. … There is sin, though (the perpetrator of the action) do not possess sinful thoughts …

Sūtṛakrtāṅga 2.4.5. … Though a fool does not consider the operations of his mind, speech, and body, nor does see even a dream, still he commits sins.

Sūtṛakrtāṅga 2.4.6. As a murderer who entertains (murderous) intentions towards a householder, is a man who does harm through cruelty ; so an ignorant man who entertains (cruel) intentions towards all sorts of living beings, is a man who does harm through cruelty.

83) Hermann Jacobi & Max Müller, 앞의 책, 242면 참조.

Sūtṛakrtāṅga 1.1.22는 외도(外道)의 잘못된 가르침을 따르는 자는 무엇이 옳고 그른지 모르는 무지한 자로서 새장 속의 새가 절대 새장을 빠져나지 못하듯이 자이나교의 올바른 가르침에 무지한 자는 나쁜 과보로부터 영원히 해탈(解脫)할 수 없다는 맥락에서 제시된 개소로서 직접적이지는 않지만 법률의 착오에 대한 자이나 경전의 태도를 암시하고 있다고 볼 수 있을 것이다. 법률의 착오에 대한 자이나교의 입장은 Sūtṛakrtāṅga 2.4.3과 Sūtṛakrtāṅga 2.4.5에 이르러 보다 분명해 진다. 양 개소로부터 자이나교에서는 죄를 범한다는 생각(sinful thoughts)이 없거나 자신의 행위의 의미에 대한 인식이 없더라도(not consider the operation of his mind, speech, and body) 범죄는 완전히 성립한다고 가르치고 있음을 확인할 수 있다. 이처럼 법률의 착오가 용서받을 수 없다는 입장은 특히 Sūtṛakrtāṅga 2.4.6에서 더욱 분명해 진다. 동 개소에 따르면 고의가 있는 자는 무지하더라도(an ignorant man who entertains intentions) 해악을 가하는 것이며, 그 이유는 범행을 결심한 자는 불철주야(不撤晝夜)로 이미 적대감과 그릇됨(hostility and wrong)으로 가득 차 있기 때문이라는 것이다.[84]

이상 살펴본 바와 같이 자이나교에서는 분명히 지배적 견해와 같이 행위자의 주관적 요소를 범죄의 성립에 있어서 중요한 요소로 보지 않았음이 분명하다.[85] 반면 신업의 역할을 가장 중요한 것으로 보았던 것이다.[86] 이에 대해 L. de la Vallee Poussin은 자이나교의 카르마 이론을 다음과 같이 비판한다. 첫째, 자이나교의 가르침에 따르면 산모와 태아는 서로를 고통스럽게 만들기 때문에 죄인이 될 수밖에 없다는 부당한 결론에 이르게 된다.[87] 둘째, 행위의 객관적 결과만을 중시하게 되면 공범의 처벌근거가 사라지게 된다는 것이다.[88] 왜냐하면 타인을 교사한

84) Sūtṛakrtāṅga 2.4.4.
85) 이러한 견해로 Y. Krishan, 앞의 논문, 89면 참조.
86) L. de la Vallee Poussin, 앞의 책, 67면.
87) L. de la Vallee Poussin, 앞의 책, 68면.

자는 스스로 범행을 직접 저지른 자가 아니기 때문이다.[89] 그러면서 Poussin은 불교의 카르마 이론은 의도(volition)를 가장 중시하였으며 따라서 의도가 없는 행위는 나쁜 과보를 가져오지 않는다고 강조한다.[90]

그러나 이와 같은 불교의 가르침에 대해 자이나교 측에서는 다음과 같이 논박하며 자신의 교리(敎理)를 정당화한다. 우선 자이나 경전에서는 저 유명한 불의 비유를 제시한다. 즉, 불에 달구어진 뜨거운 쇠인지 전혀 모르고 이를 만진 사람과 알고 경계하면서 만진 사람 중에서 모르고 만진 사람이 더 큰 화상을 입게 된다는 것이다.[91] 또한 Sūtṛakrtāṅga 2.6.26~28은 의업을 중시하는 불교 교리에 대해서 다음과 같이 통렬히 논박한다. "불교 교리에 따르면 사람을 살해하려던 자가 착오로 곡식더미(granary)를 창으로 찔러버린 경우도 역시 죄가 되며, 반대로 곡식더미를 불로 요리하려던 자가 착오로 사람을 불로 요리한 경우는 죄가 되지 않을 것이다. 결국 불교의 가르침에 따르면 사람을 곡식더미로 잘못 인식하여 불에 구워 요리한 경우에 이는 붓다의 아침식사에 오르게 될 것이다."[92] 그리고 이처럼 자이나교에서 범죄의 성립에 있어서 행위자의 주관적 요소를 경시하고 객관적 결과를 중시하는 이유에 대해서 Sūtṛakrtāṅga 2.6.30~32는 "자기수양에 철저한 사람(well-controlled men)은 결코 실수로 인해 범죄를 저지르지 않는다. 왜냐하면 자이나 교리를

88) 그러나 이러한 Poussin의 주장은 순전히 추론에만 근거한 것으로서 정당하지 못하다. 왜냐하면 자이나 경전은 타인을 살해토록 교사한 자(a man who causes other men to kill them)은 스스로 살인을 한 자와 마찬가지로 명백히 죄인이 된다는 입장을 취하고 있기 때문이다. 이 점에 대해서는 Sūtṛakrtāṅga 1.1.1.3 ; Sūtṛakrtāṅga 1.1.3.25~26 참조.

89) L. de la Vallee Poussin, 앞의 책, 69면.

90) L. de la Vallee Poussin, 앞의 책, 67-70면

91) 이에 대해서는 A.B. Keith의 앞의 책, 203면 ; L. de la Vallee Poussin, 앞의 책, 68-69면.

92) Sūtṛakrtāṅga 2.6.28 ; Sūtṛakrtāṅga 원전(原典)에서는 불교도(Buddhist)들이 스스로 이와 같은 점을 인정하고 있는 것으로 기술하고 있으나 동 개소의 내용은 불교의 교리를 논박하기 위해서 자이나 경전이 의도적으로 폄훼(貶毁)한 것으로 보는 것이 옳다. Hermann Jacobi & Max Müller, 앞의 책, 414-415면.

철저히 숙지하고 범죄를 저지를 것을 두려워하여 사악한 행위를 스스로 금하는 자는 절대로 사람과 곡식더미를 동일시하는 등의 실수를 범할 수 없기 때문이다"라고 설명해 주고 있다.[93)]

이상의 논의를 정리하자면, 초기경전을 중심으로 살펴볼 때, 불교에서는 카르마에 있어서 행위자의 주관적 요소, 즉 의도나 의지를 본질적인 요소로 가르친 반면에 자이나교에서는 행위자의 주관적 요소는 부차적인 것이고 어디까지나 행위의 객관적 결과만으로 카르마는 완전한 과보를 가져오게 된다고 이해하고 있었던 것이다. 따라서 '지배적 견해'는 옳다고 보며 자이나교의 카르마 이론에 대한 불교 경전의 인용은 정확하다고 말할 수 있을 것이다. 그런데 여기서 과연 그렇다면 불교에서는 카르마의 원리에서 전적으로 의업만을 강조한 것인가에 대한 의문이 든다. 만약에 불교의 카르마 이론은 행위자의 주관적 요소가 결여되면 그의 행위에 상응하는 과보는 전혀 발생하지 않는다고 보게 되면 불교의 업론(業論)에 대한 자이나 경전의 비판은 타당하게 적용될 수 있기 때문이다. 또한 아함경에서 붓다는 "만일 일부러 지은 업이 아니면 나는, 이는 반드시 그 갚음을 받는다고는 말하지 않는다"라고만 말하고 있을 뿐 의도나 의지가 결여된 행위는 언제나 과보를 불러오지 않는다고는 말하고 있지 않기 때문이다. 이와 관련 Poussin이 불교에서 의업을 강조하기는 하지만 그렇다고 신업과 구업을 경시하지는 않았다고 지적한 점은 적확(的確)하다고 본다.[94)] 실제로 붓다는 모친이 병들어 고통을 받게 되자 그 고통을 줄여드리고자 하는 선한 동기에서 모친을 살해하더라도 (바라이)죄가 성립한다고 설하고 있으며 반대로 축생을 잡으려는 악한 동기에서 함정을 파놓았다가 모친이 떨어져 죽게 된 경우는

93) Hermann Jacobi & Max Müller, 앞의 책, 415면 ; 이와 같은 근거 제시는 자이나교도들에게는 분명 설득력이 있다고 보인다. 왜냐하면 예컨대 살생을 엄격히 금하는 자이나교도들은 땅위의 생물을 밟지 않기 위해 앞길을 비로 쓸고 다녔으며, 공기 중의 작은 생명체를 무심코 흡입하지 않기 위해 마스크를 착용하고 다닐 정도였기 때문이다.

94) L. de la Vallee Poussin, 앞의 책, 71면.

(바라이)죄가 성립하지 않는다고 가르쳤던바[95] 행위자의 주관적 요소를 사안에 따라 합리적인 범위 내에서만 고려하였던 것으로 보인다.[96] 그리고 불교의 이와 같은 '중도적(中道的)'인 귀책론(歸責論)은 계율의 착오와 관련해서도 다음과 같이 전개된다.

2) 불교 계율(戒律)의 착오

불교의 교단조직, 즉 승가(僧伽, Saṅgha)[97]에서는 비구 또는 비구니들이 지켜야 할 계율을 규정해 두고 있다. 그리고 승가는 범계자를 처벌하기 위한 강권(强權)을 발동할 수 있는 재판조직을 가지고 있었다.[98]

불교 계율은 범한 죄의 경중에 따라서 일반적으로 바라이(波羅夷), 승잔(僧殘), 바일제(波逸提), 바라제제사니(波羅提提舍尼), 돌길라(突吉羅)의 5편으로 분류된다.[99] 이 중에서 바라이는 가장 중한 죄로서 이에 대해서는 불공주(不共住), 즉 교단에서 영구 추방하는 처벌이 내려진다.[100] 승잔죄는 바라이 다음의 중죄로서 대중 앞에서 참회하고 일정

---

95) 이와 관련된 다양한 사례로는 한글대장경, 십송률(十誦律) ③, 제51권, 2001 (동국역경원, 1995), 382-405면 참조.

96) 동일한 맥락의 주장으로는 조용길, "업(Karma)사상의 현대적 고찰", 한국불교학 제33집(2003), 42면 참조.

97) 불교의 교단조직은 공화국(gaṇa-saṅgha)의 정치시스템이 반영된 모델이라는 주장이 유력하게 제시되고 있다. 왜냐하면 붓다와 그 제자들의 상당수가 군주제 왕국이 아닌 부족적 공화제 국가 출신이었기 때문이라고 한다. 그렇기 때문에 불교 교단의 의사결정 방식은 다수결 투표제를 채택하고 있다. 이상의 내용은 Uma Chakravarti/박제선 역, 고대 인도사회와 초기불교 (민족사, 2004), 26-38면, 91면 이하 ; 中村元외 2인 공저/김지견 역, 불타의 세계 (김영사, 2005), 172-173면 참조. 따라서 불교 계율 및 재판조직의 운용을 이해함에 있어서도 이 점이 충분히 고려되어야 할 것으로 보인다.

98) 平川彰/석혜능 역, 원시불교의 연구－교단조직의 원형－(민족사, 2003), 153면 참조.

99) 이에 대해서는 平川彰/석혜능 역, 앞의 책, 252-253, 264면 ; 목정배, 계율학 개론 (장경각, 2001), 129면.

100) 平川彰/석혜능 역, 앞의 책, 270면.

기간 근신생활을 하는 처벌을 받게 되며, '교단에는 남을 수 있다(殘)'는 점에서 바라이와 구분된다.[101] 다음으로 바일제는 주로 소유가 금지되어 있는 물건에 대한 규칙으로 이루어진 사타법(捨墮法)을 어긴 경우에 해당되는 범죄로서 이 경우는 계율에 어긋난 물건을 내놓고 참회를 부과하는 벌에 처해진다.[102] 바라제제사니법은 받아서는 안 되는 음식물을 받은 경우에 빠지는 죄이고 바일제보다는 경미한 죄로서 이 경우는 이미 음식물을 먹어버린 되이기 때문에 내놓는 물건은 없고 참회만이 부과된다.[103] 끝으로 가장 가벼운 죄로서 돌길라는 대체로 중학법(衆學法)을 어긴 경우에 부과되는 죄이다. 중학법은 주로 행의(行儀)나 작법(作法), 즉 의복의 착용법이나 식사예법, 그리고 신자의 집에 탁발(托鉢)하러 갔을 때의 주의사항 등에 대한 규칙이며 이를 어기더라도 계율상의 죄가 될 정도에는 이르지 않기 때문에[104] 범계(犯戒)자는 입으로 말을 내어 회과(悔過)할 필요는 없고 그저 마음속으로 "이제부터는 범하지 않을 것이다"라고 심회(心悔)하기만 하면 된다.[105]

불교 계율은 수범수제(隨犯隨制)의 원칙에 따라서 조문[106]을 제정하기 위해서는 계율로 정하지 않으면 안 되는 악행을 범한 비구(니)가 나타날 것, 즉 일정한 계기가 있을 것을 전제로 한다. 따라서 이러한 비구(니)가 나타나지 않으면 제정이 필요한 조문이라 하더라도 그것에 해당하는 악사(惡事)가 발생하지 않았기 때문에 조문화(條文化)되지 않으며[107] 조문 제정 이전의 행위는 범죄가 되지 않았다.[108] 불교의 계율 조문들 중에는 계율의 착오와 관련해 '무지율계(無知律戒)'를 두고 있

101) 平川彰/석혜능 역, 앞의 책, 274-280면.
102) 平川彰/석혜능 역, 앞의 책, 260면.
103) 平川彰/석혜능 역, 앞의 책, 289-290면.
104) 이에 대해서는 平川彰/석혜능 역, 비구계의 연구 Ⅰ (민족사, 2002), 142면 참조.
105) 平川彰/석혜능 역, 앞의 책(원시불교의 연구), 297면 참조.
106) 불교에서는 율장(律藏)의 계율 조문을 학처(學處)라고 한다. 이에 대해서는 平川彰/석혜능 역, 앞의 책(비구계의 연구 Ⅰ), 28면.
107) 이에 대해서는 平川彰/석혜능 역, 앞의 책, 163면.
108) 平川彰/석혜능 역, 앞의 책, 157면, 동면 주3) 참조.

으며,[109] 대장경(大藏經)은 다음과 같이 동 조문의 제정 계기를 전해주고 있다.[110]

> 佛在舍衛城爾時六群比丘數數犯戒諸比丘諫乃至莫不長夜受苦皆如不說六群比丘問言佛於何處制此法諸比丘言汝不知耶答言不知諸比丘言今當語汝制法處所於說戒時便語言佛於此中制法六群比丘言我今始知是法半月布薩戒經中說諸比丘種種呵責以是白佛佛以是事集比丘僧問六群比丘汝等實爾不答言實爾世尊佛種種呵責已告諸比丘今爲諸比丘結戒從今是戒應如是說若比丘說戒時作是語我今始知是法半月布薩戒經中說諸比丘知是比丘已再三說戒中坐是比丘不以不知故得脫隨所犯罪如法治應呵其不知所作不善說戒時不一心聽不著心中波逸提若比丘與比丘受具足戒卽應敎爲廣說若二若三於說戒中坐若知若不知作是語波逸提比丘尼亦如是

위 사례의 내용을 간추리면 다음과 같다. 붓다가 사위성(舍衛城)에 있을 때, 6군비구(六群比丘)[111]들이 자주 범계하여 주변의 다른 비구들이 이를 책망하자 6군비구들은 자신들의 행위가 계율에 어긋나는지 몰랐다고 항변하였다. 이에 붓다는 6군비구들이 범한 해당 계율에 대해 설교할 때 그들이 앉아 있었다는 것을 알고 있기 때문에 6군비구들은 계율의 착오를 이유로 죄를 면할 수는 없다고 가르치며, 이와 같은 사건을 계기로 계율을 몰랐다는 항변은 계율을 설교할 때 정신을 가다듬어 듣지 않거나 마음속에 깊이 새겨두지 않은 것이기 때문에 받아들일 수 없고 따라서 바일제죄로 의율한다고 설하고 있다.[112]

이처럼 불교에서는 계율의 착오(무지)를 용납하지 않는 태도를 취하고 있으며 이는 계율을 몰랐다는 것은 비구(니)들이 계율을 학습하는데 있어서 상당한 주의를 기울이지 않았기 때문이라고 계율 제정의 취지를 제시해 주고 있다. 다만 불교에서는 계율의 착오(무지)의 경우에 일률적으로 바일제죄라는 비교적 가벼운 죄로 다루어 행위자에 대한 일

109) 佐藤密雄/김호성 역, 초기불교 교단과 계율 (민족사, 1991), 211면 참조.

110) 이에 대해서는 불교대장경, 제54편, 오분율 제9권, 1982, 108면 참조.

111) 6군비구란 붓다의 제자 중에서 유독 행실이 바르지 못했던 6명의 비구를 말한다.

112) 상세한 한글 번역본으로는 팔만대장경 선역본 제14권, 미사색부화혜오분률 [1], 2001, 339-340면.

정한 배려를 해주고 있음을 확인하게 된다. 요컨대 불교에서 계율의 착오(무지)는 원칙적으로 죄가 되며 다만 바일제죄라는 비교적 가벼운 죄로 일률적으로 의율하는 태도를 취하고 있는 것이다.

Ⅲ. 고대 중국에서의 법률의 착오론

1. 주례(周禮) 추관사구(秋官司寇) 사자(司刺)편의 불식(不識)에 대한 해석론

고대 중국법의 경우 법률의 착오와 관련하여 가장 오래되고 널리 원용되는 법원(法源)은 주례 추관편에 나오는 사자(司刺)이며 동 개소에 논급되는 '불식(不識)'이란 용어의 법적 해석을 둘러싼 논쟁이 고대 중국법에 있어서의 '법률의 착오론'을 주도적으로 이끌어 온 것으로 보인다.[113] 예컨대 당률(唐律)에서의 법률의 착오의 해석과 관련하여서도 주례가 가장 우선적·중점적으로 논급되며[114] 이는 청률(淸律)의 해석에 있어서도 마찬가지이다.[115] 법률의 착오를 다룸에 있어 주례의 추관편을 원용해 법률적용의 타당성에 권위를 부여하려는 이와 같은 해석방식은 정약용의 흠흠신서에서도 찾아볼 수 있다.[116]

주례(周禮)는 주(周)나라의 문왕(文王)이 시작해 주공단(周公旦)에 의해 완성되었다고는 하나[117] 전국시대(475~B.C.221) 말이나 전한

---

113) 대표적으로는 西田太一郞/천진호 외 2인 역, 중국형법사연구 (신서원, 1998), 149면 이하 참조.

114) 戴炎輝, 당률통론, 국립편역관, 中華民國 66(中華民國 53 초판발행), 451면 참조.

115) 이에 대해서는 中村茂夫/임대희·박춘택 역, 판례를 통해서 본 청대(淸代) 형법 (서경문화사, 2004), 26-27면.

116) 이에 대해서는 정약용/박석무·정해렴 역주, 欽欽新書 제1권 (현대실학사, 1999), 67-68면 참조.

(B.C.206~A.D.24) 초에 편찬되었다고 보는 것이 지배적 견해라고 한다.[118] 주례의 문헌적 가치에 대해 "주례는 그 시대가 희구(希求)하는 유토피아의 모습을 짜임새 있게 기술한 작품(schematic utopian construct which very much reflects the zeitgeist of its time)일뿐"이라는 Benjamin I. Schwartz의 회의적 평가도 있기는 하지만[119] 주례는 분명 당시의 모든 관직 명칭과 직무범위 등 주나라 초기의 제도 전반에 대해서 기술해 주고 있으며[120] 공자는 주례에 대해 폭넓은 이해와 깊은 동경심을 갖고 "나는 주례를 추종한다"[121]고 공언했던 만큼[122] 주례의 기록은 사상사(思想史)적으로 볼 때 고대 중국의 규범적 논의에까지 심원한 영향을 미쳤던 것으로 보인다.

주례에 기록된 추관사구(秋官司寇)란 직제는 주나라 육관(六官) 중의 한 명칭이며 주나라의 형벌에 관한 모든 사무를 총괄했다고 한다. 추관사구의 수장(首長)은 대사구(大司寇)이며 그 밑에 소사구(小司寇)가 있고 산하에는 총 60개의 관청이 있었다. [123] 그 중에서 사자(司刺)라는 직제에 대한 기록은 다음과 같다.

> 司刺掌三刺三宥三赦之法以贊司寇聽獄訟壹刺曰訊群臣再刺曰訊羣吏三刺曰訊萬民壹宥曰不識再宥曰過失三宥曰遺忘壹赦曰幼弱再赦曰老旄三赦曰惷愚以此三法者求民情斷民中而施上服下服之罪然後刑殺

---

117) Michael Loewe & Edward L. Shaughnessy, *The Cambridge History of Ancient China —From the Origin of Civilization to 221 B.C.—* (Cambridge Univ. Press, 1999), 338면 참조.

118) 이러한 주장으로는 Benjamin I. Schwartz, *The World of Thought in Ancient China* (Harvard Univ. Press, 1985), 66면.

119) Benjamin I. Schwartz, 앞의 책, 429면.

120) Benjamin I. Schwartz, 앞의 책, 66면 ; 지재희·이준영 해석, 주례 (자유문고, 2002), 3면.

121) 周監於二代, 郁郁乎文哉 吾從周(論語 3 : 14).

122) 이에 대해서는 馮友蘭/박성규 역, 중국철학사 상권 (까치, 2004), 94면 참조.

123) 지재희·이준영 해석, 앞의 책, 401면.

동 기록에 따르면 "사자(司刺)는 세 번 묻고, 세 번 유서(宥恕)하고, 세 번 방면해 주는 법을 관장하여 사구(司寇)가 獄事(옥사)와 訟事(송사)를 듣는 것을 보좌한다. 첫째 여러 신하에게 형벌을 받아야 하는지 묻고, 둘째 여러 관리에게 형벌을 받아야 하는지 묻고, 셋째 모든 백성에게 형벌을 받아야 하는지 묻는다. 첫째 알지 못해 죄를 지은 경우는(不識) 너그럽게 생각하고, 과실로 죄를 지은 경우는(過失) 너그럽게 생각하며, 셋째 건망증이나 치매(遺忘)로 죄를 지은 경우는 너그럽게 생각한다. 첫째 어린아이를(幼弱) 방면하고, 노인을(老旄) 방면하며 보통 사람보다 모자란 사람(惷愚)을 방면한다. 이 세 가지 법으로 백성의 정(情)을 구하고, 백성의 충심을 판단하여, 이로써 상복(上服 ; 상체에 행하는 형벌)과 하복(下服 ; 하체에 행하는 형벌)의 죄를 시행한다. 그런 연후에도 개과천선(改過遷善)이 없으면 사형에 처한다"는 형사처벌 시 고려해야 할 대원칙을 제시해 주고 있다.[124)]

위 기록에는 여러 유형의 형벌 감면(減免)사유가 열거되고 있다. 이 중에서 특히 '불식(不識)'은 분명 과실과는 구분되는 개념으로 해석되는바, 이에 대한 해석론을 일별(一瞥)해 보자면 후한(後漢)의 경학자(經學者)인 정중(鄭衆)은 "愚民無所識則宥之過(우둔한 백성이 아는 바가 없으면 이를 용서하는 것)"이라고 해석하여[125)] '법률의 착오'를 규정하는 것으로 볼 여지도 있으나[126)] 이와 달리 후한의 또 다른 경학자인 정현(鄭玄, A.D.127~200)은 "識審也不審若今仇讎當報甲見乙誠以爲甲而殺之者(불식이란 불심, 즉 자세히 살피지 않는 것이며 예를 들어 복수하려는 자가 갑에게 복수해야 하는 데 을을 갑으로 생각하고 살인하는 경우)로 해석하여[127)] 이른바 사실의 착오(구성요건착오) 중에서 '객체의 착오'에 해당하는 규정으로 보고 있다.[128)] 그리고 이처럼 정현이 정

---

124) 이상의 번역은 지재희·이준영 해석, 앞의 책, 426-427면을 주로 참조하였음.

125) 이에 대해서는 周禮鄭氏注, 孔子文化大全編輯部 (山東友誼書社 출판, 1992), 662면 참조.

126) 이러한 평가로는 西田太一郎/천진호 외 2인 역, 앞의 책, 149면 참조.

127) 周禮鄭氏注, 앞의 책, 662면.

중[129]과 다른 주석을 단 이유는 '불식'을 정중처럼 해석하면 이는 삼사(三赦)의 창우(惷愚)와 구분이 되지 않기 때문이라고 한다.[130]

과연 주례 추관사구 사자편의 '불식'이 '법률의 착오'를 의미하는지 '사실의 착오'를 의미하는지 아니면 양자 모두를 상정(想定)한 용어인지는 다소 불분명하다. 다만 위 개소의 삼사(三赦)에 '창우(惷愚)'가 포함되어 있기 때문에 '불식'을 법률의 착오가 아닌 객체의 착오로 해석해야 한다는 정현의 해석론은 쉽게 수긍하기 어렵다. 왜냐하면 '창우'와 '불식'이 구분되지 않는 동일한 상태를 지칭하는 용어라면 굳이 별도로 규정될 필요가 없었을 것이고 따라서 양자는 서로 다른 형벌 감면사유를 규정한 것으로 해석함이 자연스럽기 때문이다. 이러한 맥락에서 西田太一郎이 '창우'는 백치 또는 심신미약자로서 '책임무능력'과 관련된 규정이고 정중이 논급하는 '우둔한 백성'이란 보통사람 가운데 어리석어 법령을 모르는 경우로서 양자는 구별될 수 있다고 지적한 것은 타당하다고 본다.[131]

그러나 다른 한편으로 정현의 주장은 다음과 같이 이해할 수 있다. 정현은 '법률의 착오'란 보통사람 가운데에서는 발생할 수 없고, 오로지 선천적인 심신장애자에게만 일어날 수 있다고 보고 있는 것이다. 그렇기 때문에 '불식'을 '창우'에 포섭되는 '법률의 착오'와는 달리 '사실의 착오'만으로 국한시켜 해석해야 한다고 주장한 것이다. 이와 같은 추론은 현행 중국형법 역시 일반적인 '법률의 착오' 조문은 별도로 두지 않고 오로지 '책임무능력' 조문만 두고 있는 점에서도[132] 지지될 수 있다

128) 西田太一郎/천진호 외 2인 역, 앞의 책, 150면.

129) 정중은 대사농(大司農)이란 관직을 지냈기 때문에 정사농(鄭司農)이라고도 부르며 같은 시대의 정현과 구분하여 선정(先鄭)이라고도 칭한다.

130) 孫詒讓, 周禮正義, 淸代 末期, 2842면 ; 馬辛民 편저, 賈公彦, 周禮注疏, 唐代(북경대학출판부, 2000), 1110면 참조.

131) 西田太一郎/천진호 외 2인 역, 앞의 책, 150면.

132) 중국형법 제18, 19조 ; 1979년 중화인민공화국형법 제정과정에서 법률의 착오조문을 두면 입증이 곤란해진다는 이유로 초안상의 법률의 착오조문(제22초안 제16조)을 삭제하였다. 이에 대해서는 법무부, 중국법연구(II)－형사법－,

고 본다. 요컨대 정현의 이해방식에 따르면 법률의 착오란 정상적인 사람에게는 발생할 수 없는 성질의 착오라는 것이다.

'불식'에 대한 정중의 해석이 옳은지 아니면 정현의 주석이 더 타당한지에 대한 논의는 후대의 다른 주석서에서 더 깊이 논구(論究)되지는 않고 있다. 즉 당대(唐代) 가공언의 '주례주소(周禮注疏)'나 청대(淸代) 손이양의 '주례정의(周禮正義)'에서도 두 학자, 즉 정중과 정현의 해석론을 충실히 소개하는데 그치고 있을 뿐이다. 예컨대 손이양은 '주례정의'에서 '불식'에 대한 정중의 해석은 "愚民不識法令而誤有觸犯(어리석은 백성이 법령을 몰라서 착오로 죄를 범하는 것)"으로, 그리고 정현의 해석은 "假令兄甲是仇人見弟乙誠以爲是兄甲錯殺之是不審也(가령 형 갑이 원수인데 아우 을을 보고 이를 형 갑으로 오인하여 살해한 경우)"로 보다 명확히 하여 전자의 경우는 '법률의 착오'임을, 그리고 후자의 경우는 '객체의 착오'임을 재확인 해주고 있을 뿐 어느 견해가 옳은지에 대한 논급은 보이지 않는다.[133]

이상의 논의에 비추어 볼 때 주례 추관사구 사자편의 '불식'은 중국 고대 착오론의 전개에 있어서 '법률의 착오'로도 그리고 '사실의 착오'로도 모두 해석이 가능한 용어였던 것으로 보인다. 이러한 해석론적 전통은 오늘날까지 이어져 대표적으로 대염휘(戴炎輝)는 '당률통론(唐律通論)'에서 사실의 착오에 관해서는 '불식'에 대한 정현의 해석론을 소개하고,[134] 법률의 착오에 관해서는 정중의 해석론을 논급하고 있다.[135] 또한 정약용의 '흠흠신서(欽欽新書)'에서도[136] 법률의 착오사례에서 주례 추관사구 사자편의 '불식'을 논급하고 있는 것으로 미루어 볼 때 해석론상의 견해 차이에도 불구하고 주례는 분명

1992, 32-33면 참조.

133) 孫詒讓, 周禮正義, 앞의 책, 2842-2843면 참조.

134) 다만 대염휘는 정현의 해석을 '객체의 착오'가 아닌 '구체적 사실의 착오'로 설명하고 있다. 이에 대해서는 戴炎輝, 당률통론 (국립편역관, 中華民國 66, 中華民國 53 초판발행), 448면 참조.

135) 戴炎輝, 앞의 책, 448-451면 참조.

136) 정약용/박석무·정해렴 역주, 앞의 책(*欽欽新書 제1권*), 67-68면 참조.

'법률의 착오'에 대해 규정하고 있는, 중국 최고(最古)의 권위 있는 문헌이라고 볼 수 있을 것이다.

2. 당률(唐律)에서의 법률의 착오론

1) 중국 고대법과 법률의 착오

주례 추관사구 사자편의 규정은 서주(西周)의 형법이 고의와 과실을 구분하였던 점과도 내용적으로 일치하고[137] 주례를 숭상한 공자 역시 그의 저작인 춘추에서 "마음을 따져 죄를 정한다(原心定罪)"는 사상을 피력한 것으로 미루어 후대의 법률사상에 상당히 영향을 주었을 것으로 추정된다. 다시 말해 중국 고대법에서 일찍이 범의(犯意)를 고려하여 유의범(有意犯)과 무의범(無意犯)을 구분하여 달리 취급할 수 있었던[138] 법리의 배후에도 바로 주례의 위 기록이 자리잡고 있었던 것이다.[139] 그리고 이러한 추정은 중국 고대법의 해석에 있어서 유교 경전에 입각한 해석방법이 존재했다는 점으로부터도[140] 지지될 수 있다고 본다. 그리고 주례 사자편의 '창우'에 관한 규정은 당률은 물론 진율(晉律)과 북위율(北魏律) 등에서도 '책임무능력자'에 대한 조문으로[141] 전승되고 있기 때문에 이와 같은 추정은 더욱 설득력이 있다고 본다.

---

137) 이에 대해서는 장국화/임대희 외 4인 역, 중국법률사상사 (아카넷, 2003), 41면 참조.

138) 中村茂夫/임대희·박춘택 역, 앞의 책, 25-30면 ; 김택민, 동양법의 일반원칙 (아카넷, 2004), 421면.

139) 中村茂夫도 중국 고대법이 범의를 고려하였던 사상적 유래를 논급하면서 주례를 상세히 다루고 있다. 이에 대해서는 中村茂夫/임대희·박춘택 역, 앞의 책, 26-27면 참조.

140) 예컨대 '당률소의'의 해석에 있어서 유교경전에 입각한 사례의 소개로는 김택민, 앞의 책, 32-33면 참조.

141) 이에 대한 소개로는 김택민, 앞의 책, 422면 참조.

그러나 고대 중국법이 이와 같은 태도를 취하고 있었다고 하더라도 과연 '법률의 착오'를 어느 정도로 고려하고 있었는가의 별개의 문제라고 본다. 왜냐하면 고의와 과실을 구분했다는 사실로부터 위법성의 인식 역시 고려되었다는 법리적 필연성이 도출되지는 않기 때문이다. 이 점은 특히 고대 중국 판례에 있어서 법률의 착오를 인정해 준 실례를 찾기 힘들다는 '전거부재(典據不在)'의 사실로부터도 간접적으로 입증된다. 예를 들어 춘추전국(春秋戰國)시대부터 북송(北宋) 휘종(徽宗, 1101~1125)때까지 대략 1500여 년간에 이르는 역사적 명판례를 수록하고 있는 중국 고대 판례집인 '결옥귀감(決獄龜鑑)'[142]이나 당률에 있어서 법률의 착오를 논급하고 있는 대염휘의 '당률통론' 및 채돈명(蔡墩銘)의 '唐律與近世刑事立法之比較研究', 그리고 청대(淸代)의 주요한 판례를 다루고 있는 Derk Bodde와 Clarence Morris의 'Law in Imperial China' 및 中村茂夫의 '판례를 통해 본 청대형법'을 보더라도 '법률의 착오'가 직·간접적으로 문제시된 사례를 찾아볼 수 없으며 각 저자들 역시 그와 관련된 사례를 발굴하여 소개해 주고 있지 못하다.[143] 반면에 과실범이나 사실의 착오, 그리고 책임무능력자에 대한 형의 감면 필요성을 소개한 사례는 쉽게 찾아볼 수 있다.

또한 1959년 출간된 仁井田陞의 '중국법제사연구(형법)'에서 '법률의 착오'란 용어가 단 한번밖에 언급되지 않으며 그것도 '불식'에 대한 정현의 해석은 '법률의 착오'가 아니라 '사실의 착오'를 의미하는 것이라고 짧은 각주해설에서 언급되고 있는 점에 비추어 보더라도[144] 고대 중국 형법에서 '법률의 착오'에 대한 논의가 얼마나 미미했는지를 알 수 있다. 이를 통해 미루어 보건대 주례의 '불식'은 '법

---

142) 이는 '절옥귀감(折獄龜鑑)'이라고도 부른다. 동 문헌에 수록된 판례는 鄭克/김지수 역, 절옥귀감 - 고대 중국의 명판례 - (소명, 2001) 참조.

143) 이는 당률에서 '법률의 착오'가 인정되었으리라고 추측하고 있는 김택민 교수의 '동양법의 일반원칙'도 마찬가지이다.

144) 이에 대해서는 仁井田陞, 中國法制史研究(刑法), 1959 참조.

률의 착오'보다는 '사실의 착오'를 뜻하는 용어로 널리 해석되었다고 평가할 수 있을 것이다. 또한 결과적으로 보면 '불식'에 대한 '정중설'보다는 '정현설'이 더 지배적이었을 것이라는 주장도 가능하다고 본다.[145]

물론 전술한 문헌들이 언급하고 있는 사례들의 단편성(斷片性) 때문에 이와 같은 주장을 일반화 하기는 어려울 것이다. 이 점은 특히 비록 우리나라의 판례이기는 하지만 '흠흠신서'에서는 분명 '법률의 착오'에 관한 사례를 소개해 주고 있기 때문에[146] 더욱 신중하게 논구될 필요가 있다고 본다. 그럼에도 불구하고 고대 중국법에서 법률의 착오가 대체적으로 인정되지 못했을 것이라는 추정은 법률의 착오와 관련된 '당률'의 해석을 둘러싼 논의에서도 지지될 수 있다. 이를 소개하면 다음과 같다.

2) 당률의 해석과 법률의 착오

당률은 춘추전국시대(春秋戰國時代) 이래의 중국 고대법령을 집대성한 것으로서 중국 고대법의 입법태도를 가늠할 수 있는 주요한 법령이다. 그리고 당률소의(唐律疏議)는 이러한 당률에 국가의 공식적·유권적인 해석인 주소(注疏)를 덧붙인 형법주석서라고 볼 수 있다.[147] 당률은 법률의 착오에 관한 일반 총칙적인 규정은 두고 있지 않다.[148] 다만 각칙에 법률의 착오와 결부시켜 해석할 수 있는 조문이 있을 뿐이다. 당률에서 법률의 착오와 관련하여 논급되는 조문은 사

---

145) 이러한 추정은 위(魏)나라의 초대 황제였던 문제(文帝) 조비(曹丕, A.D. 187~226)가 율령 해석의 혼란을 피하기 위해 정현의 해석만을 취하고 나머지 10여개 학파의 율령 해석은 모두 폐지한 바 있었던 역사적 사실과도 어느 정도 부합되는 측면이 있다. 참고 문헌으로는 김택민, 앞의 책, 27면.

146) 이에 대해서는 정약용/박석무·정해염 역주, 앞의 책, 같은 면 참조.

147) 이에 대해서는 김택민·임대희 역, 역주 당률소의, 명례율편 (한국법제연구원, 1994), 15면 이하 참조.

148) 蔡墩銘, 唐律與近世刑事立法之比較硏究 (五洲出版社, 1972), 177면 참조.

위율(詐僞律) 17조이다.

> **詐僞 17** 諸詐敎誘人使犯法, 犯者不知而犯之. 及和令人犯法, 謂共知所犯有罪. 卽捕若告, 或令人捕告, 欲求購賞, 及有憎嫌, 欲令入罪, 皆與犯法者同坐(무릇 속임수로 사람을 敎唆·誘惑하여 법을 어기게 하거나 법을 어긴 자는 모르고 범한 것이다. 쌍방이 합의하여 일방에게 법을 어기게 하고는 쌍방이 범한 바가 죄가 됨을 아는 것을 말한다. 만약 체포 내지는 고발하거나 혹은 타인에게 체포·고발케 하여 보상을 받고자 하거나 증오함이 있어 죄에 빠뜨리려고 한 경우는 모두 법을 어긴 자와 같은 죄로 처벌한다).[149]

대염휘는 동 조문의 '皆與犯法者同坐'을 해석함에 있어서 교유자와 피교유자 모두 처벌된다고 보아 모르고 법을 어긴 피교유자 역시 처벌됨에 비추어 당률에서는 법률의 착오가 고려되지 않고 처벌되었다(不知其行爲有違法性而犯法者, 仍予處罰)고 주장하였다.[150] 즉, 당률 각칙상 법률의 착오는 고려되지 않고 처벌되었다는 것이다. 그러나 이와 같은 대염휘의 해석에 대해 '皆與犯法者同坐'란 동 조문에 대한 소의(疏議)에서 설명해 주고 있듯이 "모두 자신이 직접 법을 범한 것과 같은 죄로 처벌한다(皆與身自犯法者同罪)"[151]는 뜻일 뿐 피교유자가 처벌된다는 취지는 아니므로 교유에 의해 범죄에 빠진 자는 죄가 없는 것으로 해석해야 한다는 반론이 제기된 바 있다.[152] 다시 말해 사위 17의 조문과 소의에 사용된 '同坐'와 '同罪'는 명례율 53-1의 '여동죄(與同罪); 본범과 같은 죄로 처벌한다'[153]의 취지가 아니고 단지 자신이 범한 때의 처벌과 같다는 뜻으로 새겨야 한다는 것이다.[154]

'皆與犯法者同坐'를 어떻게 해석해야 하는가는 분명 논란의

149) 이에 대해서는 역주 당률소의, 앞의 책, 각칙 하권, 3186-3187면 참조.
150) 戴炎輝, 앞의 책, 451면 참조.
151) 역주 당률소의, 앞의 책, 각칙 하권, 3186-3187면 참조.
152) 김택민, 앞의 책, 455면 참조.
153) 역주 당률소의, 앞의 책, 명례편, 354면 참조.
154) 김택민, 앞의 책, 515면 참조.

여지가 있다고 본다. 그러나 피교유자는 처벌되지 않는 것으로 해석해야 한다는 주장은 재고할 필요가 있다. 왜냐하면 사위율 17조를 보면 분명 단지 교유자가 '법률의 착오에 빠진 자'를 교유한 경우뿐만 아니라 교유자와 피교유자 '쌍방이 합의하여' 범죄를 저지른 경우까지 모두 포함하고 있다. 그리고 '쌍방이 합의하여 죄가 됨을 알면서 그 일방에게 범법행위를 시킨 경우'는 오늘날의 형법이론상 전형적인 교사범에 해당하는 경우로 비록 고대의 당률이었다고는 하나 이 경우 피교사자를 처벌하지 않는다는 법해석은 법리적으로 상당한 문제가 있다고 본다. 이와 관련 채돈명은 동 조문을 해석함에 있어서 법률에 무지한 피교령자 역시 동시에 처벌되었으며 따라서 "법률에 부지한 자는 이로써 책임조각의 항변을 할 수 없었다(不知法律之人不能以此主張阻却責任)고 하여[155] 대염휘의 해석론을 지지해 주고 있다. 이러한 해석이 옳다고 판단된다.[156]

한편 채돈명은 당률 각칙상 법률의 착오와 결부시킬 수 있는 조문으로서 투송률(鬪訟律) 제55-1조와 55-2조를 논급하고 있는바, 그에 따르면 투송률 제55-2에 의해 만일 남에게 고용되어 고용자와 무고(誣告)를 공모(共謀)한 후 타인의 죄를 무고한 경우에는 고용자와 고용된 자(受雇者)는 모두 처벌됨에 반해 투송률 제55-1에서는 남에게 고용되어 (비록 재물은 받았더라도) 고용자와 무고(誣告)를 공모(共謀)함 이 없이, 고발장(辭牒)을 작성함에 있어서 그

155) 蔡墩銘, 앞의 책, 177면 참조.

156) 당률이 법률의 착오를 고려하고 있지 않았다는 해석론은 당률이 중국 고대법의 집성으로서 고대법의 입법태도를 반영한다는 점에 비추어 보아도 타당한 것으로 보인다. 예를 들어 張晋藩 主編의 중국법제사를 보아도 당률 이전의 중국 고대법령에서 법률의 착오를 고려하였다는 전거는 발견되지 않는다. 이에 대해서는 張晋藩 主編/한기종 외 역, 중국법제사 (소나무, 2006), 36-472면 참조. 또한 동 문헌에 따르면 당률이 고의와 과실을 구분하였고, 노인과 어린이, 그리고 장애인의 형을 감면해 주는 규정을 두었다는 언급은 있어도 법률의 착오를 고려하는 조문을 두었다는 내용은 찾아볼 수 없다.

죄상을 더하여(加增其狀) 무고(誣告)한 자, 즉 고용된 자는 처벌을 받게 되는데, 이 경우 고용자는 처벌되지 않는 것으로 해석되며 그 이유는 고용자는 적법한 고발을 하려던 것이나 결과적으로는 고용된 자에 의해 위법한 고발이 되어 결국 '의도한 행위와 발생한 결과의 위법성에 있어 불일치'가 발생한 점이 고려되었기 때문이라고 볼 여지가 있다고는 하나,[157] 이러한 사례는 그 스스로도 자인(自認)하고 있듯이 법률의 착오는 아니며(非不知法律)[158] 현대의 형법이론상 교사자(고용자)에게 '교사의 고의'는 물론 '정범의 고의'도 없어서 이른바 '이중의 고의'가 인정되지 않기 때문에 고용자가 처벌되지 않는 것이므로 법률의 착오와 관련된 조문으로 해석하기는 어렵다고 본다. 요컨대 당률은 총칙상 법률의 착오규정을 두고 있지 않고 있었고 각칙의 해석상으로도 법률의 착오는 인정되지 않았던 것으로 보건대 당률의 기본 입장은 법률의 착오를 면책사유로 고려하고 있지 않았던 것으로 사료된다. 즉, 주례의 '불식'에 담긴 입법정신은 당대(唐代)에 이르러서는 '사실의 착오'로만 제한적으로 전승(傳承) 및 해석되었던 것이다. 그러므로 당률이 중국 고대법의 집성이라는 점에 비추어 볼 때 당대에 이르기까지 중국 고대법의 기본 입장은 대체로 법률의 착오를 면책사유로 인정하지 않았던 것으로 추정할 수 있을 것이다.

---

157) 蔡墩銘, 앞의 책, 177면.

158) 蔡墩銘, 앞의 책, 177면 ; 관련 투송률에 대해서는 역주 당률소의, 앞의 책, 각칙 하권, 3136-3138면 참조.

Ⅳ. 몇 가지 비교와 결론

1. 법률의 착오에 대한 동양적 관점들 간의 공통점과 차이점

고대 인도의 법, 특히 베다전통의 다르마수트라-사스트라에서 법률의 착오가 있는 경우에는 고의로 범한 경우와 달리 일정한 속죄의식에 의해 용서받을 수 있는 길이 열려 있었다. 이러한 입장은 리그베다는 물론 Gautamasūtra와 Manuśāstra에서도 확인되며 따라서 베다전통의 다르마체계하에서는 거의 그대로 일관되게 전승되어 갔던 것으로 보인다. 한편 베다의 권의를 부정하고 등장한 새로운 사상사조(思想思潮)로서의 자이나교에서는 행위자의 동기나 의도보다는 객관적 결과를 중시하였기 때문에 법률의 착오는 대체로 인정되지 않았다. 그리고 자이나교에서 이처럼 의업(意業)보다는 신업(身業)을 강조했던 근거는 자기수양에 철저한 사람은 절대로 과실이나 착오를 범하지 않기 때문이라는데 있었다. 자이나교와 마찬가지로 베다전통의 권위를 부정하고 개창된 불교 역시 계율의 착오는 명백히 처벌 된다는 입장을 취하고 있었다. 그 이유는 계율의 착오는 착오자의 부주의에서 비롯된 것으로 보았기 때문이었다. 그러나 자이나교와는 달리 불교에서는 비교적 낮은 수준의 처벌만을 부과하는 입장을 취하였고 결과적으로는 '참회'로써 처벌에 갈음하였기 때문에 법률의 착오에 대한 베다전통의 사고방식과 거의 유사한 태도로 평가할 여지도 있었다. 그러나 계율의 착오는 일률적으로 바일제죄라는 비교적 낮은 수준의 죄로 의율하여 착오자의 참회를 요구하는 불교의 규율방식은 자이나교는 물론 베다전통의 다르마수트라-사스트라와 비교해 볼 때 매우 독창적인 입법태도로 판단된다.

고대 중국에서의 법률의 착오론은 주례 추관사구 사자편을 중심으로 전개되었다. 한나라의 정중과 정현은 동 개소의 '불식'을 서로 달리 보아서 정중은 이를 법률의 착오로 정현은 사실의 착오로 해석하였다.

춘추전국시대 이래 중국 고대법의 집성(集成)이라고 볼 수 있는 당률의 조문취지로 미루어 보건대 고대 중국에서는 대체로 법률의 착오가 인정되지 않았던 것으로 보인다. 이는 달리 말하면 주례의 '불식'에 대한 '정중설'보다는 '정현설'이 보다 일반적인 해석론으로 받아들여졌다고 볼 수도 있을 것이다. 다만 '정중설'을 취한다고 하더라도 법률의 착오는 원칙적으로 범죄가 성립됨은 고대 인도의 여러 사고유형과 동일하였다. 즉, 법률의 착오는 원칙적으로 죄가 되지만(三宥, 皆本有罪入五刑)[159] 유서(宥恕)할 수 있는 여지만 있었던 것이다.

이상의 논의를 정리하면 다음과 같은 하나의 공통점이 발견된다. 고대의 인도와 중국에서는 원칙적으로 법률의 착오는 죄가 된다는 입장을 취하고 있었던 것이다. 다만 나라별로 또는 사상사조에 따라서 이를 어느 정도로 고려하여 용서할 것인가에 대해서는 다양한 방법론이 제시되고 있었다.

2. 구약성서와 고대 그리이스 및 로마법상의 착오론과의 비교

고대 서양[160]에서의 법률의 착오론, 그 중에서 구약성서에서의 법률의 착오에 관한 논의는 대체적으로 레위기(Leviticus, Ⅴ: 17-18)와 민수기(Numbers, ⅩⅤ, 22-31)를 중심으로 이루어진다.[161] 관련 개소를 소

159) 이 점에 대해서는 孫詒讓, 周禮正義, 淸代 末期, 2842면 참조.

160) 엄밀히 말해 구약성서는 고대 근동지역의 역사와 신앙을 바탕으로 한 것이기 때문에 동양적인 범주에 포함시키는 것이 옳겠지만, 지성사적 관점에서 보면 히브리 민족의 헤브라이즘은 헬레니즘과 더불어 서양문화의 양대 조류를 형성하고 있다는 점에서 구약성서에서의 법률의 착오론을 고대 서양에서의 규범적 사고방식으로 분류하기로 한다. 이와 같은 맥락에서 세계적인 비교신화학자인 Joseph Campbell은 고대 근동의 신화를 서양신화에서 다루기도 하고 동양신화에서 다루기도 한다. 이에 대해서는 Joseph Campbell, *The Masks of God, Vol. Ⅱ(Oriental Mythology)* (Penguin Books, 1962) ; 같은 책, Vol.Ⅲ(Occidental Mythology) 참조.

개하자면 다음과 같다.

Leviticus Ⅴ: **17** "If anyone sins, breaking any of all the commandments of Yahweh which is not to be broken, without being aware of it, then he realizes guilt, and he is held responsible. Ⅴ: 18 He is bring to the priest a ram without defect from the flock according to the value set for a reparation offering, and the priest will make expiation for him concerning his error which he has inadvertently done so that he may be forgiven"

Numbers ⅩⅤ: **27** "If one person sins inadvertently, he shall offer a female goat a year old for a purification offering. ⅩⅤ: 28 And the priest shall make atonement before Yahweh for the person who commits an error, when he sins inadvertenly, to make atonement for him. And he shall be forgiven"

위 두 개소 중에서 우선 레위기(Ⅴ: 17-18)를 보면 누구든지 여호와의 금령(禁令)을 부지중에(without being aware of it) 범한 경우, 분명 죄가 성립하지만 제사장에게 속죄를 위해 일정한 제물을 바쳐 제의식(祭儀式)을 행함으로써 죄사함을 받을 수 있다고 가르치고 있다. 즉, 금지규정에 대한 부지로 인한 행위는 원칙적으로 죄가 되지만 속죄의식을 행함으로써 용서를 받을 수 있다는 것이다.[162] 다만 동 개소는 금지규범의 착오 일반에 대한 총칙적 규정이라기보다는 동 개소의 전반부인 레위기 14-16이 여호와의 성물(聖物)에 대한 범죄를 다루고 있는 것으로 미루어 신성한 물품을 손상시킨 범죄에만 적용되는 개별적 규정으로 보아야 할 것이다.[163]

다음으로 민수기(ⅩⅤ: 27-28)를 보건대, 위 개소의 그릇(inadvertently)

---

161) 구약성서의 법률의 착오론에 대한 연구와 소개로는 Paul K. Ryu & Hellen Silving, Error Juris : A Comparative Study, *24 U. of Chi. L. Rev. 421* (1957), 424-425면 참조.

162) 이러한 주석으로는 John E. Hartley/김경열 역, Leviticus, World Biblical Commentary Vol.4 (솔로몬, 2005), 241-242면 참조.

163) 이러한 해석으로는 J. Milgrom, *Cult and Conscience* (Leiden : Brill, 1976), 74-83면 참조. 동 문헌의 소개로는 John E. Hartley/김경열 역, 앞의 책, 241면 참조.

범죄함이란 우연하게 발생한 모든 태양(態樣)의 죄를 지칭하는 것으로서[164] 예를 들자면 실수로 또는 부지로 인하여 지은 죄 등을 말한다.[165] 따라서 동 개소는 (과실도 포함하여) 부지로 인하여 죄를 범한 자는 속죄제(贖罪祭)를 통해서 죄사함을 받을 수 있다는 내용으로 해석된다. 다만 전술한 레위기(Ⅴ: 17-18)의 착오규정이 성물(聖物)에 관한 특정한 범죄에 대해서만 적용되는 것임에 반해 동 개소는 일반적인 태만죄 내지는 무지죄에 대한 속죄규례를 논급하고 있는 것이다.[166] 이 점은 특히 그릇 범죄한 자에 대한 동 규례는 이스라엘 자손뿐만 아니라 이방인에게도 보편적으로 적용된다고 가르친 대목에서도 분명하게 드러난다.[167] 요컨대 민수기의 동 개소는 금지 규범의 착오 일반에 대한 규례로 해석된다고 볼 수 있다.

구약성서의 입장도 법률의 착오는 원칙적으로는 죄가 되지만 일정한 속죄의식에 의해 용서받을 수 있다는 점에서는 고대 동양에서의 베다전통의 사고방식과 놀라울 정도로 유사하다.[168] 따라서 법률의 착오를 이와 같이 취급하는 입장은 이른바 기축시대(Axial Era)에 있어서의 전세계적으로 보편화된, 착오론의 한 원형(原形)[169]을 이루고 있었던

164) Phillip J. Budd/박신배 역, Numbers, World Biblical Commentary Vol.5 (솔로몬, 2004), 301면 참조.

165) 강병도, 호크마 종합주석 Vol.4, Numbers (기독지혜사, 2000), 290, 293면 참조.

166) 이러한 주석으로는 강병도, 앞의 책, 293면.

167) Numbers XV: 29.

168) 이로부터 고대 근동의 규범적 사고방식과 고대 인도의 베다전통의 규범의식 간의 상호 교섭의 한 가능성을 입론해 볼 수도 있을 것이다. 비슷한 맥락에서 고대 동·서양 종교·사상 간의－특히 고대 인도와 그리스의－상호 교섭 가능성에 대한 폭넓은 전거의 제시로는 Sarvepalli Radharkrishnan, *Eastern Religions and Western Thought* (Oxford Univ. Press, 1939) 참조.

169) 본고에서의 '원형'은 '원형(原型 ; archetype)'이 아닌 '원형(原形 ; original form)'의 의미로 사용하고 있음을 미리 밝혀둔다. 전자가 무의식적으로 '신화(神話)적 표상(表象)'을 만들어 내는 '창조적 환상' 또는 '신화소(神話素)'를 의미하는 심층심리학적 개념인 반면에 필자가 다루고자 하는 '사고의 원형'은 '이성적 사고'에 의해 의식적이고 논리적인 규범적 판단의 과정을 거쳐서 형성된

것으로 보인다. 그러나 반면에 이러한 입장과 달리 법률의 착오를 엄격히 취급하는 사고방식도 엄연히 공존(共存)해 왔다. 예컨대 기축시대 자이나교의 입장이 그렇고, 당률의 조문해석을 통해 볼 때, 고대 중국법의 입장도 마찬가지였다.

법률의 착오를 엄격하게 취급하는 입장은 비단 자이나교나 당률뿐만 아니라 고대 그리이스의 착오이론에서도 찾아볼 수 있다. 우선 플라톤의 '법률(Nomoi)'에는 착오를 단순한 부지와 자신의 지식에 대한 교만(驕慢)에서 비롯된 적극적 착오로 구분해 전자는 경미한 범죄로, 후자는 죄상(罪狀)에 따라 전자에 비해 대체로 중한 범죄로 처벌되어야 한다는 내용이 수록되어 있다.[170] 또한 아리스토텔레스는 법률의 착오와 사실의 착오를 구분한 후,[171] 사실의 착오는 항상 행위를 자신의 의도에 반하는 것으로 만들기 때문에[172] 처벌되지 않는 것으로, 반면 모

'사고방식의 원초적 형태' 또는 '전통의 본래적 내용'을 의미하기 있기 때문이다. 물론 근자에 들어서 '사고의 원형'도 그 연원에 있어 상당부분 신화적 요소의 영향을 받았다는 주장 역시 널리 제기되고 있는바, 본고에서는 고대 인도의 경우 신화적 성격이 강한 베다(Veda)에서부터 '규범적 사고의 원형'을 발견해 내 보려는 논의를 전개하고 있다. 원형(原型; archetype)에 대한 설명으로는 C.G. Jung/융 저작 번역회 역, 원형과 무의식 (솔, 2003); 이유경, 원형과 신화 (이끌리오, 2004), 122-124면 참조. 희랍 철학의 주요 개념, 예컨대 노모스(법, Nomos)가 희랍 신화에서 유래했음을 논증하고 있는 대표적 문헌으로는 F.M. Conford/남경희 역, 종교에서 철학으로 (이화여대 출판부, 2004), 12면 이하 참조. 역시 '논리적 사고'의 연원을 종교·신화적 요소에서 찾을 수 있는 가능성에 대한 지적으로는 김인곤 외 옮김, 소크라테스 이전 철학자들의 단편 선집 (아카넷, 2005), 672-676면 참조.

170) Plato, Nomoi 863a-863d 참조. Nomoi의 영역본으로는 R.G. Bury, *Plato in Twelve Volumes, XI Laws* (Harvard Univ. Press, 1996, 1928년 초판 발행), 233면 참조.

171) 이러한 평가로는 Hans Welzel, *Naturrecht und materiale Gerechtigkeit, 4.Aufl.* (Göttingen : Vandenhoeck & Ruprecht, 1962), 36면; Laurens C. Winkel, *Error juris nocet: Rechtsirrtum als der Problem der Rechtsordnung* (Zutphen, Holland: Terra Publishing Company, 1985), 35면.

172) Aristotle/William David Ross 역, *Nicomachean Ethics* (Oxford University Press,

든 사람이 알고 있어야 하고 또한 쉽게 알 수 있는 실정법규에 대한 착오는 처벌되어야 한다고 주장하였다.[173] 다만 아리스토텔레스가 모든 법률의 착오를 엄격하게 취급하려고 했는지는 분명치 않으며 논란의 여지가 남아있다.[174] 어쨌든 고대 그리이스의 착오론에서는 분명 법률의 착오가 구약성서나 베다전통의 다르마수트라－사스트라에 비해서 엄격하게 취급된 것으로 보이며 이처럼 법률의 착오를 엄격하게 취급하려는 사고방식의 가장 극단화된 형태는 로마법상의 "법률의 부지는 용서받지 못한다"는 전통적 법원칙에서 찾아볼 수 있다.[175]

이처럼 고대 동·서양의 착오론의 전개과정에서 법률의 착오를 엄격히 취급하려는 사고방식도 분명 존재했던 것으로 보인다. 다만 자이나교와 로마법을 예로 들면 그러한 착오론의 근거는 상이했던 것으로 판단된다. 로마법에 있어서 법률의 착오가 엄격히 취급된 이유는 객관적 질서로서의 법규의 효력을 유지하려는데 있었던[176] 반면 자이나교에서는 그러한 법규 자체의 수호보다는 수행자(修行者) 개인의 엄격한 자기수양을 촉구·권장하려는데 있었던 것으로 보인다.[177] 다시 말해 법률의 착오를 엄격히 취급하려는 입장 간에도 그 근거에 있어서는 차이점이 있었던 것이다.

1987), 51면, 1111a 참조.

173) Aristotle, 앞의 책, 60면, 1113b 참조.

174) 이에 대한 심도 있는 논의로는 Laurens C. Winkel, 앞의 책, 30면 이하 참조.

175) Arthur Kaufmann은 아리스토텔레스의 착오론이 로마법에 전승되어 이와 같은 법리를 낳게 된 것으로 평가한다. 이에 대해서는 Arthur Kaufmann, *Die Parallelwertung in der Laiensphäre: Ein sprachphilosophischer Beitrag zur allgemeinen Verbrechenslehre* (Verlag der Bayerischen Akademie der Wissenschaften, 1982) 4면 참조.

176) 이러한 분석으로는 Karl Binding, *Normen und ihre Übertretung, Band III* (Leipzig : Verlag von Felix Meiner, 1918), 38-52면 참조.

177) Sūtṛakrtāṅga 2.6.30-32.

3. 고대 착오론의 현대적 의의

고대의 착오론, 특히 동양에서의 법률의 착오론은 오늘날 세계 각국 및 각법계의 법률의 착오론과 비교해 볼 때 다음과 같은 의의를 지닌다.

우선 첫째, 자이나교와 고대 중국법에서처럼 법률의 착오를 엄격하게 취급하여 형법적으로 고려하지 않으려는 입장, 즉 위법성인식불요설은 오늘날에도 영미법계의 판례에서는 물론이고 일본 최고재판소에 의해서도 일관되게 지지되고 있으며, 또한 독일 제국법원의 경우 형벌법규와 비형벌법규를 구분하여 전자의 경우는 고려되지 않는 착오로 취급한 바 있고,[178] 우리나라의 경우도 대법원은 1961년의 대법원 판결 1961.10.5, 61도208 이래로 현재까지(대판 2005.5.27, 2004도62) 단순한 법률의 부지와 법률의 착오를 구분하여 전자의 경우는 '정당한 이유'의 심사도 없이 형법상 고려되지 않는 착오로 취급하는 태도를 일관되게 견지하고 있는바, 이처럼 위법성인식불요설은 고대 동양의 착오론에서와 같은 본래적 형태는 물론 독일제국법원이나 우리 대법원의 판례처럼 다소 변형된 형태로도 오늘날까지 면면히 이어져 오고 있음을 확인하게 된다.

독일의 경우 위법성인식불요설을 극복하기 위한 학설로서 고의설 및 책임설 등이 대두되어 위법성의 인식을 고의 또는 책임의 요소로 편입시키려는 이론적 노력이 독일 제국법원 이후 현재까지 이어져 독일 신형법 제17조의 제정 등으로 가시적인 결실을 보고는 있으나, 이처럼 금지착오 조문의 제정 이후에도 독일 역시 법률의 착오를 인정하는데 있어 인색한 형편이고[179] 독일형법의 영향을 받고 있는 일본과 우리나라의 경우도 위법성인식불요설을 직·간접적으로 수용하고 있는바, 이

178) 이에 대해서는 Edward Kohlrausch, *Die Lehre vom Rechtsirrtum in Theorie und Praxis des heutigen Strafrechts*, 출간년도 미상, 119면 ; Otto Kahn, *Der außerstrafrechtliche Rechtsirrtum*, 1900 참조.

179) 이러한 평가로는 Gunther Arzt, Ignorance or Mistake of Law, *24 Am. J. Comp. L.* 646 (1976), 668면 참조.

처럼 위법성인식불요설이 사라지지 않는 이유는 고대 동양에서의 법률의 착오에 대한 논의에서 살펴본 바와 같이 법률의 착오를 엄격하게 취급하는 입장도 그 나름대로의 합당한 근거를 지니고 있기 때문인 것으로 분석할 수 있다고 본다. 예를 들어 자이나교는 타인의 법익을 침해하지 않도록 하기 위해 행위자 개인에게 대단히 엄격한 자기수양 의무를 부과하려는 이유로, 불교에서는 계율의 착오란 대개 행위자의 부주의로 인해 발생한다는 사고방식에서, 비슷한 맥락으로 고대 중국의 정현은 법률의 착오란 정상적인 사람에게서는 발생할 수 없는 성격의 착오라는 이유에서 법률의 착오를 항변 및 면책사유로 인정하는데 인색한 입장을 취하고 있었던 것이고 이와 같은 규범적 전통이 오늘날까지 전면적 내지는 부분적으로 전승되고 있다고 이해할 수 있을 것이다.

둘째, 고대 동양에서 법률의 착오를 고려하려는 입장들, 예를 들어 법률의 착오는 일정한 속죄의식에 의해 용서받을 수 있다는 고대 인도의 베다전통의 사고방식과, 비록 계율에 무지한 자는 바일제죄로 처벌한다는 엄격한 입장을 취하기는 했지만 계율의 착오를 일률적으로 경죄로 취급함으로써 위법성의 불인식을 어느 정도 고려하는 불교의 입장은 일견 현대의 착오이론과는 다른 형식을 취하고 있었던 것으로 보인다. 왜냐하면 현대의 지배적인 착오론은 행위 시에 착오가 '회피불가능'했거나 '정당한 이유'가 있었던 경우에 한하여 면책의 효과를 부여하는 태도를 취하고 있는데 반해 베다나 불교의 규범적 전통은 법률의 착오는 고의로 저지른 범죄에 비해 일단 경한 죄로 전제하고 이를 사후적으로 일정한 속죄의식에 의해 면책시키거나 고의범에 비해서 가벼운 형벌로 다루려는 태도를 취하고 있었기 때문이다. 요컨대 착오의 '회피가능성'이란 보다 분석적인 판단척도에까지는 당대의 규범적 사고수준이 미치지 못하고 있었던 것으로 생각된다.

그러나 고대 동양에서 법률의 착오를 고려하려는 입장이 '회피불가능성' 내지는 '정당한 이유'를 세부적인 판단척도로 삼는 오늘날의 착오론과 전혀 다른 것이었다고만 단정할 수는 없다. 왜냐하면 리그베다에 있어서도 무지(Acittih)로 인해 죄를 범한 자가 신에게 용서를 구하는 제의식을 거행하면서 자신의 죄는 스스로의 선택이 아니라 견디기 힘든 외부적 상황(hard environment)에서 비롯된 것으로 꿈에서도 벗어날 수 없을(Even a dream is provocative to falsehood) 만큼 회피불가능한 것이었다(Rgveda Ⅶ.86.6)고 속죄하는 개소를 찾아볼 수 있기 때문이다.[180] 그리고 법률의 착오를 일정한 경죄로 의율하려는 불교식 관점도 독일의 법학자인 Schröder에게서도 유사한 입장을 찾아볼 수 있는바,[181] 고대 동양에서의 법률의 착오이론은 오늘날까지도 의미 있는 관점들을 제공해 주고 있었다고 평가할 수 있을 것이다.

셋째, 고대 동양의 법률의 착오론에서는 위법성의 인식을 고의의 요소로 볼 것인지(고의설), 책임의 요소로 편입시킬 것인지(책임설)에 대한 오늘날과 같은 정치한 논의는 찾아 볼 수 없다. 이것은 아마도 범죄성립요소로서 고의와 책임에 대하여 분화(分化)된 사고체계가 그 당시에는 발달해 있지 못했기 때문인 것으로 추측된다. 일반적으로 책임설은, 위법성의 인식이 결여되면 언제나 고의를 조각시키는 고의설에 비해 고의범 성립의 부당한 축소를 방지함은 물론 이 경우 과실범 처벌규정이 없는 경우 완전한 면책에 이르게 되는 결함도 극복할 수 있으며 또한 책임원칙에 입각해 형사처벌에 적정을 기할 수 있다는 점에서 보다 나은 학설로 평가를 받고 있다. 고대 동양

180) 서구의 착오론에 있어서도 이미 고대 그리이스의 아리스토텔레스에게서 착오의 '회피불가능성'이란 개념의 맹아(萌芽)를 찾아볼 수 있고 이는 중세 카논법에 이르러서는 보다 분명하게 나타나고 있다. 이에 대해서는 Aristotle, 앞의 책, 60면, 1114a ; Thomas Aquinas/Laurence Shapcote 역, *Summa Theologica, Ⅱ-1, Qu.76, Art.2* (Chicago : Encyclopedia Britannica, Inc., 1990, 1952년 초판발행), 142면 ; Gunther Arzt, 앞의 논문, 646면.

181) Schröder는 법과실의 경우 일률적으로 2년 이하의 징역에 처할 것을 주장하였다. 이에 대해서는, H. Schröder, Die Irrtumsrechtsprechung des BGH, in: *Zeitschrift für gesamte Strafrechtswissenschaft, Bd. 65*(1953), 199면 참조.

에서의 베다전통에 있어서 행위자는 다르마(법)를 모르고 죄를 범한 경우 일정한 속죄의식을 치르기만 하면 이에 대해 용서를 받을 수 있다는 점에서 일견 형사처벌의 부당한 축소라는 법정책적 흠결이 노정되어 있다고도 볼 수 있겠으나, 이 경우에도 속죄의식이라는 일정한 제재를 가한다는 점에서 보면 면책범위의 부당한 확대 내지는 착오항변의 남발 등의 법정책적 결함은 어느 정도 극복할 수 있었을 것으로 보인다. 그러므로 베다전통의 착오론도 결과적으로는 책임설에 유사한 법정책적 효과를 누리고 있었다고 볼 수 있다. 그리고 바로 이러한 점에서 고대 동양에서는 비록 고의설이나 책임설과 같은 정교한 이론을 발달시키지는 못하였지만 그럼에도 불구하고 현대의 착오론, 특히 책임설이 지향하는 형사정책적 목표를 나름대로 훌륭히 실현해 내고 있었던 것으로 평가할 수 있을 것이다.

이처럼 고대 동양에서는 고의설이나 책임설과 같은 이론구성에 무지하였음에도 불구하고 법률의 착오를 형법적으로 취급함에 있어서 결과적으로 책임설에 유사한 법정책적 구상을 실현해 낼 수 있었다는 점으로부터 위법성의 인식을 고의의 요소로 편입시킬 것인가 아니면 독립된 책임의 요소로 정서시킬 것인가의 문제는 형사처벌의 적정을 기하는데 있어서는 그다지 본질적인 문제가 아님을 확인할 수 있게 된다. 즉, 고의설과 책임설 중에서 어느 학설을 취하느냐보다는 조문을 어떻게 고안하고 또 실무상 착오법리를 어떻게 운용하느냐가 보다 중요하다는 것이다. 일찍이 유기천 교수가 위법성의 인식을 고의의 요소로 볼 것인지 책임의 요소로 볼 것인지는 법도그마틱에 의해 결정될 수 있는 성질의 문제가 아니며 단지 입법자가 법정책에 따라서 선택할 수 있는 것이라고 주장한 것도[182] 바로 이와 같은 맥락에서 이해될 수 있다고 본다.

이와 같은 주장을 뒷받침 해주는 예로서 우리 형법 제16조가 조

182) Paul K. Ryu & Hellen Silving, "Toward a Rational System of Criminal Law" 서울대학교 법학 제4권 제1·2호(1962), 12-14면 참조.

문 제정당시 비록 엄격고의설을 토대로 입안되었지만, '정당한 이유가 있는 경우에 한하여' 완전한 면책의 효과를 부여함으로써 고의설이 지니는 형사정책적 결함을 극복하고[183] 결과적으로 책임설에 유사한 법적 효과를 가져오고 있음에 주목할 필요가 있다고 본다.[184] 또한 남아프리카공화국은 1977년의 최고법원판례 S v. De Blom 1977(3) SA513(AD)을 통해 모든 진정한 착오(any honest mistake)는 회피불가능성여부와 관계없이 '멘스레아(mens rea)'를 부정한다는 획기적인 법리를 제시하여, 그 실질에 있어서 고의설과 유사한 법리를 적용해 오고 있지만, 동 판례는 "착오가 증거로부터 합리적으로 추론될 수 있는 경우에만 착오는 완전한 면책이 된다"고 하여 입증상의 '합리성 요건'을 부과함으로써 실무가나 학자들이 우려하듯 착오로 인한 항변이 남발할 수 있다는 난점을 제거하려 하였고, 결과적으로도 그러한 착오항변이 실무상 받아들여진 사례는 극히 드물었다는 남아프리카공화국의 역사적 경험은 역시 분명 눈여겨 볼 필요가 있을 것이다.[185]

비슷한 맥락의 예로서 현행 독일형법 제17조가 채택하였고, 우리 학계의 지배적 다수설로 자리매김하고 있는 책임설의 우월성은 이미 1952년에 독일연방대법원이 이론적, 실천적 측면에서 다각도로 논증하여 입론한 바 있기는 하지만[186] 1975년에 독일연방헌법재판소는 고의설을 채택함으로써 사실의 착오와 법률의 착오를 동일하게 취급할 것인지 아니면 책임설을 취함으로써 양자를 달리 취급할

183) 현행 형법 제16조의 제정과정에 대해서는 엄상섭, "형법이론과 재판의 타당성", 법정(法政) 제12권 제8호 (1957), 5-6면 참조.

184) 뿐만 아니라 결과적으로 형법 제16조는 책임설에 의해 해석하는 것이 가장 자연스럽게 되었다.

185) 동 판례의 소개 및 이에 대한 비판과 폭넓은 논의로는 R.C. Whiting, Changing the Face of Mens Rea, *95 South African Law Journal 1*(1978), 6-7면 ; Kumaralingam Amirthalingam, Mens Rea and Mistake of Law in Criminal Cases : A Lesson from South Africa, *18 UNSW. L. J. 428* (1978), 430-441면 참조.

186) BGHSt 2, 194 참조.

것인지의 양자택일의 문제를 다룸에 있어서는 어느 한쪽이 결정적인 우위에 놓여있지 않으며 따라서 입법자의 결단에 달려 있다고 판시함으로써 고의설과 책임설의 우열에 대해 다소 중립적인 태도의 유권해석을 내렸던 사실[187]에도 주목할 필요가 있을 것이다. 요컨대 고대 동양에서의 법률의 착오론은, 위법성 인식의 체계적 지위를 둘러싼 제 학설간의 대립의 실익은 순전히 이론적 측면보다 실천적인 측면에 초점을 맞추어야 한다는 점을 더 명확히 일깨워 주는 반성의 계기를 제공해 주고 있다.

끝으로 고대 동양에서 법률의 착오는 고려할 필요가 없다는 사고방식과 용서할 수 있다는 두 가지 사고방식이 모두 보편적인 권위를 누려왔고 병존했다는 사실은 착오론의 전개에 있어서 두 가지 가능성을 암시해 준다. 우선 두 개의 대립되는 사고방식이 각기 독자적으로 발달하여 후대에까지 전승되었을 가능성이 있으며, 다른 한편으로는 두 개의 착오론이 서로 영향을 주며 상대방의 관점을 부분적으로 수용해 가는 교섭(交涉)의 과정을 거치며 발달해 갔을 가능성도 제시될 수 있다고 본다. 이러한 교섭의 과정을 보여 주는 단편적인 예로서 牧野英一 교수는 1940년 일본개정형법가안 제11조를 입안함에 있어서 제1항에 위법성인식불요설을 표방하고 있던 당시의 현행형법 제38조 3항을 존치시킴으로써 다분히 전통적 법원칙을 승인하면서도 제2항에서는 상당한 이유가 있는 법률의 착오는 그 형을 면제할 수 있도록 하여 전통적 법원칙과의 조화를 도모하고 있다고 설명한 바 있다.[188] 우리 형법 제16조의 입안에도 커다란 영향을 준 것으로 평가받고 있는[189] 일본개정형법가안 제11조는 다음과 같다.

---

187) BVerfGE 41, 121 참조.

188) 이에 대해서는 牧野英一, 법률의 착오(형법연구 제12권), 1951, 106-109면 참조.

189) 이러한 견해로는 이건호, 형법총론 (일조각, 1957), 174면 ; 유기천, 형법학[총론강의] (박영사, 1960), 245-246면 ; 백남억, 형법총론 (법문사, 1962), 236면 참조.

1940년 일본개정형법가안 제11조 [법률의 착오] :
① 법률을 알지 못하였다 하더라도 그것으로써 고의가 없었다고 할 수 없다. 단, 정상에 따라 그 형을 경감할 수 있다.
② 자기의 행위가 법률상 허용되지 아니하는 것임을 알지 못하고 범한 자는 그 점에 대하여 상당한 이유가 있는 때에는 그 형을 면제한다.

V. 맺음말

고대 동양에 있어서도 베다전통의 제문헌, 즉 리그베다와 다르마수트라－사스트라, 그리고 자이나교와 불교경전 및 중국의 주례 및 당률 등에서 법률의 착오에 관한 다양하고 풍부한 논의를 찾아볼 수 있다. 이에 따르면 법률의 착오는 원칙적으로 죄가 되지만 속죄 또는 참회를 통해 용서받을 수 있다는 입장이 보편적 사고의 한 원형을 이루고 있었던 것으로 보인다. 그러나 이와 달리 법률의 착오는 용서받을 수 없다는 사고방식도 엄연히 병존했으며 이 역시 나름대로의 사상적 원류(原流)와 합리적 근거를 지니고 있었다. 이처럼 법률의 착오를 어떻게 취급할 것인가에 대한 서로 상이한 관점의 대립은 고대 서양의 착오론, 즉 구약성서와 그리이스의 착오론 및 로마법에서도 찾아볼 수 있다.

법률의 착오를 어떻게 취급할 것인가에 대한 입장의 대립은 비단 특정한 종교나 사상, 그리고 법계(法系) 및 지역의 차이에 따라서만 나타나는 것은 아니다. 법률의 착오는 충분히 고려되어야 한다는 입장과 고려될 필요가 없다는 입장은 모두 오랜 역사를 두고 형성되어 온 보편적인 사고방식의 하나이기 때문에[190] 양 전통은

190) 심지어 이탈리아의 경우도 법률의 착오에 대한 두 가지 해결방식, 즉 이를 인정하려는 전통과 고려하지 않으려는 전통은(Anerkennung wie Nichtberücksichtgung des Rechtsirrtums) 모두 오랜 전통을 지녀왔다고 한다. 이에 대해서는 Hans-Heinrich Jescheck, Zum Rechtsirrtum im deutschen und italienischen Strafrecht, in: *Recht in Ost und West, Festschrift zum 30-jährigen Jubiläum des Instituts für*

독자적인 전승(傳承)과정은 물론, 상호교섭(相互交涉)의 과정도 거치며 서로 영향을 주며 발달해 왔을 것이고 따라서 동일한 법계 및 지역에서도 동시에 나타날 수도 있다. 그러한 상호교섭의 결과로서 최근 영미법계의 판례들도 기존의 전통적 법원칙을 완화하려는 태도를 보이기도 하고 있으며,[191] 또한 대륙법계의 여러 국가, 특히 독일이나 우리나라의 경우에 법률의 착오를 형법적으로 고려하면서도 이에 대해 '회피불가능성'이나 '정당한 이유'라는 요건을 설정해 일정한 제한을 가하고 있다는 사실을 볼 수 있을 것이다. 그리고 우리 대법원은 '단순한 법률의 부지'는 '법률의 착오'에서 제외시켜 '정당한 이유' 유무의 심사도 없이 일률적으로 고려되지 않는 착오로 취급하는 입장을 취하고 있는바,[192] 이와 같은 취급방식 역시 법률의 착오에 대한 대립되는 두 사고방식이 상호 긴장과 교섭의 과정 속에서 초래한 또 다른 형태의 착오법리로 이해할 수 있다고 본다.[193]

요컨대 오늘날 법계(法系) 및 국가별로 법률의 착오를 형법적으로 처리함에 있어 적지 않은 차이점을 보이고 있는 것은 무엇보다도 동·서양을 막론하고 기원전부터 고대 사회에 존재했던 두 가지 법적 사고의 원형(原形)에서 비롯된 긴장과 대립의 전승(傳承) 내지 재현(再現)에 다름 아닌 것으로 볼 수 있을 것이다. 그

Rechtsvergleichung der Waseda Universität, 891-892면 참조.

191) 대표적으로 미국의 United States v. Murdock case(1933)와 Lambert v. California case(1957) 및 Cheek v. United States case(1991), 그리고 남아프리카공화국의 S v. De Blom 1977(3) SA513(AD) case 참조. 이 중에서 특히 S v. De Blom 1977(3) SA513(AD) case의 경우 진정한 착오(genuine ignorance)는 회피불가능성 여부와 관계없이 면책사유가 된다고 판시하여 주목을 끈다. 이에 대해서 Kumaralingam Amirthalingam, Ignorance of Law, Criminal Culpability and Moral Innocence: Striking a Balance between Blame and Excuse, *Sing. J. Legal Stud. 302* (2002), 302-303면 참조.

192) 대판 1961.10.5, 61도208 ; 대판 2005.5.27, 2004도62 참조.

193) 우리 대법원의 태도에는 법리적 일관성과 정당한 근거의 제시가 결여되어 있다는 비판이 제기될 수 있다.

리고 이러한 긴장과 대립은, 각 법계와 국가별로 관련 조문을 둘러싼 해석론 및 판례의 태도에 일정한 수정을 가져오고 있으며, 그 수정의 방식은 서로 상이한 이해방식을 수용함으로써 기존의 완고한 입장을 완화하여 상호 수렴(收斂)해가는 방향부터, 다시 기존의 전통적 입장으로 전회(轉回)하는 경향까지 다양한 양상으로 전개되고 있다.[194]

---

194) 예컨대 같은 중국법계 국가라도 중화민국의 경우 1935년 형법에 '법률의 착오' 조문을 두었으나 1975년 중화인민공화국 형법은 '법률의 착오' 조문을 두지 않았고, 캐나다의 경우 'Common Law' 전통의 국가임에도 불구하고 연방최고법원은 1982년 'R v. Macdougall case' 이래로 법률의 착오를 항변사유로 인정해오다가 1995년 'R v. Jorgenson case'에서는 다시 인정하지 않는 방향으로 판례를 변경하였다. 캐나다의 사례에 대한 소개는 Kumaralingam Amirthalingam, 앞의 논문, 324-326면 참조. 반면 일본의 경우는 현행 형법 제38조 3항은 법률의 착오는 범의의 성립에 영향을 미치지 못한다고 명시하고 있고 최고재판소 판례 역시 위법성인식불요설을 지지하고 있으나 위법성인식불요설을 극복하기 위한 다양한 해석론이 제시된 바 있다. 이에 대해서는 団藤重光 編, 註釋刑法(2)-Ⅱ 總則(3), 1969, 366-367면 ; 前田雅英, 刑法總論講義 제3판, (東京大學出版會, 1998), 292면 이하 참조.

§ 9. SNS를 이용한 명예훼손의 법리적 검토

[글 소개]

이 장은 명예훼손죄의 조문과 판례를 원용해 가며, 현대 사회에서 새로운 문제영역으로 떠오르고 있는 소위 '사이버 명예훼손죄'의 바람직한 규율방식에 대해 법리적으로 검토하고 있는 전형적인 법학논문이다. 그럼에도 불구하고 본서에서 소개하려는 이유는 앞 장과 마찬가지로 '밈의 관점'이 법학논문을 독해하는 데 있어서 어떠한 방식으로 새로운 이해의 창을 열어 줄 수 있는지 보여주는 데 적합한 여러 소재를 제공해 주고 있는 논문이라는 판단이 들었기 때문이다.

우선 '밈의 관점'에서 분석해 보기 전에 진화심리학적으로 '명예'의 문제를 바라보는 것도 의미가 있을 것이다. 일반적으로 명예에 대한 죄는 생명이나 신체, 그리고 재산에 대한 범죄보다는 가볍게 여겨지는 경향이 있다. 그리고 현대로 거슬러 올라오면서 '표현의 자유'가 중요해짐에 따라서 명예훼손죄는 국내외로부터 압박을 받아 존폐의 기로에 서게 되었다고 해도 과언이 아니다. 앞으로 명예훼손죄의 운명은 어떻게 전개될까? 이에 대해 전망해 보기 위해서는 우선 명예란 법익이 어떤 진화론적 배경을 갖추고 있는지 검토해 보는 것도 도움이 될 것이다.

진화심리학적으로 볼 때, 명예와 평판은 우리의 원시 조상에게 있어서도 생존과 번식에 직결되는 매우 중요한 가치였다. 명예와 평판이 높을수록 잠재적 적들로부터의 위협에 적게 노출되어 생존과 번식에 유리했기 때문이다. 다시 말하면 명예와 평판은 일부 귀족사회나 문명화된 사회에서만 중시되던 법익이 아니라는 뜻이다. 현존하는 한 원시부족 사회에서도 살인자에 대한 피해자 유족의 사적 보복은 명예심의 발로로 인정된다. 오히려 보복을 하지 못하는 것이 매우 치욕스러운 일로 여겨진다. 제5장에서 논급한 바 있듯이 영어를 포함해 많은 언어에서 명예(honor)라는 말은 불가피할 때는 피를 보더라도 모욕에 대해서는 반드시 복수를 하겠다는 결의를 의미한다.[1] 요컨대 인간의 명예심은 진화된 심리적 기제의 하나라는 것이다. 필자가 명예의 욕구는 '삶의 형식'의 일부를 구성한다고 아래 글에서 주장한 것도 결국 같은 취지다. 그렇다면 '도덕 적응설'의 입장에 따르면 명예를 보호하는 것은 법의 당연한 임무가 된다고 할 것이다. 다만 그 수단의 적절성이 문제가 되겠지만 말이다. 이 장의 주제는 SNS를 이용한 명예훼손의 형법적 규율 문제이다. SNS 등 사이버 공간을 바라보는 시각은 여러 가지가 있겠지만, '밈의 관점'에서 보면 소셜네트워크 서비스는 다른 사람의 '뇌'로 밈의 전파를 촉진시켜 줄 수 있는 매개체이자 그 자체가 '밈의 생존공간'이 된다고 볼 수 있다. 우리가 유전자든 밈이든 복제자라 칭할 수 있는 일체의 대상은 최대한 자신의 증식을 '원한다'고 보기 때문에 이러한 관점에서 보면 SNS는 밈이 자신의 복제의 효율성을 높이기 위해 '인간을 이용해' 만들어 낸 장치다. 즉 우리가 필요해 만든 것이기도 하지만, 밈의 관점에서 보면 그들의 '생존기계(survival machine)'인 셈이다. SNS의 밈학적 의의를 이렇게 자리매김할 수 있다면, 이를 이용한 명예훼손죄는 특별히 어떤 성격을 갖게 될까? 그것은 첫째, 출판물에 의한 명예훼손죄처럼 고도의 전파성을 갖게 되어 가중처벌의 근거가 될 수 있게 만든다. 둘째, 설령 SNS가 '사적 대화 공간'으로서의 성격을 어느 정도 갖는다고 하더라도 그 본래적 성격은 어디까지나 '공적 공간'이라는 점을 '밈의 관점'에서 일깨워 준다. 타인에 관한 흥미로운 이야기는 일종의 가십-밈(gossip-meme)이라고 말할 수 있고, SNS를 통해 사적 대화 수준에서 이루어진 것이라도 이는 본래적으로 자기복제의

1) 스티븐 핑커/김한영 역, 마음은 어떻게 작동하는가 (동녘사이언스, 2010), 762-763면.

속성을 갖고 있기 때문이다.[2)] 따라서 SNS를 이용한 명예훼손행위도 현행법상 형법적 규율의 테두리를 벗어날 수 없다. 이하의 논문은 바로 이러한 밈학적 분석을 법리적으로 반영하고 있는 것이다.

---

2) 가십은 단지 밈이라서가 아니라 인간의 진화사에 비추어 볼 때 특정인의 평판을 퍼뜨려서 이타적 행동에 동기를 부여해 주는 역할을 해 왔다는 점에서도 널리 전파될 수밖에 없는 '진화적 動因'을 갖는다. 2013년 한국을 방문한 바 있는 하버드대학의 수학자이자 생물학자인 마틴 노박(Martin Nowak) 교수는 "사람들은 가십에 의해 끊임없이 남들을 평가하고 있다."고 한다. 이에 대해서는 톰 지그프리드/이정국 역, 게임하는 인간 호모 루두스 (자음과 모음, 2010), 131면 이하. 동 문헌에 따르면 "가십은 게임이론의 측면에서 중요하다. 가십은 인간의 사회적 행동, 다시 말하면 정글의 법칙에 따라 각자 살아남기 급급해야 할 인간들이 서로 협력하여 문명을 건설하게 만든 자연의 코드를 이해하는 데 있어서 핵심적인 문제이다." 앞의 책, 110면 참조.

I. 서언

인간의 삶에 있어서 자신이나 자신이 속한 집단의 명예를 드높이고 이를 지키려는 욕구와 행동은 매우 원초적인 자연적 감정의 발로로서 오랜 세월에 걸쳐 공고하게 다져진 우리의 '삶의 형식'[1]의 일부를 구성한다. 살인자에 대해서 사적 보복이 통용되던 고대사회에서도 보복은 피해자 유족의 권리인 동시에 의무였고, 중세유럽사회에서도 보복은 위신과 명예심의 표현이었으며, 현존하는 한 원시부족 사회에서도 살인자에 대한 보복과 배상금의 청구가 명예심의 발로와 밀접한 연관이 있다는 인류학적 보고[2]는 얼마나 오랜 시점부터 '명예'라는 가치가 우리의 규범적 행동양식에 깊숙이 작용해 왔는지를 잘 보여주는 증좌다. 그러므로 명예는 "생명, 신체의 완전성, 자유처럼 인간의 실존조건 중 하나이며," "인간의 품위를 보전시켜 줄 뿐만 아니라 타자와 만나 관계를 맺으며 자신을 편입시키고 인간관계를 폭넓고 다양하게 형성해 나갈 수 있는 토대를 제공한다."는 점[3]은 분명해 보인다. 이로부터 '명예'를 침해하는 행위를 처벌하는 법규범, 즉, '명예훼손죄'가 '핵심형법(Kernstrafrecht)'[4]

---

1) 삶의 형식이란 간단히 말해 우리의 행동과 판단을 특정한 방향으로 일치하게 만드는 공통된 배경을 말한다. 삶의 형식에 관한 기본적 논의로는 문종두, 언어사용과 삶 (청문각, 2007); Newton Garver, *This Complicated Form of Life* (Chicago: Open Court, 1994) 참조. '본래적' 의미의 삶의 형식 개념을 확장시킨 '규범적' 삶의 형식에 관한 논의로는 안성조, "삶의 형식과 법의 지배", 법철학연구 제16권 제1호(2013) 참조.

2) E.E. Evans Prichard, *The Nuer* (Oxford: Clarendon Press, 1968), 150-158. 고대사회와 중세유럽의 살인자에 대한 사적 보복관행에 대해서는 Pamela Barmash, Blood Feud and State Control: Differing Legal Institutions for the Remedy of Homicide during the Second and First Millennia B.C.E, *63 Journal of Near Eastern Studies 183* (2004); Marc Bloch, *Feudal Society, Vol.1* (Chicago: The Chicago Univ. Press, 1970, Translated by L.A. Manyon)를 참조.

3) 이에 대해서는 김일수, "명예훼손죄를 어떻게 이해할 것인가?" 안암법학 제1호 (1993), 281면 참조.

4) 핵심형법에 대해서는 배종대·이상돈 편역, 형법정책 (세창출판사, 1998), 208면

의 일부로서, 격렬한 비범죄화 논쟁 및 폐지론에도 불구하고 대부분의 문명국가에서, 비록 규제방식과 법효력의 정도에 차이는 있겠지만, 현재까지 존속하고 있는 이유를 자연스럽게 이해할 수 있다.

오늘날 가장 거대하고, 주요한 표현매체의 하나로 자리를 굳힌 인터넷에서 명예훼손죄의 성립여부에 대한 논의가 한창 진행 중이다. "인터넷은 '가장 참여적인 시장'이자 '표현촉진적인 매체'인바, 질서위주의 사고만으로 규제하려고 할 경우 표현의 자유의 발전에 큰 장애를 초래할 수 있으므로, 이 분야에서 규제의 수단 또한 헌법의 틀 내에서 다채롭고 새롭게 강구되어야 할 것이다."라고 헌법재판소가 화두를 던진 이래로[5] 인터넷을 이용한 명예훼손, 소위 사이버 명예훼손에 관한 논의는 그동안 상당한 정도의 진전을 이루어 냈고, 이미 중요한 몇몇 쟁점에 대해서는 합의에 도달한 것으로 보인다. 본고에서 다루고자 하는 SNS를 이용한 명예훼손도 결국 인터넷을 이용하는 행위라는 점에서 사이버 명예훼손 논의에 사실상 포섭되어 있다고 평가할 수 있다. 다만 본고에서 주목하고자 하는 부분은 최근 SNS의 매체적 특성으로 인해 이를 이용한 명예훼손행위는 법률적으로 특별한 평가를 받을 필요가 있다는 주장이 제기된 바 있어서 이러한 주장의 타당성 여부를 검토해 보고 그 결론에 따라서 SNS를 이용한 명예훼손과 관련해 제기될 수 있는 주요 쟁점들을 법리적으로 고찰해 보는데 있다.

SNS의 매체적 특성으로 인해 이를 이용한 명예훼손행위에 대하여 형법상 명예훼손죄의 법리를 그대로 적용할 수 없다는 주장은 한 가지 흥미로운 특징을 갖는다. 그것은 SNS를 이용한 명예훼손이 인터넷을 이용한 사이버 명예훼손에 해당한다고 보더라도 이미 사이버 명예훼손의 비범죄화에 관한 논의가 진행된 바 있었고,[6] 또한 더 나아가 일반명예훼손죄의 폐지론에 관한 논의도 그러한 비범죄화 주장의 연장선상에

이하 참조.

5) 헌재결 2002. 6. 27. 99헌마480.

6) 이에 대한 검토로는 주승희, "인터넷상 명예훼손죄의 비범죄화 주장 검토", 형사법연구 제25호(2006) 참조.

서 찾아볼 수 있기 때문이다.[7] 즉 결론적으로 말해 SNS를 이용한 명예훼손은 명예훼손에 관한 비범죄화 논거가 중첩되는 교차점에서 새롭게 전개되는 논제라는 특성이 있다는 것이다. 이하 본고에서는 우선 SNS의 매체적 특성논변을 상세히 검토해 보고 이를 다각도로 평가한 뒤, 기존에 사이버 명예훼손과 관련된 논의에서 쟁점이 되었던 사항 등을 SNS를 이용한 명예훼손과 관련해 차례대로 검토해 보고자 한다.

II. SNS의 매체적 특성논변

1. SNS의 사적 '구술'대화 공간으로서의 성격

SNS에 대한 법적 규율이 제한적이어야 한다고 주장하는 논변의 주된 근거는 바로 '사적 대화공간론'이다. 이에 따르면 트위터나 페이스북은 사용자들 간에 개별적인 인격체로서의 '상대방에 대한 관심'이 바로 이들을 연결하는 추동이 되고 있는데, 그 추동력의 근저에는 '한 사람의 생각을, 토론이나 전략을 통해 걸러내지 않고 날것 그대로(raw) 볼 수 있다는 기대감'이 자리잡고 있기에 SNS는 그 어떤 온라인 매체보다 적나라한 '개인간 대면'을 웹상으로 제공해 주는 역할을 하고 있음에 주목한다.[8] 즉 SNS는 정교한 계략과 전략의 결과물일 수 있는 싸이월드나 개인블로그 등의 글과는 달리 글자수의 제한으로 인하여 한 개인의 마음 속을 '여과없이 드러내는' 효과를 준다는 것이다.

이 논변에서는 이러한 '날 것 그대로의 대면' 효과로 인해 결과적으로 '구술생활의 재연'을 창출한다고 주장한다. SNS의 'social'은 곧 '사

7) 박경신, "명예의 보호와 형사처벌제도의 폐지론과 유지론 - PD수첩 광우병보도 수사에 즈음하여 -", 서강법학 제11권 제1호(2009) 참조.

8) 박경신, "SNS의 매체적 특성과 법적용의 한계", 인하대 법학연구 제15집 제3호(2012), 131면. 이하의 내용은 동 문헌의 주장내용을 요약·재편집한 것이다.

교'를 의미하여 이를 위해 사람들이 서로 만나도록 해 주는 역할을 하는데 있어서 필요한 '구술대화'가 SNS에서 가능해진다고 한다. 한 마디로 SNS는 진짜 구술생활의 일부라 할 수 있는 메신저나 휴대폰문자메시지의 기능을 블로그 상으로 구현해 준다는 것이다. 구술생활의 특징은 '시간의존성'이며, 사라지거나 망각될, 짧지만 많은 글을 통해 이루어지는 SNS의 소통방식은 문자생활이라기보다는 구술생활에 가깝다는 것이다. 트윗은 시간이 흐르면서 사라진다. 실제로 SNS, 특히 트위터에서의 소통은 대화를 통해 진행된다. 이것은 우연이 아니며 SNS가 인기를 끌게 된 이유, SNS 개발자들이 사람들에게 제공하고자 했던 것이 바로 '구술생활의 재연'이라고 주장한다.[9)]

2. SNS소통의 '사적 소통'으로서의 성격

이러한 전제에서 출발하는 매체적 특성논변은 한 걸음 더 나아가 다음과 같은 주장을 전개한다. 우선 SNS를 ① 제한된 시스템 내에서 개인이 자신을 대중에게 혹은 일부 대중에게 소개하고 정보를 제공하거나 받을 수 있고, ② 관계를 형성하고 유지하고 싶은 다른 이용자들의 리스트를 형성할 수 있고, ③ 시스템 내에서 다른 이용자들이 만든 관계망을 보거나 연결할 수 있다는 특성을 지닌 웹 기반 서비스라는 개념정의를 수용하면서 이 중 두 번째 성향이 다른 웹 기반 서비스와 현격한 차이며, 결국 SNS소통은 관계를 유지하고 싶은 다른 이용자들에게만 집중적으로 글을 보내거나 받을 수 있다는 고유한 특성이 있다고 전제한다. 예컨대 트위터나 페이스북에 누구나 글을 올릴 수 있지만 그 글은 팔로워들만 읽을 뿐인 점을 고려하면 SNS소통은 어디까지나 '사

9) 유사한 주장으로 서기호 판사는 '가카 빅엿' 사건으로 부정적 여론이 형성되자 모 라디오프로그램에 출여해 "판사들이 사적 공간에 쓴 글들을 특정 언론사가 모든 국민에게 중계하듯 보도하는게 맞느냐?"고 항변했다. 이에 대해서는 문재완, "SNS 규제와 표현의 자유", 한국사회의 정치적 소통과 SNS (한국언론학회 심포지움 및 세미나 자료집, 2012), 124면 참조.

적 소통'으로 규정할 수 있다는 것이다. 즉 SNS의 중심에는 어떤 특정 개인에 대한 관심이 놓여 있기 때문에 우리가 트위터나 페이스북에 접속하는 이유는 찾고자 하는 정보를 검색하기 위한 것이라기보다는 자신이 팔로우하는 사람이나 친구의 글, 즉 그가 무슨 생각을 하고 있는지를 알고 싶어서라는 것이다. 이처럼 SNS에서의 소통은 특정인의 글이 그와 SNS관계망 내에 있는 사람들, 즉 일정한 기준에 의해 선별된 사람들에게만 전달되는 방식으로 이루어지는바, 아무나 들어올 수 있는 포털게시판과는 차별화되므로 이들의 소통은 포털게시판에서의 소통과 달리 '사적 성격'이 강하다고 주장한다. 물론 그 정보는 리트윗이나 공유를 통해 망밖으로도 전달되지만 이 전달은 친구나 팔로워 중 한명에 의해 이루어지는 것이지 '내가 (원해서, 의도적으로)' 하는 것이 아니므로 바로 여기에 SNS의 사생활로서의 본질이 있다고 한다. 또한 SNS 정보가 결과적으로 불특정 다수에게 공개된다는 점은 인정하지만, SNS에 의한 정보확산이 '주로' 그러한 공적 소통으로 이루어진다고 보는 것은 '착시현상'이라고 일침을 가한다. 핵심 주장을 원문대로 가져와 보자.

> "수많은 사람들에게 전달되는 SNS 게시물은 한 사람이 불특정다수에게 전달하는 것이 아니고 우선 한 사람이 자신의 '친구'나 '팔로워'들에게 볼 수 있게 정보를 올리면 그 '친구'나 '팔로워' 중의 한 명이 다시 이를 '리트윗'이나 '공유'를 하고 이 단계가 여러 번 반복됨으로써 이루어진다. 이러한 모드에서 어느 한 사람도 정보를 '불특정다수'에게 보내지 않는다. 모두가 특정소수나 특정다수에게 보낼 뿐이며 어느 누구도 불특정다수에게 보내지 아니한다."

이러한 주장의 연장선상에서 이 논변에서는 SNS의 공적 소통이 '소극적'이라고 평가한다. 즉 비공개 처리를 하지 않은 SNS계정에 있는 정보는 일반에게 '공개'될 수 있고, 이렇게 SNS계정을 공개로 해두면 '나'의 관계망에 없는 사람들도 나의 글을 내 계정에 찾아와 볼 수 있다는 점이나, 검색기능을 통해 자신의 관계망 밖에 있는 사람들의 계정에 있는 정보도 접근이 가능하다는 점에서 '공적 소통'으로서의 성격을 부인할 수는 없겠지만, 그럼에도 불구하고 SNS상의 소통은 '사적 소통'으로 보아야 한다고 주장한다. 그 이유는 SNS계정에 글을 올리는 행위는 '적극적 배포의 의도'가 없는 '소극적'인 행위이기 때문이라는 것이다. 즉 계정소유자는 단지 자신의 소회를 담담히 적어 내려가는 것이고 이는 마치 친구들과 팔로워들이 한 개인의 일기쓰기를 지켜보는 것과 같다는 것이다. 더 쉽게 비유하면 특정인이 술집에서 말하고 있는 것을 의도한 것과 달리 옆자리 사람이 관심을 갖고 귀기울여 듣는 것과 마찬가지라고 한다. 한 마디로 SNS를 이용한 말하기는 자신과 일정한 관계를 맺은 사람들에게의 공개이기 때문에 설령 그 관계망 밖에 있는 사람들에게 공개되더라도 이는 '의도적 전파'수준의 적극적 행위라기보다는 '열람의 허용'정도에 해당하는 소극적인 행위로 보아야 한다는 것이다. 심지어 SNS이용자들 중에는 사람들이 자신의 계정에 찾아와 정보를 수집해 가는 것을 '프라이버시 침해'로 생각하는 경우도 있음을 지적하면서, 이 점은 바로 SNS와 다른 웹기반 서비스와의 차이라고 주장한다.

3. 매체적 특성논변의 함의: SNS 소통에 대한 법적 규제의 제한

이상 검토해 본 매체적 특성논변은 결론적으로 다음과 같은 법적 함의를 제안한다. 우선 SNS의 사적 성격으로 인해 명예훼손죄 등의 구성요건에서 요구하는 '공연성' 요건을 충족시킬 수 없게 된다는 것이다. 즉 SNS소통은 어디까지나 자신의 '친구나 지인', '팔로워' 등 특정된 사람에게만 정보가 전달되는 '사적 소통'의 연속으로 이루어져 있기 때문에 '불특정다수'에게 공개될 것을 요구하는 '공연성' 요건은 충족될 수 없다는 것이다. 그러므로 자신과 관계를 맺은 사람들에게만 전달되는 SNS소통에 대해서는 명예훼손의 법리를 적용해서는 안된다고 한다. 아울러 판례의 전파성이론에 따르면 1대1의 대화에도 공연성을 인정할 수 있게 되지만 이 이론은 일반적으로 학계에서 비판을 받고 있음을 지적한다.

다음으로 SNS소통에는 일정한 관계망에 없는 사람들이 직접 계정에 찾아와 계정소유자가 올린 게시물을 보게 되는 '공적 소통'도 있기 때문에 만일 이 경우 - 비록 적극적으로 '뿌린' 것은 아니지만 - '공연성' 요건이 충족되어 명예훼손죄의 성립을 긍정한다 하더라도 그렇게 되면 심각한 규제의 형평성 문제에 직면하게 된다고 주장한다. 예를 들어 어떤 트윗에 명예훼손성 내용이 있다고 할 때, 그 트윗은 트윗게시자의 팔로워들의 계정에도 동시에 게시되는바 트윗을 불특정다수에게 게시하고 있다는 점에서는 게시자와 그 팔로워는 등가이고 - 만일 그 팔로워가 리트윗을 했다면 당연히 '게시자'의 한 사람이 되고 - 따라서 어떤 트윗의 공적 소통의 측면, 즉 공연성에 관해서 법적 책임을 묻는다면 게시자와 그 팔로워에게 똑같은 법적 책임을 부과해야 하는데, 이는 엄청난 심적 저항을 불러일으킬 만큼 형평에 반한다는 것이다. 다시 말해 대부분의 경우 SNS 이용자들은 자신의 계정에 '푸시'된 트윗만을 읽을 뿐 타인의 계정에 '푸시'된 트윗까지 검색기능을 통해 찾아서 읽는 경우는 드물기 때문에 SNS소통은 '공적 소통'보다는 '사적 소통'에 가깝다고 보아야 하며 따라서 그 법적 책임을 묻는다면 자신의 팔로워에게 트윗을 '푸시'해주는 게시자에게만 책임을 물어야 하고 그렇게 '푸시' 받은 투윗이 자신의 계정에 게시되도록 허용한 팔로워에게는 책임을 물어서는 안 된다는 것이다.

4. 매체적 특성논변의 검토

(1) '사적 소통을 위한 사적 공간론'에 대한 검토

우선 SNS가 순수한 사적 공간인지 의문이다. "SNS는 정교한 계략과 전략의 결과물일 수 있는 싸이월드나 개인블로그 등의 글과는 달리 글자수의 제한으로 인하여 한 개인의 마음 속을 '여과없이 드러내는' 효과를 준다"고 주장하지만, 관련 연구에 의하면 SNS 안에서 형성되는 자기에 대한 인상은 '공적(public)' 속성을 지니기 때문에 SNS에서의

'자기제시'는 '자기감시'의 과정을 거쳐서 나타날 가능성이 크다고 한다. 즉 오히려 전략적 커뮤니케이션의 범주에 속한다는 것이다.[10] 이러한 심리기제는 현실세계와 비교해 보면 더 쉽게 이해할 수 있다. 만일 내 집에서 가족들과 대화를 나누는 경우가 아니고 다른 사람을 초대해 함께 있다면 그와 나눈 대화 내용은 얼마든지 외부로 전파될 수 있다. 그도 역시 표현의 자유를 향유하기 때문이다. 그렇기 때문에 비록 공간은 사적 공간이지만 그와 나눈 대화는 공적인 성격을 갖기 때문에 각별히 주의를 기울일 필요도 있는 것이고 따라서 '날 것 그대로(raw)'의 대화보다는 최소한 '살짝 익힌(medium rare)' 수준의 대화일 가능성이 크다고 본다. 다만 초대손님이 전파한 내용이 나의 순수한 사생활에 관한 것이라면 프라이버시권의 침해가 발생할 수 있겠지만, 이는 어디까지나 대화 내용의 문제이지 대화를 나눈 공간의 사적 성격 때문은 아니다. 요컨대 SNS는 대화내용이 언제든 외부로 전파될 수 있다는 점에서 순수한 사적 공간이라고 보기 어렵다. 특히 이른바 공인(public figure)의 SNS는 이러한 맥락에서 더욱 더 사적 공간으로 분류하기는 어렵다 할 것이다.[11] 'social' 은 단순히 '사교'가 아니라 '관계'를 의미한다고 보는 것이 보다 적절할 것이다.[12] 사교는 그러한 관계의 일부일 뿐.

다음으로 SNS에서의 소통이 '사적 소통'으로서의 성격이 강하다고 규정할 수 있는지도 의문이다. "SNS소통은 관계를 유지하고 싶은 다른 이용자들에게만 집중적으로 글을 보내거나 받을 수 있다는 고유한 특성이 있다"고 하면서 "SNS계정을 공개로 해두면 '나'의 관계망에 없는 사람들도 나의 글을 내 계정에 찾아와 볼 수 있다는 점이나, 검색기능을 통해 자신의 관계망 밖에 있는 사람들의 계정에 있는 정보도 접근이 가능하다는 점에서 '공적 소통'으로서의 성격을 부인할 수는 없겠지만, SNS에 글을 올리는 행위는 '적극적 배포의 의도'가 없는 '소극적'인 행

---

10) 나은영, "심리학적 관점에서의 소셜미디어", 한국사회의 정치적 소통과 SNS (한국언론학회 심포지움 및 세미나 자료집, 2012), 10-11면 참조.

11) 동지의 문재완, 앞의 글, 129면.

12) 이러한 표현으로는 나은영, 앞의 글, 23면.

위이기 때문에 결국 '사적 소통'으로 보아야 한다"고 주장하지만, 앞서 살펴본 바와 같이, 일단 '관계망 밖'에 있는 사람이 내 계정의 글을 검색할 수 있다는 점은 차치하더라고 '관계망 안'에 있는 사람이라 하더라도 대화내용을 얼마든지 자유롭게 외부로 전파시킬 수 있다는 점에서 그들과의 대화가 전적으로 '사적 소통'의 성격을 갖는다고는 말하기 어렵다. 앞서도 지적했지만 SNS는 순수한 사적 공간이 될 수 없다. 비유컨대 트위터는 '광장'에, 페이스북은 '사랑방' 정도의 느낌에 해당할 수 있을 것이다.[13]그렇다면 SNS에서의 대화는 어느 정도 공적 공간으로서의 성격을 고려해서 전개되어야 한다. 이러한 특수성을 고려하지 않은 채 만연히 '사적 공간'이라고 믿은 채 대화를 나눌 경우, 이에 대한 법적 보호는 기대하기 어렵다. "정보는 리트윗이나 공유를 통해 망 밖으로도 전달되지만 이 전달은 친구나 팔로워 중 한명에 의해 이루어지는 것이지 '내가 (원해서, 의도적으로)' 하는 것이 아니므로 바로 여기에 SNS의 사생활로서의 본질이 있다고 한다."는 매체적 특성논변이야말로 '착시'에서 비롯된 것이라고 말할 수 있다.

(2) 법적 규제 제한론에 대한 검토

결론적으로 매체적 특성논변이 주장하는 바는 두 가지다.

첫째, SNS소통은 어디까지나 자신의 '친구나 지인', '팔로워' 등 특정된 사람에게만 정보가 전달되는 '사적 소통'의 연속으로 이루어져 있기 때문에 '불특정다수'에게 공개될 것을 요구하는 명예훼손죄의 '공연성' 요건은 충족될 수 없다는 것이다.

둘째, 어떤 트윗에 명예훼손성 내용이 있다고 할 때, 그 트윗은 트윗 게시자의 팔로워들의 계정에도 동시에 게시되는바 공연성에 관해서 법적 책임을 묻는다면 게시자와 그 팔로워에게 똑같은 법적 책임을 부과해야 하는데, 이는 엄청난 심적 저항을 불러일으킬 만큼 형평에 반한다는 것이다. 따라서 자신의 팔로워에게 트윗을 '푸시'해주는 게시자에게

---

13) 이러한 비유로는 나은영, 앞의 글, 15면.

만 책임을 물어야 하고 그렇게 '푸시'받은 투윗이 자신의 계정에 게시되도록 허용한 팔로워에게는 책임을 물어서는 안 된다고 한다.

차례대로 검토해 보면, 우선 첫째 주장은 공연성에 대한 부정확한 이해에서 비롯된 것으로 평가할 수 있다. 통설과 판례에 의하면 공연성은 '불특정 또는 다수인이 인식할 수 있는 상태'를 의미한다. 이때 불특정인의 경우에는 수의 다소를 불문하고, 다수인인 경우에는 그 다수인이 특정되어 있다고 하더라도 관계가 없다. 여기서 불특정이란 행위시 상대방이 특정되어 있지 않다는 의미가 아니라 상대방이 특수한 관계로 한정된 범위에 속하는 사람이 아니라는 것을 의미한다.[14] 이러한 공연성 개념에 비추어 보면 '친구나 지인', '팔로워' 등 특정 다수의 사람들에게 정보를 전달한 경우에도 공연성은 온전히 충족된다.[15]

둘째 주장은 "게시자와 그 팔로워에게 똑같은 법적 책임을 부과해야 하는데, 이는 엄청난 심적 저항을 불러일으킬 만큼 형평에 반한다"고 하나 법리적으로 볼 때, 그런 결과는 발생하지 않는다. 우선 정보통신망법상 명예훼손죄가 성립하기 위해서는 '비방의 목적'이 요구되는 바, 설령 게시자에게는 비방목적이 인정되는 경우라 하더라도 통상 팔로워에게는 이를 인정하기 어렵기 때문이다. 비방목적이 인정되지 않아 양자 모두 일반명예훼손죄(제307조)의 성립 여부를 검토하게 되는 경우에도 팔로워에게는 '명예훼손의 고의'를 인정하기 어렵다. 게시물에 대한 '사후고의'는 인정될 수 없기 때문

---

14) 안경옥, "명예훼손죄의 '공연성' 해석의 재검토", 법조 제575권(2004), 84면 참조.

15) 다만, 독일의 통설과 판례처럼 '공연성'을 '불특정이면서 다수인'으로 엄격히 해석한다면 '특정 다수인'에게 사실을 적시한 경우에는 공연성이 부정될 수 있을 것이다. 이 점에 대해서는 안경옥, 앞의 논문, 96면. 그러나 '특정 다수인'이라 하더라도 행위자와의 관계에 따라서 얼마든지 피해자의 사회적 평판을 저하시킬 수 있다는 점에서는 공연성을 인정하는 것이 타당하다고 본다. 참고로 명예훼손의 성립에 '공표(publication)'의 '공연성'을 요구하지 않는 영미법에서는 단 한 사람에 대한 전달도 공표가 된다. 예컨대 제3자가 부부의 일방에 대해 다른 배우자의 명예를 훼손하는 내용을 알린 경우도 공표에 해당한다고 본 판례가 있다. 이에 대해서는 신평, 명예훼손법 (청림출판, 2004), 128-130면 참조.

이다. 한편 인터넷 포탈서비스사업자가 제공하는 인터넷게시공간에 게시된 명예훼손적 게시물과 관련해 해당 포탈서비스사업자에게 부작위에 의한 불법행위책임을 인정한 대법원 판례[16]를 거시하며 그렇다면 명예훼손물 게시자의 팔로워에게도 동일한 법리를 적용해 부작위에 의한 불법행위책임을 묻게 될 우려가 있다는 점을 지적하고 있으나 부작위책임을 묻기 위해서는 팔로워에게 보증인 지위를 인정할 수 있어야 하는바, 이 경우 과연 어떠한 근거로 작위의무를 인정할 수 있을 것인지 의문이다.[17] 포탈서비스사업자는 "인터넷 게시공간이라는 위험원을 창출·관리하면서 그로 인한 경제적 이익을 얻고 있으므로 게시공간 안에서 발생된 위험에 효과적으로 대처할 수도 있어, 위와 같은 위험으로 인하여 피해가 발생하지 않도록 상황에 따라 적절히 관리를 하여야 할 주의의무가 있다"는 것이 위 판례의 입장이지만, 팔로워는 위험원을 '창출·관리'는 것도 그로 인해 '경제적 이익'을 얻고 있는 것도 아니기 때문이다. 또한 모든 팔로워에게 그러한 '주의의무'를 부과하는 것은 사실상 SNS 활동을 심각하게 위축시킬 수 있기 때문에 '허용된 위험의 이론'에 비추어 볼 때 타당하지 않다. 그리고 설령 그러한 보증인 지위를 인정할 수 있다고 하더라도 전술한 바와 같이 비방목적이나 명예훼손의 고의를 인정하기 어려울 것이므로 역시 명예훼손의 형사책임은 지지 않을 것이다. 다만 팔로워가 리트윗을 통해 '재게시'한 경우라면 비방목적 등의 구성요건을 검토해, 후술하듯이 사안에 따라 방조범 또는 정범의 책임을 물을 수 있을 것이다. 하지만 이는 구성

16) 대법원 2009.4.16. 선고, 2008다53812 판결.

17) 비교에 도움이 될 만한 판례로서 일명 '소리바다 사건'에서 보증인 지위의 발생 근거에 대해 형사항소심판결은 법령상 또는 기타 조리상 작위의무를 인정하기 어렵다고 판시한 바 있다(서울중앙지방법원 2005.1.12. 선고, 2003노4296 판결). 동 항소심판결에 대한 검사의 상고에 대해 대법원은 원심의 무죄판결을 파기환송하고 피고인들이 적어도 미필적 고의를 가지고 정범들의 복제권 침해해위를 방조한 것으로 판단하였으나, 작위범인지 부작위범인지 여부에 대해서는 명시적으로 언급하지 않고 있다.

요건에 해당하는 자에게 정당하게 책임을 묻는 것이며 결코 엄청난 심적 저항을 불러일으킬 정도로 '형평에 반하는' 결과를 초래하지도 않는다.

III. SNS를 이용한 명예훼손과 관련된 쟁점의 법리적 검토

1. 정보통신망법상 명예훼손죄 구성요건의 해석 및 적용과 관련된 쟁점

앞서 검토해 본 바와 같이 SNS를 이용한 명예훼손적 표현행위라고 하여 명예훼손죄의 기본구성요건에 비추어 특별히 달리 취급할 근거는 보이지 않는다. 따라서 SNS를 이용한 명예훼손행위에 대해서도 일단 명예훼손죄(제307조)의 적용을 검토할 수 있다. 다만 SNS를 이용한 표현행위는 그 수단에 있어서 인터넷을 이용한 행위에 해당하고, 이와 관련 정보통신망법 제70조는 "사람을 비방할 목적으로 정보통신망을 통하여 공공연하게 사실을 드러내어 다른 사람의 명예를 훼손한 자는 3년 이하의 징역이나 금고 또는 2천만원 이하의 벌금에 처하고, 또 사람을 비방할 목적으로 정보통신망을 통하여 공공연하게 거짓의 사실을 드러내어 다른 사람의 명예를 훼손한 자는 7년 이하의 징역, 10년 이하의 자격정지 또는 5천만원 이하의 벌금에 처한다."고 규정하여 인터넷 등 정보통신망을 이용한 소위 사이버 명예훼손행위를 처벌하고 있으므로 SNS를 이용한 명예훼손행위를 법리적으로 고찰함에 있어서는 이러한 행위를 직접적인 처벌대상으로 하기 위해 만들어진 정보통신망법에 대한 검토가 필요하다 할 것이다. 이하 본고에서는 우선 정보통신망법 제70조와 출판물에 의한 명예훼손죄를 비교해 본 후, 정보통신망법의 구성요건과 관련된 법리적 쟁점을 검토해 보고자 한다.

(1) 출판물에 의한 명예훼손죄와의 비교

정보통신망법상의 명예훼손죄는 동 조문이 신설되기 전 인터넷을 이용한 명예훼손을 출판물에 의한 명예훼손죄의 '신문, 잡지 또는 라디오 기타 출판물'에 인터넷을 포섭시켜 의율할 수 있을 것인가에 관한 해석상 논란을 입법적으로 해결한 것으로 평가된다. 즉 인터넷 등을 이용한 소위 사이버 명예훼손은 높은 전파성으로 인해 그 피해가 출판물에 의한 명예훼손 이상일 수 있음에도 불구하고 이를 제309조에 의해 처벌할 수 없다는 점을 고려해 신설된 것이다.[18] 따라서 본고에서는 이 점을 둘러싼 해석논쟁은 제외키로 한다.

본 규정은 그 법정형을 출판물에 의한 명예훼손죄와 비교해 볼 때, 자유형의 상한은 동일하지만, 벌금의 상한이 더 높아 출판물에 의한 명예훼손죄보다 중하게 처벌하고 있을 뿐, 제309조의 구성요건 중 '신문, 잡지, 또는 라디오 기타 출판물에 의하여'를 '정보통신망을 통하여 공공연하게'란 요건으로 대체한 것을 제외하고는 출판물에 의한 명예훼손죄와 모두 동일하다. 따라서 본 규정은 일반명예훼손죄(제307조)에 대한 가중적 구성요건으로 보아야 한다는 데 대체로 견해가 일치한다.[19]

(2) '비방할 목적으로'

정보통신망법상 명예훼손죄가 성립하기 위해서는 그 주관적 구성요건으로 고의 이외에 '비방의 목적'을 필요로 한다. '비방의 목적'이 없는 경우에는 제307조의 일반명예훼손죄가 성립한다.[20] 비방의 목적과 관련된 해석론은 출판물에 의한 명예훼손죄의 '비방의 목적'과 동일하다. 통설은 출판물에 의한 명예훼손죄의 '비방의 목적'은 초과주관적 요

---

18) 강동범, "사이버 명예훼손행위에 대한 형법적 대책", 형사정책 제19권 제1호(2007), 52면 참조.

19) 이천현·도중진·권수진·황만성, 형법각칙 개정연구[2] (한국형사정책연구원, 2007), 79면 참조.

20) 박상기·전지연·한상훈, 형사특별법 (집현재, 2013), 169면; 강동범, 앞의 논문, 46면.

소로서 '가해의 의사 내지 목적'을 의미한다고 본다.[21] 정보통신망법상 명예훼손죄에서 '비방의 목적'에 관해 판례는 "정보통신망이용촉진 및 정보보호 등에 관한 법률상의 명예훼손죄에 있어서 '고의'는 타인의 사회적 평가를 저하시킬 사실의 인식과 그 의사를 말하고, '비방의 목적'은 가해의 의사 내지 목적을 요하며, '사실의 적시'는 사실관계에 관한 보고 내지 진술로서 가치판단이나 평가를 내용으로 하는 의견표현에 대치되는 개념으로 시간과 공간적으로 과거 또는 현재의 사실관계에 관한 보고 내지 진술을 의미한다."[22]고 판시해 통설과 같은 입장이다.[23] 그리고 학설은 대체로 '비방의 목적'을 '사람의 명예를 훼손시키기 위해 인격적 평가를 저하시키려는 의도'로 이해함으로써[24] '가해의 의사 내지 목적'을 구체화하고 있는 듯 보인다. 그러나 비방의 목적을 이와 같이 이해하게 되면 두 가지 문제점이 발생한다. 첫째, 출판물에 의한 명예훼손이든 정보통신망법상 명예훼손이든 '비방의 목적으로 타인의 명예를 훼손하는 것'이지 '명예를 훼손시키기 위해 비방하는 것'은 아니기 때문이다.[25] 둘째, '명예훼손의 고의'와 뚜렷한 구분점을 찾기 어렵게 된다. 명예훼손죄의 보호법익인 외적 명예는 '사람의 인격적 가치에 대한 사회적 평가'를 뜻하는 것으로 보는 것이 통설인바, 결국 그러한 명예에 대한 훼손의 고의는 비방의 목적과 별다른 차이가 나지 않게 되기 때문이다[26]. 따라서 '비방목적'에 대한 보다 체계정합적인

21) 이재상, 형법각론(박영사, 2013), 199면; 손동권, 형법각론 (율곡출판사, 2005), 202면 등.

22) 대법원 2006.9.28. 선고, 2004도6371 판결.

23) 이러한 판례의 입장과 동일한 해석으로는 박상기·전지연·한상훈, 앞의 책, 169면 참조.

24) 대표적으로 김일수·서보학, 새로 쓴 형법각론 (박영사, 2003), 199면 참조.

25) 통설의 이러한 태도는 '비방'의 일상적 의미에 중점을 둔 해석으로 보인다. 다시 말해 통상적으로 '비방'을 통해 타인의 명예를 훼손시키기 때문이다. 반대로 비방을 했지만 그 의도와는 달리 타인의 명예가 훼손되지 않을 수도 있다. 그러나 법문은 명백히 '비방의 목적으로 공공연하게 사실을 적시하여'라고 표현하고 있으므로 이에 대한 체계정합적인 해석이 요구된다.

26) 동일한 문제의식으로는 박광민, "인터넷 명예훼손의 기본법리와 위법성조각", 성

해석이 요구된다.

우선 형법전 내에 '비방'이란 법문이 사용된 예로서 '국기·국장 비방죄(제106조)'가 있다. 본죄의 '비방'은 '언어나 거동, 문장이나 회화에 의하여 모욕의 의사를 표현하는 것'으로 보는 것이 통설이다.[27] 그렇다면 정보통신망법상 명예훼손은 '모욕의 목적으로 명예를 훼손하는' 행위가 된다고 할 것인데, 이는 다음과 같은 이유에서 적절한 해석이 될 수 없다고 본다. 하나의 행위로써 명예를 훼손시키는 동시에 모욕을 가할 수는 있다. 통설은 이 경우 모욕죄의 보호법익도 '외적 명예'로 보아 법조경합(흡수관계)으로 명예훼손죄만 성립한다고 본다.[28] 그렇다면 모욕의 목적으로 명예를 훼손한다는 것은 사리에 맞지 않는 법문이 된다. 왜냐하면 그 목적이 달성되든 달성되지 않든 결국 명예훼손죄만 성립할 것이고, 이는 본죄가 '비방목적'을 굳이 요구하는 이유를 합리적으로 설명하지 못하게 만들기 때문이다. 따라서 비록 같은 표현을 사용하고는 있지만 각기 다른 의미로 해석해야 할 것이다. 그러면 판례의 입장처럼 '가해의 의사 내지 목적'으로 본다면 이는 곧 '해악을 가하려는 목적'으로 대체할 수 있을 것이다. 여기서 '해악을 가한다는' 취지는 이와 관련된 조문인 '모해위증죄(제152조 제2항)'에서 찾을 수 있을 것이다. 본죄에서 '모해'란 '피고인·피의자 또는 징계혐의자를 불이익하게 할 일체의 목적'을 뜻한다는 것이 통설과 판례[29]의 입장이다. 그렇다면 '비방의 목적' 역시 '명예훼손의 피해자를 불이익하게 할 일체의 목적'으로 해석할 수 있다. 조금 더 간명한 표현으로 '악의'를 뜻한다고 정리

균관 법학 제15권 제2호(2003), 154면 참조. 다만 동 문헌은 '비방복적'과 '명예훼손의 고의'가 동어반복에 지나지 않기 때문에 고의를 초과하는 주관적 요소로서의 특별한 의미내용이 없고, 따라서 그 구성요건적 의미는 '행위자의 주관적 의도의 강도 내지는 방향성'에서 찾을 것을 주장하고 있다. 또한 바로 그렇기 때문에 '비방의 목적'과 '공공의 이익'은 그 의사의 방향에 있어서 상호 배척적인 관계에 놓일 수밖에 없다고 한다.

27) 예컨대 오영근, 형법각론 (박영사, 2009), 870면.

28) 예를 들어 배종대, 형법각론 (홍문사, 2010), 301면.

29) 대법원 2007.12.27. 선고, 2006도3575 판결.

할 수 있을 것이다.[30] 그렇다면 '비방의 목적으로'는 '악의로'란 말이 된다.[31] 또한 그 반대말은 '선의로'가 될 것이다.

한편 판례는 비방목적의 판단방법에 대해 "사람을 비방할 목적이 있는지 여부는 당해 적시 사실의 내용과 성질, 당해 사실의 공표가 이루어진 상대방의 범위, 그 표현의 방법 등 그 표현 자체에 관한 제반 사정을 감안함과 동시에 그 표현에 의하여 훼손되거나 훼손될 수 있는 명예의 침해 정도 등을 비교, 고려하여 결정하여야 한다."[32]고 보면서 공공의 이익과의 관계에 대해서는 비방목적은 "공공의 이익을 위한 것과는 행위자의 주관적 의도의 방향에 있어 서로 상반되는 관계에 있다고 할 것이므로, 형법 제310조의 공공의 이익에 관한 때에는 처벌하지 아니한다는 규정은 사람을 비방할 목적이 있어야 하는 형법 제309조 제1항 소정의 행위에 대하여는 적용되지 아니하고 그 목적을 필요로 하지 않는 형법 제307조 제1항의 행위에 한하여 적용되는 것이고, 반면에 적시한 사실이 공공의 이익에 관한 것인 경우에는 특별한 사정이 없는 한 비방목적은 부인된다고 봄이 상당하므로 이와 같은 경우에는 형법 제307조 제1항 소정의 명예훼손죄의 성립 여부가 문제될 수 있고 이에 대하여는 다시 형법 제310조에 의한 위법성 조각 여부가 문제로 될 수 있다."고 하여 '비방목적'이 '공공의 이익'과 상반되는 관계에 있다고 판시하고 있

30) 동지의 박용상, 명예훼손법 (현암사, 2008), 1193면 참조.

31) 같은 취지에서 '비방의 목적' 대신 '현실적 악의'란 표현을 사용하고 있는 판례로는 대법원 2004.2.27. 선고, 2001다53387 판결. "방송 등 언론매체가 사실을 적시하여 개인의 명예를 훼손하는 행위를 한 경우에도 그것이 공공의 이해에 관한 사항으로서 그 목적이 오로지 공공의 이익을 위한 것일 때에는 적시된 사실이 진실이라는 증명이 있거나 그 증명이 없다 하더라도 행위자가 그것을 진실이라고 믿었고 또 그렇게 믿을 상당한 이유가 있으면 위법성이 없다고 보아야 할 것이나, 그에 대한 입증책임은 어디까지나 명예훼손 행위를 한 방송 등 언론매체에 있고 피해자가 공적인 인물이라 하여 방송 등 언론매체의 명예훼손 행위가 현실적인 악의에 기한 것임을 그 피해자측에서 입증하여야 하는 것은 아니다." 미국의 '현실적 악의(actual malice)' 법리에 대해서는 조국, 절제의 형법학 (박영사, 2015), 238면 이하 참조.

32) 대법원 2002.8.23. 선고, 2000도329 판결.

다. 즉 악의로 공연히 사실을 적시한 경우에는 '공공의 이익'과 상반된 관계에 있지만, '선의로' 공연히 사실을 적시한 경우에는 '비방목적'이 부인되어 '공공의 이익'이 인정될 수 있다는 취지로 재해석할 수 있다.

그런데 정보통신망법 제70조의 '비방의 목적'은 명예훼손죄의 고의와 동일한 내용이거나 만일 다른 내용을 지닌다면 그것을 반드시 판례처럼 '공공의 목적'과 상반되는 관계로 해석할 필요가 없으며, 기껏해야 '타인을 비난하고자 하는 심정적 상태(비난의도)'로서의 의미만 지니고 있기 때문에 이를 삭제하는 것이 타당하다는 견해[33]가 있어 이에 대한 법리적 검토가 필요하다고 본다. 동 견해의 논지를 차례대로 살펴보고자 한다.

우선, '비방의 목적'이 주관적 요소로서의 고의와 동일하다는 주장은 다음과 같다. 통설과 판례에 의하면 비방목적이란 '가해의 의사 내지 목적'인바, 이는 곧 '타인에게 해를 가하려는 의사나 의욕'으로 볼 수 있고, 그렇다면 명예훼손죄의 고의인 타인의 명예를 훼손한다는 사실에 대한 인식과 의욕이라는 내용 중 '의욕'의 측면을 부각시킨 것에 불과하다는 것이다. '비방의 목적'이란 공공의 이익을 위한다는 행위의사가 결여된 명예훼손의 고의와 동일하고, 그렇다면 허위사실적시에 의한 명예훼손의 고의는 비방의 목적과 내용적으로 동일한 것이어야 한다는 주장도[34] 이와 별반 다르지 않다. 일견 타당해 보이는 논지이지만 여기에는 몇 가지 개념적 '오해'가 있음을 지적할 수 있다. 명예훼손죄에 있어서 고의란 타인의 명예를 훼손하는 데 적합한 사실 또는 허위사실을 공연히 적시한다는 점에 대한 인식과 의욕을 말한다. 즉 고의라는 구성요건의 '주관적 요소'는 언제나 구성요건의 모든 객관적 요소에 대한 인식을 요하는데, 그러한 '객관적 요소'에 대한 인식을 '초과'하는

33) 주승희, "현행 사이버 명예훼손죄 법리의 문제점 및 개선방안관련 최근 논의 검토", 형사정책연구 통권 제77호(2009), 600-605면 참조.

34) 이정원, 형법각론 (법문사, 2003), 245면 참조. 따라서 동 문헌은 출판물에 의한 명예훼손죄의 경우는 고의 외에 특별한 초과주관적 요소인 비방의 목적이 필요하지 않다고 해석해야 한다고 주장한다.

일정한 주관적 요소가 구성요건으로 되어 있는 경우에 이를 '초과주관적 요소'라고 한다.[35] 다시 말해 초과주관적 요소는 객관적 구성요건요소의 총체를 넘어서는 범위에 대한 주관적 구성요건을 말한다.[36] 목적범에 있어서의 '목적'이나 '영득죄'에 있어서 '불법영득의사'가 그 대표적 예가 된다. 이러한 범죄에 있어서 '목적'이나 '불법영득의사'는 고의와는 다른 별개의 내용을 갖는다. 예컨대 '타인의 재물을 절취한다'는 절도죄의 객관적 구성요건에는 '불법영득'이 포함되지 않으므로 이러한 객관적 구성요건을 그 인식대상으로 하는 절도죄의 '고의'와 '불법영득의사'는 그 내용을 달리한다고 보는 것이 다수설이다. 사용절도도 '타인의 재물에 대한 절취'이지만 바로 '불법영득의사'가 없기 때문에 절도죄가 성립하지 않는다는 법리가 이를 잘 해명해 준다. 목적범의 경우도 이와 다르지 않다. 일반적으로 목적범에서의 '목적'은 객관적 구성요건 이외의 특정한 '결과'에 대한 의욕을 가리킨다. 고의가 구성요건의 객관적 요소에 해당하는 사실을 인식대상으로 함에 비하여, 목적은 객관적 구성요건요소를 초과하는 사실을 그 인식대상으로 하기 때문이다.[37] 그렇기 때문에 '목적'이 달성되지 않더라도, 범죄의 모든 객관적·주관적 구성요건이 충족된다면 '기수'에 이를 수 있다.[38] 목적의 달성시점은 기수시점과는 다른 실질적 종료시점을 의미하기 때문이다.[39] 그렇다면 서로 다른 결과를 의욕하고 있는 '목적의 내용'과 '고의의 내용'은 다를 수밖에 없다.[40]

---

35) 임웅, 형법총론 (법문사, 2003), 106면 참조.

36) 신동운, 형법총론 (법문사, 2008), 179면 참조.

37) 김성돈, 형법총론 (성균관대 출판부, 2011), 230면.

38) 신동운, 新판례백선 형법총론 (경세원, 2009), 249면.

39) 이재상, 형법총론 (박영사, 2011), 359면.

40) 대법원 판례의 소수의견 중에도 이 점을 명확히 지적한 예가 있다. "고의는 범죄의 성립요소인 사실을 인식하는 것이고 (중략) 이러한 표현물의 이적성에 대한 인식은 고의의 내용에 지나지 않을 뿐이고 초과주관적 요건인 목적이 될 수 없음은 더 말할 나위도 없다." 대법원 1992.3.31. 선고, 90도2033 판결(전원합의체) 참조.

다시 명예훼손죄로 돌아가 보면, 동죄의 객관적 구성요건은 "타인의 명예를 훼손하는 데 적합한 사실 또는 허위사실을 공연히 적시하는" 것이고 동죄의 고의는 바로 이에 대한 인식과 의욕을 의미하는 반면, '비방의 목적'이란 앞서 검토한 바와 같이 '해악을 가하려는 의사' 즉 '악의'로 해석할 수 있으며 따라서 '비방'은 명예훼손행위를 통하여 결과적으로 타인에게 '가'하게 된 특정한 '해악'을 의미한다.[41] 다시 말하면 '명예훼손'도 피해자에게는 하나의 '해악'이 되겠지만, '비방'은 이와는 또 다른 내용을 갖는 '해악'이라는 것이다.[42] 앞서 살펴본 바와 같이 통설은 그것을 '인격적 평가의 저하'라고 이해하는 듯 보이지만, 이러한 해석은 명예훼손의 고의와 차별화될 수 없다는 점에서 불합리하다는 점은 전술한 바와 같다. 또 판례의 입장을 보더라도 비방목적이 반드시 '자연인에 대한' '인격적 평가의 저하'에만 국한되지도 않는다. 회사나 유학원에 대해서도 비방의 목적을 인정하거나[43] 부정한 사례도[44] 있기 때문이다. 따라서 비방의 목적에서 뜻하는 해악이란 명예훼손행위에 수반되거나 그로부터 파생된, 행위자가 의욕한 일체의 해악의 결과를 의미한다고 해석하는 것이 타당하다고 본다.

필자가 보기에 '비방목적의 명예훼손'과 '단순명예훼손'의 의미상 차이는 살인의 구분방식인 '모살(중살인)'과 '고살(단순살인)'의 차이에 거의 정확히 대응한다. 주지하다시피 영미법의 경우에는 통상 중살인(murder)과 단순살인(manslaughter)은 '사전에 품고 있는 악의(malice aforethought)'의 유무에 의해 구분된다. 즉 중살인은 악의적 살인이고 단순살인은 그러한 악의가 없는 살인이라는 것이다. 이때의 악의의 의미에 대해서는 독일

---

41) 동지의 조준현, 형법각론 (법원사, 2012), 236면. 동 문헌은 "비방의 목적은 명예에 관한 사실의 인식을 넘어서서 상대방의 사회생활상 가치를 실추시켜 상대방에게 가해를 하려는 목적이다. 즉, 상대방을 깎아내리거나 헐뜯을 목적을 가지고 있어야 한다."고 본다.

42) 명예훼손의 고의와 비방목적이 다를 수밖에 없음을 잘 지적하고 있는 문헌으로는 정영일, 형법각론(박영사, 2011), 183면 참조.

43) 대법원 2005.2.18. 선고, 2004도8351 판결.

44) 대법원 2010.11.25. 선고, 2009도12132 판결.

형법상 '모살(Mord)'의 개념설명이 도움이 된다. 독일형법 제211조에 의하면 모살은 "살해욕이나 성욕의 만족, 탐욕 또는 기타 비열한 동기에서, 간악하거나 잔인하거나 공공에 위험한 수단으로 또는 다른 범죄를 실행하거나 은폐할 목적으로 타인을 살해하는 것"을 의미한다.[45] 그렇다면 정보통신망법상 명예훼손죄의 비방목적도 이에 준하는 수준의 불법성을 지닌 다종다기한 해악의 결과를 의욕한 것으로 해석할 수 있을 것이다. 즉 단순한 명예훼손의 고의를 넘어서 그보다 불법을 가중할 만큼 피해자를 불이익하게 할 일체의 목적에서 사실을 적시한 경우를 지칭한다고 해석할 수 있을 것이다. 물론 비방목적으로 명예를 훼손시켰으나 특정한 해악이 발생하지 않는 경우도 발생할 수 있고,[46] 결론적으로 말하면 '비방의 목적' 없이도 명예를 훼손할 수 있다. 판례 역시 "명예훼손죄에 있어서의 범의는 그 구성요건사실 즉 적시한 사실이 허위인 점과 그 사실이 사람의 사회적 평가를 저하시킬 만한 것이라는 점을 인식하는 것을 말하고 특히 비방의 목적이 있음을 요하지 않는다."[47]고 하여 동일한 취지로 판시하고 있다. 그러므로 고의와 비방목적이 내용적으로 동일하다는 견해는 타당하다고 볼 수 없다.

다음으로 '비방목적 삭제론'을 펴는 위 견해는 만일 비방목적이 고의와는 다른 개념으로 볼 수 있다면 그 가능성은 두 가지라고 주장한다. 첫째, 출판물에 의한 명예훼손죄와 정보통신망법 제70조에 있어서 비방목적을 요구함으로써 인식과 의욕의 강도가 확정적 고의에 비해 낮은 '미필적 고의'에 의한 동죄의 성립을 부정하는 기능을 할 뿐이거나 둘째, 비방의 목적을 그 기능이 아닌 순수한 '문자적 의미'에서 해석하여 '타인을 비난하고자 하는 심정적 상태'로 이해하는 수밖에 없는데 이는 곧 명예훼손죄의 '윤리형법화'를 초래한다는 것이다. 그러나 전술하였

45) 모살(중살인)과 고살(단순살인)의 구분방식에 대한 보다 상세한 설명으로는 안성조, 현대 형법학 (경인문화사, 2011), 30-33면 참조.

46) 이 점은 명예훼손죄가 위험범인데 비해 '비방'은 특정한 해악의 결과를 지칭한다는 점에 비추어 보면 충분히 납득할 수 있다.

47) 대법원 1991.3.27. 선고, 91도156 판결.

듯이 '비방'은 특정한 해악의 결과를 지칭하는 구체적 내용을 가지며, 따라서 '비방목적 삭제론'의 위 견해는 타당하다고 볼 수 없다.

한편 위 견해는 비방목적이 "공공의 이익을 위하는 것과는 행위자의 주관적 의도의 방향에 있어서 서로 상반되는 관계에 있다"는 판례의 일관된 태도를 비판하면서 '비방의 목적'과 '공공의 이익'이 서로 상반되는 개념이 아니고 병존할 수 있는 개념이라고 주장한다. 즉 공익성과 비방목적은 별개의 구성요건으로 하나의 사안에서 얼마든지 병존할 수 있으며, 오히려 공익성이 클수록 피해자에 대한 '가해의사' 내지 '비난의도'가 더욱 커진다고 보는 것이 사리에 합당하다는 것이다. 나아가 판례가 양자의 관계를 상반되는 것으로 본 것은 공익을 위하여 진실한 사실을 적시한 행위가 타인의 명예를 훼손했다는 이유로 처벌받게 되면 개인의 명예보호에 치중한 나머지 국민의 알권리나 언론의 자유를 부당하게 침해할 수 있어서 이러한 불합리함을 시정하기 위한 '고육지책'일 것이라고 지적한다.

'비방의 목적'이 언론출판의 자유와 개인의 명예보호 사이에 경계선을 긋는 역할을 한다는 지적은 타당하다.[48] 그러나 위 견해는 공익성이 클수록 피해자에 대한 '(명예훼손의) 가해의사' 내지 '비난의도'가 더욱 커지기 때문에 공공의 이익과 비방의 목적은 병존할 수 있다고 하면서 이를테면 국회의원의 성매매 사실을 보도하는 행위는 '공공의 이익'과 더불어 그가 공인이라는 점에서 일반 사인의 성매매보다 더 큰 '비난의도'가 수반될 수 있다고 하나, 앞서 살펴보았듯이 비방목적은 명예훼손 이외의 특정한 해악의 결과를 의미하는 것이란 점을 이해하면 위 주장은 타당하다고 볼 수 없다. 또한 판례의 입장을 면밀히 검토해 보면, 판례 역시 '공공의 이익'에 다른 '사익적 목적이나 동기'가 내포될 수 있음을 인정하고 있음을 알 수 있는데, 이는 판례가 '공공의 이익'을 위한 표현행위에도 일정한 '악의'가 개입해 병존할 수 있음을 분명 인식하고 있음을 보여준다.[49]

48) 박상기, 형법학 (집현재, 2013), 540면.

"정보통신망법 제70조의 '사람을 비방할 목적'이란 가해의 의사 내지 목적을 요하는 것으로서, 사람을 비방할 목적이 있는지 여부는 당해 적시 사실의 내용과 성질, 당해 사실의 공표가 이루어진 상대방의 범위, 그 표현의 방법 등 그 표현 자체에 관한 제반 사정을 감안함과 동시에 그 표현에 의하여 훼손되거나 훼손될 수 있는 명예의 침해 정도 등을 비교, 고려하여 결정하여야 하는데, 공공의 이익을 위한 것과는 행위자의 주관적 의도의 방향에 있어 서로 상반되는 관계에 있으므로, 적시한 사실이 공공의 이익에 관한 것인 경우에는 특별한 사정이 없는 한 비방할 목적은 부인된다고 보아야 하고, 공공의 이익에 관한 것에는 널리 국가·사회 기타 일반 다수인의 이익에 관한 것뿐만 아니라 특정한 사회집단이나 그 구성원 전체의 관심과 이익에 관한 것도 포함하는 것이고, 행위자의 주요한 동기 내지 목적이 공공의 이익을 위한 것이라면 부수적으로 다른 사익적 목적이나 동기가 내포되어 있더라도 비방할 목적이 있다고 보기는 어렵다."

끝으로 '비방목적 삭제론'은 앞서 논급한 주장대로 고의와 동어반복에 불과하거나, 이를 고의의 '의욕의 측면'을 강화한 개념으로 보더라도 그렇다고 해서 반드시 '공공의 이익'과 상호 배척적인 관계에 있는 것도 아니므로 원래 가벌성을 축소해 표현의 자유를 보호하려는 취지에서 도입된 구성요건임에도 불구하고 결과적으로는 '공공의 이익'을 위해 사실을 적시한 경우에도 '비방목적'이 인정될 경우 제310조에 의한 위법성조각을 불가능하게 함으로써 오히려 가벌성을 확장하는 요소로 기능할 수도 있게 되므로 언론출판의 자유보장이나 윤리형법의 탈피를 위해서라도 삭제하는 것이 바람직하다고 주장한다.[50)]

그러나 앞서 고찰해 본 바와 같이 '비방목적'은 '고의'와는 다른 내

49) 대법원 2010.11.25. 선고 2009도12132 판결. 따라서 '적시한 사실이 공공의 이익에 관한 것인 때에는 특별한 사정이 없는 한 비방의 목적은 부인 된다'라는 판례의 태도를 두고, "복합적이고 다층적인 인간의 내심의 의사나 심리구조를 소홀히 다루고 있다"는 식의 비판을 적절하지 않다. 이러한 비판을 가하고 있는 문헌으로는 김혜정, "인터넷상 명예훼손모욕죄의 형사법적 통제에 관한 소고", 홍익법학 (제12권 제1호, 2011), 333면과 이수현, "출판물에 의한 명예훼손죄에 있어 정보제공자·편집책임자·언론사(법인)의 형사책임", 서울대 법학 제20권 제1호 (2012), 238면 참조.

50) 이러한 견해에 찬동하는 김혜정, 앞의 논문, 332면.

용을 갖는 '악의'로 볼 수 있으며,[51] 판례도 잘 지적하고 있듯이 '공공의 이익'과 일정한 '악의'는 병존할 수 있으나 그 주요한 동기 내지 목적이 공공의 이익을 위한 것이라면 '비방의 목적'이 부인되고, 이와 같이 해석하는 한 '비방목적'이란 구성요건의 본래 취지는 훼손되지 않으며 또한 가벌성의 부당한 확장도 발생하지 않을 것이라고 본다. 즉 '비방'에 중점을 두어, 다시 말해 '악의로' 공공연하게 사실을 적시한 경우에는 '공공의 이익'이 부정되겠지만, 전체적으로 보아 '선의로' 사실을 적시한 경우에는 '공공의 이익'이 인정될 수 있다.[52]

앞서 언급한 바 있지만 헌법재판소는 인터넷을 가장 참여적인 시장이고 표현촉진적 매체로 평가하고 있으며, 이와 관련 "오늘날 가장 거대하고 주요한 표현매체의 하나로 자리를 굳힌 인터넷상의 표현에 대하여 질서위주의 사고만으로 규제하려고 할 경우 표현의 자유의 발전에 큰 장애를 초래할 수 있다"는 입장을 천명하고 있다.[53] 그렇다면 '비방의 목적'은 '공연성' 요건과 함께 표현의 자유를 더욱 두텁게 보호하

---

51) '비방목적'을 '악의'로 해석하는 것은 민사판례의 태도에도 부합된다고 본다. "언론이 보도를 함에 있어 그 언론보도의 내용이나 표현방식, 의혹사항의 내용이나 공익성의 정도, 공직자 또는 공직 사회의 사회적 평가를 저하시키는 정도, 취재과정이나 취재로부터 보도에 이르기까지의 사실확인을 위한 노력의 정도, 기타 주위의 여러 사정 등을 종합하여 판단할 때, 그 언론보도가 공직자 또는 공직 사회에 대한 감시·비판·견제라는 정당한 언론활동의 범위를 벗어나 악의적이거나 심히 경솔한 공격으로서 현저히 상당성을 잃은 것으로 평가되는 경우에는, 비록 공직자 또는 공직 사회에 대한 감시·비판·견제의 의도에서 비롯된 것이라고 하더라도 이러한 언론보도는 공직자 등의 수인의 범위를 넘어 명예훼손이 되는 것으로 보지 않을 수 없다(대법원 2001. 11. 9. 선고, 2001다52216 판결; 대법원 2007. 12. 27. 선고, 2007다29379 판결; 대법원 2008.11.13. 선고, 2008다53805 등 참조).

52) 동지의 오영근, 앞의 책, 227면 참조. 동 문헌은 "비방목적에 중점이 있는 경우에는 부수적으로 공공의 이익을 위한다는 인식이 있다 하더라도 비방목적을 인정해야 하고, 공공의 이익을 위하는 데에 중점이 있는 경우에는 부수적으로 비방목적이 있다 하더라도 비방목적을 부인해야 한다."고 한다.

53) 헌재결 2002.6.27. 99헌마480.

려는 입법자의 의지가 반영된 구성요건으로 이해하는 것이 바람직하고 또 타당하다고 본다.[54)]

(2) '정보통신망을 통하여'의 해석

정보통신망법 제2조 제1항 제1호에 의하면 "정보통신망이란 전기통신사업법 제2조제2호에 따른 전기통신설비를 이용하거나 전기통신설비와 컴퓨터 및 컴퓨터의 이용기술을 활용하여 정보를 수집·가공·저장·검색·송신 또는 수신하는 정보통신체제를 말한다." 그리고 여기서 전기통신설비란 "전기통신을 하기 위한 기계·기구·선로 또는 그 밖에 전기통신에 필요한 설비(전기통신사업법 제2조 제2호)"를 뜻하고, 전기통신은 "유선·무선·광선 또는 그 밖의 전자적 방식으로 부호·문언·음향 또는 영상을 송신하거나 수신하는 것(전기통신사업법 제2조 제1호)"를 말한다. 이러한 정의에 따르면 전세계 컴퓨터의 통신망인 인터넷이 정보통신망에 해당함은 명백하다. 따라서 인터넷을 이용한 다양한 행위들, 예컨대 전자우편이나 메신저, 포털게시판, 카페, 블로그 등에 글을 올리고 댓글을 다는 행위 등이 '정보통신망을 통하여'란 법문에 포섭된다는 점에 대해서는 견해가 일치한다.[55)]

그런데 최근에는 SNS를 이용한 표현행위가, 널리 보급되기 시작한 스마트폰을 통해서도 가능해짐에 따라, 이 경우에도 '정보통신망을 통하여'란 구성요건에 해당할 수 있는지 문제될 수 있다. 생각건대, 스마트 폰을 이용한 경우라도 '무선 인터넷'을 이용한다는 점에서나 '이동통신망'을 이용한다는 점에서 '정보통신망'을 통하여 표현행위를 했다는 점에는 의문이 없기 때문에 스마트폰으로 SNS를 이용해 명예훼손적 행위를 한 경우에도 정보통신망법상 명예훼손죄를 적용하는데 별다른

54) 유사한 취지의 김태명, "인터넷상의 명예훼손의 실태와 대책", 전북대 법학연구 제27권(2008), 49-50면 참조.

55) 예컨대 정정원, "SNS 게시물의 작성, 재게시행위와 인터넷상 명예훼손", 법과 정책연구 제12집 제3호(2012), 844면 참조.

무리가 없다고 본다.

(3) '공공연하게'의 해석

정보통신망법 제70조는 '괜히'라는 뜻으로 오인될 소지가 있는 형법 제307조의 '공연히'라는 표현 대신 '공연성'의 본래 의미를 잘 살릴 수 있는 '공공연하게'라는 표현을 사용하고 있다.[56] '공연성'에 관한 기본적인 법리는 일반명예훼손죄와 동일하다. 이는 앞서 '매체적 특성논변'을 검토하며 이미 다룬 바 있기 때문에 그로써 갈음하기로 하겠다. 다만 여기서는 정보통신망법 제70조에 '공연성'을 요건으로 둔 취지에 관해 고찰해 보기로 한다.

본래 명예훼손죄에 공연성을 요구하는 것은 직접적으로 사회에 유포되어 사회적으로 유해한 명예훼손행위만을 처벌함으로써 표현의 자유가 지나치게 제한되는 일이 없도록 하려는 취지에서 비롯된 것이란 점에 대해서는 견해가 일치한다.[57] 그런데 정보통신망법상 공연성 개념은 정보통신망이라는 무한정한 전파성으로 인해 언제나 불특정 또는 다수인이 인지할 수 있는 상태임을 간과한 주의적 규정에 불과하다는 지적이 있다.[58] 정보통신망의 특성을 고려한 점에서 타당한 지적이지만, 사이버공간이라 하더라도 일대일 채팅, 개인간 이메일의 교환 및 개인적인 정보전달이나 서브관리자 또는 게시판관리자만 볼 수 있도록 기술적으로 제한하는 경우처럼 공연성이 없는 경우도 있기 때문에 정보통신망법에 '공연성'을 특별히 명문화한 취지는 이처럼 공연성이 없는 경우를 제외시킴으로써 표현의 자유에 대한 지나친 규제를 억제하려는 데 있는 것으로 보아야 할 것이다.[59]

---

56) 이 점에 대해서는 이천현·도중진·권수진·황만성, 앞의 글, 69-70면. 동지의 지영환, "SNS명예훼손의 형사책임", 경희법학 제48권 제2호(2013), 127면 참조.

57) 대표적으로 김일수, 앞의 논문(*명예훼손죄를 어떻게 이해할 것인가?*), 293면 참조.

58) 정대관, 사이버 공간에서의 명예훼손죄, 성균관 법학 제17권 제1호(2005), 202면 참조.

59) 동지의 강동범, 앞의 논문, 52면; 박광민, 앞의 논문, 104면; 김혜정, 앞의 논문,

공연성에 대한 이와 같은 해석은 SNS의 경우에도 그대로 유효하다. SNS를 이용한 정보전달과 표현행위라 하더라도 특정된 소수 인원, 예컨대 가족들 간의 순전히 사적인 소통도 분명 존재할 수 있기 때문이다.[60] 그러므로 본죄의 '공연성' 요건은 '비방의 목적'과 함께 사이버공간에서의 표현의 자유를 이중으로 두텁게 보호하는 기능을 하는 구성요건으로 해석하는 것이 타당하다고 본다.

(4) '사실을 드러내어'의 해석

'사실을 드러내어'란 구성요건은 일반명예훼손죄의 '사실을 적시하여'와 동일한 의미이다. 예를 들어 SNS의 타임라인에 게시글을 작성한다든지 사진이나 동영상을 올리는 행위 등이 이에 해당할 것이다. 다만 판례는 정보통신망법상 명예훼손죄에서의 사실의 적시에 대하여 "적시된 사실은 이로써 특정인의 사회적 가치 내지 평가가 침해될 가능성이 있을 정도로 구체성을 띠어야 할 것이고, 정보통신망을 통하여 게시된 어떠한 표현행위가 위 죄와 관련하여 문제가 되는 경우 그 표현이 사실을 적시하는 것인가, 아니면 단순히 의견 또는 논평을 표명하는 것인가, 또는 의견 또는 논평을 표명하는 것이라면 그와 동시에 묵시적으로라도 그 전제가 되는 사실을 적시하고 있는 것인가 그렇지 아니한가의 구

334면; 윤종행, "사이버 명예훼손죄에 있어서 비방의 목적과 공익 관련성", 형사정책 제18권 제1호(2006), 305면 참조.

60) 그러나 대법원은 인터넷 블로그의 비공개 대화방에서 일대일로 대화하면서 비밀을 지키겠다는 말을 듣고 한 대화에 대하여 "인터넷을 통하여 일대일로 이루어졌다는 사정만으로 그 대화 상대방이 대화내용을 불특정 또는 다수인에게 전파할 가능성이 없다고 할 수는 없는 것이고, 또 비밀을 지키겠다고 말하였다고 하여 그가 당연히 대화내용을 불특정 또는 다수인에게 전파할 가능성이 없다고 할 수도 없는 것이므로, 위 대화가 공연성이 없다고 할 수는 없다."고 판시하여 인터넷을 이용한 사적 의사소통에 대해서도 공연성을 인정하고 있다. 소위 '전파가능성 이론'을 정보통신망법상 명예훼손죄에 대해서도 그대로 적용하고 있는 것이다. 이러한 판례의 태도를 극복하기 위해서라도 '비방의 목적'이란 구성요건을 엄격하게 요구·해석할 필요가 있을 것이다.

별은, 당해 게시물의 객관적인 내용과 아울러 일반의 독자가 보통의 주의로 게시물을 접하는 방법을 전제로 게시물에 사용된 어휘의 통상적인 의미, 게시물의 전체적인 흐름, 문구의 연결 방법 등을 기준으로 판단하여야 하고, 여기에다가 당해 게시물이 게재된 보다 넓은 문맥이나 배경이 되는 사회적 흐름 등도 함께 고려하여야 하는 것이다."고 판시해 그 의미내용을 보다 구체화하고 있다.

SNS를 이용한 사실의 적시와 관련해 두 가지 쟁점을 검토해 보기로 한다.

첫째, 명예훼손적 사실이 적시된 다른 웹사이트 등을 링크해 둔 경우에도 사실의 적시로 볼 수 있을 것인지가 문제된다. 이에 대해 "피해자의 사회적 평가를 해하는 공연성의 범위를 확대하여 간접적으로 정범행위 결과를 조장하는 행위라면 공범(방조범)이고, 정보를 자기의 것으로 하여 정보를 제공하는 정범행위와 동일시할 수 있다면 정범"이라는 견해(제1설)[61]와 "단지 웹사이트의 초기화면을 링크해 놓는 것은 명예훼손적 사실이 있는 곳의 위치정보를 제공한 것에 불과해 사실의 적시로 볼 수 없지만, 웹사이트에 적시된 개개의 내용에 직접 링크한 것은 그 내용을 지적한 것이므로 사실의 적시에 해당한다"는 견해(제2설)[62]가 대립된다. 한편 판례는 사이버공간에서의 음란물의 전시와 관련 "음란한 부호 등으로 링크를 해 놓는 행위자의 의사의 내용, 그 행위자가 운영하는 웹사이트의 성격 및 사용된 링크기술의 구체적인 방식, 음란한 부호 등이 담겨져 있는 다른 웹사이트의 성격 및 다른 웹사이트 등이 음란한 부호 등을 실제로 전시한 방법 등 모든 사정을 종합하여 볼 때, 링크를 포함한 일련의 행위 및 범의가 다른 웹사이트 등을 단순히 소개·연결할 뿐이거나 또는 다른 웹사이트 운영자의 실행행위를 방조하는 정도를 넘어, 이미 음란한 부호 등이 불특정·다수인에 의하여 인식될 수 있는 상태에 놓여 있는 다른 웹사이트를 링크의 수법으로 사

61) 박광민, 앞의 논문, 105면.

62) 강동범, 앞의 논문, 55면. 동지의 김혜정, 앞의 논문, 336면.

실상 지배·이용함으로써 그 실질에 있어서 음란한 부호 등을 직접 전시하는 것과 다를 바 없다고 평가되고, 이에 따라 불특정·다수인이 이러한 링크를 이용하여 별다른 제한 없이 음란한 부호 등에 바로 접할 수 있는 상태가 실제로 조성되었다면, 그러한 행위는 전체로 보아 음란한 부호 등을 공연히 전시한다는 구성요건을 충족한다고 봄이 상당하며, 이러한 해석은 죄형법정주의에 반하는 것이 아니라, 오히려 링크기술의 활용과 효과를 극대화하는 초고속정보통신망 제도를 전제로 하여 신설된 위 처벌규정의 입법 취지에 부합하는 것이라고 보아야 한다."고 판시하여 제1설과 유사한 입장[63]을 취하고 있다. 그리고 동 판례와 대해 "음란물 전시에 대한 직접정범의 책임을 져야 하는 자는 인터넷상에 음란문서나 파일 등을 직접 등재한 사람에 한정하는 것이 바람직하고, 이에 링크한 사람은 정범의 음란물 전시행위를 방조한 자라고 보아야 한다는 견해(제3설)"[64]가 제시된 바 있다.

이 중 제3설은 직접정범의 정범성 표지인 '실행지배'의 의미를 '최초에' 실행행위를 한 자에 한하여 엄격히 해석하고 있는 것으로 보이나, '링크'한 행위의 '정범성' 문제는 사이버공간과 현실세계를 비교해 보면 명확해 진다. 링크에 의한 명예훼손은 현실세계에서는 타인(원진술자)으로부터 '전문한 사실'의 적시행위에 해당한다. 통설과 판례[65]는 전문에 의한 사실의 적시도 인정하고 있는바, 그렇다면 링크에 의한 명예훼손도 가능하다고 보아야 한다. 따라서 링크한 행위는 공범은 물론

---

63) 판례에 의하면 '공연히 전시'한다 함은 "불특정·다수인이 실제로 음란한 부호·문언·음향 또는 영상을 인식할 수 있는 상태에 두는 것(대법원 2003.7.8. 선고, 2001도1335 판결)"을 뜻하므로 명예훼손죄의 '사실의 적시'와 의미 있는 비교가 될 수 있다.

64) 서보학, "유해정보사이트에 링크해 놓은 경우의 형사책임", 법률신문(2003.9.25.) 참조.

65) "명예훼손죄에 있어서의 사실의 적시는 그 사실의 적시자가 스스로 실험한 것으로 적시하던 타인으로부터 전문한 것으로 적시하던 불문하는 것이므로 피해자가 처자식이 있는 남자와 살고 있다는데 아느냐고 한 피고인의 언동은 사실의 적시에 해당한다(대법원 1985.4.23. 선고 85도431 판결)."

정범이 될 수 있다는 점에서 제1설이 타당하다고 할 것이다. 다만 제2설의 주장처럼 링크행위를 나누어 사실의 적시여부를 판단할 필요가 있는지 문제된다. 생각건대, 명예훼손적 내용을 적시하고 있는 웹사이트의 초기화면을 링크한 경우이든, 아니면 직접적으로 그 내용이 담긴 파일이나 문서를 링크한 경우이든 음란물의 전시와 관련된 위 판례의 설시처럼 사이버공간의 특성상 그 내용을 확인하는 것은 특별한 노력이나 어려움 없이 가능하기 때문에[66] 모두 사실의 적시에 해당한다고 보는 것이 타당할 것이다.[67] 이렇게 해석하는 것이 오히려 빠르고 강한 전파성을 염두에 둔 초고속정보통신망 제도를 전제로 하여 신설된 정보통신망법상 명예훼손죄의 취지에 부합될 것이므로 금지되는 유추에도 해당하지 않는다 할 것이다.[68]

---

66) "인터넷상의 링크란 하나의 웹페이지 내의 여러 문서와 파일들을 상호 연결하거나 인터넷상에 존재하는 수많은 웹페이지들을 상호 연결해 주면서, 인터넷 이용자가 '마우스 클릭(mouse click)'이라는 간단한 방법만으로 다른 문서나 웹페이지에 손쉽게 접근 검색할 수 있게 해주는 것(다른 웹페이지의 정보를 검색하기 위하여 특별한 명령어를 키보드로 입력하는 것과 같은 조치를 별도로 취할 필요가 없게 해준다.)으로서, 초고속정보통신망의 발달에 따라 그 마우스 클릭행위에 의하여 다른 웹사이트로부터 정보가 전송되어 오는 데 걸리는 시간이 매우 짧기 때문에, 인터넷 이용자로서는 자신이 클릭함에 의하여 접하게 되는 정보가 링크를 설정해 놓은 웹페이지가 아니라 링크된 다른 웹사이트로부터 전송되는 것임을 인식하기조차 어렵고, 점점 더 초고속화하고 있는 인터넷의 사용환경에서 링크는 다른 문서나 웹페이지들을 단순히 연결하여 주는 기능을 넘어서 실질적으로 링크된 웹페이지의 내용을 이용자에게 직접 전달하는 것과 마찬가지의 기능을 수행하고 있다고 하지 않을 수 없다(대법원 2003.7.8. 선고, 2001도1335 판결)."

67) 따라서 문제의 핵심은 링크한 것이 초기화면이냐 구체적 내용이냐에 있는 것이 아니라 그러한 링크행위가 사실의 적시에 해당할 만큼의 적극성을 띠고 있는지 여부에 놓인다고 볼 수 있다. 동지의 이헌묵, 인터넷 하이퍼링크(hyperlink)에 의한 명예훼손, 법률신문(2010.10.11.) 참조. 동 문헌에 의하면 링크행위가 그 사용의 태양, 목적 등을 고려할 때 단순히 참조용으로 사용한 것이 아니라 글의 완성을 위한 수단으로 사용하였다고 쉽게 인정될 경우에는 행위자의 명예훼손적 의사표시로 볼 수 있다고 한다.

68) 형법상 금지되는 유추와 허용되는 확장해석의 한계에 관한 종합적 연구서로는

§ 10. 사이코패스 범죄자에 대한 인지과학적 이해

[글 소개]

이 장의 논문은 사이코패스 범죄자에 대해 '인지과학적 관점'에서 고찰한 연구이다. 본서의 주된 관심이 진화론이고, 필자는 이미 사이코패시의 원인론에 대한 '진화생물학적 설명'을 간략히 소개한 바도 있지만[1], 아직 진화론적 관점에서 접근한 포괄적인 연구성과는 없기에 우선 그 전 단계 작업으로서 '인지과학적 분석'을 제시해 보려는 취지에서 본서에 수록하였다. 그리고 진화심리학적 분석을 위해서는 진화생물학과 인지과학적 관점이 결합되어야 하므로[2] 본장에 이 논문을 수록하는 것이 독자들의 이해를 돕는 데 매우 유용할 것이라는 판단이 들었기 때문이다.

현대 인지과학의 주류적 견해로 보이는 마음-뇌 동일론[3]에 의하면 인간의 마음과 의식 등 정신적인 요소들은 곧 뇌와 동일시된다. 현대의 많은 신경과학자들은 뇌를 구성하는 뇌를 구성하는 신경세포들 사이의 상호작용이 다양한 정신작용을 만들어 낸다고 믿는다. 설령 자아의 본

1) 안성조, 현대 형법학 제1권 (경인문화사, 2011), 520-521면.

2) "인지과학은 마음이란 것이 어떻게 가능하며 우리는 어떠한 종류의 마음을 갖고 있는가를 이해하게 해주는 반면, 진화생물학은 '왜' 우리가 그런 종류의 마음을 갖게 되었는가를 이해하게 해 주는 학문으로 이 두 이론이 결합되어 진화심리학을 탄생시켰다." 이 점에 대해서는 스티븐 핑커/김한영 역, 마음은 어떻게 작동하는가 (동녘사이언스, 2010), 51면 참조.

3) "당신의 당신의 커넥톰이다"라는 커넥토믹스의 주장도 뇌-마음 동일론의 하나라고 볼 수 있다. 이 주장은 승현준 MIT 교수의 저서, '커넥톰, 뇌의 지도 (김영사, 2014)', 22면 참조. 이 명제는 "당신은 당신의 시냅스다(조지프 르두)"라는 주장의 변형판이다.

성을 영적인 것으로 볼 수 있다고 하더라도, 그 실현방식은 신경현상에 의해 해명될 수 있다는 것이다. 예를 들어 우리의 지각, 학습, 기억, 추론, 언어, 의식, 정신의 질병, 감정 등이 모두 뇌의 신경과정, 다시 말해 신경세포들 간 혹은 신경세포집단들 간 상호작용의 결과로 나타난다고 본다. 심지어 개념마저도 신경활동의 패턴이라고 이해한다.[4] 이들은 우리에게 정신적인 현상으로 체험되는 것들 중에서 뇌에 의해 설명이 불가능한 것은 없다고까지 보는 듯하다. 요컨대 현대 인지신경과학의 주류적 입장인 마음-뇌 동일은 뉴런(집단)의 상호작용과 활동패턴이 우리의 생각과 마음을 불러일으킨다는 입장인 것이다.

형법적 관점에서는 사이코패스를 바라보는 여러 입장이 제시될 수 있겠으나, 인지과학적 관점에서 보자면 사이코패스는 선천적인 신경생물학적 장애로 타인에 대한 공감능력이 결여된 자이다. 흔히 공감능력의 결여에서 비롯된 반사회적 생동들은 정상적인 사회화 과정의 실패나 부도덕한 품성의 문제로 간주하기 쉽지만, 마음-뇌 동일론에 비추어 보면, 공감능력의 결여라는 성격적 특성도 신경생물학적 장애[5]의 관점에서 바라볼 수 있게 된다. 타인과의 정상적인 인격적 상호작용이 불가능한 자에게 법적, 도덕적 비난을 가하기 전에 그들의 신경생물학적 장애여부를 검토해볼 필요가 있다는 것이 바로 이 논문의 핵심적 내용이다. 이처럼 특수한 종류의 성격장애가 신경생물학적 문제로 환원될 수 있다면, 이에 대한 진화생물학적 접근도 가능해질 것이고, 향후 양자를 종합하면 더 포괄적인 진화심리학적 연구와 이해가 가능해 질 것이라고 전망한다. 아울러 사이코패스에 대한 인지과학적 이해가 가능해 진다면, 이들에 대한 치료가능성도 자연스럽게 열린다는 매우 실천적인 장점이 있다. 최근에 마음-뇌 동일론의 연장선상에서 사이코패스의 치료가능성을 긍정하는 주목할 만한 연구성과가 제시되고 있다. 그러한

4) 참고로 특정한 인물이나 사물에 대해서만 반응하는 '개념뉴런(concept neuron)'도 존재한다는 사실이 밝혀졌다. 크리스토프 코흐/이정진 역, 의식(알마, 2014), 126면 이하 참조.

5) 보다 구체적으로 거울뉴런(mirror neurons)의 기능장애의 문제로 바라보기도 한다.

연구에서 논급된 구체적인 치료방법은 향후 실무와 학술적 논의에 참고할 만하다. 이와 관련해 많은 독자들이 다음의 한 저명한 뇌과학자의 말에 귀 기울여 보기를 바라는 마음이다.

> "그러니까 유전자든 가족력이든 상관없이 사이코패스 성향은 못 고친다는 것이다. 이런 대중의 지배적 인식은 대부분 어설픈 지식과 무지가 원인이다. 사이코패스의 행동양식은 추상적이고 부도덕한 정신적 태도나 성격적 특성에서 발생하는 것이 아니라, 특정 뇌 영역에서 서로 얽혀 있는 네트워크 망의 기능이 감퇴하는 데서 비롯된다."[6)]

한편 마음에 관한 인지과학적 접근은 법인의 범죄능력을 이해하는 데에도 새로운 시각을 열어 준다. 마빈 민스키가 자신의 저서 '마음의 사회(The Society of Mind)'[7)]에서 정의한 바에 따르면 인간의 마음은 "서브에이전트들(subagents)이 기계처럼 연결된 거대한 총합"이라고 한다. 즉 각각의 고유한 문제해결 기능을 담당하는 하위 주체들이 모여 다양한 특성을 지닌 마음이란 사회를 만들어 낸다는 것이다. 모듈(module)처럼 자동된 프로그램에 따라서 특정한 문제를 처리하는 하위 주체들이, 그들이 속한 유기체의 생존과 번영이라는 공통된 목표하에 상호 협력과 경쟁, 협상을 하는 상호작용 속에서 마음과 행동을 만들이 낸다는 것이다. 그리고 이러한 서브 에이전트들의 상호작용에 의해 원만히 해결할 수 없는 문제에 직면할 때 이를 조정하기 위해 '의식'이 출현한다고 한다. 이상의 설명방식을 마음 - 뇌 동일론과 결합시키면 법인의 마음을 인지과학적으로 재구성할 수 있게 된다. 전술한 바와 같이 마음을 만들어 낼 수 있는 뇌의 조건은 뉴런(집단)과 시냅스들 간의 상호작용에 있다. 그런데 우리는 법인에게도 이러한 뇌의 조건과 유사한 상관물이 존재함을 쉽게 확인할 수 있다. 직원들

---

6) 닐스 비르바우머·외르크 치틀라우/오공훈 역, 뇌는 탄력적이다 (메디치, 2015), 191-212면 참조. 동 문헌에는 구체적인 치료방법과 성공사례 및 그 현실적 장애요인 등이 상세히 소개되고 있다.

7) Marvin Minsky, *The Society of Mind* (New York : Simon and Schuster, 1986) 참조.

간 혹은 내부 하위 부서 간 위계적 혹은 수평적으로 하나의 유기체적 통일체를 이루고 있는 법인의 고도로 조직화된 구조는 우리의 뇌의 구조와 크게 다를 바 없다. 우선 개개의 직원들과 전문화된 부서는 뉴런(집단)으로 볼 수 있고 이들은 다양한 연결망, 즉 시냅스 연결처럼 예컨대 인트라넷이나 내부 소통시스템을 통해 복잡하게 얽혀 있으며, 각각의 하위부서는 상호 협력, 경쟁, 협상하며 뇌의 서브에이전트들처럼 독자적인 기능을 수행하지만, 그러한 개별 기능들이 특정한 패턴과 방식으로 통합되면 그것이 바로 법인의 통일된 마음과 행동으로 나타나게 된다. 그리고 법인이 어떠한 문제에 당면하면 CEO나 이사회의 결단이 요구되듯이 뇌 또한 의식이 출현하여 서브에이전트들을 조율한다는 점도 상당히 유사하다.[8] 여기까지는 단지 유비적 설명에 불과할 수도 있다. 하지만 우리 몸의 중추신경계(central nervous system)를 구성하는 뇌가 말초신경계(peripheral nervous system)에 해당하는 감각기관으로부터 외부의 정보를 수집해서 이를 특정 호르몬의 분비와 같은 내분비계(endocrine system) 정보와 통합하여 육체의 활동을 조정하는 기능을 한다는 사실은, 법인의 경우, 법인의 신경계(corporate nervous system)에 해당한다고 볼 수 있는 법인 구성원들의 분업적 활동과 인적, 물적 조직의 상호작용이 법인의 내분비계(corporate endocrine system)에 해당한다고 볼 수 있는 정보의 흐름을 통합해 법인의 활동을 조정하는 기능을 한다는 사실에 寫像(mapping)될 수 있다고 본다.[9] 즉 법인도 주변 환경을 '인식하고', 필요한 행동을 '의욕할' 수 있는 행위주체라는 것이다.[10] 이처럼 뇌조직

8) 이처럼 우리의 몸(뇌)이 세포와 근육, 신경 등으로 구성된 네트워크이듯 우리 자신도 회사나 국가 네트워크의 한 구성물이 될 수 있다는 통찰로는 톰 지그프리드/이정국 역, 게임하는 인간 호모 루두스 (자음과 모음, 2010), 218면 이하 참조.

9) 이 점에 대한 상세한 논증으로는 Ken Baskin, *Corporate DNA: learning from life* (Boston: Butterworth-Heinemann, 1998), 104면 이하 참조.

10) 민사법의 영역에서는 "법인의 각 기관 또는 지점이 인식한 정보를 법인의 정보로 귀속시키고, 역으로 통합된 법인의 정보도 각 기관의 인식으로 귀속시[키는]"는 법리를 찾아볼 수 있다. 이러한 법리는 법인이 사업을 확장시켜 복잡화·대규

과 법인의 인적·물적 구성요소 간의 이러한 구조적 유사성에 주목하면 법인에게 통일된 인격체로서의 마음을 관념하는 것이 단순한 의인화나 인격화, 또는 의제(擬制)에 불과하지 않다[11]는 것이 이 글의 두 번째 핵심내용이다.[12]

모화되는 경우에도 유효한데, 이는 법인을 하나의 인격체로 보아 전체활동의 통제를 위한 내부통제구조(예컨대 분업화된 조직을 통해 이익을 누리는 단체는 분업화로 인해 필연적으로 발생하는 인식의 분할을 정보로서 저장하고 이러한 정보를 단체 내에 제대로 전달할 수 있도록 할 의무를 부담한다)를 '조직'해야 한다는 '조직의무'에서 근거를 찾을 수 있다고 한다. 이 점에 대해서는 이중기, "법인에서의 '인식의 귀속'과 이익충돌의 인식: 거대 회사에서의 '정보차단장치'의 효력을 중심으로", 서울대학교 법학 제55권 제4호(2014), 463-464면 참조. 유사한 취지로 보이는 Carlos Gómez-Jara Díez, Corporate Culpability as a Limit to the Overcriminalization of Corporate Criminal Liability: The Interplay between Self-Regulation, Corporate Compliance, and Corporate Citizenship, *14 New Crim. L. Rev. 78* (2011), 86-87면 참조. 동 문헌에 의하면 자기조직화(self-organize)를 할 수 있는 능력이 있는 회사의 경우에는 '(법인) 고유의 조직적 인식(independent organizational knowledge)'을 관념할 수 있고, 그러한 회사들만 형사책임을 질 수 있다고 한다.

11) 여기서 "단순한 의제에 불과하지 않다"는 표현에 혼동이 없기를 바란다. 자연인이든 법인이든 인격은 모두 법질서가 부여하는 것, 즉 '인격화작용'의 산물이며, 이 점에서 라드브루흐의 지적처럼, 자연인(physische Person)도 엄밀한 의미에서는 '법인(juristische Person)'이다. 요컨대 자연인이든 법인이든 모든 법적 인격의 '의제적' 성질에 대해서는 이론의 여지가 없다. 이에 대해서는 구스타브 라드브루흐/최종고 역, 법철학 (삼영사, 2011), 181-182면 참조. 그러므로 여기서 단순한 의제가 아니라는 뜻은 자연인의 배후에 '인간'과 그 '마음'이 있는 것처럼 법인의 배후에도 '전법률적으로' 존재하는 실체로서의 '마음-상관물'이 존재한다는 취지이다. 다시 말하면 이 명제는 법인본질론의 문제인 것이다. 여기서 말하는 법인의 '마음'은 후술하듯 '지향성(intentionality)'으로 대체될 수 있을 것이다. '지향성'에 대한 상세한 설명으로는 대니얼 데닛/이희재 역, 마음의 진화 (사이언스 북스, 2009) 참조.

12) 본고에서 법인은 논의 편의상 영리법인(營利法人)으로서 상법상 회사를 지칭하는 용어로 사용하기로 한다. 그리고 경우에 따라 이때의 법인은 '기업'과 혼용하기도 하였다. 요컨대 본고에서 법인은 '회사기업'을 뜻한다. 본고의 용어 사용법에 독자들의 혼란이 없기를 바란다. 각별한 주의를 요하는 이유는 엄밀히 말해

필자는 이에 더해, 전술한 바 있는 이기적 유전자 이론을 원용해 법인의 범죄능력을 입론해 보고자 한다. '유전자의 관점에서' 인간은 유전자들이 더 안정적인 생존을 위해 그 속에 들어가 살아갈 수 있도록 만들어 낸 '생존기계(survival machine)'에 불과하듯, '自然人 인간의 관점에서' 회사기업으로서의 법인은 인간이 '더 안정적인 생존을 위한 조건'의 하나인 경제적 이익의 극대화를 위해 만들어 낸 '生存機關(survival institution)'이라고 규정할 수 있을 것이다.[13] 이러한 맥락에서 법인이 탄생해 발전해 온 과정을 경제사적[14]·진화이론적[15]으

회사와 기업은 구분되며, 기업도 상법과 경제학, 경영학 등 각 학문분야에서 약간의 의미 차이를 보이기 때문이다. 이 점에 대한 상세한 고찰로는 기업범죄연구회, 기업범죄연구 제1권 (경인문화사, 2011), 197-243면 참조.

13) 소위 거래비용이론(transaction cost theory)에 의하면, 시장거래에는 다양한 거래비용이 존재하는바, 기업조직 등의 경제적 제도들은 거래비용을 절약하기 위해 발전되었다고 한다. 로널드 코즈(Ronald Coase)로 대표되는 신제도학파에 따르면 기업은 '생산주체로서 사회에 존재하는 한정된 자원을 가장 효율적으로 배분하여 그 가치를 극대화시킴으로써 사회의 경제수준 향상에 이바지하는 조직'이다. 즉 거래비용을 내부화하는 것이 기업이란 뜻이다. 이 점은 기업범죄연구회, 앞의 책, 221-222면과 조동성, 21세기를 위한 경영학 (서울경제경영, 2000), 48-49면 참조.

14) 참고할 만한 문헌으로는 존 미클스웨이트·에이드리언 울드리지/유경찬 역, 기업, 인류 최고의 발명품 (을유문화사, 2011) 참조.

15) 회사법인의 존재의의가 '인간의 더 안정적인 생존'에 있다면, 이는 결국 개체의 적응도를 높이는 것이 되고, 따라서 진화론적 관점에서 보면 회사법인도 일종의 '진화적으로 안정한 전략(evolutionarily stable strategy: ESS)'이 된다고 볼 수 있을 것이다. 이와 같이 회사(firm)나 가족(family)과 같은 문화적 일형태(a cultural form)도, 그것을 일단 한 사회의 모든 구성원들이 채택할 경우에, 그와 다른 문화적 대안형태(alternative cultural form)을 사용하는 그 어떤 소수그룹도 침범할 수 없을 때에는 진화적으로 안정한 전략이 된다고 보는 견해로는 Herbert Gintis, *Game Theory Evolving* (Princeton University Press, 2009), 230면 참조. 간단히 말해 회사법인나 가족이란 제도는 그것이 개체의 적응도를 높여주는 행동적 방침, 즉 전략이기 때문에 자연선택에 의해 그러한 형태로 진화해 왔다는 것이다. Herbert Gintis는 하버드 대학 경제학부 교수로 사회생물학과 게임이론, 유전자-문화 공진화(gene-culture coevolution) 분야에 학문적 기여가 있는 학자이다. 진화적

로 재조명 해보면, 그렇게 탄생한 법인을 범죄능력 있는 자율적인 행위주체로 인정하는 것도 충분히 가능할 것이라고 본다. 다시 말해 회사법인은 독자적인 의사결정 기구를 갖추고, 다른 법인들의 활동과 그 밖의 제반 환경을 종합적으로 고려해 가며 이익을 극대화하기 위해서 합리적 결정에 따라 자율적으로 활동하는 '형법상의 행위자'로 볼 수 있다는 것이다. 그러한 합리적 결정들 중에는 이익을 극대화하기 위한 '범법행위'도 포함될 수 있을 것이다. 이처럼 법인들 간, 그리고 법인과 환경 간 다양한 형태의 사회적 상호작용을 관념할 수 있다면 '그들에게 고유한' '삶의 형식'도 인정할 수 있을 것이다. 그런데 "사자가 말을 할 수 있다 해도 우리는 그 말을 이해하지 못할 것"이라는 언어철학자 비트겐슈타인의 유명한 언명처럼 우리가 법인들 고유의 삶의 형식을 온전히 이해할 수는 없다. 이것은 마치 우리가 '유전자들의 삶의 형식'을 이해할 수 없는 것과 같다. 하지만 우리가 유전자의 행동 속에서 일정한 패턴을 찾아내 여기에 '지향성'을 부여해서 그들의 행동을 해석하고 예측할 수 있듯이, 법인의 활동 속에서도 일정한 '지향성'을 부여해 그들의 행동패턴을 파악해낼 수 있다. 결론적으로 말하면 우리는 '이기적 유전자이론'이라는 이론틀을 확대시켜서 '보편 다윈주의(universal Darwinism)'라는 더 큰 이론틀에 도달할 수 있고, 이를 통해 유전자의 마음은 물론 범죄를 저지르려는 법인의 마음도 충분히 예측해낼 수 있다고 본다.

'보편 다윈주의'란 '유전'과 '변이'와 '선택'이 있는 체계라면 그 체계의 존재자가 생물이든 무생물이든, 어떠한 체계에서라도 진화론 논리가 동일하게 적용될 수 있다는 이론이다. 이는 다윈주의적 사고가 생물학적 진화의 영역 밖으로까지 적용될 수 있다는 발상이다. 그리고 그러한 체계 내에서는 그 존재자들에게 지향성을 관념할 수 있음을 우리는 앞서 확인한 바 있다. '지향적 자세(intentional stance)'란 어떤 존재자 - 유전자, 동물, 인공물 등 무엇이든 - 에 대해 그것을 마치 믿음과 욕구

으로 안정한 전략에 대한 보다 상세한 설명은 본서 제2장과 제3장을 참조할 것.

를 고려하여 '행위'를 '선택'하는 합리적 행위자(rational agent)로 전제하고 그것의 행동을 해석하는 전략을 의미한다. '유전'과 '변이'와 '선택'이 있는 체계에서는 그 체계 내에 있는 어떤 존재자의 행동이나 움직임을 지향적 자세에 입각해 예측하는 것이 매우 효과적이다. 그렇다면 과연 법인에게도 '지향성'을 관념할 수 있을까? 결론적으로 말해 충분히 가능하다고 본다.

하버드 대학의 고생물학자이자 진화생물학자인 스티븐 제이 굴드(Stephen Jay Gould)는 다음과 같이 주장한 바 있다.[16)]

> "자연선택 이론은, 그 본질에 있어서, 자연계의 아담스미스 경제학이다(theory of natural selection is, in essence, Adam Smith's economics transferred to nature). '생존을 위해 투쟁하는' 개개의 유기체는 경쟁관계에 있는 각각의 회사에 상응하고, 번식의 성공은 이윤에 상응한다(Individual organisms engaged in the "struggle for existence" act as the analog of firms in competition. Reproductive success becomes the analog of profit).

굴드의 주장은 결론적으로 보편 다윈주의에 맞닿아 있다고 볼 수 있지만, 엄밀히 말하면 법인 자체가 유전자나 밈처럼 스스로를 복제하는 복제자는 아니다. 또 인간처럼 생식을 통한 증식이 가능하지도 않다. 하지만 법인이 생산해 내는 제품에 주목하면 '자기복제자'가 지니게 되는 '지향성'을 법인에게도 인정할 가능성이 열리게 된다. 여기서 이 점에 대해 시론적으로 간략하게나마 논급하고자 한다. 법인은 인간의 생존과 번식을 위한 조건의 하나인 경제적 이익을 위해서도 존재한다고 볼 수 있지만, '보편 다위니즘의 관점'에서 보면 그 자신이 생산하는 제품의 '이기적 복제'를 위해서 존재한다고 볼 수 있다. 법인의 대표적 형태인 회사기업이 생산하는 제품은, 자동차, 핸드폰, 시계, 카메라, 오디오, 가구, 의류, 과자를 불문하고 - 설령 소량생산을 마케팅 전략으로 하는 사치품이라 하더라도 - 궁극적으로 경쟁 제품에 비해 최대한 많이 생산되어

---

16) Stephen Jay Gould, *The Structure of Evolutionary Theory* (Cambridge, Mass. : Belknap Press of Harvard University Press, 2002), 122-123면 참조.

판매되는 것을 목표로 한다. 그래야만 주주들에게 이익의 극대화를 가져오기 때문이다. 그래서 자동차, 의류, 주류, 커피, 화장품 등 제조업체들은 상호경쟁하며 그 매출액을 늘리기 위해 노력한다. 그런데 일견 법인의 생산물이 진화하는 주체가 된다는 점은 분명해 보인다. 예컨대 제1세대 포르쉐부터 아이폰 등[17]의 현재까지의 변천과정은 그 제품의 일정한 변이와 유전, 그리고 고객들로부터의 선택과정을 잘 보여준다. 그러다보니 포르쉐는 수 세대에 걸쳐서 현재의 모델로 진화를 거듭하고 있고, 아이폰은 비교적 짧은 기간동안에 현재의 기능과 형태로 진화가 이루어졌다고 볼 수 있다. 이러한 진화과정은 남녀 의류 스타일, 면도기의 모양, 아파트의 내부구조, 냉장고와 비데의 기능 등에서도 쉽게 확인할 수 있다.

그런데 여기서 과연 무엇이 '유전'되었는가에 대해 의문이 들 수 있을 것이다. 자동차 등 인공물에 '유전자'라는 요소를 관념할 여지가 있는 것일까? 분명히 그렇다. 예를 들어 수세대에 걸친 변화에도 불구하고 많은 사람들은 포르쉐 자동차는 여전히 변함없이 고유의 'DNA'를 보존하고 있다고 말한다.[18] 여기서 말하는 'DNA'는 일종의 '문화적 유

---

17) 필자가 여기서 특정 자동차와 핸드폰을 예로 드는 취지는 전세계적으로 일반인들에게 잘 알려진 모델 중 하나이기 때문이지, 다른 의도는 없음을 밝혀둔다. 차의 경우 포르쉐는 여전히 '비싼 고성능 스포츠카'의 대명사로 널리 알려져 있다. 저 유명한 책 '총, 균, 쇠'의 저자 재레드 다이아몬드(Jared Diamond)도 그의 다른 저서에서 포르쉐를 그러한 의도로 언급하고 있음은 상당히 흥미롭다. 재레드 다이아몬드/김정흠 역, 제3의 침팬지 (문학사상, 2015), 269면 참조. 물론 그가 위 저서를 처음 출간할 당시(1991년)와 비교하면 현재는 포르쉐보다 '더 비싸고 더 빠른 차'도 많이 있지만, 대중적 인지도 측면에 비추어 이 차를 적절한 예로 선택했다.

18) 국내의 한 자동차 전문잡지에서 다음과 같은 표현이 등장한다. "포르쉐 DNA를 가진 차라면 모두 가진 공통분모이다. 출력이나 퍼포먼스는 다르지만 분명 그 안에는 포르쉐라는 공통분모가 있다. 스포츠감성 가득한 디자인이며 인터페이스 구성만 봐도 알 수 있다(모토 매거진)." 다음과 같은 표현도 흔하다. "2016년에도 다양한 진화가 이루어졌다. 그 중 가장 눈길을 끄는 것은 뒷바퀴 조향 시스템이다. 포르쉐의 진화는 언제나 그렇듯이 속도를 살리기 위해서 이루어진다. 오늘날

전자'라고 볼 수 있다. 일반적으로 기업의 생산제품에는 해당제품 특유의 'Corporate Gene'[19]이 보존되고 있으며, 예를 들어 삼성의 갤럭시나 애플의 아이폰에서도 그러한 요소를 찾아볼 수 있다. 이 유전자는, 해당제품 고유의 정체성을 규정하기도 하지만 법인 자체의 정체성[20]과도 밀접하게 연관되어 있기 때문에 'Corporate Gene'이란 명칭이 적절하다고 본다.[21] 또한 이 유전자는 스스로 복제된다기보다는 밈이 인간의 뇌

포르쉐가 표방하는 새시의 성격은 속도를 DNA로 한 성능(Performance)과 안락성(Comfort)의 양립이다. 그것이 21세기형 스포츠카의 성격이라는 얘기이다(글로벌 오토 뉴스)." 또 다음과 같은 자동차 광고를 보라. "렉서스 R○○는 날렵하고 강인한 카본 패키지, TVD(토크 벡터링 디퍼렌셜), 액티브 리어윙 등 슈퍼카 L◎◎의 핵심 DNA를 그대로 담은 프리미엄 쿠페입니다." 필자가 보기엔 차의 성격을 특정 'DNA'를 이어받았다는 것보다 더 간명하고 정확하게 전달해 주는 적절한 표현은 없다고 생각한다.

19) 'Corporate DNA'이란 표현도 염두에 두었었으나, 이 용어는 여러 세대에 걸쳐서 변하지 않고 유전되며, 법인 고유의 정체성을 유지시켜주는 조직 문화나 정보 등을 지칭하는 뜻으로 이미 사용되고 있기 때문에 'Corporate Gene'이란 용어가 보다 적합하다고 여겨져 이 용어를 택하기로 하였다. '밈(Meme)'이라는 신조어를 만든 도킨스의 조어법을 참고해, 필자는 여기서 법인을 뜻히는 라틴어인 'Corporatio'와 유전자 'Gene'을 합쳐서 이 둘의 발음을 모두 살린 'Corporatene' 이란 새 용어를 제안해 보고자 한다. 이러한 필자의 서툰 조어법에 대해 고전어 학자들의 양해를 구하는 바이다.

20) 일반적으로 법인 자체의 정체성을 유지시켜주는 조직문화나 정보 등을 통칭해 'Corporate DNA'라는 표현을 사용한다. "Corporate DNA is a database of the procedural and structural information the people in an organic corporation need to work in a self-organizing way, aligned according to corporate identity." 이 개념과 관련해 상세한 설명은 Ken Baskin, 앞의 책(*Corporate DNA: learning from life*), 91면 이하 참조. 법인의 정체성(corporate identity)에 대해서는 앞의 책, 73면 이하 참조.

21) 이와 구분해야 할 개념으로 '브랜드 DNA(Brand DNA)'가 있다. 브랜드 DNA는, 'Corporate Gene'이 생산제품 자체에 내재한 고유한 DNA인 것과는 달리, 특정한 브랜드에 내재한 문화적 DNA를 말한다. 이 개념을 발전시킨 연구자들의 설명에 따르면, "브랜드 DNA는 개인의 DNA처럼 그만의 고유 특성을 가지고 있으며, 그 핵심 특성과 특별함으로 경쟁우위에 설 수 있는 수단이 되고, 브랜드의 성장과 발전, 총체적인 진화를 이끄는 유전적 코드로 작용하며, 동시에 해당 브랜드

를 매개로 하여 복제될 수 있는 것과 마찬가지로 법인의 제조활동을 매개로 해서만 복제될 수 있다는 점에서 '밈(Meme)'개념과 유사한 측면이 있다. 하지만 엄밀히 보면 이 두 문화적 유전자의 복제방식에는 차이가 있기 때문에 'Corporate Meme'이라고 칭하는 것보다는 'Corporate Gene'이란 표현이 보다 적절하다고 생각한다.[22)]

자, 그렇다면 회사기업으로서의 법인은 일정한 '생산체계'를 통해 특정한 'Corporate Gene'의 자기복제를 돕는 매개체가 된다. 인간의 뇌가 밈의 복제를 돕는 매개체가 되듯이 말이다. 그러면 여기서 '밈'과 'Corporate Gene'의 복제방식의 차이점을 언급할 필요가 있다. '밈(Meme)'은 그것이 어떠한 아이디어든, 유행하는 스타일이든, 모방을 통해 그 자체가 복제되지만, 'Corporate Gene', 즉 'Corporatene'은 모방이 아니라 법인이 생산하는 제품을 통해서만 복제된다는 특성이 있다.[23)] 'Corporatene'은 법인의

를 위해 일하는 직원들의 행동과 생활에 그 브랜드의 정수가 체화되게끔 만들고 비즈니스를 만들어 가는 원칙을 세우는 기초로서 작용한다." 브랜드 DNA는 크게 가치와 스타일로 규정할 수 있다고 한다. 가치로서의 브랜드 DNA는, '브랜드의 기초로 브랜드가 고객과 직원들에게 행하는 모든 것의 핵심요소가 되는' 원칙을 이끌어내고 핵심관념을 반영하는 기능을 하며, 스타일로서의 브랜드 DNA는 브랜드가 제품과 용역의 특정 양식을 통해 표방하고 전달하고자 하는 것으로, 브랜드의 Personality(성격)을 뜻한다. 이러한 설명방식은 'Corporate Gene'의 개념을 정초하는 데 있어서도 참고할 만하다. 브랜드 DNA에 대해서는 정재은, "브랜드 DNA분석을 통한 프리미엄 브랜드 진화 전략 연구: 통시적 공시적 관점을 중심으로" (이화여대 석사학위논문, 2014), 6면 참조.

22) 또한 법인의 생산제품은 그것이 무엇이건, 하나든 복수든 해당 법인의 'Corporatene'을 갖고 있는 이상 그 하자에 대한 법적 책임이 결국 법인 자신에게로 귀속된다는 점에서도 'Corporatene'이란 표현이 적절하다고 생각한다. 이와 관련 현행 제조물 책임법은 다음과 같이 규정하고 있다. 제3조(제조물 책임) ① 제조업자는 제조물의 결함으로 생명·신체 또는 재산에 손해(그 제조물에 대하여만 발생한 손해는 제외한다)를 입은 자에게 그 손해를 배상하여야 한다. 이와 유사한 규정은 미국 Restatement of Torts, (2d) 402 A에서도 찾아볼 수 있다. 이 점에 대해서는 기업범죄연구회, 앞의 책, 126면 이하 참조.

23) 이밖에도 'Corporate Gene'은 특정 기업의 '정체성'과도 관련되어 있으며 '모방'을 통해 누구에게나 무분별하게 복제되지 않고, 또 그렇게 복제될 수도 없으며,

생산제품을 통해서만 그 표현형(phenotype)이 발현되고 복제될 수 있기 때문이다.[24] 따라서 결국 'Corporatene'은 법인을 매개체로 하여 제품(또는 용역)을 생산하도록 함으로써 '자기복제'를 한다고 볼 수 있으며, 이렇게 법인의 생산활동을 통해 만들어진 제품은 결과적으로 그 역시 '법인을 통하여' '자기복제'를 하며 소비자의 선택을 받기 위해 타사 제품과 생존경쟁하는 관계에 놓이기 때문에, 앞서 언급한 '보편 다윈주의'에 따르면 진화론의 논리가 적용될 수 있는 대상의 자격을 갖추게 된다. 요컨대 "한 기업의 'Corporatene'과 생산제품은 모두 법인의 인적·물적 구조와 생산 시스템을 통해서 복제되는 자기복제자이다."[25]

최근 기업 간, 그리고 해당 기업의 생산제품 간 치열한 경쟁관계를 잘 보여주는 사례로 중국 샤오미가 있다. 이와 관련된 기사를 소개한다.

"지난주 중국 샤오미 신제품 발표회에 쏟아진 매스컴과 소비자들의 반응은 미국 애플사 신제품 발표에 버금가는 열광이었다. 휴대전화 회사인 줄 알았던 샤오미의 신제품군도 충격적이었다. 수백만원대 1인용 전동스쿠터를 30만원대에, 68인치 초고화질 TV를 80만원대에 내놨다. 소비자들은 '나도 샤오미를 사겠다'고

한 기업의 생존과 번영에 그 生滅여부가 밀접하게 연관되어 있다는 점에서 '밈'과 차이가 있다고 볼 수 있을 것이다.

24) 자동차를 예로 들면, 포르쉐 자동차의 고유한 'Corporate Gene'은 수세대에 걸쳐서 변하지 않는 몇몇 '문화적 표현형적 특성들을 발현시키는 지향적 지침'들로 설명할 수 있을 것이다. '수평대향엔진'으로 대표되는 운동성능 위주의 파워트레인과 '포르쉐 특유의 감성 디자인' 등이 바로 그러하다. 이는 명백히 다른 경쟁 스포츠카인 맥라렌(McLaren)이나 페라리(Ferrari) 등과는 차별화되는 것들이다. 굳이 유명 스포츠카가 아니더라도 우리는 자동차(제조업체)마다 고유한 DNA가 있다는 사실을 잘 알고 있다. 잘 알려져 있다시피 재규어, 볼보, 폭스바겐, 아우디, 벤츠, BMW, 닛산, 혼다, 토요타, 마쯔다, 현대, 기아, 쉐보레 등 모두 각자의 고유의 DNA를 보유하고 있다.

25) 그 결과 "기업의 생산제품은 명백히 진화한다!" '유전자'와 '밈' 이외에 또 다른 복제자가 있다는 관찰은 '제3의 복제자'를 논급한 수전 블랙모어의 통찰에서도 찾아볼 수 있다. 그녀는 "인터넷이 퍼뜨리는 디지털 정보는 인터넷과 웹이라는 거대한 시스템을 통해 복제·변이·선택되는 정보인 제3의 복제자다."라고 주창한 바 있다. 수전 블랙모어, 제3의 복제자, in: 존 브록만/최완규 역, 우리는 어떻게 바뀌고 있는가? (책읽는 수요일, 2013), 440-443면 참조.

나서고, 업계에선 샤오미 수입판매권 각축전이 벌어지고, 백화점도 매장을 내겠다고 나섰다. 중국발 스타 브랜드가 진격하는 기세는 놀랍다. 샤오미라는 기업의 정체에 대해서도 몰랐다. 지난해 중국 휴대전화 시장에서 삼성을 제치고 1등을 한 박리다매형 로컬 휴대전화 업체 정도로 알려졌었다. 샤오미 보조배터리, 미밴드 등 가격 대비 성능과 디자인이 우수한 휴대전화 주변 제품을 쏟아놓으며 '대륙의 실수'라는 애칭으로 불릴 때까지만 해도 그랬다. 한데 그들이 이런 안이한 생각을 확 바꾸도록 하는 데는 1년도 걸리지 않았다. 정신 차리고 들여다보니 샤오미는 저가 휴대전화를 판 게 아니라 모바일 플랫폼을 구축해 애플처럼 생태계를 만든 것이었다. 그들의 경쟁력은 하드웨어가 아니라 소프트웨어다. 물론 정보통신(ICT) 업체들은 모두 플랫폼을 깔아놓고 그 안에서 부가 서비스를 제공하는 생태계 전략을 지향한다. 삼성전자도 노키아도 자체 OS를 만들고 생태계 전략을 구사해봤다. 그러나 성공한 곳은 애플과 샤오미 정도다. 특히 샤오미는 부가 서비스에 관한 한 애플을 능가한다. 대륙의 실수 시리즈로 불리는 컴퓨터 주변기기와 각종 가전 및 생활용품들을 줄줄이 내놓으며 팬덤을 늘리고 있다. 싼값으로 휴대전화를 팔아 모바일 플랫폼을 넓게 깔아놓은 뒤 모든 생활영역에 파고든다는 사업전략을 통해 아시아로 뻗어 나가는 샤오미제이션(Xiaomization·샤오미화) 현상이 벌써 실현되고 있음을 보는 것 같다."[26]

이상의 논의를 다시 정리하면 다음과 같다. 법인에게 있어서 가장 중요한 활동은 '생산활동'이라고 볼 수 있는바,[27] 생산활동은 곧 동일한 제품을 '복제해' 만들어내는 과정이라 할 수 있고, 그러므로 법인의 생산활동은 결과적으로 생산제품이 보유하고 있는 '고유의 문화적 유전자'인 'Corporate Gene'의 자기복제행위에 다름아닌 것이다. 요컨대 법인의 생산활동은 제품의 자기복제행위로 환원되며, 이 행위는 'Corporate Gene'의 자기복제행위로 환원될 수 있다. 이 말은 곧 특정한 생산제품에 작용

26) 위 기사는 중앙일보(2015.10.28), "대륙의 실수, 반도의 한숨"이라는 표제의 기사 원문을 발췌, 요약한 것이다.

27) 경제학적 관점, 특히 신고전학파의 입장에서 보면 회사기업은 생산, 즉 가치창출을 하는 경제단위가 된다. 대부분의 경영학 교과서에서도 기업은 '자본, 노동, 원재료, 에너지, 기술 등의 투입물을 물리적, 화학적으로 가공하여 제품 또는 용역이라는 산출물로 바꾸는 조직'이라고 설명하고 있다. 따라서 기업의 목표는 부가가치의 창출과 이윤 극대화가 된다. 이에 대한 논의로는 기업범죄연구회, 앞의 책, 222-224면 참조.

하는 선택압은 해당 제품이 보유하고 있는 'Corporate Gene'에 대해서도 동일하게 작용하고, 이는 결국 법인의 생산활동에 직접적인 영향을 미치게 된다는 뜻이다. 즉 법인은 생산제품에 작용하는 선택압에 따라 해당 제품을 어떤 방식으로, 더 생산할 것인지, 말 것인지를 결정하게 된다. 여기에는 '범의'를 포함해[28] 다양한 목표와 의도와 전략이 포함될 수 있고 이러한 목표와 의도와 전략은 해당제품 또는 그 제품의 'Corporate Gene'이 '지향복제자(intentional replicator)'[29]로서 갖게 되는 '지향성'의 내용과 동일하다고 보아야 한다. 이를테면 포르쉐 자동차에 4인승 모델 또는 SUV모델의 수요가 늘어나는 선택압이 작용한다면, 이 자동차의 'Corporate Gene'은 그러한 모델의 확대를 '원하게' 될 것이고, 포르쉐 회사는 4인승 또는 SUV 모델의 생산량을 늘리는 경영판단을 내리게 될 것이다. 이와 같이 법인의 주요활동 대부분은 특정한 'Corporate Gene'을 전파하기 위해 제품을 생산해 복제하는 행위로 재정의할 수 있을 것이며, 이렇게 생산된 제품은 필연적으로 유전과 변이와 선택의 과정을 거치며, 여기에는 진화론의 논리가 적용되어 '지향성'을 관념할 수 있게 된다. 비록 법인 자신은 '자기복제자'가 아니지만, 그 자신과 생산제품이 공유하는 'Corporate Gene'이 자기복제자라는 특성을 지닌 관계로, 그 자신 역시 그들이 지닌 '지향성'을 공유하게 된다는 것이다.[30]

---

28) 이러한 사례연구로는 안성조, "2002 아더앤더슨 유죄평결의 의미", 형사법의 신동향 제25호(2010) 참조. 이밖에도 2015년에 발생한 폭스바겐사의 '디젤게이트'를 보라.

29) 유전자든 밈이든 또는 제3의 복제자든 자연선택의 원리에 따라 진화를 할 수 있는 존재자는 모두 지향계로 규정할 수 있다. 이러한 견지에서는 그러한 복제자를 '지향복제자(intentional replicator)라고 지칭할 수 있다. 지향복제자 개념에 대해서는 본서의 제7장을 참조할 것.

30) 풍부한 비교·역사적 논의를 통해 회사(company)나 단체 등의 법적 책임을 긍정하면서 대니얼 데닛이 주장한 '지향적 자세(intentional stance)' 개념을 그룹 행위자(group agents)의 인격화(personifying)가 가능하다고 입론하는 데 주요한 논증도구로 원용하는 입장으로는 Christian List & Philip Pettit, *Group Agency: The Possibility, Design, and Status of Corporate Agents* (Oxford University Press, 2013), 170면 이하 참조. 참고로 List 교수는 런던 정경대학에서 철학, 정치학,

한편 다른 관점에서도 법인에게 지향성을 관념할 방법을 찾아볼 수 있다. 인간을 유전자의 안정적인 보존을 위한 생존기계로 볼 수 있다면, 법인은 'Corporate Gene'을 위한 생존기계로 볼 수 있다. 다시 말해 일정한 제품에 흐르는 'Corporate Gene'은 그 어떠한 생산방식보다 회사법인의 생산활동을 통해 보다 효율적으로 전파될 수 있고, 또 여러 세대에 걸쳐 지속적으로 생산되어 후대에 유전될 수 있다는 것이다.[31] 그리고 이를 위해서는 해당 법인의 지속적인 생산활동과 성장이 필수적이다. 그렇기 때문에 회사는 인수와 합병, 그리고 (해외)지사의 설치를 통해 끊임없이 자신의 몸집을 부풀리게 마련이고, 다른 회사들과의 생존경쟁에서 살아남기 위해 천문학적인 R&D 비용을 투자하기도 하고, 타 회사와 전략적 제휴를 하기도 하며 지속가능한 경영을 위해 노력한다. 그 과정에서 'Corporatene'의 안정적인 보존을 위해 필요하다면, 합의된 법규와 약속을 어기거나 속여 가며 다른 경쟁 법인의 이익을 부당하게 침해하는 행위를 저지르는 경우도 있을 것이다. 이는 결국 인간과 동식물이 유전자의 전파와 보존을 위해 환경에 적응하여 생존

경제학 등을 담당하고 있고, Pettit 교수는 프린스턴 대학에서 철학과 정치학 등을 가르치고 있다. 두 교수 모두 자유의지(free will)의 문제나 집단적 행위의 가능성에 연구실적이 있는 것이 흥미롭다. 예컨대 'Collective Intentions(Pettit)', 'Three kinds of Collective Attitudes(List)' 등이 있다. 회사법인들 간의 인격적 상호작용이 '지향성 개념'에 의해 잘 드러나는 예로서, 우리는 독일 자동차 회사 아우디(Audi)의 "BMWho?"라는 지면광고를 '지향적 자세'에 입각해 누구나 쉽게 이해하고 '웃을' 수 있다.

31) 이처럼 'Corporate Gene'이 법인의 존속기간동안 보존될 수 있다는 점은 달리 보면 법인의 정체성(동일성)이 유지된다는 것으로 재기술할 수 있을 것이다. 법인을 '고유한 선택능력과 자기조직력, 그리고 자기 재생산력을 보유해 항상적으로 자기동일성을 유지하는 오토포이에시스(autopoiesis) 조직으로서의 단체행위자(corporate actor)'로 파악하는 학자로는 토이브너가 있다. 토이브너(G. Teubner)의 법인이론은 법인실재설과 법인의제설의 전통적 대립구도를 지양한 것으로 평가받고 있으며, 그 이론적 배경에는 루만(N. Luhmann)의 체계이론(system theory)이 자리잡고 있음은 잘 알려진 사실이다. 이에 대해서는 남기윤, "오토포이에시스(autopoiesis) 시스템과 法人理論", 저스티스 통권 제72호(2002), 79면

을 위한 투쟁에서 자신을 보존하고 성공적 생식을 위해 노력하는 것과 유사한 활동이다.[32)]

요컨대 인간이 '유전자'의 보존을 위한 생존기계에 해당한다고 볼 수 있다면, 법인은 특정한 '문화적 유전자'의 보존을 위한 생존기계라고 규정할 수 있다는 것이다. 그렇다면 결국 "인간과 법인은 각자의 유전자를 위한 생존기계다!"라는 새로운 명제를 도출할 수 있다.[33)] 생존기계는 유전자의 보호와 존속을 임무로 한다.[34)] 따라서 다른 생존기계들과 경쟁과 협력을 해야 함은 물론 환경과의 지속적 상호작용 속에서 가장 안전하고 유리한 전략을 찾기 위해 노력한다. 즉 '지향적 자세(intentional stance)'에 입각해 그 행동을 예측할 수 있다. 생존기계인 인간이 자신의 생존과 번식에 적합하게끔 행동하듯이, 법인도 동일한 목표[35)]를 위해서 합리적으로 행동하는 행위주체로 볼 수 있을 것이고, 그렇다면 인간과 법인은 모두 '지향성'을 매개로 서로의 행동을 예측할 수 있는 존재가 된다.[36)] 이러한 이론

---

32) 리처드 도킨스는 생존기계의 행동이 목적의식 있는 인간의 행동과 매우 닮았다는 점을 지적한다. 즉 의식 또는 목적이 있는 것처럼 보인다는 것이다("One of most striking properties of survival machine behaviour is its apparent purposiveness."). 바꾸어 말하면 지향성을 관념할 수 있다는 뜻이 된다. Richard Dawkins, *The Selfish Gene* (Oxford Univ. Press, 2006), 50면.

33) 그러므로 법인은 인간을 위한 생존기관인 동시에 문화적 유전자를 위한 생존기계라는 이중적 지위를 갖는다.

34) 즉, 생존기계의 존재의의는 자신의 유전자들의 미래의 생존 가능성을 최적화하는 행동전략(optimal behavioural strategy)을 세워 이에 따라 행동하는 데 있다는 뜻이다. 이 점에 대해서는 Richard Dawkins, 앞의 책, xi면 참조.

35) 법인에게 생존과 번식이란, 곧 '지속적인 이윤의 창출'을 뜻한다고 볼 수 있을 것이다.

36) 문제는 법인의 두 개의 지향성이 상호 충돌할 가능성이 있다는 점이다. 해당 회사법인의 Corporatene 수준에서 갖는 지향성과 Corporatene의 생존기계 수준에서 갖는 지향성이 각기 다를 수 있다는 것이다. 예컨대 어느 가상의 시점에 한 자동차 회사의 디젤엔진 기술이 획기적으로 발달하여 연비가 현격히 개선됨으로써 이 회사 디젤엔진 모델에 대한 소비자층의 수요가 늘어나고 있으나, 환경오염의 심각성에 대한 사회적인 공감대가 형성되어 자동차 제조사들 간에 디젤 자동차의 생

적 조망 하에 아래 글을 읽으면 독자들의 이해에 한층 더 도움이 될 것이라고 믿는다.

산량을 점진적으로 감축하기로 하는 협약이 체결된 경우를 가정해 보라. 이와 관련해 도킨스는 말한다. “이 두 수준의 의인화(personification)가 혼란을 초래하지 않으며 두 수준에서의 가상 계산은 제대로만 된다면 정확히 동일한 결론에 이른다.” 즉, 개체수준의 결정은 유전자수준의 결정과 동일하다는 것이다. Richard Dawkins, 앞의 책, xii면 참조. 그의 이러한 입장은 “개체(즉 생존기계)를, 그의 모든 유전자를 다음 세대에 증가시키려고 ‘노력하는’ 유전자의 대리인이라고 근사적으로 간주하면 (as an approximation, to regard) 매우 편리하다.”는 생각에서도 잘 드러난다. 앞의 책, 47면 참조. 하지만 도킨스의 생각은 인간이 아닌 동식물에게는 타당할지 모르나, 인간은 그도 지적하고 있듯이 또 다른 복제자인 밈의 영향으로 유전자의 이익과 상반되는 결정을 내릴 수 있으므로, 법인도 인간처럼 경우에 따라서는 유전자와 생존기계 수준에서 상반되는 지향성을 동시에 지닐 수도 있을 것이다. 하나의 생존기계에 두 개의 마음이 병존할 수 있다는 것은, 일견 낯설어 보일 수 있으나, 이하 본장에서 논급할 민스키의 ‘마음의 사회(The Society of Mind)’라는 이론대로라면 충분히 가능한 결과이다. 따라서 이 경우 법인은 상충하는 지향성 간의 경쟁과 협력을 통해 최종적인 의사결정을 내리게 될 것이다.

I. 사이코패스 범죄자에 대한 형법적 배려?

최근 발생한 나주 초등학생 성폭행 사건을 계기로 사형집행 찬반논의가 매스컴을 뜨겁게 달구고 있다. 대중의 공분은 한 어린 아이의 일생을 파괴한 흉악 성범죄자를 어떻게 사형에 처하지 않고서 우리와 같은 공동체에서 살 수 있게 두겠느냐는 뜻으로 보인다. 이처럼 흉악범에 대한 대중의 공분은 엄벌주의로 기울게 마련이며, 그 자체로 정당해 보인다. 동기와 관계없이 고의적 살인과 같은 중범죄에 대해서 사적인 피의보복을 인정해 왔음을 입증해 주는 동서고금의 수많은 문헌적 증거들은 수천 년에 걸쳐 우리의 삶의 형식으로 공고히 다져진, 인간의 원초적 복수감정의 발로인 동해보복의 형벌관이 우리에게 얼마나 뿌리깊고, 지대한 영향력을 발휘하고 있는지 잘 보여주며, 따라서 강력범죄에 대한 공동체의 예민한 반응은 우리 사회에 지극히 정상적인 규범의식이 건강하게 작동하고 있음을 드러내 주고 있다는 점에서 일응 바람직한 현상이라고 볼 수 있을 것이다.[1)]

그런데 필자는 한 논문에서 연쇄살인이나 엽기적인 강간 등을 일삼는 사이코패스 범죄자에게도 선천적인 생물학적 결함으로 인해 도덕적 판단능력에 장애가 있어서 자신의 행위를 통제할 수 있는 능력이 없거나 미약한 자들이므로 이들을 형법상 책임능력 판단에 있어서 정상인과 동일하게 취급해서는 안 되고 일종의 심신장애를 인정해야 한다고 역설한 바 있다. 즉, 사이코패스 범죄자들은 정상인에 비해 범죄충동을 억제할 만한 계기가 적기 때문에 형사처벌의 위협에 많이 노출되어 있다는 점에서 형사법의 영역에서는 롤즈가 말한 최소수혜자라고 볼 수 있고, 따라서 이들을 정상인과 다르게 취급해 일정한 형법적 배려를 해주는 것이 공정(fairness)으로서의 정의를 구현하는 길이라고 주장하였던 것이다.[2)] 형벌의 역사는 복수감정을 억제해 온 역사라고 규정할 수

---

1) 고대사회의 동해보복의 형벌관행에 대한 상세한 소개와 논의로는 안성조, 현대 형법학 제1권 (경인문화사, 2011), 5면 이하 참조.

2) 안성조, "사이코패스의 형사책임능력", 형사법연구 제20권 제4호(2008) 참조. 필

있다. 물론 오랜 동해보복의 역사에 비추어 볼 때 정당한 복수는 오히려 장려되어야 한다. 우리는 이를 '응보'라고 말한다. 그러나 '응보'는 행위자 개인을 비난할 수 있는 가능성, 즉 '책임'의 범위 내에서만 정당해 진다. 그렇기 때문에 형법은 책임무능력자나 한정책임능력자를 심신장애자로 분류해 이들에게는 책임의 감면이라는 일정한 형법적 배려를 하고 있는 것이다(형법 제10조). 그렇다면 사실 사이코패스 범죄자에게 일정한 배려를 해 줄 필요가 있다는 필자의 주장은 특별히 이색적인 것도 아니다. 다만 이성적으로 이해하려 들기보다는 분노에 휩싸인 대중의 격한 복수감정에 비추어 납득하기가 아직 어려운 명제일 뿐이다.

본고에서는 필자의 주장의 연장선상에 사이코패스 범죄자들에게 형법적 배려가 필요한 이유를 인지과학적으로 보다 상세히 설명하고자 한다. 또한 본고는 여기서 한 걸음 더 나아가 자연인 사이코패스뿐만 아니라 소위 기업사이코패스(corporate psychopath)라고 일컬어지는 법인 사이코패스의 개념을 검토해 보고, 이들에게도 역시 자연인 사이코패스와 마찬가지로 심신장애를 인정할 필요가 있고, 따라서 그에 따른 제재 역시 단순히 형벌에 그칠 것이 아니라 보다 근원적으로 치료적 성격의 제재가 가해져야 함을 논증하고자 한다. 그것이 곧 '배려'에 의한 '형사정의'를 구현하는 길이라고 믿는다.

II. 인지과학적 관점에서 본 사이코패스

1. 인지과학과 마음

흔히 반사회적 성격장애자로 일컬어지는 사이코패스에 대한 연구는 대략 200여 년 전부터 현재까지 다양한 각도에서 이루어져 왔다. 주로

자의 주장에 공감하는 글로는, 김동현, "인지과학의 관점에서 바라본 자유의지와 형사책임의 문제", 서울대학교 법학 제51권 제4호(2010) 참조.

정신의학자들과 심리학자들이 그 주체가 되어 왔는데, 본고에서는 최근 '융합'을 지향하는 여러 학문분야에서 각광을 받고 있는 '인지과학(cognitive science)'의 관점에서 접근해 보고자 한다.

본론에 들어가기에 앞서서 우선 개념정의를 먼저 하자면, 인지과학이란 다양한 정의가 가능하겠지만, 본고에서는 가장 단순하면서도 그 학문적 본질을 잘 드러내 주는 정의인 "인간의 마음이 어떻게 작동하는지를 탐구하는데 기여할 수 있는 학문의 총체"[3]로 규정하기로 한다. 여기서 '마음'[4]은 '의식'은 물론 '무의식'을 모두 포함하는 개념으로 보겠다. 알바 노에의 인상적인 정의에 따르면 의식이란 "느끼고 생각하며, 세계가 지각 속에서 우리에게 나타나는 것"이다. 노에의 통찰에 의하면 의식은 뇌가 홀로 만들어 내는 신경과학적 현상이 아니다. 즉, 뇌라는 신경세포들의 연합체와 그 상호작용만으로는 의식을 일으킬 수 없다는 것이다. 화폐의 금전적 가치가 종잇조각 자체에 내재하는 것이 아니라 관습과 제도의 존재에 의존하고, 춤을 근육의 움직임만으로 설명할 수 없는 것과 같은 이유에서이다. 이런 맥락에서 의식은 "뇌가 우리의 몸은 물론 세계와 더불어 상호작용할 때 출현하는 그 무엇"이라고 알바 노에는 설명한다. 대략적으로 '의식'과 '마음'을 동일시하는 그는 "뇌에는 마음이 없지만, 인간과 동물과 같이 생명을 지닌 유기체에는 마음이 있다"고 말한다.[5] 한 마디로 말해 마음과 뇌를 동일시하는 주류 신경과

---

3) 인지과학은 인간의 마음(정신) 또는 심리상태에 대한 탐구를 목표로 1950년대를 기점으로 태동하여 1970년대 중반에 비교적 뚜렷한 영역을 갖추어 부상한 다학문적 종합과학으로 여기에는 철학, 심리학, 인공지능학, 신경과학, 언어학, 인류학 등이 학제적으로 참여하고 있다. 김영정, 심리철학과 인지과학 (철학과 현실사, 1997), 65면 이하 참조.

4) 마음은 영어의 'mind'에 상응하는 것이며 이를 '정신(mind)'으로 번역해 혼용해도 큰 무리는 없다고 본다. 엄밀히 말해 이 둘은 다소 차이가 있는 개념이지만, 적어도 형법과 인지과학의 영역에서 공통적으로 인간의 외부적 행위(범행)를 추동해 내는 주관적·심리적 요소를 지칭하는 개념을 사용하기 위해 두 용어를 혼용해도 무방하다고 본다.

5) 이상의 내용에 대해서는 알바노에/김미선 역, 뇌과학의 함정 (갤리온, 2009), 27

학계의 입장은 틀렸으며, 마음을 진정 이해하기 위해서는 우리의 뇌 너머를 보아야 한다는 것이다. 하지만 필자는 노에의 이러한 통찰력 가득한 인상적인 주장에 대해 모든 면에서 전적으로 동의하지는 않는다. 노에와는 달리, 의식과 마음을 동일시하지 않고, 인간의 마음에는 무의식적인 요소도 분명 작용한다고 보기 때문이다. 그리고 그 무의식을 관장하는 것은 바로 다름 아닌 우리의 '뇌'이다.

2. 마음과 뇌

우리의 일상적인 일과를 더듬어 보면, 대부분의 과정이 '무의식'적인 것들이라는 사실을 새삼 깨닫게 된다. 아침에 눈을 떠 욕실에 가서 무의식적으로 샤워를 하며, 오늘 해야 할 일에 대해 곰곰이 생각하면서도 동시에 무의식적으로 식사를 한다. 그리고 집을 나와 목적지에 도착하기까지, 교통신호를 따르며 장애물과 다른 사람들을 피해서 걷는 등의 수없이 많은 판단과 신체적인 움직임은 놀랍게도 대부분 무의식에 의존하고 있음은 부인할 수 없는 사실이다. 필자는 이처럼 의식의 개입을 필요로 하지 않거나 의식이 개입할 수 없는 활동을 '무의식적 활동'이라고 부르도록 하겠다. 이러한 무의식적 활동은 대부분 뇌의 통제를 받아 소리 없이 이루어진다. 따라서 뇌는 일종의 우리 몸의 '자동조종장치'라고 말할 수 있다. 그런데 뇌는 비단 이러한 단순한 신체적 활동의 자동조종에만 관여하는 것이 아니다. "희망, 꿈, 두려움, 갈망, 충동, 생각" 등의 대부분의 의식적 활동 역시 뇌의 영향을 받는다는 점은 오늘날 널리 잘 알려진 신경과학적 사실이다. 즉, 뇌조직의 일부가 손상되면 그와 관련된 의식적 활동에 수십 혹은 수백 가지의 장애가 초래되며, 그렇기 때문에 마음의 작동방식을 보다 적절히 이해하려면 의식과 함께 무의식의 기능, 다시 말해 뇌의 작동방식까지도 함께 고려해야 한다.

1966년 8월 1일, 찌는 듯 무더운 여름에 찰스 휘트먼이라는 남자가

면 이하.

엘리베이터를 타고 텍사스 대학의 타워 꼭대기로 향하고 있었다. 총과 탄약으로 가득한 트렁크를 끌고 전망대에 오른 그는 계단으로 올라오는 관광객들은 물론, 전망대 아래 있는 사람들에게까지 무차별 총격을 가했다. 첫 번째 희생자는 임산부였고, 연이은 희생자들을 구하러 달려온 응급차 운전사도 참변을 당했다. 휘트먼은 몇 시간 만에 경찰에 의해 사살당했지만, 이 사건으로 총 13명이 사망했고, 33명이 부상을 당했다. 더욱 끔찍한 일은 그가 총격을 벌이기 전 새벽에 어머니를 살해했고, 잠자던 아내까지 칼로 찔러 죽였다는 사실이다. 도대체 과연 무엇이 이토록 참혹한 결과를 가져온 것일까? 조사결과 그는 지극히 평범하고 모범적인 삶을 살아온 사람이었다. 최연소 보이스카우트 단원이었고 해병대 출신에 지능검사에서 138을 받은 명석한 두뇌의 소유자였다. 그는 총격 사건이 일어나기 전날 밤 다음과 같은 글을 남겼다고 한다. "요즘 난 내가 누구인지 잘 모르겠다. 나는 내가 이성적이고 똑똑한 사람이라고 생각했는데, 언제부턴가 터무니없이 이상한 생각들에 사로잡혀 있다." "많은 고민 끝에 나는 캐시(아내)를 오늘 밤 살해하기로 했다. 나는 그녀를 정말 사랑했다. 모든 남자들이 부러워할 만한 아내였다. 나는 내가 이렇게 행동하는 이유를 꼭 집어 뭐라고 말할 수 없다." "나는 의사에게 감당할 수 없는 폭력적인 충동에 휘말릴 것 같은 두려움을 털어놓으려 했다. 그런데 뜻대로 되지 않았다. 그 대신 나 혼자 정신적인 격동과 투쟁을 시작했다. 그런데 아무런 소용이 없는 것 같았다." 그는 어머니와 아내를 죽인 후에 다음과 같은 글도 남겼다. "사랑하는 사람 두 명을 잔인하게 죽인 것 같다. 나는 일을 빨리 처리하고 싶을 뿐이다. 내가 받을 수 있는 보험금을 정신건강협회에 익명으로 기부해 주기 바란다. 이러한 유형의 비극을 막아줄 연구에 힘쓰도록 말이다." 기술된 내용을 보면 그는 자기 내부로부터의 알 수 없는 충동과 싸우고 있었음을 확인할 수 있다. 그렇다면 과연 무엇이 휘트먼에게 그러한 충동을 불러일으켰던 것일까? 검시소로 옮겨져 휘트먼의 뇌를 해부한 결과 놀랍게도 그의 뇌에는 작은 종양이 자라고 있었다. 바로 이 종양이 시상하부까지 침입해 편도체를 압박하고 있었던 것이다. 흔히 편도체는 두려움과 공격적인 감정을 조절하는데 중요한 역할을 하는 것으로 잘 알려져 있다. 뇌과학자들은 이미 1800년대 후반, 편도체의 손상이 정서적, 사회적 불안을 초래한다는 사실을 발견했는데, 특히 1930년대 생물학자인 하인리히 클뤼버는 폴 부시라는 원숭이를 통해, 편도체가 손상되면 두려움을 느끼지 못하거나 감정폭발 또는 과잉반응을 보인다는 사실을 입증하기도 하였다. 이러한 사실에 비추어 볼 때, 휘트먼이 가졌던 직관, 즉 뇌 안의 무엇이 자신의 행동을 변화시키고 있다는 예측은 정확했던 것으로 보이며, 휘트먼의 총격사례는 뇌의 이상이 인간의 생각과 충동에 영향을 준다는 사실을 잘 보여주는 예라 말할 수 있을 것이다.[6)]

신경과학과 법학의 접점을 연구하는 연구자들에게는 휘트먼 사례와 유사한 예는 헤아릴 수 없을 정도로 많이 알려져 있다. 안와전두엽에서 거대한 뇌종양이 자라자 알렉스라는 마흔살의 기혼 남자가 성적 취향에 변화를 일으켜 소아성애자가 된 예도 있고, 전두엽과 측두엽이 퇴화하는 질병인 전두측두치매라는 병을 앓는 환자들의 57%가 범법자가 되었다는 보고도 있다.[7)] 물론 여전히 많은 사람들은 이러한 환자들에게도 강한 의지만 있다면 범죄충동을 억누를 수 있다고 생각한다.[8)] 그러나

6) 휘트먼 사례는 데이비드 이글먼/김소희 역, 인코그니토 (쌤앤파커스, 2011), 187-191면에 소개된 것을 재편집한 것이다.

7) 이러한 사이코패시의 신경·생물학적 근거에 주목한 종합적 연구서로는 James Blairm, Derek Mitchell, & Karina Blair/이윤영·김혜원 역, 사이코패스 - 정서와 뇌 - (시그마프레스, 2012) 참조.

8) 이처럼 인간의 의사결정이 전적으로 뇌에 종속되어 있지는 않다는 입장의 선두에 서 있는 대표적 문헌으로는 마이클 가자니가/박인균 역, 뇌로부터의 자유 (추수밭, 2012) 참조. 인지신경과학의 창시자인 가자니가는 뇌 결정론에 반대하는 대표적 석학으로 인간의 자유의지와 책임을 강조하면서 "뇌 탓인가, 내 탓인가?"라는 질문에 대해 명백히 "내 탓이다"라고 주장한다. 그의 주장의 요체는 "우선 인간의 의식이 뇌로부터 만들어진다는 사실은 옳지만, 뇌로부터 창발(emergence)한 의식은 역으로 뇌에 영향을 줄 수 있고, 또한 자유와 책임은 단일한 행위자에게는 무의미할 수 있지만, 두 사람 이상의 사회적 교류에서 발생하는 삶의 차원에 존재한다."는 것이다. 충분히 재음미하고 경청할 가치가 있는 주장이라고 생각한다.

설령 그것이 가능하다고 하더라도 분명히 지적할 수 있는 점은, 사회적으로 적합한 행동을 선택할 때, 모두가 '동등하게' 자유로운 것은 아니라는 사실이다. 다시 말해 합법적인 행동으로의 의지가 남들만큼 '자유롭게' 발현되지 못하고, 그러한 의지의 발현이 남보다 '덜 자유로운' 사람이 엄연히 존재하고 있다는 것이다.

3. 마음-뇌 동일론

> "영혼은 하나의 사건이다. 영혼의 장소는 뇌가 아니며, 다른 어떤 신체기관도 아니다. 영혼은 성찰의 총합이다. 그러므로 영혼은 삶이 있는 곳에 있다." - 루드비히 뷔히너, 영혼의 장소에 관하여(1916)

영혼의 장소에 관하여 어쩌면 우리의 직관에 잘 부합되는 이러한 관점은 사실 우리의 의식이나 마음의 장소에 관해서도 대체로 동일한 생각을 불러일으킨다. 많은 사람들이 마음과 의식 등의 정신적인 요소들은 뇌나 신체 등의 물질적인 요소와는 구분돼 독립적으로 존재하는 별개의 실체로 생각하는 경향이 강하기 때문이다. 그러나 인지과학의 주류적인 견해에 의하면 뇌가 자아의 거의 모든 측면을 형성한다고 본다. 이를 잘 드러내주는 명제는 다음과 같다. "당신은 당신의 시냅스다." 또는 "당신은 당신의 커넥톰이다." 즉 "마음은 곧 뇌이다."

뉴욕대학의 신경과학자인 조지프 르두는 다음과 같이 말한다. "퍼스낼리티에 대한 나의 생각은 매우 간단하다. 그것은 당신의 자아, 즉 '당신임'의 본질은 당신의 뇌 안에 들어 있는 뉴런들 사이의 상호연결 패턴을 반영하고 있다는 것이다. 시냅스라 부르는 뉴런과 뉴런 사이의 접합부는 뇌에서 정보의 흐름과 저장이 일어나는 주 통로다. 뇌가 하는 대부분의 일은 뉴런들 사이의 시냅스전달과, 과거에 시냅스들을 거쳐간 암호화된 정보의 소환을 통해 수행된다. 뇌기능에서 시냅스전달의 중요성을 감안할 때, '자아는 곧 시냅스다'라는 말은 사실상 자명한 이치다. 그것이 아니면 무엇이겠는가?" 쉽게 말해 뇌세포들 사이의 통신채널 역할을 하는 시냅스가 뇌가 하는 대부분의 활동을 담당하며, 이것이 곧 우리의 자아와 인격을 형성한다는 것이다. 이어서 그는 "틀림없이 상당수의 사람들은 자아란 본성상 신경현상이 아니라 심리적, 사회적, 윤리적, 심미적이며 또한 영적인 것이라며 반박할 것이다. 나의 '시냅스 자아(Synaptic Self)'이론은 이런 관점들과 대립되는 것이 아니다. 그것은 차라리 윤리적, 심미적이며 또한 영적인 자아가 실현되는 방식을 기술하려는 시도다." 요컨대 르두에 의하면 자아의 본성을 영적인 것으로 볼 수 있다 하더라도 그 실현방식은 신경현상에 의해 해명될 수 있다는 것이다. 더 나아가 그는 "자아가 시냅스적이라는 것은 저주일 수도 있다. 그리 어렵지 않게 떨어져 나갈 수도 있기 때문이다. 그러나 그것은 축복이 될 수도 있다. 왜냐하면 거기에는 언제나 새로운 연결들이 만들어지기 위해 기다리고 있기 때문이다. 당신은 당신의 시냅스들이다. 그들이 당신의 정체성이다."라고 결론짓는다.[9]

마음은 곧 뇌라는 논변도 이와 크게 다르지 않다. 현대의 대부분의 신경과학자들은 뇌를 구성하는 신경세포들 사이의 상호작용이 다양한 생각을 만들어 낸다고 믿는다. 스티븐 핑커는 뇌의 작동방식에 대해 "뇌의 신경세포들은 다양한 패턴으로 발화한다."고 인상적인 설명을 남긴 바 있다. 여기서 발화란 일종의 전기방전을 말한다. 발화하는 신경세포, 즉 뉴런은 다른 뉴런으로 단순한 전기자극만을 보내는 것이 아니라, 신경전달물질의 형태로 화학신호를 보낸다. 발화하는 뉴런에서 방출된 신경전달물질은 시냅스를 건너 연결된 다른 뉴런으로 흘러간다. 뉴런은 이 신호를 이용해 연결된 뉴런을 흥분시켜 전기활동을 증가시킬 수도 있고, 연결된 뉴런의 활동을 억제할 수도 있다. 뉴런의 시냅스 연결 덕분에 뇌는 잘 훈련된 연주자들이 조화를 이루는 오케스트라처럼 연주

9) 조지프 르두/강봉균 역, 시냅스와 자아 (소소, 2005) 참조. "당신의 당신의 커넥톰이다"라는 커넥토믹스의 주장도 같은 맥락에서 이해할 수 있다. 이 주장은 승현준/신상균 역, 앞의 책, 22면 참조. 승현준 교수는 다음과 같이 말한다. "뇌의 배선이 우리가 누구인지를 만들지만, 그 배선 과정에서 중요한 역할을 담당하는 것은 바로 우리 자신이다."

를 할 수 있다. 즉, 오케스트라 연주가 연주자집단에서 이루어지는 복잡한 활동의 패턴인 것처럼, 우리의 생각은 상호 연결된 뉴런들이 협동해서 발화하는 활동의 패턴으로 이해할 수 있다는 것이다. 비단 생각뿐이 아니다. 우리의 지각, 학습, 기억, 추론, 언어, 의식, 정신의 질병, 감정 등이 모두 뇌의 신경과정, 다시 말해 신경세포들 간 혹은 신경세포집단들 간 상호작용의 결과로 나타난다고 본다. 심지어 개념마저도 신경활동의 패턴이라고 이해한다. 이들은 우리에게 정신적인 현상으로 체험되는 것들 중에서 뇌에 의해 설명이 불가능한 것은 없다고까지 보는 듯싶다. 이를 일컬어 '마음-뇌 동일론'이라고 말한다. 폴 새가드는 '마음-뇌 동일론'이 과학의 진보에 자취를 남긴 수많은 동일성 증명이론들, 예컨대 "소리는 파동이고", "연소는 산소와의 화학적 결합이며", "물은 H2O이고", "열은 분자운동이며", "번개는 전기방전으로", 그리고 "독감은 바이러스 감염으로" 설명하고 이해하는 다른 동일성 이론들의 뒤를 잇고 있다고 단언하고 있다. 이상의 논의를 요약하자면 시냅스 자아 이론이든, 마음-뇌 동일론이든 현대 인지신경과학의 주류적 입장은 뉴런(집단)의 상호작용과 활동패턴이 곧 우리의 생각과 마음을 불러일으킨다는 견해라고 정리할 수 있을 것이다.

마음-뇌 동일론의 함의는 다양한 측면에서 조명해볼 수 있다. 그 중에 인간의 '영생'과 관련된 다음의 기사는 매우 흥미롭고, 본서의 논제와도 무관하지 않다고 보여 여기에 소개하기로 한다.

" '불멸'을 향한 인류의 열망은 단 한 번도 식은 적이 없다. 최근 한 이탈리아 의사가 2017년 중국 하얼빈에서 세계 최초로 척수성근위축증 환자의 머리를 다른 사람의 몸에 이식하는 수술을 하기로 밝혀 영생을 원하는 인간의 바람이 얼마나 실현에 가까워지고 있는지 가늠할 수 있었다. 하지만 인간의 신체는 언젠가는 기능을 다하고 썩어 사라지기 마련이다. 병을 고치고 부서진 사지를 재생시키더라도 어차피 한계는 있다. 유한한 인체의 기능을 최대한 연장시키는 연구와 더불어, 최근 과학계에선 인간의 뇌에 깃드는 기억과 감정, 지적인 성과들을 사라지지 않게 영구 보존함으로써 이른바 '정신의 불멸'을 달성하려는 노력이 한창이다. 뇌를 구성하는 1,000억개 신경세포의 연결구조와 시냅스 활동원리가 담긴 뇌의 지도, 즉 '커넥톰(Connectome)'연구를 주도하는 한국계 미국인 과학자 승현준 매사추세츠공과대학(MIT) 교수를 필두로 미국과 유럽연합 등 선진국들에서 뇌의 신비를 풀기 위한 경쟁은 날로 치열해지고 있다. 뇌의 소프트웨어적인 분석이 성과를 거두게 되면 이론상 정신의 불멸이 가능해진다. 사망 후 뇌의 조직이 붕괴되기 전 뇌를 냉동 보관한 후 조직을 정확히 스캔한다. 이를 통해 시냅스들의 정보교환이 이뤄진 경로들을 복원하고 그 데이터를 0과 1값으로 모두 디지털화한다면 미래의 어느 날 '죽었던' 사람의 정신이 컴퓨터를 통해 부활하는 것이 현실화된다는 게 현재까지 정립된 뇌의 복원 과정이다. 이러한 시도가 실제 성공한다면 사라진 파일을 복구하듯 뇌를 파일형태로 되살리고, 이미 죽어버린 신체의 다른 부분은 인공기구로 대체해 몸과 정신이 모두 '영생'하는 세상이 열릴 수도 있다. 지난 13일 뉴욕타임스(NYT)는 먼 훗날 부활을 기대하면서 2013년 봄 뇌를 영구보관하고 숨진 23세 여대생의 이야기를 소개했다.

미 콜로라도 대학에서 인지과학을 공부하는 킴 수오지와 미주리 주의회에서 인턴십 과정을 준비하던 남자친구 조쉬 쉬즐러는 2011년 3월 어느 날 청천벽력 같은 소식을 들었다. 킴을 괴롭혀왔던 두통의 이유가 뇌종양이었고, 머지않아 호흡중추를 멈추게 할 정도로 종양이 자라는 속도가 빠르다는 진단이었다. 종양을 제거하는 수술과 방사능 치료를 받은 후 다행히 한 신약이 효과를 발휘하면서 암은 사라진듯했다. 그러나 2012년 봄 뇌종양이 재발했고, 킴은 몸의 오른쪽을 거의 쓸 수 없게 됐다. 오른손은 물건을 집을 수도, 펜을 잡을 수도 없을 정도로 약해졌고 죽음의 공포는 젊은 커플을 옥죄기 시작했다. 육체의 마지막 순간을 기다리던 이 커플은 2007년 킴이 인지과학 수업 당시 읽었던 미래학자 레이 커즈와일의 책 '정신능력을 지닌 기계들의 시대(The Age of Spiritual Machines)를 떠올리며 희망을 찾았다. 기계의 지능 수준이 인간을 초월하는 '특이점(Singularity)'에 도달할 때까지 뇌를 냉동 보관하고 이후 뇌의 정보를 컴퓨터에 업로드해 정신의 수명을 이어가는 것이 불가능하지 않다는 내용이었다. 결국 자신의 뇌를 냉동 보관해 기술력이 갖춰진 어느 미래에 정신으로나마 되살아나고 싶다는 뜻을 굳힌 킴은 소셜네트워크서비스 레딧(Reddit)에 사연과 이 같은 작업을 위한 자금이 필요하다는 내용의 동영상을 올렸다. '죽어가는 23세 젊은 여성입니다. 내 뇌를 얼릴 수 있도록 도와주세요'라는 메시지로 시작되는 영상은 적지 않은 독지가들의 마음을 얻어내도록 이끌었다. 죽음으로 끝날 것 같던 킴의 희망은 미국 내 최대 장기보관 기업인 '알코 라이프 익스텐션(Alcor Life Extension Foundation)'의 시술을 통해 이어갈 수 있게 된 것이다. 사망 후 뇌 조직이 훼손되는 것을 최소화하기 위해 빠른 시술이 필요한 만큼, 킴은 알코 라이프 익스텐션과 가까운 곳에 머물며 마지막 날들을 보냈다. 끝내 2013년 봄 어느 이른 새벽, 조쉬는 알코 라이프 익스텐션 비상대기팀에 킴의 생명이 다해간다는 다급한 전화를 걸었고 수분 만에 도착한 의료진은 킴의 사망을 확인하자마자 계획된 절차대로 정신적인 영생을 위한 단계들을 밟아갔다. 혈액순환이 멈춰 뇌 조직이 급격히 붕괴되는 것을 막기 위해 인공적으로 피를 돌리는 작업을 하고, 부종이 진행되지 않도록 약물이 투여됐다. 새벽

5시 즈음 사망한 킴의 시신은 정오가 되기 전 머리와 몸이 분리되어 처리가 끝났다. 정신을 담은 뇌는 질소가스용액으로 이뤄진 냉동고로, 마지막 호흡을 끝으로 생명의 온기가 사라진 몸은 흙으로 향했다. 킴의 희망은 사실 현재로썬 과학이 모두 담보할 수 있는 수준이 아니다. 뉴욕타임스는 '현대과학만으로 인간의 뇌를 영구보존하고, 여기서 커넥톰을 완벽히 분석해 스캔하기까지는 수백억달러의 자금과 오랜 시간이 필요로 할 수도 있다'고 전했다. 만일 뇌의 정보를 모두 보존하고, 이를 디지털로 복원하더라도 과연 **여기에 인간의 지적 능력과 자아가 온전히 남아있을 것이란 뚜렷한 보장이 없다는 점도 난제이다.** 우선 뇌를 냉동하는 데 있어 난관이 적지 않다. 인간의 뇌는 수천억개의 뇌세포와 이것들을 연결하는 시냅스들로 이뤄져 지적 능력을 발현하는 복합체이다. 만일 이렇듯 복잡한 뇌 조직에 피나 수분이 한 방울이라도 남아 있는 상태에서 냉동 처리될 경우 이후 얼음 결정이 조직을 파괴해 모든 노력을 수포로 돌릴 수도 있다. 또한 현대 과학은 뇌의 어떤 부분이 각각의 지적 능력을 담당하는지 완벽히 파악하고 있지 못해서 냉동과정 중 손실되는 조직이 정확히 무엇을 잃게 하는지 확인할 수 없다. 하지만 과학자들은 기술의 진보가 한 순간도 속도를 줄이고 있지 않는 만큼, 정신의 영생이 현실화되는 시대는 멀지 않다고 장담한다. 독일 뇌생물학연구기관인 막스 플랑크(Max Planck)의 책임 연구원 빈프리드 덴크는 '40년 정도면 인간의 정신과 마음을 정확히 복제해 디지털로 구현하는 기술과 도구를 갖게 될 것으로 확신한다'라며 '이는 단순히 개인적인 희망이나 전망이 아니다'고 밝혔다. 2009년 최초로 토끼의 뇌조직을 냉동해 뇌세포간 전달내용을 전기적 신호로 바꿨던 그레그 페이 21세기 메디슨 연구소 책임과학자는 최근 돼지의 뇌에 대해서도 같은 연구에 성공, 학술지 '네이처 메소드(The journal Nature Methods)'에 관련 논문이 실렸다."[10]

---

10) 위 기사는 한국일보 (2015.9.18.), "죽은 사람의 뇌 스캔 컴퓨터 파일로 '영혼' 살린다."라는 기사원문을 약간의 수정을 해 인용한 것임을 밝혀둔다. 혹자에게는 다소 허황된 이야기로 들릴 수 있겠지만, 이러한 예측은 이미 과학계에서는 많은 공감을 얻고 있는 듯하다. 미국의 저명한 물리학자 미치오 가쿠(Michio Kaku)도 이와 비슷한 전망을 하고 있다. 이 점에 대해서는 미치오 가쿠/박병철 역, 마음의 미래 (김영사, 2015) 참조. 특히 446면 이하 참조. 다만 필자는 과학자들의 이러한 전망에 대해 대체로 공감하지만 일부는 의심의 눈으로 재검토할 부분이 있다고 생각한다. 위 기사 굵은 글씨처럼(필자 강조) 과연 디지털화된 의식에 "인간의 지적 능력과 자아가 온전히 남아있을 것이란 뚜렷한 보장이 없기" 때문이다. 필자가 본서 제1권에서 주장한 바에 의하면, 자아 또는 마음을 지닌 주체로서 우리와 인격적 상호작용을 할 수 있는 자격은 기본적으로 우리와 동일한 삶의 형식을 공유해야 한다는 점인데, 설령 뇌가 완벽히 복원된다고 해도 몸이 인공기구로 대

4. '마음-뇌 동일론'과 사이코패스

필자는 한 저서를 통해 PCL-R을 충족시키는 반사회적 인격장애자, 소위 사이코패스에 대해서는 책임무능력 또는 한정책임능력을 인정할 수 있다고 주장하며, 그들에게 형사처벌이 아닌 치료감호를 부과해야 한다고 주장한 바 있다. 사이코패스의 뇌는 신경생물학적으로 자신의 범죄충동을 조절할 능력이 정상인에 비해 저하되어 있다고 보기 때문이다.[11] 이처럼 선천적으로 생물학적 장애를 가진 사이코패스에게는 여타의 정신장애자와 마찬가지로 심신장애를 인정할 여지가 있다. 그럼에도 불구하고 대법원 판례는 성격장애는 정신장애와 동등하게 평가하지 않는 것 같다. 그러나 사이코패스처럼 평생에 걸쳐 지속적으로 한 사람의 인격을 좌우하는 강한 성격장애는 분명 뇌의 신경기능이상의 결과로 볼 수 있을 것이다. 앞서 언급한 시냅스 자아이론이나 마음-뇌 동일론은 이러한 주장을 어렵지 않게 이해할 수 있도록 도와준다. 반사회적 성격장애도 분명 뇌기능의 이상으로 볼 수 있기 때문이다. 신경과학자들에게 이러한 주장은 너무나 상식적이며, 심지어 어떤 학자들은 사이코패스의 중요한 특성 중 하나인 공감능력 결여라는 병리적 특성이 거울뉴런(mirror neurons)에 이상이 생겼기 때문인 것으로 추측하기도 한다.[12] 왜냐하면 거울뉴런은 타인이 해를 입는다는 것이 어떤 것인가를

체된 이상, 오랜 진화의 산물인 신체 각 기관의 능력이 온전히 발휘될 수 있을지 의문이고, 그로 인한 판단의 불일치가 발생할 수 있을 것이며 따라서 우리와 동일한 삶의 형식을 공유할 것으로 낙관하기는 쉽지 않기 때문이다. 삶의 형식에 대해서는 안성조, 현대 형법학 제1권 (경인문화사, 2011), 471면 이하 참조.

11) 안성조·서상문, 사이코패스 I - 범죄충동·원인론·책임능력 - (경인문화사, 2009) 참조.

12) 폴 새가드/김미선 역, 뇌와 삶의 의미 (필로소픽, 2011), 304면 참조. 거울뉴런의 기능에 대해 부연하자면 우리는 언제든 누군가가 무언가를 하는 것을, 심지어 무언가 하려고 시작하는 것을 지켜볼 때면, 해당하는 거울뉴런이 뇌에서 발화하고, 이로써 타인의 의도를 읽고 이해할 수 있다. 어린 아이에게 거울뉴런이 없으면 자폐증을 유발할 수 있으며, 이 뉴런이 없으면 아이는 더 이상 타인을 감정적으로

직접 이해하여 타인을 해치지 않을 동기를 유발하는 기능을 하기 때문이다. 다시 말해, 공감능력의 결여라는 성격적 특성도 순전히 정상적인 사회화 과정의 실패나 부도덕한 품성의 문제가 아니라 신경생물학적 장애일 수 있다는 것이다.

III. 법인의 사이코패스 범죄에 대한 인지과학적 이해

1. 마음의 사회

마음에 관한 인지과학적 접근은 법인의 범죄능력을 이해하는 데 있어서도 새로운 시각을 열어준다. 인공지능의 권위자 마빈 민스키는 '마음의 사회(The Society of Mind)'란 책에서 인간의 마음을 "서브에이전트(sub-agent)들이 기계처럼 연결된 거대한 총합"이라고 정의를 내린 바 있다. 여기에서 서브에이전트란 어떤 문제를 나누어 맡는 각각의 프로그램을 지칭한다. 무수히 많은 하위 주체들이 모여 다양한 특성을 가진 마음이란 사회를 만들어 낸다는 것이다. 하지만 아무리 유능하다 하더라도 하위주체 혼자서는 그러한 사회를 만들어 낼 수 는 없다. 그는 "각각의 하위 주체는 지극히 단순한 일만을 처리할 수 있다. 하지만 이러한 주체들을 모아 특별한 방식으로 사회를 만들면 이는 특정한 지능을 만들어 낸다"고 말한다. 이를 자동차 생산공정에 비유할 수 있겠는데, 각각의 조립라인은 궁극적으로 완성된 자동차 생산을 위해 특화된 것이다. 이 때 각각의 조립라인에는 모든 것을 다 할 줄 아는 일꾼은 없

이해하거나 타인과 공감할 수 없으며, 세상과 완전히 단절된다. 저명한 신경과학자인 라마찬드란은 이 거울뉴런이 인류의 뇌 진화와 관련이 있다고 추정하며, 향후 마음의 수많은 능력을 설명하는데 도움을 줄 것이라고 전망한다. 이에 대해서는 스티븐 핑커 외/이한음 역, 마음의 과학 (와이즈베리, 2012), 38면 이하 참조.

다. 설령 가능하다 하더라도 효율적인 생산으로 이어지지는 않는다. 그럼에도 불구하고 이처럼 분업화, 조직화된 생산라인은 하나의 완제품을 훌륭하게 생산해 낸다. 민스키에 의하면, 마음, 곧 뇌의 작동방식 또한 이와 다르지 않다는 것이다. 그는 다음과 같이 주장한다. "우리가 예상하고, 상상하고, 계획하고, 예측하고, 방어하는 데 개입된 과정들은 수천, 수백만 개에 달한다. 하지만 이 모든 과정들은 지극히 자동적으로 진행되기 때문에 우리는 그걸 '평범한 상식'으로 여긴다. 우리의 마음이 그렇게 복잡한 기계를 사용하고 있는데도 인식하지 못하다니, 다들 처음에는 믿기지 않을 것이다." 다시 말해 우리의 마음, 즉 뇌가 이렇게 서브에이전트들의 총합으로 작동한다면, 우리의 뇌에서 벌어지는 과정을 전부 인식할 이유가 없다는 것이다. 이해를 돕기 위해 또 다른 예를 들자면, 개구리에게는 동작을 탐지하는 시스템이 최소한 두 가지가 있다고 한다. 첫째 시스템은 개구리가 파리처럼 날아가는 작은 물체를 보면 혀로 잡아채게 만든다. 둘째 시스템은 어렴풋이 나타나는 커다란 물체를 보면 힘껏 점프하도록 주문한다. 두 시스템은 그 어떤 것도 의식적이지 않고 단지 개구리의 뇌에 새겨진 자동화된 프로그램일 뿐이다. 이렇게 자동화 된 서브에이전트들이 모여 개구리의 마음이라든지, 그와 유사한 일종의 행동특성을 만들어 내는 것이다.

2. '협력과 경쟁'하는 마음들로 이루어진 뇌

다만 민스키의 마음의 사회라는 설명에서 간과된 것이 하나가 있다. 그것은 바로 각각의 서브에이전트들이 자동화된 생산공정처럼 반드시 협력만 하는 것은 아니라는 사실이다. 어떤 상황에서는 서브에이전트들은 상호 경쟁을 한다. 예컨대 우리는 스타벅스에서 화이트초콜릿모카를 보면 갈등을 일으키게 된다. 뇌의 일부는 초콜릿에 담긴 풍부한 열량을 갈망하도록 진화되었지만, 반대로 뇌의 일부는 배가 나오거나 건강에 좋지 않을 수 있다는 점을 걱정하고 있기 때문이다. 즉 우리 마음의 일부는 초콜릿을 갈망하고, 다른 일부는 이를 외면하기 위해 애쓴다는 것이다. 이처럼 우리 마음은 서브에이전트들의 경쟁 때문에 갈등을 일으키게 되는 것이다. 갈등을 한다는 것은 단일한 프로그램만을 가진 주체에는 적용될 수가 없는 말이다. 휴일 오전에 자동차 운전대를 잡고, 어디로 갈 지 갈등하는 것은 우리의 마음이지 결코 우리의 자동차가 아니다. 이렇게 우리의 뇌는 두 개 이상의 마음을 먹을 수 있다. 그렇다면 여기서 그러한 마음의 갈등이 어떻게 해결되는지가 중요할 것이다. 어느 경우든 각각의 서브에이전트들은 공통된 목표를 갖는다. 그것은 바로 유기체의 번영과 생존이다. 즉, 우리가 어떤 문제에 부딪쳤을 때, 우리 뇌의 각 서브에이전트들은 우리의 생존과 번영을 위해 해당 문제에 대한 각각의 해결책을 제시하며 경쟁을 하게 된다. 예컨대 앞의 개구리 사례에서 어떤 물체의 크기가 개구리에게는 작다고도 크다고도 보기 모호한 경우에 있어서 개구리의 서브에이전트들은 상호 경쟁을 할 것이다. 생존을 위해 먹을 것인지, 아니면 생존을 위해 달아날 것인지! 그리고 그 경쟁의 균형점은 시행착오에 의해 자연선택적으로 최적화되어 있다고 볼 수 있다. 한편 우리 마음의 서브에이전트들은 협력과 경쟁만 하는 것도 아니다. 협상도 한다. 스타벅스 초콜릿 사례에서 만일 당장의 유혹에 못 이겨 초콜릿을 먹기로 결정을 내렸을 때, 우리의 마음은 바로 다음 날 헬스장에 가기로 결정을 내릴 것이다. 이것이 바로 우리의 마음이 도달하게 되는 일종의 협상결과인 셈이다. 한 마디로 우리의 뇌란 '라이벌 팀들로 이루어진 경연장'에 비유할 수 있을 것이다.[13)]

---

13) "뇌는 라이벌들로 이루어진 팀"이라는 아이디어는 데이비드 이글먼/김소희 역, 앞의 책, 184면을 참조한 것이다. 한편 우리의 뇌가 이처럼 복잡한 체계가 다양한 방식으로 돌아가고 있음에도 불구하고 우리가 그 모든 체계가 하나로 통합된 것처럼 느끼는 것은 우리의 좌뇌에 위치한 '해석기(interpreter)' 덕분이다. 좌뇌는 뇌에 주어진 모든 정보를 끊임없이 스스로 납득할 수 있게끔 하나의 일관된 이야기로 엮는 기능을 한다. 이 점에 대해서는 마이클 가자니가/박인균 역, 앞의 책(뇌로부터의 자유), 117면 이하 참조.

3. 뇌에서 의식의 역할

그런데 여기서 한 가지 의문이 들 수 있다. 우리의 마음이 다양한 서브에이전트들에 의해 자동적으로 작동한다면, 굳이 우리가 "의식적으로 사고하고 판단하는" 과정이 필요하겠느냐는 것이다. 이에 대해 비유적이긴 하지만 인상적인 답은, 의식은 한 회사의 CEO와 같다는 설명일 것이다. 업무분담에 의해 자동적으로 돌아가는 회사를 관리·감독하면서 보다 고차원적인 방향을 제시하고, 업무를 할당하며, 분쟁을 조절하는 역할을 하는 것이 CEO의 역할이듯이 바로 의식도 우리 마음에 있어서 그와 같은 조정이 필요할 때만 출현한다는 것이다. 서브에이전트들에 의해 모든 것이 원만하게 자동적으로 잘 돌아갈 경우 의식은 불필요하다. 그러나 무언가 해결되지 않는 문제가 생겼을 때 바로 의식은 수면 위로 떠오르게 되는 것이다. 예컨대 평상시에는 의식이 적극적으로 개입해야 할 일은 잘 발생하지 않는다. 그러다가 자신이 갑작스럽게 발표할 논문이나 프레젠테이션의 주제를 결정해야 한다든지, 투표를 해야 한다든지, 배우자를 선택해야 한다든지, 가지고 있는 주식의 주가가 폭락한다든지, 이직을 해야 한다든지 등의 문제들이 발생하면 우리가 지극히 의식적으로 그러한 문제에 대처하게 되는 경우를 쉽게 볼 수 있다. 진화론적 관점에서 볼 때 의식의 존재는 다음과 같이 설명될 수 있다. 서브에이전트들의 총합으로 이루어진 다른 동물들은 에너지를 효율적으로는 사용하지만, 인간처럼 인지적으로는 유연하지 못하다고 한다. 다시 말해 단순한 특정업무를 효율적으로 처리할 수는 있지만, 예기치 못한 새로운 영역에서 전문가가 되려는 목표를 세울 수는 없다는 것이다. 예컨대 나무에서 열매를 능숙하게 잘 따고, 사냥감을 잘 잡는 동물은 많아도 보다 안정적인 생존을 위해 농지를 경작하고 나무를 심거나 가축을 기를 수 있고, 여기서 더 나아가 컴퓨터 소프트웨어를 개발할 수 있을 만큼의 인지적 유연성을 갖춘 동물은 분명 인간밖에 없다. 바로 이 점은 의식이 전체 신경에서 맡고 있는 역할이 미미하다 하더라도

가장 돋보이는 이유이기도 할 것이다.[14]

4. 인지과학적으로 재구성된 마음의 관점에서 본 법인의 범죄능력

필자는 한 저서에서 법인의 범죄능력을 긍정할 수 있고 긍정해야 한다고 입론한 바 있다.[15] 일반적으로는 법인의 범죄능력을 부정하면서, 법인의 처벌이 필요한 경우에 한해 양벌규정을 통해 법인을 처벌하는 것이 가능하다고 보는 것이 우리나라 형법학계의 주류적 입장이었다. 하지만 굳이 그렇게 비일관적이고 부자연스런 논리를 고집할 필요가 없다는 것이 필자의 주장이다. 법인의 범죄능력을 부정하는 주된 논지는 법인에게는 자연인과 같은 의사와 육체를 관념할 수 없다는 것이다. 하지만 그와 같은 논지를 고수할 경우, 유럽의 중세시기부터 18세기까지의 소송기록에 도시나 행정구역(Gemeinde) 및 조합 등이 형사처벌의 대상이 되었던 사실을 이해하기 힘들게 된다. 또한 종종 소나 말과 같은 가축도 법정에 설 수 있었던 역사적 사실도 웃음거리로밖에는 이해할 수 없을 것이다. 필자는 전술한 저서에서 형사처벌의 대상이 될 수 있는지 여부, 즉 범죄능력 유무는 우리와 '인격적 상호작용'을 할 수 있는지 여부에 달려 있다고 주장하였다. 여기서 '인격적 상호작용'을 할 수 있다는 것은 우리와 동일한 '삶의 형식(Lebensform)'을 공유하고, 그로 인해 인간의 삶에서 죄와 벌의 의미를 이해할 수 있다는 것을 뜻한다. 여기서 '삶의 형식'이란 본래 비트겐슈타인이 사용한 개념이나, 그보다 '확장된 의미의 용어'로서 "인간이라는 종에 특수한 규범적 제약조건으로, 인간에 대한 형사처벌이

14) 뇌에서 의식의 역할에 대한 이와 같은 설명으로는 데이비드 이글먼/김소희 역, 앞의 책, 173면 이하 참조.

15) 안성조, 앞의 책(*현대 형법학*), PART II 참조.

유의미한 것으로 만들어 주는, 사회문화적·생물학적으로 구조화되어 있는 우리 종에 특수한 공통된 배경"을 의미한다. 이 책에서 로봇과 동물, 그리고 (영화 속) 외계고등생명체 등은 우리와 인격적 상호작용을 할 수 있는 가능성이 희박하다고 보았고, 복제인간이나 쌍둥이 지구인(twin earthling)은 아마도 그럴 가능성이 있다고 보았다. 또 마찬가지로 법인도 우리와 삶의 형식이 완전히 일치하지는 않지만, 우리의 삶의 형식과 긴밀히 맞물려 있는 이상, 죄와 형벌의 의미를 이해할 수 있고, 따라서 범죄능력을 긍정해야 한다고 주장한 바 있다. 다만 이러한 이론구성에서 한 가지 문제가 될 수 있는 것은 과연 법인에게도 우리와 마찬가지로 단일한 인격체로서의 마음이 있느냐는 것이었는데, 다른 마음의 문제에 대한 비트겐슈타인식의 해결처럼, 이는 의심할 여지가 없는 것이라고 보았다.[16] 인식론적으로 볼 때, 다른 사람에게도 나와 동일한 통일된 인격체로서의 마음이 있는지를 초연한 관점에서 과학적으로 알 수 있는 방법은 없다. 다른 사람의 마음은 단지 우리의 삶에 깔리는 전제로서, 우리의 삶과 맞물려서만 알 수 있기 때문이다. 우리는 고통의 신음소리를 내며 울부짖은 사람을 보며, 그의 고통을 내가 직접 경험할 수 없기 때문에 그가 아프다는 것을 확실히 알지 못한다고 의심할 수는 없다. "그를 향한 나의 태도는 한 영혼에 대한 태도이다. 나는 그가 영혼을 지니고 있다는 생각을 가지고 있는 것이 아니다."라는 비트겐슈타인의 유명한 말처럼... 그렇다면 우리의 일상에서 여러 갈래의 상호작용을 하며 우리와 삶과 긴밀히 맞물려 있는 법인의 활동을 보면, 법인에게도 그 어떤 마음이 있다고 가정해 볼 수 있을 것이다. 인지과학과 심리철학 분야의 세계적인 석학인 대니얼 데닛은 이러한 태도를 '지향적 자세(intentional stance)'라 부른 바 있다. 데닛에 의하면 지향적 자세란 "어떤 대상(사람이나 동물 또는 인공물 등)의 행위를 그 대상이 스스로의 믿

16) 이 점에 대해서는 안성조, 앞의 책(*현대 형법학*), 471면 이하 참조.

음과 욕구를 고려하여 행위를 선택하는 합리적 행위자라는 전제 아래 이해하는 전략"이다.[17] 이것은 일종의 의인화에 불과할 수도 있지만, 마음의 수수께끼를 푸는 실마리가 될 것이라고 데닛은 예측한다. 하지만 필자가 보기에 법인에 대해서는 단순히 그 마음을 가정하는 것을 넘어, 우리와 마찬가지로 의심하기 힘들 정도로 분명 마음을 가진 존재라는 확실성이 있다. 인지과학은 마음의 물질적 토대로서 뇌의 기능에 주목하고 있다. 마음을 만들어 낼 수 있는 뇌의 조건은 앞에서 살펴본 바와 같이 뉴런(집단)과 시냅스들 간의 상호작용에 있다. 그런데 우리는 법인에게도 이러한 뇌의 조건과 유사한 대응물이 존재함을 쉽게 확인할 수 있다. 직원들 간 혹은 내부 하위 부서 간 위계적 혹은 수평적으로 하나의 유기체적 통일체를 이루고 있는 법인의 고도로 조직화된 구조는 우리의 뇌의 구조와 크게 다를 바 없다. 우선 개개의 직원들과 전문화된 부서는 뉴런(집단)으로 볼 수 있고 이들은 다양한 연결망, 즉 시냅스 연결처럼 예컨대 인트라넷이나 내부 소통시스템을 통해 복잡하게 얽혀 있으며, 각각의 하위부서는 상호 협력, 경쟁, 협상하며 뇌의 서브에이전트들처럼 독자적인 기능을 수행하지만, 그러한 개별 기능들이 특정한 패턴과 방식으로 통합되면 그것이 바로 법인의 통일된 마음과 행동으로 나타나게 된다. 그리고 법인이 어떠한 문제에 당면하면 CEO나 이사회의 결단이 요구되듯이 뇌 또한 의식이 출현하여 서브에이전트들을 조율한다는 점도 상당히 유사하다. 이처럼 뇌조직과 법인의 인적·물적 구성요소 간의 이러한 구조적 유사성에 주목하면 법인에게 통일된 인격체로서의 마음을 전제하는 것이 단순한 의인화에 불과한 것이 아니라 더 이상 의심하기 힘든 사실이란 점을 납득할 수 있을 것이다.[18]

---

17) 대니얼 데닛/이희재 역, 마음의 진화 (사이언스 북스, 2006) 참조.

18) 한편 이러한 인식에 도달하기 전에 또 한 가지 염두에 두었어야 할 인지과학적 사실이 있는데, 그것은 바로 비트겐슈타인은 우리가 다른 사람의 마음을 의심하는 것이 불가능하다고 했지만, 그러한 철학적 통찰에 앞서 전제되어야 하는 사실

5. 기업사이코패시

기업가들 혹은 일부 학자들은 대부분 법인의 범죄능력을 인정해 기업에 형사책임을 추궁할 수 있게 되면 결과적으로 기업활동을 위축시키게 되고, 이는 결코 우리 사회에 바람직하지 않은 해악을 초래하게 될 것이라고 우려할 것이다. 그러나 법인의 범죄능력을 긍정하는 것이 결코 법인에게 형사법적으로 불리한 것만은 아니다. 법인에게 범죄능력이 인정된다면, 이는 책임능력을 전제하는 것이고[19] 따라서 만일 자연인에게 책임능력이 온전히 구비되지 않아 형법적으로 책임감면의 혜택을 부여해야 한다면, 법인에게도 역시 마찬가지의 법적 효과를 주어야 할 것이기 때문이다. 법인의 범죄능력을 긍정하는 여러 이론들에 의하면 기업 내부에서 유책한 자연인 행위자가 밝혀지지 않더라도 기업자체를 형사소추할 수 있다는 점에서는 분명 법인의 범죄능력을 긍정하는 것이 기업에 대한 형사처벌의 기회를 증대시킨다는 점에서는 법인에 불리하다고 말할 수 있을 것이다. 그러나 이는 단편적인 생각이다. 기업범죄가 발생했을 때 유책한 행위자를 찾아내기 위해 장기간에 걸쳐 수사를 받으며 영업에 중대한 지장을 초래해 막대한 영업손실을 보게 되는 사례들을 고려하면,[20] 차라리 형사소추는 쉽게 하되 형사소송

은 그와 같은 통찰을 가능케 해 주는 것은 바로 앞서 언급한 바 있는 거울뉴런의 정상적인 기능이 있기 때문이라는 점이다. 우리가 타인의 행동으로부터 그의 마음을 추측할 수 있다고 하는 것은, 타인의 마음을 공감할 수 있다는 것이고, 이는 바로 거울뉴런 때문임을 앞에서 살펴본 바 있다. 냉대지방의 원주민 조상들이 따뜻한 털을 가진 짐승의 가죽을 벗겨 옷으로 만들어 입을 생각을 할 수 있었던 것은, 바로 이 거울뉴런 덕분이다. 이는 우리의 심오한 철학적 통찰의 일부도 분명 신경과학적 토대에 기초하고 있다는 점을 잘 보여주는 사례다.

19) 범죄능력은 형법상 행위능력과 책임능력을 포함하는 개념이다.

20) 이에 대해서는 Martin J. Weinstein & Patricia Bennett Ball, Criminal Law's Greatest Mystery Thriller: Corporate Guilt through Collective Knowledge, *29 New Eng. L. Rev. 65* (1994), 66-70면 참조. 실제로 우리나라의 경우도 최근에 기업비자금수사와 관련해 검찰수사가 장기화됨에 따라서 기업경영에 차질을 빚

에서 기업의 방어권 행사를 적극적으로 활용하는 것이 기업 자신에게 오히려 득이 된다고 본다. 이를 가능하게 해 주는 형법적 이론구성 방법의 하나가 심신장애(예컨대 사이코패시)를 이유로 법인의 책임능력을 제한하는 것이다.

필자는 앞에서 법인의 범죄능력을 긍정할 수 있음을 이론적으로 해명해 보았다. 즉, 법인에게도 옳고 그름을 판단해 의사결정을 할 수 있는 우리와 유사한 능력이 있음을 긍정할 수 있다는 것이다. 그렇다면 만일 법인에게 그러한 능력이 부족하거나 결여되어 있다면 어떻게 될까? 자연인의 경우 정신병 등으로 심신장애가 인정될 경우 책임능력이 부정되거나 감경되어 형벌감면의 혜택을 받을 수 있다. 이와 같은 형법적 원리는 법인이라고 하여 달리 적용될 근거는 없다. 자연인 사이코패스에게 형법상 책임무능력이나 한정책임능력을 인정할 수 있듯이, 법인도 만일 사이코패시가 인정된다면 동일한 법적 효과를 누리게 될 것임은 자명한 이치다.[21]

필자는 한 논문[22]에서 병리적일 정도로 영리추구를 기업활동의 최

은 사례를 찾아볼 수 있다. 이에 대해서는 서울경제신문(2010.12.6)의 "한화證, 그룹 비자금 수사 장기화로 경영 차질 - 프루덴셜證 합병도 불투명"이란 제목의 기사를 참조할 것.

21) 이론적 근거는 차이가 있지만 법인에게도 일정한 경우 책임감면의 효과를 부여해야 한다는 견해로는 Carlos Gómez-Jara Díez, Corporate Criminal Liability in the Twenty-First Century: Are All Corporations Equally Capable of Wrongdoing? *41 Stetson L. Rev. 41* (2011) 참조. 이 논문의 저자는 다음과 같이 지적한다. "Yet, if not all human beings are potentially accountable according to individual criminal law, why should all corporations be potentially responsible according to corporate criminal law?" 앞의 논문, 42면 참조. 참고로 이 논문의 결론은 다음과 같다. "Only those corporations that have achieved a certain degree of internal self-referential complexity should be subject to the imperatives of criminal law. The others should be treated as corporate offenders with "diminished capacity" or "immatureness" and therefore not subject to 'real' punishment."

22) 이에 대해서는 안성조, "기업사이코패시와 집단책임의 이론", 외법논집 제34권 제1호(2010) 참조.

우선 목표로 일삼는 기업들의 행태가 사이코패스의 행동패턴과 유사하다는 점에 주목해 이른바 '기업사이코패시(corporate psychopathy)'란 개념[23])을 입론할 수 있다고 주장한 바 있다. 잘 알려져 있다시피 사이코패스는 자신의 행위에 무책임하며, 타인을 조종하는데 능하고, 과장이 심하며, 공감능력이 결여된 데다가, 후회나 죄책감이 없다.[24]) 이러한 특성은 일반적인 기업들의 행태와도 일치하는데, 이 분야의 세계적 권위자인 헤어(Robert D. Hare)에 의하면 기업들은 자신들의 이익을 달성하는 데만 몰두할 뿐 타인에게 어떤 위험이 초래될 것인지에 대해서는 관심을 두지 않아 '무책임하고', 여론 등을 '조종하는데 능하고' 언제나 자신들의 상품이 최고이며 넘버원이라고 '과장이 심하며', 소비자들에게 피해를 주게 되더라도 '공감능력이 결여되어' 그들의 고통에 피상적으로만 반응하고, '죄책감이 없어' 법을 어긴 경우 벌금을 내고 난 후에는 다시 예전처럼 행동한다. 심지어 종종 '기업의 사회적 책임' 운운하는 기업의 공익적 활동마저도 결국은 장기적으로 기업이익을 극대화시키기 위한 것으로서, 이는 타인을 매료시키는 능력을 통해 자신의 위험스러운 성격을 교묘하게 감추는데 능한 사이코패스의 악명높은 특성과 일치한다고 헤어는 지적한다.[25]) 물론 이러한 특성은 기업자체의 특성일 수도 있으며, 기업 경영진 등의 특성일 수도 있다.[26]) 단, 기업 경영자들

---

23) 기업조직 자체의 사이코패시(psychopathy)라는 점에서 'The Corporation: The Pathological Pursuit of Profit and Power(2004)'의 저자인 Bakan은 'institutional psychopathy'라는 표현도 병용한다. 'organizational psychopathy'도 유사한 의미로 사용할 수 있을 것이다.

24) Robert D. Hare, *Without Conscience* (New York: The Guilford Press, 1999), 33-56면; 안성조·서상문 공저, 사이코패스 I – 범죄충동·원인론·책임능력 – (경인문화사, 2009), 133-136면.

25) Joel Bakan, *The Corporation: The Pathological Pursuit of Profit and Power* (London: Constable, 2004), 57면.

26) 일반적으로 '코퍼릿 사이코패스(corporate psychopath)'란 용어는 후자(기업 또는 조직 내부의 자연인 사이코패스)의 의미로 더 많이 쓰이는 것으로 보인다. 이러한 입장에 서 있는 글로는 Clive R. Boddy, The Corporate Psychopaths Theory of the Global Financial Crisis, *102 Journal of Business Ethics* (2011), 255면. 반

의 경우 기업의 이익을 위해 조직 내에서는 사이코패스적으로 행동하게 되지만, 기업조직 밖에서는 분명 정상적인 사람이라는 사실에 유의할 필요가 있을 것이다. 헤어의 예리한 지적에 따르면 대부분의 경영자들은 사이코패스가 아니나, 그들이 회사의 운영자로서 행동할 때에 나타나는 행동특성들 중 많은 부분이 사이코패스적일 수 있다. 심리학적으로 설명하자면, 기업 경영자들은 조직 내부의 생활에 필요한 도덕률과 조직 밖의 일상생활에 필요한 도덕률을 "상호 영향을 미치지 않도록 이중적으로 적용할 수 있는(compartmentalize)" 능력으로 인해 사이코패스가 되지 않을 수 있다는 것이다.[27)]

면 전자의 입장에서 'corporate psychopathy'를 인정하는 견해로는 Ian B. Lee, Is There a Cure for Corporate "Psychopathy"?, *42 American Business Law Journal* (2005), 65-90면 참조. 필자는 동 용어로 법인과 자연인 모두의 사이코패시를 지칭할 수 있다고 본다. 본장의 '글 소개'에서 논급한 바와 같이 주류 신경과학계의 입장으로 보이는 마음-뇌 동일론의 연장선상에서 '의식의 신경상관물(neuronal correlates of consciousness; NCC)'에 주목해 보면, '회사법인 자체'에서도 그 자신의 '의사결정'을 가능케 하는 고유한 신경계, 즉 'corporate nervous system'을 찾아볼 수 있으므로 이는 자연인의 신경계에 상응하는 '조직구조적 상관물(organizational structural correlates of nervous system)'이라 규정할 수 있을 것인바, 코퍼릿 사이코패시란 바로 그신경계의 정상적인 작동에 특정한 장애가 생긴 것으로 볼 있다는 점에서 회사기업 자체의 사이코패시도 입론이 가능하다고 본다. 의식의 신경상관물에 대해서는 크리스토프 코흐/김미선 역, 의식의 탐구 - 신경생물학적 탐구 - (시그마프레스, 2006), 95면 이하 참조.

27) Joel Bakan, 앞의 책, 56면 참조. 여기서 바칸은 헤어와의 인터뷰 내용을 근거로 삼고 있다. 세계적인 친환경 천연화장품업체인 바디샵(Bodyshop)의 창설자인 아니타 로딕(Anita Roddick)은 경영자들의 이러한 특성을 일종의 '정신분열증(schizophrenia)'적인 것이라고 지적한 바 있다. 동지의 Chester I. Barnard, *The Functions of he Executive* (Cambridge, Mass., Harvard University Press, 1938), 263면. 미국의 탁월한 조직이론가이자 기업가였던 체스터 바나드는 이 책에서 사람들은 몇 개의 양립불가능한 도덕률을 지닐 수 있는데, 가족과 종교 등의 사생활에서의 도덕률과 사업상의 도덕률은 상당히 다르며, 따라서 독실한 기독교 신자인 사람에게 일요일에 적용되는 도덕적 기준이 평일에 회사에서는 매우 낮아질 수 있다고 지적하였다.

이 점을 잘 보여주는 사례로 포드 핀토 사건이 있다. 잘 알려진 기업가 리 아이아코카(Lee Iacocca)는 돈 때문에 사람을 죽일 사람이 결코 아니다. 그러나 그는 포드 자동차 회사의 사장으로서 포드의 중역들과 함께 차량 한 대당 11달러만 들이면 차의 가스탱크를 교체하여 추돌사고가 났을 때 폭발할 수 있는 가능성을 줄일 수 있었음에도 불구하고, 이를 하지 않아 많은 인명사고와 부상사고가 일어나도록 방치했다. 사실 이 기계적 결함은 1970년 포드사의 자체 사전 생산테스트에서 드러났지만, 포드 중역들은 미국 고속도로 교통안전위원회가 추정한 자동차 사고로 인한 사망자의 경제학적 비용을 근거로 비용편익분석을 했고, 그에 따라서 행동했던 것이다. 교통안전위원회는 사망자 한 명당 20만 725달러의 비용이 드는 것으로 추정했다. 포드의 중역들은 '충돌에 의한 연료누출 및 화재와 관련된 사망사고'라는 제목의 보고서에서, 연료탱크를 고치지 않았을 때 폭발할 2,100대의 자동차에서 예상되는 180명의 사망자와 180명의 심각한 화상환자들에 대한 추정 보상비용보다 연료탱크를 고치는 비용이 거의 세 배가 높다고 산정했다. 이에 따라서 결국 포드는 차량의 결함을 바로잡지 않는 쪽을 택했다. 문제의 핀토(Pinto) 자동차는 8년 동안 생산, 판매되었다.

위 사례는 정상적인 사람도 기업조직 내에서는 개인으로서의 합리적 판단과는 다르게 행동할 수 있음을 잘 보여준다. 사이코패스적인 행동을 할 수도 있다는 것이다. 위 사례에서 개인적인 합리성과 기업의 합리성이 불일치하는 이유는, 일반적으로 기업은 개인보다 합리적으로 행동하는 존재로 알려져 있지만[28] 기업의 '조직적 합리성(organizational rationality)'이 구성원들과 리더들의 개별 합리성을 단순히 합한 것과 반드시 같을 필요는 없기 때문이라고 한다.[29] 그렇다면 여기서 과연 무엇이 포드의 중역들을 사이코패스적으로 행동하게 만든 것인지 추론할 수 있다. 경영자 개개인은 조직 밖에서 사이코패스가 아니라면, 그들을 조직 내에서 사이코패스로 만드는 것은 바로 기업조직 자체 혹은 기업의 구조적 환경인 것이라고 볼 수 있을 것이다. 따라서 관점을 달리하

28) J. Tomkins, B. Victor, & R. Adler, Psycholegal Aspects of Organizational Behaviour: Assessing and Controlling Risk, in: D.K. Kagehiro & W.S. Laufer (eds.), *Handbook of Psychology and Law* (New York: Springer-Verlag, 1992), 526면 참조.

29) Elizabeth Wolgast, *Ethics on an Artificial Person: Lost Responsibility in Professions and Organizations* (Stanford University Press, 1992), 87면 참조.

면, 어떤 면에서는 경영자들이 기업을 관리하는 것이 아니라, 사이코패스적 기업이 경영자들을 관리하고 있다고 볼 수도 있을 것이다.

아직 사건의 진상이 규명되지 않은 상태이지만, 최근 전 세계에 충격을 준 사건으로 폭스바겐그룹의 '디젤게이트'도 본고의 주제와 관련해 주목할 만하고 눈여겨 볼 필요가 있을 것이다. 이하는 기사원문 일부이다.[30]

"8년 넘게 독일의 폭스바겐그룹을 이끌어 온 마틴 빈터콘(68) 폭스바겐그룹 이사회 회장 겸 최고경영자(CEO)가 결국 물러났다. 폭스바겐과 아우디 일부 디젤 차량의 배기가스 배출 소프트웨어를 조작했다는 의혹이 불거지면서 파문이 일파만파 확산됐기 때문이다. 빈터콘 전 회장은 사임문에서 "최근 며칠간의 일로 충격을 받았다"면서 "무엇보다 폭스바겐그룹에서 이러한 형태의 불법 조작이 발생했다는 사실에 기가 막힌다"고 심경을 토로했다. 독일 검찰은 이번 파문과 관련해 빈터콘 전 회장이 직접 연루됐을 것으로 보고 수사에 나섰다. 하지만 정작 빈터콘 전 회장 본인은 이번 불법 조작 사건에 대해 아는 바가 전혀 없고 CEO로서 책임을 지고 사퇴하는 것뿐이라며 자신의 결백을 주장했다. 폭스바겐·아우디를 비롯해 최고급 승용차인 포르쉐·람보르기니·벤틀리 등 총 12개 브랜드를 보유하고 있는 폭스바겐그룹은 전 세계적으로 모두 1100만 대의 디젤 차량에 조작 소프트웨어를 장착한 것으로 드러났다. 이번에 문제가 된 배기가스 조작 소프트웨어는 차량 검사 때에만 배출 통제 시스템을 최대로 작동하고 일반 주행 시에는 이를 중지시킬 수 있는 기능을 갖췄다. 이를 통해 차량이 실제 주행할 때 내뿜는 질소산화물(Nox)의 양을 배기가스 검사 시 최대 40배 정도 줄일 수 있다. 빈터콘 전 회장은 2002년 아우디 CEO, 2007년 폭스바겐그룹 CEO를 역임하는 등 34년 동안 줄곧 폭스바겐그룹에서만 근무한 '정통 폭스바겐맨'이다. 슈투트가르트대에서 금속공학과 금속물리학을 전공한 그는 엔지니어 출신답게 그룹 내 품질보증총괄책임자·제품관리담당자 등 자동차 기업의 핵심인 연구 기술 분야를 두루 거쳤다. 폭스바겐그룹은 마티아스 뮐러 포르쉐 전 CEO를 후임자로 임명했다."[31]

기업과 사이코패스 사이에는 중요한 유사점이 하나 더 있다. 그것은 바로 범죄적 성향의 치료가 힘들다는 점이다. 사이코패스의 치료는 불

---

30) 한편 필자는 본서 제1권에서 폭스바겐 그룹의 공격적 경영과 인수·합병 사례를 소개하며 기업 간 극도로 치열한 경쟁환경이 기업범죄를 부추길 수 있음을 지적한 바 있다. 안성조, 현대 형법학 제1권 (경인문화사, 2011), 297면 이하 참조.

31) 위 기사는 한국경제매거진(제1036호, 2015년 10월 7일자), "디젤게이트로 무너진 폭스바겐 신화"에서 일부 발췌해 가져온 것이다.

가능하다는 것이 거의 대부분의 관련 연구문헌이 내리고 있는 결론이다. 이와 마찬가지로 기업범죄의 경우 기업의 이익을 위해 활동한 이상 처벌받은 전문경영인들이 석방 후 원상복귀하거나 유·무형의 보상을 받는 경우가 많기 때문에 그에 대한 조직 내 비난은 물론 제재가 가해지지 않는 경우가 많아 형벌이 위하력을 발휘하기 어렵다. 기업의 입장에서도 범죄를 통해 획득하는 이익이 그 구성원 개인의 처벌을 보상해주는데 드는 비용보다 훨씬 클 경우에는 범법행위를 억지해야 할 이유가 없다. 따라서 기꺼이 형사처벌의 위험을 감수한다. 이처럼 기업의 이익을 위한 범법행위가 묵인되거나 조장되는 조직구조적 환경으로 인해 기업의 병리적일 만큼 맹목적인 영리추구 경향은 사이코패스처럼 치유하기 어렵다는 점에서 양자는 공통점이 있다고 볼 수 있을 것이다.[32)]

기업이 사이코패스처럼 행동할 수 있다면 무엇보다 전 사회적인 경계의 시각에서 기업범죄를 예방, 엄단하기 위한 강력한 형사법적 규제방법을 강구해야 하겠지만, 그에 못지않게 중요한 것은 만일 기업사이코패시가 자연인 사이코패스처럼 스스로의 선택이 아닌 조직구조적, 혹은 사회환경적 원인에 의해 발생하는 것이라면 이에 대한 형법적 배려가 필요하다는 사실이다. 기업이라고 하여, 기업범죄에 대한 여론의 포화가 거세다고 하여 책임능력에 관한 일반적인 형법이론이 예외적으로 적용될 근거는 없다.[33)] 그렇기 때문에 본고에서는 형사법적인 차원에서 법인사이코패스 범죄의 경우에도 일정한 배려가 필요하며, 그것이 또한 형사정의에 부합되는 것임을 주장하고자 한다.[34)]

---

32) 이 점에 대해서는 특히 Joel Bakan, 앞의 책(*The Corporation: The Pathological Pursuit of Profit and Power*), 1면 이하를 참조할 것.

33) 이처럼 기업사이코패시를 형법상 책임감면사유로 인정할 수 있다면, 이를 유발하는 조건의 부존재는 '엄격한 증명'의 방식으로 입증되어야 하며, 그 거증책임은 검사가 지게 된다고 보아야 할 것이다.

34) 필자의 이러한 주장에 대해 다음과 같은 반론이 제기될 수 있다고 본다. 우리가 정신병자나 사이코패스를 법적으로 달리 취급하는 것은 '동등한 인간의 존엄성'을 인정해 이들에게는 일정한 배려가 필요하다는 점을 고려하였기 때문인데, 법인(기업)에게는 우리와 동일한 존엄성을 인정할 수 없다는 것이다. '동등한 인간

IV. 자연인과 법인 사이코패스 범죄에 대한 대책: 치료와 전사회적 관심

1. 자연인 사이코패스 범죄에 대한 대책

자연인 사이코패스에 대한 바람직한 형사법적 규제방식은 이들에게 심신장애를 인정하고 책임무능력이나 한정책임능력을 긍정해 형벌을 감경해 주는 것이다. 그와 동시에 이들을 치료감호에 처해(치료감호법 제2조 1항) 또 다른 재범을 방지하고 가급적 조속한 시일 내에 정상적인 사회복귀를 돕는 것이다.[35] 물론 사이코패스의 치료가능성에 대해 회의적인 견해가 여전히 주류를 이루고 있다. 이러한 회의적인 견해에 의하면 사이코패스의 치료는 기대할 수 없으며, 따라서 우리 사회로부

의 존엄성'을 법 앞의 평등취급의 근거로 내세우는 견해로는 John Rawls, *A Theory of Justice* (Cambridge, Mass.: Belknap Press of Harvard University Press, 1999), 442면 이하 참조. 하지만 전술한 바와 같이 형사처벌의 대상이 될 수 있는지 여부, 즉 범죄능력 유무는 우리와 "인격적 상호작용"을 할 수 있는지 여부에 달려 있다고 보면, 책임능력이 범죄능력의 한 요소인 한 형법상 책임능력 유무도 "인격적 상호작용"을 할 수 있는 능력의 정도에 따라 판단하는 것은 개념논리적으로 큰 무리가 없다고 본다. 이 점에 대해서는 안성조, 앞의 책(*현대 형법학*), 473-477면 참조. 다시 말해 법인(기업)도 우리와 인격적 상호작용을 할 수 있는 삶의 형식을 일정부분 공유하는 한, 일정한 형법적 배려를 받을 자격을 충분히 갖추고 있다고 보아도 무방하다는 것이다. 이러한 규범적 판단은 '동등한 인간의 존엄성' 인정여부와는 무관하게 이루어질 수 있다고 본다. 한편 미국의 법철학자인 로널드 드워킨은 국가가 모든 구성원을 법적으로 동등하게 취급해야 하는 이유는 그렇지 않을 경우 정치적 정당성을 유지할 수 없기 때문이라고 설명하는데, 이러한 관점에서 보더라도 법인(기업)도 국가의 한 구성원인 한 국가를 상대로 자신의 조직구조적 결함을 근거로 일정한 형법적 배려를 요구할 권리가 있다고 말할 수 있을 것이다. 드워킨의 입장에 대해서는 로널드 드워킨/홍한별 역, 민주주의는 가능한가 (문학과 지성사, 2012), 22면 이하 참조.

35) 사이코패스에 대해 심신장애를 인정하고 치료감호에 처해야 한다는 필자의 주장에 공감하는 글로는, 이상돈, 형법강의 (법문사, 2010), 404면 이하 참조.

터의 엄격한 격리와 사형 등의 엄벌주의적 대응만이 유일한 대안이 될 것이다. 하지만 최근에는 사이코패스의 치료가능성을 긍정하는 연구결과도 소개되기 시작했으며, 무엇보다 평생에 걸쳐 지속되는(life-long) 반사회적 성격장애인 사이코패시가 주로 '뇌의 문제'라는 '뇌-마음 동일론'을 - 비록 전적으로 수용하지는 못한다 할지라도 - 인지과학적 관점에서 받아들일 수 있다면, 인간의 신경과 지각에는 '가소성(plasticity)'이 있다는 점을 고려할 때, 다시 말해 인간의 뇌는 평생동안 변화할 수 있다는 사실을 간과하지 않는다면 이들에 대한 치료가능성을 긍정적으로 전망해 볼 수 있다고 보며,[36] 따라서 형사적으로 치료적 대책이 바람직하다고 본다.[37] 이러한 결론은 만일 법인사이코패스의 치료가능성도 긍정할 수 있다면 법인사이코패스에 대해서도 동일하게 적용될 수 있다고 보며, 이하에서는 법인사이코패시의 원인을 다각도로 검토해 보고, 이를 인지과학적 관점에서 접근한 자연인 사이코패시의 원인과 비교, 분석해 봄으로써 사이코패스적 법인에 대한 바람직한 형사적 대책을 시론적으로 제시해 보고자 한다.

2. 기업사이코패시의 치료가능성[38]

만일 어느 기업조직이 사이코패스적 성향이 강한 것으로 판명이 났

36) 사이코패스의 치료가능성에 대한 최신의 연구성과와 구체적인 방법 및 낙관적 전망에 대해서는 닐스 비르바우머·외르크 치틀라우/오공훈 역, 뇌는 탄력적이다(메디치, 2015), 191면 이하(제7장) 참조. 제7장의 소제목은 "사이코패스는 사이보그가 아니다"라는 타이틀로 되어 있어 흥미롭다. 뇌의 가소성으로 인해 사이코패스에게도 일정한 치료방법을 통해 불안과 공포 및 공감중추를 활성화시킬 수 있다는 뜻이다.

37) 안성조, 앞의 책, 552면 이하 참조.

38) 이하의 기업사이코패시의 치료가능성에 관한 내용은 "기업범죄연구회편, 기업범죄연구 제1권 (경인문화사, 2011)"에 수록되어 있는 필자의 글 "기업사이코패시의 치료가능성" 중 19-29면의 내용을 대부분 가감 없이, 다만, 내용 중 일부를 보다 이해하기 쉽게 수정해 가져온 것임을 밝혀둔다.

다고 했을 때, 이 기업에 대한 윤리적 회복능력을 복구하기 위한 치료 프로그램은 효과적인 성과를 거둘 수 있을까? 다시 말해, 경영진을 교체하거나 강도 높은 윤리규정과 윤리교육프로그램을 마련하고, 효과적인 내부통제시스템을 도입하는 등의 자정적 노력을 기울이면 기업의 사이코패스적 성향이 개선될 수 있을 것인가라는 의문을 제기해 보자. 일반적으로 경영학과 조직(행동)학, 그리고 조직심리학에서는 (기업)조직의 변화가능성에 별다른 의문을 제기하지 않는다. 즉, (기업)조직은 외부적, 내부적 환경의 요청에 적응하기 위해 얼마든지 다각도로 체질개선을 모색할 수 있다는 것이다.[39] 다만 조직은 대체로 권력구조나 문화 등에 있어서 현재의 상태를 유지하려는 경향이 강하기 때문에 다소간의 개인적, 집단적, 조직적 저항요인이 발생할 수 있다는 점만 널리 지적될 뿐이다. 생각건대, 이러한 견해는 어느 한 기업의 급변하는 환경에 대한 적응 차원에서는 분명 타당하게 적용될 수 있을 것이다. 그러나 과연 기업의 윤리적 체질개선도 표준적인 조직변화모델로 접근이 가능할 것으로 낙관할 수 있는지 의문이다. 앞서 살펴본 바와 같이 자연인 사이코패스의 경우에 치료가 불가능하다는 견해들도 있을 정도로 결코 간단하거나 쉽지 않듯이, 기업사이코패시의 치료도 표준적인 조직변화 이론만 가지고는 충분히 가능하다고 보기는 힘들 것이기 때문이다.[40]

환자의 치료를 위해서는 병변(病變)을 찾아내는 것도 중요하지만, 무엇보다 먼저 병인(病因)을 구명해 내야 한다. 그래야만 병의 원인을 제거할 수 있기 때문이다. 기업사이코패시의 원인과 관련하여 법심리학은 중요한 단서를 제공해 준다. 법심리학이 밝혀낸 바에 따르면 '조직

39) 대표적으로 폴 뮤친스키(Paul M. Muchinsky)/유태용 역, 산업 및 조직심리학 (시그마프레스, 2007), 376면 이하; 박영배, 현대조직행동관리－조직행동과 다문화관리－ (청람, 2010), 476면 이하; 이필상 외 2인 공저, 앞의 책, 172-174면; 조동성, 앞의 책, 656면 이하 참조.

40) 이는 자연인 사이코패스 범죄의 원인에 대한 이해가 기존의 표준적인 범죄원인론만 가지고는 불가능한 것과 마찬가지다. 이러한 한계를 지적하고 있는 연구문헌으로는 안성조, "사이코패스의 범죄충동과 통제이론", 경찰법연구 제6권 제1호 (2008) 참조.

적 맥락에서의 의사결정(decision making in organizational contexts)'은 개인의 일반적인 의사결정과는 차이가 있다. 쉬운 예로서 기업 경영자들은 위험을 평가하는 데 있어서 일반인들과 다른 관점을 보인다. 즉 이들은 사생활에서는 결코 무모한 모험을 하지 않는 사람들이지만, 기업의 수익을 위해서는 위험을 감수하는 성향이 강하다.[41] 경영자들은 '수익이 창출될 가능성(likelihood of gain)'에만 특별한 관심이 있고, 위험은 단지 '손실의 위협(threat of a loss)'으로만 인식한다. 한 마디로 이들에게는 위험이 일차적으로 가능성 개념(probability)이 아니라는 것이다. 위험은 단지 부정적 결과의 정도(extent)를 반영할 뿐이며, 바로 그 정도에 의해 가중될 수 있는 부정적 결과의 가능성을 반영한다고 보지 않는다. 다시 말해 조직적 맥락에서는 어느 정도의 위험을 감수하더라도 좋은 결과가 나오면 이것은 긍정적인 의사결정으로 평가되며, 반면 위험을 초래할 가능성을 보여주는 증거에 기초해 신중하게 내린 결정이더라도 손실을 가져오면 이것은 부정적인 의사결정으로 평가된다는 것이다.[42] 이는 전술한 포드 핀토 자동차 사례에서 경영진이 사이코패스적인 의사결정을 내리게 된 집단심리학적 메커니즘이라고 볼 수 있다.

그렇다면 기업조직 내 경영자들의 집단적 의사결정이 병리적인 성향을 보이게 되는 이유는 무엇일까? 이에 대해서 관점에 따라 다음과 같이 크게 두 가지 방식의 설명이 제시될 수 있다.[43]

일반적으로 기업은 개인보다 합리적으로 행동하는 것으로 알려져

---

41) J. Tomkins, B. Victor, & R. Adler, 앞의 논문, 532-533면 참조.

42) J. Tomkins, B. Victor, & R. Adler, 앞의 논문, 533면.

43) 일반적으로 경영학 교과서에서는 경영자 개인의 의사결정도 항상 논리적이고 합리적인 방식으로만 내려지는 것이 아니라는 사실을 잘 지적하고 있다. 즉, 경영자는 시간제약 및 판단해야 할 정보의 방대함 등으로 인해 제한된 합리성(bounded rationality) 하에서 결정을 내리게 되며, 그러므로 가능한 모든 대안을 철저히 검토하기보다는 어느 정도 받아들일만하다고 판단되는 대안을 찾으면 최적의 대안을 찾는 작업을 멈추고 이를 선택함으로써 결과적으로 문제해결을 위해 최소한의 기준을 충족시키는 대안의 선택에 만족하게 된다고 한다. 이에 대해서는 조동성, 앞의 책, 365-366면.

있다.[44)] 그럼에도 불구하고 위 사례에서 기업차원의 결정이 인명을 경시하는 방향으로 부도덕하게 내려진 것은, 전술한 바와 같이 기업의 조직적인 합리성(organizational rationality)은 구성원들 또는 리더들의 합리성을 단순히 합산한 것과 반드시 같을 필요는 없기 때문이다. 다시 말해 위 포드사 중역들의 결정은 개인적으로는 부도덕한 것일지 몰라도, 기업조직의 차원에서는 합리적인 것으로 여겨질 수 있다는 것이다. 이처럼 조직적 차원의 합리성이 개인의 합리성과 다를 수밖에 없는 이유는 여러 측면에서 설명이 가능하겠지만 무엇보다도 기업 간 극심한 경쟁과 이윤추구를 부추기는 경영환경에서 찾아볼 수 있을 것이다. 전 세계적으로 거의 모든 산업이 노동집약적 생산방식에서 자본집약적 생산방식으로[45)] 전환되어 가고 있다. 이처럼 노동비용이 점차 감소하는 반면에 자본비용이 차지하는 비율이 크게 증가함에 따라 '규모의 경제(economies of scale)'[46)]도 커지게 되고, 자본재에 대한 막대한 투자를 회수하기 위해서는 대규모 생산체제를 갖추지 않으면 안 된다. 따라서 기

---

44) J. Tomkins, B. Victor, & R. Adler, 앞의 논문, 526면 참조.

45) 오늘날 거의 모든 산업에서 인간의 노동력은 자동화된 기계, 로봇, 컴퓨터로 조작되는 정밀기계로 대체되고 있다. 자동차산업의 경우 전체 자동차 생산비용에서 노동자임금이 차지하는 비율은 6% 정도에 불과하며 이는 계속 낮아지고 있다. 자동차, 항공기, 전기, 전자, 철강, 화학산업이 모두 자본집약적 산업이다. 장세진, 글로벌경영 (박영사, 2010), 14-15면 참조.

46) 규모의 경제란 생산요소의 투입량을 증가시킬 때 산출량이 투입량의 증가비율 이상으로 증가하는 것을 말하며 이로 인해 생산 단가를 낮출 수 있게 되어 경쟁력이 증가하고 따라서 시장점유율도 높일 수 있게 되는 현상을 말한다. 규모의 경제가 발생하는 중요한 원인은 노동의 분업과 전문화이다. 규모의 경제는 대량생산에 의해 1단위당 일반 비용을 줄이고 이익을 늘리는 방법으로서, 예컨대 가장 많은 자동차를 생산하는 기업이 다른 경쟁자들에 비하여 동일한 자동차를 가장 저렴한 비용으로 생산할 수 있게 된다. 규모의 경제가 작용하는 제품의 경우, 여러 기업이 생산하면 평균비용이 매우 높아지므로 한 개 또는 소수의 기업에 의해 생산이 이루어지는 경향이 강하다. 규모의 경제에 의해 독점이 되는 경우를 자연독점(natural monopoly)이라고 한다. 규모의 경제에 대해서는 벤 버냉키·로버트 프랭크/곽노선·왕규호 역, 경제학 (McGraw-Hill Korea, 2006), 310면 참조.

업 간 인수·합병(M&A)을 하거나 해외에 진출해 생산설비를 확충해야 할 경제적 필요성이 더욱 커질 수밖에 없다.[47] 이와 같은 경영환경 속에서는 기업은 더욱 극심한 생존경쟁을 할 수밖에 없고, 따라서 개인적 의사결정과는 달리 기업의 조직차원의 의사결정에 있어서는 경제적 이익을 그 어떤 가치보다 우위에 두게 된 것으로 설명할 수 있을 것이다.

다음으로 경영진의 의사결정이 사이코패스적 성향을 보이는 것은 일종의 '집단사고(groupthink)'의 결과로 분석할 수도 있다. 집단사고란 일종의 병리적인 의사결정 현상으로서 응집력이 높은 집단에서 집단 내 의사의 만장일치 추구경향이 강력할 때, 달리 행동할 수 있는 대안들을 현실적으로 평가하지 못해 발생하는 의사결정의 실패를 지칭하는 개념이다. 한 마디로 개별 구성원들의 판단으로는 바람직하지 않다고 여기는 결정을 집단이 선택하는 현상이다. 즉, 집단적 의사결정의 본래 취지는 최선의 선택을 위한 것이지만, 과도한 의견일치를 추구한 결과 역으로 비합리적인 결정에 도달하게 되는 현상을 말한다.[48] 같은 맥락에서 집단사고는 집단 내부의 동조압력으로 인해 발생하는 정신능력, 현실검증, 도덕판단 등의 감퇴를 의미한다고도 볼 수 있다.[49] 집단사고의 대표 사례는 미국 케네디 정부의 완전히 실패로 돌아간 쿠바 피그스만 침공 결정, 역사상 최악의 우주선 폭발사고를 가져온 미항공우주국(NASA)의 챌린저호 발사결정[50], 우리나라의 경우 1995년의 삼풍백화

---

47) 규모의 경제와 M&A 및 기업 글로벌화 필요성에 대해서는 김화진·송옥렬, 기업인수합병 (박영사, 2007), 11면과 장세진, 앞의 책, 14-15면 참조.

48) 집단사고에 대해서는 폴 스펙터(Paul E. Spector)/박동건 역, 산업 및 조직심리학 (학지사, 2009), 471면 이하; 홍대식 편저, 사회심리학 (박영사, 1994), 607면 이하; 한덕웅 외 7인 공저, 사회심리학 (학지사, 2005), 266면 이하 참조. 집단사고 개념을 발전시킨 문헌으로는 Irving L. Janis, *Victims of groupthink* (Boston, MA: Houghton Mifflin, 1972) 참조.

49) 다넬슨 R. 포시즈(Donelson R. Forsyth)/서울대학교 사회심리학 연구실 역, 집단심리 (성원사, 1991), 438면 참조.

50) 추운 날씨가 심각한 기계적 결함을 야기할 수 있다는 경고에도 불구하고 나사는 영하의 온도에서 챌린저호를 발사하기로 결정했다.

점 붕괴사고 직전의 백화점 간부회의[51] 등이 있다. 이러한 이해방식에 따르면 포드의 중역들이 사이코패스적으로 행동하게 된 것은 집단사고의 결과로 볼 수 있을 것이다.[52]

기업조직의 사이코패스적 의사결정과 관련해 덧붙여 지적해 둘 필요가 있는 개념으로서 '집단극화(group polarization)'라는 것이 있다. 일반적으로 우리는 집단적 의사결정은 개인보다 신중하고 보수적일 것이라고 믿는다. 그러나 많은 연구결과에 의하면 집단은 개인보다 더 모험적인 결정을 내리는 경향이 강하다. 개인과 집단의 의견을 비교해본 결과, 전반적으로 집단의 의견이 개인의 의견보다 위험을 감수하는 성향이 더 컸다는 것이다. 이 현상을 모험이행(risky shift)이라고 한다. 반면 또 다른 연구결과에 의하면 집단의 의사결정이 개인보다 반드시 더 모험적인 것은 아니고, 경우에 따라서는 더 주의 깊고 보수적인 성향을 나타내기도 했다. 이를 보수이행(conservative shift)이라고 한다. 이처럼 집단의 의사결정은 개인의 의사결정보다 모험 쪽이든 보수 쪽이든 극단적으로 흐르는 경향이 있으며 이러한 현상을 바로 집단극화라고 한다. 그렇다면 과연 어떤 경우에 모험이행을 하게 되고, 또 반대로 보수이행을 하게 되는가? 이에 대해 연구자들은 그 변화의 방향이 최초의 지배적인 의견이 어느 쪽에 있었느냐에 좌우된다고 보고 있다. 즉 집단적 토의를 거친 후 집단 반응의 평균은 집단이 되기 이전 개인반응의 평균과 같은 방향이지만, 더 극단적으로 가는 경향이 있다는 것이다. 한편 집단의 의사결정이 모험이행을 하게 되는 원인에 대해서는 책임확산이론, 지도력이론, 친숙화이론, 가치이론 등이 제시되어 있다. 책임확산이론은 집단성원들이 집단 속에 들

---

51) 삼풍백화점 간부들은 주로 회장의 친인척들로 구성되어 있어 매우 응집력이 높은 집단이었고, 당시의 상황이 매우 긴박했으며, 회장의 걱정을 우려해 영업중지 필요성을 인식하고도 건의하지 못했고, 붕괴가능성 등 여러 대안들을 다각적으로 고려하지 못하고 백화점 보수시기와 방법만을 논의하다가 참사를 막지 못했다. 이 점에 대해서는 한덕웅 외 7인 공저, 앞의 책, 268-269면 참조.

52) 여기서 과연 포드사 중역들의 결정이 어느 방식의 설명에 더 부합되는지 는 여기서는 그다지 중요하지 않다. 어느 쪽이든 그들의 결정은 경제적 이익을 인간의 생명보다 우선시했다는 점에서 명백히 부도덕한 것이었고, 결과적으로 볼 때, 집단적으로 사이코패스적 행동특성을 보였다는 점에서는 동일하기 때문이다. 즉, 앞의 두 가지 설명방식은 기업사이코패시란 개념을 지지해 주는 이론적으로 모델을 제공해 주고 있다는 점에서는 공통적이라고 볼 수 있다. 단, 이 문제는 포드사 중역들의 개인적인 혹은 공동의 형사책임을 논정하는 데에 있어서는 중요한 논점이 될 수 있을 것이다.

어가게 되면 책임감을 덜 지각하게 되고, 모험적인 결정을 해도 덜 불안해 하기 때문이라는 이론이고, 지도력이론은 더 모험적인 사람이 더 큰 설득력과 자신감을 가지며, 집단의 의사결정 과정에서 적극적 주장과 개입을 하게 되어 결정에 더 큰 영향을 미치게 된다는 이론이다. 친숙화이론은 타인과 함께 문제를 논의하면서 그 문제에 더 친숙해지고, 더 친숙해지면 불확실성이 감소되어 더 모험적인 대안을 지지하게 된다는 것이다. 끝으로 가치이론은 많은 문화권에서 모험을 추구하는 것이 긍정적인 가치로 받아들여지므로 참여자들 스스로가 모험을 추구하려는 생각을 갖고 있고, 다른 사람들도 모험적인 대안을 제시하면 이에 동조하게 된다고 설명하는 이론이다. 집단극화도 집단사고의 한 원인으로 볼 수 있다.[53)]

한편 기업이 사이코패스처럼 행동하게 되는 것이 경영자들의 병리적 의사결정 성향에서만 비롯되는 것은 아니다. 업무를 독립적 개별 부서에 위임함으로써 조직의 기능을 분권화 시키고 있는 현대 기업에서는 전문화된 각 부서의 책임자도 주요한 의사결정을 내릴 수 있다. 만일 이들의 의사결정도 병리적 이윤추구 성향을 벗어나기 힘든 조건 하에 놓여 있다면 기업사이코패시의 한 발병원인이 될 수 있을 것이다. 바로 이 점에 착안하여 현대 기업의 분권화, 전문화로 인해 기업 내 업무가 기능적으로 분화돼 역할이 전문화되고 정보가 공유되지 못함에 따라, 발생한 결과에 대한 유책한 책임자를 찾아낼 수 없게 되었기 때문에 기업구성원들의 사이코패스적 성향이 조장된다는 설명이 있다. 즉 책임을 분산시키는 구조적 특성 때문에 기업 구성원들은 개인적인 책임감으로부터 벗어날 수 있다는 것이다. 일찍이 폴란드 출신의 사회학자인 지그문트 바우만은 현대사회에서 발생한 결과에 대한 도덕적 책임귀속의 불확실성이 발생하게 된 이유를 다음과 같이 분석한 바 있다. "분업과 전문화로 인해 다수의 사람들이 관여하는 모든 일에서 그들 각자는 전체업무의 작은 일부만 수행한다. 실제로 관련된 사람이 너무 많아서 그 누구도 발생한 결과에 대한 책임을 합리적이고 설득력 있게 주장하거나 떠맡을 수 없다. 죄인 없는 죄, 범인 없는 범죄, 범인 없는 책

53) 이상 집단극화에 대한 설명으로는 다널슨 R. 포시즈(Donelson R. Forsyth)/서울대학교 사회심리학 연구실 역, 앞의 책, 455-467면; 한덕웅 외 7인 공저, 앞의 책, 261-266면 참조.

임이 발생한다(guilt without culprit)! 즉, 결과에 대한 책임은 부유하게 (floating) 되고, 책임소재를 파악할 수 없다."[54] 예를 들어 천문학적 손해배상으로 유명한 미국의 달콘실드 사건[55]에서 법원은 달콘실드의 제조업체인 A.H. 로빈스 내에서 정확하게 누구의 책임인지 판단하기가 불가능하다고 설시한 바 있다. 달콘실드의 프로젝트 매니저는 피임기구의 안전성 문제가 의료부서 책임이라고 주장했던 반면 의료부서의 대표자는 품질관리부서가 맡아야 할 문제라고 항변했고, 또 품질관리부서 대표자는 프로젝트 매니저가 그 문제에 대한 결정권한을 갖고 있다고 주장하였다. 이는 곧 각 부서 담당자들이 발생한 결과에 대해 자신들의 법적 책임유무를 명확히 판단 할 수 있는 위치에 있다고 볼 수 있을 만큼 충분한 정보를 갖고 있지 못하다는 뜻이 된다. 요컨대, 현대의 관료제적 기업조직은 기능적 라인에 따라 정보를 분여한다(bureaucratic organizations parcel out information along functional lines).[56] 따라서 책임은 분산될 수밖에 없다. 이처럼 역할이 전문화되고 정보가 분여돼 있는 기업조직에서는 구성원들이 회사의 이름하에(in the name of corporations) 업무를 수행한 것이 결국 범죄를 저지르는 결과를 가져오게 되더라도 그들을 비난할 수 없다.[57] 한 마디로 조직적 무책임(organisierte Unverantwortlichkeit)이 만연하게 된다는 것이다. 이로 인해 기업의 구성원들은 회사의 이름으로 업무를 처리

---

54) Zygmunt Bauman, *Postmodern Ethics* (Cambridge, Mass.: Blackwell Publishers, 1994), 18-19면. 바우만은 영국 리즈대학 사회학 교수를 역임했고, 근대성과 홀로코스트, 탈근대성과 소비주의, 윤리학 등에 탁월한 업적을 남겼다.

55) 자궁 내 피임기구로 이 기구를 사용한 여성들 중에서 수천 명이 불임, 유산 및 사망에 이르는 심각한 피해를 입었다. 이 사건의 배경과 사실관계 및 소송결과와 이에 대한 기업 윤리적 분석과 평가로는 로버트 F. 하틀리(Robert F. Hartley)/e매니지먼트(주) 역, 앞의 책, 326-342면 참조.

56) Palmer v. A.H. Robins Co., 684 P.2d 187(Colo. 1984). 이 사건에 대한 이와 같은 평가로 David Luban, *Lawyers and Justice* (Princeton University Press, 1989), 123-124면.

57) Herbert C. Kelman & V. Lee Hamilton, *Crimes of Obedience: toward a social psychology of authority and responsibility* (New Haven: Yale University Press, 1989), 195-210면 참조.

한다는 구실로 죄책감 없이 사이코패스적 행동을 자행하기 쉬워진다.

이상 기업이 사이코패스적으로 행동하게 되는 원인을 세 가지 측면에서 살펴보았다. 이를 간략히 정리해 보자면 다음과 같다.

헤어의 지적처럼 경영자 개개인은 조직 밖에서 사이코패스가 아니다. 그럼에도 불구하고 경영자들로 하여금 병리적 의사결정에 도달하게 만드는 원인은 첫째, 맹목적 이윤추구와 적자생존적 생존경쟁을 부추기는 경영환경이다. 그렇기 때문에 개인이 보기에는 도덕적으로 부당한 행동도 기업차원의 결정에서는 지극히 정상적인 행동으로 합리화 될 수 있다. 둘째, 집단사고 때문이다. 일반적으로 잘 알려진 집단사고의 원인으로는 강한 응집력으로 조급하게 만장일치를 이끌어 내려는 집단 내부의 동조압력, 외부 전문가들로부터의 격리, 강력한 리더의 지시 등이 있다.[58] 이를 간단히 설명하자면 집단사고는 강력한 리더가 있는 매우 응집력이 강한 집단에서 그 리더가 좋지 못한 아이디어를 제시할 경우, 순응과 조화를 유지하려는 내부적 압력이 합리적 의사결정을 압도할 때 발생하기 쉽고, 이러한 가능성은 의사결정을 하는 집단이 외부의 비판적 의견과 영향력에서 고립될 때 더욱 증가한다는 것이다.[59] 이처럼 이윤극대화를 부추기는 기업의 외부적 환경과 기업 내부의 결함 있는 의사결정 구조는 경영자들의 의사결정을 사이코패스처럼 만드는 주된 요인이라고 정리할 수 있다. 한편 현대 기업조직의 전문화, 분권화도 역시 책임을 분산시키는 구조로 인해 조직적 무책임을 야기함으로써 기업 구성원들의 병리적 의사결정을 유도하기 쉽다는 점에서 기업사이코패시의 한 원인으로 볼 수 있을 것이다.

요컨대 기업사이코패시의 원인은 기업의 사이코패스적 성향을 요구하는 외부적 경영환경과 집단사고를 유발하는 기업 내부의 비합리적인 의사결정구조, 그리고 조직적 무책임을 발생시키는 분권화된 조직구조, 이상 세 가지로 정리할 수 있을 것이다.

---

58) 집단사고의 제원인에 대한 상세한 설명으로는 다널슨 R. 포시즈(Donelson R. Forsyth)/서울대학교 사회심리학 연구실 역, 앞의 책, 445-460면 참조.

59) 폴 스펙터(Paul E. Spector)/박동건 역, 앞의 책, 472면 참조.

이상 앞서 살펴본 기업사이패시의 원인을 보면 기업에 윤리적 회복능력이 있고, 조직변화를 통한 체질개선이 가능하다는 점을 인정할 수 있다고 할지라도 기업의 사이코패스적 성향을 치료하는 데에는 분명 일정한 제약이 있을 수밖에 없음을 확인하게 된다. 기업사이코패시의 세 가지 원인 중에서 비교적 확실하게 치료할 수 있는 것은 비합리적 의사결정구조뿐이다. 집단사고를 극복할 수 있는 방안은 이미 널리 연구, 수립되어 적용되고 있다. 예컨대 조급한 만장일치를 억제하고, 리더가 특정한 의견에 대한 선호를 드러내지 않고 구성원들에게 가능한 모든 대안들을 검토하도록 고무시키며, 외부 전문가의 의견을 들을 기회를 만들고, 집단 내에 복수의 하위집단을 두어 전체회의에서 보다 적극적인 토의를 유도하며, 매 회의 때마다 어느 한 사람을 지명해 다른 사람들의 의견에 대해 트집을 잡고 비판만 하는 역할(devil's advocate)을 맡기는 방법 등이 바로 그것이다.[60] 하지만 나머지 두 가지 원인 즉, 외부적 환경과 분권화된 조직구조는 손쉽게 제거하거나 치료할 수 없는 원인들이다. 전자는 어느 개별 기업에 대한 치료라는 미시적 방법만으로는 해결될 수 없고, 윤리적 환경을 조성하려는 거시적 차원의 사회적 관심과 참여가 필요한 대상이고, 후자는 현대기업에 필수불가결하다고 볼 수 있는 조직구조적 특성이기 때문이다. 이것은 마치 자연인의 사이코패시가 사회·환경적 원인과 유전적·생물학적 원인이라는 두 가지 원인의 상호작용에 의해 발생하는 것과 유사하다.[61] 이 중에 어느 것 하나 쉽게 해결될 수 있는 것은 없다.

물론 그렇다고 해서 기업사이코패시의 치료가 비관적인 것만은 아니다. 우선 공식적인 시스템의 개혁과 더불어 최고경영자들의 윤리적 리더십은 중요한 역할을 할 수 있다. 이는 병리적 의사결정을 조장할

60) 집단사고의 예방법에 대해서는 다넬슨 R. 포시즈(Donelson R. Forsyth)/서울대학교 사회심리학 연구실 역, 앞의 책, 460-466면; 홍대식 편저, 앞의 책, 610면; 한덕웅 외 7인 공저, 앞의 책, 271-272면; 조동성, 앞의 책, 383면; 이필상 외 2인 공저, 앞의 책, 260면 참조.

61) 사이코패시의 원인론에 대해서는 안성조·서상문, 앞의 책, 71면 이하 참조.

수 있게끔 생래적으로 구조화되어 있는 기업의 내부적 체질을 개선하는데 분명 도움이 될 것이다. 그러나 그것만으로는 충분하지 않다. 왜냐하면 외부적 환경은 조직변화와 리더의 윤리경영의지에도 불구하고 여전히 그대로 남아 있을 것이기 때문이다. 그렇다면 기업사이코패시를 보다 근본적으로 치료할 수 있는 가장 효과적인 방법은 사회적이고 실천적이며 참여적인 방법으로 귀결된다. 그것은 바로 사회적 감사다! 오늘날 우리가 기업을 우리사회의 새로운 시민으로 받아들일 수밖에 없다면, 우리들 모두가 '사회감사(social audit)'[62]의 주체가 되어 윤리적 경영환경을 조성해야 한다. 마찬가지로 기업이 우리사회가 제공하는 다양한 법적 보호와 권리[63]를 향유하는 것만큼 더욱 책임 있는 행동을 하는 기업시민(corporate citizen)으로 인정받고자 한다면,[64] 사회적 감사

62) 사회감사란 기업의 사회적 책임을 이행하기 위해 벌이는 노력을 평가하는 것으로 경제적 책임, 법적 책임, 도덕적 책임 등을 완수하는지에 관심을 두는 활동이다. 이에 대해서는 이필상 외 2인 공저, 앞의 책, 76면 참조. 간단히 말해 기업이 사회적 책임을 다하고, 사회적 책임을 다하기 위한 프로그램을 수행해 나가는 과정을 체계적으로 평가하는 것을 말한다. 빌 니클스·짐 맥휴지·수잔 맥휴지/권구혁 외 5인 공역, 경영학의 이해 (생능출판사·McGraw-Hill Irwin, 2010), 126면 참조. 동 문헌에 의하면 기업 스스로 행하는 사회적 감사 이외에 기업들이 사회적 책임을 잘 수행하고 있는지 여부를 감시하는 네 개의 단체는 ① 사회적으로 의식이 있는 투자자들(socially conscious investors): 사회적 책임에 대한 투자자들의 신념에 부합되는 기업들의 주식에만 투자를 제한하는 사회적 책임투자(Social Responsibility Investing; SRI) ② 환경주의자들(Environmentalists) ③ 조합원들(Union Officials) ④ 고객들(Customers) 등이 있다.

63) 기업시민(corporate citizen)으로서 회사가 향유하는 시민권(citizenship)의 내용 중에는 효과적인 준법감시의무(corporate compliance program)를 이행했을 때에는 책임이 조각되어 형사처벌을 받지 않을 권리가 포함되어야 한다는 견해로는 Carlos Gómez-Jara Díez, Corporate Culpability as a Limit to the Overcriminalization of Corporate Criminal Liability: The Interplay between Self-Regulation, Corporate Compliance, and Corporate Citizenship, *14 New Crim. L. Rev. 78* (2011), 92-96면 참조.

64) 최근 다국적기업은 현지의 법률을 준수하고 현지 기업으로서 그 국가에 충실한 기업시민이 되는 것만으로는 충분하지 않다. 예를 들어 선진국은 환경오염에 대한 기준이 대단히 강해 이를 방지하기 위한 규제의 기준도 높지만, 개발도상국가

에 적극적으로 응해야 할 뿐만 아니라 자발적으로 나서야 한다.[65] 우리 사회가 이러한 환경을 적극적으로 만들어 나아갈 수 있을 때, 비로소 기업사이코패시의 치료가능성에 대한 긍정적인 답변을 기대할 수 있을 것이다.[66]

3. 기업사이코패스 범죄에 대한 대책

만일 향후 기업의 사이코패스적 성향이 치료가 가능한 것으로 판명될 수 있다면, 기업사이코패시에서 비롯된 기업범죄에 대한 형사법적 대책은 자연인 사이코패스의 경우와 동일할 것이다. 즉 법인의 책임능력을 감면시킬 수 있고, 따라서 벌금 등 형벌의 감경이 가능하다. 또한 자연인의 경우와 마찬가지로 법인도 치료적 제재를 받을 수 있을 것이고, 또 재범방지를 위해서라도 반드시 치료적 제재를 받아야 한다. 사이코패스적 기업에 대한 치료적 제재의 방법이 어떠한 것이어야 할지에 대해서는 아직 연구가 불충분하여 여기서 상론할 수는 없다. 하지만 필자의 주장이 각계각층의 전문가들로부터 조금이라도 긍정적인 반향을 얻을 수 있다면 그에 대한 연구가 난망한 것만은 아닐 것이다. 이에 대한 본격적인 연구는 향후 과제로 남겨 놓고자 한다.

의 경우 선진국에 비해 규제의 정도는 극히 미미한 수준이다. 그래서 과거 다국적기업은 공해산업을 선진국에서 후진국으로 이전하는 경향을 보여 왔다. 그러나 오늘날에는 다국적기업이 단순히 현지국의 규제를 준수하는 것만으로는 부족하고 전 세계에 보편적인 국제 기준에 부합되는 기준을 설정해 환경오염을 억제하려는 경향이 강하다. 이에 대해서는 장세진, 앞의 책, 475면 참조.

65) 사회감사에 대해서 보다 상세한 설명으로는 Homer H. Johnson, Corporate Social Audits－this time around, *44 Business Horizons 29* (2001), 29-36면 참조.

66) 기업 사이코패시의 치료가능성에 관하여 더 참고할 만한 논문으로는, Ian B. Lee, 앞의 논문(*Is There a Cure for Corporate "Psychopathy"?*), 65-90면 참조.

Epilogue

기억을 더듬어 보자. 내가 언제부터 진화론에 깊은 관심을 갖게 되었을까? 동기부여를 해 주었을 만한 여러 에피소드가 주마등처럼 스쳐 지나간다. 그 중에서도 가장 인상적으로 기억에 남는 장면이 있다. 2년 전 어린 딸 제인을 데리고 처와 함께 필리핀 세부(Sebu)로 여름휴가를 갔던 적이 있었다. 우리 가족이 묵었던 리조트에는 프라이빗 비치가 있었기 때문에 해변 곳곳에서 여유롭게 선탠을 즐기는 사람들이 눈에 띄었다. 우리도 어린 딸 제인의 물놀이를 가까이서 지켜볼 겸 리조트 풀장의 한 자리를 잡고 편히 누워 쉬곤 하였다. 그러던 어느 날 우연히 젊은 서양인 커플이 우리 곁에 자리를 잡게 되었다. 건강하고 지적인 인상을 주는 두 사람은 수영과 선탠을 즐기면서도 자리에 돌아와 쉴 때에는 어김없이 책을 읽고 있었다. 바로 그때 흥미롭게 내 눈을 사로잡는 것이 있었다. 그 커플 중 젊은 여성이 읽고 있던 책이 매우 두툼했기 때문이다. 휴양지에서 저토록 두툼한 책이라니...! 내 호기심은 그 책이 과연 무엇인지 확인하고 싶은 마음으로 이어졌고, 결국 슬쩍 책 표지를 엿보았다. 책 제목은 "The Greatest Show on Earth"였다. 문외한이라면 대체 어떤 내용의 책일지 가늠하기 어려웠겠지만, 당시 나는 진화심리학에 관심을 가져가던 터였고, 당시 내가 세부에 읽으려고 가지고 간 책 역시 대니얼 데닛의 저서였기에 그 책이 리처드 도킨스의 책이라는 사실을 알고 있었다. 지상 최대의 쇼. 그것은 우리 주변의 모든 생명체는 '진화가 빚어낸 지상 최대의 쇼'라는 뜻이다. 책의 제목은 알고 있었지만, 당시 아직 읽어보지 못한 터여서 그 여성이 읽던 책은 나에게 복잡·미묘한 감정과 생각을 불러 일으켰다. 저토록 젊은 커플이 휴양지에서 편하게 읽는 책을 내가 아직 접해보지 못했었다는 점에 부끄러운 마음이었고, 진화론이 그동안 얼마나 많은 사람들에게 익숙해진 대중적 담론이 되어있는가에 대해 새삼 놀랐다. 여태 본격적으로 공부해 보지 못하고 있었던 나 자신에 대한 반성과 질책의 마음이 들기도 하였다. 세부를 떠나 한국을 향하던 비행기에서 나는 진화론과 형법의 관계에 대한 어떤 영감을 떠올리고 있었던 것으로 기억된다. 도착하자마자 바로 본서, 현대 형법학 제2권의 출간을 기획하기 시작했다. 생각해 보면 대단히 우연한 계기였지만 분명 책의 출간에 매우 큰 원동력이 된 에피소드였음을 부인할 수 없다. 그 커플에 감사한 마음이다.[1)] 그들을 만날 기회가 없었다면 아래의 인용구를 이해하는 데 훨씬 더 긴 시일이 걸렸을 것이다.

"초원에서 개미 한 마리가 풀잎을 타고 열심히 기어오른다. 개미는 높이 더 높이 오르다가 결국 떨어지고, 바위를 굴려 올리는 시시포스(Sisyphos)처럼 매번 꼭대기에 도달하기 위해 안간힘을 쓰면서 오르고 또 오른다. 개미는 왜 이런 행동을 하는 것일까? 개미는 이 고되고 헛된 행위를 통해 무슨 이익을 찾고 있는 것일까? 사실 이것은 잘못된 질문이다. 지금 개미는 예를 들어 영토를 더 잘 굽어보거나, 먹이를 찾거나, 잠재적 배우자에게 과시를 하고 있는 것이 아니다. 개미의 뇌는 창형흡충[2)]이라는 작은 기생충에 점령당했고, 그 기생충은 번식주기를 완성하기 위해 어떻게든 양이나 소의 뱃속에 들어가야 한다. 이 작은 뇌 기생충이 개미의 자손이 아닌 자기 자손에게 이득이 되는 위치로 개미를 조종하고 있는 것이다. 이것은 개미에만 국한된 현상이 아니다. 물고기와 생쥐를 비롯한 다른 생물 종들도 이처럼 행위를 조작하는 기생생물에 감염된다. 이 편승자들은 자신의 기주생물로 하여금 엉뚱한 행동을 하게 만들고 심지어 자살까지 하게 만드는데, 이는 전적으로 기주생물이 아니라 기생생물의 이익을 위해서다. 이 같은 일이 인간에

1) 필자는 이미 작년에 진화이론을 접목시킨 융합연구를 예고한 바 있다. Korean Association of Legal Philosophy, *Legal Philosophers in Korea* (Sechang Publishing Co., 2014), 3-14면 중 특히 14면 참조.

2) 창형흡충은 주로 양의 담도에 기생하는 흡충의 일종이다. 이 흡충은 양의 대변을 통해 알을 배출하고, 이 알을 섭취한 달팽이 안에서 알껍질을 벗고 유충으로 성장한 창형흡충은 달팽이가 흘린 점액을 통해 배출된다. 이 점액질은 개미의 먹이가 되며, 개미 안에 있는 창형흡충의 유충 백여 마리 중 개미의 신경절로 올라가 자리를 잡은 유충 한두 마리는 개미를 '조종'해 최종숙주인 양에게 잡아먹히기 쉽도록 온도가 낮아지는 저녁에 풀끝에 매달리게 만들고, 낮에는 되돌아가게 만든다. 이러한 창형흡충의 감염경로는 미국의 기생충학자 Wendell Krull에 의해 밝혀졌다.

게도 일어날까? 그렇다. 사람들은 종종 자기 자신의 이익과 건강, 자녀출산의 기회를 뒤로하고 뇌에 박힌 어떤 '생각(idea)'의 이익을 증진하기 위해 전 생애를 바친다."[3)]

위 인용구는 인간의 뇌가 특정한 '아이디어 밈'에 의해 점령당한 결과 인간 자신이 아닌 그 밈의 이익을 위해 행동하게 된다는 뜻이다. 예를 들어보자. 나는 지금 책의 출간작업에 몰두하고 있다. 그것은 물론 나 자신과 내가 염두에 둔 독자들을 위한 것이기도 하지만, '밈의 관점'의 관점에서 보면 나의 행동은 내가 전달하고자 하는 어떤 '아이디어 밈'을 확산시키고자 하는 작업에 다름아니다. 즉, 밈의 증식, 복제행위에 해당한다는 것이다. 그리고 나의 입장에서는 '자발적으로 원해서' 하는 행위지만, 밈의 관점에서는 나의 두뇌가 특정 밈에 사로잡혀 '밈에게 조종당해서' 하는 행위가 된다. 위 인용구를 통해 대니얼 데닛이 지적하고자 한 것은 인간의 이익, 조금 더 정확히는 생물학적 이익(생존과 번식)과 밈의 이익이 상치되는 극단적인 경우일 것이다. 예컨대 특정한 종교적·정치적 밈에 '점령되어' 자살을 하거나, 자살테러를 감행하거나, 전쟁을 일으키거나, 폐쇄적인 체제를 유지하는 것 등이 바로 그러하다. 하지만 밈의 이익은 우리 자신의 이익과 일치하기도 한다. 올바른 지식과 건전한 사상, 그리고 고귀한 인간성을 일깨워주는 문화·예술과 정치·종교적 신념 등은 비록 밈에 의해 조종당한 것이라고 해도 결국 우리 자신의 이익으로 돌아온다. 그렇다면 이제 우리가 '밈의 관점'을 취해 봄으로써 얻을 수 있는 이익은 무엇인지 진지하게 되물어 보자. 보편 다위니즘(universal Darwinism)에 입각해 밈도 지향성을 갖는 복제자로 볼 수 있게 되면, 우선 본고에서 검토해 보았듯이 특정한 문화적 현상(예컨대 학설대립)을 설명해 줄 수 있는 진화론적 관점의 이론틀을 얻게 된다. 동시에, "우리가 현재 사로잡혀 있는 생각과 신념은 결국 누구의 이익을 위한 것일까? 우리 자신일까? 순전히 밈일까? 밈이라면 과연 어떤 밈의 이익을 위한 것일까? 아니면 우리 자신과 밈 모두의 이익

3) 대니얼 데닛/김한영 역, 주문을 깨다 (동녘사이언스, 2012), 25-26면.

일까?"라고 자문해 볼 기회를 갖게 됨으로써, 쉽게 특정 생각이나 신념에 경도되지 않게 되고 타인의 생각과 신념을 보다 유연하게 수용할 수 있는 인식론적 토대를 마련해 준다. 즉 그것들을 하나의 지향복제자로 바라보면서 우리 자신의 생각과 행동과 선택의 동인을 '진화론의 렌즈'로 확대해 되돌아 볼 수 있는 성찰의 계기를 제공해 준다는 것이다. 이 밖에도 진화이론에서 더 많은 함의를 찾아낼 수 있겠지만, 여기서 일일이 다 거론하지는 않겠다. 이에 대해서는 현명한 독자들이 충분히 더 잘 헤아릴 수 있을 것이라고 믿는다.

끝으로 본서 뒷면 표지사진에 대한 설명을 덧붙이고자 한다. 이번에는 본서 제1권과는 다른 사진을 표지사진으로 선택했다. 고색창연한 대학건물을 배경으로 나뭇가지가 복잡하게 자라나 있다. 이 사진은 진화론의 렌즈로 바라보면 흡사 생명의 계통수(Tree of Life)가 뻗어나 있는 모습을 연상시킨다. 또 커넥토믹스의 시각에서 보면 수많은 뉴런 가지들이 복잡하게 얽혀 있는 모습과도 유사하다. 그래서 이를 표지에 싣기로 결정하였다. 독자들에게 본서 제2권의 성격을 잘 전달해 줄 것이라고 믿는다.[4)]

---

4) 혹시 독자들 중 누군가 자신의 종교적·사상적 신념 때문에 본서의 주제를 두고 선입견에 빠지지 않기를 바란다. 본서는 진화이론의 설파를 목적으로 하지 않는다. 단지 그동안 형법학과 법해석이론이 당연한 것으로 여겨왔던 몇몇 법리와 이론적 전제들을 '의심의 눈으로' 다시 바라보며, 이를 원리적으로 재해석할 수 있는 새로운 '렌즈'를 한 번 껴 보자는 것이다. 그래도 다르게 보이는 것이 없는지, 달리 보인다면 앞으로 무엇이 변해야 할 것인지, 독자들과 문제의식을 공유하고 싶은 생각에서 이 책을 저술한 것이다. 또 어떤 독자는 혹여 본서의 주제에 대해 비관론에 빠지지 않기를 바란다. 설령 진화이론적 명제들의 함의가 무겁게 와 닿는다 해도, "우리의 삶은 유전자와 밈, 그 이상의 것들로 가득하지 않은가?!"

추도의 글

"Frankreich ist im Krieg"[1] 본서의 출간을 앞두고 프랑스 파리에서 이슬람 극단주의 무장세력에 의한 무자비하고 무차별적인 연쇄 테러가 발생했다. 故人이 된 사람들에게 지면을 통해서 깊은 애도의 뜻을 표하고자 한다. 911테러 직후에 미국 대통령이 "We are at War"라고 선언한지 약 15년 만의 일이다. 우리는 과연 언제까지 이 지구촌에서 종교적 반목에 의한 슬픈 역사가 되풀이되는 것을 그저 지켜봐야만 하는 것일까? 또 어느 유서깊은 도시에서 폭탄이 터지고, 어느 유명한 고층빌딩이 무너지고 나서야 근본적인 대책을 강구해 보게 될까? 여기서 어느 특정 종교나 그 근본주의자들을 비난하려는 것은 결코 아니다. 이 문제의 해결을 위해 법률전문가들은 그동안 어떤 노력을 기울여 왔고, 과연 무엇을 할 수 있을까? 나 자신과 독자들에게 진지하게 묻고 싶다. 현대사회에 유용한 형법이론서라면, 비록 해결책까지는 아니더라도 적어도 이러한 문제에 대한 진지한 논의의 토대를 갖추고 있어야 한다고 본다. 안타깝게도 필자가 아는 한 그러한 연구서는 아직까지 드물다.[2] 테러문제에 접근하는 방식은 정치·경제·사회·종교·문화·역사·심리·정신병리적 관점 등으로 다양하겠지만, 진화이론적 분석틀도 각종 테러에 대한 사전·사후적인 대책과 해결책의 마련에 분명 유의미한 기여를 할 수 있다고 믿는다. 어느 진화심리학적 연구에 의하면 자살폭탄테러범은 거의 대부분 현세에서 배우자를 얻을 기회가 배제된 '미혼의 젊은 남성'이다.[3] 그리고 밈학적 분석에 의하면 종교도 다른 밈들처럼 다양한 전

1) 파리 테러 직후 프랑스 올랑드(Hollande) 대통령이 한 말이다. 이에 대해서는 SPIEGEL ONLINE (2015.11.17) 참조.

2) 드문 예로서 형법학자 플레처의 저작이 있다. George P. Fletcher, *Romantics at War: Glory and Guilt in the Age of Terrorism* (Princeton Univ. Press, 2002).

3) 앨런 S.밀러·가나자와 사토시/박완신 역, 진화심리학 (웅진 지식하우스, 2008), 239면 이하 참조.

략을 쓰며 순전히 자기를 복제해 확산하는 데만 관심이 있는 이기적인 밈컴플렉스(meme-complex)의 일종으로 볼 수 있다. 그렇다면 누구든지 인간의 진화된 심리적 기제(EPM)를 이용하는 방식으로 특수하게 결합된 종교-밈의 숙주가 되면 자살폭탄테러범이 될 수 있다는 결론에 도달한다. 물론 이러한 진화이론적 지식의 단편이 과연 테러문제의 해결에 얼마나 의미가 있을지는 아직 장담할 수 없다.[4] 하지만 우리가, 인간의 행동이 거의 전적으로 개개인의 경험과 사회적 환경에 의해서 결정된다고 맹신하는 환경결정론자(environmental determinist)가 아니라면, 진화이론적 성찰에 대해서 열린 태도로 귀를 기울이면서 보다 종합적이고 체계적인 연구를 시도할 필요가 있을 것이다. 부족하나마 본서가 이러한 연구의 계기 마련에 일조해 줄 수 있기를 희망한다. 아울러 모쪼록 이 책이 연쇄테러 희생자의 유족들과, 충격과 비통에 빠져 있을 그들의 지인들 모두에게 작은 위로라도 되어줄 수 있기를, 진심으로 염원한다.

4) 다만, 이러한 진화이론적 성찰이 줄 수 있는 분명한 함의 중 하나는 특정 정부부처나 정보기관의 기능과 권한의 강화를 골자로 하는 테러방지법안은 사실상 테러문제의 해결에 거의 무용하거나 방향을 잘못 잡았다는 것이다. 또 테러방지법이라는 입법적 조치가 과연 얼마나 유용할 것인지에 대해서도 근본적인 의문을 품게 만든다. 프랑스에 테러방지법이 없어서 파리 테러가 발생한 것은 아니다.

〈추록〉

형법 제16조에 대한 유기천 교수의 해석론 연구* **

[글 소개]

본서의 제7장에서는 위법성 조각사유의 전제사실에 대한 착오를 해결하는 여러 학설을 검토하며 "법학에서 학설대립은 경쟁하는 밈들 간 대립이다"라는 명제를 제시한 바 있다. 이하의 글은 그 연장선상에서 형법 제16조의 이론적 토대이자 동 조문의 취지를 가장 적실하게 해명해 낼 수 있는 해석론적 견해로 유기천 교수가 지목한 위법성인식가능성설이 왜 오늘날 책임설에 가려져 정당한 평가를 받고 있지 못하게 되었는가에 대한 밈이론적 분석을 시도해 보고 있는 논문이다. 주된 내용과 논증은 형법 제16조의 이론적, 해석론적 토대로서 가능성설의 타당성에 초점이 맞추어져 있지만, 보론형식으로 오늘날 책임설이 더 많은 지지를 받게 된 과정을 밈이론의 관점에서 조명해 보고 있다는 점에서 본서에 수록할 필요성이 있다고 판단하였고, 이는 독자들의 이해에도 한층 도움이 될 것이라고 믿는다.

유기천 교수는 형법 제16조의 해석에 관하여 국내의 학자들은 고의설과 책임설의 입장을 그대로 주장하고 있는데, 이것은 형법 제16조의

---

* 이 논문은 2014년도 유기천교수기념사업출판재단 논문작성지원사업비 지원을 받아 작성된 것으로 「제주대학교 법과정책」 제22집 제2호, 2016에 게재된 것임을 밝혀둔다.

** 이 논문은 형법 제16조의 입법취지와 제정경위 등에 대한 필자의 선행연구, '안성조, 「형법상 법률의 착오론」, 경인문화사, 2006/2008'의 내용(특히 137-184면)을 토대로 하여 주제에 맞게 수정·보완한 것임을 밝혀둔다.

해석을 법규정이 없는 독일형법에 있어서의 입법론상의 논쟁과 혼동한 결과라고 지적하며, "형법 제16조는 마이어의 가능성설을 입법한 것이므로 그에 따라 해석하는 것이 타당하다"고 주장한 바 있다. 그럼에도 불구하고 형법 제정 직후 당대의 해석론은 가능성설로 귀일되어 있지 못했고 오히려 위법성인식필요설, 즉 엄격고의설이 동 조문의 이론적 토대이자 해석론적으로도 가장 적실하게 해석해낼 수 있는 학설이라는 견해도 유력했다. 주지하다시피 오늘날에는 동 조문의 해석과 관련해 책임설이 통설적 견해를 차지하고 있고 가능성설은 별로 비중있게 다루어지 못한 채 거의 사장되었다고 볼 수도 있는 상황인바, 이러한 맥락에서 형법 제16조의 취지를 입법사적 고찰을 통해 다시 검토해 보고, 유기천 교수의 견해를 재조명해보는 것은 그 자체로도 매우 큰 의미가 있는 작업일 것이다.

본고의 내용을 간단히 정리하면 다음과 같다. 형법 제16조의 취지에 부합되는 학설로는 법과실준고의설과 위법성인식가능성설, 그리고 책임설이 있다. 이 중에 법과실준고의설은 과실이 고의로 비약한다는 이론적 난점을 안고 있기 때문에 수용하기 어렵고 결론적으로 가능성설과 책임설 중에서 동 조문의 적확한 해석에 가장 적실한 학설은 무엇인가의 문제로 귀결되는바, 본고는 가능성설이 우리나라나 일본 학계의 다수적 견해와 달리 독일학계처럼 고의설이 아닌 책임설에 편입되는 것이 타당하다는 견해를 지지하였고, 가능성설은 책임은 곧 비난가능성이라는 원칙에 충실한 학설이므로 형법 제16조를 구태여 책임설에 입각해 문언의 가능한 범위를 넘어서 해석해야 할 당위성은 찾아보기 어렵다고 주장하였다. 책임설의 본래적 의미에 따르자면 착오에 정당한 이유가 없는 경우 책임이 감경되어야 하므로 독일형법 제17조처럼 형의 임의적 감경이 필요하지만, 형법 제16조는 그와 달리 고의범으로 처벌하되 다만 작량감경의 여지만 남겨두고 있기 때문에 책임설에 입각해 형법 제16조의 취지를 무리하게 확장해석하는 것보다는 형법 제16조의 취지를 정확하게 해석해 내고 있는 가능성설이 동 조문의 이론적 토대이자 해석론적 기초로서 가장 타당하다는 점을 입론하고 있다. 이러한 고찰을 통하여 결론적으로 유기천 교수가 "형법 제16조가 바로 이 가능성설을 입법화하였던 것이다."라고 확언에 가까운 주장을 한 것은 현대적 관점에서 보더라도 매우 타당한 것이었고, 그럼에도 불구하고 가능성설의 의미와 가치를 사장시킨 채 형법 제16조의 해석을 시도하는 태도는 재고될 필요가 있다는 결론을 제시해 보았다.

요컨대 책임설은 높은 이론적 완결성을 갖추고 있으며 여러 장점이 있지만, 적어도 우리 형법 제16조의 해석론적 토대로서는 '가능성설'에 비해 논리적 완결성이 떨어진다고 평가할 수 있음에도 불구하고 이론 자체의 완결성과 장점의 측면이 아닌, 형법 제16조의 해석론적 토대로서 책임설이 오늘날 가장 타당한 학설로서 주목받고 있는 이유를 밈이론의 관점에서 보면 법학에서 학설-밈의 선택환경이라고 볼 수 있는 법률전문가들의 선호도 때문이라고 말할 수 있는데, 다시 말해 여러 계기에서 비롯된, 책임설에 대한 법률전문가들의 선호가 형법 제16조의 취지를 몰각시키고, 그에 합당한 해석론을 뒤바꾸는 선택을 가져온 것이라는 밈이론적 분석을 제시하였다.

덧붙여 이 글은 본서의 초판에는 없던 장이므로, 추록의 성격을 분명히 하기 위해 각주의 인용방식을 본서 전체 형식과 통일시키지 않고, 학술지에 게재된 원래의 형태로 수록했음을 밝혀두고자 한다.

I. 서론

형법 제16조(법률의 착오)는 매우 흥미로운 조문이다. 이 규범은 형벌법규 스스로 자신의 규범력과 실효성을 높이기 위해 마련한 장치로 볼 수 있기 때문이다. 법계를 막론하고 매우 오래 전부터 "법률의 부지는 용서받지 못한다"는 법리가 다양한 형태로 명맥을 유지해 오고 있다는 사실도 이 조문의 성격을 더욱 흥미롭게 만든다. 여기서 "형벌법규가 자신의 효력을 유지하기 위해 스스로 마련한 장치다"라는 표현이 낯설 수 있을 것이다. 법규정의 입안은 엄연히 그 제정자의 몫이기 때문이다. 하지만 관점을 바꾸어 보면, 다시 말해 우리가 인간 중심적 관점에서 조금만 벗어나 법규의 관점에서 보면, 법이 효력을 유지하기 위해 자신의 제정자로 하여금 '법률의 착오'와 같은 조문을 두게끔 유도하였다고 '재기술할 수'도 있을 것이다. 그리고 실제로 문화적 현상을 연구하는 현대의 많은 이론가들은 이러한 관점전환적 표현이 필요하고, 이론적으로도 충분히 타당한 근거가 있다고 주장한다. 그 대표적인 예가 바로 '밈이론(memetics)'이다.[1] 동 이론에 의하면 모든 문화적 전파현상

1) 모방의 뜻을 담고 있는 그리스어 어근 'mimeme'에 착안하여 밈(meme)이란 용어를 만들어 밈이론의 기틀을 만든 인물은 영국의 유명한 진화이론가 리처드 도킨스이다. 리처드 도킨스/홍영남·이상임 역, 「이기적 유전자」, 을유문화사, 2012, 323면 참조. 그의 밈이론을 체계화하여 발전시킨 장본인은 수전 블랙모어가 있다. 수전 블랙모어/이명남 역, 「밈」, 바다출판사, 2010 참조. 밈개념의 유용성에 대해서는 대니얼 데닛/이한음 역, 「자유는 진화한다」, 동녘사이언스, 2010, 238면 이하. 밈이론에 대한 국내의 연구로는 장대익, "일반 복제자 이론: 유전자, 밈, 그리고 지향계", 「과학철학」제11권 제1호, 2008를 참조할 것. 동 이론을 통해 법적 개념들의 진화를 분석한 문헌으로는 Michael S. Fried, The Evolution of Legal Concepts: The Memetic Perspective, 39 Jurimetrics J. 291 (1999). 밈이론을 원용해 법학에서 학설대립의 의의를 재조명한 연구로는 안성조, "법학에서 학설대립은 경쟁하는 밈들 간 대립인가?", 「연세대학교 법학연구」제25권 제1호, 2015를 참고할 것. 참고로 최근 진화론적 관점에서 인류의 빅히스토리(big history)를 다루어 세계적으로 큰 반향을 얻고 있는 화제의 책 '사피엔스(Sapiens)'의 저자 유발 하라리 교수와 인간의 협력행동의 진화적 기원을 밝힌 하버드의 진화생물학

은 문화유전자라고 볼 수 있는 밈(meme)의 성공적 자기복제행위에 다름아니며, 특정한 법의 제정과 전수과정도 이와 마찬가지로 설명된다. 법은 대표적인 문화적 구성물로서 여러 문화유전자가 뒤섞인 밈컴플렉스(meme-complex)의 일종이기 때문이다. 문화유전자인 밈은 모든 유기생명체의 '이기적 유전자(selfish gene)'가 그러하듯이 자신의 맹목적 복제와 전파에만 관심이 있으며 이를 위한 다양한 전략을 구사한다. 이러한 관점, 즉 지향복제자(intentional replicator)의 관점에서 보면 우리가 다루고자 하는 법률의 착오 조문은 특정한 법률-밈이 자신의 성공적 복제와 확산을 위해 사용하는 전략의 하나라고 볼 수 있다. 일반적으로 널리 인용되는 "Error juris nocet, error facti non nocet"[2]라는 법언(法諺)은 로마법대전에서 유래한 것으로[3] 주로 민사법 영역에 적용된 법리로 보이지만, 오늘날 그 전형적 형태는 오히려 각국의 형법전에 잘 남아있다.[4] 이를 밈학적 관점에서 보자면, 법률의 착오 조문을 명문화하는 방식은 주로 형법-밈에 특유한 전략으로 판단된다. 그 덕분이었는지 오늘날 주요 형벌법규의 골자는 동서양을 막론하고 고대사회의 그것과 별

자 마틴 노왁도 밈이론에 대한 긍정적인 지지의사를 밝히고 있음은 참고할 만하다. 유발 하라리, 조현욱 역, 「사피엔스」, 김영사, 2015, 344-345면; Martin A. Nowak & Roger Highfield, SuperCooperators, Free Press, 2011, 91면 이하 참조.

2) 법률의 착오는 해가 되지만 사실의 착오는 해가 되지 않는다는 뜻이다.

3) Paulus, Digesta 22.6.9.

4) 금지착오에 대한 각국 입법례 및 판례태도의 소개로는, Jescheck & Weigend, Lehrbuch des Strafrechts, AT, 1996, 467-468면 참조. 동 문헌에 의하면 오스트리아, 스위스, 스페인, 포르투갈, 그리고 네덜란드의 금지착오 조문은 회피불가능한 금지착오에 빠진 경우는 책임을 조각한다는 점에 있어서 독일형법 제17조와 실질적으로 유사하다. 그런 반면, 프랑스는 독일과 유사한 명시적 조문이 있음에도 불구하고 최근까지도 판례가 'error juris nocet'이라는 전통적 법원칙을 고수하여 기껏해야 비형벌법규의 착오만을 형벌감경사유로 인정하는 태도를 취하고 있고, 이탈리아는 명문상으로는 금지착오가 고려되지 않는 것으로 규정하였으나 헌법재판소의 판결에 의해 회피불가능한 금지착오는 책임을 조각하는 것으로 보게 되었다. 나아가 영미법계의 사법실무(anglo-amerikanische Judikatur)는 일반적으로 금지착오를 그다지 고려하지 않는 태도를 보이고 있다는 점에서 독일과 차이점이 있다고 한다.

다른 차이점이 없이 잘 전승되어 오고 있음은 주지의 사실이다.

본고는 이 흥미로운 조문의 해석론적 의미를 유기천 교수의 견해를 중심으로 검토해 보고 나아가 유기천 교수의 주장이 지니는 밈이론적 의의를 지적해 보고자 한다. 유기천 교수는 1957년 Journal of Criminal Law, Criminology and Police Science에 게재한 논문과[5] 1960년 발간된 자신의 저서, 형법학 초판, 그리고 1976년 미국비교법잡지에 게재한 논문[6] 등의 일련의 문헌에서 형법 제16조는 Mayer의 '가능성설(Möglichkeitstheorie)'을 조문화한 것이라고 주장한 바 있다. 유기천 교수는 특히 형법학 초판에서 다음과 같이 조문의 유래를 설명해 주고 있다.

> "형법 제16조의 규정은 일본형법가안 제11조 2항에 약간 수정을 가한 것이다. 일본형법가안 제11조 2항은 1927년 스위스 군형법 제17조와 1938년 동형법 제20조의 영향을 받아 "법률을 알지 못하는 경우에 자기의 행위가 법률상 허용되는 것이라고 믿은데 대하여 상당한 이유가 있을 때에는 그 형을 면제한다"고 규정하였었다. 이에 대하여 일본의 학자들은 이를 "벌하지 아니한다"라고 개정할 것을 주장하였고, 현행법이 이를 받아들인 것이다. 학설상으로는 소위 M.E. Mayer의 가능성설에서 오는 결론이다. 이 학설에 의하면, 마치 위법성의 개념이 문화에 대한 국가의 관계에서 오는 바와 같이, 책임은 의무위반이란 위법한 행위와 범인과의 관계에서부터 오는 개념이다. 따라서 책임의 가장 낮은 한계는 '의무위반의 인식의 가능성'에 있다고 본다. 그러므로 이러한 위법성의 인식의 가능성이 없으면 (책임이 조각되어)[7] 고의범으로 벌할 수 없으나, 위법성의 인식의 가능성이 있는 때에는, 행위자에게 과실이 있는 경우에도 고의범으로 처벌받아야 한다. 형법 제16조가 바로 이 가능성설을 입법화하였던 것이다".[8]

---

5) Paul Kichyun Ryu, New Korean Criminal Code, Journal of Criminal Law, Criminology and Police Science, Vol.48, 1957, 281면 참조.

6) Ryu & Silving, Error Juris, The American Journal of Comparative Law, 1976, 692면 참조.

7) '책임이 조각되어'는 유기천 교수의 명확한 입장에 대한 독자의 이해를 돕기 위해 필자가 부연한 것이다.

8) 유기천, 「형법학(총론강의)」, 법문사, 2011, 226-227면 참조. 유기천 교수의 형법학(총론강의)는 1960년 박영사에서 발간된 이후 26판까지 나왔으며, 본고에서는 유기천교수기념사업출판재단이 법문사를 통해 2011년 출간한 영인본을 참고했음을 밝혀둔다.

부연하자면, 신형법이 제정되기 이전까지 판례는 법률의 부지나 착오는 고의를 조각하지 않는다는 이른바 위법성인식불요설을 견지하고 있었고, 이 법리에 따를 경우 그 부지나 착오에 정당한 이유가 있는 경우 - 예컨대 변호사의 조언을 따른 경우 - 에도 고의범으로서 책임을 지우게 되는 결과는 가져오는데, 이는 곧 위법성의 인식가능성조차 없는 경우에도 고의범이 성립된다는 뜻이므로, "책임의 본질이 '비난가능성'에 있는 이상 더 이상 철저히 유지할 수 없게 되었던 바, 이러한 배경 하에서 가능성설이 출현하게 되었다."[9]는 것이다. 나아가 유기천 교수는 "(신)형법 제16조의 해석에 관하여 국내학자들은 고의설과 책임설의 입장을 그대로 주장하고 있(는데), 이것은 형법 제16조의 해석을 법규정이 없는 독일형법에 있어서의 입법론상의 논쟁과 혼동한 결과"이며, "형법 제16조는 마이어(Mayer)의 가능성설을 입법한 것이므로 그에 따라 해석하는 것이 타당하다"고 재차 강조한다.

본고는 위 인용구에 드러난 유기천 교수의 주장, 즉 "형법 제16조는 가능성설을 입법화한 것이며 이에 따라 해석하는 것이 타당하다"는 견해에 주목하고자 한다. 그 이유는 오늘날 대부분의 교과서에서 가능성설은 형법 제16조의 해석과 관련해 별로 비중있게 다루어지지 못하고 있거나 아예 언급조차 되지 않는 경우도 많기 때문이다. 그러나 가능성설은 형법전 제정 직후에는 위법성인식필요설(엄격고의설)과 함께 해석론의 양대 주류를 형성하고 있던 중요한 학설이다.[10] 비록 책임설에 입각해서 형법 제16조를 해석하고 현대의 주류적 견해에 비추어 볼 때에는 소수설로 분류되겠지만, 여기에는 그 학설의 의미와 가치에 대해서 다소 오해되고 있는 측면도 있다고 보인다. 이에 본고에서는 어떠한 근거에서 가능성설이 형법 제16조의 입법론적 토대로 타당하며, 유기천 교수가 주장한 바와 같이 동 조문의 해석에도 다른 학설에 비해 적실성이 두드러진 학설인지 구명해 보고자 한다.

---

9) 유기천, 앞의 책, 228면.

10) 이 점에 대해서는 김종원, 형법 제16조 해석의 검토, 「경희법학」제4권 제1호, 1961, 24면.

이를 위해 우선 형법 제16조의 입법취지와 이론적 토대를 몇 가지 입법사료를 통해 검토해 보고(II), 동 조문의 이론적 토대에 대한 대립하는 두 견해를 엄상섭 의원과 김용진 판사의 주장을 대비시키며 비판적으로 검토해 본 후(III), 형법 제16조의 취지를 적실히 해석해 낼 수 있는 학설로는 유기천 교수의 견해가 가장 타당하다는 점을 입론한 후(IV), 그럼에도 불구하고 책임설이 현대의 주류적 견해로 자리매김하게 된 배경을 밈이론적으로 논급하며 결론을 맺고자 한다(V).

II. 형법 제16조의 입법취지

1. 형법 제16조에 대한 법제편찬위원회 형법요강

해방 이후 미군정하 법제편찬위원회의 형법기초위원으로, 건국 후 법전편찬위원회에서는 역시 형법기초위원으로서, 그리고 제2대 국회에서는 법제사법위원장 및 위원으로서 형법의 기초 및 제정에 있어서 중추적 역할을 지속적으로 담당해 왔던 엄상섭은[11] 1947년 7월호 '법정(法政)'지에 법제편찬위원회의 형법요강이 발표된 이후, 동년 9월 '법정'지에 형법요강해설(1)을 게재하면서 '법률의 착오'에 대한 다음과 같은 촌평을 하고 있다.[12]

> "『귀책조건』에서는 고의, 과실, 부작위, 책임능력 등에 관하여 규정할 것인바 … "자기의 행위가 법률상 허용된 것이라고 믿음에 대하여 상당한 이유가 있는 때에는 그 형을 면제한다"는 규정을 두어서 해석론상으로 문제 많았던 것을 입법적으로 해결할 예정이며 …".

11) 엄상섭의 활약상에 대한 소개로는, 신동운, 제정형법의 성립경위, 「형사법연구」 제20호, 2003, 9면 이하 참조.

12) 엄상섭, 형법요강해설(1), 「법정」제3권 제9호, 1948, 19면 참조.

법제편찬위원회의 형법요강에는 총칙편은 각 항목의 표제어만 나열되어 있을 뿐, 각 조문의 구체적 형태가 드러나 있지 않다.[13] 그럼에도 엄상섭이 위와 같이 비교적 완성된 조문을 적시하고 있는 것으로 미루어 보건대, 비록 형법요강에는 실리지 않았지만, 이미 법제편찬위원회에서는 내부적으로 일정한 정도로 조문형태에 대해 합의가 이루어져 있음을 추측해 볼 수 있다. 엄상섭의 위 촌평은 형법 제16조의 제정경위를 재구성하는데 있어서 몇 가지 단초들을 제시해 주고 있다.

첫째, 구형법(의용형법) 제38조 제3항[14]과 달리, 형면제의 효과를 부여하고 있다.[15]

둘째, 현행 형법 제16조의 '정당한 이유'가 아닌 '상당한 이유'라는 법문이 채택되고 있다.

셋째, 위 규정은 당시의 해석론상의 논란을 입법론적으로 해결하기 위해 입안한 것임을 밝히고 있다.

이하 본고에서는 형법요강해설(1)에서 찾아낸 단초들을 토대로 하여 형법 제16조의 제정 배경과 관련된 여러 전거들을 검토해 봄으로써 동 조문의 이론적 배경이 무엇이었는지 논구해 보기로 한다.

2. 신형법 제16조의 제정 이전 구형법 제38조 3항에 대한 학설개관

우선 형법요강해설(1)을 보면 법률의 착오 규정은 당대의 해석론상의 학설대립을 입법론적으로 해결하려는 취지에서 입안한 것이라고 하는데, 당대의 학설대립은 분명 현행 형법 제16조가 제정되기 이전의 조문에 대한 학설대립, 즉 구형법(의용형법) 제38조 제3항에 대한 학설대립이었음에 유의할 필요가 있다. 그리고 구형법 제38조 제3항은 일본형

13) 신동운, 앞의 논문, 15면.

14) 第38조(고의) 제3항 : 법률을 알지 못하였다 하더라도 그것으로써 고의가 없었다고 할 수 없다. 단, 정상에 따라 그 형을 경감할 수 있다.

15) 이러한 분석으로는 신동운, 앞의 논문, 16면 참조.

법 第38조 第3항과 동일하기 때문에 당대의 학설대립은 그 실질에 있어서는 일본형법 第38조 第3항에 대한 일본 내의 학설대립 양상과 동일하였을 것이다.

1950년 법전편찬위원회 형법초안이 나온 직후 발간된 장승두 판사의 '형법요강(刑法要綱)'은 바로 이러한 학설대립의 양상을 적실히 전달해 주고 있다.

> **第38조(고의) 第3항** : 법을 알지 못하였다 하더라도 그것으로써 고의가 없었다고 할 수 없다. 단, 정상에 따라 그 형을 경감할 수 있다.

동 문헌에 따르면 구형법 38조 第3항에 대한 학설대립은 다음과 같다.

제1설에 의하면 형벌법규의 착오는 범의의 성립을 조각하지 않으며 이 점에 있어서 자연범(自然犯)과 법정범(法定犯)을 구별할 필요가 없다고 한다(통설, 판례).

제2설은 법률의 착오는 비형벌법규에 관한 경우에 있어서도 범의를 조각하지 않는다고 한다(勝本).

제3설은 법률의 착오로 인하여 자기의 행위를 조리에 반하지 않는다고 믿고 있었던 경우에는 범의의 성립이 없다고 한다. 따라서 제38조 제3항의 취지는 다만 개별 형벌[규정]은 이를 알 필요가 없다는 것을 의미하는데 불과하다고 한다(瀧川·小野·Mayer·Liszt·Schmidt).

제4설은 위법의 인식이 없는 경우에는 이론상 범의의 성립은 없는 것이나 이것을 인식하지 못한 점에 있어서 과실이 있는 경우에는 이것을 범의 있는 경우와 동일시한다(宮本·Hippel).

제5설은 자기의 행위를 법률상 허용되어 있는 것이라고 오신한 경우에 있어서도 범죄사실을 인식한 이상 범의가 없다고 할 수 없으며, 이 원칙은 자연범에만 타당한 것이므로 법정범에 있어서는 사물의 성질상 법규위반의 인식이 있는 경우에 한하여 범의가 있다고 보아야 한다고 주장한다(牧野, 本村).[16)]

---

16) 제1설부터 제5설까지의 내용은 장승두, 「형법요강」, 1950, 117-118면에서 발췌

이상의 학설대립을 김종원 교수의 분류법에 따라 정리해 보면, 제1설과 제2설은 고의의 성립에 위법성의 인식을 필요로 하지 않는다는 위법성인식불요설의 범주에 해당될 것이며(19세기 말엽의 독일과, 일본에 있어서 옛 통설이라고 함),[17] 제3설은 "자기의 행위를 조리에 반하지 않는다고 믿은 경우"라고 하여 동 문구가 정확히 위법성의 현실적인 불인식을 지칭하는 것인지, 아니면 위법성의 인식가능성의 결여상태를 지칭하는 것인지가 불명료한 점은 있으나, 엄격고의설을 주장한 瀧川·小野 및 Liszt를 인용한 것으로 볼 때 동 학설은 고의의 성립에 위법성의 인식이 필요하다는 위법성인식필요설에 해당한다고도 볼 수 있고,[18] '반조리성'의 불인식을 언급하면서 위법성인식가능성설을 주장한 M.E. Mayer 등을 인용한 점으로 미루어 보건대, 고의의 성립에는 위법성의 인식은 반드시 필요치 않고 그 가능성만 있으면 된다는 위법성인식가능성설에 해당된다고도 볼 수도 있을 것이다.[19]

요약하면 장승두 판사가 논급한 제3설은 위법성인식필요설(엄격고의설)과 위법성인식가능성설을 모두 지칭하고 있는 것으로 보인다. 아울러 木村 및 福田 교수는 자신들의 저서에서[20] 위법성인식가능성설을 제한고의설로 분류하고 있는 것으로 보면[21] 학설의 분류방식에 따라서 제3설은 제한고의설도 지칭하고 있는 것으로 해석할 수 있을 것이다. 이처럼 가능성설을 제한고의설로 분류하는 입장은 백남억 교수에게서

한 것임.

17) 이에 대해서는 김종원, 금지착오, 「형사법강좌 II 형법총론(下) 한국형사법학회편」, 1984, 503-504면.

18) Binding, Nagler, Allfeld, Finger, Olshausen, Beling, Haelschner, Baumann, Schröder, Lang-Hinrichen, Liszt, 瀧川·小野, 植松 등이 주장했다. 김종원, 앞의 논문(각주 17), 505면 참조.

19) 반조리성의 불인식과 위법성인식가능성설을 결합시키고 있는 견해로는 백남억, 「형법총론」, 1958, 231면.

20) 木村龜二, 「형법총론」, 1959, 309면 ; 福田 平, 「형법총론」, 1965, 156면.

21) 위법성인식가능성설을 제한고의설의 한 범주로 보는 견해에 대해 이러한 분류법은 타당하지 않으며 책임설의 일종으로 보아야 한다는 견해로는 김종원, 위법의식가능성설과 책임설, 「Fides(서울법대)」제12권 제3호, 1966, 30면 이하 참조.

도 찾아볼 수 있다.[22)]

한편 제4설은 고의의 성립에 위법성의 인식을 필요로 하지만 위법성의 인식이 없는 데에 과실이 있는 경우(법과실)에는 고의와 동일하게 처벌하자는 이른바 법과실준고의설(法過失準故意說)로 볼 수 있을 것이고,[23)] 제5설은 자연범은 고의의 성립에 위법성의 인식이 필요없으나 법정범은 필요하다는 자연범·법정범 이분설(二分說)로 분류할 수 있을 것이다.[24)]

이러한 학설대립 양상은 団藤重光이 편역한 '주석형법(註釋刑法)'[25)]의 일본형법 제38조 3항에 대한 학설소개나 아니면 비교적 최신 문헌인 前田雅英의 '형법총론강의'[26)]의 학설을 보더라도 대동소이하기 때문에 엄상섭이 말한 구형법 제38조 3항에 대한 해석론상의 논란이란 장승두 판사가 소개한 제1설에서 제5설까지의 학설대립으로 보아도 큰 무리는 없다고 판단된다.

다만 장승두 판사가 소개한 학설 중에는 団藤重光 및 前田雅英 등과는 달리 위법성의 인식은 고의와는 독립된 책임의 요소라고 보는 책임설에 대한 소개가 없다는 점이 이채롭다. 그러나 책임설은 본래 고의를 책임으로부터 분리시키는 목적적 행위론과 깊이 결부되어 있다는 사실을 고려하면[27)] 인과적 행위론이 지배적이었던 1940년대나 1950년대 초반에 있어서는 구형법 제38조 3항과 관련해 책임설이 소개되지 않은 이유가 충분히 해명될 수 있다고 본다. 이러한 추론은 1959년 황산덕 교수가 서울대 법학지에 기고한 글에서 목적적 행위론에 입각해 책

22) 백남억, 「형법총론」, 1962, 237면 참조. 이외에도 오늘날 이러한 입장을 취하는 이재상, 「형법총론」, 2011, 324면 참조.

23) 宮本, 草野, 佐伯 등이 주장했다. 김종원, 앞의 논문(각주 17), 505면 참조. 한편 법과실준고의설도 제한고의설의 일종으로 분류하는 입장으로는 김성돈, 「형법총론」, 2009, 372-373면 참조.

24) 김종원, 앞의 논문(각주 17), 504면 참조.

25) 団藤重光, 「주석형법(2)-Ⅱ 총칙(3)」, 1969, 366면 이하 참조.

26) 前田雅英, 「형법총론강의[제3판]」, 1998, 291면 이하 참조.

27) 김종원, 앞의 논문(각주 17), 508면.

임설을 취할 때에만 형법 제16조의 정당한 이유를 올바르게 해석할 수 있다고 주장하면서 "신형법 제정 당시까지 우리나라에 도입된 외국의 저명한 형법 학설 중에 그것을 해석해낼 만한 이론이 없었다"고 지적한 점으로부터 지지받는다.[28] 물론 당대의 통설적 범죄론체계, 즉 인과적 행위론 하에서도 위법성의 인식을 고의와 병존하는 독립된 책임요소로 파악함으로써 책임설을 주장하는 견해도 있기는 했지만(Bockelmann, Dohna, Hartung, Eb. Schmidt 등)[29] 이러한 견해가 우리 형법 제정 이전 당대의 구형법 및 일본형법 제38조 3항의 해석론과 관련하여 소개된 문헌은 찾아보기 힘들다.[30]

III. 형법 제16조의 이론적 토대: 엄격고의설과 가능성설의 견해의 대립

형법 제16조의 이론적 토대에 대해서는 크게 두 가지 견해가 대립되고 있다. 하나는 규범적 책임론에 입각한 위법성인식필요설(엄격고의설)이라는 엄상섭 의원의 견해고, 다른 하나는 법전편찬위원이었던 김용진 판사가 피력한 바 있고 유기천 교수도 지지하고 있는 위법성인식가능성설이다.

1. 규범적 책임론과 위법성인식필요설(엄격고의설)

형법 제16조의 이론적 토대에 대해 엄상섭은 1957년 '법정(法政)' 8

28) 황산덕, 형법 제16조에 있어서의 정당한 이유, 「서울대학교 법학」제1권 제1호, 1959, 99면 참조.

29) 이에 대해서는 Baumann, Strafrecht, AT, 5. Aufl., 1968, 425면.

30) 1951년 출간된 牧野英一의 형법총론과 1952년에 출간된 이건호 교수의 형법총론에도 책임설에 대한 언급은 보이지 않는다. 牧野英一, 「형법총론」, 1951, 321면 이하; 이건호, 「형법총론」, 1952, 179면 이하 참조.

월호에서 다음과 같이 자신의 견해를 밝히고 있다.[31]

"이 조문은 형법이론으로서는 규범적 책임론에서 도출되는 것이라고 필자는 단정하고 있거니와, 즉 규범적 책임론에서는 고의의 내용으로서 '인과관계를 포함한 구성요건 해당의 사실'에 대한 인식 이외에 '위법성'의 인식까지를 요한다는 것이다. 그러나 이에 대하여서는 규범적 책임론 자체에 대한 논란 및 주저(躊躇)와 동일할 정도로의 신중을 기하는 학자, 특히 실무가들이 많다는 것이 사실이다. 그러므로 우리 형법에서도 이에 대하여는 대단히 신중한 태도로 임하여 "자기의 행위가 법령에 죄가 되지 아니하는 것으로 오인한 행위는 그 오인에 정당한 이유가 있는 때에 한하여 벌하지 아니한다"라고 규정하였다. 즉, 고의는 위법성의 인식까지를 포함한다는 형법이론을 일관한다면 '위법성에 대한 착오가 있어서 이 착오 때문에 그 행위 이외의 반대동기를 설정할 길이 막혔다'면 결국 고의범이 성립될 수 없다고 해야 할 것이다"

"형법 제16조는 규범적 책임론에서 보면 당연한 규정이기는 하나 '정당한 이유 있음'이라는 것은 '위법성을 오인함에 있어서 과실도 없음'을 말하는 것이고, 과실이라도 있었다면 '정당한 이유가 없다'고 하여 결국 고의범이 성립된다는 것인즉, '구성요건해당의 사실에 대하여는 고의, 위법성에 대하여는 과실'이라는 이질적인 요소의 혼합이 고의범으로 비약한다는 이론적 결함을 청산치 못하고 있는 것으로 봐야 할 것이다. 그러나 어쨌든 형법 제16조의 명문이 있는 이상 이론의 혼잡성에도 불구하고 이에 따라서 재판할 수밖에 없을 것이다"

일반적으로 규범적 책임론이란 책임의 본질이 결과의 인식이라는 심리적 사실에 있다고 보지 않고 그러한 심리상태의 '비난가능성'에 있다고 보는 견해이다. 이 비난가능성에 있어서는 책임능력이나 고의·과실 등 소위 책임조건 이외에 행위당시의 행위자를 둘러싸고 있던 부수사정이 책임요소로서 중요한 역할을 한다고 보는 이론으로서[32] 책임의 본질을 결과에 대한 행위자의 심리적 관계인 고의와 과실에 있다고 보는 심리적 책임론이 지닌 문제점을 극복하기 위해 등장한 책임이론이다. 규범적 책임론이라 하더라도 위 인용구에서 엄상섭이 지적하는 바

31) 엄상섭, 형법이론과 재판의 타당성, 「법정」제12권 제8호, 1957, 5-6면.
32) 유기천, 앞의 책, 212면.

와 같이 반드시 고의의 내용에 위법성의 인식까지 포함된다고 주장하는 것은 아니다. 예컨대 순수한 규범적 책임론에서는 고의나 과실은 책임요소가 아니지만 위법성의 인식은 책임의 구성적 요소가 된다고 본다.[33] 따라서 엄상섭이 논급하는 규범적 책임론이란 고의에는 규범적 요소로서 위법성의 인식이 필요하다고 보는 Hippel과 Frank 등이 주장한 이론을 지칭하는 것으로[34] 제한적으로 해석할 필요가 있음에 유의해야 할 것이다. 이러한 입장에 따르면 심리적 책임론이 고의개념을 순수한 심리적 사실로서 결과에 대한 인식과 의사로서 규정지었던데 반해 규범적 책임론은 고의에 범죄사실의 인식 이외에 위법성의 인식까지도 요구된다고 본다. 이에 엄상섭은 형법 제16조를 입안함에 있어서 규범적 책임론에 입각해 위법성인식필요설을 수용했다는 점을 밝히고 있는 것이다.[35]

그런데 위법성인식필요설, 즉 엄격고의설에 대해서는 상습범이나 확신범, 격정범 등에게는 범행 시에 위법성의 인식이 결여되어 있기 마련인데 이들이 위법성의 인식이 없었다고 주장하게 되면 대부분의 범죄에 있어서 고의범 처벌을 면하게 될 것이고, 만일 당해 범죄에 대한 과실범 처벌규정도 미비되어 있다면 행위자는 완전한 면책에 이르게 되어 이는 결국 형사처벌의 부당한 축소를 가져올 위험이 있다는 비판이

---

33) 같은 맥락에서 엄상섭이 말하는 규범적 책임론에 대해 특별한 이해가 필요하다고 지적하는 견해로는 허일태, 엄상섭 선생의 형법사상과 형법이론, 「효당 엄상섭 형법논집(신동운·허일태 편)」, 서울대학교출판부, 2003, 292면 참조.

34) Hippel, Deutsches Strafrecht, Bd. II, 1930, 348면과 Frank, Kommentar zum StGB. 18. Aufl., 1931, 185면 이하 참조. 한편 Hippel의 책임론은 규범적 책임론이 아닌 심리적 책임론으로 분류하는 학자도 있음에 유의할 필요가 있을 것이다. 이러한 입장으로는 Goldschmidt, Notstand, ein Schuldproblem, 1913, 135면.

35) 주지하다시피 규범적 책임론에 대한 이러한 이해방식은 Welzel에 의하여 목적적 행위론이 주창되어 고의를 책임에서 분리시켜 구성요건 요소로 체계화한 이후에는 위법성의 인식은 고의와는 별개의 책임요소로 새롭게 자리매김되면서 다소 변화하게 된다. 우리나라에 목적적 행위론이 소개된 때는 1957년이다. 이에 대해서는 황산덕, 「형법총론」, 1982, 5면 참조.

제기된다.[36] 바로 이와 같은 문제점 때문에 엄상섭은 위법성인식필요설에 대해 신중을 기하는 학자, 특히 실무가들이 많다고 언급하고 있는 것이다.

결론적으로 엄상섭은 이와 같은 이론구성의 어려움 즉, 규범적 책임론을 취해야 하면서도 규범적 책임론의 이론적 귀결인 위법성인식필요설이 지닌 결함, 즉 형사처벌의 부당한 축소라는 난점을 극복하기 위해 형법 제16조를 통해 입법론적으로 이러한 문제를 해결하였다고 밝히고 있는 것이다. 규범적 책임론에 입각하여 위법성인식필요설을 철저하게 밀고 나가면 행위자가 착오를 이유로 위법성에 대한 인식이 없었다고 주장하면 그 행위자를 고의범으로 처벌할 수 없게 되는 문제가 생기게 되지만, 형법 제16조를 두어 그 오인(착오)에 '정당한 이유가' 있는 경우에만 행위자를 처벌하지 않도록 하여 형사처벌의 부당한 축소를 회피할 수 있게 되었다는 것이다.

요컨대 당대의 우리 입법자들은 규범적 책임론을 긍인하였지만 위법성인식필요설이 가져오게 되는 논리필연적인 귀결인, 형사처벌의 부당한 축소라는 문제점을 이론적으로 벗어날 수 없었기 때문에 형법 제16조를 두어 입법론적 해결을 보게 되었다는 것이다.

2. 위법성인식가능성설

엄상섭과 마찬가지로 법전편찬위원회의 일원이었던 김용진 판사는 엄상섭과 다른 견해를 가지고 있었던 것으로 보인다. 김용진 판사는 형법 제정 직후 발간된 그의 저서 '신형법 해의(解義) 총론·각론'에서 "형법 제16조의 취지는 법령의 오인은 원칙적으로 고의가 성립되나 예외적으로 그 오인이 정당한 이유가 있는 때에 한하여 고의가 없는 것으로

36) 이에 대해서는 김종원, 앞의 논문(각주 16), 505면 ; 황산덕, 형법 제16조에 있어서의 정당한 이유, 「서울대학교 법학」제1권 제1호, 1959, 86-87면 ; 前田雅英, 앞의 책, 293-294면; BGHSt, 2, 194 참조.

하는 것이다. 이것은 1927년 독일형법초안을 모방한 것이다. 이 독일 초안은 고의의 요소로서 위법의 의식 그 자체는 필요치 않으나 행위의 위법성을 의식함이 가능하였다는 것, 즉 위법을 의식하지 않는 것이 행위자의 과실이었다는 것을 필요로 한다는 Mayer, Hippel 등의 학설적 견해를 채용한 것이다"라고 주장하였다.[37] 김용진 판사에 의하면 형법 제16조는 한 마디로 M.E. Mayer 등의 가능성설을 입법화 한 것이라는 것이다. 그리고 그 모델이 되었던 입법례는 1927년 독일형법초안 제20조라고 한다. 동 초안은 다음과 같다.

> **1927년 초안 제20조** : 행위자가 고의로 행위하지만 용서할 수 있는 법률의 착오에 의하여 자기 행위의 불법성을 인식하지 못한 때에는 벌하지 아니하고, 그 착오가 용서할 수 있는 것이 아닌 때에는 형을 감경할 수 있다.

김용진 판사는 계속해서 다음과 같이 말한다. "일본의 학설과 판례도 가능성설을 따른 것이 많았다. 이것은 일종의 절충적 견해로서 위법의 의식이 없는 경우를 즉시 무책임으로 하지 않고 과실이 있으면 고의범으로 처벌할 것이라는 점에서 보안(保安)의 요구에 적합한 것이었다 할 것이다. 그러나 고의범과 과실범의 본질적 분기점(分岐點)은 마치 위법의 의식을 가졌는가, 아닌가에 있는 것이고 위법성에 관한 과실을 고의로 하고 또는 고의와 동일하게 취급하여야 된다 하는 것은 사물의 본질에 반하는 것이라 할 수 있는 것이다"

형법 제16조의 형법이론적 토대에 대한 김용진 판사의 해의(解義)는 엄상섭 의원의 설명과도 많은 부분 일치하고 있다. 예를 들어 '절충적 견해'라든지 '과실이 고의로 된다는 문제점' 등이 바로 그것이다. 이는 엄상섭 의원이 '입법적 해결', '과실이 고의로 비약하는 이론적 결함' 등을 언급한 것[38]과 거의 동일한 맥락의 표현들이다.

김용진 판사 외에도 박정규 검사는 Mayer나 Hippel 등의 가능성설을

---

37) 이에 대해서는 김용진, 「신형법 해의(解義) 총론·각론」, 1953, 91면 참조.
38) 엄상섭, 앞의 논문(각주 31), 6면 참조.

조문화한 입법례로서는 독일의 1919년 초안 제12조와 1927년 초안 제20조, 1930년 초안 제20조 및 1937년 스위스 형법 제20조, 그리고 일본 개정형법가안 제11조 등을 들 수 있다고 하면서, 우리 형법 제16조도 1937년 스위스 형법 제20조 및 일본 개정형법가안 제11조에 유래된 것으로 보고 있다.[39] 김용호 검사와 김남일 교수도 이와 거의 동일한 주장을 한 바 있다.[40] 그리고 바로 유기천 교수도 이러한 입장에 있다.

그렇다면 형법 제16조의 이론적 배경으로서 '가능성설'도 입론될 수 있다고 본다. 가능성설에 의해서도 엄상섭 의원이 짚어낸 형법 제16조 제정의 이론사적 맥락을 구성해 낼 수 있기 때문이다. 다만 엄상섭은 규범적 책임론에 수반하는 위법성인식필요설(엄격고의설)을 염두에 두고 있었던 반면, 김용진은 엄격고의설과는 명백히 구분되는 가능성설을 내세우고 있었다는 점에서 차이가 있을 뿐인 것이다.

3. 소결

형법 제16조의 형법이론적 배경에 대하여 신동운 교수는, "엄상섭은 우리 형법 제16조가 형법이론적으로 규범적 책임론에서 도출되는 것이라고 단정하고 있다. 그가 이해하는 바에 따른 규범적 책임론에 의하면 고의의 내용으로서 '위법성의 인식'까지 요하는 엄격고의설을 취하게 되는바, 이러한 형법이론을 일관한다면 '위법성에 대한 착오가 있어서 이 착오 때문에 그 행위 이외의 반대동기를 설정할 길이 막혔다'면, 즉 '착오 때문에 규범의식(의무의식)이 차단되었다면, 결국 고의범이 성립할 수 없다는 결론에 이른다. 이와 같은 자신의 범죄론체계를 전제로 하면서, 고의의 엄격해석을 통하여 범죄불성립의 범위를 넓히려는 시도에 대하여 우려를 표하는 실무가나 형법학자들이 존재하고 있다는 현

39) 박정규, 법률의 착오, 「검찰(통권 제55호)」, 1970, 92면, 103면 참조.

40) 김용호, 법률의 착오와 현행형법, 「검찰」통권 제44호, 1971, 204, 217면 ; 김남일, 법률의 착오에 관한 연구(1), 「법조」, 1974, 62-63면 참조.

실을 부인하지 않았고, 그 때문에 형법 제16조를 통해 입법적 타협을 보게 되었다"고 해제를 제시해 주고 있다.[41]

하지만 여기서 주목해야 할 부분은 이러한 해제와 별개로 형법 제16조의 이론적 토대에 대해 신동운 교수는 "형법 제16조가 책임설을 취한 것인지 고의설을 취한 것인지 분명하게 말할 수는 없다. 시간적 선후관계에 비추어 볼 때 우리 형법의 역사적 입법자가 독일 형법의 모델에 따라서 책임설을 취했다고 단정하기는 곤란하다. 그러나 역사적 입법자가 설정해 놓은 조문들을 형법이론의 발전에 따라 새로운 의미를 부여받게 된다."고 지적하면서 결론적으로 형법 제16조는 책임설에 근거하여 제정된 조문이라는 결론을 추론해 낼 수 있다고 한다.[42] 엄상섭과는 달리 형법 제16조의 이론적 근거로 책임설을 제안하고 있는 것이다.

엄상섭의 형법논집에 대한 해제와는 다소 모순된 것처럼 보이는 이러한 입장은 필자가 보기에 형법 제16조의 이론적 토대에 대한 매우 흥미로운 연구 소재를 제공해 주고 있다. 즉 "우리 형법의 제정에 중추적 역할을 했던 엄상섭의 견해에 기초해 볼 때, 규범적 책임설에 입각하여 엄격고의설을 토대로 입안된 것으로 추정되는 조문이 왜 오늘날 책임설에 의해서 해석하는 것이 더 타당한 결과를 가져오는가?"라는 질문에 답할 필요가 있다는 것이다. 사실 오늘날 형법 제16조를 책임설에 입각해 해석하는 것이 통설적 견해이기도 하다. 하지만 "설령 형법이론의 발전에 따라서" 동 조문에 대해서 '새로운 의미'를 부여할 필요가 있다는 점을 수긍할 수 있다고 하더라도 그 전에 동 조문의 '본래적 의미'에 대해서 보다 면밀히 검토하고 넘어갈 필요도 분명 있다고 판단된다. 본고는 바로 이 문제에 대해서 중점적으로 고찰해 보고자 한다. 신형법

---

41) 신동운, 효당 엄상섭 형법논집 해제, 「효당 엄상섭 형법논집(신동운·허일태 편)」, 서울대학교출판부, 2003, 353-355면 참조.

42) 그 근거에 대해서 신동운 교수는 "우리 형법은 제13조 및 제15조 제1항에서 구성요건적 착오를 규정하고 제16조에서 금지착오를 규정하고 있다. (중략) 이러한 구조는 (중략) 1975년 독일 신형법의 태도와 결과적으로 매우 유사한 것이라고 하지 않을 수 없다."고 한다. 신동운, 「형법총론」, 법문사, 2015, 412-413면.

제정 직후 당대에 전개된 형법 제16조의 이론적 토대에 대한 두 개의 대립되는 견해 중 하나인 위법성인식가능성설에 대해서 엄상섭 의원도 신동운 교수도 특별히 논급하지 않고 있는바, 동 학설의 의미를 재검토해 봄으로써 위 질문에 적실한 해답이 구해질 수 있다고 본다.

이하에서는 위법성인식가능성설(이하 '가능성설'로 약칭함)의 의미를 다른 학설과의 비교 검토를 통해 명확히 해보고, 가능성설이 과연 형법 제16조의 해석에 얼마나 가치가 있으며 고의설과 책임설의 범주 중 어디에 속하는지에 대한 김종원 교수의 견해를 통해 분석해 봄으로써 위 질문에 답해 보고자 한다.

IV. 형법 제16조의 해석론과 가능성설

1. 다른 학설과 가능성설의 비교

김종원 교수가 면밀히 논증한 바와 같이[43] 형법 제16조를 적실히 해석해낼 수 있는 학설은 법과실준고의설과 가능성설, 그리고 책임설이다.[44] 오늘날 위법성의 불인식, 금지착오의 문제를 통상 고의설과 책임설의 대립구도 하에 다루는 것이 대다수 문헌들의 주된 태도지만 원래 이 문제는 종래 고의론의 문제로서 고의의 성립에 위법성의 인식이 필

43) 김종원, 금지착오와 형법 제16조, 「경희법학」제9권 제1호, 1971, 67면 참조.

44) 드물게 형법 제16조를 위법성인식불요설에 의해 해석하는 것이 타당하다고 주장하는 견해도 있으나(이근상, 「형법총론, 1958, 154면 이하), 오늘날 동 학설을 지지하는 견해는 없으므로 논외로 하기로 한다. 이근상 교수는 그 근거로서 "위법성의 인식에 착오가 있더라도 원칙적으로 처벌을 면할 수 없지만, 형법 제16조에 의해 정당한 이유가 있는 경우에 한하여 처벌을 면할 수 있도록 규정하고 있기 때문"이라고 한다. 하지만 동 학설에 의하면 착오에 정당한 이유가 있는 경우든 없는 경우든 착오와 무관하게 처벌되어야 하므로 형법 제16조의 취지에 맞게 해석할 수 없다고 보아야 한다. 김종원, 앞의 논문(각주 43), 65면.

요한지 여부의 형태로 다루어졌음에 유의할 필요가 있을 것이다.[45] 이에 따라 위법성인식불요설, 필요설, 가능성설 및 이분설(자연범과 법정범 구분설)과 준고의설 등이 대립하고 있었던 것이다.[46] 따라서 법과실준고의설과 가능성설 및 책임설을 동일 평면상에 병렬적으로 놓고 평가하는 것은 다소 오해의 소지가 발생할 수 있으므로 이하에서는 우선 법과실준고의설과 가능성설을 비교한 후, 가능성설과 책임설의 비교를, 가능성설이 태동한 배경과 함께 다루어 보고자 한다.

(1) 법과실준고의설과 가능성설

법과실준고의설은 고의의 성립에 위법성의 인식을 필요로 하나 위법성의 인식이 없는 데 과실이 있는 경우(즉, 법과실이 있는 경우)에는 이를 고의와 동일하게 취급하는 학설이다. 따라서 위법성의 인식에 착오가 있으면 고의가 조각되나, 그 착오가 과실에 기하는 경우에는 고의에 準하게 된다. 이 학설에 대해서는 결론적으로 전술한 엄상섭 의원과 김용진 판사가 비판한 내용이 그대로 적용될 수 있다. 즉 법과실이 어떻게 고의와 동일하게 취급될 수 있는지, 즉 어떻게 '고의로 비약하는지' 그 이론적 근거가 부족하여 '사물의 본질에 반한다'는 것이다.[47] 그리고 법과실이 있는 경우 과실범 처벌규정이 있다면 과실범으로 처벌해야 하는지, 아니면 고의범으로 처벌해야 하는지 불분명하다는 지적이 있다.[48]

---

45) 이 점에 대한 지적으로는 김종원, 앞의 논문(각주 43), 59면.

46) 위법성의 인식에 관한 학설의 변천사에 대한 소개로는 손해목, 위법성의 의식(불법의식), 「행정논집」제20권, 1992, 2-3면 참조.

47) 이러한 비판에 대해 동 학설의 지지자는 구성요건적 사실의 인식에 과실에 있어서 그로 인하여 행위를 한 경우보다는 구성요건적 사실의 인식은 갖고 있으나 다만 위법성의 인식에 과실이 있는 경우에는 행위자에게 적법행위의 기대가능성이 더 크기 때문에 법과실은 고의와 동일하게 취급하여도 무방하다고 주장한다. 이러한 입장에 대해서는 김용식, 「신형법」, 1957, 116-117면 참조.

48) 손해목, 앞의 논문, 4면 참조.

이에 비해 가능성설은 고의의 성립에 위법성의 인식이 반드시 필요하지는 않고 그 가능성만 있으면 된다고 하는 학설로서 이 점에서 법과실준고의설(이하 '준고의설'로 약칭함)과 뚜렷하게 구분된다. 따라서 위법성의 착오가 있어도 곧바로 고의가 조각되지 않고, 위법성 인식의 가능성이 없을 때에 비난가능성이 없으므로 비로소 고의의 책임이 조각된다고 본다. 이 학설의 대표자인 M. E. Mayer에 의하면 책임은 행위자와 구성요건적 결과에 대한 관계에서의 책임과 행위자의 위법성에 대한 관계에서의 책임으로 나눌 수 있으며, 전자는 심리적 책임요소로서 고의와 과실을 뜻하며, 후자는 윤리적 책임요소(ethisches Shuldelement)로서 의무위반성의 의식가능성을 말한다고 한다. 그리고 이 책임의 규범적 요소는 고의와 과실에 공통되는 기본적 책임요소라고 한다.[49]

가능성설에 대해서는 앞서 김용진 판사가 지적한 바와 같이 "위법성에 관한 과실을 고의로 하고 또는 고의와 동일하게 취급하여야 된다 하는 것은" 부당하다는 비판이 유력한바, 다시 말해 고의의 성부문제에 과실의 요소를 혼합하였다는 것이다. 즉 가능성설은 고의와 과실의 분기점에 관하여 사실에 대해서는 현실의 인식을 고의로 보고, 그 인식의 가능성을 과실로 보면서, 위법성에 대해서는 그 인식의 가능성만으로 고의가 성립한다고 보는 것은 개념의 혼동이고 이론적 모순이라는 지적이 제기된다.[50] 이러한 비판에 대해 김종원 교수는 고의에 과실적 요소를 도입한다는 비판이 있으나 "의문이다"고 반박한 뒤,[51] 가능성설은 위법성의 인식의 가능성이 없을 때에는 '비난가능성이 없어' 고의의 책임이 완전히 조각되는 것이지, 고의범 성립이 부정된다고 해서 과실범의 존부문제로 귀결되지 않는다고 한다.[52] 다시 말해 위법성인식필요설이나 법과실준고의설의 경우 고의책임이 부정될 경우, 과실범 성립여부

49) Mayer, Der Allgemeine Teil des Deutschen Strafrecht: Lehrbuch, 1923, 231면 이하.

50) 이에 대해서 Mangakis, Das Unrechtsbewusstsein in der strafrechtlichen Schuldlehre nach deutschem und griechischem Recht, 1954, 46면.

51) 김종원, 앞의 논문(각주 43), 61면.

52) 김종원, 앞의 논문(각주 21), 30면.

를 검토할 여지가 남게 되지만, 가능성설은 그러할 여지가 없다는 것이다. 마이어의 구분법처럼 고의와 과실을 책임의 심리적 요소로 보고, 위법성의 인식가능성은 윤리적·규범적 요소로 본다면, 양자는 책임판단에서 영역을 달리하는바, 위법성의 인식가능성이 있는 고의 행위에 대해서 책임을 인정할 수 있다는 것은 심리적 요소와 규범적 요소의 결합이 가능함을 뜻하는 것이고, 이와 마찬가지로 위법성의 인식가능성이 없는 고의행위는 책임이 조각된다는 것은 책임의 규범적 요소가 인정되지 못하여 비록 심리적 요소가 있더라도 책임이 조각된다는 뜻으로 해석할 수 있으므로, 이러한 책임이론에서 보면 가능성설은 고의라는 심리적 요소에 과실이라는 또 다른 심리적 요소가 혼입되고 있지 않다는 견해로 보인다.[53] 즉 비판의 요지는 위법성의 인식가능성이라는 과실적 요소가 심리적 책임요소로서의 고의와 결합해 '고의책임'이 인정되는 것은 모순이라는 것인데, 이 두 요소는 층위를 달리하는 요소이므로 충분히 결합될 수 있고, 이는 결코 심리적 책임요소로서의 고의와 과실이 혼합되는 것이 아니라는 것이다.

(2) 책임설과 가능성설

잘 알려져 있듯이 책임설은 위법성의 인식은 고의의 요소가 아니라 고의와 분리된 독립된 책임요소라는 설이다. 이 학설에 의하면 위법성의 인식이 없는 경우, 즉 금지착오의 경우에 그것이 회피불가능한 때에는 책임이 조각되지만, 회피가능한 때에는 책임이 감경될 뿐이다. 학설사적으로 보면 이미 Merkel 등에 의해 고의와는 별개의 독립된 책임요소로 인식되기 시작한 이래[54] 일반적으로 고의가 책임요소임을 부정하는 목적적 행위론자들은 모두 필연적으로 책임설을 취하지만, 고의를 책임요소로 인정하면서도 위법성의 인식을 책임형식으로서의 고의와는 별개의 독립된 책임요소라고 파악하는 전통적인 범죄체계론을 견지하

---

53) 이러한 해석으로는 손해목, 앞의 논문, 4면 참조.

54) Merkel, Die Lehre von Verbrechen und Strafe, 1912, 82면.

는 입장에서도 주장된다.[55)]

가능성설과 책임설의 연관성에 대해 살펴보면, 독일의 경우 가능성설이 대체로 책임설에 편입되고 있지만[56)] 일본이나 우리나라의 경우 고의설, 그 중에서 제한고의설의 한 범주로 분류되는 경우가 많다. 이에 김종원 교수와 유기천 교수는 가능성설을 책임설로 편입시켜 이해하고 있다는 점에 주목하여 양자의 관계를 살펴보고자 한다.

우선 김종원 교수는 고의설이란 위법성의 의식이 고의의 성립요건이 되고 그 의식이 없으면 바로 고의가 조각된다는 학설이고, 이에 비해 가능성설은 위법성의 의식이 없어도 바로 고의가 조각되지 않으므로 "그러한 한에 있어서 가능성설은 일종의 '고의설'이라도 될 자격을 상실한다고 보아야 옳[다]"고 주장한다.[57)] 다만 가능성설이 고의설이 될 자격이 없다고 해서 곧바로 책임설에 편입된다고 말할 수는 없는바, 가능성설에서 말하는 '고의'가 과연 어떤 의미를 가진 고의인지를 밝힘으로써 결론적으로 책임설에 편입되는 것이 옳다고 한다. 즉 가능성설에서 말하는 고의는 과실과의 한계로서 문제되는 고의가 아니라 책임요소로서의 고의, 더 정확하게 말하면 '위법성의 의식과의 관련 하에서의 고의책임'이라는 의미에서의 고의라고 이해해야 하므로[58)] 그렇다면 위법성의 의식의 가능성의 유무는 고의의 '책임(비난가능성)'의 유무를 결정짓는 것이 되어 결론적으로 가능성설은 책임설에 편입시키는 것이 타당하다고 한다. 부연하자면 전술한 M. E. Mayer의 구분법대로 책임을 심리적 요소(고의와 과실)와 규범적 요소(위법성의 인식가능성)로 나누어 후자는 전자(고의와 과실)에 공통되는 책임요소라고 할 때, 위법성의 인식가능성이 없어서 고의책임이 조각된다는 의미는 심리적 책임요소로서의 고의나 과실의 성립여부에 기여하는 별개의 규범적 책임요소가 부정된다는 뜻이므로 이것은 책임설의 입장과 '통한다'는 것이다.[59)]

---

55) 김종원, 앞의 논문(각주 17), 508면.
56) 이 점에 대해서는 김종원, 앞의 논문(각주 21), 28면.
57) 김종원, 앞의 논문(각주 21), 30면.
58) 김종원 앞의 논문(각주 17), 515면.

유기천 교수도 가능성설과 책임설의 연관성에 관해 논급한 바 있다. 이에 대하여 김종원 교수는 유기천 교수의 그 논급에 대해 "자기의 입장을 책임설이라고 보지 않는 것 같다"고 촌평한 바 있다.[60] 하지만 필자가 보기에 유기천 교수는 자신의 저서에서 책임설과 가능성설의 유사성을 누누이 강조하고 있다. 유교수는 "벨첼이 지지하는 책임설은 독일학계에 한때 큰 파문을 주었고, 독일연방재판소에도 영향을 주었다. 그러나 이는 마이어의 가능성설과 그 결론에 있어서 거의 동일하다."[61] 고 지적한다. 또한 과거 판례의 입장인 위법성인식불요설은 책임의 본질이 비난가능성에 있는 이상 더 이상 유지될 수 없게 된 배경 하에서 가능성설이 출현하게 되었다고 보면서 책임, 곧 비난가능성의 지적 요소로서 고의와 위법성의 인식가능성을 별개의 요소로 다루고 있는바,[62] 이는 곧 위법성의 인식(가능성)을 별개의 독립된 책임요소로 보는 책임설의 입장과도 통하는 것이라 해석하지 않을 수 없다고 본다.

이처럼 가능성설은 그 핵심 논지에 있어서 책임설과 상통하는 입장이나, 일본과 우리나라의 경우 주로 고의설(제한고의설)의 한 범주로 분류된 이유는 추측컨대 위법성의 불인식이 종래 고의론의 문제로서 고의의 성립에 위법성의 인식이 필요한지 여부의 형태로 다루어져 왔고 그 과정에서 가능성설이 출현하게 되었다는 점에서 찾을 수 있다고 본다. 가능성설은 책임요소로서의 고의의 성립에 위법성의 인식은 불필요하고, 그 인식가능성만 있으면 된다는 학설이므로 일견 고의설처럼 보이지만, 여기서 말하는 '고의'는 김종원 교수가 잘 지적한 바와 같이 심리적 책임요소로서의 고의가 아니라, 그와 구별되는 규범적 책임요소인 위법성의 인식가능성에 따라 그 성립여부가 결정되는 '고의책임'을 뜻하는 것으로 보아야 하므로 이러한 입장은 어디까지나 책임설의 한 범주로 편입해야 마땅하다고 본다. 유기천 교수도 바로 이와 같은 맥락에

59) 김종원, 앞의 논문(각주 43), 63면.

60) 김종원, 앞의 논문(각주 10), 30면 참조.

61) 유기천, 앞의 책, 92면.

62) 유기천, 앞의 책, 228-229면.

서 '책임의 가장 낮은 한계'로서의 '위법성의 인식가능성'을 고의와 더불어 비난가능성의 지적 요소의 하나로 파악하고 있는 것이다. 전술한 바와 같이 책임설의 입장은 고의를 책임에서 완전히 분리시키는 목적적 행위론자들 외에 고의를 책임요소로 파악하는 전통적 견해에서도 채택할 수 있으므로, 비록 가능성설이 '고의론'의 전개과정에서 태동한 학설이라 하더라도 그 핵심 논지는 결과적으로 "고의로부터 위법성의 인식(가능성)을 분리한다"는 책임설의 입장과 상통한다는 점을 혼동해서는 안 될 것이다.

2. 형법 제16조의 해석과 가능성설

그렇다면 이번에는 과연 가능성설과 법과실준고의설, 그리고 책임설 중에서 어느 학설이 형법 제16조를 가장 적확하게 해석해 낼 수 있는지를 검토해 보기로 한다.

(1) 형법 제16조의 '가능한 의미' 내에서의 문리해석

죄형법정주의 원칙상 형법조문은 '문언의 가능한 의미' 내에서 엄격하게 해석되어야 한다.

형법 제16조는 "자기의 행위가 법령에 의하여 죄가 되지 아니하는 것으로 오인한 행위는 그 오인에 정당한 이유가 있는 때에 한하여 벌하지 아니한다."고 규정하고 있다. 동 조문의 구조상 상기 언급한 각 학설에 따르는 해석상 차이점을 두드러지게 보여주는 부분은 바로 '정당한 이유가 있는 때에 한하여'라는 법문이다. 동 법문의 적확한 해석을 위해서는 유사한 법문형태를 취하고 있는 입법례를 검토해 볼 필요가 있을 것이다.

'정당한 이유'란 법문은 1935년의 중화민국형법 제16조에서도 채택된 바 있지만 '정당한 이유가 있는 때에 한하여'란 법문은 비교법적으로도 드문 사례이다. 동 조문의 입안 당시 고려되었을 만한 입법례를 보아도 이와 같은 법문형식은 찾아볼 수 없다. 예를 들면 다음과 같다.

1930년 독일형법 초안 제20조 제2항 : 행위자가 고의로 행위하지만 용서할 수 있는 법률의 착오에 의하여 자기 행위의 불법성을 인식하지 못한 때에는 벌하지 아니하고, 그 착오가 용서할 수 있는 것이 아닌 때에는 행위자를 처벌하되 그 형을 감경한다.

1938년 스위스 신형법 제20조 : 범인이 충분한 이유로 자기는 당해의 범행을 행하는 권리를 가질 것이라고 사유한 경우에는 재판관은 자유재량에 따라서 형을 감경하며(제66조) 또는 처벌을 하지 아니할 수 있다(Hat der Täter aus zureichenden Gründen angenommen, er sei zur Tat berechtigt, so kann der Richter die Strafe nach freiem Ermessen mildern (Art.66) oder von einer Bestrafung Umgang nehmen).

1935년 중화민국형법 제16조 : 법률을 알지 못했다고 하여 형사책임이 면제될 수 없다. 단, 그 정상에 따라서 그 형을 감경할 수 있다. 만약 그 행위가 법률에 의해서 허가되는 것으로 믿은 데에 정당한 이유가 있는 경우에는 그 형을 면제할 수 있다(不得因不知法律而免除刑事責任但按其情節得減輕其刑如自信其行爲爲法律所許可而有正當理由者得免除其刑).[63)]

1940년 일본개정형법가안 제11조 [법률의 착오] :

① 법률을 알지 못하였다 하더라도 그것으로써 고의가 없었다고 할 수 없다. 단, 정상에 따라 그 형을 경감할 수 있다.

② 자기의 행위가 법률상 허용되지 아니하는 것임을 알지 못하고 범한 자는 그 점에 대하여 상당한 이유가 있는 때에는 그 형을 면제한다.[64)]

소개한 초안 및 입법례들은 모두 "정당한(상당한, 충분한, 용서할 수 있는) 이유가 있는 '경우에는(때에는)'"이라는 법문을 채택하고 있음을 쉽게 확인할 수 있다. 즉 우리 형법 제16조처럼 '한하여'라는 극히 제한적인 법문을 취하고 있는 초안 및 조문은 찾아볼 수 없다. 이러한 비교법적 사례를 토대로 동 조문에 대한 문리적 해석을 하자면, '정당한 이

63) 동 조문의 해석으로는 김종원, 1969년의 새로운 독일형법총칙을 중심으로, 「경희법학」제8권 1호, 1970, 119-120면; 법무부조사국, 「법무자료」, 제5집, 1948, 4면 참조.

64) 법무부조사국, 앞의 자료, 3면 참조.

유가 있는 때에 한하여'라는 법문은 '정당한 이유가 있는 경우에만' 법률의 착오를 고려하여 벌하지 않는 것으로 법적 효과를 부여하되, 반면에 정당한 이유가 없는 경우에는 원칙적으로 처벌하겠다는 취지로 새겨진다. 바꾸어 말하면 동 조문의 취지는 원칙적으로 정당한 이유가 없는 때에는 벌하면서, 예외적으로 정당한 이유가 있는 때에 한하여 벌하지 아니한다는 것으로 해석된다. 이 점은 특히 만일 '정당한 이유가 있는 경우에는(때에는)'이라는 법문형식을 취할 경우 법률의 착오에 정당한 이유가 있는 경우에는 벌하지 않는 법적 효과가 부여되는 것은 동일하지만 만일 정당한 이유가 없는 경우에는 그 법적 효과에 대한 해석이, '정당한 이유가 있는 때에 한하여'라는 법문형식을 취할 경우와 비교해 볼 때 상대적으로 '문리해석상' 분명하지 않아 학설과 판례에 맡겨질 것이고, 결과적으로 처벌하거나 형을 감경하는 법적 효과를 부여하겠다는 취지로 해석될 수 있다는 점에서 명확해 진다.[65] 위에 소개한 1930년 독일형법 초안 제20조 2항이 바로 그러한 조문형태이다.

요컨대 '한하여'라는 법문형식은 정당한 이유의 유무에 따라 '처벌' 또는 '불처벌'의 법적 효과가 가능한 양자택일 방식의 조문구조를 갖게 되는데 비해,[66] '경우에(때에는)'라는 법문형식은 정당한 이유가 없을 때에는 '처벌' 내지 '감경'이라는 법적 효과를 부여할 수 있는 보다 신축적인 조문구조를 지니게 된다고 볼 수 있다.

그런데 여기서 한 가지 의문이 들 수 있다. 형법 제16조가 비록 '정당한 이유가 있는 때에 한하여'라는 법문을 채택하고 있다고 하더라도 그 법적 효과에 있어서 정당한 이유가 없는 때에는 반드시 양자택일적 해석에 의해 '처벌'만 하는 것이 아니라 형의 '임의적 감경'이라는 법적 효과도 부여할 수 있다고 보는 것은 '문언의 가능한 범위'를 벗어나는 것일까? 순전히 문리해석에만 기초해서는 이에 답하기 어렵다고 본다. 이하에서는 동 조문의 입법사적 유래를 검토해 봄으로써 보다 이 점에

65) 이러한 해석으로는 김종원, 앞의 논문(각주 43), 65면.
66) 이 점에 대해서는 신동운, 앞의 책, 411면.

대한 보다 명확한 해석론을 제시해 보고자 한다.

(2) 입법사적 고찰을 통한 문리해석의 보완

우리의 입법자는 형법 제16조를 기초하는데 있어서 일본의 개정형법가안을 주된 모델로 삼았던 것으로 보인다.[67] 그러므로 일본 개정형법가안 및 동 가안과 거의 유사한 조문구조를 갖고 있는 1961년 개정형법준비초안 및 1974년 개정형법초안과 우리나라 법전편찬위원회 형법초안 및 형법 제16조를 비교해 봄으로써 '정당한 이유가 있는 때에 한하여'의 의미를 구명해 보기로 한다.

1940년 일본개정형법가안 제11조 [법률의 착오] :
① 법률을 알지 못하였다 하더라도 그것으로써 고의가 없었다고 할 수 없다. 단, 정상에 따라 그 형을 경감할 수 있다.
② 자기의 행위가 법률상 허용되지 아니하는 것임을 알지 못하고 범한 자는 그 점에 대하여 상당한 이유가 있는 때에는 그 형을 면제한다.[68]

1950년 법전편찬위원회 형법초안 : 자기의 행위가 법령에 의하여 죄 되지 아니하는 것으로 오인한 행위는 그 오인이 정당한 이유가 있는 때에 한하여 형을 감경 또는 면제할 수 있다.

1953년 형법 제16조 : 자기의 행위가 법령에 의하여 죄가 되지 아니하는 것으로 오인한 행위는 그 오인에 정당한 이유가 있는 때에 한하여 벌하지 아니한다.

위 법전편찬위원회 형법초안 역시 동 가안을 토대로 성안되었다고 보아도 큰 무리는 없을 것이다. 위의 두 가지 안을 비교해 보면, 눈에 띄는 차이점을 쉽게 발견할 수 있다. 일본개정형법가안의 제11조 제2항이 법전편찬위원회의 형법초안과 유사함은 누누이 지적된 사실이지만, 분명히 우리 입법자는 개정형법가안 제11조 제1항의 규정은 우리 조문에 도입하지 않았다. 여기서 두 가지의 의문점이 떠오른다.

---

67) 이러한 견해의 소개로는 신동운, 앞의 논문(각주 11), 18면, 20면 참조.
68) 법무부조사국, 앞의 자료, 3면 참조.

첫째, 일본의 경우 개정형법가안을 기초함에 있어서 어째서 일본의 현행형법 제38조 제3항의 규정을 가안 제11조 제1항에 그대로 존치시킨 것일까?

둘째, 우리 입법자는 일본개정형법가안을 참조했음에도 불구하고 어째서 일본과는 다른 입법형식을 취한 것인가?[69] 이에 대해 검토해 보기로 한다.

牧野英一에 따르면 스위스 신형법 제20조는 '충분한 이유'가 있는 법률의 착오만을 형법적으로 고려하고 있으며, 그러한 점에서 동 조문은 다분히 전통적인 사고방식, 즉 "법률의 부지는 용서받지 못한다"는 로마법상의 법원칙을 따르고 있다고 한다. 그리고 스위스 형법 제20조의 이러한 취지를 개정형법가안은 (법적 효과에 있어서는 차이가 있지만) 그대로 전승하고 있다고 한다. 그렇기 때문에 동 가안의 제1항은 "법률을 알지 못하였다 하더라도 그것으로써 고의가 없었다고 할 수 없다. 단, 정상에 따라 그 형을 경감할 수 있다"는 현행 조문을 존치시킴으로써 전통적인 법원칙을 승인하면서도, 제2항에 "자기의 행위가 법률상 허용되지 아니하는 것임을 알지 못하고 범한 자는 그 점에 대하여 상당한 이유가 있는 때에는 이를 벌하지 아니한다"는 조문을 둠으로써 '상당한 이유'가 있는 법률의 착오만을 고려하는 태도를 취하게 되었다는 것이다.[70]

요컨대 일본개정형법가안 제11조 1항은, 비록 정상에 따른 형의 임의적 감경의 여지는 남아 있지만, 법률의 부지는 용서받지 못한다는 전통적 법원칙을 승인하는 규정이고, 2항은 상당한 이유가 있는 법률의 착오에 한하여 이를 형법적으로 고려하겠다는 규정인 것이다.[71]

---

69) 그러나 형법 제16조에 관한 한 이러한 차이점에 주목한 연구는 아직까지 보이지 않는다. 예를 들면 "오영근, 일본개정형법가안이 제정형법에 미친 영향과 현행 형법해석론의 문제점, 「형사법연구」제20호, 2003, 109면 이하)"에도 특별히 이러한 문제의식은 표출되지 않는다.

70) 牧野英一, 「법률의 착오(형법연구 제12권)」, 1951, 106-109면 참조.

71) 일본개정형법가안의 이유서도 이와 거의 동일한 취지로 설명하고 있다. 즉 본조 제1항은 전통적 법원칙을 도저히 변경할 수 없다는 점을 승인하는 것이고 다만

그렇다면 우리 입법자도 역시 형법 제16조를 입안함에 있어서 일본 개정형법가안 제11조의 이와 같은 취지를 고려해 동 가안 제11조와 유사한 규정형식을 취하는 것이 전통적인 법원칙과의 조화 측면에서 바람직하다고 판단했을 것임은 쉽게 추측해 볼 수 있다. 이에 대해서 엄상섭은 다음과 같이 말하고 있다.

> "제16조에 "자기의 행위가 법령에 의하여 죄가 되지 아니하는 것으로 오인한 행위는 그 오인에 정당한 이유가 있는 때에 한하여 벌하지 아니한다"라고 되어 있거니와 이 조문도 형벌조문을 완화한 것이다. "법을 모른다고 하여 처벌을 면할 수 없다"는 것이 형법상의 원칙이거니와 이 원칙의 절대적인 적용만으로는 심히 가혹하여 해위자로서는 억울키 한량없는 경우가 있는 것이다. … 그러므로 우리 형법제정에서는 "자기의 행위에 죄가 안 되는 것으로 오인함에 있어서 그 오인을 책(責)할만한 아무런 이유도 없을 때"에는 벌하지 말자는 이 조문을 설치한 것이다. 이 조문에서의 '정당한 이유가 있음'이라 함은 "만연히 죄가 안 되는 것으로 오인한 것이 아니고 적어도 법률전문가나 당로자에게 문의를 하여 죄가 안 된다는 요지의 확답을 얻었다든가 이에 준할 만한 노력을 한 연후에 죄가 되지 아니한다는 인식을 하게 되었음"을 의미하는 것으로 본다".72)

엄상섭의 말을 풀이하자면 형법 제16조는 "법을 모른다고 하여 처벌을 면할 수 없다"는 형법상의 전통적 법원칙의 엄격함을 완화하기 위해 입안된 것이기는 하지만 '정당한 이유'란 '만연히 죄가 안 되는 것으로 오인한 것'은 분명 아니라는 것이며 동 조문은 전통적 법원칙과의 긴장을 해소하여 입법적 조화를 도모하고 있는 규정이라는 것이다. 엄상섭을 통해 알 수 있듯이 형법 제16조의 입안자 역시 스위스 형법 제20조나 일본개정형법가안 제11조처럼 형사처벌의 엄격함을 완화시키는 노력을 기울이면서도 다분히 전통적 법원칙을 존중하여 양자의 조화를

제2항은 제1항의 엄격성을 완화하기 위해 상당한 이유가 있는 경우에는 그 형을 '면제'까지도 할 수 있도록 입안된 것이라고 한다. 이에 대해서는 刑法改正案理由書, 小野幹事提出, 7-8면 참조.

72) 엄상섭, 우리 형법전에 나타난 형법민주화의 조항, 「법정」, 제10권 제11호, 1955, 3-4면 참조.

모색하고 있다는 점에서 스위스 형법 제20조나 개정형법가안 제11조의 취지를 전승하고 있다고 봐야 할 것이다.

그렇다면 형법 제16조 역시 일본개정형법가안 제11조처럼 두 개의 항을 두는 방식을 채택하는 것이 바람직하였을 것이라고 본다. 그럼에도 불구하고 우리 입법자는 과감히 단일 조문형태로 현행 형법 제16조와 같은 규정형식을 취했다. 과연 어떠한 이유에서 이와 같은 조문형식을 택했는지가 의문시된다. 추측컨대, 바로 이 의문점을 해결하는 실마리가 형법 제16조의 '정당한 이유가 있는 때에 한하여'란 법문에 있다고 본다. 우리 입법자는 일본과 다르게 단일 조문형태로 법률의 착오를 규정하면서 '정당한 이유가 있는 경우에 한하여'란 법문을 들여오고 있다. 여기에는 분명히 당시 입안자의 의도가 담겨 있으리라고 판단된다.

우리 형법 제16조도 분명 일본개정형법가안 제11조처럼 형사처벌에 엄격성을 완화하면서도 전통적인 법원칙을 존중하는 노력 속에 입안된 것임은 분명할 것이다. 그럼에도 불구하고 우리 조문의 입안자가 현재의 조문형태를 취한 것은 '정당한 이유가 있는 때에 한하여'라는 법문이 바로 일본개정형법가안 제11조 제1항 및 제2항의 기능을 대신해 줄 수 있다고 보았기 때문이라고 판단하는 것이 자연스럽다. '정당한 이유가 있는 경우에 한하여'란 법문은 분명 제한적인 수식어구이다. 유기천 교수는 동 조문을 영어로 소개한 문헌에서[73] "only when his mistake is based on reasonable grounds"라고 번역한 바 있다.

다시 말해 동 법문은 형법 제16조 역시 스위스 형법 제20조나 일본개정형법가안 제11조처럼 '정당한 이유'가 있는 경우의 법률의 착오만을 고려한다는 태도를 분명히 하고 있는 것이다. 즉 형법 제16조 하에서도 법률의 착오는 정당한 이유가 있는 경우에만 고려되고, 그 외의 경우에는 처벌된다는 것이 원칙인 것이다.[74] 다만, 일본개정형법가안이

73) Ryu & Silving, 앞의 논문, 692면 참조.

74) 다만 일본개정형법가안 제11조와 차이가 있다면, 정당한 이유가 없는 경우에 정상에 의한 임의적 감경규정을 두고 있지 않다는 점이다. 이로 인해 정당한 이유가 없는 경우의 법적 효과는 '처벌'이라는 점이 더욱 명확해 진다.

한 조문에 두 개의 항을 둠으로써 이러한 취지를 명확히 하였음에 비해서 우리 조문은 오히려 스위스 형법 제20조와 유사하게 단일 조문방식을 채택하면서도 '한하여'란 제한적 법문을 통해서 그와 같은 취지를 두드러지게 표현하고 있는 것이다. 이러한 결론은 형법 제16조와 같이 '정당한 이유'란 법문을 채택하면서도 규정형식에 있어서는 일본개정형법가안 제11조와 유사한 조문구조를 가진 1935년 중화민국형법 제16조에서 '정당한 이유가 있는 경우에'라는 법문형식을 취하고 있는 점에서도 지지된다고 생각한다.

1935년 중화민국형법 제16조 : 법률을 알지 못했다고 하여 형사책임이 면제될 수 없다. 단, 그 정상에 따라서 그 형을 감경할 수 있다. 만약 그 행위가 법률에 의해서 허가되는 것으로 믿은 데에 정당한 이유가 있는 경우에는 그 형을 면제할 수 있다(不得因不知法律而免除刑事責任但按其情節得減輕其刑如自信其行爲爲法律所許可而有正當理由者得免除其刑).[75]

요컨대 형법 제16조는 정당한 이유가 없는 때에는 전통적 법원칙을 존중해 원칙적으로 처벌하겠다는 취지로 해석하는 것이 타당하다고 하겠다. 이에 대해 형의 '임의적 감경'이라는 법적 효과도 부여할 수 있다고 보는 것은 동 법문의 '가능한 의미'를 넘어서는 해석이다. 이와 관련해 유기천 교수는 "형법 제16조를 정당하게 해석하려면 위법성의 인식이 불가능하였으면 책임이 조각되고, 위법성의 결여가 과실에 인한 때에는, 고의범으로 처벌한다고 보아야 한다. 다만 양형에 있어서 책임을 감경하려고 할 때에는 그 정상에 참작할 사유가 있음을 이유로 감경하게 되며(제53조), 제16조에 의하여 감경하는 것은 아니다"라고 적확히 지적해 주고 있다.[76]

75) 동 조문의 해석으로는 김종원, 앞의 논문(각주 63), 119-120면; 법무부조사국, 앞의 자료, 4면 참조.

76) 유기천, 앞의 책, 230면과 237면 참조.

(3) 가능성설과 형법 제16조의 해석

전술한 형법 제16조의 해석론에 입각해 볼 때, 동 조문의 취지에 맞게 법적 효과를 가장 적실히 해석해 낼 수 있는 학설이 무엇인지 검토해 보고자 한다.

우선 법과실준고의설은 위법성의 착오에 정당한 이유가 없는 경우, 즉 법과실이 있는 때에는 고의범으로 취급하여 처벌하므로 형법 제16조의 취지에 합치된다고 볼 수 있다. 또한 정당한 이유가 있어서 법과실이 부정되는 경우에는 범죄불성립으로 처벌되지 않는다는 점도 형법 제16조의 취지에 부합된다. 하지만 법과실준고의설이 지닌 이론적 결함은 차치하더라도 그 법적 효과에 있어서 법과실이 있는 경우 만일 과실범 처벌규정이 있다면 과실범으로 처벌해야 하는지, 아니면 고의범으로 처벌해야 하는지 불분명하다는 점에서 형법 제16조의 취지에 정확히 부합되지는 않는다고 볼 수 있다. 다시 말해 이 학설은 위법성인식필요설의 형사정책적 결함, 즉 고의범 성립이 부정될 때 과실범 처벌규정도 없어서 형사처벌의 공백이 발생하는 것을 극복하기 위해 주장되었지만, 만일 과실범 처벌규정이 있다면 과연 이를 어떻게 처리할 것인가에 대해서는 불분명한 입장을 취하고 있다는 것이다.

다음으로 책임설은 오늘날 형법 제16조의 해석론적 근거로서 널리 받아들여지고 있는 만큼 동 조문의 취지에 상당부분 부합되는 측면이 있는 것은 사실이다. 즉 위법성의 착오가 회피불가능한 경우, 즉 정당한 이유가 있는 경우에는 책임(비난가능성)이 조각되어 벌하지 아니하고, 회피가능한 경우, 즉 정당한 이유가 없거나 법과실이 있는 경우에는 처벌되지만 책임이 감경될 수 있으므로 형법 제16조의 취지에 합치될 수 있다는 것이다.[77] 수긍할 수 있는 해석론이지만, 이 지점에서 본래적 의미의 책임설을 재음미해볼 필요가 있다고 본다. 책임설은 원래 회피가능성의 정도에 따라서 책임조각에서부터 책임감경, 완전한 책임의 인

---

77) 이 경우 책임의 감경은 형법 제53조에 의한 작량감경을 통해서 가능하다고 보는 견해로는 성낙현, 「형법총론」, 동방문화사, 2011, 364면 참조.

정까지 단계적 평가가 가능한 조문을 설정하고 있다. 대표적으로 책임설을 입법화한 것으로 평가받는 독일형법 제17조의 경우 제1문은 행위자에게 착오의 회피가능성이 전혀 없는 경우에 대하여 "책임 없이 행위한 것이다"라고 규정해 책임조각의 효과를 부여하면서, 제2문에서 행위자가 그 착오를 회피할 수 있었던 경우에는 그 "형을 감경할 수 있다"고 하여 회피가능성의 정도에 따라서 형의 감경이 가능하도록 규정하고 있다. 즉 본래적 의미의 책임설 구상에 입각한 독일형법 제17조는 형의 임의적 감경사유가 되지만, 우리형법 제16조는 법률상 형의 감경사유가 아니다. 이 점은 전술한 바, 형법 제16조의 문리적, 입법사적 고찰에 비추어 보더라도 명백하다. 동 조문에 의하면 정당한 이유가 없는 법률의 착오는 단지 작량감경사유에 불과할 뿐이다. 소송법적으로 보면 우리나라 피고인은 형법 제16조를 법률상 범죄의 성립을 조각하는 이유임을 들어 법원에 판단을 요구할 수는 있지만, 법률상 형의 감경을 규정한 조문이라고 주장하여 법원의 판단을 요구할 수는 없다는 것이다.[78] 그럼에도 불구하고 책임설에 입각하여 형법 제16조를 해석하여 회피가능한 금지착오의 경우 작량감경(제53조)은 물론 동 조문에 규정하고 있지 않은 법률상 감경(제55조)까지 가능하다고 보는 것은[79] 동 조문의 '가능한 의미를 넘는' 해석론임은 전술한 바와 같다.[80]

그렇다면 이제 남는 것은 가능성설이다. 그러면 여기서 유기천 교수의 견해를 다시 살펴 보자.

"위법성의 인식의 가능성이 없으면 고의범으로 벌할 수 없으나, 위법성의 인

78) 이러한 분석으로는 신동운, 앞의 책, 408-411면 참조.

79) 이러한 해석론으로는 예컨대 김일수, 「한국형법 II」, 1992, 94-95면과 김일수·서보학, 「형법총론」, 2003, 430면. 본래적 의미의 책임설에 충실한 해석론이라고 평가할 수 있겠으나, 법문의 가능한 의미범위를 넘어선 것으로 보인다.

80) 물론 그러한 견해가 피고인에게 유리한 해석이라는 점에서는 긍정적으로 평가할 여지가 있지만, 피고인에게 유리하다고 해서 합리적인 근거도 없이 명백히 법문의 가능한 의미를 넘어서는 해석론을 허용할 수는 없다고 할 것이다. 동지의 이상돈, 「형법강론」, 박영사, 43면 참조.

식의 가능성이 있는 때에는, 행위자에게 과실이 있는 경우에도 고의범으로 처벌 받아야 한다. 형법 제16조가 바로 이 가능성설을 입법화하였던 것이다"

유기천 교수의 주장은 앞서 상론한 바에 의하여 그 의미가 명확하게 된다. '고의범으로 벌할 수 없다'는 것은 책임, 즉 비난가능성이 결여되어 '고의책임'이 조각된다는 뜻이고 이로 인해 과실범의 존부문제는 더 이상 발생하지 않는다. 또한 행위자에게 과실이 있는 경우에도, 위법성의 인식가능성이 있다면 고의가 인정되어 고의범으로 처벌받아야 한다. 이러한 해석론은 전술한 형법 제16조의 취지에 적확하게 부합된다. 정당한 이유가 있는 때에 한하여 벌하지 않고(책임조각), 정당한 이유가 없다면 고의범으로서 처벌되어야 한다는 결론에 도달하기 때문이다. 그러므로 가능성설은 형법 제16조의 해석론으로서 가장 타당한 학설이고 이를 토대로 동 조문이 입법화되었다는 유기천 교수의 주장은 적확하다고 판단된다.

그렇다면 마지막으로 엄상섭 의원의 견해, 즉 규범적 책임론에 입각한 위법성인식필요설은 형법 제16조의 해석론으로 어떠한지 검토해볼 필요가 있을 것이다. 비록 엄상섭은 엄격고의설의 형사정책적 결함을 "입법적으로 해결했다"고 평가하고 있지만, 엄격고의설의 입장에 충실하게 따르자면 위법성의 불인식에 과실이 있는 경우 과실범 처벌규정이 없으면 결국 처벌하지 못하게 되어야 하는바, 형법 제16조의 취지에 부합되지 못하며, 이러한 해석론상 난점을 해결해 줄 수 있는 '가능성설'이라는 학설이 있음에도 불구하고 굳이 '규범적 책임론에 입각한 엄격고의설'의 입장을 무리하게 고집하면서 '입법적 해결'을 본 것으로 동 조문을 평가하는 것은 우리 형법의 이론적 토대를 다소 자의적으로 해석한 것으로 볼 여지가 있고, 위법성의 인식가능성이 없으면 비난가능성이 없어 책임이 조각된다는 형법상의 기본원칙을 적실히 담아내지 못했다는 비판을 받을 수 있다고 생각된다. 그러므로 형법 제16조의 취지에 맞는 이론적 토대로는 가능성설이 가장 타당하다고 본다.

이상의 논의를 종합하자면, 가능성설을 책임설에 편입될 수 있고, 책임은 곧 비난가능성이라는 원칙에도 충실한 학설이므로 형법 제16조를 굳이 책임설에 입각해 문언의 가능한 범위를 넘어 해석해야 할 당위성은 상당히 줄어들 수 있다고 본다. 이러한 고찰을 통하여 결론적으로 유기천 교수가 "형법 제16조가 바로 이 가능성설을 입법화하였던 것이다."라고 확언에 가까운 주장을 한 것은 지극히 타당한 것이고, 그럼에도 불구하고 가능성설의 의미와 가치를 사장시킨 채 형법 제16조의 해석을 운운하는 태도는 재고될 필요가 있을 것이다.

V. 결론

그럼 이제 다시 앞서 제기한 질문으로 돌아가 보자. 형법 제정에 중추적 역할을 한 인물들이 형법 제16조의 이론적 토대에 대해 피력한 견해를 - 엄격고의설이든 가능성설이든 - 문헌적 전거에 기초해 확인할 수 있음에도 불구하고 오늘날 동 조문의 해석론적 기초로서 책임설이 각광을 받고 있는 이유는 어떻게 해명할 수 있을까? 즉 "역사적 입법자가 설정해 놓은 조문들을 형법이론의 발전에 따라 새로운 의미를 부여받게 된다."는 말을 과연 어떻게 이해하는 것이 바람직한 것일까? 필자는 이에 대해 서론에서 논급한 바 있는 '밈이론'이 어느 정도 적실한 해답을 제시해 줄 수 있다고 믿는다.

학설에 대한 밈이론적 분석에 의하면 반드시 가장 설득력 있는 학설이 다수설이나 통설로 남게 되지는 않는다. 오히려 가장 정치한 논지를 갖춘 소수설이 사장되고, 이론적 결함이 있는 학설이 선택되어 지배적 통설이 되는 것도 충분히 가능하다. 왜냐하면 밈복합체로서의 학설-밈이 다른 학설-밈과의 경쟁에서 승리해 법률전문가들에게 선택되는 과정은 유기체의 특정한 형질이 자연선택을 통해 진화하는 것과 동일한 과정을 거치기 때문에 그것이 단지 해당 학설-밈의 밈적 적응도를 높이는 방향으로, 즉 가장 많이 복제되어 널리 전파될 있는 방향으로 무심히 진행될 뿐 반드시 학설로서의 진리성이나 정당성을 높이는 방향으로 진행되지는 않기 때문이다. 진리성이나 정당성은 해당 학설-밈의 밈적 적응도를 높이는 한 요소일 뿐이다. 그렇다면 학설-밈의 성공적 전파를 보장해 주는 다른 요인에는 무엇이 있을까? 그것은 바로 법률전문가 집단의 선호도이다. 밈이론에 따르면 학설-밈은 법률전문가 집단의 두뇌를 차지하고 판례나 법률문헌에 수록되기 위해 격렬한 투쟁을 벌이는 복제자로 볼 수 있고, 이들 중에서 어떠한 학설이 생존에 성공하여 선택될지 여부는 전적으로 그 선택환경에 달려 있기 때문이다. 법학의 영역에서 그 선택환경은 바로 법률전문가 집단의 선호도인 것이다.[81)]

이러한 분석에 의하면 형법 제16조의 해석과 관련해 오늘날 책임설이 어째서 다른 학설에 비해 두각을 나타내며 널리 받아들여지고 있는지 어느 정도 해명이 가능하다고 본다. 잘 알려져 있다시피 1952년 독일 연방대법원이 책임설을 채택한 이후 1975년 독일 신형법은 제17조에 책임설을 명문화 하여 금지착오 조문을 두었고 이러한 영향은 현재 우리나라의 법률전문가들에게도 상당한 영향을 미치고 있다고 판단된다. 독일에서 책임설이 통설적인 지위를 구축하게 된 것은 고의설과의 오랜 대결에서 그 이론적 장점이 판명되고, 책임원칙에 충실한 금지착오조문의 입안을 가능케 해주며, 행위론 분야의 발전에 수응할 수 있다는 장점 등 다양한 이유에서 설명할 수 있을 것이다. 하지만 본고에서 살펴본 바대로 책임설은 우리나라 형법 제16조의 해석론적 토대로서는 '가능성설'에 비해 논리적 완결성이 떨어진다고 평가할 수 있다. 그럼에도 불구하고 이론 자체의 완결성이 아닌 형법 제16조의 해석론적 토대로서 책임설이 오늘날 주목을 받고 있는 것은 바로 법률전문가들의 선호도 때문이라고 볼 수 있을 것이다. 바꿔 말하면 책임설에 대한 법률전문가들의 선호가 형법 제16조의 취지를 몰각시키고, 그에 합당한 해석론을 뒤바꾸는 선택을 가져온 것이라고 밈이론적으로 분석할 수 있을 것이다.

---

81) 이러한 분석으로는 안성조, 「현대 형법학 제2권」, 경인문화사, 2015, 261면 이하 참조.

비록 정치한 해명은 아니지만, 이러한 대강의 분석만으로도 형법 제16조에 대한 유기천 교수의 해석론을 재평가할 수 있는 계기는 충분히 마련될 수 있다고 생각한다. 상론할 필요 없이 유기천 교수도 책임설의 장점과 그 의의를 명확히 인식하고 있었다. 그럼에도 유기천 교수는 "형법 제16조의 해석에 관하여 국내학자들은 고의설과 책임설의 입장을 그대로 주장하고 있(는데), 이것은 형법 제16조의 해석을 법규정이 없는 독일형법에 있어서의 입법론상의 논쟁과 혼동한 결과"라고 지적하며, "형법 제16조는 마이어의 가능성설을 입법한 것이므로 그에 따라 해석하는 것이 타당하다"고 주장하고 있는 것이다. 그도 독일 연방대법원과 독일 신형법의 영향으로부터 자유롭지 못했을 것이다. 그럼에도 불구하고 가능성설을 옹호하며 형법 제16조의 해석론을 펼친 것은 오늘날 우리에게 시사하는 바가 크다고 생각한다. 밈이론적 관점에서 보면, 그는 남들처럼 특정한 학설-밈이 서식할 수 있는 환경이 되는 데 '의식적으로 저항한' 것이고, 그 저항의 목표는 책임원칙에 충실하면서도 실정법을 모순없이 해석할 수 있는 다른 학설-밈을 전파하고자 함에 있었던 것이다. 이처럼 형법상의 기본원칙과 실정법 조문을 존중하며, 해석론적 완결성을 지향하는 유기천 교수의 태도는 형법학자 유기천과 그의 저서 '형법학'의 identification을 가늠케 해 주는 좋은 전거가 될 수 있다고 생각한다. 형법 제16조에 대한 유기천 교수의 해석론을 검토해 봄으로써 미력이나마 시대를 앞서 간 先學의 정신을 기릴 수 있는 계기가 마련되었다면 필자는 더 바랄 것이 없겠다.

찾아보기

가

가벌성을 확장하는 요소 360
가소성(plasticity) 420
가십-밈(gossip-meme) 337
가자니가 398
가족유사성 5
가해의 의사 내지 목적 352
간접정범 272
개방적 구조(open-texture) 19
개별적응도 73
개선가능범인 223
개선불능범인 223
개인적인 합리성 416
개인책임의 원칙 299
객관주의 200, 264
객체의 착오 313, 315
거래를 통한 이득 69
거래비용이론(transaction cost theory) 381
거울뉴런(mirror neuron) 10, 404, 412
거울뉴런의 기능 11
거증책임 418
게르만법 52, 131
게임이론 88
결과책임주의 259
결옥귀감(決獄龜鑑) 316
결정론 40
경영판단 389
경쟁집단의 포괄적응도 80
계급적 특권(class privilege) 51, 130
계시서(revealed texts) 297
계율의 착오 310
고대 그리이스의 착오이론 325
고대 근동의 규범적 사고방식 324
고대 이스라엘의 사법제도 48
고대법의 발달과정 44
고살(단순살인) 357
고의불법 269
고의설 267, 330
고의의 내용 356
고의의 이중적 지위설 269, 271
고의적 살인 45
고전적 적응도(classical fitness) 67
고전학파(구파) 200
공감능력의 결여 377, 404
공격성(aggression) 161
공격성의 기원 162
공격성의 맥락특정성 164
공공의 이익 354, 355
공범처벌의 흠결 271
공연성 345, 348
공인(public figure) 346
공적 소통 343
공적응된 유전자 복합체(co-adapted gene complex) 260
공정(fairness)으로서의 정의 393
공형벌권 42
공형벌권제도 12
과보(果報) 299
과시 본능 172

과시적 폭력행위 196
과실범 317
과실불법 269
괴델의 불완전성 정리 14
교사범 319
교사의 고의 320
교유자 318, 319
구두비난 295
구성요건적 고의 269
구성요건적 과실 281
구성요건착오유추적용설 270, 272
구약성서 283, 322
구업 300, 307
구체적 부합설 267
구체적 사실의 착오 315
궁극의 규칙 21
권리의 義務浸透性 223
규모의 경제(economies of scale) 423
규범적 삶의 형식 18
규범적 직관 23
9.11 테러 122
규칙회의론자 13
규칙회의주의 19, 36
그루밍 가설 192
그룹 행위자(group agents) 389
근대학파(신파) 200
금전적 배상의 실효성 80
금전적 손해배상(monetary damage) 50
기능적 행위지배설 267
기업사이코패스(corporate psychopath) 394
기업사이코패시(corporate psychopathy) 413
기업사이코패시의 치료가능성 431
기업시민(corporate citizen) 430
기업의 '정체성' 387
기업의 합리성 416
기질 중립적(substrate-neutral) 240
기축시대(基軸時代, Achsenzeit) 324, 283

나선비구경(那先比丘經) 301
남녀공학 153
내부통제구조 380
내부통제시스템 421
내시균형(Nash equilibrium) 88
내집단(in-group) 79
내집단의 포괄적응도를 향상시키는 효과 80
노동의 분업 423
노모스(법, Nomos) 325
뇌사자의 장기이식 24
뇌에서 의식의 역할 408
뇌의 조건과 유사한 대응물 411
누어족 54
뉴런(집단)과 시냅스들 간의 상호작용 378
뉴런(집단)의 상호작용 377
뉴런들 사이의 상호연결 패턴 399
니푸어 살인제판(Nippur Murder Trial) 26

다르마(Dharma) 288
다르마사스트라 289

다르마수트라 287, 289, 291
다수설 265
다양한 삶의 형식의 맞물림 25
단순일죄 371
단순한 법률의 부지 266, 334
단체행위자(corporate actor) 390
당률 283, 310, 322
당률(唐律)에서의 법률의 착오론 315
당률소의(唐律疏議) 318
당률통론(唐律通論) 315
대니얼 데닛(Daniel Dennett) 276, 410
대립유전자(allele) 240
대염휘(戴炎輝) 315
대위책임(vicarious liability) 129
대장경(大藏經) 309
데바나가리(devanāgarī) 284
데이비드 버스 59
도구적 공격성(instrumental aggression) 177
도덕률의 핵심 43
도덕법전(moral code)의 핵심 46
도덕사실(moral fact) 74
도덕성의 활용 188
도덕적응설(moral adaptivism) 73, 113
도킨스의 의인화 전략 249
도피성(city of refugee) 제도 47
독신주의 밈 260
독일연방대법원 331
독일연방헌법재판소 331
돌길라(突吉羅) 308
돌연변이 전략 105, 106
동등한 인간의 존엄성 28, 33, 418
동등한 인간존엄성의 원리 27
동일성 이론 401
동해보복의 원칙(Lex Talio) 9
디젤게이트 417
디지털 증거 266
디지털화된 의식 403

라드브루흐 198, 221
라마찬드란 11, 405
라이벌 팀들로 이루어진 경연장 407
레위기 322, 323
레킹(lekking) 171
로널드 드워킨 419
로널드 코즈(Ronald Coase) 381
로마법 282
로버트 엑설로드 86
로버트 트리버스(Robert Trivers) 68, 72
롤즈 28, 393
루만(N. Luhmann) 390
리 아이아코카(Lee Iacocca) 415
리그베다 283, 284, 290, 321, 329
리그베다 상히타 284
리스트 264
리처드 도킨스 74, 82, 86
리타(Rta, 天則) 286, 290

마누법전 292, 295, 296
마누사스트라(Manuśāstra) 292
마빈 민스키 378, 405
마음-뇌 동일론 137, 376, 399, 401

마음의 사회(The Society of Mind) 378, 392
마음의 역사 78
마틴 노박(Martin Nowak) 338
마하비라 298
만트라 290
말초신경계(peripheral nervous system) 379
매체적 특성논변 341
메타 차원의 판단의 일치 25
메타 판단의 일치 24
멘스레아(mens rea) 331
명례율 319
명백한 사례(plain case) 20
명예향유 주체성 368
모듈(module) 378
모방 82
모범형법전(Model Penal Code) 281
모살(중살인) 357
모해 353
모해위증죄 353
목적형주의(상대설) 264
목적형주의 263
牧野英一 283
몰수형 295
무의범(無意犯) 315
무의식 396
무의식적 활동 396
무정부상태 108
무지(Acittih) 329
무지율계(無知律戒) 309
문왕(文王) 311
문화유전자 12, 229
문화적 과시 172
문화적 보편성(cultural universals) 165
문화적 유전자 391
문화적 표현형적 특성들을 발현시키는 지향적 지침 387
문화진화론 233
물리적 자세(physical stance) 250
미뇨넷호 사건 28
미치오 가쿠(Michio Kaku) 403
민사법규의 부지 또는 착오 294
민수기 322, 324
밈(Meme) 12
밈들의 특수한 결합방식 231
밈배수구(meme-sink) 276
밈복제 254
밈복합체(meme-complex) 83, 278
밈분수(meme-fountain) 276
밈의 관점 336, 434
밈의 생존가치를 높여주는 일반적 조건 255
밈의 이기성 242, 268
밈의 전파과정 261
밈의 특성 254
밈이론(memetics) 43, 81, 82
밈적 적응도(memetic fitness) 254
밈컴플렉스(meme-complex) 436

바라이(波羅夷) 308
바라제제사니(波羅提提舍尼) 308
바루나(Varuna) 286
바바리안 법 52, 131
바일제(波逸提) 308
바일제죄 310, 321, 328
반사회적 성격장애자 29, 394
반사회적 인격장애자 404

반응적 공격성(reactive aggression) 177
방조범 372
배반 105
배희칠랑 사건 266
버트란트 러셀 20
범죄능력 412
범죄억제력 193
범죄억지력의 제고 80
범죄충동 404
범행의 종료시점 373
법 앞의 평등의 원칙 27
법과실(法過失) 281, 329
법규칙 19
법도그마틱 330
법률(Nomoi) 325
법률공동체 266
법률의 부지 266
법률의 착오 266, 314
법률의 착오(위법성의 불인식) 281
법률전문가 집단의 선호도 265
법률전문가집단 259
법모음집(law collections) 44
법에 있어서의 인간(a man in law) 221
법에 있어서의 인간(Der Mensch im Recht) 198
법의 심층구조 40
법의 지배(rule of law) 34, 36
법인사이코패스 범죄 418
법인사이코패스의 치료가능성 420
법인실재설 390
법인의 내분비계(corporate endocrine system) 379
법인의 범죄능력 409
법인의 신경계(corporate nervous system) 379
법인의제설 390
법적 논증 21, 26
법적 밈(legal meme) 256
법적 사고의 원형(原形) 277, 334
법적 안정성 35
법체계의 기원 68
법치의 기본요소 34
법학에서의 人間像 198
법현실주의자 19, 37
법효과제한책임설 231, 267, 269
베다 284
베다에 정통한 브라만 사제의 조언 292
베다의 해석 297
베다전통 321, 333
베다전통에 충실한 법전 292
베단타(Vedanta) 291
베당가 291
변이(variation) 238
변이(variation) 전략 102
변이, 유전, 선택 236
변화를 수반하는 유래(descent with modification) 238
병리적일 만큼 맹목적인 영리추구 경향 418
보복감정 43
보복의 악순환 45
보편 다위니즘(universal Darwinism) 434
보편 다윈주의 230, 236, 382
보편적 사고 333
복사(Kopie) 82, 235
복제(Replikation) 82, 235
복제의 정확도 256
복제자 235
복제자의 일차적인 목표 245
복제자의 탄생과정 242
본래적 의미의 삶의 형식 19

부모투자이론 167
부작위에 의한 불법행위책임 349
북위율(北魏律) 316
불공주(不共住) 308
불교 283, 298, 300, 305, 321
불교 계율(戒律)의 착오 307
불교의 업론(業論) 307
불법고의 269
불법영득의사 356
불식(不識) 310, 312
불의 비유 305
불특정다수 344
붓다 298
브라이언 빅스 20
브라흐마나 290, 291, 297
브랜드 DNA 386
비결정론 40
비방목적 삭제론 359
비방의 목적 348, 351
비신사적 규칙 95
비트겐슈타인 1, 82
비판법학자 37
비형벌법규 327
빈 서판(tabula) 63

사고방식의 원초적 형태 325
사고의 원형 325
사마베다 290
사문종교 299
사바나 원칙(savana principle) 65, 81, 152, 159
사법신(司法神) 286
사법재량(judicial discretion) 19
사비니 273
寫像(mapping) 379
사상적 원류(原流) 333
사실의 적시 352
사실의 착오 317
사용절도 356
사위율(詐僞律) 318
사이버 명예훼손죄 336
사이코패스(psychopath) 29, 177
사이코패스의 치료가능성 377, 420
사이코패시(psychopathy) 177
사자(司刺) 310
사적 대화공간론 341
사적 보복(vendetta) 42
사적 보복관습 12
사적 보복관습의 원형 43, 44
사적 소통 344
사전에 품고 있는 악의(malice aforethought) 357
사타법(捨墮法) 308
사티(sati) 23
사회감사(social audit) 430
사회법 224
사회적으로 생성된 실재 40
산스크리트 284
살릭법(The Salic Law) 52, 131
삶의 형식(form of life) 3, 4, 5
삶의 형식의 일치 37
삼사(三赦) 313
상법상 회사 380
상상적 삶의 형식 8
상습범인 223
상호 공적응된 안정된 세트 271
상호교섭(相互交涉) 334
상호문화성 15

상호적 이타성 68, 81
상호적 이타성(호혜성) 215
생명의 계통수(Tree of Life) 435
생존기계(survival machine) 67, 244, 381
생태학적 분석 103
서고트법(The Visigothic Code) 52, 131
서브에이전트들(subagents) 378
西田太一郎 313
선개념(conception of good) 28
선업(善業) 299
선의 이데아 216
선택압력(selective pressure) 242
선택적 모방 261
선택환경 242, 267
설계적 자세(design stance) 250
설명력 262
성격장애 404
성선택 238, 241
성선택 이론 167
성소(sanctuary) 47, 55, 133
성전환자에 대한 강간 22
성전환자의 호적정정 23
세월호 사건 122
소극적구성요건표지이론 270
소급효금지원칙 263
소년법 193
소셜네트워크 서비스 337
속죄 297
속죄금(wergild) 16, 48, 52, 53, 132
속죄의식 297, 323
속죄제(贖罪祭) 324
손이양 314
수범수제(隨犯隨制)의 원칙 309
수전 블랙모어(Susan Blackmore) 81, 248, 276
수혜자 254
쉬네만 40
스루티 292
스무리티 292
스무리티 간에 해석상의 충돌 292
스티븐 제이 굴드(Stephen Jay Gould) 383
스티븐 핑커 400
승인규칙(rule of recognition) 21
승인률 21
승잔(僧殘) 308
승현준 400, 402
시냅스 399
시냅스 자아(Synaptic Self)'이론 400
시냅스 자아이론 404
신경생물학적 장애 405
신경인지체계 178
신경활동의 패턴 377
신명기 47, 56, 133
신사적 규칙 95
신업(身業) 300, 307, 321
신제도학파 381
신화(神話)적 표상(表象) 324
신화소(神話素) 324
실재에의 대응성(mapping reality) 263
실재와의 부합성 263
실재의 사상(寫像) 263
실천이성 216
실체적 경합 372
실행지배 366
심리강제설 222
심리적 특질 137
심리적 특질을 형성하는 유전자 복합체 137
심신미약자 313

심층심리학 325
십송률(十誦律) 307
쌍방 간 판단의 수렴과 상호 설득의 가능성 25

아

아나톨 라포포트 70, 204
아담스미스 383
아란야까 290
아르투어 카우프만 42
아리스토텔레스 37, 325
아이디어 82
아타르바베다 290
악업(惡業) 299
악의 354
안정자 생존(survival of the stable) 243
알고리즘 240
알바노에 395
앵글로색슨법(Anglo-Saxon Law) 52, 131
야주르베다 290
언어게임 26
언어구조 40
언어사용이론 1
엄격책임설 266, 270
엄격한 증명 418
엄벌주의 393
엄상섭 331
에릭 볼프(Erik Wolf) 223
에쉬눈나 법전 50
연대성 51, 79, 130, 136, 146
연령집단(age-set) 54
연민과 배려 33
연속범 371
영리법인(營利法人) 380
영역특성(range property) 30
예측가능성 35
예측기법(자세) 251
예측력 262
오상방위 266, 268, 303
오스틴(J.L. Austin) 19
오토포이에시스(autopoiesis) 390
올디(All D) 12, 107
올디의 평형 72, 212
올디평형 13
외적 명예 353
외집단 80
우르남무 법전 50
우발범인 223
우파니샤드 290, 291, 299
우파리경 302
원시불교 308
원시수프(primeval soup) 243
원형(原型 ; archetype) 324
원형(原形 ; original form) 324
위법성의 인식 329
위법성인식불요설 327, 335
위법성조각사유의 객관적 전제사실에 대한 착오 231, 266
위조 가능성이 배제된 정직한 정보 173
윌리엄 해밀턴(William D. Hamilton) 67, 86
유기천 330
유기체의 생존과 번영 378
유아론 8
유의범(有意犯) 315
유전자 선택설(Theory of gene selection)

74
유전자 풀 258
유전자-밈 공진화 85
유전자의 눈으로 보는 관점 245
유전자의 의인화(인격화) 문제 246
유전적 자질 171
유전적 적응도(genetic fitness) 254
유전적 친족이론 72, 212
유전적으로 사망 168
유추금지원칙 263
윤리경영의지 430
윤리형법화 359
율법전(律法典) 287
음성 그루밍 191
음악의 치료적 효과 190
응보관념 85
응보사상 43, 85
응보적 정의(Retributive Justice) 299
응보형주의(절대설) 263, 264
의사자유 42
의사자유와 책임의 문제 40
의식의 신경상관물(neuronal correlates of consciousness; NCC) 415
의업(意業) 300, 307, 321
의인화(인격화) 230
이기적 밈 253
이기적 밈이론 246
이기적 유전자 253
이기적 유전자이론 229
이기적 유전자이론의 배경과 의의 244
이슬람 극단주의 무장세력 436
이윤 극대화 388
이중의 고의 320
이차적 규칙 21
2차적 환경 259
이타적 유전자 229
人格에서 人間에로의 전환 224
인간 본성 61
인간상 221
인간의 공통적인 자연사(human natural history) 5
인간의 존엄과 가치 27
인간이라는 종에 특수한 규범적 제약조건 409
인간행동생태학 59
인격적 상호작용 409
인격화작용 380
인지과학(cognitive science) 395
인지과학적으로 재구성된 마음 409
일본개정형법가안 332
일본형법 281
일부다처제 75, 166
일부다처제사회 75
일부일처제 11
일차적 규칙 21
1차적 환경 259
일회성 게임 119
입법자가 의도한 법의 지배 17

자기 반박적인(self-refuting) 명제 33
자기복제의 속성 337
자기복제자(replicator) 243
자살폭탄테러범 436
자연법적 명제 27
자연사 5
자연사적 사실 3
자연사적인 규범적 제약조건 19
자연선택 237

자연선택의 원리 238
자연주의 전통 74
자유주의적 법시대 222
자이나교 298, 300, 304, 321
자이나교의 카르마 이론 305
자존감(self-esteem) 31, 32
재레드 다이아몬드(Jared Diamond) 384
적응도 극대화(fitness maximization) 173
적응도(fitness) 14, 65, 242
적응문제 162
적자생존(適者生存) 241
전속적 법익 372
전자정보에 대한 압수·수색영장 267
전통의 본래적 내용 325
절대적 생명보호의 원칙 27
절옥귀감(折獄龜鑑) 316
젊은 남자 증후군 175, 176
접속범 371
정당방위 266
정당성 263, 264
정당한 이유 281, 328
정범의 고의 320
정보통신망법 350
정보통신망법상 명예훼손죄 348
정약용 317
정중(鄭衆) 313
정중설 317, 322
정치공동체 29
정합성 266
정현(鄭玄) 313
정현설 317, 322
제2의 복제자 253
제3의 복제자 253, 387
제자백가(諸子百家) 283
제조물 책임법 386
제한된 합리성(bounded rationality) 422
제한적 책임설 270
조건부 협력 215
조건부 협력을 하면서 보복을 가하는 전략 (retaliatory strategies of conditional cooperation) 88, 106
조지 카텝(George Cateb) 32
조지 프라이스 71
조지프 르두 399
조직구조적 상관물(organizational structural correlates of nervous system) 415
조직심리학 421
조직의무 380
조직적 맥락에서의 의사결정(decision making in organizational contexts) 421
조직적 무책임(organisierte Unverantwortlichkeit) 427, 428
조직적 합리성(organizational rationality) 416
존 메이너스 스미스 71, 87
종교 밈 260
종의 기원 237
죄수딜레마 게임 91
죄수의 딜레마 9
죄수의 딜레마 상황 202
죄형법정주의 259, 269
죄형신비주의 259
죄형전단주의 259
주공단(周公旦) 311
주관주의 200, 264
주례(周禮) 310, 311
주례정의(周禮正義) 314
주례주소(周禮注疏) 314
주변부(penumbra of doubt) 19
준법감시의무(corporate compliance program) 430

중국법계 335
중도적(中道的)인 귀책론(歸責論) 307
중세 아시리아 법전(MAL) 45
중심부(core of certainty) 19
중아함경(中阿含經) 301
중추신경계(central nervous system) 379
중학법(衆學法) 308
중화민국 335
중화인민공화국 335
중화인민공화국형법 314, 335
지배적 통설 265
지향계 이론(intentional system theory) 248, 249
지향계(intentional system) 250
지향복제자(intentional replicator) 253, 254, 389
지향복제자로서의 밈 246
지향성(intentionality) 380
지향적 자세(intentional stance) 250, 251, 391
직접정범 366
진리성 266
진리성 척도 262
진율(晉律) 316
진정한 이타성 81
진정한 착오 331
진짜 패턴(real pattern) 251, 253
진화 알고리즘 246
진화된 심리기제(EPM) 13
진화된 심리적 메커니즘(EPM: evolved psychological mechanism) 14, 60
진화심리학 59
진화알고리즘 236
진화윤리학 65
진화의 원리 242
진화적 적응환경(EEA: environment of evolutionary adaptedness) 63, 64 75
진화적으로 안정한 유전자 세트 260
진화적으로 안정한 전략(evolutionarily stable strategy: ESS) 12, 41, 71, 105, 381
집단극화(group polarization) 425
集團內 인간(Kollektivmensch) 223
집단사고(groupthink) 424
집단선택론 245
집단선택설 74
집단적 책임(collective responsibility) 58, 80
집단적 책임귀속의 관습 121
집단적 행위의 가능성 390
징벌적 손해배상(punitive damages) 17, 48

찰스 다윈 65
창우(憃愚) 313
창형흡충 433
책임능력 412
책임무능력 313, 404
책임무능력자 317
책임설 267, 330
책임원칙 85, 259
철학적 세계관 263
청률(淸律) 311
체계이론(system theory) 390
초과주관적 요소 351
초기경전 306

초월적 자연주의 6
초창기 현생인류 64
총체적으로 안정한 전략(collectively stable strategy) 103, 210
최고경영자들의 윤리적 리더십 429
최소수혜자 393
추관사구(秋官司寇) 312
추관편 310
추상적 위험범 368
출판물에 의한 명예훼손죄 351
치료감호 404

카

카르마 299
카르마(Karma, 業) 사상 299
카르마이론 302
칸트적 신험주의 5
칼 야스퍼스(Karl Jaspers) 283
칼파수트라 291
캡그라스 증후군(Capgras’ syndrome) 27
커넥토믹스 376, 400, 435
커넥톰(Connectome) 376, 399, 402
코퍼릿 사이코패스
(corporate psychopath) 414
코퍼릿 사이코패시 415

타

탈리오(talio) 90
탈리오법칙 121
탈무드 283
털고르기(grooming) 191
테스터(Tester) 207
테러방지법 437
토머스 맬서스 237
토이브너(G. Teubner) 390
통설적 지위 267
통속의 뇌 34
투송률(鬪訟律) 320
트랜퀼라이저(Tranquilizer) 207
특강법 193
특강법상 소년감경 제한규정 192
특정 법률전문가집단의 선호도 267
특정강력범죄 192
팃포탯 전략의 강건성(robustness) 99
팃포탯(Tit For Tat) 204
팃포탯(Tit For Tat) 원칙 9
팃포탯(Tit For Tat) 전략 69
팃포탯과 동해보복의 원칙의 상관성 78
팃포투탯(Tit For Two Tat) 98

판단의 일치를 지향하는 자연사적 행위 26
판례 266, 267
판례변경으로 인한 소급처벌 263
팔만대장경 310

패턴의 인식(pattern recognition) 249
패턴인식방법 249
퍼트남 34
편면적 방조범 372
평등명제 31
포괄일죄 371
포괄일죄의 일부에 대한 공범 및 공동정범의 성립 373
포괄적응도(inclusive fitness) 43, 67, 73
포괄적응도이론 107
포괄적응도의 관점 150
포드 핀토 사건 415
포이에르바하 222
폭력성·공격성 151
폰 리스트(von Liszt) 223
폴 부시 398
폴 새가드 401
표준적인 범죄원인론 421
표준적인 조직변화모델 421
표현의 자유 336, 374
표현촉진적인 매체 340
표현형(phenotype) 387
프랑스형법 281
프리드리히 바이스만 20
프리지아법(Lex Frisionum) 52, 131
플라톤 325
플레처 123
피교령자 319
피교유자 318, 319
피의 보복(blood feud) 15, 42, 44, 45
피의 복수자(blood avenger) 46

하인리히 클뤼버 398
하트(H.L.A. Hart) 19
학교폭력 153, 179
학교폭력 대책위원회의 구성원 188
학교폭력예방및대책에관한법률 185
학교폭력의 원인 180
학교폭력의 유발요인 154
학생자치법정 프로그램 190
학설 밈 260
학설대립 273
학설대립의 밈이론적 해석 261
학설밈 271
학설밈복합체 271
학설의 생멸사(生滅史) 233
한글대장경 307
한정책임능력 404
함무라비 법전 15, 45
합리성 266
합리적 경제인(homo oeconomicus) 198, 222
합리적 행위자(rational agent) 236, 250
합법칙적 조건설 267
합일태적 범죄체계론 271
핵심형법(Kernstrafrecht) 339
핸들네임 368
핸디캡 원칙(handicap principle) 172, 174
행위능력 412
행위반가치 269
허용된 위험의 이론 349
헌법상 자기결정권 225
헌법재판소 340

헤브라이즘 322
헬레니즘 322
현대형법의 한 원류 43
현실적 악의(actual malice) 354
현실주의적인 인간상 226
혈연간 이타성 218
협동을 유발하는 형질 118
협력의 진화 70
형벌법규 327
형법도그마틱 200
형법상의 행위자 382
형법적 배려 393
형사정책 200
호적정정 22
화용론적 전회 1
화해금 52, 131
확장된 의미의 삶의 형식 18
확장해석 263
회사기업 381
회피가능성 328
회피불가능성 329
휘트먼의 총격사례 398
흄적 자연주의 5
흠흠신서(欽欽新書) 311, 315, 317
희랍철학 283
히브리 법문화 44
힌두법전 298

저자 약력

안성조

현 제주대학교 법학전문대학원 부교수, 학생부원장
변호사시험·사법시험·행정고시·외무고시·입법고시 출제위원
한국경찰법학회 상임이사, 한국포스트휴먼학회 법제위원
서울대학교 법학 편집위원

주요저서
형법상 법률의 착오론(경인문화사, 2006/2008)
사이코패스 I - 범죄충동·원인론·책임능력 -(경인문화사, 2009/2010, 공저)
기초법연구 제1권 - 언어·논리·역사 -(경인문화사, 2009)
기업범죄연구 제1권(경인문화사, 2011, 공저)
현대 형법학 제1권 - 이론과 방법 -(경인문화사, 2011)
법과 진화론(법문사, 2016, 공저)

현대 형법학 제2권 - 형법과 진화이론 -

초판 1쇄 발행 ‖ 2015년 12월 24일
초판 2쇄 발행 ‖ 2016년 9월 1일

지은이 ‖ 안성조
펴낸이 ‖ 한정희
펴낸곳 ‖ 경인문화사
주소 ‖ 경기도 파주시 회동길 445-1 경인빌딩 B동 4층
전화 ‖ 031) 955-9300 팩스 ‖ 031) 955-9310
출판등록 ‖ 406-1973-000003호
홈페이지 ‖ www.kyunginp.co.kr / 한국학서적.kr
이메일 ‖ kyungin@kyunginp.co.kr;

ISBN 978-89-499-1174-8 93360
값 32,000원